当代国外学术前沿译丛·2

丛书主编 | 徐向梅 刘承礼

Contemporary Western Leftists:
Social Thoughts and Cultural Critique

当代西方左翼社会思潮与文化批判

本卷主编————苑 洁 宋阳旨

中央编译出版社
Central Compilation & Translation Press

图书在版编目（CIP）数据

当代西方左翼社会思潮与文化批判 / 苑洁，宋阳旨主编. —北京：中央编译出版社，2019.12
（当代国外学术前沿译丛 / 徐向梅，刘承礼主编）
ISBN 978-7-5117-3745-8

Ⅰ. ①当… Ⅱ. ①苑… ②宋 Ⅲ. ①社会思潮-研究-西方国家-现代 Ⅳ. ①D091.5

中国版本图书馆 CIP 数据核字（2019）第 243427 号

当代西方左翼社会思潮与文化批判

出 版 人：葛海彦
出版统筹：贾宇琰
责任编辑：朱瑞雪
责任印制：刘 慧
出版发行：中央编译出版社
地　　址：北京西城区车公庄大街乙 5 号鸿儒大厦 B 座（100044）
电　　话：(010) 52612345（总编室）　　(010) 52612341（编辑室）
　　　　　 (010) 52612316（发行部）　　(010) 52612346（馆配部）
传　　真：(010) 66515838
经　　销：全国新华书店
印　　刷：北京印刷集团有限责任公司印刷一厂
开　　本：710 毫米×1000 毫米　1/16
字　　数：510 千字
印　　张：34.75
版　　次：2019 年 12 月第 1 版
印　　次：2019 年 12 月第 1 次印刷
定　　价：150.00 元

网　　址：www.cctphome.com　　**邮　箱**：cctp@cctphome.com
新浪微博：@中央编译出版社　　**微　信**：中央编译出版社（ID: cctphome）
淘宝店铺：中央编译出版社直销店（http://shop108367160.taobao.com）
　　　　　 (010) 55626985

本社常年法律顾问：北京市吴栾赵阎律师事务所律师　闫军　梁勤
凡有印装质量问题，本社负责调换，电话：(010) 55626985

丛书总序

2017年9月29日，习近平总书记在主持中共中央政治局第43次集体学习时指出，"学习研究当代世界马克思主义思潮，对我们推进马克思主义中国化，发展21世纪马克思主义、当代中国马克思主义具有积极作用。"他还强调，为了回答因世界格局加快演变所产生的大量深刻复杂的现实问题和理论课题，"需要我们加强对当代资本主义的研究，分析把握其出现的各种变化及其本质，深化对资本主义和国际政治经济关系深刻复杂变化的规律性认识。"作为长期跟踪国外马克思主义、世界社会主义、当代资本主义新动态、新观点，反映当代世界经济、政治、文化和社会领域新情况、新问题和新趋势，介绍国外对我国改革开放和中国特色社会主义研究的新成果的综合性理论期刊，《国外理论动态》杂志在这些方面为国内学界积累了大量基础性、前沿性的文献资料。为学习贯彻习近平新时代中国特色社会主义思想和党的十九大精神，杂志编辑部从近年发表的文章中优选了一批有代表性的译文，编辑出版这套五卷本"当代国外学术前沿译丛"以飨读者。

第一卷《当代国外马克思主义理论与思潮》集中反映了国外马克思主义学者和左翼学者对马克思及马克思主义基本理论的研究和阐释、对当代马克思主义发展进行的理论反思，以及运用马克思主义立场、观点和方法对当代资本主义进行的批判。

第二卷《当代西方左翼社会思潮与文化批判》重点关注社会批判理论、文化批判理论、乌托邦思潮和激进左翼思潮，通过对身体政治、身份政治、主体性、交错性等热点问题，以及多元文化主义、女性主义、后殖民主义、后现代主义等前沿思潮的探讨，介绍西方左翼学者对当代资本主义发展的批判性反思。

第三卷《当代资本主义政治发展与理论反思》围绕西方民主的衰退、全球化时代国家的作用、资本主义国家政治制度的危机以及互联网时代政治发展的新形式等问题进行探讨，反映了近年来西方学者对资本主义国家政治发展过程中出现的问题与危机的反思。

第四卷《当代资本主义经济发展与制度批判》追踪资本主义在科技革命和全球化背景下应对危机、冲突所进行的自我调整，考察资本主义经济形式和发展模式出现的新变化及其实质，剖析资本主义危机及其具体表现形式，反思和批判新自由主义经济制度的弊端及其后果。

第五卷《海外学者论中国特色社会主义》收录了海外学者从不同视角对中国改革开放所取得的伟大成就、中国发展道路及其历史意义、中国的经济政治社会发展变化的观察和研究。

本套丛书所选文章的作者来自世界上二十多个国家，他们对当代马克思主义发展现状的理论性探讨、对当代资本主义制度的批判性反思，反映了经济全球化程度不断加深、世界格局日益显现出多极化趋势、各个国家和民族的发展呈现出多样性特征的背景下不同国家和地区的学者对世界发展与人类命运的共同关切。他们对当代中国发展成就与发展道路研究的热情体现出中国成长所产生的世界影响力，也体现出世界对不同发展道路的承认和包容。这些观察和思考有的基于马克思主义的视角，有的源于西方传统的理论框架，对中国道路的理解也未必能够准确地关照中国的现实，但对我们来说也是"他山之石"。在研读这些观点时，站稳马克思主义的立场，是我们一贯提倡的。

徐向梅　刘承礼

2019 年 6 月 26 日

《当代西方左翼社会思潮与文化批判》导读

在当今西方社会，虽然马克思主义研究和社会主义运动处于低潮，但各种左翼理论和思潮仍然十分活跃，并在学术理论研究和社会实践运动两个方面不断延展，从而获得了持久的生命力和影响力。作为对当代资本主义社会进行批判并对全球政治经济格局有着重要影响的政治文化理论，当代西方左翼社会思潮大都是在发达资本主义的背景下应运而生的，并通过对资本主义的分析、诊断、反思和批判，试图探索资本主义体系的替代方案，从理论和实践两个方面给出左翼学者的回应。

从总体上看，当代西方左翼社会思潮和文化批判主要立足于以下几个方面：对当代资本主义、帝国主义和新自由主义体系进行批判与反思；对资本主义全球化和国际政治经济新秩序进行剖析与阐释；对马克思主义、社会主义和共产主义进行探索与前瞻。在这个过程中，当代西方左翼社会思潮和文化批判呈现出如下几个典型特征：第一，从立场上讲，马克思主义是西方左翼思想家非常重要的思想资源，他们大都认同并秉承了马克思主义的批判精神和开放传统，或多或少地运用了马克思的方法论，从各个角度对资本主义展开批判；第二，从诉求上讲，他们的批判具有很强的现实性和针对性，充满当代关怀和政治关切；第三，从学术上讲，他们的研究往往借助多种多样的话语体系、理论范式、分析方法，从多学科、多视角展开，通过不同观点的交汇、碰撞催生出新的理论；第四，从实践上讲，西方左翼学者试图在发掘当今资本主义社会弊端的基础上寻找革命的可能性，无论是他们对资本主义发展脉搏的准确把握，还是对世界社会主义发展进程的深刻反思，抑或对全球资本主义秩序的激进反抗，都具有重要的现实意义。

具体来说，本书收入的文章分四个专题部分：社会批判理论，文化批判理论，乌托邦思潮，激进左翼思潮。这些文章涉及了政治学、政治经济学、社会学、哲学、美学等诸多学科，既关注到热点问题和前沿思潮，比如阶级政治、身份政治、生命政治、身体政治、街头政治，比如多元文化主义、生态社会主义、女性主义、后殖民主义、后现代主义，比如主体性、差异性、交错性，也不乏经典名篇，比如西奥多·阿多诺的《文化批判与社会》，"在奥斯维辛之后，写诗是野蛮的"这句深刻反思"二战"的名言警句就出自该篇。

总之，西方左翼社会思潮与文化批判因其反思历史、关照现实的特点，一直备受国内理论界关注，或许本书并不能展现当代西方左翼思想的全貌，但仍然为国内读者打开了新的思考空间，具有很高的参考价值。尤其是西方左翼学者对当今资本主义的重大理论和现实问题进行了发人深省的探讨，提供了值得借鉴的理论探索和经验教训，有助于我们了解西方学者的研究方法、分析视角、问题视域及其对现实社会的反思与自觉。

目　录
Contents

第一部分　社会批判理论

衡量、颠覆和解放：批判的三种图像
弗里德·福格尔曼　著　　张　也　编译 / 3

马克思、柯尔与法兰克福学派：实现社会批判理论的政治潜能
查尔斯·马斯克列　著　　郭海龙　译 / 23

批判理论与后现代主义
——论批判理论中伦理、美学和乌托邦的互动关系
塞拉·本哈比　著　　陈后亮　译 / 44

阿多诺、福柯与进步的终结
——后殖民主义时代的批判理论
埃米·艾伦　著　　张　也　译 / 60

论生命政治与批判理论的和解
约翰·格鲁姆利　著　　凌菲霞　译 / 81

种族批判理论导论
多里安·麦考伊　德克·罗德里克斯　著　　陈后亮　译 / 95

种族批判理论的批判性
　　贾维尔·特莱维诺　米歇尔·哈里斯　德龙·华莱士　著
　　贾彦艳　译 / 107
从"构成之外"到"清除政治"
　　——种族批判理论、女性主义理论和政治理论
　　玛丽·霍克斯沃思　著　　丁兆国　译 / 113

第二部分　文化批判理论

文化批判与社会
　　西奥多·W. 阿多诺　著　　刘　健　译 / 133
文化的政治批判导论
　　尼克·鲍姆巴赫　戴蒙·扬　珍妮弗·余　著
　　王亚萍　陈后亮　编译 / 150
文化批判的谱系：艺术、娱乐与人类解放
　　蒂姆·丹特　著　　孙海洋　编译 / 166
卡尔·马克思与当代媒介和文化研究
　　克里斯蒂安·富克斯　著　　郭　莲　何远瞻　译 / 192
现代文化：统一的大众文化还是分层的阶级文化
　　大卫·加特曼　著　　冯　红　编译 / 216
超越文化批判：当代资本主义供应链的逻辑
　　布雷特·尼尔逊　著　　冯　红　译 / 228
文化多元主义
　　理查德·J. 伯恩斯坦　著　　高莉娟　张国敬　译 / 245
多元文化主义：西方社会有关多元文化的争论概述
　　恩佐·科伦波　著　　郭　莲　译 / 257
文化与差异：艾利斯·马瑞恩·扬多元文化主义理论的张力
　　索菲·格拉尔·德拉图尔　著　　冯　红　译 / 281

第三部分　乌托邦思潮

波澜壮阔的乌托邦历程
　　——从托马斯·莫尔到恩斯特·布洛赫
　　克劳斯·博尔格汉　著　　金寿铁　译 / 301

历史、政治与乌托邦
　　——走向社会理论与实践的综合
　　劳伦斯·戴维斯　著　　张　也　译 / 318

社会主义与乌托邦
　　大卫·列奥帕德　著　　张永红　马天平　译 / 337

希望、批判与乌托邦
　　克雷格·布朗　著　　孙海洋　译 / 357

形而上学、批判和乌托邦
　　理查德·J. 伯恩斯坦　著　　杨海苏　译 / 376

乌托邦主义消亡了吗?
　　西蒙·克里切利　著　　冯　红　译 / 394

第四部分　激进左翼思潮

朗西埃、巴迪欧、齐泽克论政治主体的形塑
　　——图绘当今激进左翼政治哲学的主体规划
　　哈兹米格·科西彦　著　　孙海洋　译 / 407

新自由主义时代的阶级、文化与不平等
　　伊莫金·泰勒　著　　张永红　马天平　编译 / 429

交错性的黏合剂：阶级的政治优先性
　　维克多·沃利斯　著　　任　远　译 / 446

身体的脆弱性、联盟和街头政治

　　朱迪斯·巴特勒　著　　杨　乐　张　也　译 / 463

生态社会主义及其面临的后现代民主挑战

　　豪梅·桑切斯　著　　何　娟　译 / 483

当代女性主义理论术

　　凯茜·E. 弗格森　著　　李泽明　赵开开　译 / 500

女性主义何去何从？

　　苏珊·沃特金斯　著　　全　红　译 / 521

第一部分
社会批判理论

衡量、颠覆和解放：批判的三种图像*

弗里德·福格尔曼 著**　　张　也 编译

[内容提要] 本文通过对有关批判的各种理论所隐含的批判活动进行描述，从而区分出批判的三种"图像"，即衡量性批判、颠覆性批判和解放性批判。随后，作者通过探讨批判活动与理论活动的关系来分析有关批判的理论所包含的理论活动，进而探讨批判的理论的自我反思性，回答它们是否将自身的理论活动视为批判活动这一问题。作者指出，只有那些能够实现这一点的理论才能被称为"批判理论"。

[关键词] 批判理论　批判的理论　图像　衡量　颠覆　解放

当前关于批判的讨论是有关批判的规范性的讨论。批判所预设的规范是什么？它们出自何处？又如何超越当前的规范性视野？因此，大部分研究所列举的批判模式均以讨论其与规范的关系为主要特征。然而，批判活动却始终缺失，尽管对批判的规范性的任何解释都必须有赖于一种有关批判活动的内隐概念（implicit conception）。同样缺失的还有理论家自身的活动，尽管我

---

* 本文原载《星丛》（*Constellations*）2017年第24卷第1期。译文原载《国外理论动态》2017年第10期。

** 作者简介：弗里德·福格尔曼（Frieder Vogelmann），德国不来梅大学跨文化与国际研究所学者。

们如何进行批判并不独立于我们谈论和思考批判的方式。

为了分析当前讨论中的这两个盲点，我首先提出一个简单却充满复杂含义的问题：如果我们反思批判，试图详细阐述一种批判概念，我们应该怎么做？这一问题将我们的注意力转移至上面已经提到的两种活动：反思或构想出有关"批判的理论"（theories of critique）的理论活动，以及"进行批判"（doing critique）所包含的批判活动。首先，我将从后者开始，根据对有关"批判的理论"（所隐含）的批判活动的描述，区分出批判的三种"图像"（pictures）。其次，我将通过关注理论活动与批判活动的关系来分析理论活动，探讨"批判的理论"的自我反思性。它们是否将自身的理论活动视为批判活动？最后，我认为应将那些能够做到这一点的理论视为"批判理论"（critical theories）。根据这个标准，那些将批判活动描述为"衡量"的"批判的理论"，要么是非批判性的，要么被迫放弃声称这些批判图像是排他性的。

这一论点描绘出两种区分，即不同的批判图像之间的区分，以及批判理论与传统理论之间的区分，并分别对应以下两个问题。首先，我要展示有关批判的规范性讨论如何变得愈发狭隘，而这正是因为它主要局限于衡量性批判这一图像。因此，我坚持认为批判的图像是多元性的，这是对将批判活动仅仅描述为一种衡量性活动的反驳。其次，我要表明，具有讽刺意味的是，当前批判理论领域内有关批判的讨论忽视了马克斯·霍克海默所认为的批判理论与传统理论之间的核心区别，也即对"进行理论活动"（doing theory）的自我反思性理解。我认为，这种自我反思性的缺乏将会使有关"批判的理论"的理论活动僵化为自我确定的（self-certain）教条主义。

一、批判活动：衡量、颠覆和解放

所有关于批判的（理论性）探讨都有赖于某种图像，这些图像描述了批判应该成为何种活动。它们并不仅仅是隐喻：因为它们巧妙地预设了进行批判（应有）的方式以及什么才能算批判，进而得以界定关于批判的理论。尽管会存在其他更多的图像，但是我将主要分析描述批判活动的三种图像，即衡量（measuring）、颠覆（disrupting）和解放（emancipating）。

在开始分析之前，我将依次阐述四个方法论问题。第一，"图像"的概念来自路德维希·维特根斯坦的《哲学研究》，用来表明几乎从未被主题化的我们反思的基础。正如维特根斯坦在圣·奥古斯丁那里所诊断（diagnose）出的一种特定的语言图像，它有助于语言的理论化并使其前后一致，我要指出，我们同样能够诊断出关于批判的不同理论所预设的批判图像。

第二，这些图像是指批判的理论所描述的批判活动。反思批判意味着反思一种活动：反思我们的所作所为以及何时进行批判，并且这样一种反思必须依据关于何为批判的图像展开，尽管这一图像往往是内隐的。因此，我所关注的批判活动必须被理解为一种建构。它始终是批判的理论所描述的批判活动。

第三，明确这些图像意味着对批判的理论中所内隐的内容进行阐释。这样一种阐述不必过于宽泛，也不必过于狭隘。尽管大多数批判的理论都必须描述要批判什么，但它们所做的要远超于此，因此，将它们置于"描述批判"的图像中并不能对其进行充分把握。但是，如果批判的图像只能应用于一种批判模式，那将不是维特根斯坦意义上的图像。

然而，对某种批判的理论所运用的图像可能有着不同的阐释。西奥多·阿多诺和霍克海默的《启蒙辩证法》既被解读为一种解蔽世界的批判，又被解读为将外在的规范性尺度应用于世界，这两种阐释将这部著作归属于两种截然不同的批判图像中。对批判的理论所内隐的批判活动的关注，推动了这些关于阐释的问题。然而，这种关注并非比其他研究路径更能应对这些阐释。批判图像的概念可以作为一种启发性工具，使我们关注在批判的理论内部（内隐的）对批判活动的理解，以及其如何悄无声息地影响这些理论。像引导了我们的阐释的其他研究路径一样，最好是通过这些阐释的结果来对其进行判断，也就是说，通过运用这一启发性工具，我们能从批判的理论以及关于批判之规范性的讨论中揭露出什么？

第四，关于一些术语。下面的三种批判图像都足以包容不同的批判模式。不同模式的区别则取决于批判图像本身：要依据其批判活动的正当性、其模式（批判活动如何进行）、其目的（批判什么）、其指涉对象（批判所指向的对象是谁）或者其主体（谁进行批判）。因此，我将首先宽泛地描绘出批判的这三种图像，并进一步解释三种图像中的各种批判模式在哪些方面可以被区分开来。最后，我将针对每种图像列举一两个典型的批判的理论，当然，每种图像都并不局限于所列举的例子。

（一）衡量性批判

最主要的批判图像必然将批判视为一种衡量活动，因此它将正当性集中在规范性的尺度或标准上。我们可以通过词源学使这一图像合理化："批判"这一术语如果追溯到希腊语"kritike"，难道不是意味着判断（judging）、决定（deciding）或区分（differentiating）吗？所有的活动难道不是都需要标准吗？因此，在这个图像中，批判活动指的是通过一种特定的尺度来衡量批判的对象。由于衡量性批判涉及判断或决定所衡量的对象好坏与否、公正与否、欺骗与否抑或对错与否，所以这些尺度不只是描述性的，而且是规范性的。否则，唯一的判断只能是这一对象不同于（或相同于）预期的衡量，但是并不能由此确定这一差异是有问题的。因此，衡量性批判的标准必须是规范性的，并且衡量性批判的规范性这一问题就变成了尺度的规范性问题。此外，规范性标准决定了什么是可以衡量的，因为没有任何标准可以适用于任何批判对象（比如关系、人、时间、机构或社会团体）。最后，批判的有效性取决于所运用标准的正当性。因此，衡量性批判模式的主要区别在于它们如何得出并使其尺度正当化，以及如何运用这些尺度。

因此，有关批判形式以及批判规范性的讨论的大部分陈述都属于衡量性批判图像的范围。比如，一种批判是外部的、内部的还是内在的，取决于如何运用这一批判的尺度、它们是如何得出的以及如何被论证的。我们可以通过拉埃尔·杰基（Rahel Jaeggi）对这一分类的阐释来解释：

> 内部批判与外部批判有何不同？一般的解释是：在后一种情况下，

"批判的尺度"不在情势或被批判的对象之外,而是存在于其内。①

杰基同样区分了内部批判(internal critique)与内在批判(immanent critique)。虽然内在批判也是从"内在于对象的特定背景和尺度"② 出发,但它并不只是运用这些尺度,而是从

> "现实运动的模式"本身发展出自己的理想模型。因此,内在批判将内在于自身对象之标准这一理念与一种超越文本之批判的要求结合起来。③

内在批判改变了其规范性尺度的正当性及功能,但是仍然紧紧依附于批判的衡量性图像。

从此处的视角来看,有关批判的规范性尺度之正当性的讨论平台似乎比通常想象的要小很多。并且,倘若转置到另一种批判图像中,这一讨论存在的特征就会失效。正如马丁·萨尔(Martin Saar)所表明的,谱系学批判(genealogical critique)并不会落入外部批判、内部批判和内在批判这一区分之中,因为谱系学批判不属于衡量性批判图像,但是却以不同的方式设想批判活动:那就是颠覆。

(二)颠覆性批判

倘若批判活动并非衡量目标与规范性尺度之间的差异,那么它还能被如

---

① Rahel Jaeggi, *Kritik von Lebensformen*, Berlin: Suhrkamp, 2013, p. 261, my translation. See also Antti Kauppinen, "Reason, Recognition, and Internal Critique", *Inquiry* 45, 2002, pp. 479–482 and Titus Stahl, *Immanente Kritik. Elemente einer Theorie sozialer Praktiken*, Frankfurt am Main and New York: Campus, 2013, p. 30.

② Jaeggi, *Kritik von Lebensformen*, p. 277.

③ Ibid., pp. 277–278.

何描述？另一种选择是将其描述为颠覆其所批判的对象。我们再次在颠覆性批判图像中发现了不同的批判模式，在缺乏尺度的情况下，它们无法通过其不同的正当性或功能来区分。相反，颠覆性批判的模式通过其颠覆的对象以及颠覆形式而得以区分。根据被颠覆之物（批判对象）以及如何被颠覆（批判模式），不同的活动得以表明自身：进程可以被减缓、中止或取消；对象可以被动摇、破坏或摧毁；个体可以被激怒、迷失方向或受到阻碍。我们可以提供大量可能的描述来填充颠覆性批判这一图像。

朱迪斯·巴特勒（Judith Butler）的著作是一个突出的例子，因为颠覆性批判图像在其成名作《性别麻烦》（*Gender Trouble*）的书名中就得以呈现。在此，巴特勒将批判定义为动乱性的颠覆——麻烦，它旨在"颠覆替代性别的文化形态的基础"，并"在虚幻的维度上动摇和呈现身份政治的'前提'"。① 颠覆性批判图像同样引导了巴特勒对女性主义实践任务的描述。

> 女性主义的重要任务不是去建立一种超越被建构的身份的观点……关键的任务应该是找出那些建构所打开的可能的颠覆性重复策略；通过参与那些建构身份的重复实践而肯定局部介入的可能性，并因此而展现挑战这些实践的内在可能性。②

无论是通过模仿、颠覆还是动摇，巴特勒的批判活动都是对常规的、"正常的"、甚至（或者尤其是）理所当然的必然进程的颠覆。因此，颠覆性批判的理论必须表明，这些看似必然的进程并不像它们被制造出来的那样，并且它们也没有能力使颠覆成为不可能。通过展示颠覆的可能性，颠覆性批判理论试图"制造性别麻烦"。

跟随贯穿在巴特勒作品之中的"颠覆"与"动摇"概念，可以对其批判

---

① Judith Butler, "Gender Trouble, Feminist Theory, and Psychoanalytic Discourse", in *Feminism/Postmodernism*, ed. Linda J. Nicholson, New York: Routledge, 1990, p. 147.

② Judith Butler, *Gender Trouble. Feminism and the Subversion of Identity*, New York: Routledge, 1990, p. 147.

模式进行一种一般性描述。批判通过煽动"一种本体论层面的叛乱"来颠覆或动摇实践或概念，从而推翻被批判之物。将巴特勒的批判解读为一种颠覆性批判模式，与衡量性批判形成了鲜明对比，并且解释了为何关于其"规范性尺度"的讨论通常没有结果。要在颠覆性批判图像内部理解批判的规范性，就需要分析颠覆性活动的规范性，而不是衡量的规范性。

（三）解放性批判

第三种批判图像可能比前一个看起来更模糊、更少见、更容易让人产生误解，解放——释放某人——在衡量性和颠覆性批判图像中不也是批判活动的目标吗？答案是肯定的，但是，正是将批判活动描述为解放性批判图像这一点有所不同，因为它不是将解放而是将批判活动本身描述为批判的目标。这种批判与其他两种批判图像的区别在于"进行批判"如何被（内隐地）描述。不同于通过衡量或颠覆批判对象来使我们更接近解放，批判活动自身被描绘为释放（letting go）的活动，将我们从所批判之物的掌控中释放出来的活动。

对"解放"一词进行词源学回顾，可以使我们了解这一实践。罗马法中出现过"解放"的概念，在那里，它仅仅是指让儿子摆脱父系家庭。这个概念经历了很长一段时间，才从这一狭隘的法律定义中解放出来。只有在一种自我反省式的运用兴起并产生了"自我解放"这一概念——对原有法律概念的全面颠倒——之后，解放才成为至今仍然至关重要的政治术语。然而，其更深层的、语义层面的法律含义仍然非常重要，原因有两个。首先，当联系到康德将启蒙定义为一种"脱离……因自我引发的不成熟"时，它就暗示了解放具有一定的否定性。无论是启蒙还是解放，重要的是从一种众所周知的依赖转向一种未知但独立的未来。其次，解放的词源学将解放的父系遗产置于突出位置：因为解放仍然与父亲这一人物——或者至少是能够赋予自由的人——紧密相关。解放性批判图像必须考虑这种具有两面性的遗产。

根据这一词源学提示，解放是一种释放某人的特定实践。因此，解放性批判的各种模式在从何之中解放以及如何实现解放这两方面有所不同。我们可以根据批判的"目标"和批判的"方式"来区分解放性批判的不同模式。我列举的两种不同模式是雷蒙德·戈伊斯（Raymond Geuss）有关意识形态批判的观点以及对米歇尔·福柯有关批判的理论的一种特定解读。

戈伊斯的意识形态批判理论详细阐述了批判理论将被解放者从"意识形态藩篱"中解放出来的观点：

> 借助一种批判理论，主体受到启发并得到解放。批判理论会引发主体的自我反思，通过反思可以意识到其意识模式是一种虚假的意识形态，其所遭受的强制是自我施加的。但是……一旦他们意识到这一点，强制就会失去其"权力"或"客观性"，主体就会得到解放。①

批判理论所运用的这种意识形态概念正是戈伊斯所阐释的三种意识形态概念中的第二种：作为虚假意识的意识形态。通过使个体意识到被一种意识形态束缚，批判将个体从虚假的意识中解放出来。为此，通过向个体展示使其信念得以确立的隐密的（社会）进程，以及让个体认识到这些信念来源由于充满着支配性而无法被接受，批判得以"引导自我反思"。一旦意识形态的真实身份被暴露给被其咒语所迷惑的人，其将在反思的意义上变得"不可接受"。因此，批判理论通过为主体提供能够解放自己的知识来解放他们。这样，解放性批判的第一种模式就与解放的两个方面——否定性和固有的家长制——纠缠在一起，以家长制形象出现的批判理论家并非直接的解放主体，而是为主体提供能够进行自我解放的知识。

解放性批判的第二种模式是对福柯有关批判的理论的一种阐释，即强调批判实践，而非广为人知的"批判态度"，后者被阐述为一种美德或一种特殊的抗争。如同戈伊斯的意识形态批判一样，福柯的批判将解放视为批判自身

---

① Raymond Geuss, *The Idea of a Critical Theory. Habermas and the Frankfurt School*, Cambridge: Cambridge University Press, 1981, pp. 60–61.

的活动，但是这两种解放性批判模式的区别在于解放的方式以及从何之中获得解放。

福柯批判的对象是实践（比如《规训与惩罚》中的惩罚实践），在这些实践中，一种决定性的"经验"（比如犯罪行为）得以形成。福柯通过权力、知识和自我关系这三个维度来分析这些实践（惩罚实践），但是当涉及批判时，知识维度会具有优先性，因为批判旨在促进"我们与自身以及与世界之间关系的转变"，这意味着"我们与自身知识之间关系的转变"。因此，他对某些（比如惩罚）实践的批判是从权力、知识和自我关系这三个维度以诊断的形式展开的，进而将主体从强化这些实践的知识中解放出来，从被实践所生产的知识中解放出来。监狱的例子显示了福柯批判模型的苛刻性，因为他必须将读者从其自身可能拥有的关于监狱的知识中解放出来，同时也从监狱所生产的知识中解放出来。正如福柯在《规训与惩罚》中所论证的，从人类科学的知识中解放出来。

福柯的批判如何才能将主体从特定的真理中解放出来，同时从与这些真理相纠缠的主体化模式中解放出来？只能通过制造反真理（counter-truth）。福柯对解放性批判的诊断必须打破其所分析的知识体系的内在局限，并且不能仅仅证伪一种特定的知识体系，因为那将意味着要屈服于知识体系的种种规则。相反，反真理必须挑战这种知识体系的存在条件——赋予这一知识"在真理中"一席之地的条件。在这个层面，"真理与谎言的系统将会……［揭示］长久以来远离我们的那一面，即其暴力的一面"，因此，正是在这一层面，分析获得了政治意义。

像任何解放一样，福柯的批判是一种矛盾的实践，他试图通过不宣告新的真理、不规定如何行动和思考来控制解放所固有的家长制。这种拒绝不利于那些被解放者，因为批判有意使"那些在此之前被视为理所当然的行动、手势、话语成为有问题的、困难的以及危险的"，但并不提供一种现成的解决方法或替代方案。

正如批判的前两种图像那样，区分解放性批判之不同模式的标准——解放的对象（意识形态或真理）以及解放的模式（引导自我反思或生产难以驾驭的知识）——并不能被简单地转移到批判的其他图像中。而且，要讨论解放性批判的规范性，不能要求规范性尺度及其正当性，而是要质疑作为解放的批判活动的规范性。

二、批判的理论的理论活动

这三种描述批判的图像应该足够清楚地解释了我所认为的"批判图像"的含义，同时也表明了这三种图像并未穷尽所有可能的批判图像。然而，针对这种批判的多元性，存在一种普遍的反对意见，即坚持衡量的必要性。难道我没有在所有三种图像中全都使用在第一种图像中使用的尺度吗？难道不是所有的批判图像都包括这种依据准则来证明其正当性的判断吗？

在指出判断的必要性方面，这种反对是正确的，但是它却错误地将判断等同为衡量。尽管我们有时明显地通过衡量来进行判断，斯坦利·卡维尔（Stanley Cavell）关于标准（standards）与准则（criteria）的区分足以让我们意识到将判断化约为衡量的危害。在对维特根斯坦运用准则的讨论中，卡维尔对基于准则的判断与基于标准的判断作出了重要区分：

> 准则和标准都是某个特定的组织用来判断或选择或衡量处于某些特殊地位的价值或成员的方式或条款。但是，我们可以说，准则决定了一个对象是否（在一般情况下）是正确的，它究竟是不是一个相关选项；而标准则区分该选项在何种程度上满足了那些准则。①

我们通过依据适当的标准衡量某物来判断其特定的价值，但是我们实际上是通过使用准则来判断这些标准是否适当。如果像上述那种普遍的反对观点那样，将所有的判断化约为衡量，我们就必须假设固定的准则，并毫无疑

---

① Stanley Cavell, *The Claim of Reason. Wittgenstein, Skepticism, Morality, and Tragedy*, New York and Oxford: Oxford University Press, 1979, p.11.

问地肯定那些决定这些准则之人的权威性；这些判断对于一种批判理论而言似乎是可疑的价值。

然而，即使我们可以应对针对批判的多元性的一般性反对意见，又能从中得到什么呢？毕竟，关于批判的讨论并不缺乏分类：除了外部批判、内部批判和内在批判这一区分外，我们还可以发现建构性批判、重构性批判和谱系学批判。批判的其他形式还有解救性批判、启发性批判或解蔽世界的批判——而这一切都只是冰山一角。

首先，我提出的上述分类的一个优点是，使用这种批判活动的内隐图像来区分批判的形式可以解释其他分类的局限性和问题。我们已经看到，对外部批判、内部批判和内在批判的区分仅仅局限于衡量性批判图像之内，因为该分类旨在通过其各自规范性尺度的正当性及性质来区分这三种批判形式。然而，在衡量性批判图像之外，这些差异将失去意义，因为如果批判活动并未被描述为一种衡量活动，那么就没有任何尺度。

其次，对批判图像进行区分解释了为什么外部批判、内部批判和内在批判的分类，建构性批判、重构性批判和谱系学批判的分类，或者建构性批判、重构性批判、解释性批判和解蔽世界的批判的分类，都是不稳定的分类。除了应该作为异类被区分开来的第三种批判形式，它们都是按照自己的规范性尺度来对批判的形式进行分类的——因为，正如我们所看到的那样，它们必须混合不同准则，以便区分不同图像中批判的不同模式。

最后，第三种批判图像还有一个更重要的优点：当我们关注不同的批判模式如何与各种规范性尺度相关时，就会意识到有关批判及批判规范性的讨论是如何的狭隘。因为这一问题预设了我们将会把我们的讨论局限于衡量性批判图像，进而提前设定什么才算是批判的合法概念。因此，这三种图像——大部分有关批判的理论属于第一种图像——之间的非对称性并不是依据"批判图像"这种启发手段而对有关批判的讨论进行排序的人为产物，而是从中获得的一种洞察力。

然而，对不同的批判图像进行区分，其优点不只是对批判模式进行分类以及对有关批判的规范性讨论进行拓展。因为，内隐在每一种批判理论之中的对批判活动的描述提出了一种简单但重要的问题：我们可以根据其各自的批判图像来理解各种有关批判的理论的理论活动吗？

理论活动是指对批判进行反思的活动。如果批判的理论无疑与描述批判活动的一种批判图像相匹配，那么其理论活动就有赖于那种图像，因为它意味着要从理论上阐述那种图像中的某种批判模式必须做哪些工作。首先要问的问题是：在上述三种批判图像中，哪一种活动是对批判的理论阐述？鉴于其各自的批判图像，那些我用于例证这三种图像的有关批判的理论的理论活动属于批判活动吗？换言之，鉴于有关批判的各种理论对批判所进行的反思，它们属于批判理论吗？

（一）衡量性批判

衡量性批判理论的理论活动是要生产用于批判活动的规范性尺度并使其合法化——这种概念化的生产可以是发现、建构、重构等等。因此，要质问这些理论的自我反思性就意味着质问：生产规范性尺度并使其合法化的理论活动是否可以被视为一种衡量性活动，即是否可以按照其理论自身的批判图像被视为一种批判活动。

由于衡量性活动本身的性质，情况并非如此。应用尺度本身并非一种生产批判活动或使其合法化的尺度，因此衡量性批判必须依赖其他活动来生产并合法化其规范性标准。一种有关衡量为何不是自我反思性的令人信服的论点来自维特根斯坦关于衡量的语言游戏的思想：

> 有一件东西，人们既不能说它是一米长，也不能说它不是一米长，那就是巴黎的标准米尺。——但当然，这并不是赋予它任何特殊的属性，而只是标志出了它在"用米尺进行衡量"这一种语言游戏中的特殊作用。[①]

[①] Ludwig Wittgenstein, *Philosophical Investigations*, trans. G. E. M. Anscombe, 3. ed., Oxford: Basil Blackwell, 1986, §50.

最后一句话非常重要。并不是因为一些神秘的属性使得标准米尺既不是一米长又是一米长，而是因为它在衡量的语言游戏中作为一种建构准则，这样，在没有失去建构作用的情况下就不能成为被衡量之物。衡量性批判的理论活动与用米尺进行衡量并不是同一种活动。然而，就衡量性批判理论通过自己的规范性尺度使用——在其对批判活动的内隐描述中——衡量的语言游戏来说，这些尺度与标准米尺有着相同的语法作用，因此它们本身并不能被衡量。对于衡量性批判的这些模式来说，这意味着只要衡量性批判理论完全坚持衡量性批判图像，它们就不能批判（衡量）他们自身的规范性尺度。原因并非——再次借用维特根斯坦的第二句话——规范性尺度的特殊属性，而是它们在作为衡量性批判图像的批判活动中的功能性作用。在这一批判活动中，它们不能作为该活动的尺度。因此，衡量性批判理论必须要么承认其理论活动是非批判性的（倘若批判活动完全被视为衡量性活动），要么放弃衡量性批判的排他性，承认其他批判图像。而这需要衡量性批判理论家放弃他们对其他使用不同图像的批判理论的讨伐。只要这一让步看起来不太可能，我们就必须将衡量性批判理论理解为非批判性的批判理论。

（二）颠覆性批判

颠覆性批判理论有着更加多样的理论活动，因为颠覆性批判模式在如何将颠覆性批判活动概念化方面比衡量性批判模式拥有更多的选择。而且，运用巴特勒的颠覆性批判模式，将颠覆描述为"本体论层面上的一种叛乱"，我们可以发现这一例子中的理论活动如何被描述为与批判活动几乎完全相反。因为，巴特勒虽然认为批判活动是颠覆被批判之物的本体论基础，但她同时也认为，她的有关批判的理论也要肩负起提供一种新的本体论基础——尽管是有条件的——的责任（尤其在其晚期作品中），基于此，她的理论可以证明颠覆旧的本体论如何可能。因此：

> [如果] 要提出更广泛的关于保护的权利以及持续和繁荣的权利的社

会和政治诉求，我们首先必须有一个新的关于身体的本体论作为支撑，这意味对不稳定性、脆弱性、可伤害性、相互依赖性、暴露、身体的持久性、欲望、工作以及语言和社会归属进行反思。①

换言之，她所要求的颠覆性批判模型是基于一种能够提供新的、具有批判这一基本功能的"社会的"本体论。当然，巴特勒接着强调：

> 在这方面提及"本体论"不是宣传一种对基本的存在结构的描述，这些存在结构区别于任何以及所有的社会和政治组织。②

然而，作为一种政治本体论，其功能是要固化一种将自身的活动描述为颠覆性的批判。巴特勒的颠覆性批判似乎要求一种与该理论批判图像中的批判活动有着明显区别的理论活动——确立或固化。因此，巴特勒有关颠覆性批判的理论并非一种批判理论，至少如果这种颠覆性批判不接受其他批判图像，答案就是否定的。换言之，颠覆性批判要求用概念性工具来进行颠覆，但是对那些工具的理论性制造实质上并未被概念化为一种颠覆性活动。

巴特勒的例子并没有提供一个普遍的理由，使我们相信颠覆性批判图像必然要求一种不能将自身概念化为颠覆的理论活动。巴特勒的颠覆性批判确实诉诸一种固化的理论活动，而一种更普遍的论断相当于声称，颠覆性批判图像中的否定性必然与有关批判的各种理论的肯定性相呼应，这些理论并未颠覆自身并因此（根据其自身的颠覆性图像）属于非批判理论。然而，似乎不太可能排除颠覆性批判属于否定性理论的可能性。

（三）解放性批判

什么是解放性批判理论的理论活动？我们可以将其理解为解放吗？正如

---

① Judith Butler, *Frames of War. When Is Life Grievable?*, London: Verso, 2009, p. 2.
② Ibid.

在颠覆性批判图像中那样,理论活动与解放性批判的特定模式及其如何将批判模式概念化紧密相关。然而,戈伊斯的意识形态批判和福柯的批判性诊断(critical diagnosis)在一个方面是一致的。因为解放性批判的理论一定认为,它们要解放的对象被批判对象所囚禁,它们的理论活动是创造概念来诊断这种囚禁。解放性批判的理论活动因此包括锻造诊断概念,使批判能够揭露这种囚禁,并借此来解放被囚禁的对象。

除了这一共同点之外,两者在如何实施批判方面显现出重大差异。让我们再次从戈伊斯的意识形态批判开始:他需要什么概念来诊断意识形态及其如何囚禁了我们?戈伊斯首先从澄清意识形态的概念开始,将其解释为一种在自我反思的意义上不可接受的世界图像。意识形态是一种"虚假的意识",个体只有在居于统治地位的条件下才会获得。这一意识形态概念满足了下述理论方案的第二种(B1),在戈伊斯看来,这一理论方案是所有批判理论的蓝本。它们包括:

A. 从当前的社会状态(解放过程的"初始状态")过渡到某种被倡导的最终状态在"客观上"或"理论上"是可能的,即:(1)被倡导的最终状态是内在可能的,也就是说,鉴于目前的生产力发展水平,社会在这一被倡导的状态下可以发挥功能并再造自身。(2)从当前的状态(通过特定的制度的或其他改变)过渡到被倡导的最终状态是可能的。

B. 从当前的状态过渡到被倡导的最终状态"在实践上是必要的"。也就是说:(1)当前的状态在反思的意义上是一种无法接受的挫折、束缚和错觉。第一,当前的社会安排会导致痛苦、苦难和挫折;第二,社会主体接受当前的社会安排以及他们所承担的痛苦只是因为他们持有一种特定的世界图像;第三,这种世界图像对主体来说是可以在反思的意义上被接受的,即他们获得这个图像仅仅因为他们处于被强制的状态。(2)被倡导的最终状态将不会有当前状态所拥有的错觉以及不必要的被强制状态,其中主体将会更容易意识到其真实的兴趣。

C. 只有主体将批判理论作为其"自我意识"并依此采取行动时,才能够从当前状态转变到被倡导的最终状态。

除了意识形态概念,这一方案(在 B1 和 B2 部分)还预设了一种关于统治和自由的理论,其有效性最终取决于被解放对象的判断。对戈伊斯来说,传统理论与批判理论之间的一个结构性区别是,这一关于统治的理论如果违背它所解放的对象的判断,将不会具有有效性。戈伊斯将此视为与"执迷"(obsession)的决裂,无论一种批判理论所生产的知识真实与否;因此,这是与"实证主义"科学的决定性差异。然而,批判理论与社会理论或社会哲学是相连的,尽管:

> 批判理论并非真正的"科学"理论,也不是严格意义上的经验社会科学的一部分,我们可以将它视为更广泛的社会理论或社会哲学事业的一部分。①

意识形态批判的诊断概念——可以使批判理论家揭露意识形态并使那些深陷其中者摆脱它——在"常规的"或"传统的"社会理论或社会哲学的理论活动中被锻造,尽管不是在"传统"科学中。解放的批判活动因此被一种理论活动所支撑,这一理论活动本身并非解放,而是分析、分类以及澄清概念。在戈伊斯看来,这正是批判理论家设想其所要求的自由和统治理论的方式。

> 批判理论……声称其内含的关于自由和强制的理论仅仅是一种更清晰的构想,它内隐于被解放者的行为和意识形态中。②

戈伊斯的理论活动缺乏解放的否定性,因此,就其自身的解放性批判图像来说,它并非批判性的。

福柯的理论活动则不同,尽管像戈伊斯的理论一样,它需要锻造诊断

---

① Geuss, *The Idea of a Critical Theory*, p. 95.

② Ibid., 78.

概念，使批判得以揭露这种囚禁，并借此来解放被囚禁的对象。福柯最重要的诊断概念是权力、知识和主体化——并且福柯致力于确保这些概念脱离社会理论或哲学。福柯在法兰西学院的一次演讲中总结了这些概念的"转变"：

> 用对真理（veridiction）形式的历史分析取代知识的历史，用对治理术程序的历史分析取代统治的历史，用对自我的语用学及其所采取方式的历史分析取代主体的理论或主体性的历史，这些都是我尝试在某种程度上界定所谓"经验"的历史之可能性的不同路径。我认为，疯癫的经验、疾病的经验、犯罪的经验以及性的经验在我们的文化中都是重要经验的关键节点。①

因此，福柯的诊断概念并不与社会理论或社会哲学相关联，而是通过"替代"熟悉的概念引入断裂，以得到一种不同的、疏远的实践观念，在实践中，所谓疯癫、犯罪或性的"经验"被生产出来。福柯通过诊断当代经验及其形成来生产反真理，旨在将我们从那些形成了诸如疯癫、犯罪及性经验的真理、权力关系以及主体化模式中解放出来。然而，用于进行诊断的每一个概念自身都摆脱了我们通常所理解的权力、知识和主体。它们被设计出来是为了：

> 在它们所指涉的领域进行系统的价值还原，不妨说这是对合法性效应的一种中立化，是表明什么东西在某一既定时刻让这些领域变得可接受，而且允许它们确实被接受。②

---

① Michel Foucault, *The Government of Self and Others. Lectures at the Coll'ege de France 1982 – 1983*, ed. Fr'ed'eric Gros, trans. Graham Burchell, Basingstoke: Palgrave Macmillan, 2010, p. 5.

② Michel Foucault, "What is Critique?" in *The Politics of Truth*, eds. Sylvere Lotringer and Lysa Hochroth, NewYork: Semiotext (e), 1997, p. 51.

它们旨在通过显示它们是在我们的实践中被生产出来的——而非从外部去建构这些实践——来使普遍共识历史化。并且，它们旨在揭露我们通常认为具有连续性之处所具有的非连续性。因此，福柯的权力概念不考虑合法/非法权力的规范性问题（而是诊断权力如何运作）；其知识概念并不考虑真实或虚假知识的规范性问题（而是揭露使知识拥有真理价值的存在条件）；其主体概念不考虑本真性的规范性问题（而是分析自我与其自身相关联的实践）。福柯对其批判模式的理论阐述将被解放者从特定的区分中解放出来，这些特定的区分使我们的实践只能按照我们已知的样子呈现。因此，福柯的解放性批判模式在理论活动与批判活动中是一致的。概言之，其批判的理论是一种批判理论。解放性批判图像是第一个（在本文所讨论的范围内）其理论活动确实与其所倡导的东西相一致的批判模式。

三、批判的理论与批判理论

到目前为止，我已经提出了两个论点。第一个论点认为，每一种关于批判的理论都属于一种批判活动的内隐图像。为了证实这一点，我提出了批判的三种图像，分别将批判活动设想为衡量、颠覆或解放。第二个论点认为，对批判的理论阐述是一种理论活动，我们可以质疑其是否符合其所描述的批判图像。此外，我建议将那些其理论活动确实能够在其自身的批判图像中被概念化的批判的理论称为批判理论。

一方面，这一建议是直接从我的两个论点中得出的推论。第一个论点相当于声称，任何关于批判的理论都包含一种对其强调为"批判的"活动的描述；第二个论点相当于声称，理论活动本身可能成为符合这一描述的选项。因此，只有当那些其理论活动符合自身批判图像的"批判的理论"，才能被称为"批判理论"。"批判理论"只是那些表现出特定类型的自我反思性的"批判的理论"，因为它们确实在践行其理论言说。因此，我们称之为"批判理论"。

另一方面，在哲学上，没有任何命名行为是简单的，尤其是如果涉及"批判的"这一形容词时。因为，我的这一建议引入了一种标准，可以允许我们将批判理论与非批判理论或传统理论区分开来,这一标准就是:一种理论本身的理论活动是否符合其内隐的批判图像。然而,根据这一标准,大部分有关批判的理论都是非批判性的,至少在它们声称其批判活动的图像是唯一合法的图像时。此外,这一标准与霍克海默在其《传统理论与批判理论》一文中所阐述的区分批判理论与传统理论的著名标准不同。最后,为什么我们要关心一种批判的理论能否根据其如何描绘何为批判活动来解释自身的理论活动?为什么我们既要区分批判图像,又要将批判理论与有关批判的传统理论区别(并切割)开来?

对于如何阐释霍克海默的这一标准,是存在争议的。然而,无可争议的是,它是一种特定的自我反思形式与一种特定的旨趣的组合。传统理论将自身的理论活动视为在其自身的理论成果之外。与其他工作不同,理论工作并不是一种社会实践,而是纯粹的思想。因此,它只是偶然地被置于社会、政治和历史条件下,这就是为什么兴趣——甚至旨趣——不能出现在传统理论的自我理解中。

批判理论在两个方面反对这种理论概念。它们认为,所有的理论活动都嵌入在其所处的社会、经济、政治和历史条件中,并受这些历史条件的启迪。霍克海默认为没有纯粹的思想,并将理论定义为试图接受伴随资本主义劳动分工而出现的资产阶级意识形态。因此,传统理论并不只是在认识论上误解了自身的理论活动,同时在政治上也是错误的,因为它们屈从于意识形态。更糟糕的是,在保卫自己"中立的"、"无私的"或"纯粹的"立场的过程中,传统理论强化了这种意识形态,并且消除了自身的理论活动所具有的所有政治含义。批判理论则将自身的理论活动概念化为一种社会实践,旨在理解它们所属的特定社会,并且其旨趣不仅仅是描述这个社会,而是去征服它。

理论家自身所处的社会组织及位置决定了或者至少强烈启发了他们的思维,依据这种(马克思主义的)观点,霍克海默在他的文章中发展了批判理论与传统理论的区别以及与此相关的对传统理论的指责。因此,他将社会以及社会的、经济的和政治的实践假定为一种真理(正在发生的以及能够真正解释理论家的理论活动的真理),并且我们可以借此将传统理论的自我概念

（self-conception）视为错误的。在这方面，霍克海默用于区分批判理论与传统理论的标准有赖于一种意识形态批判，而这种意识形态批判取决于霍克海默的"社会"和"作为整体的社会"的概念。

我所提出的标准——批判的理论能否根据其批判活动的图像来解释其理论活动——则有所不同，因为我用知识的维度替代了霍克海默作为自我反思中介的"作为整体的社会"的概念。因此，我们需要质疑反思批判的理论活动，以解决在对批判自身进行理论化的过程中"批判"理论与"传统"理论之间的冲突。如果我们探讨批判的规范性方式属于理论活动，并且如果我们想让我们的批判不排斥"进行理论活动"而是致力于"进行理论活动"，那么有关批判之规范性的讨论就不属于元层面（metalevel）的讨论，并且对于反思批判（并非必须进行批判）来说就不是一个安全之地。相反，它是批判理论反对传统理论的又一个战场，并且在此基础上，大部分"批判理论"的行为都是相当传统的。

这一点为什么重要呢？因为，即使不诉诸霍克海默所认为的"传统理论是意识形态的"这一指控，他的有关理论不应将自身的理论活动视为外在之物的论点也仍然有效。那些无法在其批判图像中解释自身的理论活动的理论缺乏用来质疑并批判自身的理论活动的自我反思性。一旦理论活动被理解为仅仅外在于其所阐述的批判概念，它们就不可避免地被排除在批判活动之外，被置于一种永恒的哲学思想的不同层面。然而，如果批判理论旨在具有变革性，就不应假设其理论活动能够保持不变。如果真理具有"时间内核"（temporal core），那么理论活动也是如此。

也许这并不能说服那些满足于"批判的传统理论"的人以及那些仍然有可能否定区分传统理论与批判理论之重要性的人。然而，通过将批判图像多元化，他们也不得不意识到以不同的方式"做理论"的可能性。多元化的批判途径将我们从传统的假设中解放出来，即衡量是有关批判的规范性的一切。这反过来至少提出了一个问题，即我们自身的理论活动是否属于批判地反思我们的实践的一部分，或者我们是否认同将理论活动与批判尝试区分开来这一传统观念。

马克思、柯尔与法兰克福学派：实现社会批判理论的政治潜能[*]

查尔斯·马斯克列 著[**]　　郭海龙 译

[内容提要] 哈贝马斯试图从概念上界定使解放实践制度化的政治形式，这代表着批判理论向前迈出了坚实的一步，这主要是通过构建一种不以对外在自然的工具性统治为前提或理由的理论框架来完成的。为了完成这一任务，在第一代法兰克福学派理论家的论述中，工具理性批判所具有的政治潜能应当通过劳动这一中介使人类实现内在自然与外在自然的协调，G. D. H. 柯尔的"自由意志论社会主义"为此提供了充分的理论基础。

[关键词] 批判理论　人的解放　自然　劳动　自由意志论社会主义

导言

作为第一代法兰克福学派批判理论家中最著名的成员，阿多诺、霍克海

---

[*] 本文原载《资本与阶级》（Capital & Class）2012年第36卷第3期，注释有删节。译文原载《国外理论动态》2016年第9期。

[**] 作者简介：查尔斯·马斯克列（Charles Masquelier），英国埃克塞特大学社会学系学者。

默和马尔库塞一直明确拒绝在他们的理论框架内构建一种清晰可辨的政治形式。相反，他们将社会批判的任务局限于诊断。他们认为，人们只能期待用批判理论去否定导致人类支配其自身和外在自然（客观世界）的社会—政治制度。然而，随着哈贝马斯的理论推进，批判理论最终发展成为一种理论运动，这种理论运动的部分目标是绘制出民主进程的轮廓，使个体能够从"发达资本主义"的压迫机制中找到解放其内在自然（主观世界）的现实途径。实际上，早在《公共领域的结构转型》（1989）中，人们就可以发现，哈贝马斯对于构建这种解放形式的制度安排表现出强烈的关注。哈贝马斯认为，批判理论不仅应当努力发掘内在于现代性中的解放潜能（交往行为），而且必须努力从概念上构建可以（在公共领域）实现这种解放潜能的基本制度框架和各种民主进程。不过，本文将表明，由于将民主决策过程置于物质再生产领域之外，哈贝马斯难以阐明一种可以实现人类解放的政治形式。而对马克思历史唯物主义方法的重新诠释将揭示出重构物质再生产领域本身的需要。然后，本文将阐述 G. D. H. 柯尔的自由意志论社会主义（libertarian socialism）如何以及为何为实现批判理论的政治潜能提供了充分的基础。

民主以及人与自然的协调

在"控制"这个概念中可以发现哈贝马斯的研究课题的主旨，来源于他对道德自律的关注的这一概念已十分明显地形塑了其批判理论的政治内容。事实上，这一内容的关键在于如下观点：人类解放只有在民主控制（democratic control）之下方有可能。哈贝马斯用以下方式简洁地界定了民主概念：

> 我想把"民主"理解为在制度上得到保障的普遍的和公开的交往形式，而普遍的和公开的交往关乎人们在其支配力量不断扩大的客观条件

下如何才能并愿意共同生活这样一个实践问题。①

虽然生产力的发展增强了人类控制技术的能力，但是哈贝马斯赞同下述观点：技术控制（technical conrol）仍旧是把人类从压迫中解放出来的不充分条件。的确，作为以对外在自然进行有效统治为目标的一个领域，技术控制被认为在满足人类的一切需求方面存在不足。个体也应处于决策的地位，而其决策事关为实现共同利益而追随最佳行动路线，或者像哈贝马斯那样用技术控制来回答实践性问题。因此，与这一发展相关的制度化的交往渠道必须得到保障，而通过该渠道，对事关"人们如何才能过上他们想要的生活"这一问题的规范性关切（normative concerns）得以表达出来。进而言之，正是解放这一理念暗示着个体在对有关共同利益之事进行决策时必须处于一个施加控制的地位，所以决策过程应当被假定为民主的形式。那么，对于伴随着物质再生产的民主决策过程，哈贝马斯是如何期待其承担解放职能的呢？

按照哈贝马斯的理论框架，一旦生产力的发展达到一个特殊阶段，人类面临的任务就是就"如何才能并愿意共同生活"形成共识。这就最终要求个体必须处在一个关乎技术进步之命运的决策地位，而技术进步是通过在"制度"范围内对外在自然力量实施技术统治获得的。因此，在追求人类彻底解放的现代社会，问题"可以……被表述为技术与民主之间的关系之一：如何将技术的控制力引入公民就其行动和交易达成共识的范围之内"②。由参与解放实践的个体组成的社会是这样一个社会：在这个社会中，参与"生活世界"中以"相互理解"为目标的各种交往实践的个体，在其理性的控制下通过民主决策过程带来了技术进步。这一共识的目标在于从主体间性的角度定义技术在实现共同利益的过程中所扮演的"正确的"角色。因此，尽管诸如避孕技术、运输技术等新的技术形式一直在发展，但是直到个体通过各种适合他

---

① J. Habermas, *Toward a Rational Society: Student Protest, Science and Politics*, Portsmouth: Heinemann, 1971, p.57.

② Ibid.

们的交往渠道表达出他们的利益诉求,从而确立了这些技术的道德意义,人们才开始谈及人的解放。在哈贝马斯看来,诸如人工流产技术和高耗油交通工具所传达的道德含义这样的实际问题,在行为受效率和权力的"制度性命令"(systemic imperatives)控制的情况下是不存在的。相反,这些实际问题的认识论内容关乎在共同利益的基础上实现理性共识,关乎认真关注有关社会整合的问题,换言之,关乎人类本性的解放。因此,一个社会倘若无法积累足够的社会整合资源,用来发展民主决策过程所需的交往渠道,也就无法为个体提供实现人类解放的手段。

作为一种标志着社会整合领域(即"生活世界")被制度性命令所"殖民化"(colonisation)的社会形态,资本主义发展的高级阶段带来了非常明显的民主赤字。的确,一旦由效率原则支配的操控关系开始干扰实践性问题,后者就会失去其规范性特征,从而导致交往的扭曲。作为一种针对工具理性(instrumental reason)蔓延问题的"解决方案",哈贝马斯建议通过动员业已存在的社会整合资源,并把它们变成反对制度性命令的缓冲器,来控制交往理性的自反性力量。个体应当通过把握他们掌控下的各种交往渠道来做到这些。因而,未被制度性规则所扭曲的交往形式被认为是可能的,其本身就是真正的民主决策的前提,并且不用对制度整合领域进行改变,即不用改变物质再生产。与马尔库塞相反[①],哈贝马斯相信,伴随着资本主义生产方式所产生的"技术理性",自主性可以通过民主决策过程来实现。根据他的观点,这是"一个应在政治上展开有效讨论的问题,它将由技术知识和能力所构成的社会潜能理性地引入到与我们的实践性知识和意愿之间明确和可控的关系中"[②]。在此,哈贝马斯认为,人的解放可以与"技术统治"(technological domination)共存,这是他在认识论上区分技术—科学旨趣(technical-scientific interests)与实践—规范旨趣(practical-normative interests)的结果。不过,笔者认为,

---

[①] 在《单向度的人》(1955)中,马尔库塞揭示了"技术理性"的政治特征,并呼吁一种"新"技术。

[②] J. Habermas, *Toward a Rational Society: Student Protest, Science and Politics*, Portsmouth: Heinemann, 1971, p. 26.

该区分依据的是一种虚幻的假设,这种假设认为物质再生产领域排斥一种规范性的取向。

关于劳动的社会整合功能

在哈贝马斯看来,马克思社会理论的一个核心问题在于如下事实:马克思将"潜在的生产力"置于社会演化的核心。哈贝马斯认为,应当把生产力的发展视为马克思所说的"主客体相互联系的世界"发生变化的关键驱动机制。然而,对马克思的唯物主义的这种理解没能充分认识到马克思所说的社会—经济结构之驱动机制的复杂性。正如马克思主义最杰出的代表之一普兰查斯(他试图揭示物质再生产领域中合法性结构的嵌入性)所说:

> 生产关系超越生产力之上居于首要地位,这就使它们之间的关系以生产和再生产的过程这样一种形式表现出来。生产力本身确实具有物质性,这是决不能被忽视的;但是生产力总是在既定的生产关系中被组织起来的。因此,两者可能会彼此矛盾并处于不平衡的发展形式之中,在生产关系发挥首要作用的过程中常常如此。[①]

在此,普兰查斯指出,正如马克思本人所理解的那样,社会的物质性不能被简单地归结为生产力。事实上,现在我们发现,对马克思的唯物主义立场的准确理解应当是,将重视生产组织的基础性作用——即劳动分工、财产权、法律、合法性——视为生产资料所有者阶级将其生产主义体制(productivist regime)强加给没有财产的工人阶级。毕竟,是马克思首先提出了下述观点:资本主义劳动分工与飞速发展的生产力及其生存状况(剥削和异化,它们是资产阶级社会的特征)之间存在着直接的因果关系。通过重新评估生产组织在生产力和社会发展中的作用,人们得以充分认识到所谓"制度性命令"(效

---

① N. Poulantzas, *State*, *Power*, *Socialism*, London: New Loft Books, 1978, p. 26.

率和生产力）在认识论中的地位，而且通过追溯资本主义劳动分工的出现，这种"制度性命令"不再被视为一种单纯的技术型知识建构旨趣（knowledge-constitutive interest）的要素，而是被视为源自生活世界的要素。效率和生产力不仅意味着在技术上对自然这种物质材料的攫取，而且被注入了一种文化力量，这种文化力量意味着人们在改造外在自然时对个体间的相互交往以及个体的内在自然的一种价值判断。因此，无论资本主义的发展处于哪个阶段，有效性要求（validity claims）的真理内容都会根据由效率和生产力所形成的规范性框架进行评判。在这个意义上，马尔库塞所说的"技术统治"的政治特征就不能在国家与经济相分离所导致的技术控制的独特逻辑下用一种相互作用的逻辑来解释，而必须直接溯及围绕劳动分工组织起来的物质再生产领域。因此，既然"效率和生产力不存在［价值］中立的观念"，并且也不存在价值中立的物质再生产，那么我们就可以说，哈贝马斯在改造外在自然的过程中形成的知识—思想形态与由主体间的关系所构成的形态之间所做的区分是不成立的。因此，效率和生产力事实上由组织社会生活的特定方式构成，而社会生活是有关"人们如何才能并愿意共同生活"的问题。

通过揭示技术必要的政治性和规范性，实际上会在决策过程中使人的解放旨趣指向物质再生产领域的实践属性。解决现代社会所面临的民主赤字问题的方案可能主要在于将技术控制置于"政治公众"（political public）直接的民主控制之下，比如我们在马克思本人的共产主义愿景中所发现的那种形态。然而，哈贝马斯对此回应道：

> 可以将社会生活的再生产理性地规划为生产使用价值的过程；社会将这一过程置于技术控制之下。技术控制按照结成社团的个体的意愿和判断被民主地实施。在此，马克思将政治公众的现实评判等同于对技术的成功控制。同时我们了解到，即使运行良好的、有计划的官僚体制拥有对商品生产和服务的科学控制，也并非实现相互关联的物质生产力和精神生产力的充分条件，而这两种生产力是为了在一个获得解放的社会中实现享受和自由所需要的生产力。因为，马克思并没有在每一个层面

对科学控制物质生活条件与民主决策之间可能出现的差异进行考量。①

哈贝马斯的反对非常明确。由于物质再生产与民主决策是对应着不同的认识论取向的两个领域的活动,因而由政治公众直接控制生产会不可避免地将现实问题与技术形态问题混为一谈。"为了实现那些要么未经讨论就直接预设、要么通过交往予以确定的目标,似乎需要采取适当的手段。"② 换言之,生产的本质就是:任何将它置于"结成社团的个体"直接的理性控制之下的尝试都必然导致形成一种完全按照效率和生产力的要求进行管理的社会,因此,这种尝试无法提供人的解放所需要的条件。因而,根据哈贝马斯的观点,对工业的民主控制只能产生这样一种社会:民主决策所需的交往能力被官僚机构严格管理和压制的特征所抑制。

不过,哈贝马斯有关利用民主控制物质再生产的认识忽视了人类与外在自然之间关系的一种可能性,即采取一种不同于目前主导劳动力领域的原则进行管理。然而,马克思的理解并非如此。事实上,他所设想的劳动概念超越了工具理性的局限,通过阐明人类承认自己是自然的一部分,该概念深刻批判了"集权化的国家权力,包括无处不在的常备军、警察、官僚、僧侣和司法机关等机构",并反过来以巴黎公社为例,通过"生产者自己的政府"来支持"劳动者的解放"。因此,可以认为,生产者对非工具理性的控制,其前景取决于如何认识将劳动作为协调人与自然的改造过程,进而从概念上告别资本主义的生产主义模式以及苏联的生产模式。所以,虽然马克思确实无法"考量"其作为一种自我实现的劳动概念及其相应的制度框架的认识论意义,但是他的部分作品仍然提供了一种概念工具,借助这种概念工具,人与自然的关系,以及由此所导致的生产者对工业的直接控制,就可以避免预设一种工具理性形态。

---

① J. Habermas, *Toward a Rational Society: Student Protest, Science and Politics*, Portsmouth: Heinemann, 1971, p. 58.

② Ibid.

直到霍克海默和阿多诺的著作出版，人们才对人与自然之间的非工具性关系进行了认识论方面的思考，这与从马克思的著作中发现的作为自我实现的劳动概念相一致，自此，马克思的观点日益为人们所接受。然而，这两位法兰克福学派成员都有意识地尽力回避从概念上阐述这一事关制度框架的关系，并声称任何这样的企图要么适得其反，要么会产生有害的影响。不过，他们仍然认为，对外在自然的改造与人类本性的解放具有直接关系，并在此基础上阐述了他们的批判理论，这一理论隐含着通过人与自然的协调实现人的解放的假设，要求采取一种创造性的活动形式，以调节人与自然的关系以及人的内在自然与外在自然的关系，使直接参与这一活动的个体实现自主控制。这就是为什么霍克海默开始认识到"工人委员会制度"符合"那种将为新社会指明道路……的理论观念"。因此，尽管霍克海默和阿多诺在探索替代性制度框架的过程中受阻，但是他们关于人的解放的观念——人与自然的协调及其认识论意义上的概念探索（审美理性）——直指关于劳动的"政治方面的有效讨论"。

此外，如果人们接受那种认为"革命运动是对它所反对的状况的否定性反思"[①]的观点，他们就会被迫接受将现有的社会—政治制度与一种替代性的制度模式进行对比的任务。而且，由于上述法兰克福学派成员对发达资本主义官僚机构的压迫特征有着相同的看法，所以他们肯定也同样认为：任何针对他们所反对的状况的否定性反思都应努力避免导致这种事态发生的条件再次出现。然而，虽然他们都将工具理性的起源追溯至对外在自然的工具性统治，却对这种关系与人的解放所应具有的相关性持有不同看法。虽然阿多诺、霍克海默和马尔库塞指出了资本主义的全面压迫，但是哈贝马斯坚持认为，改造外在自然的一切行动都必须由工具理性支配，这就捍卫了与人的解放相伴而生的工具理性的存在。然而，上述情况表明，哈贝马斯的民主模式取决于不确定的"生活世界/制度"的分化。因此，人们可以得出如下结论：任何

---

① M. Horkheimer, "The Authoritarian State", in A. Arato and E. Gebhardt (eds.), *The Essential Frankfurt School Reader*, London: Continuum, 1982, p.99.

试图摆脱其压迫特征的社会都必须以超越"自我保护"（self-preservation）为前提，即使是在劳动过程中。从这个意义上说，对工业的自主控制，即第一代人的解放观念的悄然产生，必须在一切方面摆脱由私人利润和制度性剥削所驱动的那种效率形态。因此，第一代批判理论家对其所反对的状况的否定性反思，与包含在基尔特社会主义者 G. D. H. 柯尔作品中的观点密切相关：

> 基尔特社会主义的驱动力来自一种深刻的信念："人生而自由"——自由应该是全面的和完整的。然而，官僚主义者却从"效率"的角度看待生活，其愿望是：国家应该着眼于发挥机器生产的最大效益，用以安排和管理本国公民的所有事务。对官僚主义者而言，为了下级的利益，生活必须由上级来安排。其理想是一种伪装成民主的官僚制。①

像包括哈贝马斯在内的法兰克福学派成员一样，在认为民主应该蓬勃发展的基础上，柯尔反对官僚机器的运转原则。虽然他在这里指出，取代资本主义的是严重官僚化的国家社会主义，即一个经济事务由国家直接管理的特定制度模式，但是可以确定的是，该模式的发展取向与那种"充分的和彻底的自由"的发展取向在总体上是背道而驰的。因此可以认为，由于柯尔和哈贝马斯都是基于某种类似的原因而明确批判国家对经济事务的管理，所以两人的立场至少部分相同。然而，柯尔不再反对对工业实施必要的直接控制，也不再将自主性置于物质再生产领域之外，而是设想了这样一种制度模式，使"民主原则不仅（或主要）适用于被称为'政治'的某些特殊领域的社会行为，而且还适用于社会行为的任何形态，尤其是工业、经济以及政治事务"②。

与哈贝马斯的前述观点相反，但是与法兰克福学派第一代批判理论家的

---

① G. D. H. Cole and W. Mellor（eds.）, *The Meaning of Industrial Freedom*, London: Herald, 1918, p. 25.

② G. D. H. Cole, *Guild Socialism Restated*, Brunswick, NJ: Transaction, 1980, p. 12.

理论思想相同，柯尔认为人的解放有赖于劳动者的自主性。确实，柯尔认为，这种"对资本主义的全面控诉指出，资本主义破坏了工人的自由和个性，使人沦为机器，把人当作生产的手段，而不是使生产服从于生产者的福祉"，因而人们可以期待，这些问题"只能通过工人争取自己的自由并证明自己的个性，通过他们拒绝被当作机器，以及通过他们决定自主地控制自己的生活和工作"来解决。① 换言之，只要"工业领域的专制仍然不可挑战"，社会就无法满足人类解放所需要的条件。然而，柯尔通过倡导对工业实施民主控制，不仅捍卫了在物质再生产领域发生的决策性质的变化，而且还号召对人与自然之间的关系进行彻底变革。为了将民主引入工业，必须使人们最终摆脱效率和生产力的工具性控制成为现实。因此，一言以蔽之，虽然哈贝马斯呼吁要控制"统治的非理性"（irrationality of domination），但是柯尔——以及法兰克福学派的第一代成员——又主张这种非理性具有抑制作用。下一节将探讨柯尔如何构想民主决策过程的制度化，以便使这种决策可以用来协调关系到人们"如何才能并愿意共同生活"——其行为是为了改造外在自然——的各种事务。

结社模式与解放实践

虽然柯尔热衷于揭露和克服资本主义社会经济制度的专制性，但是他也对具体体现这种社会形态的政治组织形式——即资本主义国家——进行了频繁和持续的批判。的确，柯尔不仅揭示了导致民主赤字的现有的"[作为] 阶级统治机构的政治机器"，而且还试图表明民主赤字是如何与国家在处理现代社会日益增长的复杂性方面的无能相关联的：

> 人们发现自己被要求掌握的并不是以往那种治国之术，而是对建立在一个广大的社会之上的政府进行规制之术，这个社会基本结构的变化

---

① G. D. H. Cole, *Self-Government in Industry*, London: G. Bell & Sons, 1917, p. 23.

如此之快,以至于其问题的重要性和日益复杂性已经令人失望地超出了学会集体控制国家这种高难度技艺的能力。在科学的指导下,事物脱离了人,对社会意识的探索也越来越落后。①

因此,现代国家机器的缺陷不能仅仅用利益和阶级统治来解释。人们必须转向支撑资本主义社会政治体系的制度结构,才能充分领会出现民主赤字的原因。而且,柯尔力求警示我们:在为"集体控制"(collective control)提供机会方面,现代国家日益无能为力。他认为,代议模式,即国家基础上的"代议制民主",在兑现解放的承诺方面已然失败。相反,由于这种有限的控制,"代议制民主"已经使个体产生了这样一种状态,在这种状态下,个体"感受到茫茫人海之中的孤独,除非有人驱使他们参加群体活动",并因此使他们易受"最响亮的声音或者……最响亮的扩音器以及最有效的宣传技巧"的影响或控制。② 由于代议制的制度结构和模式无法包容公民对国家的直接控制,这种直接控制需要"社会中的每一个人都有机会作为个体并独立行事"③,因而柯尔最终不得不抛弃"全能国家及其全能议会,[因为]其完全不能适应任何真正民主的共同体"④。基于这个原因,全能国家和全能议会"必须毁灭或彻底消亡"。因此,这意味着,除了克里斯·怀亚特(Chris Wyatt)指出了马克思在《法兰西内战》中的政治取向与柯尔的研究工作之间的关联性之外,柯尔的自由意志论社会主义还构成了解决法兰克福学派所认识到的那些问题——这些问题与资本主义发展到发达阶段时各种社会—政治制度的蓬勃发展有关——的政治策略。

那么,何种形式的代议制结构和模式会适合承载一个真正民主的社会呢?在柯尔看来,如果现有的政治机器的核心问题在于其"庞大性"和脱离个体的日常事务,导致其在充分认识公民特定的且不断变化的需求方面无能为力,

---

① G. D. H. Cole, *Essays in Social Theory*, Houndmills: Macmillan, 1950, p. 91.
② Ibid., p. 99.
③ Ibid.
④ G. D. H. Cole, *Guild Socialism Restated*, Brunswick, NJ: Transaction, 1980, p. 32.

那么它必须遵循如下需求:"只有控制小事时共同行动,才能控制大事,人们在此过程中发现,比起理性地独立行事,邻里之间相处的经历会使他们信任更大范围的决策。"① 出于这个原因,政治领域的制度结构必须被重组成"小到足以传达邻里精神和私人情感的团体"。换言之,根据柯尔的观点,克服现有政治生活中的问题最好是通过将其重组成各种社团,社团的地方特征将使每位成员对"更大范围的决策"的控制最大化,而这种决策需要代议制。

在谈论民主时,正是"交往最大化"这一工具性的关键标准远远超过了社团的地方性,成为社团存在的理由。因为,正如柯尔进一步指出的那样:"为满足共同需求而需要共同行动的那种自觉意识,是社团的基础。"② 社团有效地致力于如下直接目的:赋予其成员成为个体的机会,在与他人合作的过程中独立行事。在这个意义上,每个社团的成员都通过一个源自"将关于他们需求的意识转化成为意愿"的共同目标组织起来。因此,任何期望最大限度地直接控制决策过程的政治代议制都必须围绕各社团的宗旨组织起来。然而,虽然重组代议制政治机器的制度结构和模式是实现真正民主社会之目标的必要步骤,但是,正如已经证明的那样,重新组织起来的代议制仍然是不充分的。正如柯尔所言:

> 社会应该这样组织起来,目的是让个体和集体的所有成员尽可能地有机会进行自我表达……这涉及并意味着通过社会的一切组成部分去推广积极的自治。③

因此,柯尔努力赋予生活以独立自主的自由理念(可能性),该理念不会导致"个体的自我表达"存在的条件再次变成自我保护(现实性)。他认为,

---

① G. D. H. Cole, *Essays in Social Theory*, Houndmills: Macmillan, 1950, pp. 94–95.
② G. D. H. Cole, *Social Theory*, London: Methuen, 1920, p. 34.
③ G. D. H. Cole, *Guild Socialism Restated*, Brunswick, NJ: Transaction, 1980, p. 13.

为了实现这样的任务，物质再生产领域本身不能被排除在通过制度结构重组社团这一过程之外。正如柯尔所言，这里的任务就是创造有助于"自我表达"的条件，"将共同体精神输入到工业之中"，进而实施直接控制。随着由个体控制的市场力量组成社团，并且每个社团的政治代议模式都是旨在维护各种成员的利益，人们看到了制度框架的轮廓，即能在社会生活的一切相关方面提供应有的人的解放。因此，可以认为，柯尔的制度框架以这种方式实现了批判理论的政治潜能，从而为克服第一代法兰克福学派曾坚持揭露的那种现实性与可能性之间的鸿沟提供了基础。

在此，人们仍然有理由追问：柯尔是如何构想与经济相对应的政治领域的？或者换一种追问方式：柯尔是如何构想各种社团通过彼此之间的相互作用形成一个相互联系的整体的？为了提供一个答案，我们应该转向社团的宗旨。如上所述，每一个社团的成员都由一个构成社团宗旨的共同目标团结在一起。在柯尔看来："每一个这样的目标或宗旨都是社团之职能的基础，这种职能一直被视为社团的责任。"[1] 因此，为了努力实现一个具体的目标，每一个社团都会行使特定的职能。所以，职能也被柯尔描述为"社会组织的基本原则"，它应成为服务的基础，在政治上代表被组织到经济和公民社团之中的各种个体的利益。柯尔将职能原则（the principle of function）的优势总结如下：

> 由于各社团的社会职能得到展现……不仅保障了工作的顺利进行，带来了社会组织的凝聚力，而且还消除了个体通向"美好生活"的社会障碍。总之，这种职能不仅是"这个社会"的关键所在，而且也对共同体和个体的福祉至关重要。[2]

随着政治、经济和公民社团形成一种制度框架，支撑发达资本主义社会

---

[1] G. D. H. Cole, *Self-Government in Industry*, London: G. Bell & Sons, 1917, p.23.

[2] G. D. H. Cole, *Social Theory*, London: Methuen, 1920, p.62.

各种制度的效率原理,由于在走向"美好生活"时遇到了"社会障碍"①,将被职能原则所取代,而职能原则对社会生活各个领域的总体影响在于提供了一种自洽的基础,"使被资本主义压制和扭曲的那种创造性的、科学的和艺术的冲动"能够蓬勃发展,并"使现已被扼杀的公民精神能够在恢复人类对生活中美好事物的品味和鉴赏方面创造奇迹"。②然后,最重要的是,凭借其地方化、合作性和职能性的特点,社团为个体提供了组织手段,以支配各种政治、经济和文明进程,掌控国家与市场,同时在呈现出社会和谐的特征后能确保个体的自我实现。

为了充分理解使个体关于美好生活的观念与共同利益相契合成为可能的机制,我们应当转向柯尔思想的主要来源,即卢梭的社会和政治思想。卢梭吸引柯尔之处首先在于卢梭对个人利益与共同利益之间的关系这一难题的关注,而这位法国思想家所主张的共同利益已经在其"公意"(general will)概念中得到了解决。虽然现在有关这个著名概念存在的问题已广为人知,但是"公意将意愿(will)这一概念——而不是'同意'(consent)这个被动的概念或服从上级命令这个令人反感的概念——置于社会思想的核心"③,柯尔正是因此而对卢梭钦佩有加。正如柯尔自己所说,这是一种"特殊的意愿",理由如下:

> 他[卢梭]一直坚持认为,人们无论何时、以何种积极的目的、采用何种结社模式进行联系或者形成社团,都应形成对社团的一种态度,即关照社团的普遍利益,而非个体的利益。这并不是说他们不考虑个体的优势,而只是说,在社团活动中,或强或弱地存在一种追求整个组织或其所有成员之优势的因素,它异于只追求个体优势的因素。④

---

① 这种"社会障碍"包括诸如竞争、异化、分工现象、劳动、阶级不平等、官僚制和工资制等现象。
② G. D. H. Cole, *Guild Socialism Restated*, Brunswick, NJ: Transaction, 1980, pp. 115 – 116.
③ G. D. H. Cole, *Essays in Social Theory*, Houndmills: Macmillan, 1950, pp. 113 – 114.
④ Ibid., p. 114.

因此，柯尔实际上并未试图证明卢梭是否成功地彻底解决了上述难题，而只是对卢梭试图解决该难题的方式感兴趣。柯尔发现，通过强调社团行为中的意愿概念，卢梭已经揭示出人们积极寻求实现社团（或公共利益）宗旨的机制。"注重社团利益而非个人利益的态度"的发展，在下述情况下才会成为唯一一种可能，即个体无论在何处都会意识到这样一个事实：一种需求的满足需要合作行为，因为在这种情况下，尽管社团会有效地体现每一个个体不同的意愿，但最终仍会将共同利益变成每一个个体美好生活的延续。在这个意义上，一种使个体按照自己的意愿行事的制度框架，会为将社会团结发展成为一种情感（sentiment）创造制度条件，并最终使共同利益（或社团宗旨）转化成为每一个社团成员都可以积极参与并亲自负责的规划。正因为如此，社会团结被认为会经历"强有力的冲击"，抑或"一直被坏制度所笼罩但尚未遭到破坏的原始的社会冲动"[1]，而这种冲击或冲动的释放将使在经济和政治生活中重组社团成为可能。

现在可以更明确的是，柯尔所阐述的结社模式如何以及为何能为法兰克福学派成员提出的问题提供解决方案。可以说，人的解放涉及人的内在自然、外在自然与人的解放本身的协调，而为了为人的解放创造有利条件，制度框架必须以下述方式进行设计：摆脱物质再生产和工具理性的政治生活，并让"情感"成为"决定人类事务的一种力量"，或者用哈贝马斯自己的术语来说，这是一种塑造事关"人们如何才能并愿意共同生活"之决策的力量。正是因为心怀这种特殊的关切，柯尔才力求用其结社模式将这种美好生活具体化——其目标既是实践性的又是技术性的；在他看来，这种具体化不能仅仅局限于重组生产领域，也应扩展至消费。下一节将介绍他坚持如此阐述的原因，并进一步说明柯尔的自由意志论社会主义如何有效地致力于实现批判理论的政治潜能。

生产、消费和对话

以正统马克思主义的观点为主导，以克服与资本主义生产方式相关的问

---

[1] G. D. H. Cole, *Essays in Social Theory*, Houndmills: Macmillan, 1950, p. 129.

题为宗旨，从概念上构建各种替代性的社会模式无疑有利于，甚至促进了工人对生产的民主控制。正如马克思本人的研究发现，私有制及应运而生的工资制将劳动者的行为、进而将劳动者本人变成了资本积累的一种手段，并导致由绝大多数个体组成的社会依附于这种经济制度。人们认为，人的解放只能在社会层面不断发展完善：一旦物质再生产领域得以重组，就可以消除这种生产体制的异化、剥削和压迫等特征。这就是我们之所以可以在《法兰西内战》中看到马克思以巴黎公社为例来捍卫"生产者自治"的原因，也是马克思在著述中所推崇的替代性的社会模式理论特别强调对生产体系进行彻底重组的原因。

尽管那种向往真正解放之社会的愿景包含着对个体与劳动之间关系的详细分析，然而这一愿景在自我实现的过程中往往会忽视消费的作用，并以其理论化作为内在自然的维度。例如，虽然马克思本人确实意识到满足需要的一般过程（生产和消费）具有非人道性，但是他并未尝试将产生压迫机制的消费领域作为一种独特分析的重点。因此，他并未追问自己，个体是否确实在消费方面成功地找到了解放的途径，因为他相信，劳动者无法实现自我价值的事实必然会在总体上阻止社会获得实现人类解放的手段。不过，可以确信，通过将其政治经济学批判的核心置于生产之中，马克思实际上并未预料到消费在资本主义发展的发达阶段最终发挥的作用。确实，正如哈贝马斯所认为的那样，不仅消费层面已经成为价值生产的中心环节，而且正如第一代社会批判理论家所描述的那样，消费最终在压迫方面发挥着关键的职能作用。

在研读阿多诺、霍克海默和马尔库塞的著作时，人们必然会意识到在包含"文化工业"等体制的消费领域之中发现的这种压迫机制的重要性和复杂性。他们认为，在"大众文化"时代，人们应该对个体"作为生产者和消费者"的体验及其自我保护原则均产生于资本主义生产方式这种状况予以揭露。在一种敌对和竞争环境的压迫下，即在个体只能指望"最娴熟地……应对这种现实"的生存条件下，作为生产者的个体不得不放弃任何有望自我实现的劳动，最终转向被第一代批判理论家称为"自我保护"的领域，他们希望在该领域找到在生产中被否定的愉悦和舒适。因此，该领域使人产生"向往

'安全感'的理由",再加上追求愉悦,从而使作为消费者的个体变成即使对最肤浅的和不完整的本能释放也能作出即时响应的反应器。由于这个原因,严格依靠"心理驱动"机制,它们最有可能对一种体制——比如文化工业——作出响应,而"心理驱动"机制会使那种轻松的和非反思性的愉悦体验成为可能,这种体验是一种不经历感性和认知能力的自我实现过程的愉悦形式——换言之,是一种不能真正达到满意的满足形式。然而,在声称获得了愉悦的同时,由于因自我保护所产生的不安全感与日俱增,以及遵循有效进行资本积累的逻辑,因而消费者的文化体验被有效地局限于"适应和毫无反思地服从",因此,这一制度在实现其自身的承诺方面存在欠缺:

> 文化工业不断在向消费者许诺,又不断在欺骗消费者。它许诺说,要用情节和表演使人们快乐,而这个承诺却从没有兑现;实际上,所有的诺言都不过是一种幻觉:它能够确定的就是,它永远不会达到这一点,食客总归得对菜单感到满意吧。①

通过限制消费者在"消遣"和"娱乐"方面的体验,文化工业生产的电影、音乐和其他文化产品越来越无法提供使个体得到持续的自我满足从而实现本能升华的文化形态。相反,文化工业往往"尽可能完全俘获消费者并通过心理驱动使消费者产生预谋效应"②。因此,

> 一个人只要有了闲暇时间,就不得不接受文化制造商提供给他的文化产品。康德的形式主义还依然期待个人的作用,在他看来,个人完全可以在各种各样的感性经验与基本概念之间建立一定的联系;然而,工业却掠夺了个人的这种作用。一旦它首先为消费者提供了服务,就会将

---

① [德]霍克海默、阿道尔诺:《启蒙辩证法》,渠敬东、曹卫东译,上海人民出版社2006年版,第126页。

② T. W. Adomo, *The Culture Industry*, J. M. Bemstein (ed.), London: Routledge, 1991, p.166.

消费者图式化。康德认为，心灵中有一种秘密机制，能够对直接的意图作出筹划，并借此方式使其切合于纯粹理性的体系。然而在今天，这种秘密已经被揭穿了。如果说这种机制针对的是所有表象，那么这些表象却是由那些可以用来支持经验数据的机制，或者说是文化工业计划好了的，事实上，社会权力对文化工业产生了强制作用，尽管我们始终在努力使这种权力理性化，但它依然是非理性的；不仅如此，商业机构也拥有着这种我们无法摆脱的力量，因而使人们对这种控制作用产生了一种人为的印象。这样，再也没有什么可供消费者分类的东西了。[1]

在那种意图尽可能广泛地吸引受众的心理驱动机制的控制下，文化工业通过分离理性与感性而获得了操控权，并主要致力于满足感性，而个体在释放本能的过程中失去了控制。然而，由于由此产生的本能的"俗化"（desublimation）意味着个体处于体验本能的瞬间满足的地位，因而个体无法对围绕在其周围的那种充满敌意的、操纵性的环境提出质疑。因此，总的来说，虽然在这种情况下，文化工业在广告宣传和市场营销策略中所不断许诺的那种愉悦只是一种幻觉，但是个体在消费领域所寻求的对选择的控制同样也是虚幻的。因此，在资本主义发展的发达阶段，个体无法解放作为生产者的自己，也无法解放作为消费者的自己。

在消费领域可以发现一种被心理驱动机制所压制的核心职能，而一旦这种核心职能被揭示出来，就会成为批判理论家的研究主题。批判理论家们致力于探讨这样一种状况，在这种状况下，消费领域和物质再生产领域可以共同服务于美好生活的实现过程，这种美好生活使每一个人的自我发展不再以专业技能或资本积累的成功为愿景。因此，用概念来建构任何一种旨在创造人的解放的有利条件的替代性制度模式的尝试，都必须指向消费和物质再生产这两个领域。柯尔在这种关切中阐述了他的结社模式：

---

[1] ［德］霍克海默、阿道尔诺：《启蒙辩证法》，渠敬东、曹卫东译，上海人民出版社 2006 年版，第 111—112 页。

为了整个共同体的利益将工业组织起来的唯一方式就是创造一种制度，使生产者控制生产和消费者控制消费的权利得到认可和确立。①

虽然柯尔意识到这样一个事实，即由于"工人没有发现工作的趣味或快乐，所以［他］会在工作之外的业余时间寻求愉悦"②，但他也清醒地意识到另一个事实："很明显，产品的特征及其使用取决于用户。"因此，不能把决定权"留给不相干者"，这些不相干者包括市场的力量，或者更具体地说，是"商业机构"。因此，必须对生产和消费实行民主控制。

可以说，柯尔对消费的关注，揭示了其自由意志论社会主义的制度框架与上一代法兰克福学派的批判理论之间重要的相似性和互补性。虽然阿多诺和霍克海默确实只是试图揭示个体作为消费者受压迫的运行机理，但是我们可以在概念上构建柯尔所提供的这种将个体从压迫中解放出来的理论之基础，并付诸实践。因此，可以认为，为呼应法兰克福学派思想家的消费观，柯尔事实上是从导致个体体验俗化的那种压迫形式的心理驱动机制来看待消费的，即把消费作为解放内在自然的最重要方面。因此，这种消费观标志着对此前将解放实践制度化的尝试的明显偏离。通过将其关注的范围限制在作为工人的个体的生存条件上，教条化的马克思主义把自己局限在了多少有些狭隘的社会愿景中，在这种社会中，自由市场这只看不见的手被计划者显而易见的威权统治所取代，其作用往往体现在满足社会的普遍需要这一具有高度挑战性的任务上。在这样的制度框架下，作为消费者的个体将失去对自身需求进行界定的所有控制权，从而无法找到自主地实现自我所必需的存在条件。因此，要从概念上阐述旨在将人的解放变成现实的一种替代性愿景，必须同时认可消费在实现美好生活的过程中所发挥的作用。事实上，正如柯尔所言："倘若美好生活是从消费中获得满足与从成功的创造中获得满足的融合，那么唯一的答案……是因为人们必须集体决定他们最喜欢的这些元素是由什么融

---

① G. D. H. Cole, *Self-Government in Industry*, London: G. Bell & Sons, 1917, p.281.
② G. D. H. Cole, *The Case for Industrial Partnership*, Houndmills: Macmillan, 1957, p.16.

合在一起的。"① 一旦资本主义生产方式发生变化的本质得到阐释，我们就可以进一步认识到其与自我实现的相关性。的确，如上所述，作为工资制度和劳动分工发生异化的结果，个体为了实现自我，已经转向了消费领域。因此，通过消费重组民主社团，不仅会在人的自我实现中发挥消费应有的作用，而且也会致力于克服资本主义发达阶段日益复杂的新压迫形式，从而使作为消费者的个体在界定自身的需求时有所控制，并在界定那些需求的过程中为个体表达其感性的客观性提供可能性。

然而，人们在这一点上有理由追问个体是如何组成这种社团来协调其行动计划的。换言之，虽然人们似乎可以很快明白为什么个体最好应通过社团获得解放，但是仍然难以理解人的解放如何才能在社会层面共同实现。为了回答这一问题，人们必须首先转向社团的存在理由。就像柯尔所认为的那样，如果带着"为了获得满足而需要合作行为"的意识加入社团，人们就可以立刻体会到个体成员的美好生活与社团整体的共同利益之间的一致性。因此，每一个社团的宗旨都会被其成员作为自己的目标来追求。然而，为了确保满足需求的过程得以实现，生产者必须了解商品和服务的数量与质量，而消费者则应有权表达他们的需求。基于这种关切，柯尔设想在各团体之间进行对话。一旦生产者团体与消费者团体进行对话，各团体的成员将捍卫作为自身利益的社团利益，并"在平等的条件下进行谈判"。因此，对话会使需求的满足转变为"使生产者和消费者的自由最大化"的进程。随着自由市场这只看不见的手被通过各自结成民主社团的供求双方之间的对话关系所取代，人们逐渐获得了一种对这样一种制度框架的理解：满足需求的过程直接取决于有关"人们如何才能并愿意共同生活"的决策。

结 论

总之，第一代批判理论家们一致认为，人的内在自然的解放有赖于改造

---

① G. D. H. Cole, *Essays in Social Theory*, Houndmills: Macmillan, 1950, p. 97.

外在自然的过程。不过,他们未能在制度结构——在这种制度结构中可以发展出人的解放所需要的一整套社会关系——方面提供任何见解。因此,哈贝马斯试图将人与自然的协调制度化,并试图将这种制度化当作关乎人类与制度化之间关系的事务来看待,这种尝试明显偏离了上一代批判理论家。然而,由于将民主决策过程排除在物质再生产领域之外,并且拒不承认在人类与外在自然之间存在另一种可替代性关系的必要性和可能性,因而哈贝马斯未能阐述一种政治形式,从而以实践为手段,为个体民主地表达"人们如何才能并愿意共同生活"提供潜能。因此,笔者在本文中力求通过协调哈贝马斯本人之理论取向的描述性特征与人的解放途径,来实现批判理论的政治潜能,而人的解放正是第一代批判理论家所捍卫的人类与内在自然的协调以及人类与外在自然的协调。为了做到这一点,笔者试图揭示柯尔所阐述的结社民主模式(the associative model of democracy)与阿多诺、霍克海默和马尔库塞所界定的解放实践形式(the form of emancipatory practice)之间的某种相似性,同时表明,正如马克思本人所说,自治的个体组成了"可以使劳动在经济上获得解放的政治形式"[1]。

---

[1] 《马克思恩格斯文集》第3卷,人民出版社2009年版,第158页。

批判理论与后现代主义[*]
——论批判理论中伦理、美学和乌托邦的互动关系

塞拉·本哈比 著[**]　　陈后亮 译

[内容提要] 现代主义的梦想不仅包括掌控自然,还包括建构一个属于自由理性的人类群体的伦理—政治乌托邦。后现代主义对现代主义的批判抹杀了它的内在矛盾和张力,使这份遗产失去了被挑战、质疑和讨论的价值。而批判理论在不放弃启蒙的乌托邦遗产的同时,又试图超越现代主义的构想,指引我们既不放弃理性自身,同时又超越现代主义的理性。作为"盛期现代主义者"的阿多诺虽然也曾对启蒙主义和"西方理性的身份逻辑"进行了强烈批判,却并未对理性反思在获取个体自主性和集体正义方面所具有的治愈力量丧失信念。通过对阿多诺的细读,不仅可以让我们注意到盛期现代主义与后现代主义之间的辩证张力,还能告诉我们,要想在批判理论与后现代主义之间真正实现对话,就必须倾听阿多诺作为中介者的声音。

[关键词] 后现代主义　批判理论　阿多诺　乌托邦　启蒙主义

---

[*] 本文原载《卡多佐法律评论》(*Cardozo Law Review*)第 11 卷(1989—1990)。译文原载《国外理论动态》2016 年第 9 期。

[**] 作者简介:塞拉·本哈比(Seyla Benhabib),美国耶鲁大学政治学和哲学系教授。

引言

我想在本文开篇之处首先澄清一个问题，即，本文并非有关解构主义的专论，更不是要讨论"解构主义和正义的可能性"问题。我在这里关注的是一种当前的总体文化思潮，它在过去的 10 年里被我们称为"后现代主义"。

尽管初看上去后现代主义与"解构主义和正义的可能性"问题并不存在太多联系，但实际上两者之间隐含着很多牵连。无论其拥护者是否愿意自称为后现代分子，解构主义无疑都是当前最有影响的人文科学研究方法之一，它对现代性和理性启蒙主义梦想越来越表示怀疑。这个梦想被认为与很多无药可救的假象密不可分，比如那种中心化的、自我透明的、自我意识的理性主体神话，它在方法论上假定指涉对象是透明的，意义是确定的，并追求在平等的思想之间实现一种清晰、理性的主体间交往模式。是否今天任何人都相信这些幻象？是否"对启蒙的批判"已经演变为一个混淆当代哲学中的某些基本问题的口号？对这些问题，我们姑且先不表示怀疑。但本文会通过一种迂回的策略间接回答这些疑问。

本文的论点是：作为一个"盛期现代主义者"（high modernist）的阿多诺虽然也曾对启蒙主义和"西方理性的身份逻辑"进行了强烈批判，却并未对理性反思在获取个体自主性和集体正义方面所具有的治愈力量丧失信念。阿多诺批判了理性的抽象综合取向，它把握具体事物的方式是把自己简化为普遍法则的某些可复制的例子。阿多诺还将在康德道德思想和精神分析学说中占主导地位的理性自我身份的观念去神秘化，认为它代表了一种压抑且死板的自我观念。阿多诺还拒绝理性主义者对知识的清晰性和透明性的追求，更倾向于不和谐、并置和碎片化的方法。通过对阿多诺的细读，不仅可以让我们注意到在盛期现代主义与后现代主义之间的辩证张力，还能告诉我们，要想在批判理论与后现代主义之间实现对话——这种对话此前只是聋子间的对话——就必须倾听阿多诺作为中介者的声音。①

一、现代主义与后现代主义

在最近有关后现代主义的本质和意义的热烈争论中,建筑似乎占据了一个特殊位置。② 通过黑格尔主义来描述这一状况是很吸引人的:一种正在抵近终点的时代精神似乎在那些由钢铁、混凝土和玻璃构成的纪念碑式现代建筑中获得了自我意识。精神在其客体化的过程中思考自我,但它并没有"识别出"或者"由此回归自我",反倒被它自己的产物吓退缩了。明显衰退的城市环境,神秘怪异的现代城市圈,以及普遍去人性化的空间,这些看上去都在证实那个浮士德式的梦想乃是一个噩梦。我们曾梦想有一个奋斗不止的自我,它在向外征服的过程中不断显示自己的力量。但是,我们已经从这个梦想中醒来。无论后现代建筑从哪里获得灵感,它都无疑是终结这一浮士德式梦想的信使,而这个梦想从一开始就与现代主义的自我理解相伴随。

曾被普希金称为"现代版的《伊利亚特》"③ 的《浮士德》的确是一个典型的现代主义文本,它将自我发展与社会变革交织在一起。恰如马歇尔·伯曼(Marshall Berman)在《一切坚固的东西都烟消云散了》一书中所指出的④,浮士德第一次真正作恶是他为了实现让沼泽干涸的梦想,让靡菲斯特烧掉了菲勒蒙和包喀斯这对老夫妇的小屋。这并非偶然。浮士德这位现代主义

---

① J. Habermas, *The Philosophical Discourse of Modernity*, trans. Frederick Lawrence, Cambridge, MA: The MIT Press. 1987. 不过哈贝马斯对这些问题的讨论未能像人们所期待的那样引起其他后现代主义者的回应。参见 C. Norris, "Deconstruction, Postmodernism and Philosophy: Habermas on Derrida", *Praxis International*, 1988 (4), p. 426; D. Hoy, "Splitting the Difference: Habermas's Critique of Derrida", *Praxis International*, 1988 (4), p. 447. 亦可参见该杂志同期发表的围绕哈贝马斯《现代性的哲学话语》一文的专题讨论(第377页)。文中对这些问题做了非常有意义的交流探讨。

② 本文部分内容曾发表于 S. Benhabib, "Epistemologies of Postmodernism: A Rejoinder to Jean—Frangois Lyotard", *New German Critique*, 1984 (Autumn), No. 33, pp. 103–126。

③ M. Berman, *All That Is Solid Melts into Air: The Experience of Modernity*, New York: Penguin Books, 1988.

④ Ibid., pp. 37–86.

者也是一位开发商和建筑师。处于19世纪初期的歌德，目睹了现代自然科学带来的技术进步，他所站的位置要比现代哲学的奠基者笛卡尔更现实，梦想着把我们自身变成"自然界的统治者和主人"。①

差不多两个半世纪以前，笛卡尔为这一浮士德式梦想奠定了概念基础。典型的现代主义者再次以城市建设者或建筑师的形象出现。笛卡尔在他的《方法论》中如此反思两种城市形象：一座传统、老旧、昏暗、混乱、缺少对称、庞大臃肿，另一座则通透精确、设计优良、结构对称、组织合理、功能良好。传统知识好比是一座旧城市，它不明晰、不对称、不连贯，且功能低下。笛卡尔认为，由一位建筑师设计建造的城市才是更"完美"的城市，同理，从单一头脑发展而来的知识系统要胜过芜杂、混乱的中世纪经院哲学。"拼凑而成、出于众手的作品，往往没有一手制成的那么完美。"② 他还写道：

> 我们可以看到，由一位建筑师一手建成的房屋，总是要比七手八脚利用原来作为别用的旧墙设法修补而成的房屋来得整齐漂亮。那些原来只是村落、经过长期发展逐渐变成都会的古城，通常总是很不匀称，不如一位工程师按照自己的设想在一片平地上设计出来的整齐城镇；虽然从单个建筑物看，古城里常常可以找出一些同新城里一样精美或者更加精美的建筑，可是从整个布局看，古城里的房屋横七竖八、大大小小，把街道挤得弯弯曲曲、宽窄不齐，与其说这种局面是由运用理性的人的意志造成的，还不如说是听天由命。③

各个文化领域的后现代主义都在欢呼这种浮士德—笛卡尔式梦想的终结。这个终结也给很多领域带来了观念和符号的转变，其特点是彻底地怀疑那个最初让现代主义梦想成为可能的观念框架本身。彼得·艾森曼（Peter

---

① R. Descartes, *Discours de la Méthode*, Paris: Classiques Larousse, 1934, p. 56.
② R. Descartes, *Discourse on the Method of Rightly Conducting the Reason*, in *The Philosophical Works of Descartes*, Vol. 1, E. Haldane & G. Rosstrans., Cambridge: Cambridge University Press, 1978, p. 79.
③ Ibid., pp. 87–88.

Eisenman）是众多现代/后现代建筑大师中的一位关键人物，他下面的这段话很准确地抓住了这一新批判的要点，他说：

> 自15世纪以来，建筑始终受一套象征性和指涉性功能假设的影响。它们从整体上可以被视为经典的……"理性"、"再现"和"历史"的表达。"理性"坚称客体应被理解为从一个自明源头而来的理性转换的产物。"再现"认定客体就是自身之外的价值或形象。……"历史"则假定时间是由众多孤立的历史时刻构成，其本质特征能够、而且应该被抽象化和再现。这些经典假定被组合到一起变成了律令，迫使建筑用一种理性化推动的综合符号系统来再现它的时代精神。……但是，如果这些"律令"不过是"虚构"，那么这些经典律令也就可以被悬搁，那些曾被它们遮挡的其他选择也就显露出来。①

存在一个自我透明的理性认知主体，关于它的"清晰和独特的"再现可以作为新的知识基础，这样的理想在今天已被视为虚构。主体已被永远地移位、碎片化和去中心化了。自尼采和弗洛伊德之后，我们已知道"我们并非自身的'知己'"。② 而自索绪尔和维特根斯坦以来，我们再也不能认定符号、能指和所指之间有确定的指涉关系。符号与能指之间的关系构成了所指，并且为指涉关系成为可能创造了空间。把历史视为一个逐渐累积的连续统一体，朝着某个共享的目标不断前进，其本质特征应该、而且能够被抽象化和再现，对欧洲的知识分子来说，这样的看法至少自第一次世界大战以来已然破灭。毫无疑问，对大多数人来说，发生在20世纪的大屠杀以及投向广岛和长崎的原子弹让他们首次看到现代性方案的破坏性和危险面目。

虽然当前文化中的后现代思潮有其合理性，但我仍不免有这样的感觉，

---

① 参见彼得·艾森曼于1984年夏在德意志建筑博物馆举办的名为"现代主义的最后修正"（Revision der Moderne）的展会上所附的解说文字。

② F. Nietzsche, *The Birth of Tragedy and The Genealogy of Morals*, trans. Francis Golfing, New York: Doubleday Anchor Books, 1956, p. 149.

即来自后现代主义的批判抹杀了现代性的内在矛盾和张力,使这份遗产不再有挑战、质疑和讨论的价值。然而从一开始,现代主义的梦想就不仅仅寻求掌控自然,而且也期待建构一个属于自由理性的人类群体的伦理—政治乌托邦。对康德和卢梭来说,道德主体的尊严取决于他遵从理性法则的行动能力,所有理性之人都同样愿意把这一法则当作自身的准则。这么一个属于自主、理性群体的乌托邦——或者康德所谓的"目的王国"——是否像控制自然的计划所证明的那样,同样也是压迫性的?现代主义的理性道德乌托邦难道只能通过压迫自然和内在于自我的他者才能实现吗?我们应该庆祝现代性主体的消失吗?我们是否应该为那个迷失在能指系统中的、自身或许就是一个正在消失的所指的、所谓后现代自我的"异质的在场"而狂欢?① 如果我们沿着后现代方案将问题思考到底的话,将必须面对何种让人不安的伦理思想?

在探讨后现代方案的意义时,我们不能仅停留在美学层面,还必须关注它的伦理意义。后现代主义摆出了团结他者、"差异"、"妇女、儿童、傻瓜和原始人"的姿态,这些人的话语从来都不是那些现代主义大师的宏大叙事的对手。② 但是,如果没有了一个能够同情他人且在行动上有原则的自我,这种团结的伦理还能否存在?如果理性不能证明权力的正当性,那么还能否有追求正义的斗争?如果正义不是对权力的合理运用,它还能是什么?

我将会在讨论霍克海默和阿多诺思想中的伦理、美学和乌托邦的互动关系时,间接地回答这些问题。我的观点是:盛期现代主义的哲学家或许与毕加索、马克斯·贝克曼(Max Beckmann)、保罗·克利(Paul Klee)以及瓦西里·康定斯基(Wassily Kandinsky)等人很相似,他们对现代主义方案的看法都很纠结、很复杂,有时候还很苦恼。他们对现代性的痛苦追问是否也是我们自己的追问,这一点并不清楚。下面我将首先讨论一部被誉为欧洲哲学传统在盛期现代主义的巅峰之作的名著,那就是由阿多诺和霍克海默在笛卡

---

① J. Kristeva, "Le Sujetenprocés", in *Polylogue*, Paris: Seuil, 1977, pp. 55 – 136.

② J. Lyotard, *The Postmodern Condition: A Report on Knowledge*, trans. G. Bennington & B. Massumi, Minneapolis: University of Minnesota Press, 1984, p. 27.

尔—浮士德式的梦想被揭露为噩梦之时完成的《启蒙辩证法》。

二、启蒙的噩梦

我在其他文章中曾指出,《启蒙辩证法》是一部让人难以捉摸的文本。① 它有相当一部分内容是由阿多诺的妻子记录下来的他和霍克海默之间的谈话笔记和札记构成。它最初完稿于 1944 年,3 年后在阿姆斯特丹出版,并于 1969 年在德国再版。书中有超过一半的内容都是在阐述启蒙的概念,还有两篇附录,其中一篇是阿多诺的《奥德修斯或神话与启蒙》,另一篇是霍克海默的《朱莉埃特或启蒙与道德》。

在书末所附的笔记《对身体的兴趣》中,阿多诺和霍克海默写道:

> 欧洲历史有两条线索:一条是明的,一条是暗的。后者包含着被文明压制和扭曲了的人类的本能和激情。当代法西斯主义不仅使暗的历史线索表现出来,还揭示了明的历史线索与暗的历史线索之间的关系,民族国家的官方神话既忽视了这条暗的历史线索,又对其大加批判。②

毋庸置疑,正是对西方文明的这段潜在历史的兴趣,指引他们在该书中揭示理性的潜在历史。奥德赛的故事、大屠杀的故事、作为启蒙的神话以及成为神话的启蒙,这些都是西方历史的里程碑:文明的创世纪,以及它向野蛮的转变。

启蒙声称要把人从他自我设定的庇护者那里解放出来,这样的许诺听命于一种理性的形式,并在对自然的控制中达到顶峰。工具理性与自主人格的价值之间有无法调和的矛盾。"世界对自然的支配反过来与思维主体本身发生

---

① 本节部分论点也可参见 S. Benhabib, *Critique, Norm, and Utopia: A Study of the Foundations of Critical Theory*, New York: Columbia University Press, 1986, pp. 163–182。

② M. Horkheimer & T. Adorno, *Dialectic of Enlightenment*, trans. John Cumming, New York: Herder & Herder, 1972, p. 231.

了对抗；主体除了拥有必然伴随着自我的所有观念的那个永远相同的我思以外，便一无所有。"①

阿多诺和霍克海默正是从这个角度来解读奥德修斯的故事。这个故事揭示了西方主体性建构中的黑斑：自我只能通过对"他者"——在这个语境中，"他者"被等同于自然——的控制来战胜对"他者"的恐惧。然而，由于他者并非完全的异己，作为自然的自我也是自身的他者，因此对自然的控制也就意味着对自我的控制和压抑。奥德修斯的故事把自然的黑暗力量与朝向文明和故乡的呼唤区分开来。奥德修斯一次又一次面临被吞噬和抹去个性的威胁。塞壬女妖的歌声、瑟茜女巫的诱惑以及独眼巨怪的洞穴，都要把英雄诱骗至消弭人与兽、工作与休闲、自我与他者之间的界限的状态。这个神话所讲述的就是英雄如何通过压抑这些他者来建构自我身份的故事。但是，对他者属性的压抑只能伴随内在自我的献身而实现。奥德修斯只能通过臣服于塞壬的歌声才能逃脱出来。当他的手下耳朵里塞满蜡，把船划走的时候，被绑在桅杆上的这位英雄却全然陶醉于那些让人无法抵制的美妙歌声。"充耳"不闻的手下们听不到他的命令，才能带他离开。英雄战胜自然的手段不仅包括将献身内在化，还包括把他人的劳动组织起来服务于自己的目的。

然而，恰如国家社会主义导致文化不断退向野蛮所显示的，奥德修斯的狡黠，或者说西方理性的源头，并未能彻底消除人类对他者的恐惧。犹太人就是他者，是陌生人，既是人，又低于人。奥德修斯安抚他者的诡计是通过模仿行为让自己变得和它相似——他送给独眼巨怪人血饮用，与瑟茜女巫睡在一起，聆听塞壬的歌声，等等——而法西斯则是通过投射（projection），让他者和自己相像。

如果说模仿本身是效仿周围世界的话，那么虚假投射则是把自身等同于周围世界。对于模仿行为而言，外在世界是内在世界必须努力加以

---

① M. Horkheimer & T. Adorno, *Dialectic of Enlightenment*, trans. John Cumming, New York: Herder & Herder, 1972, p.26.

遵从的一种模式，模仿的目的是把陌生的事物变成熟悉的事物；而虚假的投射则把内在世界和外在世界混淆在一起，并把我们最为熟悉的事物说成是敌对的东西。[1]

西方理性发端于模仿行为，通过让自己类似于自然来控制自然。但是，它的顶峰却是投射行为，后者通过死亡的技术，成功地让他者消失。"压制模仿的理性不仅是它的对立面，它自身也是模仿——对死亡的模仿。"[2]

文化就是人类自我在他者面前获得身份的过程。人类理性在开始时是一种魔法，它试图通过类似于他者来实现对他者的控制。魔法演变成理性（ratio），理性就是命名自我（name-giving self）的诡计。语言将客体与其概念分开，将自我与他者分开。语言先把外部世界简化为一个相同的底层（identical substratum），进而实现对它的控制。在魔法中，名与物之间"不具有意象性，而只有亲和性"[3]。但是，随着西方文化的发展，概念取代了魔法象征符号，把"存在的多元亲和关系"简化为赋予意义的主体与毫无意义的客体之间的关系。从象征符号向概念的转变也就意味着祛魅，即马克斯·韦伯所谓的"Entzauberung"。理性抽象通过概念和名称来实现理解。理性抽象只有把具体简化为身份才能把握它，由此也就清算（liquidate）了他者的他者属性。阿多诺和霍克海默不断运用修辞来揭示潜藏在西方理性之中的"同一性思维的结构"。

一旦树木不再只被当成树木，而被当作他者存在的证据，当作超自然力量的栖居之地，那么语言所表达出来的便是这样一种矛盾，即某物是其自身，同时又不是其自身，某物自身既同一又不同一。通过这种神性，语言经过同义反复又转变成为语言。人们通常喜欢把概念说成是所

---

[1] M. Horkheimer & T. Adorno, *Dialectic of Enlightenment*, trans. John Cumming, New York: Herder & Herder, 1972, p. 187.

[2] Ibid., p. 57.

[3] Ibid., p. 11.

把握之物的同一性特征，然而，概念由始以来都是辩证思维的产物。在辩证思维中，每一种事物都是其所是，同时又向非其所是转化。①

当阿多诺和霍克海默批评西方理性结构是这样一种控制结构的时候，也就把自己放到了一个悖谬的位置上。如果说启蒙的困境揭示了同一性逻辑或理性建构已经穷途末路，那么他们有关启蒙辩证法的理论——它也是出自同样的理性工具——却又把它谴责的这种控制结构延续了下去。对启蒙的批判也被施加了与启蒙自身同样的诅咒。阿多诺和霍克海默完全意识到了这一悖论，尽管如此，他们还是希望对启蒙的批判可以唤起非同一性逻辑的乌托邦原则，作为对他者属性的一种暗示。启蒙的终结，以及已经失控的现代性方案的终结，都无法用话语陈述。要想克服现代主义的强制性逻辑，只能是把存在的权利归还给那些非同一的、被压迫的、被控制的方面。由于概念在命名行为中压抑了他者，语言自身也受到这种概念负担的诅咒。② 因此，我们可以唤起他者，却不能命名他者。恰如犹太教中的上帝只能被呼唤，却不能被命名，对启蒙现代主义的强制逻辑的乌托邦超越也就只能在记忆中被唤醒，而不能被命名。唤醒这一记忆，"重新思考主体中的自然"，就是美学的成就。

艺术以及普遍的审美领域都带有一种非话语性的真理时刻。真正的艺术品就是去发现非同一性。

> 这种能够使艺术作品超越现实的因素，并不是从风格那里形成的；同时也不是一种已经实现的和谐，不是形式与内容、内在与外在、个人与社会之间所形成的值得怀疑的一致性；只有在不一致的情况下，我们才有可能发现这些特征：对一致性的迫切寻求必然会导致失败。③

---

① M. Horkheimer & T. Adorno, *Dialectic of Enlightenment*, trans. John Cumming, New York: Herder & Herder, 1972, p. 15.
② Ibid., p. 10.
③ Ibid., p. 131.

对阿多诺和霍克海默来说，美学的边界是通过对话语逻辑的批判来界定的。西方理性理解世界的方式是把它变得和自己相似，对它进行系统化、抽象化的处理，或者用韦伯的话来说，将它"理性化"。而美学是唯一能够挑战这种强迫意志的表现方式。美学暗示了一种新的存在方式，一种与自然和普遍他者发生联系的新方式。然而，由于对同一性逻辑的批判不仅是一种知识上的批判，而且也是一种对控制世界的方式的伦理批判和政治批判，因此对同一性逻辑的美学否定也就具有伦理和政治的意蕴。艺术通过其乌托邦内容来改变现代主体的感受力，进而产生治愈的效果：艺术是乌托邦，艺术是治愈剂，但它是一种伦理和政治意义上的治愈剂，它教会我们与自我内在和外在的他者相安共处。为了长大成人，成为受控制的、理性的、自治的传统自我，主体必须压抑对他者的记忆和暗示。而艺术让这种记忆和暗示得到了释放。

通过上述对艺术、对身份以及对与他者和解的伦理乌托邦的反思，我们不仅能够理解当代女性主义者对男性主体的批判，也能够理解后现代主义对自主性自我的批判。尤其是在阿多诺对康德和传统精神分析学的批判中，我们可以看到盛期现代主义与当今后现代主义的交汇之地。

三、阿多诺与非同一性乌托邦

《启蒙辩证法》将我们带至这样一种立场，即，对系统建构的、抽象的和形式化的西方逻辑的批判变成了对这一传统所珍视的理性自主之自我的批判。审美逐渐成为一种伦理—政治的乌托邦，它在否定同一性逻辑的同时，还暗示了不同的主体形式。尤为值得一提的是，阿多诺批评现代道德主体是一种强制性的同一性自我，这与女性主义者和后现代主义者对理性、自主的自我的批判有很多相似之处。

在《启蒙辩证法》中，阿多诺和霍克海默还用下面这句话呼应了女性主义者和后现代主义者的观点。他们写道："在那个同一的、有目的的、男性人格的人类自我被创造出来之前，人类还必须对自我做出可怕的事情。这种事情在每一个孩子身上都有反映。"① 理性、自主的启蒙主体或者说典型的现代主义者是一个男性主体：女人、孩子，还要再加上非现代人群，都被他排除在现实以外，只是因为他们都不会运用工具理性的力量。不过，在此我想区分两种非常不同的主体批判路径，以便更清晰地理解阿多诺。

后现代主义者欢呼"主体之死"。这一路径从对有意图的自我（intentional self）的批判出发，假定这个自我先于语言或普遍的再现系统出现。我们显然可以将对这种有意图的主体的虚构归功于笛卡尔、康德和胡塞尔。之所以说它是一个虚构，恰恰是因为主体对自我的理解不可能离开它的再现系统。如果的确如此，也就不能说它先于再现而出现。自我意识并非在表意与再现之前出现的原初行为；主体只有在一个再现系统中才能向自我显现。"语言言说我们"，或者说"再现建构了我们"，这就是由维特根斯坦、索绪尔、哈贝马斯和德里达等人共同发起的20世纪意识哲学的语言批判所带来的启示。

另一路径是针对以笛卡尔、康德和胡塞尔为代表的意识哲学的认知语言批判：一旦那个先于任何表意系统出现的至高无上的主体被一个在表意系统中建构起来的主体所取代，我们便可以说，要么是那个自主的主体一去不返了，要么是主体的自主性现在只能在他永远无法控制的异质再现系统中被重新建构。

像利奥塔这样的后现代主义者选择了第一种路径，他们欢呼作为知识虚构的主体之死和道德理想的崩塌。早期的利奥塔还追随德勒兹和瓜塔里，把主体视为一个能量的系统，一个力比多经济学的中心，它没有积极的行动，只有被动的反应。② 阿多诺对康德和精神分析学的批判则选择了第二种路径，即，把自主性和主体性重新视为处于异质再现系统中的主体的属性。阿多诺的目标是把自我的自主性看作处于自然中的一个存在，而不是笛卡尔认为的那种作为自然的"统治者和主人"的存在。③

---

① M. Horkheimer & T. Adorno, *Dialectic of Enlightenment*, trans. John Cumming, New York: Herder & Herder, 1972, pp. 40-41.

② V. Descombes, *Modem French Philosophy*, trans. L. Scott-Fox & J. Harding, Cambridge: Cambridge University Press, 1980, pp. 184-185.

③ R. Descartes, *Discours de la Méthode*, Paris: Classiques Larousse, 1934.

在有八十多页篇幅的《否定的辩证法》中，阿多诺用下面这段话浓缩了他对康德的批判的要旨：

> 按照康德的模式，就主体意识到自身并和自身相同而言，主体是自由的；但是，就主体从属于并永久保留同一性的强制而言，主体在这种同一性中又是不自由的。作为模糊的、非同一的自然，他们是不自由的，然而，作为这种自然，他们又是自由的，因为他们的不可抗拒的冲动——不过是主体与自身的不同性——将使他们摆脱同一性的强制特点。①

在阿多诺看来，人们传统上把自主性等同于一种刻板、强制性的道德意识，而我们现在必须摒弃这种观念。自主性就是主体释放自我的能力，把自己交还给那个非我之物，但仍旧是"他者中的自我"（by itself in otherness）。相反，康德的道德观念却"以压抑的内在化为先决条件，如同以自我的充分发展为先决条件一样。自我是稳固的、同一地坚持的权威，康德把它绝对化为道德性的必要前提"。② 如果是这样的话，阿多诺的理想是否和后现代主义者一样，都是一个没有主体的主体，一个非自我同一的自我，或者说一个无需再现即可有纯粹感知的"我"？不过，对阿多诺来说，自我的解体只能是一种回归（倒退）：

> 在历史上，主体曾奋力争取摆脱分裂和模糊的状况，如果它承受的巨大压力把它推回到这种状况——推回到精神分裂症——的话，那么主体的消亡同时就展现出一幅可能的主体之短命的和受责的图画。如果主体的自由再一次禁止这种神话。那么主体就会从自身中解放出来，即从最终的神话中解放出来。③

---

① T. Adorno, *Negative Dialetics*, trans. E. B. Ashton, New York: Seabury Press, 1979, p. 299.
② Ibid., pp. 271–272.
③ Ibid., p. 281.

在当前的状况下,"虚弱的自我""主体转变为被动的、原子化的反射性行为"已是常态。自主性的自我无法被当前反射性的自我理想所取代,我们必须把自主性视为一个拥有流动边界的自我的状况,它在面对他者时既不会消失也不会解体。启蒙的理性主义乌托邦和自主性自我的理想在历史过程中被打破,因为这种理性主义用理性来压抑和对抗自然。作为西方逻辑深层结构的同一性逻辑,从内部和外部世界两方面否定他者。自主性意味着自我控制、自我压抑和自我奴役。但是,在摧毁他者的同时,自主性也会遭到那些被他消灭的力量的报复。这些"被压抑者"的回归在历史上早已有迹可循。阿多诺拒绝启蒙的理性主义道德乌托邦,而是认可非同一性的乌托邦。个体的自主性现在被理解为自我与"弥漫性的自然"各随其便,同时仍保留一种清晰的自我感受的能力。在社会层面,这意味着一种多样性的共处,或者差异中的统一。

阿多诺写道:"乌托邦将是主体的非献身的非同一。"① 主体成为"他者中的自我"就像人在面对自然美时忘却自我的审美体验一样。自然美是一个寓言、一个密码、一个和解的符号。② 我们断不能用本质主义范畴来理解这

---

① T. Adorno, *Negative Dialetics*, trans. E. B. Ashton, New York: Seabury Press, 1979, p. 281.

② 后现代主义对乌托邦主义的批判有两种形式。对利奥塔等人来说,乌托邦思想等同于法国大革命和布尔什维克革命的理性主义的威权政治实验;而对德里达等人来说,他们批判乌托邦思想的主要原固并非其威权政治的内涵,而是其有关一个终极目标、一种毫不含混的状态,抑或一种透明存在的"本质主义的"假定,或者说,乌托邦思想被他们视为一种形式的"末世论"。法兰克福学派有好几种不同的乌托邦思想,而其中的马尔库塞——特别是在他的《爱欲与文明》一书中——代表的是本质主义的传统。阿多诺则追随本雅明,属于"否定的乌托邦"传统。乌托邦永远不能被命名,它是一个指向他者的路标,指向超越现状的弥赛亚希望。这种形式的乌托邦思想并非植根于希腊哲学传统,而是植根于犹太—基督教的神秘主义和诺斯底主义。
德里达在"解构主义与正义的可能性"学术会议上所作的主旨发言中引用了列维纳斯的思想,他说:"列维纳斯在他所谓的'犹太人道主义'中谈到了无限权利问题,其基础并非'人的观念',而是他者。'他者的权利'是一种'近乎无限的权利'……"参见 J. Derrida, "Force of Law: The 'Mystical Foundation of Authority'", *Cardozo Law Review*, Vol. 11, 1990, pp. 919, 959。如果仔细比较一下犹太神秘主义和乌托邦传统对阿多诺、本雅明等批判理论家和德里达、列维纳斯等人的不同影响,将是非常有意思的。当然,德里达非常重视本雅明的作品也并非巧合。但是,尚未引起人们足够关注的是,本雅明的思想主题不仅经常出现在阿多诺的著作中,还经常出现在哈贝马斯的反思中。参见 S. Benhabib, *Critique, Norm, and Utopia: A Study of the Foundations of Critical Theory*, New York: Columbia University Press, 1986, pp. 327-343。

些，视其为一个被给定的、永远不变的审美内容。"自然美"是一个对立面（antithesis），是社会的对立面，是确定之物（determination）的对立面。它是一个可以用来思考主体与客体、人与自然之间的矛盾调解的模式。"他者"就是对非同一的乌托邦愿望，它只能被再现为"寓言"和"密码"。与他者之间非强迫性的关系要求主体超越僵死的自我疆界，这暗示着主体非献身的、非同一性的乌托邦。

四、非同一性的伦理与政治

维尔默（Albrecht Wellmer）在《现代和后现代的辩证法》这篇绝妙的文章中指出，阿多诺对现代主义艺术的反思涉及道德和政治问题。维尔默说：

> 对于阿多诺来说，现代艺术意味着告别某种统一性（unity）和意义完整性的类型，而在资产阶级艺术的辉煌时期，作品的整体统一性和个体自我的统一性恰恰遵循着这一类型。在阿多诺看来，审美启蒙在传统作品以及资产阶级主体的统一性当中发现了一种暴力性的、缺乏反思的、虚假的东西：即发现了某种统一性的类型，这一类型存在的代价是压迫并排除那些异类的、非融入性的、缄默的、遭排挤的成分。……阿多诺认为，现代艺术的开放形式基于一种解放了的审美意识，是对传统的总体性中虚假的和暴力性的内容的回答。……作品的"开放性"或"打破界限"是与这样一种更高程度上的审美能力相联系的，即将散漫和支离破碎的元素融入作品之中。……可以预见，在打破界限的艺术形式中，在不复僵化的个性化和社会化模式的开放结构中，一种新的"综合"和"统一"的模式似乎应运而生，在这种模式中，混乱的、非融入性的、无意义的和支离破碎的东西将被带到一个非暴力的交往场所之中。[①]

[①] A. Wellmer, "On the Dialectic of Modernism and Postmodernism", *Praxis International*, 1985 (4), pp. 337–357.

批判理论在不放弃启蒙的乌托邦遗产的同时,又试图超越现代主义的构想,这也正是让弥散的、无意义的以及"在非暴力沟通领域中"被分裂的事物回家的方案。的确,随着经典知识的消亡,新的选择已在当前浮现:我们或者欢呼现代主体之死,或者试着把危机四伏的现代性主体转变成一个新的自我,这个自我可以欣赏而非消解他者,尊重异质,但又不会被异质所淹没。我认为这是唯一可能的伦理和政治选择。庆祝现代性主体之死的第一个选项只是简单地把后现代思想转变成一场圣诞狂欢,或者用尼采的话来说,"快乐的科学"肯定多元和异质,但却无法再批判它们。后现代主义也就成了穿着先锋外衣的现状思维(status quo thinking)。

后现代主义陶醉在"表面的游戏"之中,其欢乐的折中主义和历史主义实际上是一种和解的冲动。它错误地认为,所有涉及变革的伦理和政治都必然以一种威权的未来整体景象为前提。由此出发,后现代主义者对各种左派传统的批判也就变成与现状的妥协。[1] 但是,无论是将乌托邦等同于极权主义,还是将变革实践等同于威权主义,都不能令人信服。我们一定能够从关于进步的理性主义乌托邦的失败中走出来,并在思想上向前超越,走向新的乌托邦,这个乌托邦之中没有苟合和姑息,只有不断的整合与分化。"让那些被分散、被压抑和被边缘化的群体归家"将是一项没有尽头的工作。[2] 我们需要思考一种新的统一或整合模式,它在整合的同时又不会把被整合的对象扁平化;我们需要思考一种新的抽象模式,它在抽象思考的同时,不会剔除事物原有的内容;我们需要思考一种新的概念化模式,当它遇到不知用何种词语来描述的对象时,不会将其认定为非理性。这样的任务无需被理解为一种末世目的论(eschatoteleology),而应被视为对我们的想象力的不断挑战,指引我们既不放弃理性自身,同时又超越现代主义的理性。

---

[1] S. Benhabib, "Epistemologies of Postmodernism: A Rejoinder to Jean-Frangois Lyotard", *New German Critique*, Vol. 103, 1984, p. 117.

[2] A. Wellmer, "On the Dialectic of Modernism and Postmodernism", *Praxis International*, 1985 (4), p. 357.

阿多诺、福柯与进步的终结
——后殖民主义时代的批判理论*

埃米·艾伦 著** 张 也 译

[内容提要] 本文旨在对后殖民主义时代的批判理论如何真正具有批判性进行反思。文章首先指出了当前批判理论对后殖民主义问题的沉默，并认为哈贝马斯与霍耐特对历史进步理念的信守及以此确立的规范性视角阻碍了批判理论的去殖民化进程。通过对阿多诺与福柯的思想进行解读，作者提出了一种作为历史问题化的批判的概念，并进一步指出，批判理论能够在自身的理论传统内部发现资源，进而不仅可以通过摆脱历史的进步主义解读而实现自身的去殖民化，而且可以以一种语境主义的、内在的方式确立自身的规范性视角。

[关键词] 阿多诺 福柯 后殖民主义 批判理论 进步

序言：后殖民主义时代的批判理论

继《东方主义》这一开创性和奠基性的著作之后，萨义德（Edward Said）

---

* 本文原载佩内洛普·多伊奇（Penelope Deutscher）与克里斯蒂娜·拉丰（Cristina Lafont）主编的《批判时代的批判理论》（*Critical Theory in Critical Times*, Colmbia University Press, 2017）一书，译文有删节。译文原载《国外理论动态》2016 年第 9 期。

** 作者简介：埃米·艾伦（Amy Allen），美国宾夕法尼亚州立大学哲学系学者。

于1993年对法兰克福学派的批判理论提出了如下强烈批评:"尽管法兰克福学派的批判理论在统治、现代社会与艺术批评带来改革的机会之间的关系方面具有较强的洞察力,它对种族主义理论、反帝抵抗运动在帝国主义国家内部的实践等问题上却令人吃惊地沉默。"① 此外,萨义德认为,这不仅仅是一种忽视,而且是一种自发的沉默。如同一般意义上的其他欧洲理论,法兰克福学派的批判理论拥护萨义德所说的令人厌恶的或错误的普遍主义,这是一种"盲目乐观的普遍主义",它"把种族之间的不平等、低等民族的臣服和那些用马克思的话说不能表现自己而需要由别人来表现的人的服从,都视为当然来加以表现"②。对萨义德而言,几个世纪以来,这种"普遍主义"在连接(欧洲)文化与(欧洲)帝国主义的过程中起到了至关重要的作用。由于缺少"帝国的观念",作为政治规划的帝国主义无法维系自身。帝国的观念反过来又受哲学和文化想象的滋养,这种想象将对遥远领土及其民众的征服正当化,而这种征服正是通过声称这些民众相对落后、认知低劣、进而天生处于从属地位而得以实现的。

在萨义德作出这一论断二十多年后,情况并没有得到完全改变。在大多数情况下,当前法兰克福学派的批判理论仍然对帝国主义这一问题保持沉默。作为与法兰克福学派文化遗产关系最为密切的当代重要理论家,无论是哈贝马斯还是霍耐特,都没有将系统地思考20世纪下半叶去殖民化浪潮所带来的矛盾与挑战作为其批判理论研究的重心,也都未能认真研究当前后殖民主义理论或研究中的大量文献。③

---

① [美]萨义德:《文化与帝国主义》,李琨译,生活·读书·新知三联书店2003年版,第397页。
② 同上书,第395页。
③ 可以肯定的是,在最近的作品中,考虑到其世俗化论点所面临的挑战,哈贝马斯重新思考了他对现代性的理解,并接受了多元现代性的概念。这是对其理论的重大修改,但我认为,这一修改对回应下文所勾勒的挑战而言还远远不够。在《进步的终结:去殖民化批判理论的规范性基础》(*The End of Progress: Decolonizing the Normative Foundation of Critical Theory*, Columbia University Press, 2016)的第二章中,我对哈贝马斯近期作品的这一方面进行了讨论。不同于哈贝马斯,霍耐特通常避免探讨其承认理论如何才能运用到全球化背景中,除了其著作《我们中的我:承认理论研究》(*The I in We: Studies in the Theory of Recognition*)中的《国家间的承认:论国际关系的道德基质》("Recognition between States: On the Moral Substrate of International Relations")一文。尽管这篇文章将霍耐特的承认理论扩展到了国际政治领域,但并未触及后殖民主义问题,也未偏离其确立规范性规划的策略,而这一策略正是我所批判的核心所在。

像萨义德一样，我相信这种沉默是有原因的，并且与历史进步、发展、社会进化和社会—文化学习等观念在证成和确立当前法兰克福学派批判理论的规范性视角方面发挥的作用相关。哈贝马斯和霍耐特都以不同的方式依赖一种广义的左派黑格尔策略，以确立或证成批判理论的规范性，其中最突出的论断是：我们当前的交往或承认实践代表了一种进步的历史学习或社会进化过程的结果，进而值得支持并拥护。① 尽管哈贝马斯和霍耐特均不赞同守旧的、充满形而上意味的历史哲学（这一历史哲学强调历史进程的统一性、必然性和不可逆性），但他们都支持一种后形而上的、偶然的以及碎片化的现代性叙事，它源于历史学习或社会进化的过程。此外，更重要的是，他们均依赖这一关于历史学习或社会进化的叙事，以确立和证成自身的规范性视角。换言之，哈贝马斯和霍耐特都将作为道德—政治目标的进步的前瞻性（forward looking）概念（作为"命令"的进步）置于塑造"我们"的社会进化或历史学习进程的后顾性（backward looking）叙事（作为"事实"的进步）之中。② 对哈贝马斯而言，对现代性的左派黑格尔式理解只是其更广泛的讨论的一部分，这种讨论同样包括一种对语言交流的普遍主义的形式语用分析；对霍耐特而言，可以尝试用对现代性的左派黑格尔式理解来建立更丰富、更具语境主义意义的规范性。然而，抛开这些重要的、根本的差别，哈贝马斯和霍耐特都支持下述观点，即欧洲的启蒙现代性——或者至少其特定的方面或特征——相对于前现代、非现代或其他传统生活形式而言更为先进，并且更为重要的是，这一观点对他们确立批判理论的规范性发挥了至关重要的作用。

但是，要使法兰克福学派的批判理论更具包容性，能够认真且持续地致力于后殖民主义研究，这种假设恰恰是一种阻碍。因为，后殖民主义研究过去35年来最主要的教训在于：其发展主义和进步主义的历史解读——其中欧

---

① 可以肯定的是，要支持这些解释性主张，需要进行大量的工作，尤其是对于哈贝马斯而言，哈贝马斯可以被解读为一种新康德主义的道德建构主义者。

② 此处为"事实"加引号是因为，这很明显也是一种规范性判断。

洲或"西方"被视为一种进步的历史发展的结果——与所谓西方的教化使命密不可分，它们都为殖民主义和帝国主义进行了历史辩护，并继续支持着当前世界经济、法律和政治秩序中无形的帝国主义。换言之，正如詹姆斯·塔利（James Tully）所述，对世界三分之二的人口而言，进步与发展的语言就是压迫与统治的语言。南茜·弗雷泽（Nancy Fraser）将批判理论定义为"对时代斗争和愿望的自我澄清"，如果我们接受这一受马克思启发的定义，并进一步指出，围绕着去殖民化和后殖民主义政治的斗争属于我们时代最重要的斗争和愿望[①]，那么就意味着，如果批判理论要真正具有批判性，就必须在界定自身的研究规划和概念框架时关注去殖民主义和反帝国主义的斗争和问题。然而，就此愿望而言，哈贝马斯和霍耐特对历史进步理念的一贯信守和依赖对他们的批判理论研究方法提出了巨大而艰难的挑战：一方面，如果批判理论依赖一种帝国主义的宏大叙事来确立其规范性的研究方法，它又如何能够真正具有批判性？另一方面，必须承认的是，哈贝马斯和霍耐特接受左派黑格尔策略是出于正当的理由。为在现存的社会世界中内在地寻求建立自身的规范性视角，而又避免陷入相对主义或传统主义，他们已经转向社会进化或历史进步的观点，作为掌握从内部进行超越的一种方式。因此，我们有理由追问：如果放弃确立规范性的、独特的左派黑格尔路线，批判理论如何才能真正具有批判性？

在下文中，借鉴阿多诺和福柯的思想，通过描绘思考历史与规范性之间关系的一种替代策略，我将为走出这一困境绘制一条路径。我将表明，批判理论可以在其理论传统内部发掘资源，进而不仅可以通过摆脱对历史的进步主义解读来实现自身的去殖民化，而且可以以一种语境主义的、内在的方式确立自身的规范性视角。如果批判理论要在后殖民主义时代具有真正的批判性，完成这两项任务是十分必要的。

[①] 这并不是说，去殖民化始于我们的时代，这将忽视去殖民化不同的时序性与多重轨迹，比如加勒比海地区和美洲去殖民化进程的时序性与轨迹是不同的。这只意味着，"二战"后正式的去殖民化浪潮及其所导致的至少从1970年起确立的新殖民主义和无形帝国主义的全球政治秩序构成了我们时代某些最为重要的社会与政治斗争和愿望的存在理由。

作为历史问题化的批判：阿多诺与福柯

我们至少可以认为，法兰克福学派的第一代思想家——不同于哈贝马斯和霍耐特——对历史进步的观点持十分怀疑的态度。比如，阿多诺曾指出，奥斯威辛集中营的灾难"使所有关于走向自由的讨论显得荒唐可笑"①。重要的是，阿多诺并不怀疑未来的进步是"可能的"，而是怀疑过去的进步是"真实的"这一论断毫无意义，并且强烈批判将对过去的进步的相信变为盲目信仰或使意识形态神秘化的种种方式，进而使得对实现未来的进步所进行的尝试受到了阻碍。换言之，阿多诺力图从根本上将我所谓的作为"命令"的进步与作为"事实"的进步区分开来，前者只有在严格地将后者问题化（problematize）的基础上才能成为可能。正是这一点促使他得出看似矛盾的论断："进步出现在其终结之处。"②

与阿多诺一样，作为20世纪后期伟大的历史—哲学思想家之一，福柯同样对作为"事实"的进步持怀疑态度。在其第一部重要的哲学著作《疯癫的历史》（History of Madness）③ 中，福柯就已经宣布了撰写另一种历史的意图，这种历史要"将所有编年表及历史演替从'进步'的视角中移除"。④ 激发福柯怀疑态度的道德感与阿多诺的有所不同，他对进步的批判并非来自对大屠杀之恐惧的认识，而是来自对人类科学的进步如何建立在排斥疯癫者、社会离经叛道者、同性恋者及其他被认为"非正常"者之上所具有的敏感性。但

---

① T. W. Adorno, *History and Freedom*, Cambridge: Polity Press, 2006, p.159.

② T. W. Adorno, "Progress", in *Critical Models: Interventions and Catchwords*, Henry Pickford trans., New York: Columbia University Press, 2005, p.150.

③ 《疯癫与文明：理性时代的疯癫史》（*Madness and Civilization: A History of Insanity in the Age of Reason*）为福柯1961年法文版著作的英译删节版，而2006年劳特利奇出版社（Routledge）出版的《疯癫的历史》（*History of Madness*）为1961年法文版著作的英译完整版，此处作者引用的为该完整版。——译者注

④ M. Foucault, *History of Madness*, Jonathan Murphy and Jean Khalfa trans., New York: Routledge, 2006, p.122.

是，两人在以下这一哲学观点上的态度是相同的，即有关历史进步的种种观念必然假定了一种超历史的、无时间性的普遍观点，而我们现在知道这种观点只是一种形而上学的假象。在这个意义上，可以将福柯和阿多诺理解为试图突破黑格尔的历史哲学以及与其密切相关的辩证法概念——至少是突破对这二者的某种特定阐释。但是，像阿多诺一样，福柯在其整个研究生涯中都坚定地承认以下这一基本的黑格尔思想：哲学——被理解为一种批判活动——是一项处于历史语境中的事业，它利用作为历史产物的概念工具，对我们的历史的当下（historical present）进行批判性反思。在这个意义上，可以将二者理解为试图思考对批判哲学进行一种彻底的历史化理解的可能性，使其能够反思性地将自身及其所拥有的历史性概念历史化。借此，阿多诺和福柯为哈贝马斯和霍耐特的左派黑格尔主义提供了一种有意义的和强有力的替代。这一替代是对黑格尔遗产的一种更为激进的运用，在保留并深化其历史化的冲动的同时，摒弃了其进步主义的论断。

正是由于阿多诺和福柯对进步的怀疑态度，他们经常被解读为向我们提供了一种消极的历史哲学，一种"衰落的历史"，将历史保守地解读为一种倒退和衰落的过程。在下文中，与此种解读相反，我将论证在阿多诺和福柯的作品中能够找到另一种思考历史的方法。这种方法既非进步的，也非倒退的，它将辩护性与颠覆性的谱系学结合起来——正因为如此，它将历史重构为既是进步也是倒退的叙事，以服务于一种独特的谱系学目标：将我们当下的历史时刻批判性地问题化。这一问题化从属于一种内在批判的规划，其宗旨并不在于对现代性的规范性传承（normative inheritance）持一种总体化的拒绝或抽象的否定，而是要更充分地实现这一传承及其自由、包容和尊重他人的理念。在下文中，我将阐述阿多诺和福柯的作品中共有的六个主题，它们构成了我的作为历史问题化（historical problematization）的批判概念的核心特征。在本文最后一节，我将探讨这一替代历史与规范性之间关系的概念如何才能有助于我们去追寻一种去殖民化的批判理论。

1. 理性与权力

对于将历史理解为渐进地实现理性这一观点，虽然阿多诺和福柯都进行了尖锐的批评，但他们并不赞同对启蒙理性进行一种总体化的批判或抽象的否定。对阿多诺来说："在严格来说非隐喻的意义上，使进步的概念具有辩证性的是这样一个事实，即理性及使理性发挥作用的器官只是一件东西。也就是说，它并不包含支配自然和协调自然两个层面。这两个层面囊括了所有方面。"① 换言之，理性与权力相互纠缠，我们无法——如同哈贝马斯的追随者试图做的那样——发现不与权力纠缠的对理性的运用或理性的某一层面。但是，阿多诺并不倡导"对理性的否定"；实际上，对他而言，这种否定"丝毫也不比受到嘲讽的对进步的信念更胜一筹"。② 相反，对阿多诺而言，哲学的任务是反思作为一种理性事业的自身的活动，并借此努力超越自身，"靠概念"去超越概念。③

同样，对于福柯来说，尽管理性与权力的关系是其研究的重点，但他并不认为应该对理性进行审判。他写道："对我而言，没有比这一说法更无力的了"，认为理性与权力的纠缠可以证成对理性的审判，将会意味着发现自身陷入了"成为主观武断且令人厌恶的理性主义或非理性主义的一部分"的陷阱。④ 福柯在其他地方将这一陷阱称为"对启蒙的'绑架'"。可以肯定的是，不同于阿多诺，福柯对"'辩证的'细微差异"（"dialectical" nuances）是否能够使我们逃离这一陷阱表示怀疑。此外，福柯认为，他的尝试——"分析各种特定的理性，而非总是祈求一般的理性进步"——使得他研究理性与权力关系之间错综复杂的联系的路径与法兰克福学派截然不同。然而，像阿多诺一样，他坚持认为，作为一种批判性思维，哲学的任务在于反思自身的理

---

① T. W. Adorno, *History and Freedom*, Cambridge: Polity Press, 2006, p.157.
② Ibid., p.169.
③ [德]阿多诺：《否定的辩证法》，张峰译，重庆出版社1993年版，第14页。
④ M. Foucault, "The Subject and Power", in James D. Faubion (ed.), *Power: Essential Works of Michel Foucault*, Volume 3, New York: The New Press, 2000, p.328.

性活动及其与危险的权力关系之间错综复杂的联系。在他看来,批判哲学的核心问题是:"我们如何作为理性的人而存在,能够幸运地致力于实践一种各种内在危险不幸地交织于其中的理性。"①

2. 乌托邦与乌托邦主义

但是,如果哲学的任务是反思自身的理性活动,并借此试图超越自身,那么该如何理解"超越"(transcendence)这一概念?如果哲学的目的是突破自身,那么"突破"在此处意味着什么?有人可能会认为,一种抽象的、充满形而上学意味的乌托邦概念在等待着我们。与福柯相比,尽管阿多诺对乌托邦概念鲜有敌意②,但是他们都对仅仅消极地理解此类超越观念所指向的乌托邦或美好生活表示关切。在阿多诺看来,我们无法在错误生活的内部发现正确的生活,并且"'调和'(reconciliation)的观念禁止把自身肯定地安置在概念中"③;这就是为什么我们只能间接地发现乌托邦,并以期许的方式通过某些现代艺术作品的启迪来实现乌托邦。同样,对福柯来说,我们无法在权力关系之外了解一种观点,这意味着在一个缺乏权力关系的社会中,任何概念在消极的意义上都是乌托邦的。福柯和阿多诺都非常认可这样一种事实:在由各种统治关系所建构的社会中产生的任何关于美好生活的愿景,都有可能再生产这些权力关系,并被它们所影响。所以,他们都避免对"美好生活"可能拥有的内容作出乌托邦式的猜测。

然而,在某种意义上,与哈贝马斯和霍耐特相比,阿多诺和福柯是更为激进的乌托邦主义思想家,因为他们坚持认为激进的社会变革是可能的和可期许的,并且这种变革会朝着一种关于未来的开放式概念的方向发展。换言之,阿多诺和福柯不仅将社会变革设想为更好及更充分地实现现有的规范性

---

① M. Foucault, "The Subject and Power", in James D. Faubion (ed.), *Power: Essential Works of Michel Foucault*, Volume 3, New York: The New Press, 2000, p.358.

② 福柯更倾向于使用"异托邦"(heterotopia)而非"乌托邦",但阿多诺对乌托邦的定义与其调和的概念相关,后者可以被理解为一种非冲突性的、非总体化的多样性的共聚(togetherness)。

③ [德]阿多诺:《否定的辩证法》,张峰译,重庆出版社1993年版,第14页。

理念——比如一种更透明的、更少被权力关系所扭曲的自由主义民主——或者更具包容和平等的认同规则，同时也将其设想为这些理念自身实现激进变革——这种变革并不一定是一种倒退——的可能性。福柯的早期作品尤其充满对这种可能性进行的思想实验：当我们在未来回顾现在对精神疾病存在的偏见时，就会疑惑为何要这样小题大做，从这一视角来看，我们当前的历史先验性（historical a priori）可能看起来非常愚蠢。尽管我们对拥有这一视角的未来无法想象，但是，接受这种可能性，并认为拥有这一视角的人类将会拥有不同的历史先验性，进而拥有不同的道德世界，对福柯而言具有一种批判性的价值。为了具有真正的批判性，批判理论要同时接受两种社会变革——不仅包括改良主义（无论激进与否），而且还包括激进的社会变革，同时也要注意不能预判这种激进变革的结局。因为，这样做必然会导致假定我们自身生活的历史形式不仅优于之前的所有形式，同时也无法被超越，进而构成了历史的终点。就以后形而上学为目标的批判理论而言，这样的假设在概念上是存在问题的；同时，出于本文序言中所指出的原因，就以具有真正意义上的批判性为目标的批判理论而言，这样的假设在政治上也是存在问题的。

3. "大写的历史"的历史化

阿多诺和福柯都将自己批判性的历史—哲学研究理解为处于某种历史语境中的研究。这样一来，两人都试图对第二次的同时也是历史主义的启蒙的逻辑进行透彻的思考，并将对理性这一历史语境中的概念的理解反思性地应用于历史—哲学研究事业。这在福柯的早期作品中十分明显，他明确指出，历史之所以对他而言很重要，不是因为历史性（historicity）以我们的理性或存在为特征，而是因为"大写的历史"（History）——此处的历史是作为理性化过程渐进展开的黑格尔式历史概念——对现代的历史先验性极为重要，现代的历史先验性也因此既是历史的，也是"大写的历史的"（Historical）。①

---

① 此处及下文中出现的"大写的历史"（History）是作为理性化过程渐进展开的黑格尔式的历史概念。——译者注

福柯在《疯癫的历史》中对"大写的历史"进行历史化的目的在于显示其理念的历史偶然性,并分析其在排斥和支配那些所谓的非理智者时所发挥的作用。同样,阿多诺将其历史语境中的哲学概念理解为其自身就处于历史语境之中。以这种方式,他同样对自己的历史性概念进行了历史化。实际上,阿多诺在这一点上尖锐地批评了海德格尔与黑格尔,因为他们都未能将其各自对历史性的理解历史化。在阿多诺看来,对这一非历史化概念——其中历史成为"作为不变性的变化"(mutation as immutability)——的正确回应是要进行一种反向的从"形而上学到历史"的辩证"嬗变"。

4. 作为问题化的谱系学

"'大写的历史'的历史化"与其问题化紧密相关,这包括两层含义:第一,揭示我们自身的历史语境中的观点的历史偶然性;第二,显示这一观点如何被偶然地建构并与特定的权力关系相结合。因为我们的历史语境中的观点深受某种"大写的历史"概念的影响,要有效地将这一观点问题化,就要在采用这一概念的同时以一种独特的方式从根本上改变它,我将这一独特的方式形容为一种特殊的谱系学方法。在科林·库普曼(Colin Koopman)——其观点建立在伯纳德·威廉姆斯(Bernard Williams)的某些见解之上——看来,我们可以区分三种谱系学的探究模式:颠覆性、辩护性和问题化。这三种谱系学模式的共同核心是:它们都试图阐明特定的、偶然的历史进程如何引导人类发展并信奉特定的价值或概念。然而,这三种谱系学探究模式的目的却各有不同。颠覆性模式不仅旨在提出我们所拥有的价值的历史渊源问题,同时也因这些价值在某些更重要的意义上缺乏价值而否定它们。相比之下,辩护性模式追溯我们所拥有的价值的历史渊源,以显示这些价值是正当且理性的。第三种谱系学探究模式同时拥有颠覆性及辩护性的特征,因为它旨在同时揭露价值、概念或生活形式中所包含的危险与希望,追溯它们偶然的历史。但是,其目的并非简单的颠覆性或辩护性,相反,它旨在将我们的历史的当下批判性地问题化。

福柯在晚期的一次访谈中强调了问题化在其批判实践中的重要性:"我的

态度确实不来自那种自称为系统检验的批判形式，除了有效方案之外，这种系统检验拒绝其他任何可能的方案。它更类似于一种'问题化'——也就是那些对我而言为政治带来问题的行动、实践和思想领域的发展。"① 然而，这一批判性的问题化的目的并非像福柯的批评者所设想的那样，要去颠覆或破坏那些被问题化的行动、实践和思想。相反，正如福柯在另一次晚期访谈中所说："我想要投身于问题的谱系学、问题式（problématiques）的谱系学。我的意思并不是说一切都是坏的，而是说一切都是危险的，危险与坏并不完全一样。如果一切都是危险的，那么我们总会有事可做。"② 此外，尽管福柯的谱系学显然不是要为我们当前的实践或理性形式进行辩护，但在其将谱系学方法问题化时，却存在一种重要的、但常被低估的辩护性元素。这一元素在福柯有关启蒙的晚期研究中尤为凸显，他强调："哲学的质疑根植于'启蒙'之中，这种哲学质疑既使得同当下的关系、历史的存在方式成为问题，也使自主的主体本身成为问题。"③ 换言之，福柯将其问题化的批判方法置于哲学的批判精神之中，这种批判精神构成了对启蒙的积极的规范性传承，在其激进的变革中并通过这种变革重申启蒙的遗产，这一传承继承了其批判的态度，而非其学理因素。

尽管阿多诺并不使用"谱系学"或"问题化"这两个术语——更不用说"作为问题化的谱系学"（genealogy as problematization）或"将谱系学问题化"（problematizing genealogy）——来描述其历史研究路径，但仍然可以在他的研究中发现这种路径的轮廓。他对黑格尔及马克思和恩格斯的主要批评之一是：他们未能认识到被视为历史根本动力的对抗（antagonism）本身在历史上就是偶然的，"是它不需要成为的东西"④。阿多诺将这一认识与一种特定的社会

---

① M. Foucault, "Polemics, Politics, and Problematizations", in Paul Rabinow (ed.), *Ethics*: *Subjectivity and Truth*: *Vol. I*, *Essential Works of Michel Foucault*, New York: The New Press, 1997, p. 114.

② M. Foucault, "On the Genealogy of Ethics", in Paul Rabinow (ed.), Robert Hurley and others, trans., *Ethics*: *Subjectivity and Truth*, New York: The New Press, p. 256.

③ Ibid., p. 312.

④ [德] 阿多诺：《否定的辩证法》，张峰译，重庆出版社1993年版，第321页。

批判理论的可能性联系起来："只有当事物的发展可以有所不同时，只有当总体性被看作一种社会必需的外观以及从个人身上挤压出来的普遍性的实在化时，只有当总体性的绝对性要求被破除时，批判的社会意识才可以自由地认为总有一天事情会是不同的。"此外，正如我们在前文看到的那样，阿多诺显然拒绝对历史进行任何直接的辩护性解读。然而，他的目的并非直接否定启蒙现代性的价值和规范。例如，尽管阿多诺强烈批判现代的平等原则与资本主义交换机制、资产阶级的冷漠、物化结构和支配关系之间错综复杂的联系，但他还是将这些原则视为保护个体免受不公正待遇的历史成果。因此，像福柯那样，阿多诺的历史哲学旨在描述启蒙时代的诸理念既具有统治性又具有承诺性的历史渊源，也就是他所谓的连续性与断裂性的统一。可以将此种做法所运用的方法理解为一种问题化的谱系学，尽管阿多诺本人并不使用这一术语。

5. 批判的距离抑或用铁锤进行哲学思考

然而，要想将我们自身的历史语境中的观点问题化，并反思其与权力关系的错综复杂性，就必须对历史语境中的观点——我们尽可将其视为一种观点——保持批判的距离。① 阿多诺和福柯为寻找这种批判的距离提供了两种工具。首先，他们都采用了某种无法融入到"大写的历史"的辩证演进中的概念；通过拒绝重新融入这一辩证过程，这种概念揭示了黑格尔的历史现代性的脆弱性或分裂性的碎片化特征，进而尽可能对其进行反思。这种逃避现代性的调和和整合逻辑的概念，对阿多诺而言是非同一性的，对福柯来说是非理性的。尽管很容易将阿多诺的否定的辩证法理解为根植于一种形而上学论断（一种被视为终极物自体的非同一性的形而上学），但是更应将其理解为对特定的社会组织形式及其与之俱来的世界观的一种历史语境中的回应。如阿

---

① 福柯的著作中出现过"critical distance"这一概念，国内有学者翻译为"批评的距离"。在萨义德那里，这一概念"主张知识分子应保有批评的距离，抗拒并游离于主流之外，以免被收编到权力的宰制体系中，这样才能以一种客观的、独立的、多角度的或跨文化的视角来观察各种事物"（熊伟：《论萨义德的跨文化思想》，载《理论月刊》2012年第8期）。

多诺所言:"辩证理性自身的本质已经产生并且将像对抗的社会那样消失。"①换言之,对阿多诺而言,否定的辩证法并非思考的可能性(possibility for thinking)的先验条件,而是思考我们的当下的一种历史语境中的工具。它之所以必要,是因为启蒙辩证法在历史上的偶然演进,它是激活已陷入停滞状态的历史辩证法的一种方法。同样,福柯对非理性的运用不应被理解为一种形而上学姿态;相反,对福柯而言,正是非理性的形象揭示了我们的历史先验性的脆弱和分裂,并允许我们对这一历史先验性保持批判的距离。对福柯和阿多诺而言,通过碎片化的、非系统性的以及试验性的批判研究——或者通过艺术作品富有预见性的启发——来追溯非同一性或非理性的概念,有助于揭示我们当前历史现状不连续的、脆弱的及内在断裂的本质。

然而,由于历史先验性为我们设定了思想的可能性(possibility for thought)的特定历史条件,因而它构成了福柯所说的"所思所想"的背景。将思想从其所思所想中释放出来,对于以不同的方式进行思考十分必要,但是,以这种方式释放自身,意味着摆脱自身思考与行动之可能性的特定条件。虽然通过耐心挖掘,一些先前历史时代的形态和轮廓得以呈现,但是为了能够将自身的历史先验性放在历史的背景中,就必须用铁锤进行哲学思考②,就像福柯所主张的那样。或者如阿多诺所言:"辩证法借助极端的方式向前发展,并尽可能不断地驱动思想,直至变革,而不是使思想符合某种要求。"③

6. 问题化与现代性的规范性传承

最后,也可能最为重要的是,将我们自身的观点问题化可以也应该被理解为更为全面地实现了现代性规范地传承下来的核心价值,即自由,而非对现代性之规范性传承的拒绝或抽象否定。阿多诺对第二自然(second nature)

---

① [德]阿多诺:《否定的辩证法》,张峰译,重庆出版社1993年版,第138页。
② "用铁锤进行哲学思考"是尼采的名著《偶像的黄昏》的副标题,亦即对一切理论进行敲打和批判,重估一切价值。——译者注
③ T. W. Adorno, *Minima Moralia*: *Reflections from a Damaged Life*, E. F. N. Jephcotttrans., London: Verso, 2005, p. 86, p. 39.

的阐释显示了其历史哲学与自由之可能性之间的密切联系。阿多诺对自然与历史之间关系所进行的复杂解释的核心在于，他认为，随着时间的推移，历史地建构起来的事物看上去将会是自然的，并因此而无法改变。对阿多诺来说，通过揭露包含于其中的虚幻的、凝固的历史——一种被历史进步的话语不断加强的幻想——来揭示"第二自然"的历史偶然性和可变性，是批判理论的重要任务。这与福柯将谱系学描述为试图"在不考虑任何单一的不可改变性的情况下记录事件的独特性，在最出乎意料的以及我们通常认为没有历史的地方追寻这些事件"① 非常接近。这种对我们通常认为没有历史的地方所包含的凝固的历史的揭露，打破了历史虚幻的和意识形态的咒语。而这正是阿多诺对自由的理解："自由的积极意义在于打破或逃离咒语的潜力与可能性。"② 打破或逃离咒语，将思想从所思所想中释放出来，进而以不同的方式进行思考——这些都是福柯所谓"尽可能深远地重新推进自由的不确定的作用"的方式。

所以，对阿多诺和福柯而言，将我们自身的观点问题化具有一种规范性的意义。它并不旨在揭露启蒙现代性的核心的规范性理念，而是试图更充分地实现自由这一理念。但是，阿多诺的研究远不止于此，在此意义上，他超越了福柯，他同样认为，将我们自身的观点问题化不仅提高了我们与第二自然或历史先验性相关的自由度；同时，要做到公正地对待他人，它同样必不可少。这一观点来自阿多诺道德哲学讲稿的最后一篇。阿多诺用大部分讲稿对康德的道德哲学进行了详细且摧毁性的批判，在最后一篇中，他认为当前的道德哲学只可能作为一种对道德哲学的批判而存在。现代资本主义的生活如此变形和扭曲，以至于当前的道德哲学无法为美好生活提供规划或蓝本；正如阿多诺那句著名的哀叹所说："谬误的人生中不可能存在正确的生活。"③

---

① M. Foucault, "Nietzsche, Genealogy, History", in James D. Faubion (ed.), *Aesthetics, Method, and Epistemology*: *Vol.2, Essential Works of Michel Foucault*, New York: The New Press, 1998, p. 369.

② T. W. Adorno, *History and Freedom*, Cambridge: Polity Press, 2006, p. 174.

③ T. W. Adorno, *Minima Moralia*: *Reflections from a Damaged Life*, E. F. N. Jephcotttrans., London: Verso, 2005, p. 39.

因此，道德哲学的目标应该是去发现这一情况并去反思——而非遮掩、否定或无视——其所导致的矛盾。在当前的情况下，关于美好生活，人们唯一可以讲的是，它"存在于对错误生活的诸形式的反抗形态之中，这些形式已经被进步意识看穿，并遭到批判的解体，除了这种否定的指南意味，确实不能提出其他东西"①。

追随对康德的批判，阿多诺认为我们应抵制康德式道德所具有的抽象的严格主义（rigorism），但同时不能放弃良知和责任的概念，没有它们，美好生活的理念是不可想象的。阿多诺写道："人们在这个问题上的确是处于二律背反之中。人们必须坚持规范、自我批评、对正确或错误提出疑问，同时还必须坚持对裁决部门的失误进行批评，而这个裁决部门相信自己可以进行这样的自我批评。"② 换言之，我们必须坚持不懈地坚守从经验中学到的规范，同时不断地对表现为"不可阻挡"和"无法改变"的事物进行自我批判。阿多诺继而认为，正是"通过对自身局限性的反思而学会公平对待其他人"，并且"真正的不公正总是处在人们盲目地认为自己有理而别人无理的地方"。③ 这就是为什么阿多诺声称如果要强迫他列出基本的美德清单，他"或许而且只能含蓄地指出一种道德，即谦虚"，这里他的意思是："人们必须要有良心，但却不能退回到良心中。"④

我认为，获得这种谦虚态度的最好方式是贯彻一种批判的、谱系学的问题化，它将辩护性与颠覆性抑或进步与倒退融合在一起，但其目的并非简单的辩护或颠覆。通过允许我们自反性地批判塑造我们的社会机构和实践、文化意义和主体型构的模式以及规范认同，这种问题化的批判为对那些机构、实践等保持批判的距离打开了空间，进而将我们从与它们的关系中释放出来，同时也从与我们自己的关系中释放出来。需要注意的是，对阿多诺而言，这

---

① ［德］阿多诺：《道德哲学的问题》，谢地坤、王彤译，人民出版社2007年版，第190页。引文有修改。

② 同上书，第191页。引文有修改。

③ 同上书，第191页。引文有修改。

④ 同上书，第192页。引文有修改。

一谦虚的姿态不只是受到以下这一认知观点的激发，即我们有在规范性判断中犯错的倾向，因而有责任对这些判断进行质疑。尽管作为历史主义者和内在批判的实践者这一点足以让阿多诺赞同福柯的观点，即无论进行多么深入的批判，"我们总是处在重新开始的位置上"，但是他也进一步声称，如果我们要对不同于自己的其他人保持公正，那么将我们自己的观点问题化在道德上就是必须的。换言之，可以对问题化这一方法的规范性意义进行不同的理解，这种问题化不仅由认为我们的易错性不可避免这种认识论上的担忧——鉴于我们无法获得上帝之眼的观点——所推动，同时也由我们应平等地尊重他者的承诺所激发。

阿多诺、福柯和"后殖民主义"

阿多诺和福柯为思考与批判理论研究相关的后顾性及前瞻性的进步概念提供了不同的视角。他们都拒绝任何关于历史进步的辩护性和后顾性叙事，即将历史进步描述为塑造"我们"的"事实"。但是，他们这样做并不是支持一种倒退和衰亡的浪漫叙事，而是为了将当下批判性地问题化。此外，至少阿多诺[①]坚持将其理解为一种进步的前瞻性概念，尽管他否定性地将进步重新视为对灾难的避免，并将这一前瞻性概念与作为历史"事实"的后顾性概念区分开来。对于哈贝马斯和霍耐特而言，这一对历史学习、社会进化抑或进步的后顾性叙事，在奠定其关于何为具有前瞻性意义的进步的规范性愿景的过程中发挥着重要的作用。与他们不同，阿多诺认为，要使任何一种未来的进步成为可能，对作为历史"事实"的进步概念进行质疑是必须的。因此，尽管阿多诺并未放弃未来进步的可能性（实际上，他发现这种放弃不仅在概念上是成问题的，同时在道德上也是败坏的），但他对于未来什么才能算作进

---

① 尽管福柯对未来进步的可能性表示怀疑，我仍被阿多诺的以下论断所说服，即仅仅因为到目前为止进步尚未发生，就认为未来的进步是不可能的，这是一种错误的推断。这当然并未解决我们如何才能决定什么可以被称为未来的历史进步这一棘手的问题。

步的理解并未根植于塑造"我们"的进步的后顾性叙事之中。进步只发生在其终止之地。尽管阿多诺的这一论断似乎并非由后殖民主义的担忧所激发,并且尽管其与后殖民主义研究的关系——像福柯一样——更为复杂且具有争议性,但对我而言,对于一种旨在将自身去殖民化的批判理论来说,这一观点拥有巨大的潜力。

实际上,尽管阿多诺和福柯的欧洲中心主义有据可查且经常被提及,但他们都为后殖民主义理论化提供了丰富的资源。因此,一方面,福柯的作品为后殖民理论中的大量研究提供了启示,包括但不限于该领域内的奠基性文本之一——萨义德的《东方主义》。萨义德富有成效地采用了福柯的话语概念,将东方主义理解为一种决定西方如何理解东方的话语建构,它是"知识"的一种形式(虽然在很大程度上是西方的一种意识形态幻想,与这一标题所试图表达的真正文化几乎毫无关系),同时也是殖民主义权力的一种形式。这一分析对于后殖民主义研究如此富有成效,以至于安·劳拉·斯托勒(Ann Laura Stoler)在1995年指出:"在过去的10年内,没有任何一个单一的分析框架能够像福柯的分析框架那样完全占据殖民主义研究领域。"[①] 然而,福柯的研究同样受到后殖民主义思想家的严厉批判——包括晚期的萨义德、斯皮瓦克(Gayatri Spivak)以及斯托勒本人。斯托勒的重要著作《种族与欲望的教育》(*Race and the Education of Desire*)关注了福柯的晚期作品,并认为其关于欧洲现代性的权力关系的历史谱系学忽视了与殖民主义、种族主义和自由帝国主义相关的问题。如斯托勒所述:"令人吃惊的是,福柯对欧洲资产阶级秩序的建构始终未遭受其所主张的知识/权力融合体制所允许并鼓励的那种批评。"[②] 尽管福柯有意忽视了殖民主义问题,但他在后殖民主义理论中仍处于核心地位,斯托勒的批判正是出于对这一点的失望,而这一失望是可以理解的。因为福柯于1960年代末在突尼斯居住并授课,以及他这一代法国人没有

---

① A. L. Stoler, *Race and the Education of Desire: Foucault's History of Sexuality and the Colonial Order of Things*, Durham, NC: Duke University Press, 1995, p.1.

② Ibid., p.5.

不了解阿尔及利亚问题的,所以,福柯不可能不知道这一问题,从而使得这一忽视愈发令人难以接受。正如罗伯特·扬(Robert Young)所指出的,福柯对种族与殖民主义问题的"事实上的沉默"使得他的研究"如此欧洲中心主义,以至于让人开始怀疑是否是一种深思熟虑的策略"。然而,他进一步指出:"永恒的悖论是,尽管缺乏对殖民主义的明确讨论,福柯的研究却一直都是后殖民主义研究最重要的理论参考。"①

这些问题在阿多诺那里则以不同的形式展开:阿多诺常被人论及的欧洲中心主义使得其对后殖民主义理论的贡献值得怀疑,至少表面上是这样。因此,埃斯彭·哈默(Espen Hammer)指出,阿多诺"直截了当的欧洲中心主义"显而易见,他"几乎漠视后殖民主义的种种顾虑,包括种族主义、歧视以及帝国主义"。②《阿多诺:批判性读本》(Adorno: A Critical Reader)一书的编者认为,他是"严重的欧洲中心主义者",并且"对奥地利和德国之外的世界一无所知,更不用说欧洲了"。③ 然而,尽管阿多诺具有严重而又直接的欧洲中心主义倾向,近年来仍出现了一股认为他为后殖民主义理论提供了重要资源的风潮,而且尤其集中于其否定的辩证法这一概念。例如,纳米塔·戈斯瓦米(Namita Goswami)提供了一种"对阿多诺的激进的后殖民主义解读",认为"阿多诺的否定的辩证法的概念在对差异的理解上可以被理解为是后殖民主义的",其中差异对阿多诺而言意味着非对抗性的异质性。④ 戈斯瓦米还转向阿多诺寻求一种"充满希望的绝望",她认为这种"充满希望的绝望"对我们当前的历史时刻而言恰逢其时,尤其是在面对人类活动所导致的气候变化及其在世界各地的不同影响时。

我甚至无法尝试去解决这些复杂的争论,但需要强调的是,我并不认为

---

① R. J. C. Young, "Foucanlt on Race and Colonialism", *New Formations*, 25, 1995, p. 57.

② E. Hammer, *Adorno and the Political*, London: Routledge, 2006, p. 5.

③ N. C. Gibson and A. Rubin, "Introduction: Adorno and the Autonomous Intellectual", in N. C. Gibson (ed.), *Adorno: A Critical Reader*, Oxford: Blackwell, 2002, p. 14.

④ N. Goswami, "The (M)other of All Posts: Postcolonial Melancholia in the Age of Global Warming", *Critical Philosophy of Race*, 1.1, 2013, pp. 105–106.

可以将后殖民主义理论理解为是对欧洲批判理论的某种激进脉络——以福柯和阿多诺等人为代表——的简单或直接延伸。这样一种论断本身就是迪佩什·查卡拉巴提（Dipesh Chakrabarty）所谓的历史主义的一个实例，"因为这种想法仅仅是重复'首先在西方，然后在其他地方'这一时序结构"①。我的目的也并非表明福柯和阿多诺为后殖民主义理论化提供了重要的资源——虽然我认为这种情况很有可能。我认为，尽管阿多诺和福柯都各自存在缺点，都具有欧洲中心主义倾向，并在殖民主义和帝国主义问题上表现出盲目性（无论有意与否），但他们都在批判理论传统内部为将批判理论去殖民化这一至关重要的任务提供了重要的资源。这正是因为他们使我们能够重新思考批判理论对历史进步理念的信守。阿多诺和福柯对作为理性化过程渐进展开的黑格尔的"大写的历史"观进行了历史化及批判性地问题化，这一理性化过程的渐进展开将哈贝马斯和霍耐特所依赖的权力关系逐渐合理化，借此，阿多诺和福柯为思考规范性与历史之间的关系提供了另一种方式。这是一种自反性的和历史化的批判方法，它将批判理解为在社会世界内部揭示脆弱性与断裂性的一种完全内在的和支离破碎的实践。

也许有人会反对这种路径，认为其太过关注批判理论内部——尤其是批判理论特定传统内部——的争论与问题。这种反对意见至少有两种不同的版本。第一种版本认为批判理论家应该关注诸如人权与国际法、资本主义批判、跨国民主的前景等重大挑战，而此处所勾勒的批判理论概念太过关注内部，甚至是一种纸上谈兵，无助于解决上述问题。对这类批评者，我的回应是，我的规划在某种意义上比他们认为的要更为温和。我的目的并非提供一个完整的社会批判理论，也并非认为本文所勾勒的对福柯和阿多诺的解读能够为我们提供这样一种完整的社会批判理论。相反，我旨在强调批判理论中一个特定的、但同时也是根本的、十分重要的问题——规范性基础的问题。对于这一问题，我希望表明，现有的确立批判理论规范性的策略——它们受惠于

---

① D. Chakrabarty, *Provincializing Europe: Postcolonial Thought and Historical Difference*, 2nd edition, Princeton: Princeton University Press, 2008, p.6.

历史进步及学习或发展社会文化的理念——存在着严重的问题。并且，从旨在实现后殖民主义时代"对斗争和愿望的自我澄清"的意义上来看，它们最终并不符合实现真正具有批判性的批判理论这一目标。通过对福柯和阿多诺进行解读，我描绘出关于历史、规范性与批判之间关系的另一种观点，它可以帮助我们拓展批判理论，使其得以更加深入和更具实质性地应对后殖民主义的种种挑战。

另一个与此相关的反对源于我在批判理论与后殖民主义研究之间建立联系的主张。毕竟，继特里·伊格尔顿（Terry Eadeton）之后，有人可能会认为采用"后殖民主义"的见解对于全面思考后殖民主义的挑战和不公正而言是否是最好的方式尚不得而知。其中，前一种"后殖民主义"是指一种特定的理论规划，盛行于欧洲和美国，深受法国后结构主义的影响；后一种后殖民主义是指那些被正式殖民化的国家当前的社会、经济和政治状况，这些国家仍在遭受严重的全球不公正——主要是、但又不完全是通过国际金融系统的运作。然而，如果要思考后殖民主义的种种挑战，为何不转向马克思主义？后者毕竟为连接资本主义批判与帝国主义批判提供了丰富的资源，即使马克思本人并未将所有要点都串联起来。对于马克思主义者与后殖民主义理论家之间持续且激烈的辩论，以及马克思主义者与后结构主义者之间并非毫无关系且同样激烈的讨论，我们需要进行更为详细的论述。但是，论述的结果是：马克思的历史哲学并未摆脱对历史的进步主义的、不断发展的解读，而这种解读正是后殖民主义和去殖民主义批判的核心目的。这并不意味着马克思的所有见解都是无效的，也不意味着资本主义批判对当代的批判理论并不重要。只是对重新思考规范性与历史之间的关系这一特定的规划而言，我们更应该转向阿多诺和福柯，而非马克思。

而第二个版本的反对意见正源于此：我的研究路径可能在另一种意义上过于关注内部，过于重视通过挖掘欧洲思想家的观点来强调殖民主义的遗产，因而也过于强调一种来自内部的去殖民化，而我们当前所需要的却是一种来自外部的更为激进的去殖民化。为什么我选择转向阿多诺和福柯，而非C. L. R. 詹姆斯（Cyril Lionel Robert James）、弗朗茨·法农（Frantz Fanon）或恩里克·杜塞尔（Enrique Dussel）？通过关注欧洲思想家，最终的结果难道不仅仅是提供另一种对欧洲中心主义的欧洲中心主义批判，进而重复我所要批评的那种姿态吗？追随瓦尔特·米格诺罗（Walter Mignolo），我的回应是：尽管对于彻底去殖民化的批判理论规划来说，对欧洲中心主义的欧洲中心主义批判可能并不充分，但这并不意味着它是不必要的。我所提出的观点很大程度上——尽管不是完全的——是对欧洲批判理论的一种内在批判。这在某种程度上源于我身处的社会、制度和我自身的知识构成，以及在美国和德国高等教育机构接受的批判社会理论传统的训练，正如理查德·罗蒂（Richard Rorty）乐此不疲地提醒我们，我们必须从所在之地出发。但是，进行这种内在批判的重点在于表明：尽管从欧洲批判理论的传统出发，但通过迫使其将自身的批判视角去中心化，批判理论仍然可以变得与众不同。

论生命政治与批判理论的和解[*]

约翰·格鲁姆利 著[**]　　凌菲霞 译

[内容提要] 本文在瓦特的《生命的共和国》的基础上探讨了生命政治与批判理论达成和解的尝试。瓦特认为，现代新自由主义政府将生物学意义上的生命纳入政治合理性的考量中，从而构建了一种生命政治。瓦特为了抵制其"常规化"的影响，提出了一种有关生命的"积极政治"，它摆脱了用于管理和统治生命的新技术。他指出，只有融合了民主与政治经济学批判的二元研究方法，才能驳斥新自由主义。这样一种批判的基础首先是由批判理论传统建立的。然而，要使当下的生命政治批判发挥作用，至关重要的是在批判理论话语中加强对自然生命或类生命概念的描述性和规范性理解。不过，这种重大转向引发了与批判理论的基本观点和价值观相冲突的几种解释性张力，而这些视角和价值观在瓦特提出的生命政治与批判理论的和解中并没有得到充分认可。

[关键词] 生命政治　批判理论　黑格尔　马克思　阿伦特　瓦特

---

[*] 本文原载《欧洲遗产》(*The European Legacy*) 2017 年第 22 卷第 2 期。译文原载《国外理论动态》2017 年第 10 期。

[**] 作者简介：约翰·格鲁姆利 (John Grumley)，澳大利亚悉尼大学哲学系学者。

一种新颖的研究方法或学说通过强调自身与既有的思想形式的区别以及相较于这些思想形式的优越性而脱颖而出,这是现代生活的规律。作为批判当代新自由主义社会的一个强有力的崭新视角,新兴的生命政治学(biopolitics)似乎证实了这一规律。它起源于1970年代末米歇尔·福柯的作品和讲座,其批判要点突出了它与当时主导西方左翼批判话语的马克思主义的区别。福柯的主要理论转变是将政治讨论的焦点从经济学转至权力。对他来说,理解现代社会的关键是认识到在社会化的各个方面"惩罚"维度的本质。尽管过去将绝对权力赋予了最高统治者,并将接受者和服从者的被动角色赋予了公民,但是现在资本主义经济学和人口数量庞大的新现实不仅要求公民更加训练有素,而且要求公民更加灵活且更有智慧。为了满足这种前所未有的要求,政府不得不改变其对政治合理性的理解,把注意力转向建构这种主体性的新形式。因此,政府的政策必须将所有塑造人类主体的条件因素纳入政府自身的考量中:政府必须监督其主体的生活,包括他们的生物学条件和对他们的培养,从而使他们成为可以满足新自由主义世界需求的生产性经济主体。这种对政府合理性的扩充性理解标志着一个早已超出马克思政治经济学批判界限的新领域。此外,这种转变在福柯对人本主义的批判中被突出出来,他将自己早期对认识论基本主体(fundamental subject)的否定以及对被认为卷入了现代史上最严重罪行的意识形态的揭露统一起来。然而,虽然这种具有理论原创性和政治紧迫性的大胆主张为福柯派与批判理论家之间的第一次对抗性冲突奠定了基调,但它却没有考虑到福柯本人成熟的自我认识中的复杂性。

福柯与批判理论

福柯本人的理论立场的复杂性最为清楚地体现在他发表于1978年的姊妹篇《什么是启蒙?》和《什么是批判?》中。在这两篇文章中,他试图澄清自己与启蒙运动的关系,寻求他本人的思想在启蒙运动的遗产中所处的地位。虽然他决心摆脱与普世的基本主体思想及其未经确认的权力影响相关的启蒙幻想,但他也建议将其视为他在康德哲学中所发现的一种新的哲学认识的基础。为了做到这一点，他放弃了康德在使知识成为可能的先验条件下探索现代科学理性的方案，转而支持一种他在后来论及的、长期隐秘存在的哲学传统，这是一种从柏拉图的一些对话到犬儒学派、再到萨德侯爵（Marquis de Sade）、并最终在康德的作品中偶尔出现的哲学传统，它主要关注我们的当下及其现实性的问题。对于福柯来说，这种现实性的关键在于，人们越来越担心会成为一种普遍的社会过程——这种社会过程正在将公民从一种未成熟的继承状态中解放出来——的参与者。这些人不再只是接受权威，而是会充分利用自己的独立理性（autonomous reason）。福柯意识到需要扩展现代政治合理性的含义，这一新方案要求改变治理术（governmentality）的模式，即从治理他人变为治理自己。福柯认为，这就需要对意志、权威和理性之间业已存在的关系进行根本的调整。这反过来意味着一项新的伦理任务：在改变过去的被动性和顺从性这一个人自我转型的过程中主张理性的能动性（rational agency）；换言之，将人类提升到充分成熟的状态。这一新方案所蕴含的信心在启蒙运动的座右铭中表达出来：敢于求知（Dare to Know）！"充分成熟"要求人类在这个过程中既是要素又是主体；换言之，他们必须能够探索之前的局限性，并验证创造性的逾矩行为。

在概述了在他看来更为可取的启蒙方案的大致轮廓之后，福柯仍然认为区分启蒙与批判是至关重要的。他在《什么是批判？》中提到，康德想指出"启蒙与批判"之间的某种差距（gap）。这种差距宣告了那种"经过反思的不屈从"（reflected intractability），福柯认为这是历史锚定点之一，它界定了对待"不被过度治理"（not being governed too much）的艺术的批判态度。正是通过这种要素，"主体自身有权质疑真理的权力效果和权力的真理话语"。这种批判要素确保了主体的解放，并强调"批判的基本责任是对知识的认识"。虽然福柯承认，他在此所指出的启蒙运动与批判任务之间的对抗，对康德而言可能并没有如此清晰地存在过，因为康德认为启蒙本身包括认识到知识的局限，而福柯则认为，随之而来的19世纪和20世纪的历史提供了更多的追求批判事业——作为一种"与启蒙保持距离"的立场——的机会。这些机会源自实证科学的扩张和国家系统的发展，以及两者的紧密交织，它们都在生产力的发展中越来越多地处于主导地位，也日益引发人们质疑理性是否应对过度的权力负起历史的责任。

福柯确认了启蒙与批判之间的"差距"，并指出了衡量"不被过度治理"的勇气的标准——批判是经过反思的不屈从——的决定性作用，然后他转向了德国启蒙运动及其与法国启蒙运动的区别。他借鉴了德国左派对基本的科学事业及其与当代社会统治形式的联系的彻底批判，从而进一步强化了对下述问题的质疑，即"已经合理化的某些东西、甚至理性本身中的某种东西对过度的权力负有责任"。这种传统从黑格尔左派延伸至法兰克福学派，但在法国并没有产生真正必然的影响，因为法国启蒙运动与法国大革命之间的联盟妨碍了对理性与权力之间关系的质疑。由于宗教改革的影响在法国并没有像在德国那么广泛，所以上述差异更加复杂。因此，启蒙运动及其提出的所有问题在法国从来没有像在德国那样被广泛接受，也从来没有像在德国那样影响巨大。尽管存在这些差异，福柯仍然认为，与合理化过程相关的问题普遍存在，因此迫切需要引起重视。这种认识强化了他与法兰克福学派之间的伙伴关系，使启蒙成为现代哲学的核心关切。对他来说，这种共同关切与当今现代性所代表的"大量地、不断地建立庞大的科学技术体系，却从未受到彻底的质疑"密不可分。他认为，这些改变造成了针对过度权力的各种社会和政治反抗，以及有关"不被过度治理"的意愿的新批判话语。

在生命政治与新批判理论之间的第一轮论战结束之后，在新一代理论家中，有人认为争论双方都有可圈可点之处，并试图通过调解和融合这两种范式来推动理论的发展。迄今为止，最具包容性的观点来自米格尔·瓦特（Miguel Vatter）的《生命的共和国：生命政治与市民社会批判》（2014）。他赞同福柯的观点，认为现代政府通过将有机生命纳入政治合理性的考量之中而成为生命政治。但是他主张，应对这一挑战及其常态影响的最有效途径是培育一种富有生命力的"积极政治"（affirmative politics），即一种为了挫败用于管理和统治生命的新技术而设计的政治。

在瓦特的"积极政治"理论中，关键要素是将共和主义与政治经济学批判重新结合起来，从而恢复政治学与经济学之间的平衡，这种平衡曾因为后者让位于自由主义和市场而被打破。他甚至断言，这种批判的生命政治基础已经由黑格尔和马克思、乃至瓦尔特·本雅明和西奥多·阿多诺的著述所奠定。为了恢复生命政治批判在政治经济学中的应有地位，并将其应用于对当代新自由主义政府的批判，瓦特认为提升生命或类生命的概念至关重要。这相当于指出，早期批判理论家过于相信历史，没有发现马克思坚持认为人类潜能具有局限性的批判性和规范性意义。换句话说，他认为，对批判理论家的著作从生命政治的视角进行解读，对于更有力地批判新自由主义政府是不可或缺的。在下文中，我将通过聚焦瓦特对黑格尔、马克思和汉娜·阿伦特的思想的解读中所突出的生命概念来阐述瓦特的观点，在这些解读中，瓦特致力于吸收人类文明的历史和政治成就。我认为，上述两种范式之间的张力表明，瓦特更加重视生命价值的做法为将生命政治确立为一种批判方法设置了障碍。

黑格尔

瓦特认为我们时代的悲剧正日益成为经济学的重中之重。他认同青年黑格尔对新时势的"悲剧"感，因为他认为，新自由主义的现代胜利不过是现代性的灾难性发展的一部分。他明确赞同黑格尔对政治自由平等传统的固守以及对资产阶级个人主义诱惑的拒斥。因此，瓦特力图在黑格尔的早期作品中发掘出一种积极的生命政治主题，这一主题会揭露出商品化世界价值观的虚幻性并复兴共和政治。他对黑格尔的解读几乎完全依赖他的早期作品，特别是《论自然法》（1802—1803），同时也在一定程度上依赖《精神现象学》（1806）。这是可以理解的，因为黑格尔在拿破仑于1813年最终战败后提出了著名的"与现实和解"之说。黑格尔在其成熟的政治作品中放弃了对德国南部共和政治复兴的所有希望。这一成熟的黑格尔更难以接受瓦特的激进共和议程。瓦特提出的策略并非由于他忠实于黑格尔的全部著述，而是因为他试图复兴其中一直被忽视的、体现了生命政治观点的片段。在瓦特看来，正是这些片段为批判理论提供了原材料，为他努力推进一种批判的和民主的生命政治提供了坚实的基础。

这一潜在的主题最早可以追溯到黑格尔对埃斯库罗斯的《俄瑞斯忒亚》中"伦理悲剧"的处理。黑格尔接受国家诞生于牺牲（sacrifice）这一观念：公元前5世纪希腊城邦的自由源自早期古老的氏族和家庭形式的解体。政治无法摆脱从出生到死亡的永恒生命循环。资产阶级经济可能是一种"新命运"，它预示着现代性的归顺者行将就木，但黑格尔认为，"虚空"（nullity）可以从中显现出来。新经济必须被限制在适当的范围内，且是更大整体的一部分。这是对生命的悲剧性循环——它促成了连续不断的重生——的承认。根据瓦特对黑格尔观点的理解，希腊悲剧揭示出，这种伦理的绝对真理及其自由理念显然是政治性的，这就解释了国家必然居于优先地位。在瓦特看来，黑格尔对悲剧的解读揭示了一种相互牺牲的重要"学习过程"。一方面，以往的国家形态必须牺牲其政治平等的理念以成就资产阶级；另一方面，资产阶级也要作出牺牲。他们的财产和生命是他们的重中之重，必须由国家掌握，因为他们所依赖的和平与稳定受到了不可避免的共和战争（republican war）的危害；他们也必须接受一个致力于国家事务的阶级的领导。瓦特认为，这些相互牺牲最终导致了对社会和国家背后的两种神权的"亵渎"。他的意思是，任何一方都必须合理化：每一方都应抛弃完全独立的感觉，并且还要意识到它与另一方的关系。因此，当经济为国家提供服务和福利资源时，也会通过国家权力和政治领导层（灰色官僚和公职人员）的合理化获得保护。

瓦特的经济与国家相互牺牲之说，其核心是他对黑格尔观点的论证。虽然黑格尔和瓦特都主张政治相对于经济的优先性，但对瓦特来说，黑格尔早期著作中的关键点是，当个人权利重于国家权利时，暴力就成为权利唯一的基础。这一立场在黑格尔的惩罚理论及其对康德自由主义的明确批判中得到了证实。因此，对于黑格尔来说，只有被理解为由人民组成的国家才能宣判资产阶级的罪行。黑格尔重申了卢梭的如下观点："囚徒"是通过偿还罪责的惩罚而获得自由并被间接恢复其完整的公民身份的。

瓦特对黑格尔早期政治著作的重构体现了他想要在批判理论中复兴生命概念的策略。黑格尔关于从自我意识向精神转化的著名论述，也间接地解决了个人与政治之间的平衡问题。这种转化通常是通过劳动和语言（认识）范畴来解释的。然而，瓦特决心驳斥他认为忽视了生命范畴的东西。对他来说，黑格尔完全按照生命政治的方式来构想从生命到精神的转化：主人对主权的要求被奴隶对生命（自然生命）的依附所削弱，从而"揭示了自我意识及其自由的社会本质的真实性质"。因此，瓦特对罗伯特·皮平（Robert Pippin）的人本主义解释——认为动物生命是一种自我保护的生命，而人类生命则是受他人欲望、兴趣和意见影响的生命——提出了异议。相反，他认为，"显现出来并成为意见之对象的必然性植根于动物的生命之中"。这一争议的焦点是，黑格尔是否将生命与社会性——自始至终伴随着他人的意见生活——之间的关系视为某种连续性抑或非连续性。奴隶选择生命而非死亡并表达自我保护的愿望这一事实，并不意味着人类生命的动物根基本身可以产生与伦理生命相关的更高级的社会性形式。然而，瓦特却明确认为确实如此：他引用了黑格尔《论自然法》中一个较长的段落，据称它证明了"伦理生命（ethical life）与自然生命（zoë）的同一性"。然而，他所引用的这段话并不能作出上述证明，该段话认为，伦理生命是由普遍（整体）与个别（单一个体）组成的单个实体，就像生命的整体性（totality）在水螅和狮子中都充分体现出来一样。尽管就自然生命和伦理生命都是由部分和整体组成并且都构成整体性而言，两者是同一的，但这并不意味着伦理生命与自然生命在具有相同发展能力这一关键的方面是同一的。瓦特继续声称："黑格尔可能并不如皮平所言，赞同政治生命（Bios）优于自然生命的观点。"然而，在他所引用的段落中，并不存在可以驳斥皮平的观点，皮平认为："自然生命的循环并未让政治生命——继而个体的生命历程——脱颖而出。"在这里，皮平只是重复了几代学者的论证。法国著名的黑格尔学者让·伊波利特（Jean Hyppolite）对瓦特用来证明自己的解释的文本进行了评论："在这篇论述'自然法'的文章中，黑格尔已经表明'精神优于自然'，因为精神有能力返回自身从而反思自身。"换句话说，黑格尔只是把自然指认为一个概念，所以政治生命只能以死亡或者以普遍和个别彻底解体的方式结束。正如伊波利特所说："生命的意识与生命本身是完全不同的。它构成了只有在人类经验中才能实现的生命之真理。当生命的瞬间融入人的意识时，才以历史的形式向前发展。"同时，正如黑格尔在《精神现象学》中提醒我们的，有机自然没有历史。整体性并不存在于生物个体中，无限只存在于精神的自我意识的具体历史发展中。

瓦特对黑格尔所进行的生命政治解读，特别是他通过消除动物生命与人类生命之间、生物界与社会之间的差异来提升自然生命之地位的理论转变，预示着他在重建马克思和阿伦特的理论的过程中将重复这种一以贯之的策略。

马克思

瓦特对马克思的论述似乎始于一个悖论。虽然马克思首先解释了为什么现代社会的规范被表述为市场中商品交换的自由和平等这一价值观，但其价值理论在经济理论中不再受到重视。为了改变这种明显的忽视，瓦特提出要重新审视马克思的价值理论。他认为，在以价值自我生成为核心的资本主义经济中，"价值形式"是作为合法性的一种来源、作为资本主义经济生活的一种内在裁判框架发挥作用的。他认为马克思的论述非常有价值，因为它引发了人们对生命政治之价值基础的关注。如前所述，瓦特认为，这种社会批判的任务是指出政府政策与常规化的生命政治方法的共同点。因此，至关重要的是，任何理论批判都要包括经济学和法律，不仅包括劳动，还要包括价值。

瓦特对马克思价值理论的重建与他在重建黑格尔的理论时提升动物地位的策略相当。他认为，马克思的批判受到了青年黑格尔试图使政治经济学依附于政治目标的愿望的启发。因此，黑格尔的异化概念一直是马克思关注的重点，直到《资本论》，异化才被转化为商品拜物教思想。青年马克思已经发现，现代社会的主权意志（the sovereign will）并非民主意志的表达，而是资产阶级政治代表的意志的表达。私有财产的主权体现在货币的支配地位上，货币的代表性功能是资产阶级社会的决定性特征。他根据早期的分析得出结论：政治形式永远不会征服资产阶级市民社会。异化在瓦特的生命政治观中是这样被解读的：资产阶级私有财产的主导性以类生命（自然生命）异化的形式存在，旨在实现资产阶级个体（政治生命）的利益。在这种解读中，资本主义生产之所以具有死亡政治（thanato-political）的特征，是因为它为个体而牺牲了人类。瓦特指出，马克思对作为"有意识的类存在"的人与动物进行了众所周知的比较，从而使他对异化的生命政治解读合法化。然而，对瓦特来说，这并非动物与人类之间的比较，而是动物与人类之间的"类比"，这种"类比"支持了他的观点，即对马克思而言，"人类生产决不会使人类从动物中分离出去"。此外，瓦特认为，当马克思说人类进行有意识的创造时，并非指"人类创造不同于任何其他种类的动物的创造"。因此，这种"类比"的真正含义不是揭示人类的特殊性，而是表明："一旦生产被理解为人的类存在、人的动物性的一个特征时，人类生命的真正政治特性就会显现出来。"

我们有充分的理由认为，马克思将人类视为动物。他在对费尔巴哈的批判中强调了人的自然的、感性的、苦难的和有限的维度，这与同黑格尔的精神概念相关的无限主体性（infinite subjectivity）理论形成了对照。马克思在《1844年经济学哲学手稿》中分析类存在时强调了这种自然主义，然而他并没有作出详尽论述，因为他认为历史同样重要。瓦特对马克思的解读违背了马克思文本的原意，正如《关于费尔巴哈的提纲》（1845）第六条所言：

> 费尔巴哈把宗教的本质归结于人的本质。但是，人的本质不是单个人所固有的抽象物，在其现实性上，它是一切社会关系的总和。
>
> 费尔巴哈没有对这种现实的本质进行批判，因此他不得不：
>
> （1）撇开历史的进程，把宗教感情固定为独立的东西，并假定有一种抽象的——孤立的——人的个体；
>
> （2）因此，本质只能被理解为"类"，理解为一种内在的、无声的、把许多个人自然地联系起来的普遍性。

毫无疑问，这说明马克思并不认为人类的权力是孤立的人类动物所特有的内在的、无声的类特征。相反，马克思把人的本质与人类的历史成就——具体的社会交往中艰辛积累的产物——联系在一起。这些成就不能被孤立地视为人的动物禀赋，即马克思所说的"内在的、无声的普遍性"，它们显然不同于这种普遍性。这里，马克思取自黑格尔的历史性要素是关键。这些动物禀赋必须被历史上特定的社会关系的总和来激活并开发，从而产生被马克思视为人的本质的各种人类权力。

在回过头来考察马克思的动物与人类的"类比"时，瓦特认为，马克思并非想要论证人类的创造不同于其他动物的创造，而是主张"人类可以像其他任何一种动物那样进行创造"。所以，动物和人类有相似的创造力，它们之间的唯一差别就在于"每种动物只能创造专用于该物种的东西"，因此"人类生产是动物生产的普遍化"。然而，对马克思来说，正是普遍化的能力才是动物与人类之间的差别。此外，这种差别强调了人类的历史潜力。瓦特旨在消除这种根本差别的目标使他扭曲了马克思的含义，并且低估了马克思所主张的历史发展在人类权力演变中的重要性。因此，在马克思的理论中，人类权力的规范性作用给对人类历史"成就"抱有怀疑态度的生命政治研究方法带来了问题。所以，将重点放在自然生命上，使瓦特坚守这种怀疑主义，并拒绝了马克思对历史的进步主义理解（这种理解虽然并不完全统一，却具有前瞻性）。

阿伦特

瓦特在融合生命政治与批判理论的过程中引入了阿伦特的观点，这似乎是一种异常现象。阿伦特是1940年之后流亡到美国的犹太人，也是海德格尔的学生和情人、本雅明的朋友。从冷战开始直至1975年去世，阿伦特一直保持思想和政治独立。她出现在瓦特的理论规划中，可能是因为瓦特在主张对人本主义进行生命政治批判以及提高自然生命概念的地位时缺乏一个强大的规范性基础，而他在阿伦特的出生性（natality）概念里发现了这个基础。

瓦特对阿伦特著作的解释，就像他对马克思的解释一样，似乎始于一个悖论。他写道，阿伦特认为，出生性——人类因为出生而成为新人和新加入者的事实——是政治思想的核心范畴，与此同时，她认为政治并无生物学上的基础。瓦特对此感到困惑，同时他认识到，虽然出生性是阿伦特哲学大厦的核心，但是在阿伦特的著作中，它仅在几处被提及，且在大量的二手文献中极少被详细讨论，这进一步加深了瓦特的困惑。瓦特试图通过引发人们对出生性概念的核心地位的关注，改变这个概念被忽视的现状。不过，出生性概念对其"积极的生命政治"这一思想同样至关重要。因此，他试图将自由的思想与生物学的生命重新联系起来，从而赋予当代政治一个新的目标。无论是在当代自由民主的实例还是早期极权主义的实例中，现代政治都越来越多地关注必然性问题，关注在自由民主的发展中对物质满足的需求，以及在极权主义中自然或历史法则的实现。不过，瓦特声称，政治应从生命本身的自由这一维度来理解。

然而，将阿伦特纳入"积极的生命政治"的范围内，并从生命自由这一政治角度解释她的出生性概念，需要无比的聪明才智。因为在很长一段时间里，学者们一致认为，她的政治观念是以新亚里士多德式的政治生命与自然生命二元论为基础的，并将优先性赋予了一种拥有历史故事而非仅仅循环往复的生命。在这种解读中，政治关注自由，而自由的可能性取决于公民是否占有一个空间（城邦），而与对生命繁殖的关注区分开来。瓦特完全拒绝对阿伦特的这种解释。首先，正如他中肯地指出的，这种解释假设了一个政治人的"本质"。他认为，阿伦特明确拒绝"在将政治能力归因于人的本质的意义上将政治自然化"。但是，她否定"人的本质"这个概念，并不意味着她拒绝人的本质赋予自然生命以优先性，也不意味着她拒绝将政治提升到一种超出必然性的境界。除了阿伦特对政治自然化的否定，瓦特认为，阿伦特还肯定了"人"（man）与"人们"（men）之间的根本区别——从亚里士多德到霍布斯的整个西方政治传统中都缺失这一点。对于瓦特而言，这一区别至关重要，因为"人们"代表了人类条件的多样性，而政治的这种居间性（in-betweeness）不能被还原为亚里士多德的"人"的"政治生活"（bios politikos）。瓦特在阿伦特写于1950年代早期的《思想日记》中发现了如下观点：哲学传统拒绝承认人的多样性，因为只有动物是以多样性的形式创造的。对西方传统的这种批判对瓦特非常关键，因为它把多样性的概念置于自然生命的范围内，并允许将自然纳入政治领域,并作为自然多样性的基础。然而,这种解释存在的问题是,动物世界中的自然多样性与人类行动的政治领域的多样性相差甚远。在阿伦特的主要哲学著作《人的条件》(1958)中,居于核心地位的多样性并不是指单一的、独特的机体之间的自然差异,而是指政治生活中行动和语言的多样性。

在阿伦特《人的条件》之前的著作以及《人的条件》一书中,持续出现了人本主义的复归,这让瓦特困扰不已。不过,瓦特只是将这种现象视为阿伦特思想发展中的"一个僵局",因为她没有找到一种办法,能够调和"既定的自然事实"与"可以容纳外来陌生者的政治组织形式"。然而,阿伦特从来没有预设西方传统必然会导致排外甚至灭绝行动,这些只是西方传统中最为扭曲的极权主义形式。对于瓦特来说,这样的复归使得阿伦特向不符合其思想中最基本的原则——"总是强调作为生命的条件什么才是最'人性'的"——的"动物性人本主义"(herd humanism)作出了不必要的妥协。在瓦特看来,阿伦特用"出生性"概念来解构自然生命与政治生命之间的人本主义差异。这个概念"并非希腊思想的一个范畴",而是作为生命本身的一个功能推动着政治思想的发展:它不仅将政治重新融入生命之中,而且也是民族国家终结之后政治的主要范畴。这无疑暗指吉奥乔·阿甘本(Giorgio Agamben)和即将到来的新政治共同体(阿甘本认为它"在很大程度上仍然是设想出来的"),这种影射让我们暂时预见到瓦特的"复兴的共和主义"(reborn republicanism)模式,这是一种拒绝对自由主义和资本主义作出任何让步的模式。人们不禁将瓦特视为追寻尚未诞生的自然人的现代卢梭。但是,这样的人类学乐观主义在21世纪的开端是否可以持续呢?

结论

生命政治与批判理论的上述和解尝试究竟意味着什么?虽然福柯和阿甘本为当代治理术的生命政治维度提供了有益的见解,对我们反思当下至关重要,但我认为,瓦特试图通过提升自然生命的地位并在"出生性"的规范概念中确立批判的地位来创造一种"积极的生命政治",这种尝试带有误导性。我认为,瓦特的自然生命概念不能体现历史和社会发展的重要性。在经历了上个世纪的灾难之后,历史留给我们的那种天真的人类学乐观主义似乎不再可信,瓦特将此归咎于人本主义和西方政治传统。

这种人类学乐观主义在费伦茨·费赫尔(Ferenc Fehér)所说的"救赎性"政治视角中展现出来,其特征是现代性的化简还原、内在异质性的同质化、合理制度的解体以及对解决问题的伪宗教方法的偏好。在对生命政治的政治潜力的预测分析中,阿格妮丝·赫勒(Agnes Heller)和费赫尔认为1980年代的早期生命政治运动赋予了生命高于自由的优先性,给政治的开放性——对现代性本已脆弱的平衡具有重要意义——带来了威胁。瓦特试图在生命政治与批判理论的全新融合中提高自然生命的价值,这就清楚地指明了生命运动的方向。但是,他的价值观偏好所引发的困境并非他遇到的唯一问题。他显然还热衷于以一种"复兴的共和主义"来迎接阿甘式的"即将到来的政治",这意味着他拒绝批判并支持一种救赎性的乌托邦主义(redemptive utopianism)。

然而,这些问题并不意味着生命政治与批判理论之间的融合是不可能的,因为这两种方法会为我们对当代的批判性理解带来很多启示。这样的融合应该保留这两种方法的主要见解。虽然批判理论家经常注意到福柯对生命政治的经验性见解,但福柯对人本主义的批判和对反抗的论述削弱了他的批判理论。如果人本主义与当代权力结构的罪行沆瀣一气,那么福柯就要承认反抗的必然性。我认为,对反抗的这种理解是一种有保留的人本主义(residual humanism),为一种他已经亲自否定了的规范性观点留下余地。就此可以看出,一个可能的方案是生命政治重新包容人本主义。无论这种重大转向将面临何种困难,其有利之处将是承认——福柯在分析"启蒙之讹诈"(blackmail of the Enlightenment)时也承认——人本主义的关键作用,即我们依赖于人本主义的基础和成就。因此,生命政治可以接受批判理论的有条件的进步主义(the conditional progressivism),以及对当下及其政治潜力进行更加有区别性和辩证性的论述的可能性。这种理论性的重新定位将会使一种救赎性的政治范式转变成一种开放式的民主范式。换言之,这将使得上述两种传统的倡导者不仅肯定启蒙运动是一项"未完成的事业",而且与福柯和赫勒一起宣告,它永远都不可能完成。

种族批判理论导论*

多里安·麦考伊　德克·罗德里克斯　著**　　陈后亮　译

[内容提要]　种族批判理论是一种基于种族的批判话语，它挑战的是欧美白人中心主义的价值体系，其源头可被追溯到1960年代的美国民权运动和1970年代的批判法学研究。它关注社会正义、解放和经济赋权问题，并试图揭示白人霸权及其对有色群体的压迫是如何被确立起来并延续下去的。它关注权力和资源分配在政治、经济、种族和性别方面的不平等，试图为包括有色人种在内的一切边缘群体带来社会正义，并最终消除以种族、性别、阶级和宗教等为基础的一切压迫形式。

[关键词]　种族批判理论　种族主义　社会正义　利益趋同

本文将对批判法学研究（critical legal studies）和种族批判理论（critical race theory）的主要论点做简要概述。2008年11月，巴拉克·奥巴马当选美国第44任总统。由于他是第一位当选美国总统的有色人种，许多媒体宣称美国已进入"后种族主义"时代，这让很多美国民众以为种族主义在制度层面

---

*　本文原载美国高等教育研究协会《高等教育报告》（*ASHE Higher Education Report*）2015年第3期。译文有删节。译文原载《国外理论动态》2017年第8期。

**　作者简介：多里安·麦考伊（Dorian McCoy），美国田纳西大学教育领导与政策研究系学者；德克·罗德里克斯（Dirk Rodricks），加拿大多伦多大学学者。

已经消失,仅仅在个体层面有所残留。然而,自奥巴马首次当选并获得连任以来发生的一系列事件表明,种族主义依旧存在于美国社会和教育机构中。这让我们想起学者们所说的一种色盲型意识形态(color-blind ideology),即认为当前的种族不平等并非种族主义导致的结果。近年来,有三起黑人死亡事件引发了美国全国性的激烈争论。2012年2月,并未携带武器的黑人男青年特雷沃恩·马丁(Trayvon Martin)在佛罗里达州桑福德市被一名社区观察协调员开枪击毙。杀人者最终被判无罪。2014年8月,另一名未携带武器的黑人男青年、在校大学生迈克尔·布朗(Michael Brown)在密苏里州弗格森市被一名白人警察枪杀,该事件随后在社区居民、政府和当地警察部门以及国民警卫队之间引发了持续数月的冲突对抗。2014年11月,大陪审团裁定对开枪者撤销起诉。2014年7月,纽约市的一名白人男警察掐住了埃里克·加纳(Eric Garner)的喉咙(这是被纽约市警察局禁止的行为),因为后者不承认自己在违法倒卖香烟并试图反抗。负责这起案件的大陪审团同样没有提起公诉。

高等教育机构在过去六年间也经历了数不清的种族事件。在过去两年内,阿拉巴马大学的学生联谊会多次引发举国关注。2013年秋季学期开始时,该校女生联谊会因拒绝接纳非白人申请者入会而受到全国媒体关注。虽然该联谊会最终让有色人种申请者加入了原本只接纳白人的这一组织,但这个解决方案并不让人满意,它不仅没有打破制度化的种族主义惯例,甚至还可以被视为一种利益趋同。如果联谊会能更有效地解决会员的种族融合问题,也就可以展示出为有色人种女性创造一个包容性环境的决心,进而也就有可能消除有关这所大学及女生联谊会的更多负面报道。然而在2014年秋季学期开学之际,当联谊会的一名成员在社交媒体上发表了含有种族歧视内容的图片和语言后,这所大学再次成为全国舆论的焦点。这些事件说明,种族主义在本质上仍然是一种制度性的存在,渗透在阿拉巴马大学的学生联谊会组织内部。联谊会的回应方案也未能有效解决这些事件对有色人种学生的影响。

种族和种族主义在学术界则表现得更为微妙。伊利诺伊大学厄巴那—香槟分校最近撤销了原本授予美籍巴勒斯坦人斯蒂芬·萨莱塔(Steven Salaita)

的美国印第安研究终身教职,因为后者在推特上发表了有关巴以冲突的反犹主义言论。这只是众多类似事件中的一起案例,反映出有很多权力和既得利益复杂地交织在一起,它们在暗地里相互串通并占据机构领导权,使得种族和种族主义阴魂在高等教育机构内部长久不散。作为本文的主题,种族批判理论认为这些事件的发生既非偶然,也非什么新鲜事。而且,我们也认为它们并非只是在个体层面上显示出来的孤立事件。实际上,这些案例以及其他类似事件表明,种族主义意识形态在当今社会仍然根深蒂固。种族批判理论有助于我们理解并打破结构性的种族不平等。

高等教育中的种族批判理论

种族批判理论的出现是对民权事业进展缓慢的回应。在美国民权运动年代,有色人种的地位在法律上获得显著提升。在此后的1970年代,却再次出现了对法律政策的敌视,比如平权法案。到了1980年代,一批著名的法律学者,包括德里克·贝尔(Derrick Bell)、查尔斯·劳伦斯(Charles Lawrence)、理查德·德尔加多(Richard Delgado)、兰尼·吉尼尔(Lani Guinier)、玛里·马特苏达(Mari Matsuda)、帕特里夏·威廉斯(Patricia Williams)、金伯勒·克伦肖(Kimberlé Crenshaw)等人在内,开始质疑法律在维系和建构基于种族之上的社会和经济压迫方面的作用。这些早期的种族批判理论家不但关注民权立法进展减缓的现象,也开始挑战常见的种族不公,并不断质疑在美国法学领域长期存在的种族主义。因此,在将注意力转向这一理论如何被应用于高等教育领域之前,我们需要对批判法学研究和种族批判理论的主要论点做简要概述。

批判法学研究

美国民权事业在1960年代取得了显著进展,但到1970年代却停滞不前。批判法学研究的出现就是对这一状况的回应。批判法学的研究者爱德华·泰勒（Edward Taylor）认为："法律运作的逻辑基础实际上是一些抽象的范畴分类和裁决，它们给种种不公披上合法的外衣，既反映又助长了社会上现存的权力关系。"凯文·布朗（Kevin Brown）和达雷尔·杰克逊（Darrell Jackson）认为，批判法学研究的主要目的就是揭露和挑战那种认为法律思维是"价值中立的，不受社会经济关系、政治力量和文化现象影响的"观点。批判法学研究质疑美国的法律制度实际上合法化了压迫性的社会结构。著名的批判法学研究理论家包括罗伯托·昂格尔（Roberto Unger）、邓肯·肯尼迪（Duncan Kennedy）和凯瑟琳·麦肯南（Catherine Mackinnon）等人。

然而，以德里克·贝尔和艾伦·弗里曼（Alan Freeman）为代表的法学研究者却认为，批判法学研究的一个缺陷是，它没有提供社会变革策略，因为它未将种族和种族主义纳入分析框架。另一种批判意见认为，批判法学研究没有倾听被压迫群体的生活经验和历史。布瑞恩·布雷博伊（Brian Brayboy）提出，作为一种"有左派倾向的法律学派"，批判法学的研究者主张法律研究必须关注它对不同人群的语境影响。这些批判为种族批判理论的出现铺平了道路。

种族批判理论的源头

种族批判理论植根于民权运动。它从一开始就关注社会正义、解放和经济赋权问题。其源头可以追溯到1970年代的批判法学研究。由于后者不能解答有色群体的斗争问题，种族批判理论便从中分化出来。布朗和杰克逊曾分析了种族批判理论如何诞生于这些历史发展的交汇之中，以及如何回应这些发展趋势。由于批判法学研究对法律程序中的种族和种族主义缺少关注，对此不满的一些法律学者便聚集起来，制定了新的法学研究规划，重点关注种族和种族主义的影响。这些学者认为，我们需要用新方法来应对种族主义的不同表现方式。因此，种族批判理论最初是作为一种法学研究形式出现的，它试图解答白人霸权以及它对有色群体的压迫是如何被确立起来和延续下去的。由此，种族和种族主义便被置于学术分析的中心，学者们关注的议题包括平权法案、种族区域划分、校园用语以及美国刑事审判系统对有色群体不成比例的裁决，等等。

种族批判理论

种族批判理论是一种基于种族的对抗性学术话语，它挑战的是欧洲中心主义的价值体系，比如白人在美国的被标准化。泰勒认为，作为一种理论框架，种族批判理论研究的是"权力和资源在政治、经济、种族和性别方面的不公正、不平等分配"。参与其中的学者志在挑战种族主义，消除它在社会、法律、政治和教育领域产生的后果。种族批判理论是种族法律制度的产物，并已成为向种族压迫的主导制度发起挑战的一种方式。它被认为是一种"折衷的、动态的"法学和教育研究形式。

种族批判理论的主要观点

种族批判理论正在不断发展成为一种理论框架和分析工具，用于消除种族主义及其他压迫形式。此前，已有学者以不同的方式对它的核心主张进行了归纳。本文将重点关注以下七个方面。

（一）种族主义的长期存在

种族批判理论公开承认，种族主义在有色人种的日常经验中是一种特有的、持久性的存在，它对美国社会的政治、经济和社会等诸多方面都产生了影响。丹尼尔·索洛萨诺（Daniel Solórzano）和塔拉·尤索（Tara Yosso）认为，欧洲中心论的美国历史观暴露出种族不过是一个社会建构的概念，其目的就是为了区分不同的种族，并显示一个种族高于另一个种族的优越性。例如，有些教育研究者声称白人学生的智力水平更高，而这一研究结论是值得怀疑的。既然种族是一个社会建构概念，我们不妨借用卡麦利特·卡斯特奈达（Carmelita Castañeda）和西米娜·祖尼加（Ximena Zúñiga）对种族主义的定义："它是在制度、文化和人际关系方面的一套模式和实践，为那些在法律和社会意义上被界定为"白人"的群体带来优势，同时又为那些不被美国主导性权力结构界定为白人的种族群体制造劣势。"索洛萨诺、米格尔·采娅（Miguel Ceja）和尤索的表述更为简洁："种族主义与制度性权力相关，那是一种有色人种——即非白色人种——从未拥有过的权力。"例如，美国南方腹地的《吉姆·克劳法》在制度上就把黑人边缘化了。

种族批判理论家们认识到，种族主义并非偶发的个体行为。它在美国社会是如此根深蒂固，以至于看上去像是一种自然而然的事情，并且对多数个体来说常常不易察觉或隐而不见。当种族主义隐匿遁形时，人们就会认为它已不复存在，或者只与某起具体的"孤立"事件相关。泰勒推断说，当加害方不再把压迫（比如种族主义）视为压迫时，种族事件就变成了孤立的、可怕的冲突事件。

在论及种族主义存在的持久性时，杰西卡·德西尔（Jessica DeCuir）和艾德丽安·迪克森（Adrienne Dixson）指出："种族等级结构主导着一切政治、经济和社会领域。这种结构把优势分配给白人，同时把包括教育在内的所有领域内的有色人种变为他者。"泰勒把种族主义描述为有色人种日常生活中的一种标准成分。有关不同种族学生智力水平的调查也是一个例子，它说明有色人种学生常被他者化，并被视为智力低下，尽管没有合理的"科学证据"支持这一观点。因此，让种族批判理论家们感到惊讶的不是种族主义的在场，而是它的隐而不见。他们相信，种族批判理论的首要任务就是揭露、打破和消除种族主义。对很多白人来说，种族主义的在场往往意味着仅凭肤色就可不劳而获的特权，他们也因此无法理解自己所创造的文化。例如，白人不必担心因为在"错误的区域"驾驶汽车而被警察拦下。而对有色人群——尤其是黑人——来说，却随时有可能在骑摩托车时被警察拦下并遭到盘问。

(二) 经验知识与反叙事

有色人种和其他从属群体所拥有的知识经常被排除在高等教育之外。因此，种族批判理论认为，有色人种的生活经验（经验知识）是有价值的、合法的、恰当的知识，对于我们理解、分析和讲授教育中的种族从属问题具有批判性。马尔文·林恩（Marvin Lynn）和玛丽安妮·亚当斯（Maurianne Adams）认为，经验知识对于我们研究有色人种在种族主义环境下的日常生活至关重要。与传统的学术研究方法不同，有色人种的经验是通过故事叙述、家族历史、传记资料、历史记载、隐喻传说和各种证词等形式相互共享的。对种族批判理论来说，叙事非常重要。在种族批判理论中，叙事和反叙事的主要目的是，它们可以为实证主义观点的"客观性"添加语境因素。例如，多里安·麦考伊（Dorian McCoy）认为，埃塞克斯镇的学校无疑是佛蒙特州最好的，然而却没有顾及他的孩子的真实感受。他的孩子认为，虽然学校是最好的，但它主要为白人学生的利益服务。问题在于：每个年级中的少数有色人种学生会有什么样的感受？被边缘化、被孤立、被疏离会是怎样的体验？他们的家庭必须以何种方式应对这种孤立他们的环境？

正是这些不同的叙事，对种族批判理论来说才是至关重要的。它们都来自直接的生活体验，与流行的宏大叙事或主导叙述产生了对抗，故此才称为反叙事。索洛萨诺和尤索将反叙事定义为："它是用于揭露、分析和挑战主导性种族优越叙事的一种工具。"它可以让那些在历史上被边缘化的人们发出声音，继而揭示和批判那些"让种族成见不断继续下去的标准化言论"。反叙事向那些被人们广为接受的假设或神话发出质疑，这种方法可以追溯到哈莱姆文艺复兴时期的黑人文学传统，以及其他有色人种对美国种族主义历史的公开批判。反叙事主要表现为三种形式：个人叙事、他人叙事和混合叙事。

（三）利益趋同理论

利益趋同理论最早由被誉为"种族批判理论之父"的德里克·贝尔提出。该理论的基本前提是，只有当有色人种的利益与当权者（主要是健康的、异性恋的白人基督徒男性）的利益"趋同"时，他们在追求种族平等方面才能取得进展。因此，当美国有色人种与当权者达成利益同盟并惠及彼此时，就可以在社会、政治和经济诸方面取得显著进步。即便在具有里程碑意义的"格拉茨诉博林杰案"中，有关种族多样化的争论也应被视为利益趋同的实例。它的潜在意思是，高等教育的多元构成对白人学生也有好处。

贝尔在《布朗案与利益趋同的困境》（1980）一文中精辟地指出，如果看不到最终裁决给白人带来的好处，尤其是给那些能够影响到美国国内外政策、经济和政治进展的白人带来的好处，就难以完全理解美国最高法院为何要推翻此前的"普莱西诉弗格森案"的判决结果。他认为，这对处于优势地位的白人来说主要有三个好处：首先，最高法院的裁决使得美国作为对抗共产主义扩散的世界领导者的地位更加巩固；其次，"布朗诉托皮卡教育局案"的裁决结果要求在中小学实行种族融合，这让黑人确信了自由和平等的价值；第三，白人意识到，只要政府还在支持种族隔离，美国南方就不可能从一个乡村农业社会完全转变为工业化程度更高的社会。

利益趋同理论的基础之一是马克思主义理论，即当无产阶级（工人阶级）与资产阶级（中产阶级或上层阶级）的利益趋同时，后者就能够容忍前者的发展。贝尔的利益趋同理论认为，当黑人及其他有色人种的利益与有权势的白人利益趋同时，便可以得到发展，而格洛里亚·拉德森－比灵斯（Gloria Ladson-Billings）则认为，利益趋同"是互相结盟，不是利他主义"。在高校，利益趋同的一个可见实例是，学校为了实现种族多样化的目标而接纳有色人种学生，尽管校园环境未必对这些学生很包容，能够让他们在学校里坚持下去的必要资源也有限。在历史上，美国白人为了经济上的自我利益以及让有色人种始终处于从属地位，甚至不惜牺牲有色人种的幸福。考虑到这一点，种族批判理论家认为，种族批判是一种对抗性理论，冲突是无法避免的，没有反抗，就没有进步。

（四）交错性（intersectionality）

尽管种族批判理论家主要关注种族和种族主义问题，但他们也认识到种族身份和种族压迫是与其他从属身份（例如性别、阶级、宗教、身体机能、性取向等）和压迫形式（例如对同性恋和残障人士的排斥）交错在一起，并对有色人种的日常体验产生着影响。

克伦肖在其研究工作中提出了交错理论，她发现有色女性经受的压迫不仅与种族有关，也与她们的性别和阶级有关。她的研究表明，上述不同身份交错在一起，共同影响着女性的生活。卡菲·库马西（Kafi Kumasi）对交错性的定义是："它认为，个体在种族身份、阶级地位和性别等方面往往有相互重合的利益和特性。"拉德森-比灵斯则认为，个体往往难以理解交错性这个概念，因为美国社会的组织结构是二元对立的。这种二元对立结构让我们从黑/白、对/错、是/非等角度看问题。但是，他指出，一旦"进入复杂的现实生活中"，我们作为个体就代表着多元身份。种族批判理论在分析中注意到了种族与性别、性取向和阶级等其他压迫形式的交错问题，因此得到了完善和发展。事实上，种族批判理论反对一切仅关注种族却忽视其他被边缘化的、受压迫的身份的做法。

（五）作为财产的白人性（whiteness）

谢丽尔·哈里斯（Cheryl Harris）在讲述其祖母当年伪装成白人从美国南方腹地来到中西部地区的故事时，首次使用了"作为财产的白人性"这个概念。她认为，她祖母的故事说明，白人性是一种稀有之物。她的基本看法是，与白人身份相关的"所有权、特权和利益"都是白人想方设法保护的宝贵财产，因而受到法律保护。财产所有权意味着对事物的占有、使用、转移、处置和专享等权利。凭借这些权利，白人得以建立"一个具有排斥性的俱乐部，其入会资格会受到严格审查"。例如，过去那些依靠招生政策的惠顾得以接受高等教育的学生（尤其是白人学生）就使用了"白人性"这一财产。

凯思琳·曼宁（Kathleen Manning）在讨论高等教育的组织理论时，曾经描述了白人性如何可以被用于兑换其他形式的财产和资本，例如，白人性可以换来高收入职业、更好的邻里环境（比如白人占多数的城郊住宅区）以及教学质量更好的学校等。高校的课程设置也被视为一种白色财产形式，因为它一直以来就以西方白人视角为主，而且学习这些课程能够给个体带来以资本形式呈现的看得见的实际利益。

"白人性"这一概念的基础是权力关系。更具体来说，它是以白人占据主导地位、有色人种处于从属地位为基础的。在描述与白人性相关的意义和价值时，拉德森-比灵斯把种族批判理论视为一种重要的知识和社会工具，可用于"解构、重构和建构：解构压迫性的结构和话语，重构人类社会，建构公平正义的社会权力关系"。种族批判理论家认为，白人性这一概念之所以能被视为一种财产关切，是因为那些自认为是白人的个体拥有社会优势。

哈里斯指出，种族与财产的交错有助于确立和维持在经济和种族方面的从属关系。美国历史上有两个著名的例子：一个例子把来自非洲的黑人当作奴隶，视为一种财产；另一个例子将美国原住民"征服、转移和灭绝"在他们自己的土地上。经过这几段历史，白人性变成一种保障财产权的种族身份。他还指出，"白人身份和白人性是特权和保护的源头"，它可以保护白人不被视为财产，也不会被当成奴隶。

（六）自由主义批判

种族批判理论对客观性、精英主义、肤色色盲、种族中立、机会公平和渐进变革等概念提出了批判和挑战。索洛萨诺和尤索认为，这些概念起到的作用实际上是"为美国社会主导群体的利益、权力和特权提供掩护"。德西尔和迪克森指出，从表面上来看，这些概念似乎都是让人渴望的目标；但从美国种族主义的历史来看，这根本不可能实现。

色盲是指那种认为种族问题无关紧要的看法，即看不到种族主义的长期存在。曼宁认为，肤色色盲是一种被误导的信念，它误以为只要是人就会互相平等。德西尔和迪克森指出，肤色色盲者没有看到"压迫、不平等和机会不均都是历史的产物，它们不会因为人们无视当前社会中种族问题的存在就可以被轻易补救"。而另一方面，钱德拉·福特（Chandra L. Ford）和柯林斯·艾伊亨布瓦（Collins O. Airhihenbuwa）认为，种族批判理论质疑了那种将肤色色盲等同于种族主义不存在的错误看法。那些致力于社会正义的人们必须不断挑战那种通过白人的自我利益和色盲意识形态来改善种族状况的做法。

渐进改革意味着，有色人种和其他边缘群体的境遇改善程度都在那些当权者可接受的范围内。不公正的种族主义或其他形式的压迫都不会伤害到那些处于权势地位的人。例如，南方地区对"布朗案"的裁决结果就反应缓慢。很多南方人不仅反对种族融合，甚至还声称，倘若必须推进种族融合，那也应该以一种白人可接受的、有条不紊的方式慢慢实现。尽管被要求尽可能快速地推行种族融合政策，但大多数南方学校直到1970—1971学年才开始实施，这距离"布朗案"结束已经过去了14年之久。

（七）争取社会正义

种族批判理论致力于实现一个正义的美国社会和教育制度，并且把积极的行动实践作为其学术研究的一部分。李·贝尔（Lee Bell）认为，社会正义既是一个过程，也是一个奋斗目标。他将社会正义描述为："所有群体都能公平、充分地参与社会，他们相互影响，相互适应彼此的需求。社会正义所包含的社会前景是：资源分配公正，所有成员在生理和心理上都是安全的、有保障的。"

基于对社会正义的重视，种族批判理论解释了种族和种族主义在教育中所扮演的角色，并为消除种族主义而努力。其更宏大的目标则是对抗和消除以性别、阶级、性取向、语言、宗教和民族为基础的其他压迫形式。种族批判理论在本质上具有实现解放的潜能，它始终反对在社会政治、经济和文化资源的分配方面存在的各种种族主义或性别上的不公正、不平等。它试图为有色人种带来走向社会正义的变革。拉德森-比灵斯认为，种族主义"需要彻底的变革"，但自由主义既不能为这种变革的实现提供武器，也不能为之提供框架支持。因此，种族批判理论家的目标就是消除种族主义，为那些被压迫和被边缘化的群体争取权力。

种族批判理论的批判性[*]

贾维尔·特莱维诺　米歇尔·哈里斯　德龙·华莱士　著[**]　贾彦艳　译

[**内容提要**] 作为一种被广泛认可的、兼具批判性和解放性的新兴理论，种族批判理论认为，种族的社会建构是有色人种在社会上被控制和约束的关键原因。它为黑人、拉美裔、亚裔、同性恋者、印第安原住民以及有色妇女的正义而斗争。近年来，种族批判理论分化出多个不同的研究领域，包括拉美裔批判研究、酷儿理论批判研究、种族批判女性主义研究以及白色批判研究等。尽管种族批判理论在根除种族不公方面取得了突破，但其批判的锋芒仍需变得更加锐利。为此，种族批判理论必须直面和解决好"法治""理论"和"肤色主义"三个问题。

[**关键词**] 种族批判理论　种族非正义　法治　社会理论　肤色主义

1903年，W. E. B. 杜波依斯（W. E. B. Du Bois）在其名著《黑人的灵魂》开篇即准确地预言："20世纪的问题将是种族分界线（color line）问题。"虽

---

[*] 本文原载《当代正义评论》（*Contemporary Justice Review*）2008年第1期，译文有删节。译文原载《国外理论动态》2017年第8期。

[**] 作者简介：贾维尔·特莱维诺（A. Javier Treviño），美国惠顿学院社会学系学者；米歇尔·哈里斯（Michelle Harris），美国北亚利桑那大学族裔研究系学者；德龙·华莱士（Derron Wallace），美国惠顿学院社会学系学者。

然杜波依斯创造了"双重意识"——即"在同一个黑人身体之内"的两个相互对抗的自我——这一重要的社会心理学概念，但在20世纪的大部分时间里，社会理论在思考种族分界线的问题上依旧少有建树。这主要是因为它对种族非正义问题缺乏清晰、持续的分析研究，而从那时到现在，这个严重的问题一直在美国社会的基本层面——包括日常思维、实践和制度等——根深蒂固。

直到20世纪晚期，确切地说，是在杜波依斯提出"双重意识"的概念八十多年后，才出现了一个兼具批判性和解放性的分析框架，即种族批判理论（critical race theory）。作为对"种族分界线问题"的批判性回应，种族理论研究者发展了种族批判理论，为其注入了政治变革的内容，先是在法学研究领域，继而很快扩散至社会学、正义研究和教育等边缘领域。

进入21世纪之后，种族批判理论已不再让人感到陌生。虽然它仍然坚持原有的基本看法，即将种族的社会建构视为有色人种在美国社会处于被控制和束缚地位的关键原因，但它也开始走出黑—白的理论范式，超越了庸俗的种族本质主义（racial essentialism），将其他各种受压迫的少数群体——拉丁裔、亚裔、同性恋者、印第安裔和有色妇女等——的生活体验纳入思考范围，关注种族主义在日常生活中对他们的微侵犯（microaggression）。由此，种族批判理论近年来逐渐分化出多个不同的研究领域，其中主要包括拉美裔批判研究（Latino/a critical studies）、酷儿理论批判研究（critical queer studies）、种族批判女性主义（critical race feminism）以及白色批判研究（critical white studies）等。当前的种族批判理论关注具有挑战性的重大问题，比如移民问题、语言权利、性别歧视、内部殖民、性别剥削、跨民族性和公民地位等。

种族批判理论的核心问题是为那些处于边缘位置——少数地位——的人们争取正义。它把目光投向社会中那些厚此薄彼的结构性安排，聚焦不同社会制度下剥削、剥夺和歧视的方式和功能，进而帮助那些受到伤害和不公正对待的人们发出声音。因此，种族批判理论不仅致力于学术研究，也力图成为根除不公正和非正义的武器。

作为一种创新范式，种族批判理论带给我们一种全新的批判性表达方式。

在过去几十年间，为了发出"有色人种的声音"，种族批判理论的研究者们学会了以叙事或讲故事的方式写作，这不仅是表达他们个人的种族经验的一种修辞方式，而且也是对抗宏大叙事——占主导地位的白色霸权文化为了维护种族不平等而生产出的意象、观念和神话等——的一种方式。他们用反叙事（counternarrative）生产出大量带有种族印迹的隐喻（例如边界）、类型（例如黑人男同性恋、充当男性角色的黑人女同性恋等跨性别的、具有双重少数群体身份的人）、概念（例如种族化、交错性、结构决定论）和方法（例如视角主义），它们能帮助我们更好地理解种族主义在美国的多维度性，而这在以前是不可能的。因此，尽管种族批判理论未如理查德·德尔加多（Richard Delgado）所设想的那样成为"新的正统民权学说"，但毋庸置疑的是，无论是在学术领域之内还是之外，其他任何知识运动都不如种族批判理论那样更有影响，更能够将种族话语置于有关公民社会的讨论的前台。

当然，尽管种族批判理论在诸多方面已取得重要突破，但也总有需要改进之处。因此，作为一种自我批判，同时也是为了理论范式的进一步扩展，我们认为种族批判理论必须解决好如下三个问题，才能增强其阐释力度和批判锋芒。

首先，我们建议法学领域的种族批判理论研究者反省他们对"法治"（rule of law）的深层文化信念。到目前为止，他们大都没有认识到，或者说更让人无法原谅的是，他们不承认，种族批判理论在通过法律研究种族主义问题时，其根本信条总是与法治的本体紧密联系在一起的。在讨论种族（非）正义和种族（不）平等问题时，种族批判理论有赖于那些致力于改变立法和法律观念的概念和策略，却总是囿于法律制度之内。实际上，种族批判理论对种族正义问题的讨论总是以法律的形式和内容表达出来，却从未想过法律从总体上来说是否意味着法治。根本问题在于，种族批判理论在本质上就是在法治之内展开批判的，并且因此也是在被它自身合法化的秩序之内进行批判的。尽管种族批判理论的研究者们讨论了很多不确定的问题，反对不区分人的肤色进行立法（色盲式立法），对民权也持怀疑主义态度，但他们还是本能地从有效性的角度来看待法律。由于缺乏一个可供立足的、位于法律之外的阿基米德点,种族批判理论的研究者们非但不能抢占批判法律的优先权,而且更为重要的是,他们还无法构想独立于一种被法治彻底渗透的文化之外的种族正义。在详细介绍了美国种族主义核心信念的历史之后,我们认为,种族批判理论要想全面、成功地完成法律批判,批判法律在制定、管理和实施等方面都既是种族主义的产物,又是种族主义的推动者,它就必须质疑那些将法治合法化的核心理念。

我们认为,更具人文精神的种族分析应当将理论支点建立在对有色人种的生活世界的现象学关注之上,这种分析具有三个特点:第一,避免了法律对诉讼、赔偿、民权和信念等的盲目崇拜;第二,在关注种族的同时又无需依赖理性化的法律观念;第三,更关注那些更加重要的社会正义问题,而非仅关注刑事和民事正义。实际上,这种人文主义的分析方法在种族批判理论中早有先例,即以有色人种自身为参照框架,重新讲述他们的生活经验。它将法治问题暂时搁置起来,同时认真考虑个体或主体(间)的描述。我们相信,只有通过种族批判理论的叙事方法,才能最终超越法治的概念化;而且,当有色人种以特殊的方式重构甚至重写文化神话时,反叙事发挥了颠覆法律的作用。

其次,种族批判理论面临的第二个问题是"理论"问题。无论社会理论是什么,以及人们如何理解,它通常都被视为一种知识活动,包括提出一系列具有精确的逻辑表述的观点,阐明概念之间的关系,以及建构一个对社会现实进行总体阐释或批判的概念框架,等等。我们认为,种族批判理论之所以不属于这种通常理解的理论,原因有二:其一,它与我们所说的理论架构(architecture)有关;其二,它涉及我们所说的基础主义(fundamentalism)问题。

种族批判理论拥有许多严谨的概念和方法,却未被有序地整合到一起,从而导致它缺乏大多数社会理论所必备的那种典型的系统结构,或者说知识架构。我们发现,种族批判理论并非一个统一的理论,而是由很多用途驳杂的分析工具松散地组合在一起的大杂烩。此外,虽然种族批判理论的确有一些基本的信条或"论题",比如,有关种族主义常态化的论题,有关社会建构的论题,有关有区别的种族化的论题,以及有关有色人种话语权的论题,但它们并不能构成一套所有理论家都认可的基本信条。由于存在理论架构和基础主义这两个相互关联的问题，我们认为，种族批判理论与其说是一种"理论"，不如说是发生在与种族有关的思想和著述中的一场知识运动。

为什么说理论架构和基础主义问题对我们来说至关重要？或者更准确地说，为什么种族批判理论始终自称为"理论"？首先，一个简单的原因是，种族批判理论通过与"理论"这一术语结盟，可以使自己获得一种知识上的合法性，并被高雅的专业学术机构所接纳，而这在以前对有色人种学者来说是不可能的。实际情况是，无论学术圈更偏好欧洲白人中心主义的经典（比如盎格鲁—萨克逊文学），还是更关注被边缘化的群体（比如黑人研究），它自身总是经常被边缘化，被低估或忽视，因为许多白人学者发现，他们很难与那些优秀的黑人或拉丁裔学者和谐共处。然而，无论是在自然学科、社会学科，还是更晚近的人文学科，"理论"都颇受推崇。因此，批判者们称自己的工作为"理论"，还是能够在一定程度上让种族批判理论获得威信的。更为重要的是，尽管种族批判理论在概念上很驳杂，但它确实为激进分子提供了可资借鉴的理论启发。这方面最极端的实践案例是最近涉及仇恨言论罪的案件，在法庭之友意见书（amicus curiae briefs）[①]和以受害者为中心的控辩中都有法学批判家的身影。我们还注意到一个备受瞩目的案例，在"R. A. V. 诉圣保罗市案"（1992）中，一名被简称为 R. A. V. 的青年在一个美国非裔家庭前院竖起并焚烧十字架，美国最高法院推翻了此前的有罪认定。代表多数人意见的安东宁·斯卡利亚（Antonin Scalia）大法官认为，人的言论自由受法律保护，而无论其说的内容是什么。种族批判理论家、法律学者玛里·马特苏达（Mari Matsuda）和查尔斯·劳伦斯（Charles Lawrence）则提出了反对意见，这也是种族批判理论的核心观点，即历史传统和事件发生的具体语境要比纯粹形式上的法律问题更值得重视。因此，马特苏达和劳伦斯提出了与法庭意见相反

[①] "法庭之友"制度的核心内容是指，法院在审理案件的过程中允许与案件没有利害关系的非当事人或组织利用自己的专门知识，就与案件有关的事实或法律问题进行论证并给出书面论证意见书（briefs），帮助法院作出公正裁决。——译者注

的观点：由于有些言论和行为——在本起案件中就是焚烧十字架——在历史上就被视为种族暴力威胁，那么这些言论和符号传达的信息就是种族仇恨。

最后，我们深感遗憾的是，种族批判理论在很大程度上忽略了令人棘手的"肤色主义"（colorism）问题。实际上，尽管种族批判理论家们也质疑"肤色色盲"的概念，认为它无法让我们更加仔细地思考种族主义问题，但他们关注的仍然只是简单化的、在历史上被所谓的"一滴血"原则①所固化的黑白二元对立结构。由此，种族批判理论对不同种族之间的肤色等级和歧视现象便缺乏足够的关注，也没有注意到跨种族人群经受的歧视，以及在种族或民族内部因肤色差异而导致的偏见。我们认为，种族批判理论要想继续保持和增强其批判的锋芒，鉴别和解构存在于美国社会秩序中的各种偏见，就必须采用一种更加敏锐、更加恰当的分析工具，这种分析工具不仅能够解释种族和种族主义问题，而且还能解释作为其构成成分的肤色和肤色主义问题，例如，非裔美国人和非裔—拉丁裔社群中的"黑人性"（blackness）问题。随着涉及种族歧视的诉讼案件日益激增，以及现实中的种族混杂程度不断加深，种族批判理论需要一种更加彻底的肤色意识——一种显性的社会建构主义——作为其概念工具。

我们在此指出的这三个问题，即法治问题、理论问题和肤色主义问题，都是对种族批判理论的建设性批判，希望这些批判能推进种族批判理论在理论和行动方面的发展。很显然，种族批判理论早已在各个方向上卓有成效地扩展了其种族意识分析，尤其是在教育和精神健康领域。在未来几年，这种富有活力的理论规划将会、也应该会让我们有更多的期待。

---

① 19世纪至20世纪初，凡是有黑人血统的人都会在法律上被认定为黑人，无论其黑人血统所占的比例有多少。这就是所谓的"一滴血原则"。——译者注

从"构成之外"到"清除政治"
——种族批判理论、女性主义理论和政治理论

玛丽·霍克斯沃思 著　　丁兆国 译

[内容提要] 虽然女性主义理论和种族批判理论所讨论的问题涉及人性和主体性、合法性的标准、历史哲学、权力结构、社会组织和社群组织的形式以及合法的政体的特点等，而它们也都是政治理论家所关注的核心问题，但是在政治理论这一分支领域，这些独特的理论方法经常被有意无意地忽视或边缘化。本文审视了排斥这些问题的向度、原因和政治涵义。

[关键词] 种族批判理论　女性主义理论　政治理论　构成之外　清除政治

正如提姆·考夫曼-奥斯本（Tim Kaufman-Osborn）在《作为专业的政治理论?》一文中有力论证的那样，政治理论的概念化完全是政治性的：

---

* 本文原载《政治研究季刊》（*Political Research Quarterly*）2010年第63卷第3期，译文有删节，标题有修改。本译文为国家社科基金项目"后殖民理论与马克思主义关系研究"（13CWW038）的阶段性成果，并受到山东财经大学首批青年骨干教师境外研修重点支持计划的资助。译文原载《国外理论动态》2017年第8期。

** 作者简介：玛丽·霍克斯沃思（Mary Hawkesworth），美国罗格斯大学政治学、妇女与性别研究系知名教授。

> 将政治理论的边界定位在此处而非彼处,使其有别于此种规划而非彼种规划,以此种方式而非相反的方式表述其历史……既非有害无益,亦非简单纯粹。说它并非简单纯粹,是因为实施这些规划的方式与现实权力架构的再生产密不可分,其中很多远远超越了政治学学科以及学术界的范围;说它并非有害无益,是因为完成这些任务的方式——其意义并非完全由政治理论家所掌控——并非有助于、而是反作用于政治理论家这一想象的共同体,并由此引导其成员投身于这一事业的理念。

在这篇富有胆识的文章中,考夫曼-奥斯本对政治理论的特定建构提出了质疑:作为一个一脉相承的学科领域,政治理论漫长而光辉的历史可以追溯到古代,其特殊使命在于培养通常与政治本质和实践——尤其是当代政治学——缺陷有关的批判性思维。考夫曼-奥斯本对这一梦寐以求的自我形象提出了全面挑战。他认为,与其说政治理论是一个一脉相承的学科领域,不如说它是"断裂、偏狭的话语飞地"的汇集;与其说它是一种古老的传统,不如说它是一个自我佐证的神话(其起源或可追溯到 19 世纪末或 1930 年代末),或是反对 1960 年代早期行为革命的防御性动员;与其说它是政治学学科的道德良知,不如说它是缺乏对晚期自由主义的批判及美国学界屈从于美国霸权的表现。

考夫曼-奥斯本强调,他对政治理论分支的分析受益于"身份理论"(identity theory)。身份理论"告诉人们身份是通过边界和对立产生的。外部建构内部,然后把这一建构藏匿于看似自我产生的实体之中"。考夫曼-奥斯本指出,建立在"排斥和幻想稳定性"基础上的身份可能会形成一种保守的边界,从而使政治理论的主流建构受制于美国政治学的内部分野,这种分野预设了受到广泛质疑的知识观念。"如果政治理论家以他们不是什么来界定自身,那么在某种意义上,他们的身份中就需要继续保留难以约束他们的其他次级身份。当然,对于那些需要用其他次级身份来界定自身的人来说也是如此,因此,所有人都是维持界线的同谋,除少数忠实的信徒外,现在没人觉得可以作理性的辩解。"

为了努力超越政治理论过度专业化的观念（这种观念心照不宣地保留了导致政治学内部问题重重的知识分界线），考夫曼-奥斯本考察了思考政治理论实践的几种替代性方法，一种方法是分析政治理论家的所作所为，另一种方法是思考政治理论家的自我认同：

> 如果对政治理论的认同要借助实践者的所作所为，那么这一范畴现在看来至少包括文本分析、批判理论、后殖民理论、比较政治理论、阐释学、规范性理论、解构主义、文化批评、政治伦理学、谱系学、心理分析、政治思想史和语言分析。或者，如果对政治理论的认同要借助实践者彼此互贴的标签，那么我们就必须在这些混杂的方法中加上激进民主派、尼采派、共和派、哈贝马斯派、自由主义者、斯特劳斯派、绿色环保主义者、新亚里士多德派、社群主义者、马克思主义者（新马克思主义者或其他）、后结构主义者、罗尔斯派、实用主义者、多元主义者，或许还有一些无政府主义者。

在这个有关当代政治理论的分析技巧、方法路径、意识形态信奉和思想遗产的综合目录里，有一些令人不解的遗漏，其中对种族批判理论和女性主义理论的遗漏尤其显眼。这种遗漏似乎特别奇怪，因为两者均为非常活跃的当代政治理论模式，而且考夫曼-奥斯本在这些理论框架内也做出了重要的学术贡献。鉴于他的这篇文章的其他部分也有关于种族和性别的论述，开篇的遗漏就更加不同寻常。

主流政治理论家自称"首先［在政治学中］关注本学科的种族中心主义，并提出种族和性别问题"，而考夫曼-奥斯本对这种"言过其实的自我吹嘘"提出了挑战。他指出，政治理论家无权"垄断对政治上被边缘化者、受压迫者、被殖民者的事业的思想表述权"，这种问题重重的说法"是令人不快的，因为它无视甚至实际上抢占了那些不以政治理论家自居者的贡献，然而，正是政治理论家对最近的种族、性别和后殖民意识形态的政治讨论产生了极大的影响"。鉴于女性主义理论和种族批判理论主要是在作为政治学分支的政治理论之外产生的，考夫曼-奥斯本的说法完全正确，但这一特定说法往往会掩盖该学科领域内女性主义理论家和种族批判理论家的存在。通过强调种族批判理论家和女性主义理论家对政治理论有意识的不认同，这种说法往往抹煞了他们的存在，尽管这些理论家因爱好、教育和职业等原因而自视为政治理论家。

考夫曼-奥斯本的文章引述了约翰·德雷泽克（John S. Dryzek）、邦妮·霍尼格（Bonnie Honig）和安妮·菲利普斯（Anne Phillips）编撰的《牛津政治理论手册》的前言，其中有两段引文提到女性主义理论，但都将其定位于政治理论之外："由于不能用主流的方法论进行界定，因而［政治理论］无疑应该被视为'一种杂交的次级学科，它由很多传统、方法和思考方式构成，而且日益呈现出借用经济学、行为科学、大众传媒、流行文化、电影理论、女性主义和批判理论的特征'。"这种表述再次将女性主义理论建构为非政治理论之物，它处于政治理论的构成之外（constitutive outside）。《牛津政治理论手册》前言的第二处引文把女性主义看作一个对政治理论家来说存在争议的论题。在这一框架内，政治理论家最初将女性主义视为"对自由主义的批判"，但最终认为女性主义与"这一传统达成了妥协"。这种建构只是把女性主义作为顺便提及的话题，而不是将其作为当代政治理论不可或缺的组成部分。

虽然有多种方式可以解释这些政治理论表述对女性主义理论和种族批判理论的明显遗漏，但在本文中，我把考夫曼-奥斯本的遗漏解读为一种更大范围的发展变化的症候，一种在政治学领域内不断将种族和性别理论排除在政治理论的核心议程构想之外的倾向。实际上，我认为，可以把女性主义理论和种族批判理论作为政治理论之外特定的外在建构，将它们理解为"清除政治"（politics of extinction）的一部分，这是那些自命为权威性知识捍卫者的理论家拒斥女性主义理论和种族批判理论的一种方式。"清除政治"无视种族批判理论和女性主义理论的观点和诉求，实际上抛弃了政治领域中的种族和性别，使两者在政治理论的核心关注中缺场。

遗漏：是症候还是误解？

庞杂的政治理论清单，抑或国际手册中对次级学科的描述，均遗漏了种族批判理论和女性主义理论，但仅凭这一点还不足以对政治理论这一学科提出指控。这两种情况都可以被视为一种误解，或者说，种族批判理论和女性主义理论都可以归入考夫曼-奥斯本所认同的范围更广的标题之下："'批判理论、规范性理论、解构主义、文化批评、谱系学和心理分析'……涵盖了目前女性主义理论家（和种族批判理论家）的大部分工作。"以这种观点来看，这一误解并非考夫曼-奥斯本的遗漏造成的，而是因为我自己没能搞清楚。无论是女性主义理论，还是种族批判理论，作为一种独立的思想，它们都没有提出独特而有价值的内容，即一种不属于当代主流政治理论的内容。为避免他人对我的这种指控，也为了支持我的观点，即种族批判理论和女性主义理论被排除在了政治理论的构成之外，我需要完成三重任务：第一，证明政治理论确实有意无意地忽视或边缘化了种族批判理论和女性主义理论；第二，证明种族批判理论和女性主义理论提出了与其他政治理论方法完全不同的洞见和分析框架；第三，描述"清除政治"的大致轮廓并分析其内涵。

为了支持我的观点，即政治理论这一次级学科（分支）极少关注女性主义理论和种族批判理论，让我们先看看那些被传授的正典。政治思想史课程很少偏离那些被广为认可的系列人物（柏拉图、亚里士多德、西塞罗、奥古斯丁、阿奎纳、马基雅维利、霍布斯、洛克、卢梭、休谟、康德、黑格尔、马克思），但这一系列人物并不包含女性主义和种族批判理论家。如果说《政治理论》期刊自创刊以来发表的文章可以作为当代政治理论家理解正典的证据，那么它只深入讨论过两位女性人物——汉娜·阿伦特（Hannah Arendt）和爱玛·戈德曼（Emma Goldman）（二人生前都被刻薄地贬斥为女性主义者，虽然原因各不相同）。弗朗茨·法农（Frantz Fanon）是唯一一位受到关注的种族批判理论家。在马修·莫尔（Matthew Moore）2008年对1086位政治理论家的问卷调查中（向4351位政治理论家发放了问卷，仅收回1086份），少数受访者建议应该在政治思想史课堂上讲授更多的女性主义理论和种族批判理论。35 位学者建议应该多教授玛丽·沃尔斯通克拉夫特（Mary Wollstonecraft）的课程，29 位学者强调应该多教授法农的课程，28 位学者认为应该多教授 W. E. B. 杜波依斯（W. E. B. DuBois）的课程，还有 11 位学者认为政治理论课程应该多关注西蒙娜·德·波伏娃（Simone de Beauvoir）。如果问卷确实能反映这一学科的情况，那么女性主义和种族批判理论家在本科生和研究生课堂讲授文本中的缺场似乎就是杞人忧天。

根据赛奇期刊在线（SAGE online journals）的搜索引擎，自 1973 年创刊至 2009 年，《政治理论》期刊共有 79 次提及"女性主义"；相比之下，在同一时期，所有赛奇期刊共提及"女性主义"16174 次。当把搜索范围缩小到"女性主义理论"时，《政治理论》共有 33 次提及；相比之下，在这 37 年中，所有赛奇期刊共有 22663 次提及"女性主义理论"。① 值得注意的是，在这 33 次引用中，包括了作者传记以及书评和论文中作为专业领域而引用的女性主义理论，还包括 1998 年杰姬·史蒂文斯（Jackie Stevens）在为三部著作撰写书评时（她发现其中两部有明显的错误）的宣言："女性主义理论似乎已死。"

从历史上看，《政治理论》在其出版史的第一个 10 年（1973—1982）中发表了 7 篇女性主义政治理论家的论文，约占发文总量的 2.9%；在第二个 10 年（1983—1992）中发表了 14 篇；在第三个 10 年（1993—2002）中发表了 25 篇；在 2003—2009 年间发表了 24 篇；37 年间共发表了 70 篇论文，发文量不足 8%。倘若浏览书评部分，同样很有意思：有关女性主义政治理论家著作的书评极少，即使有，往往也是女性主义学者智力劳动的结果。1980 年，莫莉·尚利（Molly Shanley）为苏珊·奥金（Susan Okin）的开山之作《西方政治思想中的女性》撰写了书评。1982 年，卡罗尔·佩特曼（Carol Pateman）为齐拉·艾森斯坦（Zillah Eisenstein）的《自由女性主义的激进未来》撰写了书评，凯西·琼斯（Kathy Jones）为吉恩·艾尔希坦（Jean Elshtain）的

---

① 这些数据的获取时间为 2010 年 1 月 23 日。

《公共男人，私有女人》撰写了书评。1983 年，尚利和奥德丽·麦金尼（Audrey McKinney）为卡罗尔·麦克米伦（Carol McMillan）的《女人、理性和自然》撰写了书评。1984 年，琼·特朗托（Joan Tronto）为南希·哈索克（Nancy Hartsock）的《金钱、性和权力：走向女性主义的历史唯物主义》撰写了书评。1986 年，佩特曼为吉纳维芙·劳埃德（Genevieve Lloyd）的《理性的人：西方哲学中的"男性"与"女性"》撰写了书评。在《政治理论》的出版史上，这种性别化的书评模式鲜有例外。在 20 年间，只有一位男性撰写过一篇女性主义著作的书评：1991 年，艾萨克·克拉姆尼克（Isaac Kramnick）为尚利的《维多利亚时期英格兰的女性主义、婚姻和法律》撰写了书评。在《政治理论》的书评中，最显眼的缺场是宾夕法尼亚州立大学出版社出版的 39 卷系列丛书《再读正典》，此书由南希·图安娜（Nancy Tuana）主编，对从柏拉图到德里达以来的正典思想家进行了清晰明确的女性主义批判。

在《政治理论》这份该领域最重要的期刊中，种族批判理论的情况同样不容乐观。从 1973 年到 2009 年 12 月，"种族"和"种族主义"两个术语在该刊中共出现了 40 次，相比之下，在全部赛奇期刊中则出现了 13638 次。它们首次出现是在刊发托尼·史密斯（Tony Smith）的文章《理想主义与人民战争：萨特论阿尔及利亚》的那一期中。虽然这是一个令人鼓舞的开端，但直到 1997 年，该期刊中才再次出现种族批判理论的文章。与女性主义的情况类似，种族批判理论在过去 10 年中一直在发展。在 2002 年的 30 周年纪念专刊中，种族专论栏目推出了两篇论文，而且同一卷的第 5 期还推出了第三篇论文。2003 年的"种族—民族"专栏发表了两篇种族批判理论的论文，2004 年 4 篇，2005 年 1 篇，2006 年 8 篇，2007 年 3 篇，2008 年 5 篇，2009 年 2 篇——在 37 年间共发表了 30 篇相关论文，约占发文总量的 3%。

与《政治理论》期刊类似，在专业学术会议上，政治理论类小组中也很少出现标志性的代表人物，偶尔会有一位女性主义理论家或一位种族批判理论家，但两者很少出现在同类小组中。因此，说种族隔离在专业学术会议中依旧是常态并不过分，在这些会议上，种族批判理论更多地出现在按种族/族裔而非按理论召集的小组中。而且，理论类小组的代表性人物的数量也与女性主义和种族批判理论的代表性人物的数量差距甚大，这主要基于以下事实：某些女性政治理论家并不从事女性主义理论研究，而某些黑人政治理论家也不从事种族批判理论研究。

我认为，女性主义理论和种族批判理论均被建构在政治理论之外，因此专业期刊和学术会议并未充分论及这些著作，也很少有主流政治理论家阅读、评论和传授这些著作。这些著作被视为"真正的政治理论"的"他者"，只与传统政治理论合法关注之外的东西有关，因而可以弃之不顾（往往无人阅读）。对于人性的观念、合法性的标准、历史哲学、权力的结构、社会和社群组织的形式以及合法政体的特点等等，女性主义和种族批判理论家都有大量论述。而这些也都是政治理论家所关注的核心问题，因此它们不能成为将女性主义和种族批判理论排斥在政治理论的构成之外的理由。

女性主义和种族批判理论的特别之处在于其关注身体所体现的权力（embodied power）及其理论化的独特方式。在将种族和性别发展为分析范畴时可以发现，它们远非自然给定之物，其历史与统治实践密切相关。它们还表明，公共领域和所谓的"私人"领域无不体现了种族化和性别化过程的特点。因此，女性主义和种族批判理论挑战了公—私二元对立，这种二元对立使古代和现代世界压迫性的权力关系遁形。与主流政治理论截然不同，女性主义和种族批判理论家改变了家族、家庭、种植园、殖民地及其结构化的权力层级。女性主义理论家探讨了权力在性、性取向、性认同、性别角色、性别定型、性别意识、性别认同、性别象征以及性和性别差异的异化等等产生的过程中是如何运作的。种族批判理论考察的是：特定种族的话语生产和物质生产，黑人性（blackness）复杂的政治效价，东方、拉美、相对种族化与"白人性"（whiteness）的建构，以及正典文本中西方人对民主、权利、个人主义、自由和人性观念的偏见。女性主义理论、种族批判理论及融合二者的交叉理论取向均对性别和种族进行了复杂的分析，致力于解决差异政治（politics of difference）问题，但并没有否定自身与差异政治的相关性，也没有将差异政治简化为与身体有关的问题。

很多当代政治理论家设法避开正典文本中无处不在的种族主义和性别歧视论述,然而他们并没有放弃这样一种信念:种族和性别在伦理和认识论上与政治理论无关。与此相反,普适性和中立性的神话交织在一起,强化了理论性,而不用考虑物质的和世俗的特征,并使基于种族和性别的排斥性变得可能、合理化和可持续。

在《去殖民化的政治理论》一文中,伊丽莎白·菲利普斯(Elizabeth Philipose)指出,现代政治理论家强化了人们对"理想化的自由、平等、博爱原则"的明确信念,坚持认为种族和性别与道德无关,而这正是欧洲列强对亚洲、非洲和美洲进行殖民之时,其新的共和政权把女性和有色人种排除在公民权之外。通过将种族化和性别化的权力关系神秘化,西方哲学思想助长了"殖民知识……欧洲自我优越感的知识……这种知识来自对劣等的、非欧洲的(女性化的)他者的建构"[1]。这样,在政治理论中,种族化和性别化的等级制度就"在决定哪些人被排除在(人类)之外以及哪些人属于和/或代表人类的界线时发挥了意识形态的和物质的作用"。事实上,菲利普斯认为,"白人性"植根于一种人性观念,其享有理性、财产权、异性恋、体面的血统以及有节制的情感和激情等特权。中庸、自制和理性决非对人类可能性的中性描述,而是话语生产的结果,它们是欧洲自身的海内外殖民统治、帝国竞争和国家建设所必需的技巧。

在19世纪以及20世纪初期,界定和区分男人与女人的"性差异"(sexual difference)应运而生并被种族化。[2]"种族进化"据说与男女差异的扩大有关。欧洲人宣称男性气质与女性气质之间不断加深的鸿沟是文明的成就,而将平等主义的性别关系斥责为"野蛮主义"。萨丽·马尔科维茨(Sally Markowitz)认为,作为种族进化的标志,男女差异的扩大不仅包括"我们现在称之为性别(gender)的东西;至少根据这一观点的某些说法,相关的差

---

[1] 殖民者经常以女性化的词语描绘亚洲男人、中美洲和南美洲一些地区的土著。
[2] 一些学者把女人性别化的起始时间确定为"漫长的18世纪",另一些学者则认为这一进程可以追溯到17世纪,但大家一致认为这一进程得以强化和体制化是在19世纪。

异既是心理层面的差异,也是身体层面的差异——生物学上的性差异。因此,19世纪末,德国性学家理查德·冯·克拉夫特-埃宾(Richard Von Krafft-Ebing)曾指出,'第二性征将两性分开,表现为具体的男性和女性。种族人类学的发展程度越高,男女之间的这些差异也就越明显'"。

种族批判和女性主义理论家并未把这些种族化和性别化的过程完全归咎于人类学和生物医学的研究者,他们认为政治理论家也助长了自相矛盾的话语:一方面宣扬平等,一方面又制定用来强化种族和性别差异的教育战略,提出非洲、亚洲和美洲土著与猿类(而非白人)同族的理论。例如,在《论人类不平等的起源》中,卢梭指出,性别平等的永久丧失来自心灵对父爱的敞开。他把自由与平等作为合法政体的唯一标准,但同时又为索菲亚(以及更广泛意义上的女人)起草了教育计划,确保生产温顺而甜美的性对象和配偶,同时,他还支持可与殖民化共存的"视觉意义上的种族化政体"。卢梭的民主参与权基于一种相似性原则,这是一种由身体体现出来的相似性(an embodied likeness),它预设了对土地、家庭以及性别化—种族化的他者的统治,其中那些劣等人即是卢梭理论产生的"想象的共同体"的产物。如同卢梭宣扬自由与平等的普适性、同时又宣判"劣等种族和性别"将处于永久被奴役的状态一样,托马斯·杰斐逊既将民主共和国理论化,起草了《独立宣言》,又在《弗吉尼亚笔记》中提出了永久奴役非洲人和消灭土著人的愿景。

种族批判理论和女性主义理论将这类矛盾置于其理论规划的核心——不能将它们作为旧时代的产物而忽视和搪塞,也不能把它们置于表明"政治理论领域在不断'扩展'、查缺补漏、走向普适性"的进步叙事中。如果将种族和性别理解为前政治的(prepolitical)(或是自然的既定之物,或是偶然的特征),那就无法探究其认识论的和伦理的意义。通过阐释特殊历史情境下种族和性别的政治生产,种族批判理论和女性主义理论以不同于其他政治理论取向的方式扩展了我们对政治的理解。

作为将政治理论化的新模式,女性主义理论和种族批判理论对传统政治理论方法的认识论假设提出了重大挑战。它们质疑自由主义的个人主义信条,并探讨了其在导致种族化和性别化以及使种族主义和性别歧视常态化的过程中的根本作用。女性主义理论和种族批判理论还"做"了被许多人所诟病的传统政治理论没有做到的事：介入政治世界。与那些疏离现实政治的政治理论模式不同，女性主义理论和种族批判主义理论专注于社会变革，并对政治斗争的进程产生了显著影响。鉴于政治理论家公开承诺要培养严谨的思辨和批判性的思维，种族批判理论和女性主义理论理应成为政治理论规划的核心。但事实并非如此，这是值得探索的难题。

如果女性主义理论和种族批判理论在民族、跨国和国际层面参与政治，并将这些权力关系渗透到日常生活以及国家的正式制度中，在将隐藏在主流话语之中的持续的和新兴的权力体系理论化的同时，也对包含了涉身性（embodiment）、性状态（sexuality）以及日常生活和国家正式制度中无处不在的压迫结构的权力关系进行了理论化[①]，那么为何要将女性主义理论和种族批判理论排斥在政治理论的构成之外，而不是成为政治理论不可或缺的模式呢？

清除政治

在学术界，女性主义理论和种族批判理论对传统的世界叙事提出了重大挑战，与主流学科的知识生产视角唱反调，否弃许多政治理论家所珍视的所谓普世主张。女性主义理论家和种族批判理论家与男性中心主义、欧洲中心主义和殖民主义的所谓"真理之路"进行抗争，认为它们的普世化只是部分人类的经历。他们向导致排他性学术实践制度化的权力机制发起挑战，这些学术实践固化了毫无道理的普遍化。他们努力确定和发展替代性的研究实践，以推进女性主义和反种族主义的社会变革目标。如此重要的挑战，需要直接的交锋，而非拒斥、忽视或抹除。那么，我们应当如何理解政治理论对女性主义理论和种族批判理论的全面回避，甚至将这两种理论排除在政治理论的

[①] 步温迪·布朗（Wendy Brown）的后尘，考夫曼-奥斯本对随心所欲地扩展政治概念不无担忧，因为它会导致"每一种人类行为、活动和关系都变成政治性的，导致政治将不再是一个有意义的分析范畴"。本文对知识政治、涉身政治和差异政治的讨论表明，女性主义理论和种族批判理论是对政治概念的重要扩展，但并未把政治变成一个空洞的范畴。

构成之外？或许在女性主义和种族批判分析的理论化特征所特有的具体语境模式中存在着某种激怒政治理论家的东西。又或许是在哲学上对某种复杂的状况缺乏耐心。

为了探讨女性主义和种族批判理论可能因"激怒"了政治理论而遭到放逐的原因，我们需要首先转向波伏娃的《第二性》。我之所以选择波伏娃，一方面是因为她并不在政治理论的正典之中，另一方面是因为她的著作跨越两种理论方法，而这正是探讨导致"涉身政治"（the Politics of Embodiment）和"差异政治"的理论方法边缘化的分析线索。① 我想以波伏娃来解读波伏娃，对比她作品的普世化倾向与她早期的女性主义理论，并因此生成不同的分析样本。② 在某种意义上，波伏娃采纳了考夫曼-奥斯本所谓的"作为边境巡逻员的理论家"（theorists as border patrol agent）的立场，同时又与这一立场作斗争。在斗争的过程中，我相信我们可以更清楚地了解这种"清除政治"的驱动力以及如何规避它们。

对于从古典时期的雅典到尼采及其以后的政治理论家来说，波伏娃的

---

① 一位评论家指出，不能以波伏娃来讨论考夫曼-奥斯本所关注的问题，因为这些问题针对的只是"美国政治理论"，而脱离国际思想潮流的"美国政治理论"观念经不住仔细推敲。考夫曼-奥斯本把亚里士多德、尼采、哈贝马斯和马克思列为"美国政治理论"的核心正典人物，而且把解构主义、系谱学、阐释学和后殖民分析视为本领域的当代研究方法，但这些研究方法没有一种起源于美国。作为美国政治理论的产物，《政治理论》杂志经常会刊登讨论德勒兹、德里达、福柯、哈贝马斯和齐泽克等欧洲学者的论文——更不必说从柏拉图到马克思这些著名的欧洲正典了。把波伏娃排除在美国政治理论之外，就等于承认，将种族化和性别化的身体理论化并非政治理论的组成部分，而这正是我要辩驳的观点。

② 我十分清楚，以作为政治理论家的波伏娃比对作为女性主义者的波伏娃会带来多重争议，尤其是波伏娃拒绝接受这两个标签。她将自己视为作家，而非哲学家或政治理论家；她在四分之三的人生中都坚称自己并不是女性主义者。波伏娃在她主要的思想生涯中一直都在驳斥女性主义，但在法国女性主义者勇敢地动员抵制法国堕胎禁令的背景下，她于1972年开始与女性主义休戚与共。但是，波伏娃在这之前就已经证实了女性主义批判的重要性。她的《第二性》以令人惊讶的分析能力阐释了女性生活经历的多重矛盾。她开创了女性主义分析方法的先河，对许多政治理论家所珍视的普世主张发起了根本性的挑战。作为改变进程的政治哲学家，波伏娃最初把自己定位为一个将女性主义者排除在政治学科之外的知识管家，但后来又改变了立场。借此分析，希望我们可以了解"清除政治"以及如何超越它。

《第二性》的开场白并不陌生。她对女性主义冷嘲热讽,认为它不值得研究:"有关女性主义的讨论陷入了成堆的废话,以至于现在我们还是不说为妙。不过,人们到今天还在讨论,因为上个世纪的谬见虽然车载斗量,却没有说明问题。"我想把这一开场白与"清除政治"——那些自命为权威性知识捍卫者的理论家贬损女性主义和种族批判理论的企图——联系起来。波伏娃对女性主义不屑一顾的说法不无启示。她强调"有关女性主义的讨论"陷入了"成堆的废话",表现出哲学家对复杂性状况的不耐烦。①

如同政治理论家一样,他们关注普世性,却丝毫不能容忍实践取向的女性主义分析,波伏娃无法忍受在女性主义理论内部存在观点的多样性,言外之意是说,从事女性研究的人应该达成一种观点、一种普世性的阐述。与男性思想家所拥有的自由相比(并非所有的男性理论家都会就分析方法达成一致,更不必说实质性的阐述了),女性主义者的多样化观点却备受贬损。人们要求女性主义者对女人进行固定的分析——直达问题的根源。

在1903年出版的专著《黑人的灵魂》中,杜波依斯告诫人们,不要把特定的人群构建成一个"问题"。《第二性》的某些段落显然注意到了这一警告。作为崭露头角的女性主义理论家,波伏娃灵敏地摆脱了那种认为可以用单一尺度衡量世界上的大多数人的观念。然而,其更为哲学化的段落再次回到普世性主张:作为他者的女人、非本质的女人、深陷内在性(immanence)的女人。如果更仔细地关注波伏娃女性主义理论的特点,将有助于阐明女性主义理论与某种特殊的政治理论之间的鸿沟。

波伏娃通过创造全新的女性主义理论化模式来抵制过度概括化的哲学倾向,坚称"没有任何关于身体的东西是先验既定的"。她将我们的分析框架从论述自然的话语转移到女性的特定建构所服务的社会意义、文化语境和政治意图的探讨上。她塑造了一种把身体当作情境来研究的语境分析模式,这种模式既有可行性又有有限性,因而需要在具体的历史情境下开展细致的研究。

作为女性主义理论家,波伏娃特别擅长揭露科学主义的伪装以及对哲学

---

① 很多传统理论家同样对"白人性"研究和种族哲学研究不屑一顾。

概括的滥用。她证实了科学在使社会角色自然化的过程中的共谋作用。通过否认偶然性和忽视特殊性,女人的屈从作为一种"似乎无法改变的自然状态"被建构起来。然而,波伏娃坚称:"事情的本质并不像历史现实那样恒定不变。"① 她严厉地批评了那些想让我们相信卵巢、子宫、荷尔蒙、月经或怀孕决定了女人命运的科学家,同时也无情地批评了那种把女性气质定义为"柏拉图式的本质"(Platonic essence)的哲学思考。她揭露这些哲学想象的产物是"男性的幻想",在文化上企图迫使女人屈从于男性的支配。"男人以女人与男人自身的关系来定义女人,女人并未被视为一个独立自主的存在;她是他所规定之物,即'性别'。她对男人来说基本上是一个性的存在,因为他就是这样产生了她。"

作为女性主义理论家,波伏娃抛开学术界所建立的学科界线,审视了科学、宗教、法律、哲学、心理学、文学、文化和教育,进而寻找男人生产作为他者的女人的复杂的性别权力模式。男人使用差异处理的方式,或她所坦陈的"性别歧视","在女人身上产生了如此深刻的道德和思想影响,以至于看上去似乎来自[女人的]本性"。通过比较被动、驯服、服从等特性在女人那里的形成过程与对犹太人和黑人的压迫产生的机制,波伏娃对女性化与种族化进行了类比。她还指出,整个文明实现了这些目标:"作为整体的文明产生了这一动物,介于男人与太监之间,一种被描述为女性的东西。"通过证实被公认为中立而理性的科学和哲学分析的作用,波伏娃揭露了所谓"客观研究"所必需的"距离"的虚伪,进而阐明了知识政治(politics of knowledge)。

作为女性主义理论家,通过拒斥唯物主义阐述的还原论、萨特式形而上学唯意志论的自由幻想以及新兴的后结构主义语言决定论,波伏娃把复杂的身体动态学描述为一种情境(situation),即"我们在世界中的生活方式以及世界在我们中的生活方式的历史沉淀"。通过敏锐地捕捉视觉经济、知识体系

---

① 因此,当社会生物学、进化心理学和认知科学一再散布关于普世性的荒谬论断时,许多人同时发现,当关于男女的所谓科学论断——一种错误的、21世纪版本的生物决定论——大行其道,比文化复杂性的乱象更为引人关注之时,作为女性主义理论家的波伏娃提出了令人信服的洞见。

和物质文化的渗透作用，波伏娃提供了一种有着复杂进程的现象学，它"把人类分为两类个体，各自具有迥异的衣饰、面貌、身体、笑容、步态、兴趣和职业"。波伏娃指出，这些差异离不开权力的结构化，并由此告诫人们，谨防将性别差异浪漫化。男人为自己宣称自由，使用性别差异宣判了女人的"内在性（自在），一种屈从既定状态的野蛮生活"。波伏娃要求以非正义的本来面目认识这种形式的压迫，并警告女性不要被民主时代的油腔滑调所迷惑，其中"男人宣称与女人平等，同时又在做确保女人永远不会平等的事"。她警告女人提防基于抽象平等观念的平等权利话语的模糊性，这种模糊性提出了无法解决的两难困境：要么女人没有抱怨的理由，因为男女已经是平等的了（不考虑她们的物质状况）；要么女人被告知要求更多的平等是徒劳的，因为她们的社会状况反映了"自然所设定的内在局限"。

与男人给予女人的这种"差异中的平等"不同，波伏娃鼓励女人争取自由，与不利的生存条件作斗争，努力应对偶然性、模糊性和潜在性，而且有目的地投身生活。波伏娃以自由为业，提出了"平等的可能性情境"（a situation of equal possibilities）之愿景，并且鼓励个体超越被强加于身体的固定地位的束缚，按照自己的意志成就自我。最终的"差异不能被视为本质的对立或僵化的身份，而是反映以每一个体的有限语境和关系为媒介的个性发展方式"。她认为，通过实现自由，男人和女人可以创建新的现实模式，重组观察方式，改变过去实践中压迫性的一面，或者真正团结在一起，创建为自由服务的政治集体。

因此，作为女性主义理论家，波伏娃抵制这样一种理论取向的影响，它以抹杀差异阶层的存在为代价寻求普世性解释。这样，她就使我们理解了"清除政治"常用的权力运作。她的著作阐明了女性主义和种族批判理论对传统政治理论的多重挑战。通过支持多元性和复杂性，女性主义和种族批判理论对普世性主张的有效性和被普遍认可的中立性提出了挑战，拒绝学术界所建构和维护的学科壁垒，并在学者们狭隘地固守公认的知识边界时质疑其所依赖的权力构造。女性主义和种族批判理论拒绝那种保持距离的和冷静的研究所具有的伪装，承认知识政治是不可避免的。在需要进行更微妙的、针对具体语境的分析和理论化时，女性主义和种族批判理论提出了什么才能作为充足证据的问题，这就意味着在当前的争论中，它们反对给予正典文本以权威地位。

通过借助哲学的波伏娃来解读作为女性主义理论家的波伏娃，"清除政治"存在的问题更加清晰可见。倘若如我所说，女性主义和种族批判理论揭露了政治理论传统方法的多重缺陷，我们就会明白，为什么嘲讽、不屑和忽视会成为主流政治理论这一不完整的理论规划的策略选择。显然，与正视其优点相比，摒弃或忽视女性主义和种族批判理论的思想挑战更为容易。

如果想要充分理解"清除政治"的运作方式，我们就应该再次回到《第二性》的开篇，因为它为理解这一现象的关键向度提供了线索。波伏娃傲慢地宣告了女性主义之死："女性主义实际上已经终结，或许我们不该再谈论它了。"在缺乏证据且没有合理论证的情况下，波伏娃就这样草草地把女性主义送进了坟墓。通过提前埋葬女性主义，波伏娃加入了敲响女性主义丧钟的行列，兴高采烈地宣告后女性主义和后种族主义的世界正在到来。

在过去的60年里，女性主义理论及运动和种族批判理论及反种族主义运动都获得了空前发展，但反复宣告其终结是"清除政治"的惯用手法。① 对于终结的文本阐述不过是其他事物的寓言符码罢了：对需要消除的可感危险进行识别的一种手段，共同体通过象征性地选择所要排除的东西来进行自我定义的一种方式，使女性主义和反种族主义流离失所、无立锥之地的一种社会空间筹划。独自生存的界线就这样被重新划出，从而排除了任何女性主义和种族批判的意识。这样，在"清除政治"的叙事框架内，女性主义和种族

---

① 人们总是把女性主义终结的原因归于其内在进程。用来描述女性主义终结的说辞完全是自我指涉的，诸如自杀、寿终正寝、内斗等等。社会科学家所描绘的社会组织长期发展所必需的劳动分工和专业化，就是女性主义掘墓人所描绘的破碎和分解。被女性主义者视为来之不易的教训（西方白人中产阶级女性的去中心化，承认运动中的多元声音，支持对南半球和有色人种女人的优先照顾，抵制种族主义、恐同症、异性恋正统主义和文化帝国主义，对培养包容性的国际女性主义至关重要），批评者却将其建构为差异性的致命毒药。

批判的思维就作为某种已经被超越、被阻挡、被克服的东西，往往以过去式的形式出现。由于这种摒弃的手法，那些种族和性别理论及其所激发和浸润的社会正义运动早在完成其社会变革的愿景之前就已注定会昙花一现。当那些还在为实现他们未竟的事业而奋斗的理论家和活动家们从视野中被抹去之时，这种思维方式也就被宣告寿终正寝了。

"清除政治"一方面使得平等的愿望"落空"，同时又认为保持现状为明智之举。很多把女性主义视为失败的实验的人认为，女性主义的消亡证明了一个大道理：女人的"自然角色"是真实的，"传统的男性气质和女性气质"是真实的。同样，那些称赞后民权时代的人也常常愿意把有色人种的社会地位归因于他们自身的所谓劣根性。通过掩饰基于种族和性别的等级结构，"不优秀"被归因于那些后进者自然化的特征。在"清除政治"所设定的标准内，女性主义和种族批判理论就是为了证实有意义的平等是不可能的。设想女性主义和种族批判理论规划"业已终结"的目的，就是让人放弃种族和性别的平等与正义，接受失衡的权力关系为事情的自然状态，接受理想的平等与生活现实的平等之间不可逾越的鸿沟，并将种族和性别屈从问题置于"现实的"政治范围之外。

波伏娃往往把女性主义与狭隘的资产阶级平权议程混为一谈。但是，在1949年以及当前，自由主义的女性主义并未详尽地探讨整个女性主义领域。种族批判理论也并不只与1960年代的民权运动有关，因为过去40年里引发民权斗争的种族不平等一直在持续加剧。而且，种族批判理论还揭示了有关美国国内外亚裔美国人、土著居民和拉美裔在种族化过程中引发的新问题。当自由主义的西方将新自由主义经济改革和自由主义民主政治改革等同于民主化时，女性主义和种族批判理论家及活动家则真实地描述了资本主义和市场化国家内部以及南北半球之间普遍的、不断加剧的不平等。作为日益加剧的全球现象，"贫困的女性化"（feminization of poverty）有力地见证了新自由主义可持续发展对策的局限性。南半球活跃的反对结构调整政策和围绕生存政治的行动主义，对资本主义改善贫困的说辞是一大嘲讽。为争取在国家统治机构中性别比例均衡、各种族/民族平等参与决策而进行的不懈斗争，对自由主义民主政体构成了难以应对的挑战,因为在国家决策机构中,妇女和有色人种的代表性严重不足。很多女性主义和种族批判理论家及活动家都积极参与反对全球化的理论和运动,试图颠覆主流政治和经济体系。在这些领域,构建理论和追求正义的斗争仍在继续。

然而,"清除政治"把女性主义和种族批判理论以及行动主义排除在生活感知之外,把公共精神和学术圈的生命力变得毫无生气,"清除政治"清除了全球千百万男女正在为社会正义而斗争的行动主义。这一清除遏制了这种行动主义对主流体制的威胁,甚至有助于维持对新自由主义议程提供普遍支撑的神话。通过故意的遗漏或随意的拒斥,来自对生活的自觉的女性主义和种族批判被清除,进而催生了社会遗忘症,用健忘安慰剂消除了对主流体制价值观的威胁。

在构建种族和性别非正义理论的过程中,对于在种族和性别等级制度所构造的世界中构想与人类利益和需求的具体诉求有关的政治行动问题,女性主义和种族批判理论家们提出了很多观点,推进了众多由白人男性学者主导的学科以及被许多国家政权视为非法的事业。但是,"清除政治"不仅无视这些论争的价值,而且无视女性主义和种族批判理论本身,从而为新自由主义限制政治议程和压缩公共空间提供了支持,让女性主义和种族批判理论家不得不回到消极无为的状态,然后被波伏娃所谓的"其他事物的黑暗之重"(the dark weight of other things)所摧毁。

在一篇反思政治学的当代政治理论实践的长文中有意忽视女性主义和种族批判理论,并不足以证明在"混杂的学科分支"内暗藏着"清除政治"。但是,以考夫曼-奥斯本的反思作为一种激发和一个象征,对如下问题提出质疑是非常重要的:当政治理论事业将女性主义理论和种族批判理论置于其构成之外时,它究竟是要鼓励和反对什么样的研究形式,它对未来世界的梦想又是什么?政治理论中并不缺少不受任何约束的普世主张的诱惑,但很少有人去审视其造成的多种抹除(erasur)。考夫曼-奥斯本的文章对近期自由主义政治理论实践的评价鞭辟入里,为深入思考这一领域如何向种族和性别理论开放开创了空间。通过让人们关注政治理论争论的政治维度,他阐明了为包容性的民主实践和理论而斗争的另一个阵地。

第二部分

文化批判理论

文化批判与社会[*]

西奥多·W. 阿多诺 著[**] 刘 健 译

[**内容提要**] 本文对20世纪之前文化批判理论的得失进行了深入的批判性总结，并剖析了20世纪初出现的极权统治与文化批判自身缺陷之间的关系，进而指出了"文化批判面临着文化与野蛮之辩证法的最后阶段"，并逐一从"文化概念""文化与文化批判物化""内在批判与辩证法"的角度阐述了"辩证文化批判"的内涵和方法。

[**关键词**] 文化批判 辩证法 文化野蛮主义 意识形态 物化

一、文化概念与文化批判

对习惯于望文生义的人来说，"文化批判"（Kulturkritik）一词看起来很唐

---

[*] 本文原载德国苏尔坎普出版社于2003年出版的《西奥多·W. 阿多诺全集》第10卷，是阿多诺文化批判理论体系中的一篇代表性作品，文中小标题为译者所加。尽管原文写作于1949年，最早发表于1951年，但一直没有完整的中文译本。本书希望通过刊发这一经典文本的中译文，使国内学者更加全面地了解阿多诺的文化批判理论。译文原载《国外理论动态》2018年第9期。

[**] 作者简介：西奥多·W. 阿多诺（Theodor W. Adorno），"二战"后德国最著名哲学家和社会批判学家之一，哈贝马斯的老师。

突,这之所以是不恰当的,并非仅仅因为它对所批判之物缺乏尊重,更重要的原因是,文化批判用盲目高傲的姿态去认定文化。文化批判家很难避免"你所占有的其实是文化所不具备的那种文化"这样的指责。他的不仅因为这个词像"汽车"(Automobil)一样是由拉丁语和希腊语构成的复合词,而且还因为这个词昭示着一个显而易见的矛盾。文化批判家对文明①不满,而其不满也唯独来自这个概念。他侃侃而谈,就好像他代表着纯粹的自然,代表着更高的历史阶段,他自命不凡地认为自己高于文明,然而他与文明在本质上完全是相同的。黑格尔在为现状进行辩解时指责主体的缺陷,即主体只是以其偶然性和局限性对存在之物的力量品头论足,主体以独立、自主的姿态反抗概念,然而,当主体及其最内部的成分都以概念为中介时,它的缺陷就令人难以忍受了。就其内容来说,文化批判之所以是不恰当的,并非仅仅因为它对所批判之物缺乏尊重,更重要的原因是,文化批判用盲目高傲的姿态去认定文化。文化批判家很难避免"你所占有的其实是文化所不具备的那种文化"这样的指责。他的虚荣助长了文化的虚荣:尽管持控诉的姿态,他还是孤立地、教条地坚持文化的概念。他转移批判的方向。在绝望和巨大的痛苦之处,批判家看到的只是精神之物,只是人类的意识状况,只是准则规范的没落。若批判理论坚持这样做,它就是在尝试忘记不可说之事,而不是努力——尽管是徒劳地——让人类避免遭受苦难。

文化批判家处于与混乱时局相异的立场,这种差异使得文化批判家能够在理论上超越这种混乱,尽管实际上他时常落后于它。但是,文化批判家将此差异纳入了他曾想要超越的文化产业②之中,而为了自诩为文化,文化产业

---

① 此处德语原文为"Kultur",与下一个单词"不满"(Unbehagen)一起呼应弗洛伊德的著作《文明及其不满》(*Das Unbehagen in der Kultur*, 1929),由于该著作的中文及英文译本(*Civilization and Its Discontents*)都将"Kultur"(文化)一词译为"文明",为保持此处的互文性指涉关系,本译文在此处亦采取"文明"的译法。但需要指出的是,"Kultur"与英语语境中的"civilization"含义并不完全对等。——译者注

② "文化产业"(Kulturbetrieb)与"文化工业"(Kulturindustrie)在德语中意义类似,都指与文化相关的事业或产业。但是,由于阿多诺与霍克海默在《启蒙辩证法》一书中使用"文化工业"一词作为批判对象,从而使该词成为文化批判理论的专有术语,且带有负面意义;而"文化产业"并非阿多诺文化批判理论语境中的专有术语,且偏向中性。——译者注

自身也需要这种差异。优越感总是多多益善，这也正是文化假装有优越感的途径，有了它，文化便不用再评估其物质生活条件。面对"物质条件是唾手可得的"，面对"无数人面临着死亡威胁"，崇高的价值越发显得可疑，相应地，文化的非分要求（它们是存在于精神运动内部的）就使得能够满足这些要求的条件越发遥不可及。文化批判家将差异视为自己的特权，他成为文化的同谋，并由此获得此项特权，成为被豢养而又受尊敬的讨厌鬼，但同时他也失去了合法性。这也影响到批判的内涵。批判一丝不苟地指出虚假意识的真相，而这种严谨也被禁锢在被斗争之对象的范围内，并且局限于其表征。坚持自身优越性的人也会觉得自己是专业人士。在资产阶级社会，"批判家"这一职业最终会升级为"文化批判家"这一头衔，从事这项职业的人无疑会遭遇这项职业起源时就具有的僭越因素——就像巴尔扎克之类的作家所觉察到的那样。职业批判家首先是"新闻报道员"：他们在精神产品的市场上做导购员。在这样做的过程中，他们偶尔也会对身边的事物有所洞悉，但又始终保持流通中间人的身份，就算对个别产品有意见，也会与整个行业同声共气。即使他们有朝一日放弃了中间人的身份，也会带着中间人的印记。他们被委任为专家和评审，这从经济的角度讲是必然的，但就他们的客观资质而言，实属偶然。在普遍的竞争中，他们机敏地获得优势地位，因为他们的判决很大程度上决定着被审判者的命运，而机敏本身就为其判决结果带来了有效性的假象。他们熟练地钻空子，通过媒体的传播赢得影响力，并以此获得其职业早已预设好的权威地位。他们的自命不凡来自这样的事实：在竞争社会的形势下，万物皆为他物而存在，批判家成功与否的衡量标准也只在于其市场价值。获取知识与理解并非批判家的首要任务，充其量只是其副产品，批判家越是无知，他就越觉得高人一等，越是会随波逐流。当批判家在他们的游戏场——艺术——上不再理解他们批判的对象，当他们热衷于自甘堕落地沦为宣传员或审查员，古老的商业欺诈也就成为他们自我实现的归宿。他们拥有占有信息和优势地位的特权，这让他们有了发言权，也让他们的发言看似具有客观性。但是，这仅仅是统治精神的客观性。他们为虎作伥，帮着编织面纱。

言论自由的概念——即资产阶级社会中思想自由的概念——是文化批判的基础，它也拥有自己的辩证法。借助人际关系的不断社会化，精神摆脱了封建神学的压迫，但它同时也日益受到现存关系的匿名控制，这种控制不仅来自精神的外围，也渗入了精神的内部。它无情地对自主的精神施加影响，就像之前他律的秩序被强加于受束缚的精神一样。精神不仅以其可售卖性为导向，并以此方式对社会的主流范畴进行再生产。精神还客观上愈加近似于现状，甚至在它主观上并不想成为商品的领域，也是如此。以交易行为作为塑造一切的模板，整体之网越收越紧。留给个体意识的躲避空间越来越小，它也越来越彻底地被预先规定。同时，个体拥有差异性的可能性也被先天地阻断了，在千篇一律的产品中，差异性变得微不足道。与此同时，相比于之前明显的不自由，自由的表象使得个体更难发觉自身的不自由，这也加重了依赖性。这些特性与社会选择出来的精神引领者一起使精神倒退。社会主流趋势使得精神的自主和完整变成了空谈。从自由中发展出来的仅仅是其否定性的特质，这是无计划的单子论的遗产，是无责任感。然而，另一方面，精神越发紧密地像修饰物一样粘附在它曾宣称要超越的物质基础之上。我们当然不能按照字面去理解卡尔·克劳斯（Karl Kraus）对出版自由的尖酸挖苦：他号召用审查来抵制商业御用作家，这相当于饮鸩止渴——用魔王驱赶魔鬼。无论如何，就精神的历史进程来说，在出版自由的庇护下繁荣起来的愚民政策和欺骗并非偶然，而是奴隶制的耻辱烙印，其鼓吹的所谓精神解放实为虚假的解救。只有在精神挣脱锁链时，即在批判中，这一事实才会昭然若揭。德国法西斯分子斥责"文化批判"一词，并用"艺术赏析"这一空洞无物的概念取而代之，他们这么做是为了维护极权国家的实际利益，他们仍然害怕专栏作家的出言不逊及其波萨侯爵（Marquis Posa）式的激情。这种自我满足的文化野蛮主义叫嚣着要废除批判，这些野蛮的乌合之众想要闯入精神的领地，但他们却不知一报还一报的道理。纳粹党的褐衫冲锋队疯狂地仇恨着"吹毛求疵"的文化批判家，这种怒火不仅源于他们嫉妒自己愚蠢地反对着而又不可得的文化，也不仅因为他们愤恨有些人敢于表现出他们自己不得不隐忍的否定性。最重要的原因是，批判家以高高在上的姿态向读者展示着他实际上并不具备的自主性，并且僭取了与批判家自己倡导的思想自由原则背道而驰的主导地位。批判家的敌人们正好利用了这一点。他们的施虐倾向唯独受到弱者的青睐，这些弱者巧妙地将对暴虐的嗜好伪装成力量，并乐于以专制傲慢的姿态征服想要取代他们的那些并不明智的僭主。法西斯分子与批判家一样天真地沉迷于这样一种文化，这种文化将自己简化为卖弄知识，抑或是官方认证的思想巨擘。他们自认为是文化的医生，并从文化身上拔出批判的尖刺。如此，他们不仅将文化贬低为官方的附庸，而且还忽略了文化与批判休戚相关的联系。只有隐含着批判性的文化才是真正的文化，若忘记这一点，精神便会咎由自取地受到由它造就的批判家的批判。文化自身就包含矛盾，批判是其不可或缺的要素：再不真实的文化也是真正的文化，再不真实的批判也是真正的批判。当批判对事物进行剖析时，它并不是非正义的，这其实是它最大的价值；当批判以不顺从的表象而顺从时，它才是非正义的。

二、文化的物化与神化

文化批判与文化的共谋不仅在于批判家的思维方式，它更多地受到批判家所批判的事物的支配。批判家将文化视为研究对象，从而再度将文化客体化。然而文化的意义恰恰在于悬置客体化。只要文化被贬为"文化商品"和令人厌恶的哲学理性化的产物，即具备所谓的"文化价值"，那么它"存在的理由"就已然被断送。"价值"一词听起来像商业用语绝非偶然，对"价值"的萃取将文化置于市场的意志之下。即便是在对异域文化的狂热之中，也包含着对可投资的稀有物品的向往。倘若文化批判——即使是保尔·瓦雷里（Paul Valéry）那样的最好的批判——与保守主义携手同行，那是因为它悄然被一种文化概念所指引，在晚期资本主义时代，这种概念旨在获得一种稳定的、不受股市波动影响的财产形式。这种文化概念宣称自己与体制保持距离，好似能够在无处不在的动荡中提供普遍的稳定。文化批判家与艺术批判家一样都是鉴定收藏家。一般来讲，文化批判类似于讨价还价时的情景，比如专家质疑一幅画的真伪，或是把它贬入大师的并不重要的作品之列。贬低其价值是为了得到更多。当文化批判家估价时,他就不可避免地卷入到一个被"文化价值"所玷污的领域,无论他自己是否反对为求高价而将文化典当。由于他要衡量文化,就必然要端详、检查、权衡和挑选:这件东西适合他,那件东西则不行。如果文化批判诉诸一套收藏理念,并崇拜精神、生命和个体等孤立的范畴,那么它的自主性,它想要获得关于客体的更渊博的知识的要求,以及它借助独立的判断分离概念与事物的能力,就要屈从于客体的物化形式。

但是,文化批判的最高拜物教便是文化概念本身。因为,就其内在意义而言,真正的艺术作品和真正的哲学不会局限于自身,即"自在的存在"。它们一直与现实社会的生活保持联系,而又超脱于现实生活。它们拒绝与盲目且无情地复制着自己的生活分摊罪责,它们坚持独立性和自主性,坚持与现行的、以目的为导向的世界分离,正是由于拒绝和坚持,它们——至少作为一种无意识的因素——隐含着自由可待实现的承诺。只要文化的存在仍然依附于受迷惑的现实,并且归根结底还依附于对他者劳动的控制,那么这种文化的承诺就依然是含糊其辞的。欧洲文明已经扩展到消费者那里,它如今已经从管理者和心理技师为大众量身定制的文化堕落为纯粹的意识形态,这源于其物质实践层面功能的改变,即它放弃了干预的能力。然而,这种改变并非"原罪",而是历史强加给文化的改变。因为,在退回到自身的同时,资产阶级文化只能磕磕绊绊地从涉及所有生存领域的极权主义乱象的扭曲轨迹中萌发出关于纯洁的观念。只有当它脱离已经堕落为其反面的实践、脱离对一成不变之物千变万化的生产、脱离为实际上服务于生产商的客户服务并且由此也脱离人时,文化才能忠实于人。而对自身绝对本质的坚持——其最伟大的例证就是瓦雷里的文学创作和理论——同时也会导致其本质的枯竭。无论对意义的保护有多么严格,一旦精神不再指向现实,其意义就已经改变。如果精神对生活的宿命听之任之,甚至将自己孤立为一个与众不同的"领域",那么它便成为现存秩序的帮凶,并在其中获得了一席之地。从卢梭的时代、席勒的《强盗》中舞文弄墨的时代,到尼采,再到那些为宣传而宣传的布道者们,哲学家们皆怨恨对文化的阉割。对文化的阉割是"文化"变为"自觉的文化"的后果,而这又反过来使得文化与经济霸权不断增长的野蛮主义处于强有力的长期对峙中。从表面来看,文化正在衰落,其实这正是文化在走向纯粹的自觉。文化只有被中立化、被物化之后才可以被崇拜。拜物教趋向于神话。一般来说,批判家大多沉迷于偶像,这些来自古代的偶像成为了自由主义时代令人怀疑的、慢慢散尽的余温,在文化的衰败中,这种暖意让人想起文化的源头。文化批判拒绝在物质生产的机构内部不断整合意识的各个方面。然而,由于没有看透这些机构的本质,文化批判转向了过去,被即时性的承诺所诱惑。迫使它这样做的是其自身,而非仅仅受到制度的逼迫,这个制度谴责"人性的丧失"和"进步",以此种方式掩盖其自身在去人性化方面取得的进步。通过与物质隔绝,精神虽然提高了地位,但却让自己在普遍的意识中成了实践之过失的替罪羊。被当成罪魁祸首的正是这样的启蒙主义,而非作为现实统治工具的启蒙主义:这就是文化批判的非理性主义。一旦文化批判将精神从其与物质生活状况的辩证逻辑中抽离出来,它就会片面地直接将精神视为宿命的法则,因此也就阻断了精神自身的抵抗能力。文化批判家没能看到,生活的物化并非是因为启蒙太多,而是因为启蒙太少,且当下的特殊理性对人的肢解就是总体性的非理性留下的烙印。消除这种非理性的状况——同消除体力劳动与脑力劳动的分离同时发生——对盲目的文化批判来说似乎只意味着混乱:歌颂秩序与形式的人必定会在生硬的分离中看到永恒的原型。致命的社会碎片化将会在某一天终结,这对文化批判家来说是一个致命的灾难。他宁愿看到一切的终结,也不愿看到人类物化的终结。这种恐惧与那些希望物质匮乏继续存在的人的利益相得益彰。当文化批判抨击唯物主义时,它总是在加深如下认识,即罪恶并不在于囤积、独占这些商品的整个组织机构,而是深藏于人对消费品的欲望之中:有罪的不是饥饿,而是满足。如果人类有能力占有商品,那么就能摆脱文化野蛮主义的枷锁,但文化批判家并不认为枷锁的产生是因为社会状况的滞后,而是将其归咎于精神太过进步。文化批判如此偏爱的"永恒价值"映射出永恒的灾难。文化批判家赖以生存的正是文化神话般的冥顽不化。

无论其内容如何,文化批判的存在都依附于经济体制,因此也就与经济体制共命运。现有的、特别是东方的社会秩序越是支配包括"闲暇"在内的生活过程，精神的所有现象就越是明显地被打上这一秩序的烙印。精神现象或是以娱乐或是以教化的形式出现，直接为那个秩序的万古长存作出了贡献；并且由于它们是被社会预先规定的，也就成为秩序的鼓吹者而受到欢迎。精神的现象变得家喻户晓，被打上官方认证的标签，同时也受到了侵犯，它阿谀奉承退化的意识，以"自然"的面目示人，并且允许自己认同强权，而强权只留给它虚情假意。或者，它标新立异，并以此再次获得可售卖的价值。在整个自由主义时代，文化一直处于流通之中，因此，流通的逐渐凋敝正戳中了文化的要害。随着企业中精于算计的分配机器消除了交易及其隐藏的不理性因素，文化的商业化也在荒谬之中达到了登峰造极的地步。以被征服、被管理以及在一定程度上被完全教化的形式，文化灭绝了。奥斯瓦尔德·斯宾格勒（Oswald Spengler）曾谴责"精神与金钱是一体的"，他确实是正确的。但是，由于赞同直接统治，他倡导一种摒弃了所有经济和精神中介的生存结构。他充满敌意地将精神与一种实际上已经过时的经济模式联系在一起。而斯宾格勒无法理解的是，无论精神在多大程度上是这种经济模式的产品，它都蕴含着超越此种模式的可能性。不同于为了个体生存而进行的直接斗争，文化发端于市场、贸易、交往以及协商，它在资本主义鼎盛时期与贸易紧密结合，其载体属于在生活中以中间人身份生存的"第三者"；同样，文化最终也会成为阶级游戏规则下的"社会必需品"，也就是说，为了经济目的而不断自我复制的文化最终也会退回到它的起点——单纯的交往。文化疏离人类事务的结果就是文化绝对服从于被供货商注入消费者心中并被神化了的"人性"。占有者以消费者的名义压迫文化，夺走它超越现存社会中的总体的内在性（totale Immanenz）的能力，让它只能服务于社会的明确目的。这样，"消费者文化"就可以自吹自擂地说自己并非奢侈，而是对生产的简单扩充。为操纵大众量身定制的政治口号把一切不讨政治委员们喜欢的文化诬蔑为"奢侈"、"附庸风雅"和"曲高和寡"。只有当现存秩序成为衡量一切的标准时，它在意识世界中简陋的再生产才能变成真理。文化批判指出了这一点，并诉病其"肤浅"和"内容空洞"。然而，倘若文化批判只关注文化与商业的关系，它自己也会变得肤浅。它用的是反动的社会批判家的方法，即用"生产性"资本反对"掠夺性"资本。事实上，所有的文化都与社会分摊罪责，因此文化就只能依靠在生产领域中已经发生的不公来维系自己的生存，这与《启蒙辩证法》中提到的"商业"如出一辙。文化批判就这样转移罪责：如果文化批判仅仅批判意识形态的话，那么它也是意识形态。两种形式的极权统治都想保护现存制度不受哪怕是最后一点不屈服的威胁，尽管在最卑躬屈膝之时，极权仍然怀疑文化并未屈服，并且最终把文化以及文化对屈服的反思也定为有罪。它们压迫已经忍无可忍的精神，并自诩为清道夫和革命者。文化批判的意识形态功能束缚着自身的真理，而其真理存在于对意识形态的反对之中。在反对谎言的斗争中受益的是赤裸裸的恐怖。正如希特勒的帝国文化部发言人所说："一听到文化这个词，我就会打开手枪的保险栓。"

三、文化批判的内在性、超越性和辩证法

文化批判能够如此彻底地鞭笞文化的衰落，斥责其破坏精神的纯粹自主性，指摘其出卖自己，皆是因为文化本身就是源自脑力劳动与体力劳动的决裂，并且从决裂中原罪般地获得自身的力量。倘若文化否认这一决裂并粉饰两者的统一，它就是落后于它自己的概念。处于绝对精神之幻象中的精神唯有完全脱离存在之物本身，才能真正凭借其否定性来定义存在之物。只要哪怕精神的一小部分还参与生活的再生产，它就仍然效忠于生活的再生产。雅典人反对庸俗的本质是那些不需劳动者对其生活供养者的轻蔑；同时，它也保留了一幅生存图景，这幅图景超越了隐含于所有劳动之中的束缚。庸俗的反对者将其良心的不安投射到受害者身上，指责他们"下贱"，但这种态度同时也控诉了受害者的遭遇：人们屈从于普遍存在的生活再生产形式之中。所有"纯粹的文化"向来都会令权力代言者不悦。柏拉图和亚里士多德很清楚为什么统治者不允许出现这样的观念。相反，统治者以评估艺术的名义倡导一种与这两位伟大的形而上学家的激情不相符的实用主义。现代资产阶级的文化批判显然已经变得过于小心翼翼，以至于不敢公开追随这两位贤者，尽

管它在"高雅"文化与"大众"文化、艺术与娱乐、知识与模棱两可的世界观的分离中找到了安慰。它对庸俗的反对更甚于雅典的上层社会，就像无产阶级比奴隶阶级更危险一样。纯粹的、自主的现代文化概念表明，这种对抗已经变得不可调和。其原因不仅在于它毫不妥协地反对"为他的存在"，也是因为意识形态傲慢地给自己带上了"自在之物"的王冠。

文化批判像其批判对象一样具有盲目性。它无法承认自己的弱点，但它的弱点在体力劳动与脑力劳动的分离中就已注定。如果一个社会反对它最核心的概念，即人性的概念，那它就无法获得对自身的全面认知。人们并不需要通过主观意识形态的展现来阻碍社会获得全面认知，尽管它在历史动荡的时刻会加强客体的盲目性。由技术水平决定的每一种镇压形式都是社会生存所必需的，而社会——不论多么荒谬——也确实会在现有的条件下对其生活进行再生产，这些都从客观上制造了社会合法性的表象。作为对抗性社会的自我意识的化身，文化无法摆脱这种表象，文化批判也是如此，它用自身的理想尺度来衡量文化。当非理性和客观的虚假性隐藏于理性和客观必然性背后时，表象就具有了总体性。然而，借助自身的力量，对抗性还是可以在意识中实现自己。正因为文化宣称和谐原则是能够美化一个对抗性社会的有效手段，所以它无法避免社会与其自身的和谐概念相冲突，不和谐也就会出现。肯定生活的意识形态会由于理想的内在驱动而站在生活的对立面。现实并非在每个方面都类似于精神，而是臣服于一种无意识的、宿命的动力，如果精神看清了这一点，便被迫违背自己的意志，超越了护教学说的范畴。当理论能调动人时，它就变成了真实的力量，这一事实是建立在其自身的客观性之上的，而由于其意识形态的作用得到了发挥，精神一定会失去对意识形态的信任。意识形态与存在的相互排斥促使精神在展示盲目性的同时，也表现出脱离意识形态的意图。精神失望地发现，赤裸裸的存在真的是赤裸裸的，并将其交予批判。精神要么依据它自己始终可疑的"纯粹原则"诅咒物质基础，要么在与物质基础的相互排斥中察觉到它自身的可疑性。社会动力推动文化变成了文化批判，文化批判虽然坚持了文化的概念，但也毁灭了文化现有的表现形式，使之成为单纯的商品和愚民的工具。这样的批判意识仍然是对文化的谄媚，因为它借助对文化的关注而躲避恐怖，然而批判意识仍将文化视为恐怖的补充。由此就产生了社会理论对文化批判模棱两可的态度。文化批判本身也是批判的永恒对象，无论是文化批判的一般前提条件——它内在于现存社会之中——还是文化批判的具体判断，都是被持续批判的对象。因为，文化批判的谄媚表现在其特定的内容中，并且只有结合了这些内容才能理解它。与此同时，倘若一种辩证理论不想屈从于"经济主义"，即认为改变世界在于生产的增长，它就必须吸纳文化批判，其真理就在于让谎言有自知之明。如果一种辩证理论对仅仅作为一种附属现象的文化不感兴趣，那么它就助长了伪文化的胡作非为，就参与了对邪恶的复制。文化传统主义与俄国专制统治的恐怖大同小异。它们盲目地把文化当成一个整体，并且排斥一切不属于这个整体的认知形式。如果批判满足于批判一种魂不附体的文化，或者要求文化所谓的否定性为现实的灾难负责，那么它就与上述的恐怖一样，是意识形态的。文化一旦被认定为一个整体，它就无法酝酿出自身的真理性——即否定性。对文化的欣然占有与战地音乐和战场绘画的气氛是相得益彰的。辩证批判不同于文化批判之处就在于它将文化批判提升到否定、达至和超越文化这一概念本身的高度。

对文化的内在批判可能忽略了至关重要的一点，即意识形态在社会冲突中的作用。如果我们哪怕只是在方法论上假设文化存在独立的逻辑，都是在帮着剥离出文化，同样犯了意识形态的基本错误。因为，按照这一理论，文化的内容不仅取决于它自身，也取决于它与外在因素——即物质生活过程——的关系。就像马克思在考察法律和政治制度时所看到的那样，文化"既不能从它们本身来理解，也不能从所谓人类精神的一般发展来理解"。按照上述理论，如果忽略这一观点，就是把意识形态视为事物本身，就是在加固意识形态。事实上，完成了辩证转向的文化批判不应当将文化的标准具象化。批判能认识到文化在整体中的位置，因此它在文化面前也就能保持灵活性。如果没有这种自由，如果没有意识来超越文化的内在性，内在批判本身就是无法想象的：只有不完全从属于批判对象，才能追踪它无规则的运动。但是，意识形态批判传统的要求本身就臣服于历史的动力学。人们构想出意识形态批判原本是为了对抗唯心主义——一种反映文化拜物教的哲学形式。然而,"用存在来定义意识"如今变成了人们排除所有与存在之物不相符的意识的手段。没有真理的客观性,辩证法就是不可想象的,而此客观性悄然地被低俗的实证主义、实用主义、直至资产阶级的主观主义所取代。主导着资产阶级时代的理论是意识形态,与之对抗的实践直接站在其对立面。如今几乎没有了理论,而意识形态发出的声音正是无法抗拒的实践在嗡嗡作响。再也没有人敢于构思那些无论在哪个阵营中都明确指示谁是受益者的理论,然而这正是论战曾试图揭露的问题。非意识形态的思想不会甘愿使自己沦落为"可操作的术语",而是试图帮助事物本身找回被主流话语剥夺了的表达方式。如今,先进的经济体制和政治协商都理所当然地认为,重要的事情是改变世界,并且将对世界的阐释视为愚蠢的胡闹,由此可知,仅仅用"提纲"① 来反对费尔巴哈是很困难的。辩证法也包括行动与沉思之间的关系。用马克斯·舍勒(Max Scheler)的话说,资产阶级的社会科学"掠夺"了马克思主义的意识形态概念并将其稀释为普遍的相对主义。在这样一个时代,比忽略意识形态作用更加危险的是,以简单归类的、不合时宜的、行政管理的方式审视精神形态,并将其赤裸裸地纳入精神本应予以揭露的主流权力场之中。像辩证唯物主义的其他诸多要素一样,意识形态概念已经由知识的工具蜕化为对知识的约束。以物质基础决定上层建筑的名义,人们并不批判意识形态的使用方式,而是控制它。只要它符合目的,就没有人关心意识形态的客观内容。

四、作为文化批判方法论的辩证文化批判

意识形态的功能本身显然变得越来越抽象了。早期文化批判家的疑虑得到了证实:如果这个世界把真正的教育变为特权并束缚住意识,从而将大多数人排除在精神现象的本真体验之外,那么这些精神现象中具体的意识形态

---

① 指马克思的《关于费尔巴哈的提纲》。——译者注

内容也就不那么重要了，更重要的是，总要有些东西来填补意识被剥夺后留下的真空，并转移大众对这个公开秘密的注意力。在这种社会效应的语境下，与一部电影向其观众灌输了哪些特定的意识形态学说相比，观众对演员名字及其婚姻状况的兴趣变得更加重要。诸如"娱乐"和"消遣"之类的通俗概念要比那些自命不凡的解释——将一位作家视为中下层阶级的代表，将另一位作家视为中上层阶级的代表——更加迎合社会。文化之所以是意识形态的，不仅因为它是客观精神的主观显现，更是因为它变成了私人生活的领域。私人生活的重要性和自主性的假象掩盖了这样一个事实，即它只不过是社会进程的附属品。生活把自己变成了物化的意识形态，这是亡者的面具。因此，批判的任务并不在于去探究那些造就了某些文化现象的特殊的利益集团，而是透过这些文化现象去破解当下社会中令最有权势的利益集团获利的发展趋势。文化批判应成为社会的相面术。整体越是剥离自发的元素，越是被社会调解和过滤，变得越接近"意识"，也就愈加成为"文化"。物质生产过程最终还会显露出其本来面目，即它不仅是谋生的手段，而且从交换关系开始的那一刻起就始终是契约双方对彼此的虚假意识：意识形态。然而，反过来，意识却愈加成为整体的运转中微不足道的过渡要素。如今，意识形态就是作为表象的社会本身。意识形态的中介是总体（Totalität），总体背后是局部（Partialen）的统治，但又不可简单地将意识形态还原为局部的利益。它的所有组成部分在一定程度上与其中心的距离都是相等的。

把文化作为一个整体，并从外部用意识形态等泛泛的概念来质疑它，抑或用文化自身凝结而成的规范来审视文化，选择上述两种方法都是批判理论不能接受的。坚持在内在性与外在性之间进行选择，就是要退回到黑格尔对康德的指摘中所批判的传统逻辑中去。正如黑格尔所说，所有划定界限并以此限定自己研究对象的方法，都会因此而越过界限。在某种意义上，辩证法预设了一种超越文化的立场，并将其作为一开始就不屈服于精神领域拜物教的意识。辩证法意味着对一切物化均毫不妥协。这种直指总体性的超越方法似乎比预设一个可疑整体的内在方法更为激进。超越式的批判家处在一个超越了文化和社会盲目性的立场上，如同一个阿基米德支点，从这种立场出发，意识能够使总体性流动起来，无论这个总体性有多么庞大。在这个世界上，统一性和整体性的表象随着物化的增加——即分离——而发展起来，这就是对整体的攻击获取力量的源泉。全面抛弃意识形态在苏联已经成了犬儒主义恐怖（zynischer Terror）的托词，它采取了一种排斥客观主义的形式，这反而是高估了整体性。无论社会意欲如何使用文化，这样的态度都把文化从社会那里全盘买断过来。作为社会之必要表象的意识形态如今已经成为社会本身，这是因为意识形态的基本力量及其必然性以及它压倒性的自在存在已经代替了它早已被消灭掉的意义。在现有社会的统治之外选择一种立场，就像建立抽象的乌托邦一样不切实际。因此，对文化的超越式批判就像资产阶级的文化批判一样，发现自己必须回归"自然性"的理念，而此理念本身就是资产阶级意识形态的核心要素。对文化的超越式批判经常使用着虚假的逃脱语言，即"自然之子"的语言。它轻视精神，认为精神产品只是人工产品，不过是为了掩盖"自然的"生活。由于其虚妄性和无意义，精神现象甘于被统治的意志所操控和驱使。这就解释了为什么大多数社会主义者对文化批判都缺乏贡献：他们缺乏对批判对象的经验了解。就像用一块海绵，他们擦拭掉整体，因此变得接近野蛮主义。他们不可避免地同情那些更原始的、更无差别的东西，无论这些东西与精神生产力的水平有多么矛盾。对文化的一概否定变成了助长最粗鄙、"最健康"甚至压抑的借口；这么做导致的更严重的后果是，当面对经常发生的个体与社会的冲突时，尽管二者均有责任，社会依然会固执地遵照执法者、同时也是立法者的标准对冲突进行有利于社会的判决。这距离官方恢复文化只有一步之遥。而竭力阻止这一切发生的内在批判更富有辩证性。它认真对待这样一个原则，即意识形态本身并非虚假的，只是它假装自己与现实相符合。对精神和艺术现象的内在批判就是，通过分析它们的形式和意义，试图把握它们的客观理念与其伪装的矛盾，并且界定精神结构本身的一致性和非一致性针对存在的构成问题表达了何种内容。这样的批判并不止步于大体认识到客观精神的奴性，而是试图将这种认知转化为对事物本身的更高认识。只有当对文化的否定性见解能够揭示认识的真相或谎言、思想的一致性或缺陷、形态的统一或分裂、语言的实在或空洞时，它才是有约束力的。当发现不足时，它不急于将此归罪于个体及其心理，因为这只是失败的遮羞布，而是试图从研究对象诸要素的不可调和性中探究原因。它遵循其两难悖论的逻辑，即这个任务本身的不可完成性。批判在此二律背反中也洞悉到社会的自相矛盾。在内在批判看来，一个成功的作品并不是在虚假的和谐中消解客观矛盾，而是通过在其最内在的结构中暴露这些纯粹的、不可调和的矛盾，从而否定性地表达出和谐的概念。面对这样的作品，"仅仅是意识形态"的评判就失去了其意义。然而，与此同时，内在批判有证据证明，精神一直以来都是被施了魔咒的。精神无法依靠自身的能力解决使其劳神的矛盾。即便是对自身失败最彻底的反思也是受到局限的，因为它仅仅停留于反思，无法改变现存之物，而现存之物的存在就是精神失败的见证。因此，内在批判无法从自身的概念中得到满足。它既不会虚荣地认为陷入思考就能够直接解放精神，也无法天真地相信，只要能够防止对虚假整体的主观认识从外部干扰对客体的理解，那么坚定不移地融入客体之中就必然可以借助于事物的逻辑得出真相。如今，辩证法越是无法以黑格尔式的主客体同一作为预设前提，它就越是要留意要素的二元性：它必须认识到社会是一个总体，也要认识到精神与社会的关联关系，并将这一认识与客体的内在要求——即根据其特定内容来理解客体——联系在一起。因此，辩证法不会允许任何对逻辑严整性的要求来破坏它从一个类属走向另一个类属的权利，破坏它通过审视社会来解密其所洞悉的对象的权利，破坏它向社会兑现客体没有兑现的承诺的权利。最终，辩证法也要质疑由外而生的知识与由内而生的知识之间的对立，因为此种对立恰恰是辩证法所要责难的物化的一种症候。前者的抽象分类法以及某种程度上的行政性思维与后者对忽略了自身起源的客体的盲目崇拜并无不同，而这已经成了专家的特权。如果说顽固的内在沉思有退回到唯心主义——既掌控着自我也掌控着现实的自给自足的精神幻觉——的危险，那么超越式沉思的危险则在于它会忽视概念化的努力，而满足于规定好的标签、程式化的抨击（大部分情况下是"小资产阶级"）以及来自上层的谕旨。拓扑学的思维方式了解所有现象的归属，却对其本质一无所知，它与那种与客体的经验隔绝开来的偏执的妄想体制乃是一丘之貉。借助于机械教条的范畴界定，世界被划分为黑与白，并且也因此准备好去逢迎那种曾被概念反对过的统治。一旦剥离与客体之间自发的关系，就没有任何理论——哪怕是正确的理论——可以免于曲解，从而成为妄想。对于辩证法来说，防止这种事情发生比防止沉迷于文化客体还要重要。它既不可以崇拜精神，也不能与精神为敌。辩证的文化批判家既要参与到文化之中，又要游离于文化之外。只有这样，他才是公正地对待他的研究对象和他自己。

传统的超越式的意识形态批判已经过时。总体来说，这种方法恰恰屈服于它所批判的主题——物化。通过把因果概念直接从物理世界移植到社会中，因此也使自己屈从于它所批判的主题——物化，它转而求助于自己的对象。无论如何，超越式批判的方法仍可以诉诸如下事实，即它只是在社会本身已经物化的情况下使用物化概念。因果概念的粗陋和苛刻正好反映了社会本身的粗陋和苛刻以及社会对精神的贬低。然而，当今这个险恶的、一体化的社会已经不再容忍上层建筑与物质基础的因果关系理论中所蕴含的那些相对独立的、与众不同的要素。这个世界正在变成一座露天监狱，在这里，了解"什么取决于什么"已经不那么重要，反正一切都是一体化的。所有现象都僵化了，都彰显着绝对法则的威严。在虚假意识的本真意义中已经没有了多少意识形态，剩下的只有借助于复制自身而席卷全球的广告和煽动性的谎言，它并不需要人相信，却要求人沉默。因此，对文化的因果关系的质疑——一个本应体现文化根基的质疑——已经显得过时了。当然，就连内在的方法也会最终遭遇这种命运。它会被研究对象拖入深渊。文化的唯物主义透明性并没有让它变得更真诚，反而让它变得更低俗。文化在丧失了自身的特殊性的同时，也丧失了能洒在谎言伤口上的真理之盐，而文化与其他特殊性的不同之处正是其真理之盐的源泉。让文化担负起它曾经放弃的责任，这只能证实文化的浮夸。作为已被中立化的现成之物，所有的传统文化如今已经变得毫无价值。在经过了一个不可扭转的过程之后，被俄国人伪善地要求偿还的文化遗产也已经变得极其不重要和多余，变成了废品，而叫卖大众文化的小商贩们可以嘲笑它，因为他们也把它当成了垃圾。一个社会的总体化程度越高，其精神的物化程度就越严重，从而它依靠自身逃离物化的尝试也就越是自相矛盾。就连最极端的末日意识也有可能会沦为茶余饭后的闲谈。文化批判面临着文化与野蛮之辩证法的最后阶段。在奥斯维辛之后，写诗是野蛮的。这甚至侵蚀着这样一种认识，即为什么如今写诗已经变得不再可能。绝对的物化曾把精神的进步作为自身的前提要素之一，但如今却有吸收整个精神的架势。如果批判的精神还将自己局限于自我满足的沉思冥想之中，就无法应对这种挑战。

文化的政治批判导论

尼克·鲍姆巴赫　戴蒙·扬　珍妮弗·余　著**　　王亚萍　陈后亮　编译

[**内容提要**] 在我们最需要对文化进行政治批判的时候，当今文化理论的表现却令人倍感失望。它过于专注本体论和形而上学的方法，却忽视历史、文化的特异性和历史分期等问题。本文以纪念弗雷德里克·詹姆逊的后现代主义作品问世30周年为契机，试图反思当今人文学科的批判功能。作者认为，詹姆逊在30年前提出的观点仍未过时，而且依然具有活力，并为我们提供了重建马克思主义文化分析模式的可能性。

[**关键词**] 詹姆逊　文化逻辑　政治批判　后现代主义

过去七年间，我们先是目睹了全球金融体系的崩溃，随后又经历了一波

---

* 本文原载《社会文本》(*Social Text*) 2016 年第 2 期，是为该期专刊"当代资本主义的文化逻辑"撰写的导言。《社会文本》杂志推出这期专刊，旨在以纪念弗雷德里克·詹姆逊著名的《后现代主义，或晚期资本主义的文化逻辑》一文发表 30 周年为契机，从不同学科、不同视角反思当今人文学科的批判功能，在全球化的背景下着眼于历史分期，分析文化审美形式与政治经济条件之间的关系，重建以历史哲学为基础的强有力的文化阐释策略或文化政治批判。译文原载《国外理论动态》2017 年第 11 期。

** 作者简介：尼克·鲍姆巴赫 (Nico Baumbach)，美国哥伦比亚大学学者；戴蒙·扬 (Damon Young)，美国加州大学伯克利分校学者；珍妮弗·余 (Genevieve Yue)，美国新学院大学尤金朗学院学者。

挑战新自由主义的抗议运动。然而，像以往一样，贸易还是恢复如初，而且再次让人感觉它势不可当。资本主义既破碎不堪又无所不在。它所创造的技术条件为全世界谋取了普遍福利，减轻了劳动强度，但与此同时，特别是对南方国家来说，它也导致了更极端的不平等和经济贫困。曾让我们普遍受惠的全球金融体系从未像现在这样运作不透明且效果不明显。虽然有关资本主义和阶级的讨论在公共话语中重新出现，从占领运动者喊出的"我们是99%"的口号，到托马斯·皮凯蒂（Thomas Piketty）那本让人难以置信的畅销书《21世纪资本论》，似乎没有什么可以阻挡逐利动机的全面到来。资本主义已经渗透到全世界，现在正面临毁灭性的威胁。

与此同时，美国人文学科的理论何去何从？由资本主义的全球主导地位所引发的最新的暴力警示与各种各样的"转向"相吻合：转向"中立"的描述实践（从结构到表象）；转向经验而非阐释；转向阅读的"伦理"而非阅读的"政治"；转向客体精神，明确反对主体和主体化问题。在那些更加利益攸关的领域，它表现在形而上学、复兴的生机论（revitalized vitalism）、控制论的幻想（cybernetic fantasies）等新的形式中，抑或（数字化）人文学科将阿兰·巴迪欧（Alain Badiou）所谓的"技术化的科学主义"纳入其方法的尝试中：跟上世界的脚步，而不是被甩在后面。如今，理论在它依旧存在的领域通常表现得相当温和且束手束脚，只追求一些表面上琐碎的效果。或者另一方面，它更专注于本体论和形而上学的方法，完全忽视历史、文化的特异性和历史分期。总之，我们在最需要对文化进行政治批判的时候，却都忙着否定那些有可能帮我们实现目标的工具。

资本主义的这种新变化，因其经常与1970年代的经济转型联系在一起，已被赋予了很多称谓。桑德罗·梅扎德拉（Sandro Mezzadra）和布雷特·尼尔森（Brett Neilson）在《边界方法》一书中列举了很多，包括拉什·厄里（Lash Urry）的"无组织资本主义"、大卫·哈维（David Harvey）的"弹性积累"、厄内斯特·曼德尔（Ernest Mandel）的"晚期资本主义"、彼得·德鲁克（Peter Drucker）的"知识经济"、米歇尔·阿格里塔（Michel Aglietta）和阿兰·利比兹（Alain Lipietz）的"后福特主义"、雅安·莫里耶-布当

（Yann Moulier-Boutang）和卡隆·韦尔切洛内（Carlo Vercellone）的"认知资本主义"、哈维和阿兰·图海纳（Alain Touraine）的"新自由主义"、迈克尔·哈特（Michael Hardt）和安东尼奥·奈格里（Antonio Negri）的"帝国"。赛布·富兰克林（Seb Franklin）在最新出版的《控制：作为文化逻辑的数字化》一书中增加了马克·波拉特（Mac Porat）的"信息经济"、艾尔文·托夫勒（Alvin Toffler）的"第三次浪潮"、曼纽尔·卡斯特（Manuel Castells）的"网络社会"、吕克·博尔坦斯基（Luc Boltanski）和夏娃·夏佩罗（Eve Chiapello）的"新资本主义精神"以及吉尔·德勒兹（Gilles Deleuze）的"控制社会"等新名词。这份名单还可以进一步拉长，包括"注意力经济"、弗朗科·贝拉尔迪（Franco Berardi）的"符号资本主义"以及伯纳德·斯蒂格勒（Bernard Stiegler）的"超工业时代"等。正如富兰克林所说，这种"分期热"所指涉的对象不仅是一种新的资本主义形式，而且还包括这种新形式扩展到我们生活的方方面面——我们的注意力、情感、认知和社会关系等。弗雷德里克·詹姆逊在30年前提出的观点——即晚期资本主义的逻辑——已经成为一种新文化，却在一个早已抛弃了他对后现代主义的分析的时代得到明确的肯定。

"后现代主义"一词本身显然并未出现在上述名单中。1984年，詹姆逊用该词来命名他所谓的"晚期资本主义的文化逻辑"。我们试图重新激活"文化逻辑"这个概念，并证明其（重新开始或继续保持的）时效性，因此有必要在此简单回顾与之相关的几个同源词的消亡。"后现代主义"往往为其盛名所累，常被用来表示以下两个概念中的一个：（1）与20世纪最后几十年尤其相关的一份美学修辞清单；（2）一个被化约的认识论相对主义概念。这两种用法都未能把握它作为一种联结美学、知识和政治经济学的文化逻辑的作用，误把其表征当成了其本身。此外，这两种（错误的）用法还把后现代主义视为一个相对稳定的框架，并认为这个框架可以简单地适用于既定的对象，而不是像詹姆逊所理解的那样，它只是一个需要结合当下出现的矛盾现象不断重新审视的概念性问题。

詹姆逊所谓的后现代主义从来就不只是一个特定的问题或一种理论类型。

相反，它是将文化生产的主导模式联结在一起的众多趋势的能指符号，我们可以针对它寻找真正意义上的抵抗。在詹姆逊看来，没有人能够置身于后现代主义之外；在某种意义上，它就是当下思想状态的代名词。但是，这并不意味着我们应该不加批判地接受它。他认为："在文化或政治领域，都不可能简单地接受或拒绝后现代主义。"詹姆逊可能已与后现代主义结盟，但他同时也坚定地批判他眼中的几种主要倾向。尽管他坚称历史意识的丧失是后现代性的特征，这甚至影响了那些试图反抗它的话语，但他同时又历史地解读了其隐喻。作为一位公认的马克思主义者和历史唯物主义者，詹姆逊从未否认那种认为后现代主义可能已经终结的重要元叙事。他在《政治无意识》开篇发出的"永远历史化"（always historicize）的著名指令也不应该在一个似乎已经不知道如何历史地思考问题的时代中被突然抛弃。恰恰相反，它焕发出一种新的时代紧迫感。

正如乔纳森·贝勒（Jonathan Beller）在这个问题上所说，后现代主义已经"丧失了魅力"。这个事实可能会降低我们如今仍然抱有的对詹姆逊的那些有关后现代主义的作品的兴趣。这种兴趣在于这些作品似乎不再进行充分的描述，却仍与我们的当下有关。如果后现代主义已经不复存在，那么是否还有其他更好的术语，能够出于我们下文将要详细解释的原因，被用来命名当代资本主义的文化逻辑？我们如何把当前文化与政治经济的融合同30年前詹姆逊的描述区分开来？在柏林墙倒塌、欧元区建立以及反恐战争开始之前，时代的文化逻辑是否仍然类似于我们自己的文化逻辑？又或者说，更新的文化逻辑是否需要重点考虑下述发展状况，例如，对民间电子通信的大规模监控，无处不在的计算机设备、社交媒体和云计算，（全球发展不均衡的）酷儿特性（queerness）的主流化和其他21世纪的身份重置，帝国主义的持续存在、种族主义的暴力以及私人和公共领域内技术和经济的转型，等等？如果确实如此，是否可以说它们仍然是有区别的？与此同时，这种发展状况本身又当如何解释？如何进行批判性的历史分期，为这一体系命名，并通过电视节目、建筑风格、技术平台和话语模式等传递出来的东西来定位当下资本主义的历史新要素？这是否仍是一个有用的批判进程，还是如富兰克林所说，对历史分期的渴望本身就是晚期资本主义文化逻辑的一种症候？

文化逻辑

文化逻辑是一个极富挑战性的理论术语。在以多元化和多样性为特征的当代文化生产领域，包括建筑、电影、广播电视、文学、新闻、社交媒体、艺术等各方面，我们能否看到一种潜在的逻辑（或多种逻辑，视情况而定），也就是说，一种连贯的模式和关系系统能否与目前覆盖全球所有领域的单一经济体系——资本主义——挂钩？在这个意义上，文化逻辑可能会与福柯所谓的"装置"（dispositif/apparatus）具有重合之处。它限定了理解和感知领域，将福柯所说的知识的话语生产与权力运作（或用我们更喜欢的术语，阶级利益）、主体化模式以及雷蒙·威廉斯（Raymond Williams）所说的"情感结构"联系在一起。这可能同样影响了雅克·朗西埃（Jacques Rancière）所谓的"感知的分配"（distribution of the sensible），特别是当它将美学作为其形式之一时更加明显。像很多人一样，斯蒂格勒认为，资本主义直接影响了当代的感性和理性生活，"艺术和精神问题已经成为了政治经济问题"。像这些同源的理论术语一样，文化逻辑不仅仅是对经验的描述，更是一种历史的政治分析。正如詹姆逊所指出的，在一定的条件下——即在当前全球资本主义阶段——已经成为"霸权"的文化逻辑也可以被用于反抗、抵制和行动，尽管它让那些术语所内含的批判距离显得有些落伍。

在詹姆逊的后现代主义理论中，最大的挑战是要描述，如何在一种看上去令人难以置信的主导文化逻辑中不自觉地进行不一样的思维尝试。在他那里，要想做到这一点，一种方法要通过长期恪守乌托邦观念，另一种方法是借助被他命名为"认知图绘"（cognitive mapping）的"美学"——尝试形塑一种难以把握的世界体系，而其本身则是由乌托邦式的冲动想象所激发出来的一种新的阶级意识。无论是在詹姆逊写作的时代，还是在我们现在以及未来的时刻，开场白都是在当今文化生产中再现的形式特征。这些特征可能会以某种方式（比简单的反映或表达更为复杂的方式）显示出新的全球系统的深层逻辑以及可能很快就会出现的新组织模式的趋势。正如詹姆逊所说:"所有的后现代理论都是对未来的说明,只是还存在缺陷。"

尽管人们已经非常熟悉经济基础与上层建筑以及经济与文化等问题,但当代理论并没有认真对待它们。正如我们所指出的那样,肯定会有人尝试为当前经济中出现的新事物命名,也会有人试图分析当代文化的时代精神。但是,詹姆逊明确表示,他们的目的从来都不是进行"另一种空洞的文化批判"。接下来,我们会从两个不同的角度解决这些问题。第一个问题涉及上文提到的各种去政治化的转向中方法的"元"问题。一些人反思了马克思主义文化批判所产生的影响,其历久弥新的价值使他们的作品一再焕发生机。例如,亚历山大·加洛韦(Alexander R. Galloway)在文章中讨论了詹姆逊对本体论和形而上学的思考,还原了后者的历史问题。在一篇关于西非艺术的文章中,珍妮弗·巴乔雷克(Jennifer Bajorek)从一个不同的角度指出,分析当今资本主义的文化逻辑需要远离欧美文化的参照点并重新定位。她声称,这对于阐述西方马克思主义文化理论来说至关重要。贝勒认为,"后现代主义"一词的终结是资本主义及其运行日渐消亡的症候。作为一种有意义的"隐形",这种消亡显然对只是单纯的描述构成了挑战。同样,阿尔伯托·托斯卡诺(Alberto Toscano)探讨了在人类纪(Anthropocene)话语以及当代建筑环境的影像中所缺乏的资本主义分析或阶级政治分析。这就要求我们要敢于超越表象。上述学者都明确地批判了当前人文学科的趋势,并提出了政治参与的替代方案。

第二个问题试图描述文化逻辑的一些实质性特征。正如富兰克林所说,为新的社会经济结构命名的尝试表明,在一个世界里,"被视为没有冲突的信息概念可以发挥主权的作用,但同时也代表了[发生]在分裂之中和世界边缘地区不断增多的剥夺、驱逐、监禁和毁灭"。苏尔吉·利(Sulgi Lie)跟踪了其中的一些复杂特征,发现了欲望经济转向当代影视节目的驱动力;艾米·比利亚雷霍(Amy Villarejo)考察了(后)电视景观,提出了在跨越一系列数字平台之后分布式电视节目中出现的酷儿特性主流化的新现象。与此同时,巴乔雷克和托斯卡诺还将文化逻辑扩大到全球范围。巴乔雷克认为,就像非洲艺术品既吸收又质疑了"非政府组织美学"（NGO aesthetics）的反思意识一样，它从认知上重新映射了当代的文化逻辑领域。托斯卡诺分析了在人造景观摄影中减少人物形象的表现手法，强烈批判了人类纪这一历史分期概念，提出了资本主义条件下马克思主义的人类活动概念，这对于我们理解历史至关重要。

阐释策略

正如加洛韦所指出的，詹姆逊认为"阐释"（interpretation）早在1971年就已经"名誉扫地"。詹姆逊是少数几个始终强调阐释的价值——这些价值早已被后结构主义者、分析哲学家以及那些按照他的分析标准厌恶后现代文化的人所抛弃——的杰出代表，并坚持认为即便在极力逃避它的那些话语模式中，这种价值依旧存在。

尽管只有少数人持有这种立场，但足以证明詹姆逊在1980年代和1990年代对美国学术界的影响。在《再现》（Representations）杂志于2009年推出的"我们现在的阅读方式"特刊的引言中，斯蒂芬·贝斯特（Stephen Best）和莎伦·马库斯（Sharon Marcus）把詹姆逊的"政治无意识"作为他们在文章标题中用"现在"一词所预示的、被抛入历史垃圾筐的主导阅读策略的范例。为了取代詹姆逊所代表的"症候阅读"（symptomatic reading）或"意识形态批判"，贝斯特和马库斯称赞了他们所说的"浅层阅读"（surface reading）的优点，主张将其发展描述为一个经验事实（而不是具有意识形态意义的方法论）。贝斯特和马库斯认为，詹姆逊错误地美化了批判并将其视为"勇敢的行为"，而这需要通过忽略外在文本并解码隐藏的信息来努力"纠正"。"永远历史化"这一指令本身则成了矛盾的"超历史的绝对命令，就像奥古斯丁笔下的上帝一样永垂不朽"。

贝斯特和马库斯写道，浅层阅读"力求准确地描述文本"，以避免"与批判对象的对立"。他们反对对立和"偏执"，主张"接受并忠诚于表层文本，反对怀疑和批判隐藏的深层文本"的"伦理"立场。在这里，"伦理"取代了政治。在该期特刊的结语中，艾米丽·阿普特（Emily Apter）和伊莲·弗雷德古德（Elaine Freedgood）重申："[我们]具有充分的共识。"他们认为："症候阅读作为一种独立的启示方法不能令人满意，完全可以将其抛弃。"我们非但不认可这一"共识"，而且还持有与之相反的观点，认为阅读就是把自己写入历史，也就是从现实中争取一个瓦尔特·本雅明（Walter Benjamin）所说的"为了被压迫的过去而抗争的革命机会"。我们主张，没有"简单的"或"忠实的"描述，就像没有非政治的阅读一样。当我们在学术界选择阅读方式和阅读内容时面临着很大的风险，这本身就是一种政治主张，而不是神圣的禁令或永恒的真理。虽然我们认为贝斯特和马库斯提供了一种简单化的叙述方式，而这种方式与詹姆逊相关，但是无论如何，我们都不害怕历史条件下的"怀疑和批判"。

与此类似，《分歧》（*Differences*）杂志的最新一期特刊也批判了酷儿理论对"抵抗政治"和"反规范"的过度依赖。编者声称，酷儿理论的整个领域一直都是基于错误的前提，即规范是暴力，酷儿理论的目标应是抵制或搅乱规范。他们断言，规范是异质的、多元的，甚至是"游戏性"的。他们争论的隐含目标似乎是该领域的政治取向，例如，仿照"二战"后的社会科学，"重视对性行为和性共同体的描述"。随着以客体为导向的本体论和新物质主义相关模式在哲学领域的兴起，明显与政治无关的形式主义和酷儿理论研究中的客观描述在文学中重新受到关注。当代理论的这些发展——所有这些内在的异质性和细微差别——体现了一种共同的愿望，即摆脱政治投资中被诋毁的文化研究及与之相关的意识形态批判和症候阅读。我们试图把这种愿望视为当代资本主义文化逻辑的特征。

借用贝斯特和马库斯在《再现》特刊上发文的标题，"我们现在的阅读方式"正在改变。我们的观看方式、沟通方式以及思维方式都在改变。人文学科中的哪些要素可以帮助我们理解这些变化呢？我们所掌握的全新的、功能强大的计算工具、数据挖掘技术或弗朗科·莫雷蒂（Franco Moretti）所说的"远距离阅读"正处于萌芽阶段。对于日益数字化的人文学科来说，向社会科学和硬科学的转变已经变得司空见惯。后结构主义已经被淘汰，认知心理学和文学达尔文主义应运而生。一方面,无论是把形式分析从政治问题中分离出来,还是强调个人经验和影响,或是制定道德(而非政治)方面的目标,例如,对"修复性阅读"的偏爱,那些仍然致力于"文学"研究的人都是通过降低风险来寻求安慰。这些做法都是为了能够真正地理解我们(不仅是学者,也包括所有人)现在的阅读方式而尝试作出的对科学的让步。

另一方面,就像安娜·麦卡锡(Anna McCarthy)在2009年的《社会文本》创刊30周年的特刊上所指出的,批判越来越强调"文本的社会性"。也许文本过去被认为是批判的专属对象,现在却被诋毁为"后现代的"。在《社会文本》中,文本分析实际上与艺术作品的讨论有着同样的命运。在同期特刊上,苏泽特·敏(Susette Min)认为:"艺术具有文化抵抗和情感互通的力量,近年来却被《社会文本》的编委们视为日益走向怀疑主义和犬儒主义。"艺术和文学不再能够发挥文化批判或抵抗的作用,在这一点上,无论是那些持续关注抑或不关注形式和文本性的人,还是那些与此相反的、仍然专注于异见政治以及(就像浅层阅读的鼓吹者一样)认为这种专注完全与文学批评无关的人,都持相同的意见。

最近,斯蒂文·沙维罗(Steven Shaviro)大力宣扬在"真正的包容"之下艺术和美学——可能还包括阅读和批判——在政治上的无能。他声称,按照康德的标准,所谓的"加速主义艺术"(accelerationist art)成功实现了美妙的"无目的的合目的性"。在沙维罗看来,当抵抗、僭越、颠覆和革命成为20世纪的时代错误时,今天所有的艺术所希望的就是"加剧当代资本主义的恐怖",不是为了超越甚至更好地理解其文化逻辑,而是站在无用的美学角度进行无意义的肯定。对沙维罗来说,这种策略至少"告诉我们,我们最后跌入了谷底且取得了最坏的结果,给我们带来了一种巨大的解脱感和满足感"。然而矛盾的是,当代艺术,特别是那些以卡塞尔文献展和其他大型国际艺术博览会为幌子而策划的作品,似乎比以往任何时候都要"政治化"。正如詹姆逊所说:"在某种意义上,每个人都是政治的。但这并不意味着我们的'政治化的'艺术作品都和政治一样。"当代艺术的政治性与无目的性之间的矛盾——或者说它作为一种特有的资本形式被强制传播——既可以证明沙维罗的观点，也可以指向美学与政治之间初现端倪的新格局。詹姆逊补充说："我不认为有人知道成功的或真正的政治艺术是什么样的以及会产生何种影响。"

我们是否有可能坚持艺术欣赏、文本阅读和文化阐释的价值，而又不用把形式从政治中抽离出来，也不会最终只是发现事情有可能确如想象的一样糟糕？无论如何，我们都要反对这种反乌托邦主义（dystopianism），反对新形式主义和旧形式主义的反动模式，坚持詹姆逊所恪守的历史化，这使得辩证法（例如，充满批判意识的否定性）充满活力，而不是宣称它会瓦解成为一个"真正包容"的封闭世界。在后现代主义终结之后，我们试图重新建立以历史哲学为基础的强有力的阐释策略。

借用比利亚雷霍的术语，当代文化景观的"形式化倾向"可以告诉我们哪些与当今政治经济相关的知识？哪些关于一去不复返的历史可能性的知识？哪些关于阶级关系和剥削并促生乌托邦幻想的知识？哪些关于一个并未完全明确其边界的世界规则的想象的知识？我们认为形式分析不一定是形式主义的，而且仍然坚持认为，形式可以洞察产生它的复杂的文化条件。在21世纪，我们很可能仍然属于"后现代"，当务之急是在文化形态与政治经济的共谋、交叉、共同决策和张力中将两者放在一起阅读。

为当下分期

对詹姆逊而言，"后现代主义"一词，正如其前缀"后"所指示的，也是一个表示分期的词。詹姆逊认为"后现代性"一词现在很容易理解，他说："如果我把后现代性界定为一个历史阶段，而把后现代主义界定为一种风格，就可以更清楚地区分两者了。"正如詹姆逊所说，在里根/撒切尔时代，随着经济上的放松管制，以及新的全球化特征的出现，后现代性并未被严格地界定为一个历史事件，而是契合于与新自由主义密切相关的、不断强化的政治、经济和文化的霸权状态。当然，詹姆逊所坚持的分期既是必要的，也必然存在着不足。正如本雅明曾说过的那样，分期不是简单的描述或收集数据，更不意味着"按［过去］'本来的样子'去认识"。"永远历史化"并没有规定我们要进行一种简单的历史描述。相反，这意味着要理解一系列永恒的、不可避免的条件存在的偶然性。

詹姆逊现在所青睐的"后现代性"可能只是资本主义第三阶段的一个名称。随着1960年代的政治活力和乌托邦生命力在1970年代某个时期的消解，在布雷顿森林体系终结后，一个似乎不再被描述为"现代性"的新时期出现了。而现代性与垄断资本主义相对应，是列宁所定义的资本主义的第二个阶段，标志着马克思所熟知的市场资本主义向帝国主义、福特主义、工业化以及现代主义艺术的转变。我们已经到达或可能已经超越了第三个阶段，在这一阶段，垄断组织进一步发展成为跨国公司。在非殖民化时代，帝国主义已经被新形式的新殖民主义或内生殖民主义（endocolonialism）所取代。

"后现代性"还指服务、知识、信息经济或哈特和奈格里所说的"情感性劳动或非物质劳动"在一段时期日益占主导的情形。它标志着金融资本从生产的束缚中解脱出来的时代。正如詹姆逊在1998年所说，资本在这种经济逻辑中"就像网络空间一样，能够借助其自身内部的代谢和循环而得以存在，不需要借助任何旧的内容"。其典型形式是被称为衍生物的变种货币实体。继乔万尼·阿瑞吉（Giovanni Arrighi）之后，詹姆逊提醒我们，金融资本主义是第三个阶段，也象征着危机即将到来：资本的无限扩张涉及对新地区的征服与归并。但是，一旦那些新地区的市场趋于饱和，资本就会陷入投机，不可避免地导致危机和权力中心的转移。金融资本当然不是什么新鲜事物，正如阿瑞吉所指出的，这只是整个循环的第三阶段，一直在重复，其中心从热那亚到荷兰再到英国，从"二战"到20世纪末又转移到了美国。

随着全球资本主义的逐渐饱和，我们是否达到了一个临界点？正如詹姆逊所言："资本主义在全球似乎已经找不到新领域了，从而导致了所谓的终极危机。"会不会有新的、不是资本主义的制度产生呢？自2008年以来，这种说法已经司空见惯。某些著名的左翼知识分子，包括大卫·格雷伯（David Graeber）、伊曼纽尔·沃勒斯坦（Immanuel Wallerstein）和保罗·马森（Paul Mason），甚至一些右翼金融期刊，近年来也在争论这个说法，尽管他们最后得出了不同的结论。詹姆逊经常喜欢提醒我们，世界的终结比资本主义的终结更容易想象。今天也依然如此,但这只是因为世界的终结,即人类纪造成的生态灾难,可能更容易想象。事实上,正如娜奥米·克莱恩(Naomi Klein)所说,或许资本主义的终结也变得越来越容易想象了,因为人们更加清楚,它可能是防止自然走向终结的唯一方法。

至于第三阶段的文化,詹姆逊在其著名论文《后现代主义,或晚期资本主义的文化逻辑》中写道,现代主义的"推陈出新"、历史先锋派的挑衅以及对真实时间和经验的痴迷都已经不再流行,让位于"拼贴"的逻辑以及"永恒当下的空间化"。利的文章《从羞耻到驱力:情感的减弱或当代好莱坞电影中驱力形象的增长》接受了后现代的"永恒当下"这一思想,并通过细读最近的两部好莱坞电影《羞耻》(Shame)和《亡命驾驶》(Drive),将这一思想与当前的形式化倾向进行了比较。虽然好莱坞电影本身不再是当代的"文化主流",但是利认为,行尸走肉般的好莱坞电影可以告诉我们一些"当代资本主义的政治无意识"。利采用欲望和驱力两个精神分析概念,重新审视了詹姆逊的"情感减弱"(waning of affect)观念。按照他的说法,《羞耻》和《亡命驾驶》代表了应对当代"驱力增长"的两种不同方法,也展示了他所描述的人文学科中欲望的消亡。在这两部电影中,驱力被正式地描述为一种淤滞(stasis)或一种"当下主义"(presentism):两者都证明了詹姆逊在1980年代就已经指出的历史意识的丧失。(因此,这些电影显示出,"与1980年代的后现代性相比",当代资本主义的文化逻辑甚至"更加后现代"。)但是,利的阅读表明,审美策略之间的竞争存在着政治风险,且使用这些策略的批判方式也同样存在风险。批判性阅读使得貌似已被暴露的否定性重新回归文本,正如詹姆逊在讨论西奥多·阿多诺(Theodor Adorno)时所说:"绝对简化为当下,被经验的和感官的存在所催眠。"

比利亚雷霍在《泳池旁的阿多诺,或过去和现在的电视》一文中分析了数字转换后的电视,阿多诺也是其最主要的质疑对象。在对当代媒体景观进行调查时,比利亚雷霍展示了阿多诺对20世纪中期电视的分析如何为我们提供了远超其历史背景的工具。令人惊奇的是,在比利亚雷霍那里,法兰克福学派的理论家们也变成了电视节目中的酷儿理论家。比利亚雷霍以其2014年的著作《飘逸的酷儿》为基础，展示了欲望和身份认同如何转变为衡量持续构建"后电视"媒体的电视时间的尺度，并展示了当代电视和数字媒体平台的资金转型如何产生了一个"发散性的半专业轨道"，其中业余制作有了新的突破，从而使新的酷儿特性在电影和电视里激增。可以肯定的是，这不是一种简单的"进步"。比利亚雷霍和阿多诺都对"进步"这个说法表示怀疑。但是，21世纪的电视节目的酷儿特性不只是晚期资本主义对存在的各个方面不断进行驯化和挪用的表征。当代资本主义的文化逻辑十分复杂和矛盾，我们应当注意其"不可预知的交错性，而不是全盘否定或赞扬"。因此，比利亚雷霍在避免一种整体化的犬儒主义的同时也指出，当下的任何宏大叙事都不足以适应当前文化逻辑的各种要素，包括文化与资本、身份与差异、欲望与其商品化之间的复杂关系。

詹姆逊曾一再指出，后现代性可能会被视为一个接近全球化的同义词。正如哈特和奈格里所说，全球资本主义"根本没有什么外部"这一发现意味着，西方特别是美国的流行文化在全球范围内正以一定的形式持续扩展，西方也不再是过去的西方。詹姆逊认为，资本主义的第二个阶段——即殖民时期——出现的"他者"体系已经让位给"一个拥有无数匿名者的世界"。体现后现代表征的例子最初主要来自西方，但在1990年代，随着詹姆逊的"地缘政治美学"研究工作的扩展，他在世界体系的边缘找到了最有前景的、最具政治说服力的例子。巴乔雷克在《超越非政府组织美学》一文中考察了深刻变革时外围所提供的关键优势。她从西非这一视角探讨了马克思主义文化分析的可能性。如她所说，这一公认的"资本主义的最后一片阵地超越了古老的、我们所熟知的工业生产和社会组织形式"。巴乔雷克通过分析内罗毕艺术家山姆·霍普金斯（Sam Hopkins）的"城市镜像"系列作品，探讨了霍普金斯所说的"非政府组织美学"，以此来考察非洲在当代全球经济中的境遇。这些都是她所谓的"空间战略"的例子。通过这些例子，这些艺术家策划、适应并有效地利用各种源于欧美经济和政治力量的条件，具体表现为各种国际援助、不均衡的商业发展、经常的电力短缺、数字基础设施以及公共和私人部门在企业控股和城市发展规划中的重组。巴乔雷克认为，基于有利于西方的文化逻辑进行分析在当前的状况下是不够的。

在《这个世界上已经没有我们》一文中，托斯卡诺把批判的视野从地球扩大到所有星球。他挑战了人类纪的分期概念，"这个命名当下的奇怪的新名词"将所有事件都纳入到地质分期中，将人类历史化解为一个自然事件。（自然的终结是由詹姆逊提出的一个相关但并不相同的概念，意指完全饱和的资本主义在现代性之外没有任何剩余的空间。）托斯卡诺认为，人类纪的叙事往往把人类活动（即政治和历史）排除在外，尽管它们赋予人类特权，把人类作为一种"地质营力"（geological agent）——这里引述了无政府主义地理学家伊利斯·雷克吕斯（Elisée Reclus）的说法。坦率地说，资本在人类纪这样的概念中是不在场的。借鉴詹姆逊对马克思的阅读，托斯卡诺将其闭合与资本主义本身的运作联系起来，虽然过去生产的遗留物依然存在，但它抹去了过去历史事件的痕迹。在托斯卡诺看来，资本主义在不知不觉却又日渐加剧的过程中产生了一种被死劳动所占据的"充满暴力的无尽当下"：活生生的人类劳动被机器所替代。他把路易斯·巴尔茨（Lewis Baltz）和爱德华·伯汀斯基（Edward Burtynsky）的人造风景摄影中人物形象的减少视为一种美学隐喻，标志着资本自我消解的趋向。按照托斯卡诺的说法，这些形象反映了自然科学内部的一种意识形态，它是人类纪的衍生概念。追随詹姆逊和萨特，他将其描述为"反实践"（antipraxis）："人造景观反过来改变和异化了人本身，在这些人造景观中，所有的人类实践似乎都被扼杀、抽离和消灭。"托斯卡诺倾向于用贾森·摩尔（Jason W. Moore）的"资本纪"（Capitalocene）来代替"人类纪"，重新把资本主义而非生态灾难或人类作为历史变迁的主要动因。不过，他指出，虽然马克思主义的历史学科已经被人类纪的自然学科和其他理论潮流所取代，但如何从政治和知识上理解它依旧迫在眉睫。

詹姆逊的后现代主义分析的优点之一是将理论本身视为其寻求分析的文化逻辑的一个表征。无论是借助技术和新媒体理论、情感理论、生命政治与控制理论、后人文主义、思辨实在论，还是借助加速主义，近代哲学都已经远离了批判和历史化，越来越关注和青睐一种以形而上学的术语框架来表述的非马克思主义的唯物主义。人类纪理论是当代理论质疑自然与历史之间的区别的一个例子，而这一区分对詹姆逊所代表的马克思主义思想传统至关重要。正如托斯卡诺所表明的，尽管它作为一种政治口号有所不足，但它应该提醒我们，近代理论的本体论转向并不一定是反政治的。昆汀·美亚索（Quentin Meillassoux）算得上是新思辨实在论和以客体为导向的本体论运动中最有影响力的人物，他很感激他以前的老师巴迪欧，后者向本体论的回归是为了服务于激进的哲学活动。与此同时，近几十年来，作为激进主义者的主要理论文本之一，哈特和奈格里的《帝国》运用斯宾诺莎和德勒兹式的本体论重新解读了马克思。一方面，一些新的哲学思潮可以被视为詹姆逊所谓的"现代性的幽灵"，其中前马克思主义的思想模式被用新的名字重新包装起来；另一方面，我们必须认真考虑这些转变是否构成了一种必要的尝试，即从认知的视角图绘我们当前的全球资本主义，而不允许任何外部的视角。

在《历史对旧唯物主义的影响》一文中，加洛韦提出，这些新的唯物主义哲学需要反思"旧唯物主义"，即詹姆逊著作中的历史唯物主义方法论的特点。他不像詹姆逊那样简单地将历史唯物主义与形而上的理想主义对立起来，而是提出相反的质疑：尽管詹姆逊本人也许会反对这个术语，但他持续的辩证理论写作是否同样拥有本体论基础？詹姆逊坦率地承认，逃避形而上学说起来容易，但做起来难，刚从前门扔出去，又会从窗户溜进来。通过四十多年来对詹姆逊著作的研究，从1971年的《马克思主义与形式》到现在，加洛韦指出了詹姆逊对辩证思维、批判和阐释毫不动摇的坚持，并提出了一种坚定地以现代（而不是后现代）批判范式和历史思维为特征的方法论，这种方法论总是回归基础问题，或詹姆逊在《政治无意识》中所说的政治的"绝对地平线"（absolute horizon）。加洛韦在其他地方分析了各种新唯物主义哲学家的本体论与后福特主义的资本主义之间的密切关系，而在这里，他探讨了帮助他形成自己的知识轨迹的马克思的唯物主义，并表明了它与新唯物主义之间的差异在于其承诺思考意识形态和政治的可能状态。

这一承诺在贝勒对当代理论和后现代主义的命运所进行的广泛而辩证的考察中得以充分体现，即"得州巨无霸式（Texas-Sized）的后现代主义，或没有辩证法的资本主义"。贝勒认为，后现代主义已经失去了价值，这不是因为它已经终结，而是因为它已经得到了充分实现。现在是后现代主义的强化阶段，但詹姆逊的分析尚未受到后福特主义数字文化的全面影响。贝勒坚持认为，有关振兴马克思主义文化批判以及复兴后结构主义和后殖民主义的激辩愈演愈烈，詹姆逊含蓄地批判了种族和性别在政治经济学中的核心地位。在提及塞德里克·罗宾逊（Cedric Robinson）的《黑人马克思主义》和西尔维亚·费德里奇（Silvia Federici）的《工资与家务劳动的对立》时，他认为对种族和性别的分析与阶级分析之间不应是竞争关系，也不应该是累加关系；相反，从一开始，它们就是资本主义的一部分："也许那些追求（或反抗）制度的和反体制的理论空间的人可能会研究种族资本主义和性别资本主义等术语。他们可能会为颠覆对革命理论的粉饰提供各种工具；他们坚持对话。"

21世纪的种族、性别、性、信息以及生态都是非常受关注的术语，它们的新组合为探索当代资本主义的文化逻辑提供了有利的视角。但是，它们在当代文化逻辑中的核心地位并不意味着它们的意义是显而易见的。例如，戴维·英格（David L. Eng）就揭示了美国某些自由主义者是如何坚称公共领域是"不分肤色的"。为了表示对这些表述的质疑，也为了理解当代资本主义文化逻辑的"症候"，我们就要如贝斯特和马库斯所言，超越"文本中显而易见的、可感知的、可理解的事物，那些既未被刻意隐藏也没隐藏起来的事物"。在对我们所说的后现代性的光鲜外表持怀疑态度的同时，我们力图从不同的批判视角出发，并带有不同侧重点，在全球化的背景下着眼于历史分期，重新思考文化审美形式与政治经济条件之间的关系。这样一来，也就需要重新审视并重新界定马克思主义的文化分析模式的可能性——换句话说，就是对文化进行政治批判。

在我们看来，詹姆逊的后现代主义——不同于"后现代主义"这个术语本身——并不过时的原因在于，就像比它早半个世纪的本雅明的《机械复制时代的艺术作品》一样，它们都充分意识到了自身的历史性。除了图绘当时流行一时的现象，詹姆逊还会留意一些尚未被思考和完全理解的事物："为未来一些尚未实现的、集体性的和非中心化的文化生产预留空位。"正是以这种对历史性的专注，我们试图勾勒出当前多样化的文化景观的轮廓，再次将未来作为一个悬而未决的问题。

文化批判的谱系：艺术、娱乐与人类解放*

蒂姆·丹特 著** 孙海洋 编译

[内容提要] 本文围绕艺术、娱乐与人类解放的关系，描绘了从霍克海默、阿多诺、本雅明、马尔库塞到列斐伏尔、巴特和鲍德里亚等德国和法国批判理论家关于文化批判的思想谱系。艺术和娱乐表征着我们生存于其中的世界，同时使我们有机会超越日常生活去思考人类解放和另一个可能的世界。批判理论认为，在现代性的进程中，文化工业、机械复制等表现形式都进入了一个新阶段，使得发达资本主义社会的秩序趋于稳固，从而带来了更大的压抑。历史可能性的开启与日常经验的超越寄托在解放性的艺术实践之中，通过后者，我们可以批判甚至改变这个现存的世界。

[关键词] 艺术 娱乐 人类解放 文化 批判

艺术与娱乐的享受通常是被动的，既不像工作活动，也不像运动或园艺等非工作的休闲活动，人们需要做的仅仅是接收影像、声音、运动、印象和情感，然后作出回应即可。由于除了要付出注意力，实际上我们并没有花费

---

* 本文编译自 Tim Dant, *Critical Social Theory: Culture, Society and Critique*, Sage Publications, 2003. 本译文系国家社科基金青年项目"批判理论语境中马克思与黑格尔关系再研究"（17CZX006）的阶段性成果。译文原载《国外理论动态》2017 年第 11 期。

** 作者简介：蒂姆·丹特（Tim Dant），英国兰卡斯特大学艺术和社会学系荣誉教授。

精力或投入体力，因而也就没有所谓的产品或"作品"。正如阿多诺所言，"文化源于脑力劳动与体力劳动的彻底分离"，文化会耗费我们的心智，但是不需耗费用脑力工作时付出的劳力或责任。艺术与娱乐都属于这样一种文化层次，在其中，社会成员之间可以通过意义共享和相互理解而实现沟通。当观看一部电影时，我们会与其他观众、包括那些在不同的时间、地点欣赏同一部电影的观众一起哄堂大笑，这表明我们自己与他人一样，对某一特定的语词或行动多少会有所回应。与此类似，人们欣赏心仪已久的大师名画时内心感觉到的敬畏和震撼，与其他曾经在昨天甚至百年前看到这幅画的人有着同样的共鸣。

艺术与娱乐的文化产品是一种反思性的沟通方式，它们本身并无目的，不会给人们透漏什么信息或给世界带来任何变化。但是，人们的笑声和敬畏等反应使观众与文化产品之间发生了价值交换；这种交换既重申了价值本身，也提供了这些价值继续发展和变化的机会。了解一个笑话的好笑之处不仅要理解语言本身，而且要与时下的幽默文化相配合。在艺术的层面也是一样，一件艺术品能否算得上大师级作品，是根据该作品出现的文化艺术背景评鉴出来的，而古典艺术批评的标准则是在过去的大师级作品中建立起来的。然而，这种价值的交换或许可以延伸到形式之外，以至于喜剧电影固然可能使人们感觉到有趣好笑，但是也可能在嬉笑的桥段中破坏了伦理价值和政治正确的固有标准。绘画可能建立一个纯艺术的标准，但也可能提供关于财富的虚饰或穷人的诚实的观点。

文化产品使得一个社会得以回顾和重释其价值，在向社会成员散布这些价值观的同时也接受他们的质疑。这些产品可以推广新思想并挑战既有的价值观，向受众传达思考他们生活于其中的这个世界的全新方式。艺术和娱乐对于我们需要满足身体与实际需求的日常生活来说并不算是"有用的"，但是它们能带来愉悦感，通过欢笑与敬畏的时光让人获得更好的感受。共享愉悦体验与交换价值能够凝聚社会，赋予社会成员一种集体认同感，虽然个人与这一团体未必有直接的联系，但仍能感觉自己归属于一个较大的团体。文化具有一种保守倾向，会维系既定的价值观并强化既存的社会秩序。不过，与法律等其他层面相比，个人通过文化层面与社会之间产生的联系更具流动性，而这种流动性也让批判得以可能。批判本身是一种反思性形式，试图把握社会的构成，同时也试图改变那些貌似理所当然的社会形态。文化产品提供了一种不需采用理性形式就能进行批判的方式，通过产品内容直接判断，所以能够巧妙地规避主流知识的强势灌输，从而实现一种更加直接、但更加潜移默化的颠覆性效果。让观众发笑或敬畏可能会比单纯提出一个合理的论点更能改变人们对社会生活的看法。

由于艺术与娱乐既能确证社会的既定价值观，也能对其展开批判，这便使得人们不难看出，对批判理论家而言，文化批判为何吸引了更多的关注。法兰克福学派的批判理论家们就试图从顺从和保守的传统中拯救出"自主性艺术"（autonomous art）与美学传统，并试图以娱乐这一"文化工业"支持工业化资本主义的工具理性为由而对其进行批判。阿多诺对艺术能否像娱乐一样使人乐在其中这一点相当存疑，但另一方面，他也怀疑娱乐是否真的令人愉快。他说："'艺术的享受'一词听起来很滑稽，即便没有其他东西，阿诺德·勋伯格的音乐也像流行音乐一样，拒绝被人享受。"但是，晚近的批判理论家则倾向于模糊艺术与娱乐之间的界限，因为艺术当然具有娱乐效果，而娱乐也有可能成为一种艺术，而对很多人来说，无论是艺术还是娱乐，都是令人愉快的。然而，对于批判理论家来说，艺术与娱乐之所以令人关注，完全是基于如下三个理由：第一，艺术与娱乐的内容展现了一个潜在的人类社会世界，这一点与神话的虚构相当类似。文化形式可能以一种生活经验世界的模仿形式再现出来。第二，艺术与娱乐所采取的手段在某种程度上可以反映社会运动的真实面向。再现的手段及其与真实世界的关系本身就相当值得讨论。第三，即使娱乐不一定如此，但艺术确实能够展现出生活可以具有的不同姿态。想象的产品可以在现代生活的异化经验之外探讨其他可能性。

一、西奥多·阿多诺和马克斯·霍克海默：文化工业

阿多诺和霍克海默认为，在发达资本主义社会中，文化工业制造了麻痹

大众的物品，而引发批判性思考的艺术潜能也被乏味、重复的大量文化商品所淹没。正如制造业生产了作为产品的物件一样，文化工业也生产并流通了作为产品的思想。如同大部分商品生产，社会形态使文化产品成为一种拜物教，使得那些无形的商品像一部电影的娱乐价值或一幅画的艺术价值一样，都创造了特定的文化和经济价值。文化工业之所以会出现，是因为，在20世纪初期，资本主义工业的组织和商业行为渗透到文化领域。文化商品并不像食物或衣服那样能直接满足人类的物质需要，它们满足的是人类的思想需要：意识与潜意识的自我。资本主义对这种思想状态颇感兴趣，因为它需要工人们足够开心，以便无批判地接受他们在现存体系中被安排的位置。

霍克海默将法兰克福社会研究所的目标描述为探究"社会的经济生活、个体的心理发展与文化领域的变化之间的关系"，其重点关注文化在个人与他们生活于其中的更广泛的社会之间发生作用的方式。批判理论家们先后在欧洲与美国进行研究，发现了新文化形式的兴起，特别是广播与电影，这些手段被纳粹热切地利用来达到他们政治宣传的目的，但同时也促进了资本主义的发展。大众集会只是让单个人面对聚集于演讲台前或公共场所的多数人并与他们进行沟通，而广播则能将演讲信息传递给每位足不出户的听众，他们只需要打开收音机即可。新兴大众文化的技术意味着一种相对小型的生产过程，专注于地方与个人，即便他们身处不同的时间和地点，也能获得与其他多数人相同的文化商品。

电影与广播这种批量生产的新媒体传播的是这样一种产品，它们一旦被消费，除了记忆，其他什么也不会留下。就像从外界投射进来的梦一样，局部的残留仅仅保存在人们的直接行动与互动的经验记忆之中。然而，与梦不同的是，大众媒体的产品基本上是相同的：每个人接收到的信息完全一样，任何个人经验的感觉都是幻象。这是一种大众生产，生产者除了吸引消费者之外不需要为其做任何事情，正如阿多诺和霍克海默所说，"工业掠夺了个人的这种作用"，技术理性将新的媒体形式标准化，但同时也排除了接受者回应的可能性，"技术变成了用于各种宣传的工具"。在商业系统中，生产与银行及电力供应息息相关，以便面向消费的大众，而不是适应任何美学原则。设立一个无线电台或是拍摄一部电影花费巨大，需要聚合企业资本才能进行投资，而且还要冒着无法收回成本的风险，相对而言，大众消费者需要付出的花费却很少。为了投资影响整个社会的文化，需要筹资、审批或审查产品。文化工业进行"有形生产"，公司通过彼此竞争来宣传自己的投资、品牌、规模与技术能力、主要特性、受众范围等。

文学、音乐等经典作品被改编成较为平易近人的风格，成为大众娱乐，消费者却在广告过程中受惠。大众文化商品的精致包装产生了一种与艺术的独特性相矛盾的"风格"，因为前者呈现内容的方式是经过反复试验的。阿多诺和霍克海默认为，不同商品之间具有虚假的差异，那些"颠来倒去的流行歌曲、电影明星和肥皂剧具有僵化不变的模式"。这些僵化的模式使赞助商能够预测观众是否会花钱买下这些商品，但是，这样的结果会造成对观众的操控，逼迫他们对剧情照单全收，让他们毫无自我思考的空间或运用自己想象力的可能。阿多诺和霍克海默引用尼采的话指出，风格是一种"非文化体系，就此而言，如果说谈论野蛮的风格真的有什么意义的话，那么人们甚至可能会承认一种特定的'风格统一体'"。文化产品的简化过程遵循着一套测试模式，因为经过频繁的重复，它已经变得非常"自然"了。例如，浪漫爱情片中出现的惯用语反而成了真实生活中绵绵情话的本质，影片中出现的性、暴力、趣味和欢笑也都产生了令人愉悦的幻象。但是，性快感的反复展示会贬低其价值，让那些原本应该令人兴奋的画面与信息到了最后只会让人乏味，剩下挫折感，如阿多诺和霍克海默所言，会"刺激那些从未得到升华的早期性快感，长期以来，习惯性的剥夺已经把这种早期性快感还原成为受虐的假象"。爱情"堕落成为罗曼史"，而施加在电影角色中的暴力其实是对观众的暴力，我们被眼睛所看到的东西所冒犯，然而这些事实都被空洞的笑声所掩盖："取乐则是一种很有疗效的沐浴疗法。快乐工业绝对不会不对此作出规定。它把笑声当成了施加在幸福上的欺骗工具。幸福的时刻是不会有笑声的，只有轻歌剧和电影才把性连同不断回响的笑声一并展现出来。"文化工业通过欢笑制造娱乐会带来快乐的假象，借以麻痹大众的感知能力，让他们乐于在"理性的组织"中工作。

虽然彼得·霍恩达尔（Peter Uwe Hohendahl）令人信服地指出，如果认为阿多诺和霍克海默只是自命清高的文化精英，那会不得要领，但是，有关文化工业的论题却相当容易被认为是在反对"通俗艺术"或电影等现代文化形式。阿多诺为了讨论工业形式对文化内容产生的影响，曾经专门讨论了若干媒体，包括传播福音的广播、电视、电影、杂志上的占星学等等，不过在他众多的讨论中，对音乐的讨论最为具体和详细。

那些符合市场规则的古典音乐创作和消费变成了工业化的娱乐。阿多诺列举了厄文·柏林（Irving Berlin）、乔治·格什温（George Gershwin）、让·西贝柳斯（Jean Sibelius）、彼得·柴可夫斯基和弗朗茨·舒伯特等人的作品，认为它们已成为音乐生活世界里的"拜物教"。阿尔图罗·托斯卡尼尼（Arturo Toscanini）的作品使古典音乐成为一系列世界级音乐会的"畅销作品"，就像其他任何被文化工业培育发展出来的流行音乐一样，也成为了明星工业的一部分。但是，阿多诺最著名的批判是针对流行音乐的，也就是他所谓的"爵士乐"，包括纽约锡盘巷（Tin Pan Alley）的音乐，以及摇滚乐队和舞蹈乐队演奏的"标准音乐"和"畅销音乐"等。阿多诺对爵士乐和流行乐的看法相当过激和不屑，就像每一个人的父亲抱怨年轻一代无聊的"噪音"和低俗的音乐品味。他是这么看待爵士乐的：

> 在音乐发展的过程中，不能改变基本拍子这件事情本身就限制了它的发展。它要求的不是美学意识，而是心理层次的退化。音节、和声和音乐形式都很僵硬，整体看来，爵士乐展现出来的一成不变不在于它不容许任何自由想象空间的基本架构，也不在于它表达的语言，而在于它利用现成的某些把戏、公式及陈词滥调。除此之外，别无其他。

上述批评的问题在于，阿多诺将"爵士乐"几乎等同为一种单一的"风格"，但是，爵士乐的演奏无疑存在多种风格，而阿多诺并没有特别说明他到底指的是哪一种。的确，有很多爵士乐的演奏会使整首"歌"或"曲调"保持一种规则而持续的拍子，也有为数较少的演奏者只展现一些陈词滥调的小花招或"老套的轻拍"。但是,阿多诺未能留意倾听的似乎是一些透过琴弦变化带出的和弦变奏,或是演奏者通过即兴创作而用同一首曲子演奏出的不同版本,甚或是通过切分音的运用产生的不同音律,它们来回切换,营造出不一样的气氛。一个爵士乐手是否有音乐天分通常是可以听得出来的,而演奏者可以创造音乐,通过即兴创作的过程使其呈现出独树一帜的风格。他们有可能演奏一百多次"标准音乐",而不会重复一次完全相同的表演方式,因为每一次演奏都有它特殊的音调。在文化工业的边缘地带,爵士乐是一种相当重要的文化形式,爵士乐领域并没有太多的投资介入,也很少有爵士乐手能获得很好的收入。换句话说,有些爵士乐似乎正合乎阿多诺和霍克海默所诉求的"艺术",即这种文化生产是自主且自由的,没有被资本主义的市场力量所形塑,而是在艺术家的推动下才出现的,是"无目的的"。阿多诺关于流行音乐内容的观点与其标准化形式相关,他接受一些时常在旋律、和弦和节奏上比较复杂而不严谨的音乐,但是他同时指出:"对流行热卖的音乐来说,这些架构是抽象的,是在音乐特定的过程中独立出来的……从来没有以'自己的'角色对流行音乐中复杂的部分真正发挥作用,而只是一个伪装或装饰,在那些总是可以被理解的架构之后出现。"这是流行音乐的标准化形式,代表着它对于听者而言乃是"事先被消化过的",就算面对一些明显复杂的、即兴独奏的"伪个人化"时,也总是感觉得到身处"安全地带"。这是爵士乐可被预测的、严格的制式"标准",使其成为一种标准化的商品,并且意味着它被严格限定为一种艺术作品。

在过去的传统中,艺术一直通过市场资助受到保护。但是,市场销售并不需要它被标准化。那么,什么才是自主而自由的艺术?阿多诺本人就是一位作曲家,他创作了相当多的音乐,也是当代"严肃"音乐的评论家。他特别推崇勋伯格的音乐,因为它"需要听众自发地组合其内在乐章,听众不仅需要思考,而且还需要行为实践"。作曲家将艺术与娱乐的被动性让渡给那些将某些东西带到音乐中去的主动听众。但是,这并非作曲家为听众设置的难题,或是增加一些必须被渗入的装饰音。阿多诺认为,勋伯格的音乐遵循着"发展变化"的基本原则,"所有看来合理的、被发展出来的东西要通过强化才能达到平衡"。与文化工业的娱乐产品的持续重复形成鲜明对照的是，艺术通过系统性的不断变化营造出梦一般的状态，人们可以从中想象出"另一个"世界。阿多诺描述了勋伯格的第二部《室内交响曲》的最后一个乐章，它"听起来就像来自另一个世界，从自由的国度而来"，而且乐曲开头包含着"真理之声，就像音乐从所有的枷锁中解放，升腾到广大的深渊之上和之外，朝向那个诗中出现的星球"。无目的的艺术能够激发听众超越自身经验的可能限制，想象一种别样的自由，并借此生发出批判周遭世界的行为实践。通过想象事物的不同之处，观众开始抵抗那些理所当然的现状和同一。这是一种解放的艺术，这种文化尚未被垄断市场收买，也未被包装成商品。

在阿多诺的晚期著作《美学理论》中，有一篇是在他死后出版的未竟之作，在这篇文章中，他讨论了自主性艺术在认同了其所源出的文化价值之后如何还能作为社会的他者立足。就像对康德和黑格尔美学的探讨一样，阿多诺发展了作为真理的艺术概念，即艺术是独立于生活经验之外的世界，让人能够反省周围环境，用阿多诺自己的话说，艺术"选择了在'劳动'魔咒之外的行为实践"。他认为艺术是历史性的，但他的美学并不完全由历史所决定，而是更多地受到其自身存在所确立的内容与生活经验之间的辩证张力的影响。他说：

> 所有的艺术作品，就算是肯定的，本身也是有争议的。一件保守的艺术作品的理念本质上是荒谬的。通过断然将自身与经验世界切割开来，将自身与他者隔离，它们见证了另一个可能世界的样貌，它们是世界转型的无意识计划。

然而，对阿多诺而言，艺术不只再现了经验的社会世界，它本身就是一种批判现存世界的形式。它需要一种批判性的介入来指明值得争论之处，但是，单纯的娱乐可能没有这种功能。阿多诺的论调令人不禁怀疑，他是否能被讽刺社会文化的卡通片《辛普森一家》娱乐，如果他发现这样的节目能够博君一笑，是否又会认为这样的娱乐也具有产生争论的效果。这样的节目的确是文化工业的产物，被当作娱乐来生产，然而，以这样的角色和情节来批判发达的工业社会，似乎是吸收了批判理论的观点。或许，阿多诺的辩证方法缺少的就是文化产品中拥有的反讽特质——一种文化产品可以同时成为至少两样东西，既是艺术，也是娱乐。

二、瓦尔特·本雅明：对文化的机械复制

在"文化工业"这一命题中，一个重要的面向是运用技术发展来复制声音和影像的新文化生产形式可能带来的冲击与影响，这些机械化以及后来电子化的装置包括照相机、收音机、电影和电视等。阿多诺和霍克海默对这些新媒体进行的批判聚焦于它们的文化影响，但是，本雅明作为一个从未正式加入法兰克福社会研究所的成员，在1930年代对媒体展开了更加详细且更具同情的批判。尽管本雅明与阿多诺存在分歧，但他们都对新的批量复制方式如何改变了文化产品感兴趣，只是当阿多诺仅仅着眼于商品化时，本雅明却看到了真实性和批判的新的可能性。

本雅明在1931年写了一篇题为《摄影小史》的论文，反思了摄影走向大众的哲学意义，例如，他提到了当时流行的名片和移动电话等。摄影威胁着绘画和素描，因为它能将过去现实的完整性和特殊性带回鲜活的当下，本雅明称这一特征为"偶然性的痕迹"（spark of contingency）。摄影能够捕捉人们就算肉眼看见、但在意识层面也无法捕捉的细节，例如，马蹄在奔驰时如何快速移动或植物外观的细节等。本雅明称这种摄影技术的能力为一种"光学的无意识"，它能够捕捉到过去曾经存在的东西，并将其转变成我们在未来可能会看到的样子。早期的摄影要求比较长的曝光次数，以便使人类主体几乎能"进到照片中"，产生"光晕"（aura）的效果，光的这一神秘特质能使人真实的存在烙印在影像之中。对阿多诺而言，"光晕"的观念与艺术作品的真实性以及通过宗教仪式得到的精神魅力有关，人们创作的作品也能够代表自身的文化。不过，新的摄影技术使本雅明兴高采烈，他特别注意到尤金·阿杰（Eugène Atget）拍摄的店门口、出入口、壁炉边和街头工人的照片，本雅

明说:"那些照片从现实中摄取了光晕,就像从一艘下沉的船只上抽出淡水一样。"阿杰的这些照片并非只是再现现实,而且还进一步表达了对现存世界的批判,从而体现出阿多诺所说的艺术品与现实应有的距离。

绘画基于每幅作品的唯一性、特殊性及其吸引力,具有一定的市场价值,但是,照片却能够无限地复制这些一度曾经是独一无二的东西。本雅明最著名的著作《机械复制时代的艺术作品》最早于1936年出版,探讨的是作为一种商品的影像产生的文化影响必须与无数完全相同的摄影影像竞争,因为后者只需消费者花费些许金钱即能拥有。工业与机械复制方式的拓展(平版印刷术、摄影和电影)应用于文化产品,对传统的艺术形式产生了潜在的冲击。本雅明认为,艺术作品的"光晕"、真实性、特殊性、唯一性"在机械复制的时代已然凋萎"。从魔术、宗教仪式到某一艺术家或学派的绘画作品展览,通过确立自身与世俗的日常生活世界的距离,文化实践将光晕的意义与价值赋予了艺术品。在本雅明看来,光晕在现代性中的毁灭是受到了当代大众想要与生活世界更加贴近的欲望所驱使。本雅明指出:"现实与大众以及大众与现实之间的相互适应对于思想和知觉来说,同样都是一个无穷无尽的过程。"

电影出现之后,角度选取技术、交切镜头、特写镜头等将现实还原为二维空间;演戏变成了技术性的,由于长时间没有现场观众激发灵感,表演也被碎片化了。整个过程都要依赖摄影机、照明和声音,而这些媒介在最后完成的作品中都不会出现。电影观众就占据着摄影机的位置,他们可以尽情地品头论足,不对演员负任何责任,而演员则缺少了过去舞台剧演员在场的光晕。本雅明认为,为了弥补这失落的光晕,演员开始在电影之外变得具有个性,成为名人、明星,他们的存在被宣传照片和私人故事所强化。但是,"用电影工业的金钱培养出来的明星崇拜并不保护个人独特的光晕,而是保护那种'人格的外壳',那商品的虚假外壳"。

本雅明并不认为光晕的失落表征着艺术变得纯粹娱乐化。卓别林的电影可以被当成娱乐来享受,但也能被视为对社会的批判。事实上,机械复制产生了新的批判可能性,比如,电影可以精准地再现行为的细节,被不停地播放或切割成片段来观看。但是,机械复制也创造了一批大众受众(mass audience），他们的反应决定了个体的反应；每个人的注意力都被分散，无法专注于个人思考，也无法与群体产生化学反应。电影的流动叙事要求观看者的眼睛要紧跟画面上的每个动作，没有足够的时间去深思或反省。这样的效果类似于达达主义者试图摧毁其作品中的光晕，而使用那些不需要观者多加思考的现成物体。电影缺乏让人独立思考的空间，这就是阿多诺认为想象之所以无用的原因，因为表演就是一种再现，再度呈现与过去相同的时间段，就好像真的一样。然而，对本雅明来说，思考并非领略艺术作品的唯一途径：我们通过视觉习惯和触摸来认识建筑，而不是通过站立、观看和思考。观众观看电影就像他们面对建筑一样，都处在一种"注意力分散的状态"。不过，这并未妨碍任何一种形式成为文化的一部分，而观看者也拥有批判的态度。（正如本雅明所说："大众是检验者，却是心不在焉的检验者。"）

对本雅明而言，过去只能被"辩证意象"（dialectical image）所捕捉，这种意象通过"瞬间闪现"的一刻被捕获。照片提供了过去被捕捉的意象，使其能够一次又一次被观看，本雅明称其为"凝固的辩证法"（dialectics at a standstill）。"辩证意象"的隐喻成为现在与过去的相遇之点，这正是本雅明将文化当作历史来理解的方法论特征。

> 意象是某一点与当下在一瞬间汇聚成一个系列。换言之，意象是"凝固的辩证法"。因为，现在与过去的关系纯粹是时间性的、延续性的。过去的曾经（what-has-been）与现在的关系是辩证的，而非循序渐进的，意象是突然出现的。只有辩证意象才是真实的意象。

辩证意象并不会为自己发声，它必须被批判者所解读，批判者将意象带到现在，以便阐明其与过去纯粹时间性的关联。对本雅明而言，历史不仅仅是收集证据，以便建立秩序、顺序和因果。历史还有一个更重要的目的，因为只有通过对过去的反省，我们才能进入一个可能通往幸福的救赎过程。通过与他人分享这些反思（这也是批判话语的重中之重），批判者可以为人类的集体性救赎作出贡献。历史学的工作是收集并连结人类的丰富经验，并识别在当时看来次要的或琐碎的细节。这并非一种无私的行动,本雅明指出了历史唯物主义对过去的批判所具有的优势,而反省过去的每一代人都必须抵抗统治阶级的顺从主义(conformism)。

本雅明对文化工业的影响的看法与阿多诺和霍克海默完全不同,因为本雅明认为,新的、大众的"机械复制"形式使得文化对无产阶级来说成为可能。电影这种大众艺术形式使其自身在新闻报道、游行、集会和体育赛事中实现了大众的自我复制,这被用于宣传,使大众正视自身。光晕的失落确实改变了艺术,但并未悬置艺术的批判性潜能或批判艺术的可能性。事实上,这种情况也存在风险。本雅明在《机械复制时代的艺术作品》的结尾指出,"法西斯主义合乎逻辑的结果是把美学引入政治生活",并最终导致了战争,例如,未来主义者宣称:"战争是美的。"对本雅明来说,文化工业有可能成为纳粹强有力的政治宣传工具,但它也可以提供一种让大众成为一个自在的和自为的阶级的方式。

三、赫伯特·马尔库塞:作为解放的艺术

本雅明分析了艺术所扮演的角色的转变,这为阿多诺和霍克海默阐释文化工业的影响提供了思想来源。马尔库塞在1937年发表的一篇长文中使用了"肯定的文化"(affirmative culture)这一相对来说问题较少的概念。他认为,这种普遍的、资产阶级的文化形式预设了一个更美好、更纯粹的世界和生活。

> 这必定是无条件地被确定之事:本质上与每日都在为生存而挣扎的真实世界不同,但是对每个人来说,又是可能实现的世界,这个世界"来自内在",不需任何实际状态的改变,唯有在这样的文化中,文化活动和文化客体才能获得将它们从日常生活中提升出来的价值。

肯定的文化曾经是批判性的,因为它确证了一种更好的生活,但它也是资产阶级的,因为它忽略了社会的物质生活条件,再度将更好的生活深植于

个人内心的"灵魂之美"、"内在自由"和"道德领域"中。资产阶级文化将艺术从其与宗教和传统的联系中分离出来，它能够激发个体的自由与幸福，但只对少数富人有用，或者只能借助内在想象才能达成。对马尔库塞来说，艺术与批判和反思之间的距离一定要通过否定其肯定的方面来达成，以便它能够往外发展，并激发所有人过一种不一样的生活，创造一种"非肯定的文化"（nonaffirmative culture）。

马尔库塞认为艺术领域提供了表达否定的可能性，并在《单向度的人》一书中称之为"大拒绝"（Great Refusal）。一旦艺术被商品化，被用来做广告，被包装并提供了交换价值，其作为生活的一个批判性领域就被发达资本主义社会所消解，变成了一种娱乐。艺术所具有的这种双向度的批判性疏离效果被融入了从属于单向度的技术社会的交换价值。17—19世纪资产阶级艺术中的"浪漫"英雄——艺术家、罪犯和流放者——的行为提供了一种批判社会的形式，到了20世纪，他们却都变成了商品，失去了颠覆或破坏的力量，全然被当成商品来贩卖。巴赫的作品成了厨房的背景音乐，文学经典变成了在杂货店销售的平装小册子，在这个过程中，艺术"失去了曾是其真理向度的对抗性力量"，使得"原本与现状的矛盾被平息"。马尔库塞认为，通过广播媒体和廉价出版让大众接近艺术是一件好事，但令他不满的是，艺术原有的那种让受众摆脱日常生活世界的"疏离效果"（estrangement effect）被中和了。即便是体现了"大拒绝"的否定性的现代诗、超现实主义、达达主义和布莱希特式戏剧等先锋派艺术形式，事实上也"都拥有娱乐的功能"。肯定性的资产阶级艺术升华了日常生活的焦虑和麻烦，因为人们在艺术作品中采取了虚假的而非真实的形式。通过把这些作品再次带回到日常生活之中，工业社会淡化了它们的光环，因为它们被当成了娱乐或其他活动的附属品，批判的力量被削弱了。当维瓦尔第、贝多芬或巴赫的音乐片段被当成广告配乐的一部分时，它们就不再是令人陶醉的音乐，而是沦为广告的一部分。这就导致在政治、文化甚至本能行为的领域中削弱并收编了反对意见。这使得社会中人们的批判性思考机能萎缩成为一种"幸福意识"（Happy Consciousness），正如马尔库塞所说，这一结果"反映了如下信念：现实的就是合理的，已确立的制度无论如何终会不负众望"。

本雅明曾警告我们,政治的美学化可能导致法西斯主义和战争,但马尔库塞的晚期作品却持较为乐观的态度,他认为艺术的政治化能够打破它与生活经验世界和个人狭隘性的分离。在《论解放》中,马尔库塞阐述了嬉皮士运动和黑人力量如何通过语言的挪用颠覆并否定了肯定的文化。例如,他指出了"灵魂"这个过去被视为脆弱的、深邃的、不朽的、人性的字眼如何

> 在既有的话语世界中变得让人感到困窘、陈腐、虚伪、被玷污,而且在这样的质变过程中转移到黑人文化中:他们是黑人弟兄,灵魂是黑人的、暴力的、狂欢纵欲的,不再是贝多芬、舒伯特,而是存在于蓝调、爵士乐、摇滚乐、"灵魂料理"之中。

出现在现代文化中的"新感性"(new sensibility)有赖于一种激进的、颠覆性的、质疑现存形式的审美观念。马尔库塞列出的新形式("非客观的抽象绘画与雕刻,意识流和形式主义文学,十二音技法,蓝调和爵士乐")与他称为"幻觉派"(illusionist)的艺术相决裂,需要面对新的现实。但是,文化转变不只是美学过程;如果要实现解放,必须付诸行为实践,以便让艺术内容与生活经验息息相关。马尔库塞警告说,这种艺术反抗必须是迅疾的、即时的,因为它很快就会被美术馆、音乐厅和市场等传统的文化机构所收编。它被植入到需要感官、煽动和"令人惊恐的即时性"(frightening immediacy)的地方,取代了美和传统文化的崇高——马尔库塞特别提到了贝多芬的《欢乐颂》。

在这些娱乐形式中出现的颠覆性艺术仅仅是一种过渡,为了实现解放,它们必须与物质条件的改变相配合,即向发达资本主义社会的机制发起攻击。对马尔库塞而言,只有团结起来面对剥削,而不是游行示威,才能带来改变;艺术,即便是娱乐性的,也能集结颠覆性的团结力量。艺术不需变成乌托邦或是重新提出一种阶级观点,就能够提供真理的永恒性和变革的动力。马尔库塞在本雅明对爱伦·坡、夏尔·波德莱尔、马塞尔·普鲁斯特和保罗·瓦莱里的论述中看到了这种潜能,他们都表现出一种"危机意识":"一种存在

于腐败和毁灭中的快慰，存在于罪孽中的美丽，以及对自私和颓废的赞颂。这种意识正是资产阶级对本阶级的私下反抗。"单靠艺术并不能解放人性，但它提供了一种"精神发泄"的可能性，因为个人可以质疑自身存在的条件，并感到与那些情况类似者团结在一起。艺术中存在着一种辩证潜能，在某个被社会否定的时刻反对现存状况，展现艺术形式，肯定形成艺术的传统，却又在下一刻破坏了形式，成为反艺术，并开始建立新的形式。当艺术成功地再现人类经验的极端状态（比如死亡、癫狂、监禁）时，看起来都很美。马尔库塞信奉美学与真实存在之间的这种辩证法，认为它提供了通往人类解放的驱动力。他说："艺术代表着所有革命的终极目标：个体的自由与幸福。"

四、亨利·列斐伏尔：日常生活的再现

列斐伏尔并不像法兰克福学派的理论家那样去称颂资产阶级文化。相反，他提出了一种被"文化"取代的日常生活美学，颠倒了阿多诺和霍克海默在"风格"中看到的意义。列斐伏尔对19世纪法国文学的"经典"颇不以为然，在他眼中，波德莱尔是一个"饿得半死的波西米亚小丑"，居斯塔夫·福楼拜是一个"痛恨小资产阶级的小资产阶级"，让·兰波"实践着简单的幻想"。列斐伏尔认为，19世纪的艺术为"美妙"或奇异而欢呼，并且导致了知识过剩，从而变成"一种对日常生活的持续冲击"。在20世纪，这种颇具革命性的冲击通过魔幻现实主义和超现实主义继续出现，将真实生活融入个人梦境之中，同时又逃避分析和反省。

让列斐伏尔感到愤怒和怀疑的是艺术与日常生活经验之间的距离，而这个距离正是艺术吸引法兰克福学派的批判理论之处。对列斐伏尔来说，超现实主义是被一种颠覆传统和艺术体制的欲望所驱动的，但这与达达主义的无政府主义不同，后者主要是对第一次世界大战发生的事件作出回应，而超现实主义追求的则是一种穿透日常生活世界的力量，列斐伏尔称这种力量为"精神骗术"（spiritual charlatanism）。像法兰克福学派一样，列斐伏尔指责工具理性对现代性的祛魅。但是，列斐伏尔抱怨的是，理性将神秘、神圣、邪

恶、魔术、仪式和难解的元素从日常生活世界中移除出去。现代艺术"匪夷所思的"运动通过产生一种"精神错乱"的状态加速了这个过程。

这种蓄意的半精神错乱状态部分是演戏,通常不过是一种自相矛盾的幼稚症,它让"现代"知识分子对那些真正无法承受的日常生活敬而远之,而且将永远如此,直到它开始被改变,直到意识的新基础被建立起来。

在列斐伏尔看来,阿多诺在自主性艺术作品中发现的真实存在于日常生活之中,神秘的事物未被抽离。马尔库塞将艺术对日常经验的否定视为激发了一种批判意识,而在列斐伏尔看来,这只不过是对残酷的日常经验现实的逃避;现代艺术失去了真实性,因为它再现的是玄妙的抽象之物。尽管存在这些差异,列斐伏尔还是对文化内容进行了批判性的评论,因为它至少保存了再现经验的可能性。

列斐伏尔在1958年修正了他在1947年对超现实主义进行的抨击,他承认早年的批评有些不公平:"蔑视平庸的资产阶级世界的确有益于激进的反叛"。然而,在现代社会中,大众已为"技术美学"(区分了新的范畴与技术)着迷,批判者诉诸的中介是媒体,而非艺术本身。结果是艺术被当成"文化"的一部分,与日常生活相分离,列斐伏尔将这一趋势归因于浪漫主义发展成为大众文化,所有的东西都被转化成"一种景观,也就是说,本质上是非参与性的,是纯粹的景观、电视、电影,我通过观看参与其中,让我参与幻象的运作,不过这种参与充其量只能让认同和欺骗性的影像神秘化"。

然而,列斐伏尔非常喜欢某些现代艺术家,包括詹姆斯·乔伊斯,他的小说《尤利西斯》是一部史诗般的杰作,将梦境与神秘主义汇聚在某个普通人某一天发生的琐事上,同时也指出了大部分人所面临的周而复始、循环往复的日常生活:"我与人融合,而人被平凡淹没。"象征主义并非幻想性的,它既是宇宙宏观的,也是日常渺小的,某一特定时日的历史同时也是文明的历史,这种方式"在本质上是辩证的"。另一个抓住了这种毫无神秘抽象之日常的文学人物是阿尔弗雷德·雅里（Alfred Jarry）的剧作《乌布王》中的主角，列斐伏尔认为其"代表了大写的父亲、头目、老板、主人，事实上，他就是日常生活中我们看到的父亲形象，乌布将日常生活与现代性连接起来"。但是，列斐伏尔蔑视那些忙于抽象的、非现实的、炫技的作家，以及沉溺于"元语言"（metalanguage）的资产阶级艺术，因为他认为这些艺术只是在反省自身，却没能再现社会情境。

奇怪的是，卓别林的电影对批判理论来说似乎是一个交汇点。本雅明与阿多诺均不约而同地提到了卓别林的电影，并都没有因为这些电影明显的娱乐性而鄙视它们。对霍克海默来说，卓别林提供了一个模仿希特勒的"突兀而夸张的动作"的模型。而列斐伏尔认为，就现代性世界的再现而言，卓别林的电影与乔伊斯的小说一样有其效用，因为小人物对抗的是平庸的事物（一把雨伞、一张躺椅、一辆摩托车、一块香蕉皮），日常生活带给我们的难题就在这些作品中一一呈现。

> 主角总是被事情的奇异和丰富所惊吓和取悦，面对仪式化的行为总是尴尬笨拙（基本的行为、必要的条件）。卓别林捕捉了我们对这些微小事物的态度，并将其呈现在我们眼前。……通过这些迷惘和奇异，卓别林从一种更高的境界让我们与自身、物品以及人性化世界中的事物和解。

列斐伏尔将卓别林早期电影的效果称为"颠倒意象"（reverse image）：荧幕上的角色将我们自己的生活反映给我们看，通过一面镜子展现的不是我们在日常生活中感觉到的顺畅和熟悉，而是相反，让我们看到的是存在于生活中的笨拙、混沌、意外和奇异。对列斐伏尔来说，颠倒意象意味着卓别林的电影并不仅仅是娱乐性的。它们确实让我们发笑，却又不止于此，这些作品更让我们看到，一种对日常生活的批判也可以同时是乐观而人性的。例如，卓别林在《流浪汉》中的角色是资产阶级世界的产物，同时也是机器和为机器工作的无产阶级。但是，流浪汉是一个离经叛道的负面人物，一个让列斐伏尔认为有着马克思笔下无产阶级特点的颠倒意象，这一形象也表达出了人性的纯粹异化,他并不会引发政治意识,甚至导致一场革命,但是对列斐伏尔来说,流浪汉角色会"深刻地煽动大众"。

对大多数的批判理论家而言,艺术的典范是古典文学、绘画和音乐;对列斐伏尔而言,艺术的典范则是节奏,它将普通人聚集在一起,与日常生活的既定秩序决裂。他说:"节奏与日常生活的不同之处只在于力量的爆发,它一直是慢慢地通过日常生活本身而在其中不断积累。"列斐伏尔以一种怀旧的方式将集体就餐、畅饮、跳舞和运动的愉悦描述为一个共同体在消费他们的剩余产品。尽管具有过剩的特征,但这种狂欢却不仅仅是耽于放纵,列斐伏尔认为,它是对人类共同体与自然界的关系所进行的仪式性的精神反省,是在庆祝大自然馈赠给人类的礼物和生命的欢愉。这些庆典展示了季节的更迭,以及人类随着四季变换在生活上所做的改变。为了共同的庆典而将家家户户的贡献聚集起来的仪式突出了每户人家与共同体的关系,列斐伏尔提醒我们"符号"(symbol)一词有其希腊词源:"它最初的意思是'付出自己的一份',即发挥神奇的作用,产生仪式的效应。"在对这些集体活动的贡献中,一个家庭作出奉献的形式反映出该家庭的财富水平,因而富人会通过他们的奉献来表达他们对共同体的责任。然而,在宗教组织出现后,随之而来的是被教会控制的既定仪式和抽象信仰,而不是一种神奇感,因此这种社会秩序的仪式表达就开始从日常生活中分离出来,节庆的集体狂欢也被那种防备萧条时日的仪式所取代。然而,对于艺术能否成为文化革命的一部分,列斐伏尔的看法相当乐观,他呼吁"让日常生活成为一种艺术品",认为游戏可以成为一种艺术,城市生活也可以成为一种游戏。而且,他希望恢复庆典,期待通过庆典与日常生活之间的和谐让都市社会中的快乐与不快两种状态得以恢复平衡。

五、罗兰·巴特:阅读文化

巴特的所有著作都涉及文化批判。尽管他最广为人知的是对现代"神话学"的评论,但是他的许多作品并未直接讨论大众文化的内容。真正吸引巴特的是儒勒·米什莱、让·拉辛、巴尔扎克、福楼拜和菲利普·索莱斯的作品，舒伯特和舒曼的音乐，赛·托姆布雷（Cy Twombly）、埃尔泰（Erté）和朱塞佩·阿尔钦博托（Giuseppe Arcimboldo）的艺术，此外还有谢尔盖·爱森斯坦的电影。巴特的批判目的在于通过分析这些艺术家的作品来发现它们如何影响文化，如何才能被阅读，如何流行于世——即他们的写作如何营造出一种特殊的文化现象。巴特在他的第一部著作《写作的零度》中建立了一种相当与众不同的批判视角，他认为写作是一种无法跳脱出周遭环境的再现形式。因为，写作总是或多或少地与作者的"个人语言"或个人风格有关，他或她描述事物的方式均受到了作者先前学到的语言的影响。一种特殊的文学或政治形式会塑造出一种"个人语言"，巴特就描写了马克思主义的写作如何来自"一种类似于技术术语的专有的、功能性的词汇"，但与此同时，马克思主义也被其本身的价值判断和行为倾向所形塑。让他着迷的是，诗与小说的写作可以达到一种穿透世界、不被任何习得的形式所禁锢的境界———一种写作的零度。福楼拜试图建立一种写作技巧，这似乎使他成为"写作的零度"的可能人选。但是，这种明显的中立立场还是为读者编织了一个"魔咒"。巴特认为，在现代性中，对于语言的意识形态效果的自我意识已经引发了诸多严肃的尝试，那就是让写作如其所是地再现世界本身，而不是在叙述的过程中诠释或嵌入个人的价值观。但是，所有这些苍白的、中立的写作尝试最终都以失败告终，因为创作过程总是会将个体自身与其当下或过去相关联。零度写作可能是矛盾的，然而又是典型的。他指出："相对来说，零度写作基本上是一种直陈式写作，或者说是一种没有语态的写作；可以准确地说，它是一种新闻式写作，一种毫不介入的写作，新闻体裁一般并不产生表示愿望或表示命令的形式（即感人的形式）。"巴特所举的例子是阿尔贝·加缪的《局外人》，这部作品的写作似乎做到了中立，企图通过写作摆脱任何主观感觉。但是，当它被阅读、被提及、被诠释、被引用作为范例时，这种没有语态的写作还是出现了固定的习惯和形式。既然写作不能外在于社会或历史，它就永远不能达到所谓的"零度写作"，而是必定会以某种形式出现。对巴特来说，这就是为何对文化再现的分析可能是切入特定社会形态的一种方式。

巴特一生都在解决再现如何将被再现的那个社会与再现出来的社会连接起来的问题。他最感兴趣的是写作和阅读，此外，他还探讨了照片的影像如何才能再现文化。他以新闻报道的照片为例指出，它看起来像是"没有符码的信息"，呈现出"完美的相似"，一个精准地再现出来的现场，一个可能拥有零度视角的影像。然而，各种技术（特技效果、主体的姿态、物件的使用、灯光照明、对其他艺术品或艺术形式的参考、对文本的并置）都能够让照片把自身的文化意义和联想隐匿在直接再现出来的现实背后。如前所述，写作永远无法摆脱自身的历史和社会背景，摄影也是如此。巴特认为：

> 照片所涉及的意识形式的确前所未有，因为它建立的不是某个东西"正在那里"的意识（这是任何副本都会引发的意识），而是其"曾经在那里"的意识。我们所拥有的是一个新的时空范畴：空间上的即时性和时间上的先在性，照片是此时此地与彼时彼地之间的一种非逻辑连接。

与写作不同，照片很少显露出其创作形式，却永远展现出镜头前的世界的形式。这些过去的时刻被带到当下这一刻，让观看者对某物或某人"曾经在那里"的现象学效应印象深刻（这不同于本雅明的"偶然性的痕迹"）。

在《明室：摄影札记》中，巴特重新讨论了照片如何激发和感动观看者："不是把它当作一个问题，而是当作一段伤心的往事：我看到了，感觉到了，于是我注意，我观察，我思考。"他展现的是对一个特定影像的个人解读，并借此创造一种新的语言，以表达照片再现所具有的那种特殊而持久的力量。在对本雅明的"辩证的意象"的追忆中，巴特在粉墨登场的静态人体彩绘上发现了摄影产生力量的范本。解读照片的视觉冒险取决于"两种要素的共存"，即"意趣"（studium）与"刺点"（punctum），前者是作为一种文化物品的照片依照观看者所受的教育而产生的典型的或一般的意义。然而，对个体来说，只有当照片中的某个细节或片段戛然而止、令我们心神不宁或从影像中脱颖而出时，这张照片才会栩栩如生，进而让人感受到爱与激情。这就是"刺点"——影像中存在着的意外和偶然之处，能够"戳"进观看者的内心。这种刺点"既是我添加到照片中的,也是照片中已有的"。

在《明室:摄影札记》的第二部分,巴特极为感性地回顾了一些旧照片。其中一张是当时只有 5 岁的巴特的母亲与其 7 岁的哥哥在冬季花园中的合影,其中吸引巴特的是在意趣与刺点之外的东西。照片呈现出来的是一个独特的、无法重复的、历史性的时刻,他的母亲曾经是一个小孩子这一无可否认的存在确认了我们自身存在的历史性。对巴特来说,这变成了它的本质性特征。当然,从现在开始,观者知道后来发生了什么,而巴特也痛苦地意识到,无论青春和乐观如何在这一影像中弥漫,这些人现在都已不在人世。他说:"面对我母亲儿时的照片时,我想的是:她将来会死的。我颤栗了……就像已经发生了的灾难而颤栗一样。无论照片上的人是死是活,任何照片都是这种灾难。"

照片是一种"存在的证明",它所具有的这种能力是一种回溯,一种"反向预言"。过去被有力地带回并与现在连接,以便让后见之明能与预言交相作用;我们知道了过去的未来。巴特为这些照片的局限性感到惋惜,认为它是平面图像,没有穿透性。而"明室"(camera lucida)是一种光学装置,透过棱镜,艺术家既能看到被描绘的场景,也能看到她/他被人正在绘画的时刻。一只眼睛观看的是现实的深度,另一只眼睛则建构了它在画板上的二维画面。对巴特来说,照片是"明室"的反面,我们从二维画面解读出过去的三维现实,一个"存在过"的现实。就像"明室"一样,照相机提供了对"所指对象的发射",只是这种发射来自过去,通过底片或相纸上的化学制品呈现出来。

照相是作为一种"写作"的形式出现的,通过照相技术,让过去的真实几乎不再需要依赖其他的形式就能再现,几乎可以说是零度的再现。巴特对艺术深感兴趣,认为它同时也是写作。他非常喜欢埃尔泰的作品,其创作是用人体展现出字母,比如,他的"Z"是一个跪着的女人身体后倾、展开双臂的姿态,而"O"则是从两个特技演员手牵手、脚对脚的形状中获得了灵感。一般来说,这些字母只是一个符号,当它成为某个词的一部分时,便被赋予了某种深层的隐含意义,这是距离零度最远的写作。与此类似,托姆布雷的艺术品强调写作缺乏中立性，即形式所承载的情绪与意义。托姆布雷的作品在纸上用炭笔、钢笔、铅笔、油漆或蜡笔胡乱涂写；有时是清晰的字词与短语，有时看起来像是初学写字的小孩在信手涂鸦。画出来的东西被划掉、抹去、重写，但是，不论艺术品乍看起来如何粗心和笨拙，些许的沉思也能表明，意象已经被仔细地处理过了。真正吸引巴特的是某些模棱两可的东西，既是书写，又是影像，迟疑地徘徊于话语与图像之间。正如巴特所说，托姆布雷的线条是"无法仿效的"；这不是一个可以被清楚誊写的文本，也不能保留任何意义，更不是一个可以被复制的影像。

巴特并没有像法兰克福学派的批判理论家那样去谈论文化工业的发展或工具理性的统治。他的批判性分析所表明的是，文化形式、"书写"模式永远无法还原为生产的机械运作或意义的理性控制。他试图说明，文化产品的娱乐能力与人类的沟通方式息息相关，而不是像艺术那样取决于是否拥有自主性。对巴特来说，当艺术分享某种意义时，也是可以娱乐人的；它吸引"读者"、"观众"或"观看者"进入一个理解的过程，这个过程虽然可能随着现状而改变，但它既不是被预先设定的，也不是最终被社会系统所控制的。艺术能够解放意识，一张家庭照片也同样可以做到这一点。

六、让·鲍德里亚：作为仿真的文化

鲍德里亚的多数作品都在批判现代社会形态，它们着重强调的是文化和消费领域，以及个人与社会连接的基本方式。鲍德里亚将本雅明对机械复制的兴趣与巴特对符码和写作的兴趣相结合，讨论了消费文化如何逃离有光晕的、古典的和资产阶级的传统，从而变成一种使肯定有可能成为否定的仿真（simulation）游戏。

鲍德里亚提出了"拟像"（simulacra）的三个阶段：第一个阶段是"仿造"（counterfeit），这是从文艺复兴到工业革命的古典时期的主要模式；第二个阶段是"生产"（production），它是工业时代的主要策略；而第三个阶段是"仿真"，它是晚期现代性"受代码支配的阶段"的主要模式。每一个阶段都是一种文化模式，都对应一种社会结构，真实在其中再现出来（巴特使用了"写作"一词）。"仿造"就像粉饰建筑物那样模仿一切：丝绒窗帘、木质门楣以及丰腴身体的线条。这种再现方式表明，大部分事情都有一种统一的再现形式，主要受基本的文化力量控制。工业"生产"利用机械复制技术创造了一系列相似的物体。鲍德里亚承认本雅明抓住了这一时期工业力量与技术理性的文化意义。这些早期的再现模式仍未消失，而是在晚期现代性中重新出现在电脑和DNA的数字"符码"中，它们本身"难以辨识，因此无法诠释"。在仿真层面使用的符码让真实与再现的明显差异消失在超真实（hyperreality）之中，鲍德里亚认为这是"根据一个没有根源与真实性的模型而造就的世代：一种超真实"。一旦被数字化，再现就无法再还原为原本——一种与"仿造"或复制品相反的现实中的模型。无尽的系列复制是拟像，只是符码的变换，无法被视为真实的，也没有光晕或权威可言。鲍德里亚将巴特的零度解读为一个没有所指的表意系统。

艺术界为鲍德里亚提供了不少拟像的例子，例如，一幅画的落款签名就可以保证它是真品，而非仿冒或复制品。这个签名就是作品创作者的证据，一幅画必须要有签名，才能产生文化价值，才能被视作可以解读的文化物品。就像巴特一样，鲍德里亚认为，书写的符号才是作为文化产品的画作的关键，"画作不仅仅是在画板表面进行涂抹，它同时还是一个被符号化了的物"。一旦机械复制变得确定，现代艺术的真谛就"不再是这个世界的摹写，而是对一些创造性行为的细节的摹写——一些点、一些线、一些片段"。正如同托姆布雷的作品对巴特来说展现了其手法"无与伦比"的独特性，现代艺术则意味着它无法被仿造：内容已经变成了一种签名。鲍德里亚提到了罗伯特·劳森伯格（Robert Rauschenberg）的画作《陈述书1号》（Factum I），它看起来好像只是快笔涂鸦，但《陈述书2号》（Factum II）完全是前一幅画的复制。劳森伯格在玩弄的就是画作复制和个性的理念——他可以任意仿造画作，乍看起来就像他的签名一样独特。

现代艺术也通过现成的产品嘲弄机械复制的过程，例如，马歇尔·杜尚的《瓶架》就是工业制造的，是在众多法国人家里都能见到的日常人工制品，艺术家只是在某些已经被制造出来的成千上万的精选仿制品上签了名而已。1917年，杜尚更是提交了一个尿壶来参展，他为这个作品取名《喷泉》，并在上面签名"R. Mutt"。虽然他用签名来识别这件作品，却破坏了签名具有的识别力，因而无法让这件作品被纳入到他的作品名录中。这一作品的复制品在世界上多个博物馆中都出现过，但没人能确定"原作"是否存在，因为有些复制品已经被杜尚授权，他已经在底部签名。瓶架与尿壶都是大量制造的产品，无论是设计还是生产，都不能被称为自主性艺术。然而，通过一个艺术家的签名，并将它们从日常使用转到画廊参展，它们就具有了艺术的权威性，人们一边把玩着作为"仿造"和"机械复制"的再现，一边把玩着作为自身再现的现实。

第三个阶段也是拟像的后果，它令文化的内容可以被更加快速地生产、复制和不断流通。艺术和娱乐一旦被复制和中介，就成为一种信息——经典艺术品的数字影像、转档成MP3的流行歌曲。在这种面向大众的、不断递增的媒体传输中，蕴含着一种意义的内爆和社会的内爆。媒体将各种信息彼此联系在一起，安置在循环的回路中，并赋予了它们以价值。鲍德里亚以1968年"五月风暴"为例说明，当媒体将罢工的影像和报道传送到全法国时，现实如何被"中介"，因为政治行动一旦被普遍化，就不再是单一特定的行动。这听起来非常像法兰克福学派的批判理论所说的，文化工业淹没了批判，迷惑而不是启蒙或激发了受众，鲍德里亚也认为中介的过程征服了意义和批判性的思考，他指出：

> 批判性的思考判断、分辨并产生差异。通过这样的筛选过程，批判性的思考成为意义的守护者。大众则不会选择，除了无视，并不会制造差异。他们保存了中介的魅力，因为他们比较喜欢这个部分，而不喜欢信息中带有的批判意涵，因为魅力不会从意义而来，魅力多寡与意义的异化恰成正比。

在《影像的恶魔》一书中，鲍德里亚清楚地说明了娱乐影像的邪恶本性，它们如何以各种形式引诱人，而其中包含的任何信息都是被中立化的，现代电影中呈现的影像比起先前的艺术形式看起来更为真实，对"现实"的再现也更为可信——将生活本身呈现给我们的感官。特效让影像看起来更加完美，专题电影大费周章并斥巨资再度创造出来的现实让观众看到了逼真的幻象。这破坏了影像与现实之间存在的任何辩证关系，着迷于其中的观众不会注意到自身是如何被转移注意力的，也看不到再现中存在的扭曲失真之处。至于如何理解我们生活中的世界，则要借助被精心制造出来的拟像，这些拟像可以先于任何真实的历史，而非出现在其后。鲍德里亚提到了电影《中国综合症》（1979）的例子，故事讲述了一个核能电厂的意外事故。就在这部电影上映之后，哈里斯堡真的发生了类似的核能事故。这是一部类似于预言的电影，让后来发生的事件的骇人程度得以降低："这个真实界的意外是不是只是想象界的意外（《中国综合症》）的一种症状，抑或相反？"我们被困在一个"致命的过程"之中，信任想象中的一切，因为它看起来如此真实。但是，这也是一个无止境的过程，影像会不断带来无尽的影像，观看者始终没有回到真实世界。

鲍德里亚曾为詹姆斯·巴拉德（James Graham Ballard）的小说《撞车》的法文版本撰写导言。在这篇短文中，他简要地探讨了小说中的角色如何与命运遭遇，这里似乎很好地展现了他那令人难以捉摸的范畴——"致命的策略"（fatal strategy）。故事的平凡主角瓦干（Vaughan）收集了车祸所造成的伤亡影像，通过重组这些影像，他希望能重新捕捉住身体与商品/物体相遇和撞击的时刻。一场车祸集中体现了真实肉体的无意识事件的自发性，瓦干与其他角色将自身暴露于如此暴力而强硬的身体感官欲望面前——从当代文化被仿造的性快感中逃离出来。对鲍德里亚来说，这种与命运的遭遇将高速路上的车祸转化为大写的"意外"，象征性和仪式性地重新将身体与对象连结起来。鲍德里亚怀念过去那个符号交换的时代，在那个时代，物体具有某种意义，主体会遭遇反抗自己的客体，性与恐惧（而不是性与恐惧的仿真）撼动着身体。令他失望的是，太多的虚假使得我们远离了存在的天真——但这就是我们所仅有的一切，没有回旋的余地。

七、结论

　　艺术与娱乐代表着我们生存于其中的世界,让我们有机会从日常生活中抽离,去思考事物何以如此以及其他可能性。批判理论认为,在现代性的进程中,文化工业、机械复制、直接再现、先验再现等等都进入了一个新阶段,使得发达资本主义的社会秩序趋于稳固,并可能带来更大的压抑。与此同时,政治反思的可能性——历史的可能、大众、日常生活经验、艺术形式本身——都寄托在解放性的艺术中,它们不仅是令人愉悦的和幽默的,更重要的是,通过后者,我们可以批判甚至改变这个现存世界。

卡尔·马克思与当代媒介和文化研究*

克里斯蒂安·富克斯 著**　　郭 莲 何远瞻 译

[内容提要] 本文讨论了马克思在当代媒介、传播和文化研究中所起的作用。文章对三位作者的三部当代文化研究著作进行了分析。研究显示,作者们对于目前的文化研究应该更多地考虑经济因素这一点有着共识,而分歧在于应该采用何种方法进行文化研究,以及马克思的著述在文化研究中应该发挥什么作用。马克思的劳动价值论对于批判性地分析媒介、传播和文化有着特别重要的意义。但是,劳动仍然是文化和媒介研究中的一个盲点,尽管这种情况正在逐渐改善。本文认为,在文化和媒介研究中背离马克思是一个严重的错误,应该及时纠正。在当前出现全球性危机以及理论批判复兴的背景下,文化和媒介研究只有与马克思相结合,才能充满论题性和政治关切,进而具有现实性和批判性。

[关键词] 卡尔·马克思　马克思主义理论　文化　媒介　资本主义

---

* 本文原载《文化无国界》(*Culture Unbound*) 2014 年第 6 卷,译文有删节。译文原载《国外理论动态》2017 年第 6 期。

** 作者简介:克里斯蒂安·富克斯(Christian Fuchs),著名传播与社会批判学者,英国威斯敏斯特大学教授。

一、卡尔·马克思与文化研究

马克思的著作对早期文化研究起着重要作用。例如,威廉斯(Raymond Williams)在他最早的著作之一《文化与社会:1780—1950》中指出,他"对马克思主义的理论很感兴趣,因为社会主义与共产主义在当今至关重要"。威廉斯倡导并致力于研究"马克思的文化理论",因为该理论认识到文化的"多样性和复杂性",并考虑到其"变革的延续性",允许有"偶然性和有限的自主性",但须以"经济结构的事实以及相应的社会关系作为指导线索,而文化则交织其中,如此才能理解文化"。17年后,威廉斯宣称他深信马克思主义思想,可以"毫不迟疑地"将自己界定为一个历史唯物主义者,如果这个称谓意味着"要摧毁并取代资本主义社会"并建立"社会主义社会"的话。他写道,把马克思主义扩展到囊括整个文化的范围"是一项运动,我发现我自己就在从事这项运动,而且乐此不疲"。

汤普森(Edward P. Thompson)赞同一种重视人的经历和文化的马克思主义。他捍卫这种在政治上反对斯大林主义、在理论上站在左翼的立场上反对阿尔都塞结构主义和右翼反对派——比如科拉科夫斯基(Leszek Kolakowski)等反对马克思的思想家——的马克思主义。汤普森认为,此种形式的马克思主义思想首先表现在马克思"关于异化、商品拜物教和物化等概念的著述中;其次还表现在他关于人及历史的观点中,这些思想渐渐地形成了他自己的特点"。在汤普森的政治和理论见解中,其政治着眼点是社会主义的人道主义,"这种人道主义再次将真正具体的男人和女人置于社会主义理论和理想的核心,取代了'党'、'马克思—列宁—斯大林主义'、'两大阵营'、'工人阶级先锋队'等高调的抽象概念。这是一种社会主义立场,因为它重申了共产主义的革命观点,坚信这种革命的潜能不仅属于全人类或无产阶级专政,而且属于真正具体的男人和女人"。

1990年代,一场辩论在文化研究与批判的政治经济学之间展开,这场交锋在加汉姆(Nicholas Garnham)与格罗斯伯格(Lawrence Grossberg)的争论中达到了高潮。加汉姆总结了学界对文化研究的批评，即文化研究"认为其从属地位及其文化实践——这是文化研究优先考虑的问题——是基于资本主义生产方式的"，却拒绝进一步分析这一主张会导致什么后果。这场争论表明，自威廉斯和汤普森出版他们的专著以来，文化研究中某些基本的东西已经发生了改变，即严重背离了马克思、马克思主义以及基于阶级和资本主义的文化分析。

在1990年的"文化研究的今天与未来"学术研讨会上，霍尔（Stuart Hall）的主旨演讲标题据说原为"文化研究中的马克思主义元素"，但大会议程最终将其改为"文化研究及其理论遗产"，这也是该篇演讲发表时的标题。霍尔描述了其文化研究与马克思之间的复杂关系。他说，从未有过这样一个时刻，"文化研究与马克思主义在理论上可以完美地相互契合"，因为马克思"没有讨论……文化、意识形态、语言以及符号体系"。霍尔指出，某种"还原论和经济主义"以及"欧洲中心论"应该是"马克思主义内在的东西"。因此，他认为，"英国文化研究与马克思主义的相遇首先必须被理解为触及一个问题"。1990年代和2000年代是马克思在人文社科领域普遍消失的时期。

霍尔建构了英国文化研究的同质化并推而广之，这在以前从未有过。然而，他又总是被自己与马克思的碰撞所困扰。在接触到阿尔都塞的结构主义之时，他感到更多地被马克思的著述所吸引。而其他一些文化研究的代表人物，如汤普森和威廉斯等人，则更多地被人道主义的马克思主义所吸引。当霍尔接受了阿尔都塞的理论观点时，汤普森则从马克思主义和人道主义的立场出发，运用其理论和文学技巧对阿尔都塞进行了辛辣的批判，捍卫马克思和马克思主义，反对科拉科夫斯基，后者曾是一位人道主义的马克思主义者，但也出版过一本反对马克思和马克思主义的书。因此，在文化研究的不同流派中，对马克思主义认同并与其结合的程度是完全不同的。霍尔对文化研究和马克思主义进行了（与其认识论相反的）相当简明的、非情境化的、还原论式的解读，是对其自身经验和世界观的普遍概括。

莫斯可（Vincent Mosco）指出，霍加特（Richard Hoggart）、威廉斯、汤

普森、威利斯（Paul E. Willis）和霍尔等人"强烈感到有义务紧扣阶级分析"，但后来文化研究"建立政治规划和政治目标的意识"变得不再清晰。斯巴克斯（Colin Sparks）把霍尔式的文化研究与马克思主义之间的关系描述为"走向马克思主义和背离马克思主义"。他认为，霍尔在1980年代"逐渐背离了对马克思主义的自我认同"，这是因为他受到了拉克劳（Ernesto Laclau）研究方法的影响。由此导致的"文化研究与马克思主义之间的分离"对于斯巴克斯来说是"一种倒退"。而文化研究与马克思主义的"联姻"仍将是一项"重要的和富有成效的工作"。在与巴特勒（Judith Butler）和齐泽克（Slavoj Žižek）之间进行的一场三人对话中，拉克劳认为，把"阶级"转变为"种族、性别、宗教等"一系列相关概念的一个环节，并把阶级特意作为这一链条的最后一个要素，是为了强调它的次要性——拉克劳称之为"解构阶级"，而这些不过是后现代研究方法中一个普通的文字游戏。在我看来，齐泽克正是在此种背景下正确地指出，在认同"斗争多样性不可缺少"的前提下，后现代主义、文化研究和后马克思主义接受了资本主义为"唯一的都市游戏"，并拒绝了"任何试图推翻现存资本主义自由制度的现实尝试"。斯巴克斯则认为，文化研究中这种拉克劳式的转变赋予了种族、阶级和性别这"三位一体"的概念中的每一个要素以同等重要的地位。按照拉克劳自己的说法，他的研究工作就是要有意忽略和淡化阶级的重要性，以便强调其他的权力形式。

鉴于马克思在文化研究中所处的矛盾地位，就产生了一个问题，即从事文化研究的学者们如何看待马克思及其关于资本主义和阶级的分析在当今和未来所起的作用？我将在下面展开对这一问题的分析。

二、当代文化研究与马克思主义政治经济学

最近，有三部关于文化研究的著作探讨了文化研究与马克思和马克思主义理论的关系。这三部新著的着眼点都是反思文化研究的未来，这在它们的书名上已经有所显示，即格罗斯伯格的专著《将来时中的文化研究》（*Cultural Studies in the Future Tense*, 2010）、哈特利（John Hartley）的专著《文化和媒

介研究的数字化前景》(*Digital Futures for Cultural and Media Studies*, 2012)、史密斯 (Paul Smith) 主编的论文集《文化研究的重建》(*The Renewal of Cultural Studies*, 2011)。格罗斯伯格的书名说明了该书着眼于未来的文化研究；哈特利更进一步，他的书名包括了对文化研究之未来的具体阐述，如书名所示，他希望该领域重点关注对数字媒介的分析；史密斯的书名也是聚焦文化研究的未来，但同格罗斯伯格和哈特利相比，他更明确地指出，文化研究存在着误区，因此需要再造。

笔者以"文化研究"为关键词，以 2010—2013 年为时间段，对不列颠图书馆目录进行了书名搜索（搜索日期为 2013 年 2 月 2 日），得到了 47 个结果，这些书名中既包含了"文化研究"一词，也属于文化研究学术领域。大多数著作都是有关文化研究史的文献汇编，只有少数几本是对文化研究当前状态和未来前景的评价。我从中选出的这三部著作正好是以批判性地评介文化研究的现状以及推动建构文化研究的未来为目标，因此适合展开进一步的分析。

这三部著作有一个共同点，即它们都看到了当代文化研究中存在的问题以及未来的任务。对格罗斯伯格来说，这个问题就是"有太多的研究工作以文化研究为名，它们过于松散"。对哈特利而言，这个问题是媒介和文化研究应立足并依附于媒介的传播模式，这种模式注意到："日常文化实践……在各个领域都被更为隐秘的力量推动着，这种力量似乎正在为各种政治或企业的目标去剥削追求享乐的消费者。"而对于史密斯而言，这个问题则是：一方面，文化研究总是有"一种追求某种政治效能的愿望"；另一方面，这种愿望又因其制度化的诉求而"转化为类似于幻肢（phantom limb）的东西"。所以，这三部著作的共同点就是它们都感受到文化研究的危机，并认为需要在这一研究领域做出某些改变。当代社会所面临的这种深刻危机也伴随着学术层面文化研究的深刻危机，至少这是读完这些著作后给人留下的印象，而且这些著作的作者都可以被视为当代文化研究领域最具影响力的人物。

这三部著作都指出了未来文化研究的任务。格罗斯伯格认为，其任务就是"从文化研究自身的知识史和政治史出发去建构其视野"，而他的著作"试图为文化研究工作的现状和未来设置一项议程",并"开创一种能够对当代世界及其斗争做出回应的文化研究"。对哈特利来说,其任务是对文化研究进行改造,以便更加重视数字媒介和"传播"这种对话模式。史密斯在他主编的论文集中则提出,其任务是要"推动对文化研究的属性做出新界定",并回答这样一个问题:"目前文化研究能够以及应该做些什么?"这些任务的不同之处表现为三位作者想要如何变革文化研究,共同之处则在于他们都想在当前文化研究面临危机的情况下对其重建有所贡献。

(一) 格罗斯伯格:《将来时中的文化研究》

格罗斯伯格指出,文化研究拒绝"将现实的复杂性简化为任何单一的存在层面或范畴",它重视复杂性,这"无疑是反还原论的"、强调具体情境的、反对普遍主义和完美主义的。"彻底的情境主义(radical contextualism)是文化研究的核心。"这种情境性(contextuality)表现在对霍尔的接合(articulation)概念的使用中,即"从旧的关联和无关联中创造、摧毁和重塑新的关联和情境的变革性实践或工作"。这一概念强调"在整体中发现异质性、差异和断裂"。社会权力拥有"多轴心和多维度,不能相互简化"。"情境之间总是相互关联,产生一系列复杂的多维关系和链接"。"对复杂性、偶然性、可争议性和多重性的认同是文化研究的一个标志性特点"。

格罗斯伯格看到了经济学对于当代文化研究的重要作用。他认为,文化研究应该"了解和探讨经济学问题,但并非退回到还原论和本质论的形式中",这实际上暗示了之前的文化研究对经济学问题的忽略和漠视。他回顾了文化研究与马克思主义媒介政治经济学之间的争论后指出,文化研究反对"经济和阶级的还原论",拒绝"相信经济可以界定社会现实各方面的底线"。在此情境下,史密斯从文化研究本身的立场出发指出,某些文化研究学者认为马克思主义是一种"还原论"和"经济决定论",这种认识是一种用来"回避经济问题"的修辞,其结果会导致"对研究对象的无政府主义或虚无主义态度",最终走入"死胡同和危机",阻碍其"实现最高的知识和政治抱负"。

格罗斯伯格兼顾经济学与文化研究的研究取向始于对马克思劳动价值论的探讨。他支持"一种彻底的价值情境论（a radically contextual theory of value），因而要求对马克思的劳动价值论进行彻底的情境解读"。其目的在于将价值概念从劳动概念中分离出来，进而在表达、渴求和衡量某种独特性以及何为美好和理想等更为广泛的意义上重新诠释价值概念。他提出一种以对"价值的多样性、扩散性和偶然性"的假定为基础的"广义价值论"，认为价值涉及所有剩余类型的生产，所以"真实价值总是大于或超过实际价值"。他指出，当代危机将由多重"同类危机"构成，无法衡量/评价它们之间的差异，这会导致宗教、政治、经济、知识和金融方面的原教旨主义，这种原教旨主义要求"消灭他者"。金融危机将会"被庞大的金融（'有毒'）资产的存在所引发，无法被类比，也就是说，其价值是无法计算的"，而这只不过是许多同时存在的同类危机中的一种。

现代社会的核心（伦理）价值是经济价值。格罗斯伯格倡导的"彻底的情境主义"并未探讨积累和货币的经济学逻辑在当代社会中所发挥的特殊作用，而是发展了一种特殊的相对主义，它掩藏在诸如情境性、多维性、异质性和差异性等主题之下。现代社会无疑是复杂的，它是由许许多多相互关联和相互依存的领域所构成的，但是需要运用一种概念工具去分析这些领域之间的权力关系。在社会的某一状态、阶段或"接合"中，各种领域及其行为者都具有相同的权力的情形是不可能出现的。有迹象表明，在资本主义社会中，经济领域总是占主导地位的（尽管不是决定性的）领域。"彻底的情境主义"会导致二元相对主义，这种二元相对主义无法充分分析权力关系和权力分布（及其引发的权力抗争），而是将权力视为存在于多个领域中的独立力量。对这种权力地位的拒斥并不意味着反抗资本主义及其主导地位的斗争是不可能的，而是说在现代社会中，所有的斗争都不可避免地存在着一个特别重要的经济维度。权力的多元化固然很重要，但在由斗争决定的多元维度中，这些领域是彼此相关的。彻底的情境主义会导致将权力视为一个个独立的"集装箱"，而非强调权力关系。

格罗斯伯格鼓吹一切社会领域都具有同等重要性，从而导致了多元价值的观念,这一观念将马克思的理论淡化为"价值通论",把所有强调经济的特殊重要性和决定性作用——马克思主义政治经济学在媒介和文化研究中一直特别强调这一点——的努力归结为"经济和阶级还原论"、经济主义、资本中心论、本质主义等。格罗斯伯格呼吁相互尊重,但又继续对马克思主义政治经济学持有陈旧的偏见,这一点强烈地表现在他同加汉姆的争论上,他的结论是,他"决不调和"文化研究与文化和媒介政治经济学之间的关系,因为"我们从未联姻,所以也无需分离"。

格罗斯伯格呼吁对文化研究中的经济问题给予更多的关注。他本人就身体力行地从事经济学研究,包括研究马克思的劳动价值论。他介绍并批评了该理论,认为价值概念需要扩展,以避免导致经济还原论。与此同时,他还根据马克思的辩证法,将经济体设想为一个矛盾体。于是,他提出了一个伪马克思主义的论点(矛盾的重要性),以此反对马克思及其劳动价值论,并代之以文化经济学的相对主义方法。米勒(Toby Miller)据此指出,格罗斯伯格讥讽马克思的政治经济学方法,其实他应该"重新思考他的反马克思主义立场",因为那是一个"错误的目标"。

(二) 哈特利:《文化和媒介研究的数字化前景》

哈特利新近出版的《文化和媒介研究的数字化前景》一书阐述了另一种重要的研究方法,进一步提出了把文化研究与经济学结合起来的观点。哈特利描述了"传播"这种对话模式的兴起,其中"人人都是生产者",他还讨论了这种模式对媒介和文化研究的意义。他认为,网络平台的兴起支撑着社交网络以及用户生成内容的生产和传播,而新闻业、公共领域、大学、大众传媒、公民权、档案文件及其他机构已经变得更加民主化,因为"人们在生产和消费方面有了更多的话语权"。"消费者企业"、"社交网络市场"和"微型生产力"的出现将进一步推进这些发展。

哈特利赞同格罗斯伯格关于文化研究正处于危机中的判断。他认为文化研究将会失去前进的动力和开拓的精神,在"无限扩展的微观"分析中迷失方向，这种分析没有将"足够的注意力放在宏观层面"。同格罗斯伯格一样，哈特利确信文化研究"没有与经济学展开持续的对话"，而是"在动荡的经济学变革中置身事外"。

哈特利承认，马克思主义政治经济学对文化经济学给予了关注，但其方法"过于具有挑战性，因为我们事先已经知道什么是错误的"，并且他认为，这种方法假定了"整个体系是由单一的原因决定的"。

哈特利将经济学引入文化研究的观点被称为"文化科学 2.0"（Cultural Science 2.0），他希望借助演化经济学（evolutionary economics）来达至这一目标。这一观点强调，当代文化产业的价值体现在社交网络中公民和用户的共同创造中。哈特利形而上学地使用了诸如进化系统、复杂性以及自组织理论等术语，却未能将这些理论概念系统地应用于互联网。哈特利还不自觉地认同下述事实，即哈耶克（Friedrich A. Hayek）和卢曼（Niklas Luhmann）等思想家为使新自由主义在意识形态上合法化而使用了自组织和复杂性等语汇。

哈特利认为，文化分析一方面已被威廉斯/霍尔传统中"批判性的"方法所定型，另一方面又受到由费斯克（John Fiske）/哈特利传统所代表的浪漫主义取向的影响，后者"广泛宣传参与式媒介的解放主义潜能"。哈特利站在批判的和浪漫主义的立场的对立面，这在逻辑上表明，他认为自己的方法是非批判性的。他鼓吹保留浪漫主义传统，将文化研究"从一种'批判性的'具体方法转变成为一种方法论目标的'演化'"。按照哈特利的观点，重视批判性研究应该被重视演化所代替。他宣扬一种可以被称为非批判性演化的文化研究。

最重要的是，哈特利认为互联网是一种自组织网络，其中"每个人都通过网络与他人相互关联"，这种网络系统由一种新型民主和对话传播资源构成。但是，他没能考虑到相反的情况，即并非所有的人都能进入到这个"民主的自组织网络"中：在 2012 年 8 月，只有 32.7% 的世界人口和 13.5% 的非洲人口上网。他也没有考虑到，一些公司（特别是大公司）、社会政治名流和精英等等在脸书（Facebook）、推特（Twitter）及视频网站（YouTube）等类网络中要比普通人拥有更多的浏览量、点击率、朋友圈和链接，这反映出这个社会事实上存在着权力不平等现象。

哈特利在2012年提到，社交网络市场中也许存在着由精英主导的中心，但该分析并没有系统地涉及社会中的权力不平等现象。哈特利似乎只是假定这种市场无论如何都是一个民主领域，因为许多人都可使用各种传播工具，只要他们足够幸运和努力工作，就可以成为社会精英的一部分，至少可以在短时间内如此。此种逻辑存在于新自由主义理论的核心概念中，这一核心概念强调效绩和个人主义，并强调个体需为成功、失败和衰落承担责任。

对于在社交媒介时代被抛弃和被遗忘的人，哈特利没有任何同情。哈特利在他关于当代数字化媒介的讨论中没有提及这类故事，相反，他甚至指出，在社会经济高度不平等以及失业急剧年轻化的时代，"一种新的经济民主"已经出现；他还将此类情况表述为一种商业经济宣言。因此，他代表的是脸书和谷歌等网络大亨的利益。

（三）史密斯：《文化研究的重建》

《文化研究的重建》是史密斯2011年编辑出版的一部论文集，其中收集了27篇论文。多数论文的作者都同意格罗斯伯格和哈特利的这一观点，即文化研究需要认真考量经济学因素，而这一点在过去常常被忽视。但是，该论文集同格罗斯伯格和哈特利的著作相比有一个重大区别，也就是与马克思和政治经济学批判的关系问题。史密斯认为，"在英国文化研究的阐述中，对马克思主义思想的怀疑与日俱增"，文化研究"极其不愿被视为马克思主义"，如此一来，势必导致"文化研究日益脱离实践"。史密斯还认为，文化研究如同"幻肢"，与政治已经没有什么关系。在该文集的导言中，史密斯提出了当代文化研究应当何为的问题。他与该文集中的许多其他作者的回答都是："进一步重视政治经济学问题是重建文化研究的必要条件。"

在该文集中，几乎所有作者都认同这样一个观点，即文化研究忽视了劳动和经济因素，对此必须引起重视。例如，罗斯（Andrew Ross）指出："无论这是不是一种还原论的表述，有一点是清楚的，即在以往的文化研究中，劳动、工作以及职场中的政治因素一直被忽视。"库尔德里（Nick Couldry）也支持这一论点，他认为："经过 30 年新自由主义的宣传以及基于不平等、排斥异己和市场原教旨主义的全球化进程，罗斯提出的劳动的前景问题已然成为一个核心问题。人们在一定的经济和社会条件下工作（或寻求工作），还可能投票选举，当然还要消费，如不能回答人们是如何体验这些经济和社会活动的等更为广泛的问题，将难以在政治学和社会学的意义上想象和理解任何一项有意义的文化研究'课题'。"莫斯可指出："劳动在传播和文化研究课题中依然是一个盲点，因此要想重建文化研究，必须将劳动这一话题放在重要的议事日程或研究课题上来。"

文集中的许多作者都认为，文化研究应该将自己重新定位为以马克思主义理论为基础的马克思主义文化研究，这是一种关于劳动、阶级和政治经济学批判的分析研究。正如古利亚斯（Max Gulias）所指出的，文化研究需要马克思主义的方法论，以此"修正马克思主义的劳动理论"，但是，更多的"非马克思主义的文化研究"继续沉湎于消费者——受众所构建的符号体系，轻视资本主义社会中的人类劳动。马丁（Randy Martin）认为，金融化是重建文化研究并使其植根于马克思主义的一个关键性课题。布林（Marcus Breen）指出，在新自由主义和资本主义危机的时代，对于文化研究来说，"重申政治经济学的优先地位的时机已经到来，这就要重新阐明文化与经济之间的关系，而不是想当然地以为某种不确定因素会魔法般地赋予文化研究以可信度"。

从上述三部著作中，人们可以得到一个印象，即资本主义危机伴随着文化研究的危机，这是一个矛盾的现象。与此同时，在文化研究领域存在着重建马克思主义的迹象。这些现象表明，时机已然成熟，我们需要认真对待马克思，阅读马克思，用马克思去思考媒介、传播和文化，向大学生介绍马克思和马克思主义，尤其要在关于媒介、传播和文化的大学课程、基础研究以及各种科研项目的申请和资助中使马克思和马克思主义研究制度化。我们不应只向学生介绍马克思和恩格斯的片言只语，而是应该和他们一起阅读原著，如《资本论》、《1844 年经济学哲学手稿》、《政治经济学批判大纲》、《德意志意识形态》、《共产党宣言》、《英国工人阶级状况》、《哲学的贫困》、《神圣家族》、《法兰西阶级斗争》、《路易·波拿巴的雾月18日》、《法兰西内战》、《自然辩证法》以及发表在《莱茵报》上的众多文章。马克思常常被视为一个局外人，并因此被排斥在媒介、传播和文化研究之外，现在是时候将马克思纳入我们视野的中心了，而这需要各种社会资源、机构和各界人士的共同努力，从而为变革学术界而斗争。

史密斯的文集表明，除了格罗斯伯格关于阶级/劳动的相对主义研究取向以及哈特利的乐观主义研究取向之外，在文化研究中还存在着一种对马克思及其阶级和劳动概念的真正兴趣。米勒在谈及文化研究时指出，尽管劳动"是人类的中心"，但"在我们的研究领域基本不存在"。他还认为，在文化产业中已出现了一个知识阶层，他们拥有"较高的教育程度以及运用各种文化技术的才能"，并且正面临着"弹性的生产条件和'自由'的意识形态"。米勒因而提出了下列方程式：文化 + 劳动 = 无保障无产者（precariat）。罗斯同样强调了这类无保障劳动者在文化产业中所起的作用。他认为，对许多人而言，创造性是"以沉重的牺牲为代价的，即需要长期追求满意的结果、回报审美认知的价格折扣、自动化带来的自我剥削以及弹性工作的代价，等等"。罗斯指出，信息技术行业的员工经常把他们的工作环境描绘成"高科技血汗工厂"。这种将劳动与阶级融入文化研究的现象突出了媒介和传播政治经济学的关切，这些关切与媒介、文化和传播语境中的阶级、剥削、价值和劳动等问题相关，而马克思的著作已经强烈地激发起对这些问题的研究兴趣。

正如贝伯（Robert Babe）所说，文化研究的问题在于其"后结构主义的转向引发了与经济学的分离"。对这些问题的重新整合首先要"抛弃后结构主义的文化研究"，并认真地与马克思及马克思主义相结合。而结合马克思去理解媒介和文化就需要结合劳动和价值概念。

三、媒介、传播与马克思的劳动价值论

媒介生产的内容和技术并非无中生有，而是人类劳动的客观反映。一般来说，这些媒介生产者及其工作条件是媒介用户看不见的。但是，媒介内容

的生产者之间也有不同,公众在大多数时间能够看到新闻记者的名字和面孔,却看不到电影摄影师、剪辑师、设计师以及报章杂志的其他工作人员的工作。另一个重要的区别是由用户生成的在线内容,其生产条件对其本人来说是已知的,也可以向他人传播。尽管如此,媒介内容和技术的生产是一个复杂的过程,涉及许多不同类型的工作,这些工作在某种程度上并不能被直接看到,而是隐藏在各种事物和人工制品中。

为什么说劳动、资本主义和阶级是重要的议题?最近发生的资本主义全球性危机表明,阶级关系、无保障的劳动和失业是当代资本主义的重要组成部分。在过去的10年中,贫富差距、工资水平与利润的差距、在职员工的工作时间与失业大军人数之间的反差在许多国家都在大幅增长。2012年,在27个欧盟国家中,25岁以下青年的失业率是22.9%,其中在希腊和西班牙则高达50%左右。与此同时,那些全日制工作的员工的每周平均工作时间则大大超过了40小时。一个受过大学教育并掌握了较高知识技能的人未必能保证就业,比如在2012年第三季度,欧盟成员国中有19%的25岁以下受过大学教育的公民没有就业,在希腊这一比例是53.2%,在西班牙则是39.5%。资本主义的这种危机与加剧的阶级不平等现象相关。从1995年到2011年,工资份额,即工资在国民生产总值中所占的比例,从1975年的74.3%降至2014年的66.3%。这是一个工资相对下降的指标,它导致了利润的增长。经济问题对于媒介、传播、文化以及数字媒介研究而言是一个不可忽视的重要背景。

加汉姆在1990年的研究中指出,"令人感到羞愧的是,无人知晓这些文化生产者的个人背景",人们关注的只是媒介大亨及其公司的分析数据。10年后,加汉姆认为这一问题依然存在:"媒介生产者的问题在最近的媒介与文化研究中依然被忽视——在社会理论中确实普遍如此。"又过了10年,莫斯可指出:"劳动依然是传播和文化研究中的盲点,因此,在重建文化研究的议事日程或研究规划中,应重视劳动问题。"当代媒介和传播研究中存在的一个特殊问题是过于强调创新和文化经济中资本的一方,而忽视劳动的一方。不过,近年来的情形有所改善,传播中的劳动问题成为大量批判性研究的主题。为努力克服媒介和传播研究中缺失劳动的问题,许多学者都做了重要工作。

如果说劳动、阶级和资本主义等概念对媒介、文化和传播研究至关重要，那么就需要一种能指导这些分析研究的理论方法。在此情况下，马克思的劳动价值论就是最合适的研究方法。为什么不是其他的理论呢？在基督教哲学看来，异化劳动和阶级关系的存在是上帝赋予的。而在古典政治经济学中，辛劳与贫困由上帝赋予的观念已被摈弃，阶级关系被理解为社会关系。这种关系是社会发展的必要前提，扬弃这种关系的潜能并非来自历史上生产力的发展。古典政治经济学并未阐明当代资本主义生产模式的状态是永恒不变的，而只是认为资本主义社会中以分工、私有制和阶级关系为特征的劳动形式才是永恒不变和天经地义的。与此相反，马克思恰恰批判了这些观点。因此，他的研究方法就是一种政治经济学批判，而非仅仅是对其有所贡献。马克思是把劳动概念的历史性视为理解政治经济学的关键的第一人。在探讨何为工作和劳动时，马克思做了迄今为止最为详尽的分析。因此，在经济学百科全书和辞典中，诸如劳动、劳动力、劳动过程或劳动理论等词条通常主要都是同马克思和马克思主义理论联系在一起的。

马克思的劳动价值论假定劳动和劳动时间是资本主义的关键要素。抽象的人类劳动是价值实体，是所有商品的共同特征。一件商品的价值是生产该商品所需时间的平均值，劳动时间是价值尺度。价值包括实体和尺度两个方面，并以此同人的劳动和劳动时间相联系。马克思认为，价值是所有商品都共有的"社会实体"，是交换关系中的"共同东西"，"可见，使用价值或财物具有价值，只是因为有抽象人类劳动对象化或物化在里面"。商品的价值是"由生产的成本来决定的，换言之，是由生产商品所需的时间来决定的"。价值的大小是"用它所包含的'形成价值的实体'即劳动的量来计量。劳动本身的量是用劳动的持续时间来计量，而劳动时间又是用一定的时间单位如小时、日等作尺度"。准确地说，社会必要劳动即为价值实体："社会必要劳动时间是在现有的社会正常的生产条件下，在社会平均的劳动熟练程度和劳动强度下制造某种使用价值所需要的劳动时间。……可见，只是社会必要劳动量，或生产使用价值的社会必要劳动时间，决定该使用价值的价值量。""由劳动时间决定的商品价值，只是商品的平均价值。""我们如果把商品看作是价值，我们是只把它们看作体现了的、凝固了的或所谓结晶了的社会劳动。"社会必要劳动决定了商品的平均价值，即"市场价值，一方面，应看作一个部门所生产的商品的平均价值。"

每件商品都有其价值（生产时间），在市场和产业中，这是指平均生产时间。但是，在某一产业的市场中，各资本企业生产相似产品所需的平均劳动时间在相互竞争。社会必要劳动时间是在整个经济系统下以平均生产技能和平均生产率水平去生产一件商品所需的平均劳动时间。个人资本拥有自己的生产能力，其劳动力也会有自己特殊的生产技能水准，所以生产一件商品的平均价值同在整个行业中以平均水准来生产该商品所需的社会必要劳动量可以是不同的。

价值规律与生产速度和生产力水平相关：制造一件商品所使用的生产力水平越高，其价值越低。正如马克思所言："总之，劳动生产力越高，生产一种物品所需要的劳动时间就越少，凝结在该物品中的劳动量就越小，该物品的价值就越小。相反地，劳动生产力越低，生产一种物品的必要劳动时间就越多，该物品的价值就越大。可见，商品的价值量与实现在商品中的劳动的量成正比地变动，与这一劳动的生产力成反比地变动。"

工人阶级为了生存被迫进入到阶级关系中，并去创造利润，从而使资本获取剩余价值。剥削剩余价值是马克思理论中的主要概念，他以此证明资本主义是一个阶级社会。正如奈格里（Antonio Negri）所言，"剩余价值的理论是剥削理论的直接结果"，由此还可以推导出阶级理论以及对无阶级社会的政治诉求。

马克思认为，资本并非一般意义的货币，而是靠积累增殖的货币，是"生出货币的货币"。他指出，劳动力的价值是生产生活必需品所要耗费的平均时间（必要劳动时间），在资本主义社会中即是工人为其工资所付出的劳动时间。剩余劳动时间就是超过必要劳动时间的所有无酬劳动时间，它被资本家无偿占有，然后转化成为利润。剩余价值"实质上都是无酬劳动时间的化身。资本自行增殖的秘密归结为资本对别人的一定数量的无酬劳动的支配权"。"在剩余劳动期间，劳动力的利用为资本家创造出无须他付出代价的价值。他无偿地获得了劳动力的这种利用。""其次,资本发展成为一种强制关系,迫使工人阶级超出自身生活需要的狭隘范围而从事更多的劳动。作为他人辛勤劳动的制造者,作为剩余劳动的榨取者和劳动力的剥削者,资本在精力、贪婪和效率方面,远远超过了以往一切以直接强制劳动为基础的生产制度。"

对马克思而言,资本主义是建立在资本家对工人无偿劳动的长期窃取之上的,这就是为什么他形容资本如同吸血鬼和狼人一般。"资本是死劳动,它像吸血鬼一样,只有吮吸活劳动才有生命,吮吸的活劳动越多,它的生命就越旺盛。"剩余价值的生产是"资本主义生产的特定的内容和目的",是"资本主义生产的具有代表性的特征",是"这个生产方式的绝对规律",也是"资本主义生产过程的决定目的、驱动利益和最终结果"。

劳动时间对资本主义来说至关重要,因为劳动力是作为一种商品在使用,因此每时每刻都是金钱,这就是为什么资本有着如此强烈的兴趣去迫使工人尽可能长时间地工作,却支付尽可能少的工资,并尽可能地加大工人的工作强度,以便从他们的无偿劳动中获取尽可能多的利润。

在马克思的劳动价值论中,价值是生产某件商品所需的劳动时间量,但每件商品所需的个别劳动时间是难以测量的,因此平均劳动时间——即在某一时间段里(如一年)生产某种商品所需的平均时间——是经济学中具有重要意义的概念,可从一个公司、一个集团公司、一个国家或国际上整个行业的商品生产中计算出来。资本力图降低商品的价值,以提高利润。商品价值的降低意味着生产的加速,即等值于一定数量货币的相同劳动时间可瞬间生产更多数量的同样商品,尽管劳动费用并没有增加,但单位时间却可以累积更多的利润。

威廉斯在他那部被低估的著作《马克思主义与文学》中质疑道,马克思一直将文化视为"从属的、第二性的和'上层建筑的'——一个'仅仅'包括了观念、信仰、艺术、习俗的领域,这一领域是由基本的物质历史所决定的"。他探讨了马克思主义理论中用于探究经济与文化关系的各种概念,如决定、反映、再生产、中介、同构等等。这些研究方法以不同程度的因果决定论或互为因果论来假定经济与文化的关系,但同时都假定"'文化'是从物质社会生活中分离出来的",威廉斯将这种假定视为"理想主义"。这些研究方法的问题在于它们并非"充分的唯物主义"。

威廉斯指出:"马克思反对把思维'领域'与活动'领域'分离开来。"生产应当同"消费、分配、交换"以及社会关系区别开来。生产力应当是"现实生活的生产和再生产的一切和任何手段",包括社会知识和合作的生产。政治和文化应属物质生产领域,如统治阶级生产城堡、宫殿、教堂、监狱、济贫院、学校、战争机器及受控制的出版业等。因此,存在着"生产社会和政治秩序的物质形态",上层建筑的概念只是一种借口。

这里使我感兴趣的并非劳动是生产性的还是非生产性的,而是究竟什么构成了经济和文化。如果这两个领域是分离的,那么制造钢琴就是劳动,因而是经济的一部分,而演奏钢琴则不是劳动,所以只属于文化。但是,马克思无疑同意演奏钢琴是在生产使用价值,它满足了人类的耳朵,因而也是一种形式的劳动。因此,音乐的生产一定也像钢琴的生产一样,是一种经济活动。威廉斯强调说,文化唯物主义意味着要看到艺术、思想、美学以及意识形态中的物质性特征,当涉及钢琴制作和钢琴演奏的问题时,发现和描述"这些活动之间的关系"是非常重要的。

威廉斯提出了文化唯物主义的重要设想,即"文化工作和活动不是……上层建筑",因为人们要使用物质性的资源来休闲、娱乐和享受艺术。威廉斯假定文化工作是物质的和经济的,同时假定这种物质的和观念的活动潜藏在文化现象之下,将这两种假定联系起来,就意味着文化是一个将所有物质和观念的生产过程联系起来的整体。简言之,这意味着钢琴生产者、作曲家和钢琴演奏者对威廉斯来说都是文化工作者。

威廉斯断言,文化唯物主义需要洞察文化存在所必须的"基本要素复杂的同一性",例如思想、制度、结构、分配、技术、受众、传播和诠释方式,以及世界观等等。他认为,一种符号体系涉及产生它的各种社会关系、形成它的各种制度以及它作为文化技术的功用等等。为避免"人的思想、想象和观念从'人'的物质生活中分离出来的现实危险",在讨论文化现象时,我们需要像马克思那样注重"人类活动的整体性","必须从一开始就注重把文化实践活动看作社会和物质现象"。"'脑力劳动'生产力本身就有着无法回避的物质史,因此也有其社会史"。

威廉斯在晚期著作中强调,信息经济的出现(其中信息、传播和受众是作为商品出售的)尤其要求重新考量经济与文化的分离,要求将文化视为物质的。"信息过程……已成为为经济组织定性的部分。""因此,整个现代劳动过程的一个重要部分必须根据在理论上很难从传统'文化'活动中分离出来的术语来定义。……所以,更多的劳动者参与到这些系统的直接运行和活动中,而这些系统中充满了新的社会及社会阶级的复杂性。"

正如信息是信息社会中经济生产的一个重要方面,文化概念也不能仅仅局限于大众文化、娱乐、艺术品以及商品消费中的意义生产,而应扩展到经济生产和价值创造的领域。因此,文化劳动的概念极其重要。

将音乐文化的例子应用于数字媒介,我们可以发现其相似性,例如,既有生产硬件也有生产软件的数字媒介工作者,还有为创造传播内容、传播方式和社会关系而以生产的形式在硬件上操作软件的数字媒介用户。那些把数字劳动简化为数字内容制作的人,正如那些把文化劳动简化为意义和思想生产的人一样,是用一种理想化的模式把两种本应相互依存的基本元素分割开来。那些使得数字媒介得以共存的各种元素需要一个共同的分类范畴:"数字劳动的国际分工"。

有学者认为,"知识社会"或"认知资本主义"以及"社交媒介"的兴起,使得劳动价值论对当代资本主义来说已经过时和不再适用。维尔诺(Paolo Virno)指出,价值规律已被"资本主义发展本身所破坏和抛弃"。哈特(Minchael Hardt)和奈格里认为,"作为价值基本度量单位的劳动时间单位如今已毫无意义"。威塞隆(Carlo Vercellone)则指出,"认知资本主义"引发了"价值规律危机"以及"动摇了政治经济学基本范畴(如劳动、资本、价值等)之本质的度量危机",知识在生产活动中的日益重要性,即马克思所谓的一般智力(the General Intellect),导致了这样一种情形,即劳动,特别是知识性劳动,"不能再以直接从事生产的劳动时间来衡量","以时间单位来衡量"的抽象劳动也不再是"可用于把握劳动并同时有利于社会生产力增长的工具",创造性和知识在今天构成了"价值的主要来源"。

许多自治主义的马克思主义者认为价值规律如今已不再适用,这一假设并不成立,因为价值规律是资本主义存在的基础,而这一假设是建立在对马克思《政治经济学批判大纲》其中一节的错误理解之上的。在该节中,马克思指出:"一旦直接形式的劳动不再是财富的巨大源泉,劳动时间就不再是,而且必然不再是财富的尺度,因而交换价值也不再是使用价值的尺度。"对此的错误理解就是以为马克思只是描述了资本主义内部的转型。而事实上,马克思在该节中清楚地指出,他是在讨论"工人群众自己应当占有自己的剩余劳动"这一状况。只要资本主义仍然存在,价值就是生产的准则,尽管商品的价值会随着历史的发展而消失,但那将加剧资本主义的危机倾向。克利弗(Harry Cleaver)曾指出,马克思的那段话是在阶级斗争将"摧毁资本主义体制而代之以新体制"的背景下提出的。

在《政治经济学批判大纲》中,马克思继续指出:"当他们已经这样做的时候(即工人群众占有了自己的剩余劳动),——这样一来,可以自由支配的时间就不再是对立的存在物了——那时,一方面,社会的个人的需要将成为必要劳动时间的尺度,另一方面,社会生产力的发展将如此迅速,以致尽管生产将以所有的人富裕为目的,所有的人可以自由分配的时间还是会增加。"马克思谈到了一个"以交换价值为基础的生产便会崩溃"的社会——共产主义社会。

在公共的"社交媒介"中,脸书网站以及其他公司在不断地监控人们的兴趣、使用爱好、浏览习惯、个人资料数据、用户生产的内容以及各种社会关系等。这些都是关于用户的私人、情感、社会、经济、政治和文化方面的数据。用户在脸书上花费的时间越多,关于他/她的数据就产生得越多,这将作为一种商品提供给广告客户。剥削就发生在这种商品化及生产的过程中,而在这种生产和剥削过程完成之后,这些数据商品就出售给了广告客户。用户之所以使用社交媒介,是因为他们在某种程度上企图获取布迪厄(Pierre Bourdieu)所谓的社会资本(社会关系的积累)、文化资本(资历、学历和知识的积累）和声誉资本（名声的积累）。为创造社会资本、文化资本和声誉资本，用户在商业社交媒介平台上花费的时间贯穿于产消合一者的商品化行为转化为经济资本的过程中。商业社交媒介中的劳动时间就是布迪厄提出的社会资本、文化资本和声誉资本向马克思的价值和经济资本转化的过程。

生产内容、情感、爱好、社会关系和社交网络等等的劳动是以时间和空间来组织的，脸书的使用时间即是生产劳动的时间。脸书、谷歌和其他类似公司的社交媒介用户的上网时间就构成了工作时间（在这些时间内，数据商品被生产出来），也是潜在地实现利润的时间。

至此，我们的讨论表明，劳动价值论被频繁地作为意识形态批判的靶标，这种批判认为马克思的理论已经过时。因此，价值概念已被一般化和多元化（如格罗斯伯格所言），价值植根于情感或社交网络（如哈特利所言），但它并非由劳动构成，也不是用劳动时间来衡量的。虽然上述研究取向的意义不同，但都得出了一个共同的结论：彻底批判资本主义和资本主义媒介的迫切性或者不再受到重视，或者完全被无视。

并非所有自治主义的马克思主义者都认可价值规律如今已走到了尽头这一假设。罗特（Karl Heinz Roth）强调了如今全球无酬和低酬劳动大军的庞大数量，包括家庭生殖劳动者、不稳定和非正式的劳动者、奴隶工人、监狱劳工、临时工、季节工、流动工人以及不稳定的个体生产者等等。他和范德林登（Marcel van der Linden）认为，这些人构成了全球性劳动者（全球工人阶级），属于"多元化的阶层和社会群体"。戴尔－韦瑟福德（Nick Dyer-Witheford）指出，全球劳动者是：（1）建立在资本全球化的基础上；（2）建立在复杂的劳动分工的基础上；（3）建立在低酬和无酬劳动（移民工人、家庭劳动者等）的基础上；（4）被嵌入到全球传播网络中；（5）面临不稳定的工作状态；（6）在全球范围内发挥影响。罗特和范德林登认为，从事无偿劳动的奴隶工人也生产价值，尽管其劳动力价格并非支付给雇主的价格，而只是奴隶主的私有财产。他们援引奴隶工人的例子指出，剥削和价值生产并不预设工资关系。他们提出了一种动态的劳动价值论，假定所有通过与资本发生关系从事货币利润生产的人都是剥削阶级的一部分，在此过程中，资本控制和占有生产者本人（奴隶工人）、生产者的劳动力（雇佣工人）、生产资料和生活资料（外包合同工）、劳动产品（无酬和低酬劳工）或再生产领域（生殖劳动），如此等等。

资本的本质是使利润最大化，为此，它会采取各种必要的手段。因为，如果资本家因高投资成本、激烈的竞争和生产力下降等因素而不能积累资本，就将面临破产的危险。如前所述，工资关系是阶级斗争的一个关键因素。资本企图尽可能地降低工资总量，以实现利润最大化。因此，如果可能的话，资本会尽量使劳动力的报酬低于其价值，即低于基本生存所需的社会必要费用。正如克利弗和比岱（Jacques Bidet）所强调的，价值转化为劳动力价格以及这两者之间的差值就是阶级斗争的结果。劳动立法和有组织的劳工运动将为争取得到高于劳动力价值的工资而斗争。但是，倘若劳工力量被削弱（比如，遭受法西斯式的残酷镇压），资本又会利用任何机会去降低工资，以便尽可能地提高利润。新自由主义是一种治理术，通过降低工资总量来增加利润，它是依靠下列办法做到这一点的：削减国家的福利支出，减少医疗保健和教育经费，将这些服务私有化，创造不稳定的（临时的、无保障的和无偿的等等）工资关系，削弱劳工组织的力量，相对或绝对地减少甚至不增加工人的工资，将生产外包给低工资或无偿的劳动力，迫使失业者无偿劳动或为极低的工资而工作，等等。这是一种旨在帮助资本尽可能地降低劳动力价格的政治形式，如有可能，甚至会使其价格低于人类生存的最低值。尽可能多地创造各种不稳定和无偿的工作形式，是资本为降低劳动力成本而进行阶级斗争的表现，其结果就是劳动力价值与价格的分离。这种分离伴随着商品价值与价格的分离：经济的金融化产生了股票及其衍生品，它们在股市中有着虚拟的价格，这些价格建立在对将来高利润和股息的预期之上，而同实际的劳动价值和商品价格相脱离。当代资本主义是一种分离经济，其中价值、利润和价格往往彼此脱节，因此蕴含着高度的危机倾向。

数字媒介领域的学者、企业家、管理者、专家和政治家们常常把脸书、推特和视频网站等"社交媒介"的兴起视为民主经济和参与式经济的兴起来赞美。在这些平台上，用户可以操控传播手段和知识产品，消费者可以主动和创造性地塑造经济。从一种动态的劳动价值论来看，企业型社交媒介就是对无偿劳动的剥削，即用户在其平台上花费的所有时间都被记录下来并加以分析，而后据此创造出数据商品（包含了用户的个人资料和使用数据）出售给广告商，这些广告商根据这些数据，针对特定的用户群制作定向广告。这里，用户劳动力的价格等于零，他们的劳动是无偿的，这就使得资本降低劳动力的价格以获得最大化利润成为可能。

全球性劳动者的多样化并非由各类各自分离的工作和生产关系所组成，而是由相互依存的各种生产关系构成了一个总体。因此，戴尔-韦瑟福德认为出现了一个全球价值主体，它组成了一个以全球工厂形式构成的跨国公司价值链。他强调指出，知识性工作和全球性劳动者的出现并不意味着价值规律的终结，而是意味着剥削的扩大，标志着价值规律从代表"传统的剥削场所"的车间变成了"世界工厂"。在脸书和谷歌等网络平台上，对用户劳动的剥削就是资本主义新阶段的标志，在那里，存在着一个无处不在的工厂，它是一个剥削劳动力的空间。社交媒介和手机网络使受众商品无所不在，而且使工厂也不仅仅局限于个人的起居室和工作场所，对工厂和职场的监控存在于这两种空间之中和之间。今天，整个地球就是一个资本主义工厂。对互联网用户（产消合一者）的剥削不是孤立的，而是计算机网络这一庞大的价值链的一部分。在这一价值链中，非洲的奴隶开采原材料，发展中国家（以及一些欧洲国家）的无偿劳动者组装硬件，发展中国家的无偿劳动者和西方国家的高薪工程师开发软件，工作不稳定（如客服中心）的服务人员提供支持，等等。

戴尔-韦瑟福德认为，全球性价值主体因此"受由世界市场逻辑所形成和制约的价值规律的影响"，但它也具有颠覆价值规律的潜能，其手段是拒绝工作（如抗议、罢工、占领，甚至发生在富士康的那种最极端的自杀形式等等）、拒绝消费（停止使用某些产品，而代之以某些非商品性产品）以及创造评估和生产的替代形式，这种形式超越了货币价值，本质上是非盈利和非商业化的（例如，非专有软件/操作系统、非商品化的社交网站、自我管理的替代型信息通信技术公司等等）。博林（Göran Bolin）据此强调指出，经济价值并非唯一可以塑造媒介的道德价值。库尔德里认为，新自由主义减少了经济学逻辑替代道德价值表达的可能性。换言之，资本主义的价值是降低人的地位的价值，它让人成为附属在机器上的一个不能出声而只能受剥削的齿轮，尽管他们自认为他们一直在发声，但他们的声音和力量却毫无实际效用。我们的目标是消解这种经济价值，使这种（经济）价值不再成为占主导地位的（道德）价值。

价值规律并没有失去其作用，只要剥削存在，它依然在世上无处不在地充分发挥作用。它只是被扩展到各种形式的低酬和无酬劳动中，企业媒介的产消一体化就是其中的一个例子。由于生产力在技术上的不断提升，商品价值势必出现历史性的下降。同时，在资本主义社会，价值是资本、商品和利润的唯一来源。价值的矛盾导致了价值、利润和价格的分离，引发了现实的或潜在的危机，这就表明了危机是资本主义所固有的。这又反过来使得我们用一种以公有制为基础的现实体制来取代资本主义成为可能，在这种体制中，不仅价值，而且创造性、社会关系、自由支配的时间和娱乐，都成为价值的源泉。这种社会被称为共产主义社会，它是对资本主义的否定之否定。

四、结论

特纳（Graeme Turner）指出，文化研究作为一个政治研究领域已经失去了动力，转变成为"仅仅是自我服务"的一种"学术表演"。本文认为，造成这种情形的原因之一是文化研究与马克思的著述之间的复杂关系。威廉斯和汤普森等文化研究的早期代表人物深受人道主义的马克思主义的影响，并对其作出了贡献，而霍尔有时受结构主义的马克思主义影响，有时又背离马克思主义。在过去的30年中，文化研究有严重背离马克思的倾向。对上述三部当代文化研究著作的分析表明，文化研究需要更多地同当代经济学联姻，学者们对此有着广泛的共识。

文化研究应该如何同经济学联姻？这种联姻又如何同马克思的著述联系在一起？在这些问题上存在着争议。哈特利认为，在文化研究中，要用演化经济学来代替批判的、马克思主义的研究取向。格罗斯伯格以马克思反对马克思，旨在对基于一般价值理论的价值概念和危机理论提出一种彻底情境主义的解释。史密斯等人则提出了重建真正的马克思主义文化研究的观点，我赞同史密斯的观点，并且认为在今天，马克思是连接文化研究与政治经济学批判必不可少的中介。当今，我们不仅需要认真对待经济如何同文化和媒介相互作用的问题，而且还需了解我们可以从阅读、讨论和阐释多种马克思原著的过程中学到什么。我赞同旨在克服对马克思的各种偏见的制度性变革，并主张在媒介和文化研究中认真对待马克思的著作和理论遗产。今天，整整一代学生和年轻学者是在后福利主义条件下成长起来的，他们了解现实社会中不稳定的劳动和生活。同时，我们还处于一个充满各种全球性不平等的世界中，要想认识和改变这个世界，就需要思考阶级、危机、批判和资本主义等概念。对于生活在此背景下并有兴趣批判性地研究传播的作用的人来说，关注在研究这些现象的理论和实践方面发挥了极大影响的思想家的思想是绝对必要的。在当前出现全球性危机以及理论批判复兴的背景下，文化和媒介研究只有与马克思相结合，才能充满论题性和政治关切，进而具有现实性和批判性。这种结合不仅需要有志于此的学者和学生的努力，而且需要大学院校、资助机构、期刊杂志、会议、学术协会以及整个研究领域的体制改革。学术界已经经历了行政改革和新自由主义变革，马克思主义不仅是这些变革的结果，更是为随之而来的各种问题提供了关键的解决途径。

现代文化：统一的大众文化还是分层的阶级文化[*]

大卫·加特曼 著[**]　　冯 红 编译

[内容提要] 在现代社会学领域中存在着两种文化批判理论，它们都阐释了文化观念与实践的关联性，并最终将社会不平等合法化了。然而，它们的结论却是完全对立的。法兰克福学派继承了马克思主义的传统，认为现代社会的文化是一种统一的大众文化，不同的阶级共享由资本主义经济结构所形塑的相同的思想观念和实践。这就创造了一种物化文化，它在标准化的、批量生产的、全员消费的商品假象之下掩盖了不同阶级在权力和财富上的真正差异。与此相反，布迪厄则继承了韦伯的理论传统，认为现代社会的文化以差异性为特征，不同的阶级在消费不同品质的文化产品类型。这种有差别的、分层的文化让统治阶级的成员优于其他阶级的成员，继而使他们的文化具有卓越的品质，最终导致了社会不平等的合法化。

[关键词] 现代文化　阶级文化　大众文化　布迪厄　法兰克福学派

---

[*] 本文编译自大卫·加特曼的专著《文化、阶级与批判理论》（*Culture, Class, and Critical Theory between Bourdieu and the Frankfurt School*, Routledge, 2013）。译文原载《国外理论动态》2018年第3期。

[**] 作者简介：大卫·加特曼（David Gartman），美国南阿拉巴马大学学者。

对于批判社会学家而言，有两种最重要的理论表达了文化在现代社会中是如何将不平等合法化的，它们就是皮埃尔·布迪厄的理论和法兰克福学派的理论。虽然两种理论都有其各自倡导的思想，但很少彼此对话，而是更倾向于忽视对方的理论传统所提出的挑战。这两种理论的开创者也是如此。当布迪厄的著作《区隔》在1979年出版时，法兰克福学派的所有开创者都已去世，因此没有机会对这部重要作品关于文化的阐释作出任何回应。而布迪厄在其有生之年却有大量的时间对法兰克福学派的著作进行评述，不过他却通常选择予以忽视。

这种彼此蓄意地对对方重要的理论传统视而不见的做法令人遗憾，它已经妨碍了双方明确地规划和研究两种理论的异同点。布迪厄和法兰克福学派对现代文化都持有一种批判性的见解，他们认为，在资本主义社会中，思想、信念、艺术和文化作品使财富和权力的不平等现象得以再现和合法化。但是，正如一些观点所表明的，使布迪厄与法兰克福学派产生分歧的原因并非布迪厄的实证研究与法兰克福学派的理论聚焦之间的对垒，抑或布迪厄的结构主义与法兰克福学派的马克思主义之间的对抗。两种相似的批判社会学理论之间的真正分歧并不在于研究方法或理论基础，而是现代社会文化的多样性这一具体问题。布迪厄认为，现代社会的特征就是文化客体呈现出等级化的多样性，被区分为不同的阶级，同时也使某个阶级似乎优于其他阶级。这种等级式的文化使统治阶级似乎更配得上其所得到的一切，因为它消费的是"正确的"文化，这就合法化了权力和财富的不平等分配，而被统治阶级获得的利益之所以较少，是因为它消费的是"错误的"文化。相反，法兰克福学派则认为，现代社会的文化客体呈现出一种标准一致或相似的特征，这就掩盖了资本主义社会中真正的阶级划分。这种人人共享的大众文化通过创造全体社会成员基本平等的幻象将不平等合法化，认为其中一些人之所以获得了人人想要得到的东西，只是因为他们在职场上工作更卖力、收入更多而已。最终，这两种伟大的现代文化理论之间的差异可以归结为如下问题：现代社会拥有的是统一的大众文化还是分层的阶级文化？

一、马克思：文化是统一的大众文化

上述两种文化理论分别源于社会学的两位伟大缔造者——卡尔·马克思和马克斯·韦伯。为了理解这两种当代文化理论及其区别，有必要回溯它们的经典起源。法兰克福学派的文化理论源于一种大众文化理论，它模糊了资本主义社会的阶级差异。该理论起源于马克思在《资本论》第1卷中阐发的商品拜物教概念，而马克思的这一概念又源于他在早期著作中提出的意识形态理论。在《德意志意识形态》中，马克思和恩格斯认为，尽管统治阶级或拥有社会财富的阶级与劳动阶级的物质利益在一切社会中都是对立的，但是多数社会还是由一整套根源于经济的共同信念和价值观所统领的社会，"统治阶级的思想在每一时代都是占统治地位的思想"①，并且被全体社会成员广泛接受。为什么会如此呢？马克思和恩格斯给出了两个答案。

马克思和恩格斯首先指出，拥有物质生产资料的阶级同样也控制着文化生产资料——比如报纸、出版社、广播电视——并有意识地利用它们传播服务于本阶级物质利益的思想。他们进而指出："占统治地位的思想不过是占统治地位的物质关系在观念上的表现，不过是以思想的形式表现出来的占统治地位的物质关系在观念上的表现，不过是以思想的形式表现出来的占统治地位的物质关系。"② 这一理解意味着阶级地位并不直接决定思想，而统治阶级以及占统治地位的思想是由一个社会中生产关系的整体结构决定的。这种社会结构在很大程度上通过塑造人类意识的认知极限来决定人的思想。例如，在资本主义社会，职业和阶级的区分妨碍了人们有意识地协调经济活动，并使劳动力的分配转变为市场中的工作机会。相应地，这些生产关系使人本身的劳动在其意识中具有了异化和疏离的性质，受不以人的意志为转移的自然法则的支配。正如马克思恩格斯所说："受分工制约的不同个人的共同活动产

---

① 《马克思恩格斯文集》第1卷，人民出版社2009年版，第550页。
② 同上。

生了一种社会力量……因为共同活动本身不是自愿地而是自然形成的,所以这种社会力量在这些人看来就不是他们自身的联合力量,而是某种异己的、在他们之外的强制力量。关于这种力量的起源和发展趋向,他们一点也不了解;因而他们不再能驾驭这种力量。"①

在《资本论》中,马克思将这种错误的意识称为"商品拜物教",并将其视为一种统治所有阶级并模糊了它们之间的不平等关系的意识形态。因为,包括劳动力在内的所有商品都是按照等同于生产中花费的劳动时间的价值来出售的。劳动力与资本之间剥削性的工资关系表面看来是平等的双方之间公平的交换,从而使有意识的人与人之间的关系表现为物与物之间的关系,这种关系受到市场的客观规律的制约,是不以人的意志为转移的。因此,资本主义在人的意识中创造了一个颠倒的、虚幻的世界,其中,人被贬低为物,而(商品)却被赋予了具有人类特征的意识和意志。但是,马克思认为,新的生产力的出现将会打破商品拜物教的魔咒。竞争迫使资本家用巨大的、仅需要较少工人工作的工厂代替了小型的车间作坊,其中,各个工种就像一支军队一样得到指挥、相互协调。因此,现代工业使人们认识到劳动的社会性,认识到社会劳动有意识的集体分配可以替代市场中无计划的个人交换。

二、马克思的理论遗产:卢卡奇、法兰克福学派和物化的文化

在马克思首次使用商品拜物教概念半个世纪之后,马克思主义哲学家和文学评论家捷尔吉·卢卡奇将该概念重新命名为"物化",并且认为这种将人与人的关系视为物与物的关系的错误观点是一切资本主义文化所共有的。在1923年出版的《历史与阶级意识》中,卢卡奇认为工业无产阶级能够结构性地破除物化的魔咒。资产阶级在结构上无法突破物化的意识形态,因为他们既是主体又是客体。他们为自己的企业作出主体性的决定,但是在这样做的

---

① 《马克思恩格斯文集》第1卷,人民出版社2009年版,第537—538页。

同时，他们又体验到市场规律带来的客体的局限性。另一方面，无产阶级只处于客体的地位，因为资本主义的生产过程剥夺了他们所有的主体化行为，将他们变成受市场支配的劳动力商品。因此，这些工人能够看到被物化的商品假象背后的主体内核，因为他们就是那个内核。他们才是劳动力商品虚假的"物性"（thingness）背后那个物质的、精神的和道德的存在，因此他们才能看到全部商品都是人的创造物。

卢卡奇对物化的阐述为后来法兰克福学派对文化的分析开了先河。他在1920年代早期的著作中认为，革命的无产阶级能够突破物化的假象并发展出阶级意识。他的这一观点似乎被历史事件——1917年的俄国革命和1918年的德国革命——所验证。但是，在1920年代后期和1930年代初期，苏联和魏玛共和国相继依靠威权统治以快速的工业化进程代替了革命性的社会变革。这种通过大规模地分化工人阶级来支持保守政策的做法，似乎与卢卡奇认为无产阶级能够结构性地突破物化意识的观点有所不符。但是，法兰克福大学社会研究所的一些马克思主义知识分子创造性地运用卢卡奇的物化概念解释了后来发生的历史事件。

马克斯·霍克海默、西奥多·阿多诺、埃里克·弗洛姆、赫伯特·马尔库塞以及其他一些知识分子作为一个群体被称为法兰克福学派。他们认为，生存于资本主义之下的所有阶级，其意识和特性都被这一社会制度的结构所扭曲。垄断资本主义的新结构在大规模的生产协作形式的支配下将会产生专制的特性，需要刚愎自用、不容异议的领导者。因此，这种经济形式下的文化产品必然是同质化的、缺乏批判意识的商品，使大众表面上逃离异化的现实，满足于现有体制。换言之，文化变成了物化的商品，从而必然模糊商品假象背后人与人之间压迫性的生产关系。

法兰克福学派坚持马克思的观点，认为文化是由社会关系的一般形式产生的。因此，与卢卡奇不同，法兰克福学派并不相信任何特定的阶级能够形成特有的阶级意识。但是，法兰克福学派并不接受马克思的下述观点，即日益社会化的生产资料可以突破物化的意识。尽管他们承认资本主义建立的庞大的官僚组织能够将成千上万的劳动者有意识地协调和组织起来，但他们同时认为，这种社会化的生产机制没有打破，反而强化了物化的特质。垄断资本主义的官僚机制本身变成不再是人的创造物，而被不可避免地视为可以生产更多商品的技术手段。

法兰克福学派的思想家们认为，这些物化的生产组织也会在文化产品上留下自己的印记，进而产生物化的意识。为了给更大的市场大规模地生产廉价的文化，这些官僚机构不仅严格地制定了标准化的工作任务，而且以标准化的方式生产文化产品。产品的生产缺少多样性和创新性，其目的只在于提高旨在盈利的生产效率。例如，为了大规模地生产汽车，福特汽车公司不仅取消了所有的汽车型号，只推出T型车一个款式，而且还取消了作为基本的交通工具之外附加在汽车上的美化物和装饰。这些由降低成本、提高效率的理念塑造的文化产品产生了不可预见的后果——让消费者了解到这些汽车是在压迫性的生产关系下被生产出来的。例如，这种标准化的、没有任何变化的福特T型汽车表明，生产过程中的劳动者被视为标准化的、没有思想的、被严格控制的物，而非活生生的个体，旨在为他人生产价值。

当工人自身也是消费者时，并且当他们要求他们生产的产品能够使他们逃离工作的异化状态时，这种由文化产品所揭露的垄断资本主义社会的压迫性生产关系就会面临危机。在市场的压力下，资本家不得不向消费者提供富有多样性和变化性的产品，而这是他们作为劳动者在工作中被剥夺的。资本家并没有改变产品本身，而只是将产品中标准化和非人性化的危险信号隐藏在了多样性、变化性和人性化的表象之下。因此，法兰克福学派认为，文化工业的产品本身被物化——它们所具有的个性化的、变幻莫测的、激动人心的表面现象掩盖了一成不变的、异化的生产关系，并且恰恰是在这样的生产关系下被生产出来的。此外，由于来自所有阶层的消费者都被提供了同样标准化的产品，而这些产品只不过是表面上有所区别，因此资本主义的阶级划分就被标准化的产品所掩盖了。先前标志着阶级不平等的高雅文化与低俗文化之间的差异也被抹除，等级森严的社会呈现出共享民主的表象，所有阶层都将平等地共享大规模批量生产带来的丰富商品。

三、韦伯：文化是分层的阶级文化

上述这种文化分析源于马克思，后来由法兰克福学派所发展，对社会学产生了持久的影响，特别是在1960—1970年代。但是，对许多社会学家来说，声称经济结构与一种将不平等合法化的、普遍的、统一的意识之间具有直接的因果联系的观点过于简单化，无法解释现代社会中文化斗争的多样性。为此，许多持怀疑态度的社会学家期待从韦伯的著作中找到一种更令人信服的文化观。尽管韦伯认同马克思关于社会不平等被合法化的观点，但是他与马克思在这种合法化是如何实现的这一问题上持不同意见。马克思认为，文化是经济结构的直接反映；韦伯则认为，文化在决定人的身份秩序方面具有潜在的独立性，从而促使持有不同信念和价值观的人为了荣誉或声望而奋斗。马克思认为，文化通过强迫所有人在信念上保持虚假的统一性来掩盖真正的阶级差异，从而确保了阶级不平等；韦伯则认为，文化为不同的信念设立了不同的等级，使持有某些信念的人似乎优于持有其他信念的人，从而以这种方式将阶级不平等合法化。

在《经济与社会》一书中，韦伯为文化独立于经济的分析提供了一个总体性的论据。他认为，阶级的构成由其在生产商品的经济市场中的普遍地位所决定。阶级群体主要是通过其在市场中所拥有的财产和接受的服务来区分的。相比之下，身份（文化）群体则是由共同的生活方式构成的，并由商品的消费方式决定。但是，韦伯同时认为，就分析的视角而言，这两种群体是由不同的资源界定的；而就经验和历史的视角而言，这两种群体又是以复杂的方式交织在一起的。在其宗教社会学的分析中，韦伯很好地诠释了经济地位与文化状况之间的复杂关系。

韦伯并没有像马克思那样将宗教视为"人民的鸦片"。韦伯并不认为宗教是对经济的一种文化上的反映。相反，他将宗教视为一个斗争的场所，具有其特殊的地位。尽管韦伯承认最原始的宗教承诺可以神奇地影响经济成效，但是他认为，宗教对个体的补偿已经从经济补偿转变为精神补偿，比如，拯救或救赎。宗教救赎通常能够在遭受经济压迫的阶层中得到广泛传播，因为他们比特权阶层更需要来世的救赎，以逃离现世的痛苦，而特权阶层更喜欢现世。然而，受压迫者为了获得救赎所付出的代价慢慢地变得不再是经济上的，而是文化上的，比如，服从于宗教人士制定的一整套道德规范。因此也可以说，宗教产生了一种文化经济。教会、教派和宗教大师等宗教产品的制造者们竞相为消费者提供精神商品，而消费者必须遵守伦理规范。但是，宗教组织向追随者提供的不仅仅是对来世救赎的承诺，还有值得被救赎的现世的某些特质，即超凡的才能或个人的天赋。所以，韦伯认为，宗教制造了一种文化上的不平等，并且成为等级社会现状的一部分。

韦伯将宗教置于身份冲突的领域，认为该领域与阶级冲突交织在一起。他指出，不同的阶级具有不同的宗教偏好，这种偏好并不由经济利益直接决定，但是间接地受到由经济地位决定的实际行为的影响。因此，不同阶级的成员会对那些认可或美化他们行为方式的宗教思想有一种"选择性亲和"（elective affinity），而他们的这种选择很大程度上受到其经济行为的影响。例如，韦伯认为，宣扬伦理救赎的宗教通常是由像知识分子这样有特权的团体创造出来的。但是，这些宗教一旦形成，小资产阶级和手工业者就会对其产生一种选择性亲和，因为这些宗教认可他们的职业所要求的那种理性的、克己的品质。

倘若宗教信念并不直接源于信徒的经济利益，那么是什么确保了信念与他们的实际行为之间的亲和呢？韦伯找到了这个问题的答案：不在文化经济的需求方，而在供给方。正是宗教机构运营者之间展开的对信徒的竞争，迫使他们创造出与信徒的社会地位相符的宗教产品。所以，韦伯认为，救赎的宗教通常是由知识分子创造出来的，他们受到自身超自然的需求的驱使，将这个世界视为一个有意义的世界。但是，为了吸引更广泛的追随者，这些宗教被迫改变信念，以迎合较低阶层人民转向宗教寻求对痛苦的补偿的需求。所以，就像经济市场中的制造商一样，文化市场中的制造商之间的竞争驱使他们提供新的、代表不同身份的商品，以维持老客户，并吸引新客户。这就产生了与驱动经济市场类似的动态的产品划分。

韦伯与马克思一样，都认为文化观念和信念常常将权力和财富的不平等合法化。例如，韦伯认为，对特权阶级来说，宗教的主要功能就是"使他们在现世的生活方式和地位合法化"。相反，无经济特权的阶级追求的并非现世地位的合法化，而是宗教能够让他们在来世免除痛苦。所以，与马克思不同，韦伯认为文化并非统一的大众文化。特权阶级的文化信念和实践并非所有阶级所共有的，但是，在某种程度上，所有阶级都认可特权阶级的文化是上等文化。而且他主张，决定身份等级或认可文化差异的要素是权力。韦伯指出："身份的发展在本质上就是阶层分化的问题，这种分化有赖于篡夺（usurpation）。而这种篡夺几乎是所有身份尊崇形成的标准起因。"韦伯意识到权力有时源于雄厚的经济实力，但是他也认为政治权力同样会影响到文化统治，特别是在宗教方面。

四、韦伯的理论遗产：布迪厄与分层的阶级文化

在现代社会学领域，布迪厄是受到韦伯的文化分析理论影响最大的社会学家。他本人也承认这一点。与韦伯一样，布迪厄认为文化通常包含各种思想和信念，它们并不直接受到经济利益的影响，却间接地受到由阶级地位塑造的行为偏好的影响。布迪厄指出，一个阶级的思想观念是由其惯习（habitus）和一整套无意识的秉性（unconscious dispositions）所塑造的，而这些惯习和秉性又是由其阶级地位决定的。尽管存在差异，但布迪厄的这一观点似乎与韦伯关于一个群体"在现世的生存方式"与其思想观念之间的"选择性亲和"概念还是有共通之处。韦伯致力于研究决定一个群体文化偏好的那种特有的经济行为，而布迪厄则专注于研究一个群体的经济资源，这种经济资源也许在早期甚至个体尚未进入工作领域之前就决定了其行为。

例如，布迪厄断言，由于统治阶级或资产阶级拥有充裕的经济资本，这就决定了该阶级的成员在很小的时候就不会关注商品是否具备能够满足其物质需求的功能。由此，他们被逐步灌输了一种关注商品——比如服装和食品——审美形式而非其材质和功能的惯习。相反，由于被统治阶级或工人阶

级的经济资源匮乏，因而其成员一定会总是关注其物质需求的满足。这种不同的关注点也同样灌输给他们一种惯习——在所有文化偏好上都关注文化产品的物质功能而非美学形式。和韦伯一样，布迪厄也认为经济地位透过商品与思想之间的亲和关系间接地影响人的文化偏好，并最终产生了多样的、而非统一的文化。

布迪厄关于信念多样化的论断引发了一些疑问，其中一个问题就是：在这些不同的信念中，哪种信念会成为具有统治地位的信念，且如何成为具有统治地位的信念？在如何成为具有统治地位的信念的问题上，布迪厄同意韦伯的观点——一整套思想之所以成为统治思想，是因为其倡导者有权力将这些思想强加给所有人。韦伯称其为篡夺，布迪厄则称其为象征性权力或象征性暴力，并且认为，在现代社会中恰恰是国家独占着界定合法思想和品味的权力。布迪厄花费了大量精力用于研究国家如何强制实施这一象征性的垄断——这是教育的主要功能。学校通过设置课程以及对学生表现进行评价将统治阶级的文化标准强加给所有学生。来自较低阶层的学生没有可能达到这样的标准，因为他们因其经济状况而形成的思维习惯使他们更关注商品的实际功能而非外在形式。但是，学校会迫使他们承认统治阶级的标准是有优越性的，因此会合理地将他们的失败归因于他们个人的失败，而不是社会不平等所导致的。

布迪厄的分析与韦伯的观点有相似之处，他们都认为，观念和信念的形成不仅受到文化消费者利益的影响，同样也会受到文化生产者利益的影响。布迪厄特别认可韦伯的见解，并据此阐发了文化生产领域的内在动力机制。布迪厄认为，文化生产者会通过与同行的竞争来追求自己的利益，但不会通过有意识地调整他们的产品来满足文化领域之外各阶层的利益。只是为了寻求扩大他们自己的内部利益，文化生产者才会生产文化产品，用以满足外部各阶层的利益，这些阶层在社会（阶级）领域中与他们在文化领域中所处的地位是相同的。

布迪厄指出，现代社会中的文化领域被划分为两个亚领域。一个亚领域进行着大规模的批量生产，生产者通过满足巨大的市场需求来实现盈利这一现实利益。这个亚领域通常会吸引来自中下层阶级的生产者,他们习惯于关注商品的实际用途,而非其外在形式。另一个亚领域是那种受到限制的或小规模的生产领域,该领域的生产者不受盈利目的的驱使,而是希望获得其他文化生产者的认可(文化资本)。这个亚领域通常吸引着来自上层的资产阶级,他们习惯于关注商品的美学形式,而非实际功能。因此,每个亚领域中的文化生产者都同时受到外部惯习和内部竞争的驱使,从而生产出用以满足不同阶级需要的文化产品。在这样做的同时,他们通过提升统治阶级的文化品味,使之超越被统治阶级的文化品味,从而将整个经济不平等的制度得以合法化。

布迪厄认为现代文化呈现出由权力所导致的信念的多样性,这与韦伯的分析在许多方面不谋而合,但也有一个不同之处,即权力对于思想观念的决定因素。布迪厄坚称,文化权力总是受到经济权力的影响;而韦伯则认为,在不同的社会中,经济地位与文化身份的关系有所不同。

五、在布迪厄与法兰克福学派之间发展一种文化批判理论

在现代社会学领域中存在着两种文化批判理论,它们都阐释了文化观念与实践的关联性,并最终将社会不平等合法化。然而,它们的结论却是完全对立的。法兰克福学派继承了马克思主义的传统,认为现代社会的文化是一种统一的大众文化,不同的阶级共享由资本主义经济结构所形塑的相同的思想观念和实践。这就创造了一种物化文化,它在标准化的、批量生产的、全员消费的商品假象之下掩盖了不同阶级在权力和财富上的真正差异。与此相反,布迪厄则继承了韦伯的理论传统,认为现代社会的文化以差异性为特征,不同的阶级在消费不同品质的文化产品类型。这种有差别的、分层的文化让统治阶级的成员优于其他阶级的成员,继而使他们的文化具有卓越的品质,最终导致了社会不平等的合法化。

我相信,追问究竟哪一种文化理论在实证方面更有效,并不利于我们在发展一种文化批判理论方面取得任何进展。因为,有大量的实证证据表明,

这两种理论都包含合理性。最有效的研究在于指出如何找到每一种理论的合理性。比如，在何种条件下，在什么类型的社会中，在哪一个历史阶段，在一个特定社会中的哪一个文化领域，现代文化更有可能形成一种平等统一的大众文化，而不是多样化的等级文化？对这类问题的比较研究将有助于进一步探讨一种现代文化批判理论。

在继续论述之前，还需要我们思考最后一个问题——理论自身的变化。尽管到目前为止，我认为上述两种现代文化理论是完整的和稳固的，但是，这样的推论并非确定无疑，尤其是对布迪厄来说，其文化理论并非固定不变的。而法兰克福学派及其单个思想家的文化理论也有可能发生变化，不过，这些理论还是仅仅以1930—1940年代为基本前提进行阐释和论述的。然而，布迪厄的理论则完全不是这种情形。在1988年之后，他在进行学术研究的同时，也参与了政治事务，并推翻了一些最重要的观点。以前，他曾批判高雅文化使阶级的特权合法化，但此时，他又开始捍卫高雅文化，并且反对大众文化对高雅文化的侵占。在这个过程中，他抛弃了文化与阶级地位相关联的观点，并且提出了一种文化普世主义理论。他认为，所有的文化必须按照人类潜能中所固有的某种普世标准进行评判。这种观点尽管与法兰克福学派的理论存在一些重要的差异，但是两者仍然非常相似。遗憾的是，随着布迪厄的去世，谁也无法系统地阐述他关于文化变迁的思想。

尽管本文集中论述了上述两种重要的文化理论，但是要完成发展一种文化批判理论的研究工作仍然任重道远，这一研究工作将会主要涉及文化结构在民族社会内部以及民族社会之间的各种变化。在一种真正开放和平等的文化中，文化批判理论不仅是学者们要完成的重要使命，而且也将会涉及所有人的利益。

超越文化批判：当代资本主义供应链的逻辑*

布雷特·尼尔逊 著**　　冯　红 译

[内容提要] 文化批判的抽象概念是对 20 世纪大众消费导致文化成为生产方式或生产关系的产物的描述。文化成为资本主义作为一种意识形态体系推行其影响力的手段。本文尝试性地提出如下问题：在当前资本主义全球化的背景下如何振兴文化批判？文章聚焦资本主义物流和供应链管理所带来的生产体系的诸多变化，认为有关文化的转化、意指、传播和争论等过程已经在相当大的程度上深深地融入到资本主义的发展之中。因此，探究基础设施和技术如何造就了资本与劳动力之间的关系，劳动力的个人力量如何利用了供应链中固有的脆弱性，又是如何应对支撑当代资本主义的网络化组织机构的，这些都是值得思考的问题。本文的总体目的就是使文化发挥反抗资本主义的作用，并反思批判和意识形态的地位。

[关键词] 物流　基础设施　资本主义　供应链　文化批判　意识形态

---

* 本文原载《无疆界文化》（Culture Unbound）2014 年第 6 卷。译文原载《国外理论动态》2018 年第 9 期。

** 作者简介：布雷特·尼尔逊（Brett Neilson），澳大利亚西悉尼大学文化与社会研究所学者。

第二部分　文化批判理论

引言

资本主义、危机、文化批判——这些在《无疆界文化》杂志中具有导向性的术语已经开始以新的方式相互影响。西奥多·W. 阿多诺的文章《文化批判与社会》提供了一种策略：不要以某种标准去评价事物的变化。阿多诺在该文的开篇就指出："对习惯于望文生义的人来说，'文化批判'（Kulturkritik）一词看起来很唐突，这不仅因为这个词像'汽车'（Automobil）一样是由拉丁语和希腊语构成的复合词，而且还因为这个词让人想起一个显而易见的矛盾。文化批判家对文明不满，而其不满唯独来自这个概念。"阿多诺的分析并没有回避批判家与文化之间的这种"矛盾"关系。由于批判家介于超越性（transcendence）与内在性（immanence）两者之间，因此他必须有效地利用他的判断去反对文化是社会的密码的观点。阿多诺在同一篇文章中指出，"超越性"需要一个"阿基米德支点"，"内在性"则意味着"文化的内容不仅取决于它自身，也取决于它与外在因素——即物质生活过程——的关系"。本文探讨了另一种可能性，即文化并非源于这些因素之间的辩证矛盾，它内在于物质生活过程。认可人类学的文化观点，或者反对将文化视为意识形态的研究取向，都是危险的。本文旨在概括出振兴文化批判的观点的基本内容，以应对当代资本运行带来的问题。为此，本文指出，文化深深地嵌入在全球生产体系之中，并成为这一体系的组成部分。在集中分析当代资本主义供应链的组织机构以及劳动力在物流系统中的地位的基础上，我将文化视为一个生产过程，它是现有的生产方式与生产关系不可缺少的组成部分。

本文的主要内容共分为三个部分。第一部分是一个概括性的论述，认为当代经济遵循了阿多诺对"汽车"一词的分析。这部分的主题主要涉及资本主义的转型、危机以及批判在当代的理论话语和政治话语中众说纷纭的地位等问题，并提出了这样一个问题：振兴文化批判的希望在何方？本人认为，希望在于将注意力转移到当代资本主义生产的基础设施条件方面。第二部分透过生命政治的视角探究了古典政治经济学的局限性，并提供了进一步的论据。我认为，资本的可操作维度，尤其是通过物流技术对全球流动的软控制，可以为详细阐释这样一个视角提供适当的理论基础。这部分主要涉及人类学家青安娜（Anna Tsing）对"供应链资本主义"（supply chain capitalism）的描述，我在她的论述中找到了理解和追踪文化在生产体系中的作用的概念性和实证性内容。在第三部分，文章的重点转入了劳动及其在生产体系中的地位问题。通过强调物流实践既对主体性的生产又对文化差异的表征至关重要，我指出，对工人们来说，获取关于组织机构的物流模式方面的知识是一项政治事业。总体来说，本文试图将文化批判视为横跨（across）和超越（beyond）资本运行的政治实验和政治合作的实践。倘若文化是生活过程中具有生产能力的物质因素，那么它就绝不仅仅是一个理性命题、一种判断行为，抑或是文化对社会的一次发现。它要求产生能够干预世界的新的知识实践和方法。

批判、危机、资本

阿多诺认为，文化批判一词"看起来很唐突"，就好似"汽车"一词因为是由拉丁语与希腊语构成的复合词而"看起来很唐突"一样，这一论述为探究物流在文化与资本的物质组织结构中的作用问题提供了一个合适的切入点。这不仅因为这一杂糅的概念（让人回想起米哈伊尔·巴赫金的术语）为文化批判提供了质疑文化问题——从全球化的文化动力问题（简·尼德文·皮特尔斯）到当代资本主义组织机构的灵活性问题（迈克尔·哈特和安东尼奥·奈格里）——的途径，而且还因为资本主义转型常常具有从福特主义转向后福特主义的特点（阿兰·利比兹、大卫·哈维、克里斯蒂安·马拉兹）。尽管这些不同的问题并不适于描述在从未发展大规模工业的部分地区逐渐形成的资本主义多样性，但是，在阿多诺提出了当代资本主义汽车制造业衰败的观点之后，这些问题似乎又有了一定的关联性。贝弗利·希尔弗（Beverly Silver）在《劳动力》（Forces of Labor, 2003）一书中记述了汽车制造业作为一种有"产品周期"的产业的历史沿革，其生产在空间上的可持续性特点引领了20世纪的资本主义向世界的更贫困地区转移，并始终伴随着产业工人的抗争。相比之下，她发现，当代资本主义具有"兼收并蓄和灵活性的特征，在令人眼花缭乱的消费品选择中，以及在迅速涌现出来的新商品和新消费方式中，这些特征显而易见"。我想提出的问题是：正如希尔弗所阐述的那样，如果汽车制造业在资本主义发展的过程中让位于其他消费品，那么文化批判又会如何？阿多诺所进行的与"汽车"一词相关的理性实践的命运将何去何从？至少"汽车"在从内部反对汽车制造业所驱动的（至少是所表征的）资本主义多样性中发出了最强有力的声音。

十多年来，在文化和社会科学内部一直都存在着超越批判的呼声。其中最著名的是布鲁诺·拉图尔（Bruno Latour）提出的批判"已经失去了动力"的观点。关于这一主张，存在着诸多版本，但是其实际结果是要倡导合作或实验，旨在寻求世界的小规模改变，而非从话语上或行动上对资本主义展开大规模的攻击。毫无疑问，这种后批判的倾向（post-critical tendency）常常与制度的现实相关，其中，人文科学的发展一定会受到各种压力的影响：获得企业的资金，创造可预见的影响力。然而，不论这些必要条件是否是主要因素，我们必须做些什么，而不是局限于解构性的阐释。这些观点关乎于对物流和生产网络化的质疑，因为"失去了动力"也暗示着为汽车以及其他制造和运输机械提供能源的碳燃料的枯竭。蒂莫西·米切尔（Timothy Mitchell）在《碳民主》（*Carbon Democracy*, 2012）一书中认为，通过燃烧碳燃料提供能源的方式为20世纪的政治和工业的发展准备了技术和社会条件。但是，考虑到目前大气中的碳峰值以及气候的变化，认为批判走向衰竭的呼声日益高涨。在一篇被广为阅读的文章《历史的气候：四个论题》（"The Climate of History: Four Theses", 2009）中，迪佩什·查卡拉巴提（Dipesh Chakrabarty）写道："一旦我们接受了这一事实，即气候变化带来的危机将与我们同在，并且也许会长时间地存在于这个星球上，要远远长于资本主义，或者在资本主义已经经历了更具历史性的变迁之后仍然存在，那么对资本主义全球化的批判……就无法赋予我们足够的掌控人类历史的力量。"我们如何才能在这样的警示——对资本主义的批判仍是必要的，却并非是使世界变得更好的彻底的政治实践的充分前提——中使当前的文化和社会科学的发展富有意义呢？

本文旨在通过分析物流、劳动力和生活，关注出现在近期的经济危机中的资本的可操作层面，从而努力应对上述问题。查卡拉巴提所描述的环境危机一直伴随着资本主义的全球性危机并受到其影响，这绝非偶然，而正如伊丽莎白塔·马格纳尼（Elisabetta Magnani）所指出的，资本主义的全球性危机已经暴露了金融全球化的局限性及其在物流渠道方面的弊端。如果人们希望通过现实经验来质疑有关经济的决定作用的论述（路易·阿尔都塞称之为经济的"最终"决定作用），就只需要考虑这一危机的社会和政治影响。混乱的全球经济已经给许多人带来了严厉的惩罚，但是政府的反应总体上局限于采取摆脱困境和紧缩财政的方法，这并不能从根本上解决问题。斯图亚特·霍尔（Stuart Hall）、多琳·马西（Doreen Massey）和迈克尔·拉斯丁（Michael Rustin）的论述很好地抓住了问题的关键："最近30年来社会和政治问题的解决方案一直是以经济问题的解决方案为基础的，后者虽然能够澄清一些问题，但是更广泛的政治和社会共识显然仍未达成。"小变化似乎不可能改变现状，因为它并非一场革命性的变革。两种解决方案最终都是受到了求变欲望的驱使。关键的问题似乎是在社会和政治的层面阻断问题，或者通过深化不受社会行为和文化表征影响的物质和技术方面的实践力争抓住改变的可能性。毫无疑问，从占领运动到阿拉伯革命，社会运动和斗争已经陷入僵局，遭到了削弱。在这个过程中，组织机构和政治传播的新形式已经出现。但是，将这些运动的热情和抱负转化为促进更大范围的政治和社会现实变革是很困难的。因为，经济发展与科学技术、组织机构、国家政治和文化变迁之间是相互作用的。要改变这一动态关系，我们需要的不仅仅是文化批判。但是，这种能够意识到危机的系统性和全球性特征的理性实践到底是什么？环境问题的紧迫性可以与经济问题一起考虑而不是与经济现实区别对待吗？这些都是现在要思考的问题。这些问题的解决方案也是开放性的。

现在我开始论及第三个词汇："资本主义"。正是这个词汇激发了上述问题的讨论。"资本主义"一词源于19世纪晚期的古典社会学，具体来讲，出自韦尔纳·桑巴特和马克斯·韦伯的著作。这些思想家深切关注如何通过重塑世界市场彻底挑战传统的社会秩序，如何通过抽象的价值调和社会关系。

"资本主义"概念的提出源于他们想要应对这一挑战的尝试。面对资本的扩张,韦伯试图为政治和社会权力找到新的合理性的标准。其关键点在于:作为一个概念,资本主义暗示了经济进程和经济关系的系统化组织结构以种种方式影响着政治和社会。对韦伯而言,如果这意味着在德国这个民族国家的发展与世界范围的"发达资本主义"之间寻找平衡点,那么这样的平衡在今天似乎是不可能的。虽然民族国家仍然保持着调控能力,然而这种调控由于资本主义的全球运行而越来越黯然失色。这一情形在受到经济危机重创的国家中尤其明显,例如希腊和意大利,在这些国家,大众对紧缩政策的排斥与受全球金融体系支配的权杖形式(三驾马车和技术政府)狭路相逢。经济的力量能够约束所有人的生活,但它自身又处于失控的状态——我们该如何解释这种情形?在何种意义上我们既可以宣称资本主义"最终"不起决定作用,又可以同时宣称经济实力的复苏似乎以种种方式避开了当前的社会和政治反抗?

一个既可以解决这些问题又不需要徒劳地假设经济能够战胜政治的方法就是研究资本主义融入技术发展进程的意义,因为技术的发展已经为社会生活的经济方面和当代政治运行的种种方式提供了不为人知的背景。这又让我们去关注"汽车"一词的另一个维度,这与该词的词源和资本主义产品的特定周期无关,但与英国社会学家约翰·厄里(John Urry)所说的"汽车用途系统"(the system of automobility)有关。这个术语指的是"一种在全球广为传播的自组织的、自足的、非线性的系统,包括汽车、司机、道路、汽油供应以及许多新颖的客体、技术和标志"。厄里对这一系统如何将社会生活固定为一定的流动模式、如何重新设定时间和空间、如何显现出有可能改变社会生活方向的细小变化的潜能非常感兴趣。我在这里提及这一系统的目的并非想要表明,汽车创造的流动性能够为研究文化批判的持续可行性问题提供一个特殊的切入点。厄里对于汽车用途的兴趣反映了他对当代资本主义的基础设施条件以及对远不止于对汽车的迷恋所导致的环境变化的深深忧虑。保罗·爱德华兹(Paul N. Edwards)、凯勒·伊斯特林(Keller Easterling)、斯蒂芬·格拉汉姆(Stephen Graham)等许多作者纷纷强调构成社会和文化生活的物质基础的作用。例如，阿德里安·麦肯齐（Adrian Mackenzie）对计算机如何编码的兴趣，卢西安娜·帕里西（Luciana Parisi）对计算程序的兴趣，狄波拉·考恩（Deborah Cowen）对物流系统的兴趣，都融合为对流通的实际运行的兴趣，因为流通领域不仅影响到经济发展的过程和经济关系，而且会影响到政治组织及其表征的可能性。乔迪·迪安（Jodi Dean）认为，使用网络化电子媒介的政治活动和组织机构是"传播资本主义"（communicative capitalism）体系的一部分，它整合和汇集信息，以便产出价值，以种种方式刺激我们的注意力和消耗我们的能源。但是，这或许是一种过于悲观的观点，它恰恰落入了阿多诺的批判的陷阱，无法逃脱迪安所鄙视的文明。如果真是这样，是否存在着走出困境的出路？文化在政治上是否面临着一条死胡同？抑或新的可能性会在文化批判的灰烬中重生？

资本主义的运行

政治经济学的理性实践已经为20世纪和21世纪的思想家们提供了一个最有效地分析资本主义的场所。然而，与这一实践相关的最杰出人物卡尔·马克思却常常被人们遗忘。他的著述主要以批判政治经济学为特点。虽然马克思并没有系统化地阐述他的思想，但情况确实如此。尽管受到了黑格尔的影响以及有恩格斯的努力，但马克思的写作仍然是不连贯的和尚未完成的。从这个意义上讲，在马克思的研究工作中，对诸如"资本主义"这样重要的术语尚缺乏马克思主义版本的论述。马克思的批判还不能像一部马力十足的蒸汽机那样所向披靡。正如《关于费尔巴哈的提纲》中的那句名言所说的那样，它致力于改变世界，而不仅仅是解释世界；它慎重地利用了英国政治经济学、法国社会主义以及德国唯心主义的传统，并对它们进行了改造和扬弃。或许我们有可能找到一种批判的实践的源头，这种批判的实践既不会重复康德的判断力批判的范式，又不会纠缠于恩斯特·拉克劳所说的意识形态理论的消亡与重生。马克思在《资本论》第1卷中指出了"隐蔽的生产场所"，"在那里，不仅可以看到资本是怎样进行生产的，而且还可以看到资本本身是怎样被生产出来的"①，这一"隐蔽的生产场所"提供了这种实践得以展开的物质和概念的空间。但是，这种富有欺骗性和启示性的政治人类学并非关键所在，其深刻性在于它揭示了表象背后的真理。的确，马克思把这一"隐蔽的生产场所"与"流通领域或商品交换领域"作了对比，认为"劳动力的买和卖是在流通领域或商品交换领域的界限以内进行的"。②但是，这种对比需要从两个方面重新考虑。

首先，虽然马克思倾向于把自由和得到法律认可的契约劳动视为一种资本主义规范，但我们不能将其视为理所当然。马塞尔·冯·德林登（Marcel van der Linden）等研究全球劳动力发展状况的历史学家已经表明了除工资以外的奴隶和契约等奴役制度是怎样成为资本在全球发展的核心的。同样，卡罗尔·佩特曼（Carole Pateman）、凯西·威克斯（Kathi Weeks）和西尔维娅·费德里西（Silvia Federici）等人的女性主义阐述和论战也质疑了生产劳动与生殖劳动之间的分工，挑战了在强调自由的契约工资背后所隐含的男权主义偏见。克里斯蒂安·马拉兹（Christian Marazzi）等研究后福特主义经济转型的理论家们指出了与关系的营造和传递等传统的生殖任务相关的新型生产力的重要性。关于不稳定的劳动力的阐述则强调了不同类型的经济需要和情感倾向如何左右了工人的就业状况，包括布里吉特·安德森（Bridget Anderson）所说的护理人员案例中的情感敲诈，抑或罗萨琳·吉尔（Rosalind Gill）所说的有创新能力的工人"对这份工作的热爱"。无论在以往的历史中还是在当前，劳动力在时间和空间上一直存在着深深的异质化倾向，对此，我和桑德罗·梅扎德拉（Sandro Mezzadra）认为，这种情形已经击破了马克思所认为的掩盖了"隐蔽的生产场所"的自由契约劳动平稳运行和依法规制的"表象"。

其次，干扰这一安排的第二个因素涉及在生产空间中行使权力的方式。在流通和交换领域，如果国家的司法权力机构在劳动契约上盖上了印章，那

---

① 《马克思恩格斯文集》第5卷，人民出版社2009年版，第204页。

② 同上。

么生产场所似乎就处于米歇尔·福柯所说的规训权力（disciplinary power）之下。我们还记得，马克思在写完"隐蔽的生产场所"一章时指出："原来的货币所有者成了资本家，昂首前行；劳动力所有者成了他的工人，尾随于后。"后者"只有一个前途——让人家来鞣"。① 然而，如果我们理解了福柯专门质疑国家司法权力的早期讲座《权力的陷阱》（"The Meshes of Power"）时，就会发现情况更加复杂。在1976年于巴伊亚大学举办的这个讲座中，福柯将"司法类型的权力"比作"雇主在车间中行使的事实上的权力，这种权力在某种程度上是严密的，同时又是相当具体的和相对自主的"。福柯还提到了马克思的《资本论》，他从中发现："不只存在一种权力，而是存在着几种权力。"这导致福柯最先提出了"生命权力"（biopower）的概念，该概念规定了人的生活。在与梅扎德拉共同撰写的著作中，我将福柯的这两种权力的"各种主体目标（个体与群体）"与"劳动力的两面性"联系起来：一面是"作为劳动力的'承载者'的'活生生的身体'，另一面是这个概念所涵括的一般的人类潜能。或者从另一个角度来看，一面是劳动者的个人经验，另一面是其在社会合作中的现实生活"。

  对于规训权力与生命政治权力在生产环节紧密交织在一起的强调，再加上对自由的契约雇佣劳动的历史特殊性的重视，使得人们能够更灵活地评估资本的社会关系中所具有的权力类型。权力组合（assemblages of power）的概念在这里很有用，因为它为各种不同的权力结合在一起提供了多样化且具有偶然性的方式，用以促进资本的周转，并推动劳动力的生产。它还可以解释这种权力结合在很长的一段时间内或在某些空间内聚合在一起并维持稳定性的趋势。尽管"组合"这个概念的历史沿革可以追溯到吉尔·德勒兹（Gilles Deleuze）和菲利克斯·瓜塔里（Félix Guattari）的研究，但我使用组合这个概念更多地直接源于翁爱华（Aiwha Ong）、斯蒂芬·科利耶（Stephen Collier）和萨斯基娅·萨森（Saskia Sassen）对全球组合（global assemblages）的讨论。这些思想家强调指出，这样的组合往往会重新配置国家领土和权力，而不是

---

① 《马克思恩格斯文集》第5卷，人民出版社2009年版，第205页。

完全取代它们。曾经完全由国家行使的权力被分解,并以混合了技术、政治和行为者的特定排列组合重新安排它们。这符合福柯关于生命权力的描述,生命权力这个概念追溯了脱离国家司法形式的权力的历史运动。它还增加了一种偶然性因素,这种偶然性质疑了源自社会有机观念的关于经济和文化的总体化解释,它们来自黑格尔对精神的看法或功能主义和结构主义的社会学版本。然而,对偶然性的关注可能会导致一种使网络化互动变得扁平化的观点,就好像各种因素的链接和脱离是在没有冲突或分歧的情况下发生的一样。就劳动力和生产率而言,至关重要的是要表明权力组合是如何超越物质构成所固有的根本不对称性和对抗性的。

这就是有关生产网络和供应链系统的实证研究发挥作用的地方。在当前的条件下,马克思所描述的"以物为媒介的人和人之间的社会关系"[①]已成为蓬勃发展的物流管理科学的研究对象。至少自威廉·劳恩哈特(Wilhelm Launhardt)的《踪迹理论》(*The Theory of the Trace*,1900)和阿尔弗雷德·韦伯(Alfred Weber)的《工业区位论》(*Theory of the Location of Industries*,1929)等作品问世以来,尽管分销业务一直受到运算方法的限制,但数字系统的引进极大地提高了降低贸易运输和劳动力成本的可能性。1960年代席卷资本主义组织文化的所谓物流革命,伴随着金融交易的速度和社会意义的不断提高,以及从人口和自然资源中获取价值的压力不断增加,这一切使得人们开始重新强调资本主义的运行层面。

参照物流部门的发展状况,或许就可以最好地解释将生产要素与流通和交换要素相融合的必要性。在福特主义的积累体制下,想要通过生产和剥削劳动力来增加价值的假设已经失效。虽然玛丽亚罗莎·科斯塔(Mariarosa D. Costa)和塞尔玛·詹姆斯(Selma James)等女性主义思想家对此提出了异议,认为这种生产依靠的是妇女的无薪酬工作,但这一观点还是对企业内部运输或分销的作用产生了影响。将商品送至消费者手中的成本本应最小化,因为它不产生价值。但是,随着物流的发展,这种情形正在发生变化。从军

[①]《马克思恩格斯文集》第5卷,人民出版社2009年版,第878页。

事行动研究中得出的系统分析方法被应用于运输问题。这方面出现了许多相关的发展，包括：引入货运集装箱，将物流与计算和软件设计相结合，形成用于生产和传播物流知识的学术和产业机构，建立更有效的工人绩效监测系统。更有意义的是，物流融入了生产过程本身，成为了实现利润最大化的一种手段。与此相关的是，企业的空间组织结构的变化、全球供应链的演变以及在世界贫困地区对廉价劳动力的搜寻。货物在全球的不同地点组装，物品和知识在各地区之间流动，这些均使得生产与分销之间的界线越来越模糊。物流也使得全球的空间组织结构变得更加复杂。出口加工区和物流园区等地理实体开始出现，从而为吸引投资和组织全球生产提供了一个新的地理布局。令人惊讶的是，物流也在服务经济和生产的过程中发挥了作用，虽然它不涉及物质产品的制造。从金融运行到电视制作，从翻译服务到全球护理链（global care chains）的形成，物流的工作组织和流动性成为资本主义市场扩张和市场逻辑的核心。

在一系列出版物中，我探讨了与资本主义转型、时空生产、主权和全球治理变化相关的发展。自1960年代以来，推动物流革命的技术和组织体系发生了巨大变化。供应链管理和准时制生产系统（just-in-time production systems）的发展需要物流数据的控制反馈到生产和分销系统中。企业资源计划和电子数据交换软件平台帮助人们对生产、运输、展示和销售的各个方面进行数字化的记录、交流和分析，这在更广泛、更清晰的物流系统中得到了体现，这些系统试图不断地绘制出正在运行的物体的位置和轨迹。这些系统的实时整合提供了一种前所未有的能力，可以在链条的每一点上使劳动合理化，加快系统变换的速度，并压榨工人以获得更高的生产力。但是，事实证明，要想实现将精益生产的理想与灵活的和适应性强的物流过程相匹配的愿望是非常困难的。倘若没有危及生产系统的稳定性和灵活性，就不可能降低成本、消除浪费和优化流程。通过模拟全球生产体制的供需双方行为者的决策，供应链弹性（supply chain resilience）的问题促使人们努力将偶发事件最小化。如今，情景规划（scenario planning）的复杂技术——有时涉及使用金融市场应用程序的软件被取消——被用来最大限度地减少导致出现差异和中断的选择。实现系统之间的协同性以及构建"容错"机制所面临的挑战突出了标准化努力所面临的困难。尽管如此，供应链的内部治理仍然要求有层级性、可编码性、包容性和协调性方面的规约。

正如青安娜所指出的，"供应链的多样性不可能受到来自供应链内部的充分约束"，这使得供应链具有"不可预测性——而且作为理解资本主义的框架充满吸引力"。青安娜的考察对于研究文化在文化批判消亡后如何在发展一种充满政治影响力的资本运行方法方面发挥作用具有重要意义。她对供应链的理解的核心是，强调跨越全球的供应链如何开创和融合了多样化的局面，通过努力削减劳动力成本和规训劳动大军来应对劳动力和资本的困境。她写道："供应链中的资本家们担心多样性，而且他们的自我意识使我们很容易看出，多样性是当代资本主义结构的一部分，而不是一个无关紧要的附属物。"这不仅仅是沿着供应链排列开来的各企业或者附着在这些企业运行的节点上的文化和经济条件的不同之处。这也是供应链中不同行为者之间的关系问题，以及他们必须进行何种磋商才能发挥作用的问题。在《摩擦》（*Friction*，2005）一书中，青安娜列举了一个从加里曼丹运输煤炭到印度的例子。首先，煤必须从地下开采出来，然后被运到一个港口城市，在那里进行分类和分级；从这里开始，它必须被快速移送，以避免价值损失；当它最终到达印度时，必须满足发电厂管理者的要求。将商品沿着链条分流，需要的不是一种模糊的、超然的、抽象的"煤"（coalness），而是一步一步地就即将来临的可能性进行的磋商，包括开采、分类、运输等等。青安娜写道："我们越仔细地观察商品链，包括运输在内的每一步就越是可以被视为一个文化生产领域。"她的意思是，商品生产的工作在某种意义上说是通过供应链中的参与者们之间不稳定的文化互动来完成的。

这种对文化生产的理解与阿多诺对文化工业的不满态度相去甚远，也与最近对劳动力的不稳定性和"自由劳动力"——当今主要就业于数字化创意产业——的评估相去甚远。青安娜的思考引起了人们对存在于供应链中的摩擦问题的关注，以及文化对促进和破坏供应链的运行的作用。她用道路上使用的轮胎作比喻："摩擦不只是减缓了物体移动的速度。我们还需要用摩擦来保持全球性权力的运转。它告知我们轮胎的哪个部分才可以派上用场（如同广告中吸引消费者关注的广告词）。"这个比喻非常有用。它指出了为什么经济并非无摩擦的过程，但也说明了摩擦如何才能支持经济运行。物流就是一个很好的例子，因为它设想了摩擦对于调节生产与分配之间的关系的可能性。在实践中，物流人员的规划和设计遇到了各种各样的障碍，这些障碍——从自由劳动力到交通阻塞点——甚至促进了他们这代人的创新发展。青安娜的观点涵盖了这些阻塞环节，并探索了文化在促进经济互动的过程中的作用。在她的著作中，有一个观点并不引人注目，即对于如何开创了政治组织实践的理解，但它回应了资本主义在构建供应链时所追求的那种特殊的网络化组织形式。下面，我将转向这个问题，以探究其理论和实践这两个环节。

战略定位

我们如何才能将"对于文化在供应链这一组织结构中所发挥的不确定作用的理解"与"对于影响了当代生产领域的多变的权力框架的分析"结合起来？青安娜坚持认为，"运输"甚至已成为"一个文化生产领域"的观点正在引起人们对供应链的一个重要方面的关注：供应链不仅将不同的地点和企业联系在一起，而且将不同的劳动力联系在一起。劳动力如何沿着供应链相互关联的问题，是一个对于跨越碎片化的全球化地理布局建立起政治稳固性至关重要的问题——至关重要的是，要保持一种将劳动力的生产视为商品的意识。这意味着，不能像马库斯·泰勒（Marcus Taylor）所说的那样，将劳动力视为"经济发展过程中空间分配的一个先验因素"。我们必须说明劳动力是如何在不同的地点以及在同一地点被生产和再生产的，除有关当地劳动力的现有研究外，还必须进行必要的实证调查。这也意味着，沿着供应链的文化互动问题将与围绕政治主体之生产的理论和实践问题联系在一起。什么样的政治主体可以阻断供应链的运行？这样的主体在哪里？它如何产生以及如何命名？对于任何试图直面支持当代资本主义运行的网络化组织形式的政治重塑来说，这些都是至关重要的关键问题。

为了有助于分析，我将分别考察两个最重要的方面，尽管这两个方面在现实中是紧密交织在一起的：在供应链中的任何一个节点上对劳动力的支配，以及在这些节点上工作的劳动力之间团结起来的机会。我在上文中对权力组合的讨论与第一个方面有关，因为它解释了为什么签订契约是除规训因素和生命政治因素外促成劳动条件的唯一因素。显然，在供应链中处于不同工作地点的工人的服从模式之间存在着差异。还有一些来自外部的社会和文化因素影响着劳动力在这些链条的任何一个节点上的生产。正如青安娜所认识到的那样："没有任何企业需要亲自发明父权制、殖民主义、战争、种族主义或监禁，但每一家企业在供应链中都享有动员劳动力的特权。"物流的运行也为全球治理提供了强有力的形式。实时衡量劳动力的绩效，并利用由此产生的数据生成优化劳动力效率和成本的参数，这种尝试是当代供应链管理的一个显著特征。这种实时性的劳动力测量可以理解为是想要消除活劳动与抽象劳动之间的区别。马克思将活劳动定义为"造形的火"①，即劳动者身体中所承载的主体性的劳动能力，它们进入到合作网络之中，并被安置在从事劳动的具体情形中。抽象劳动是对劳动力进行的一般化的时间度量，它将劳动力转化为价值语言，并为建立全球性的劳动力商品市场提供了监管性的纽带关系。但是，区分活劳动与抽象劳动还具有重要的政治价值，我们可以在抵抗和控制的框架内对此加以理解。这意味着，它可以揭示随着经济进程和经济关系的全球化而出现的物流实践所固有的权力品质。活劳动与抽象劳动之间的对立源于前者的多样性和具体性不能被完全简化为后者，并且当代资本主义也加剧了这种对立。而物流正在展示出通过协调和评估等技术性进程消除两者之间差距的前景。

然而，物流控制以双重方式管理工人，要求他们服从于关键业绩指标（KPIs）、标准作业程序（SOPs）、标准检查程序、审计、配额、最佳业务实践等新的监测形式。与此同时，它又将工人置于全球生产系统中，使工人的小小行动可以产生广泛的影响。约翰·沃马克（John Womack）在他撰写的文

---

① 《马克思恩格斯文集》第 8 卷，人民出版社 2009 年版，第 73 页。

章中提出了他所谓的"战略定位",试图寻求社会和/或技术方面的条件,以便最大限度地发挥在链条的某个节点上采取行动可能产生的中断效应(the disruptive effect)。在这里,蓄意破坏的反抗环节与劳工组织的构建环节交汇在一起,而识别出这一交汇点——更不用说在这方面采取行动——是一个复杂的问题,它往往需要劳动者之间的合作。

这就引导我开始分析供应链中的政治主体性产生的第二个环节:不同劳动力之间的团结问题。由于沿着供应链部署排列的劳动力在种族、阶级和性别上具有显著的差异,或者由于他们经常在不同的国家管辖范围和不同的权力、领土和权利体制下工作(比如在经济特区从事重要的产业活动),因而这并非易事。在这里,文化差异和文化转化问题并非讨论杂交或流动问题的抽象隐喻,而是在劳动力的政治组织中不可避免地要面对的实践问题。

尽管全球供应链在对当代资本主义的阐述中发挥了至关重要的作用,但其却常常是极其脆弱的实体,这是因为,将精益性与灵活性对立起来的努力会导致出现这样的情况,即系统的优化以牺牲其弹性为代价。劳工组织出现了新的机会,因为战略行动可以在供应链中产生共鸣,对上下游都有潜在的破坏性影响。码头工人通过自发的突然罢工,或者快递员在一年中的关键时间不去工作,这些都是对其工作的那条供应链中的漏洞作出的反应。虽然资本可以通过改道或贮备来应对这种行为,但它只能以牺牲其所付出努力得来的效率为代价。如果我们进行系统的研究和应用,那么工人们对他们所工作的物流网络的共同理解可以成为一种重要的政治知识。

这类知识的生产不仅涉及在供应链中的工人之间建立战略联系的问题,而且还涉及将物流的计算领域从物流的实际领域中分离出来的分工问题。例如,码头工作和卡车运输的男性领域需要与数据输入、货运代理和采购等女性化的"无领"(no collar)劳动建立联盟,就像2012年12月关闭洛杉矶港的成功罢工中所发生的那样。当这些差异跨越国界时,挑战就会增加。比如,在"虚拟移民"(virtual migration)——印度等国的工人为遥远地区的公司和客户提供服务——中,这就是一种常见的困境。要克服这些障碍,物流工人就必须认识到编码和计算系统对工作场所内外生活的实质性影响。它还意味着这些方面的生活知识无法被物流实践的运行层面和制度层面所吸收，这些方面可以在某种程度上表现和调节差异。拥有全球生产体系的文化的物质表现存在于劳动的组织结构之中，就像它存在于资本的运行层面一样。振兴文化批判既要掌握资本运行的编码，也必须了解存在于编码之外的各种差异和生活。

结论

物流知识工作者为了推进其政治目标需要积累的知识与文化和社会研究者为了了解资本主义在当代危机中的变化形式所必须掌握的知识实践之间有着密切的关系。供应链并非全球资本主义唯一的当代形态。不断扩大的金融化范围以及对非洲和拉丁美洲的榨取同样促进了新的经济和社会措施的出现。理解这些不同类型的资本主义运行方式的相互影响和独立发展是理论分析和政治实践的优先选项。但是，通过关注供应链，可以分析全球时空的异质性如何体现在跨越地球表面大片区域的技术和劳动力的配置中。因此，它以超越阿多诺在《文化批判与社会》中所说的批判家的"阿基米德支点"和无法"解决使其劳神的矛盾"的"内在批判"的方式提出了全球性的文化和社会分析问题。物流组织领域表面看来似乎与文化物质领域相去甚远，但在现实中，前者却必须千方百计地应对后者。物流组织领域的文化考察需要实验与协作的新实践，将信息技术中闪闪发光的电路与艰难而又往往肮脏的辛苦劳作联系起来。这样才能创造一种有助于建立政治组织和切断产业链条的知识。

世界各地的物流纠纷不断增加，近期反对宜家和亚马逊等公司的斗争证明了这一点。撇开理论上的争论不说，这些现实斗争本身就具有一种活力，它们所进行的干预活动表明，有必要对生产和交换制度本身而非其意识形态表象进行批判。仅对当代生产系统进行文化分析，而不考虑其物质和信息发展进程，将无法辨别在当前的危机中出现的资本的运行要素，也无法应对面临环境问题挑战的反资本主义政治。尽管当前的经济异常动荡，但物流业的蓬勃发展绝非偶然。斯蒂法诺·哈尼（Stefano Harney）和弗莱德·莫滕（Fred Moten）将物流描述为"一个蓬勃发展的领域，一个征服的领域"，它总是追求比金融化更大的奖赏——"资本没有劳动力也能存在的幻想"。要想打破这一幻想，绝不仅仅是重建文化批判的问题，它还需要一种以融合和创新的方式继续坚持批判性的文化智慧，同时还要能够横跨和超越维持资本运行的物质要素和技术要素。

文化多元主义*

理查德·J. 伯恩斯坦 著** 　 高莉娟　张国敬 译

[内容提要] "文化多元主义"这一表述曾被威廉·詹姆斯的学生霍勒斯·卡伦广泛传播。通过与将美国视为"熔炉"的观点进行类比,卡伦试图阐述文化多元主义的特征。本文对多元主义之意义的探讨正是在这一美国实用主义传统的语境中充分强调了詹姆斯的多元主义理论。文章剖析了兰道夫·伯恩和阿兰·洛克研究文化多元主义的成果,并得出如下结论:在全球背景下,一个尊重差异并因此而丰富多彩的民主社会与当代对文化多元主义的讨论密切相关。

[关键词] 文化多元主义　实用主义　移民　种族　多样性

"多元主义"(pluralism)一词承载了众多含义,是一种多元化的多元主义。但是,在美国的背景下,多元主义——尤其是文化多元主义——的意义经历了独特的发展历史。一种说法认为,它植根于威廉·詹姆斯(William

---

* 本文原载《哲学与社会批判》(Philosophy and Social Criticism)2015年第41卷。本译文是2013年度教育部人文社会科学研究青年基金项目(13YJC740053)的阶段性成果。译文原载《国外理论动态》2017年第3期。

** 作者简介:理查德·J. 伯恩斯坦(Richard Jacob Bernstein),美国社会研究新学院哲学系学者。

James）和约翰·杜威（John Dewey）（以及他学生）的实用主义。"文化多元主义"（Cultural Pluralism）这一表述曾被霍勒斯·卡伦（Horace Kallen）推而广之，卡伦是詹姆斯的学生，也是杜威的亲密同事。正如我们所看到的，文化多元主义的观点在20世纪的头几十年很受重视。1870年至1920年，美国接收了2700多万移民，其中绝大多数来自欧洲东南部。也许历史上任何时期都没有一个国家如此欢迎移民。截至1910年，纽约40%的人口都是在国外出生的。但是，如果相信这股移民潮是一个顺利而受欢迎的过程，那就是如同神话般的虚构。人们对于外国人"毒瘤般的"影响存在着广泛的歧视和恐惧。甚至我们的大学和学院都设置了严格的指标，以便将某些移民群体排斥在外。整个国家到处都有不接受犹太人或天主教徒的宾馆、娱乐场所或餐馆，当然，黑人也在被禁止之列，这种状况一直持续到1960年代。尽管经历了巨大的移民潮（美国在20世纪初仍然是一个以盎格鲁－撒克逊白人新教徒为主的国家），但很多人希望一直保持这种状态。相关的"学术"研究固化了这种模式，并证明了种族主义的正当性。简而言之，对于开放的移民政策存在着强烈的抵制。"一战"后，美国国会颁布了限制最为严格的移民政策。到1924年年底，新的联邦法律开始严格限制移民，优生学"专家"支持国外移民在种族上比北欧人种低劣的观点。正如反种族通婚法所规定的，对黑人施以私刑的做法很常见。直到1967年，美国最高法院才规定反种族通婚法是违背宪法的。

正是在这样的背景下，我们才能理解实用主义思想家赋予多元主义的重要意义。作为一位颇具才华且享有盛誉的演讲家，美国哲学家詹姆斯于1908年被邀请到牛津大学做关于哲学现状的系列讲座。一年后，讲座手稿以《多元的宇宙》为名出版。在那个时代的美国和英格兰，绝对一元唯心主义的各种形式在哲学家中极为流行。这种绝对唯心主义哲学受到了黑格尔的启发，或者更确切地说，受到了英美哲学家对黑格尔思想解读的启发。绝对唯心主义旗帜鲜明地反对一切形式的实证主义，尤其是那种宣称所有知识最终都建立在孤立的知觉或感官材料基础上的实证主义。詹姆斯在其《心理学原理》一书中批判了实证主义传统中的原子主义倾向。他强调一切经验都具有变动不居的性质:"心理之流的持续流动被牺牲掉了,在它的位置上,一种原子论、一种碎砖式的建构方案正在得到倡导……我说这些话的意思,是要对来自洛克和休谟的整个英国心理学以及来自赫尔巴特的整个德国心理学表示怀疑。"詹姆斯还批判了那些声称所有事实都包含一个具有内在关联的单一总体的绝对或一元唯心主义者。他觉得这两种极端的哲学立场都犯了"严重的唯理论"的错误,它们用知识的抽象代替具体变动的经验的复杂性。缺乏逻辑的经验原子主义和停滞闭塞的宇宙一元论是绝对错误的。詹姆斯指出:

> 正如我们所发现的,乍一看,世界是多元主义的。它的统一性似乎就是任意集合体的统一性;我们的高层思考主要包括努力将它从最初的原始状态中挽救出来。我们假定比最初的经验获得了更多的统一性,我们也发现了更多。但是,绝对的统一性尽管在各个方向都有明显的迹象,却始终没有被发现,始终保持着界限。最后,存在着哲学家们在讨论世界的过程中必须加以区分的不同"观点";在一个观点看来内在的、清晰可见的东西,对另一个观点来说却始终是干巴巴的外在数据。那些负面的、不合逻辑的东西从来都没有被完全清除。尽管你也许是最伟大的哲学家,但从你的观点出发,某些东西——所谓的"命运、机遇、自由、自发性、讨厌鬼、你所希望的"——仍然是错误的、另类的、外来的、受排斥的。

对于詹姆斯来说,总是存在着相互矛盾的"观点"。人类不可能达到上帝的全知全能。詹姆斯开创了一种形而上学观点,认为宇宙本身是多元的,那种认为宇宙是由单一总体组成的一元体系的观点具有误导性。詹姆斯知道,他的激进多元主义观点会触怒很多哲学家,但他相信自己的观点能够更加真实地反映经验与事实相互纠缠的特点。

> 彻底的多元论从未得到哲学家的赞许,这真是怪事。无论是持唯物主义还是唯心主义观点,哲学家们从来都以清理世界上显然充斥着的一

堆破烂为目的。哲学家们已经用一些经济而有条理的概念来代替那些明显杂乱无章的事物；无论这些概念是在道德上高尚的还是在理智上清晰的，哲学家们至少总是在审美上纯洁而确定，并且他们的目的是在内部结构方面把某种清晰和理智的东西归因于世界。我公开宣称的多元经验主义，与上述理性化的描述相比，只是提供了一种并不高明的现象。多元经验主义是混乱的、模糊的、哥特式的，缺乏开阔的轮廓，也很少富于独创的崇高性。

尽管詹姆斯的讲座主要涉及宇宙的多元主义前景，但很显然他的多元主义会导致严重的伦理和政治后果。在诸如《人类认识之盲点》和《人生意义的由来》等论文中，詹姆斯认为我们经常是盲目的，并且对那些与我们迥异的他者麻木不仁。我们对他者的轻视和责难来得太快，没能努力看清世界的模样，也没有从那些生活经历与我们截然不同之人的角度出发去感受。詹姆斯的多元主义并不繁琐，也并非感情用事，而是需要用其他观点和想象来理解，并进行批判性的论战。

当詹姆斯在牛津做讲座时，听众里有哈佛大学哲学专业的两位学生——卡伦和阿兰·洛克（Alain Locke）。他们二人在传播詹姆斯的多元主义对宗教、伦理、种族所产生的影响方面发挥了关键作用。卡伦1882年生于德国，儿时就来到了美国，其父是一名东正教犹太裔拉比。卡伦就读于哈佛大学，师从乔治·桑塔耶拿（George Santayana），但也受到詹姆斯的启发。詹姆斯做讲座时，卡伦正好在牛津，因为他获得了哈佛大学提供的游学奖学金。当卡伦在哈佛大学担任助教时（詹姆斯担任教授），洛克正好是哲学专业的一名本科生，也是第一位获得牛津大学提供的声名显赫的罗德奖学金的美国黑人。尽管他获得了罗德奖学金，牛津大学的许多学院却以种族为由拒绝接收他。的确，很多来自美国南部、同样获得罗德奖学金的白人学生写信要求取消洛克的奖学金资格。洛克到达牛津时，他的绝大多数美国同学（卡伦除外）都冷落他。后来，洛克成为著名的"哈莱姆文艺复兴运动"的知识领袖，并一生都与卡伦保持着友谊，他还呼吁建立一种包容非裔美国人的文化多元主义。

为了理解卡伦和洛克（以及其他人）的贡献，我们需要了解他们发表言论时所处的文化背景。在那个时代，存在着要求所有移民"美国化"的强烈呼声。在1912年的总统选举中，西奥多·罗斯福宣称："在这个国家，我们只有容纳一种语言的空间……我们将会看到这个熔炉把我们的人民变成美国人，而不是讲多种语言、居住在临时公寓的寄宿者。"罗斯福所指的"熔炉"令人想起了一部曾经风靡一时的话剧——《熔炉》。这部罗斯福曾经观看并热烈赞扬的话剧由伊斯雷尔·赞格威尔（Israel Zangwill）创作，剧中主人公宣称："美国是上帝的熔炉，欧洲所有的民族都在这个伟大的熔炉里被融化、改造……德国人和法国人，爱尔兰人和英格兰人，犹太人和基督徒，犹太人和俄罗斯人，所有人都进入到这个大熔炉中！上帝正在铸造美国人。"在美国，"熔炉"这一比喻曾经（现在也仍然）影响巨大，它意味着外国人应该丢弃他们奇怪的习俗、语言和文化并将自己融入到一个同质化的社会中。更具讽刺意味的是，它意味着移民应该被同化到强大的盎格鲁-撒克逊文化之中，以便成为"真正的"美国人。1996年，卡伦在进步杂志《国家》上发表了其代表作《民主与熔炉》，尖锐地批判了美国社会试图根除所有文化差异的观点。"熔炉"一词表明，一切元素都要被抛入炉火之中，然后成为具有同质性的集合体。卡伦对此反驳道：

> 一个人即使处于"自然状态"中，在骨子里也不仅仅是如"经济人"一般的数学行为单位。他的祖先在时间上先于他，并在他内心刻上了深深的烙印；他的家人和亲属在空间上围绕着他，并和他一起追忆远方的共同祖先。他的生活、行动乃至存在都离不开这些。

卡伦希望不同的宗教和种族群体能够为他们的文化传统感到自豪。他将美国想象成一个认同并尊重文化差异的国家，并坚信这种文化差异可以使民主更具活力："我们希望将美国打造成什么：是一个整齐划一的、新英格兰式的美国？还是一个和谐共存的美国？是所有人齐声同唱以'美国'为主题的古老的盎格鲁-撒克逊歌曲？还是'美国'这一主题虽然居于主导地位，但并非唯一的声音?"对于卡伦来说,"整齐划一"是一体化和同质化的象征,它意味着文化一元主义的胜利。相比之下,只有出现不同的声音,和谐才能存在,才不会淹没或清除任何与众不同的声音。卡伦借用詹姆斯在有关多元主义的讲座中曾经使用过的比喻指出:"联邦共和制的实质就是各民族共存的民主,人们根据本性通过自我完善来实现自我,在此过程中,各民族之间自愿自主地合作。"卡伦喜欢用音乐做比喻,并将此类比延展到交响乐团,以此来结束他的文章:

> 正如在管弦乐队中,每一种乐器都有其独特的音色和音调,它们构成了乐队的实质和形式;正如在整首交响曲中,每一个部分都有其合适的主题和旋律;在社会中也是如此,每一个种族群体就如同一种天然乐器,它的精神和文化就是其主题和旋律,各种族群体之间的和谐、不一致乃至纷争共同谱写出文明的交响曲。但是,音乐与社会也有所不同:音乐的交响曲早在演奏之前就已经谱写完成,而在文明的交响曲中,演奏就是谱曲,因此可以在大自然设定的范围内随意变化,并且其和谐的范围和多样性可以变得更宽广、更丰富、更美丽。

但是,主要的问题是:美国的统治阶层是否想要这样一个社会?在与卡伦的一次私下交流中,杜威认为交响乐团的比喻所暗示的稳定性可能超出了卡伦的意图。杜威写道:

> 我非常赞同你提出的管弦乐队的看法,但前提是,我们的确是在演奏一首交响曲,而不是用许多不同的乐器同时演奏。我从不喜欢熔炉这个比喻,我只在乎相互同化,而不是盎格鲁-撒克逊种族同化其他种族,前者似乎才是美国社会真正需要的。每种文化都应该保持其独特的文学艺术传统,这才是我最希望的,但要确保对其他民族文化贡献更多。我不确定你所表达的意思是否不止于此,但是你的文章似乎暗含着地域隔离或其他形式的种族隔离。我们应该承认种族隔离确实存在,这是前提,

但是我们不能被它所禁锢。

一年后，当杜威就文化多元主义的讨论发表自己的观点时，他写道：

> 对待其他种族文明（德裔文明、犹太裔文明等等）的方法就是……接受它，从各种文明之中汲取长处，在这个意义上接受它，综合各种文明的独特贡献，汇成智慧和经验的共同财富。美国的民族精神由此诞生。如果任何一种文明与外界隔绝，试图依靠过去，试图强加于其他文明之上，或者，为保证自身完整而拒绝接受其他文化所提供的内容，都是非常危险的，而且也不会形成真正的美国精神。

卡伦的一些批评者攻击他倡导不同文化、种族和宗教群体的恒定性和存在主义。在《民主与熔炉》中，卡伦并未使用"文化多元主义"这种表述，但在后来的作品中的确使用了这个术语。为了更好地理解不同文化具有变动不居的性质，他还澄清了自己的观点。实际上，他一直遵循导师詹姆斯始终坚持的观点，即个体和群体具有流动性和变动性的特征。在1956年出版的著作《文化多元主义与美国观念》一书中，卡伦写道：

> 文化存在于个体之中并通过个体不断成长，文化的活力是个体在兴趣和交往方面有所差异的一种功能。多元主义是文化持续存在并蓬勃发展的必要条件，但绝非稳固且不可分割的单子（Monad）概念所显示的那种绝对多元主义。相反，它是一种流动不居的、相互关联的多元主义，在这种流动和关联中，有生命的个体构建着自己的历史，时而脱离时而又加入各个群体，与其他社会成员共同加入或公开或隐密的社团，在其中，每个人都不同于其他人，却组成了一个团体，他们还努力以共同的方式来滋养、确保并提升彼此不同的、经常相互冲突的、但又各自珍惜的价值观。

退而论之，我们就能理解锻造一个鼓励文化多元主义的民主社会的独特性，理解为何这个话题在当今世界依然如此重要。如上所述，这并不意味着一种固定不变的"认同政治"（politics of identity）或一种孤立并隔离不同文化的"多元文化主义"（multiculturalism）。文化多元主义者倡导因差异而丰富多彩的民主社会理念。实用主义思想家和文化多元主义者并非幼稚的感性主义者，他们充分认识到了不同宗教和种族群体之间产生的冲突，也充分意识到人们对多样性和差异的强烈抵制。在这些思想家们追求文化多样性的过程中隐藏着重要的潜台词。很多抵达美国的移民都是缺乏技能的贫穷工人，他们受到根基稳固的少数富裕阶层的剥削。这些进步的思想家们反对不受约束的、自由放任的资本主义，他们中有很多人在特别设立的、旨在帮助和教育移民的社区中心授课。他们试图在整个国家寻求更大程度的经济、政治和文化方面的平等。但是，随着"一战"的爆发（特别是在1917年美国参战之前），出现了对来自"故乡"的"外来者"的强烈抵制。这些文化多元主义者对美国日益膨胀的仇外情绪和狭隘的民族主义忧心忡忡。

另一位对传播文化多元主义思想做出了贡献的学者是著名评论家兰道夫·伯恩（Randolph Bourne）。伯恩和杜威一起就读于哥伦比亚大学，他也是詹姆斯的崇拜者。但不幸的是，伯恩死于1918年爆发的流感，英年早逝。伯恩以一种更激烈、更微妙的方式进一步发展了卡伦的观点。1916年，即卡伦发表《民主与熔炉》一年之后，伯恩发表了著名论文《跨民族的美国》。不同于卡伦，伯恩在美国拥有历史悠久的盎格鲁-撒克逊背景，但他积极支持并参与进步事业。他谴责"熔炉论"和"美国化"的观点："我们的行为表明我们仿佛希望美国化按照我们的主张发生，而无需经过被统治者的同意。""我们都是外国出生的或者祖先是生于外国的。"和卡伦一样，伯恩也对美国将会变成什么——而不是固守想象中的过去——深感兴趣。关于美国，他倡导一种新世界主义的理念——一个跨民族的美国。这会实现爱默生、惠特曼、詹姆斯以及杜威精神中所体现的民主的构想。伯恩指出："我们所关心的并非我们现在如何，而是具有可塑性的下一代按照新世界主义的理念将会变成什么样。"他还指出：

如果自由意味着在决定一个国家的理念、目标以及产业和社会制度的过程中进行民主合作，那么移民从来都没有自由过，盎格鲁—萨克逊民族在这方面所犯的错误就如同在欧洲国家每个强势民族所犯的错误：将自己的文化强加于少数民族。尽管这种强加是如此的温和，也确实没有被完全意识到，但仍然无法改变其本质。

伯恩认为自己发展了卡伦的文化多元主义观点。但是，我们可以看到，他对杜威指出的危险也很敏感，即隔离并孤立不同文化群体的危险。他强调的是美国如何才能成为一个真正的世界主义社会——一个后民族主义社会。尽管他们的侧重点不同，但这些思想家都认为美国应该成为一个尊重文化差异（而不是将文化差异具体化）的国家，一个因不同文化群体而充满活力的、更加民主的国家。

伯恩强烈反对伍德罗·威尔逊总统参加第一次世界大战的决定。此外，他还猛烈地抨击前导师杜威，因为杜威支持威尔逊总统的决定。伯恩声称，杜威背叛了他的实用主义理念。但是，最困扰伯恩的是交战国对战争的狂热以及打着"爱国"旗号的狭隘的民族主义，这种民族主义威胁着世界主义社会的远景构想。

美国是一个独特的社会学构造体，对如此新奇的人类联盟所具有的不可估量的潜力居然不会感到震颤，它的想象力太贫乏了。它所寻求的目标不过是老套的、令人厌倦的民族主义，好战、排外、主张近亲繁殖的民族主义，我们在今天的欧洲所目睹的这种毒药将使爱国主义变成空洞的伪装，它表明美国必然成为欧洲各国的追随者而非领导者，尽管我们到处自吹自擂。

当伯恩谈到美国应该成为"各国的领导者"时，当然不是指军事力量，也不是要将美国的观念强加于其他国家。与此相反，伯恩希望美国成为一个认同并尊重文化差异的世界主义社会的典范。伯恩满怀激情地表述了他的观点：

熔炉论的失败并没有宣告伟大的美国民主实验的结束，反而意味着它才刚刚开始。无论美国民族主义会变成什么样子，我们已经看到，与我们的理念迄今为止所包含的内容相比，它将拥有更加丰富且更激动人心的色彩。在一个追求世界主义梦想的国度里，我们发现我们已经在不知不觉中建立起一个国际主义国家。渴望一个坚固的、嫉妒心强的欧洲模式的民族主义的呼声日渐衰微……美国已经成为一个微缩的世界联邦体，在这块大陆上有史以来第一次获得了这种奇迹般的希望，人们和平地生活在一起，又充分保留了各自的特性，最具差异性的各民族生活在同一片土地上……尽管我们尝试调整的努力不幸失败了，但其轮廓已经太过清晰，以致无法在世界上再为我们提供关于美国观念的新设想和新方向。美国的年轻一代要接受这种世界主义观点，自觉并富有成效地将这一目标贯彻到底。

如果伯恩能再多活几年，就会亲眼目睹他的国际主义理念与美国实际发生的情况之间的巨大差异，人们强烈反对主张文化多样性的世界主义社会理念，仍然坚持认为美国无法解决新移民人口面临的问题——这些移民不再主要来自欧洲，而是来自拉丁美洲。与刚提出时相比，真正实现伯恩的跨民族的世界主义民主构想在今天显得更为迫切。

美国文化多元主义的出现存在着自相矛盾之处。文化多元主义者总是提到种族，但当他们提及"带有连字符"的美国人时，主要想到的是"德裔美国人"、"犹太裔美国人"、"意大利裔美国人"、"爱尔兰裔美国人"等等，而不是"非裔美国人"，即非洲奴隶的后代。实用主义者总是反对种族、宗教和民族歧视。詹姆斯强烈抗议在美国针对黑人的私刑泛滥，谴责煽动私刑的嗜血民众的暴力行径。（在1960年代，对黑人施以私刑的现象在美国仍然十分常见。）杜威推动成立了全国有色人种促进会（NAACP），该机构成为捍卫非裔美国人权利和文化发展的主要机构。但是，文化多元主义者主要关心欧洲和俄罗斯移民的民主一体化，而不是非裔美国人的一体化。

20世纪早期盛行于美国的偏见认为，奴隶的后代没有真正独特的文化，甚至一些进步的思想家也持有这种偏见。

W. E. B. 杜波依斯（W. E. B. Dubois）和阿兰·洛克这两位美国最重要的黑人学者拓展了多元文化主义思想，使其延伸到非裔美国人当中。杜波依斯比洛克大17岁，是第一位被哈佛大学授予博士学位的非裔美国人。他们二人都在哈佛大学学习哲学，并且都深受詹姆斯的影响，也都成为批判美国种族主义的中坚力量。两人都认为，黑人应该为他们的非洲文化传统感到骄傲。杜波依斯在其早期著作《黑人的灵魂》（1903）中描述了"黑人"的独特天赋和博爱，他将毕生精力完全投入到为非裔美国人争取充分的平等、尊重和尊严的政治斗争中。的确，"黑人"一词成为非裔美国人自尊骄傲的正面象征而非贬义的标志，主要得益于杜波依斯的影响。1920年代，当哈佛大学学生宿舍拒绝接纳黑人学生时，杜波依斯愤怒地将这一行为斥责为试图恢复对盎格鲁-撒克逊的种族崇拜，对北欧民族的图腾崇拜，它剥夺了黑人、犹太人、爱尔兰人、意大利人、亚细亚人、南太平洋诸岛居民的公民权，是北欧的白人民族在用野蛮的武力统治世界。

由于洛克不是政治活动家，因而知名度不及杜波依斯。但是，洛克对构建非裔美国人富于创造性的文化活动发挥了巨大影响，并成为哈莱姆文艺复兴运动中试图表现非裔美国人生活的独特文化情感的众多黑人小说家、诗人、音乐家和舞蹈家中的领军人物。1915年，洛克在霍华德大学的著名系列讲座中首次就种族问题公开发表演讲，卡伦的《民主与熔炉》一文也几乎在同一时间发表。霍华德大学由白人基督教牧师创建，用以培养黑人专业人员。具有讽刺意义的是，霍华德大学的白人管理者反对洛克开设以种族为主题的课程的提议，因为他们不希望霍华德大学与种族这样的"争议话题"扯上任何瓜葛。因此，在全国有色人种促进会霍华德分会的支持下，洛克开设了名为"种族接触和种族间关系"的讲座。那些在他去世后出版的讲座手稿显示，他关于种族概念的思想在当时是多么超前。在那个时代，人们普遍相信种族植根于生物学，因而黑人是劣等生物种族。洛克引用被公认为现代人类学奠基者之一的法兰兹·博厄斯（Franz Boas）的科学著作中的观点反驳说，并没有固定的——无论是生物学的、社会学的、人类学的还是文化的——因素可以决定种族。博厄斯的调查研究证明了"人种类型的可塑性"。博厄斯是最早认为文化多样性随时代而变化的人之一。正是博厄斯的人类学研究推动破除了种族固定不变的僵化观念。民族主义是毫无科学可信度的有害意识形态,人类可塑性的观念对于所有的实用主义者来说都是最为基本的观念。实际上,洛克解构了种族概念的固定性,认为种族是"伦理学的虚构"。今天,我们可能会认为他的意思是说,种族是一种社会建构,但这并不意味着他的构想缺乏强有力的实际效果。他和杜波依斯都坚信,为了获得自尊和尊严,非裔美国人需要积极正面的种族观念。他们需要坚定地反击强加在他们身上的一切——他们在生物学和文化上远远不及白人。他们可以通过在艺术和文学领域取得卓越成就来做到这一点,因为成就是自豪感的基础。洛克试图提出一种将黑人文化囊括在内的富有活力的文化多元主义。

最后,我认为,理解美国文化多元主义的最好方式就是将其看作一场充满活力的运动,在这场运动中存在着不同的观点和侧重点。对话本身就是多元化的。人们都会想象一个真正民主的社会该是什么样子。它将是一个世界主义的民主社会,这样的社会不再试图消除差异或使差异具体化,而是欣赏、尊重并培育文化差异。由于人们会全身心地致力于人类的可塑性,所以他们坚信,民主从不同的文化、民族、宗教和种族群体所作的贡献中受益越多,民主就越有活力,越发兴旺发达,因为这些群体为他们独特的文化成就而骄傲,同时也分享共同的价值观。实现这样一个多元文化的世界主义社会会遇到困难和障碍,对此,文化多元主义者并未过于乐观。不过,这样一个文化多样性的社会的理想可以指导我们的实践。文化多元主义兴起于20世纪初的美国,在21世纪初的今天,文化多元主义者的观点和理想仍然充满生命力,并具有现实意义,甚至更具普遍性和紧迫性。包括美国在内的整个世界都面临着如何与外来移民(合法的和非法的)群体相处的问题,对那些不同的外来者仍然存在恐惧、焦虑和深深的偏见。种族主义和偏见一直存在,文化多元主义者曾经面对和摒弃的那些极端行为——同化或隔离——仍然威胁着我们,他们对美国会变成什么样的构想——即一个尊重文化差异并因此而丰富多彩的民主社会——现在已经成为一个真正跨民族的和世界主义的民主构想。

多元文化主义：西方社会有关多元文化的争论概述[*]

恩佐·科伦波 著[**] 郭 莲 译

[内容提要] 本文探讨了有关多元文化主义的争论在西方社会是怎样形成和演变的。文章第一部分阐述了"多元文化主义"这一术语在用于指代社会内部不同类型的文化差异时所表达的不同含义，批判性地探讨了有关多元文化问题的三种理论观点：把多元文化主义当作一个规范性问题、一种（反）意识形态以及当代社会的一个特征。文章指出，21世纪初以来的各种批评一直在呼吁放弃多元文化主义，认为多元文化主义已然失败，抨击其造成了社会的分裂、生活的平行化和恐怖主义组织的产生。为了检视这些批评是否正确，本文分析了有关多元文化主义研究的一些重要倾向，并得出结论认为，目前对"日常多元文化主义"的研究不能仅仅局限于对一个公平的多元文化社会的构成基础的常规探讨，而应重点研究文化差异是怎样产生的，是如何通过协商来解决的，以及社会关系和身份认同在这一过程中是怎样形成和被再塑的。

---

[*] 本文原载《现代社会学评论》(Current Sociology Review) 2015年第63卷第6期，译文有删节。译文原载《国外理论动态》2017年第4期。

[**] 作者简介：恩佐·科伦波（Enzo Colombo），意大利米兰大学社会和政治学系学者。

[**关键词**] 文化差异　多元文化主义　日常多元文化主义　融合/排斥　承认

一、引言

"多元文化主义"在过去几十年中已成为一个流行术语，但是，正如其他一些流行词汇一样，"多元文化主义"一词现在已经具有了完全不同的含义。事实上，有关多元文化的争论涉及各种不同的议题，例如，（移民）融合政策和福利国家体制，在法律和政治上对文化多样性的包容，对移民和国家边界问题的治理，对文化和宗教差异的承认和尊重，在日常生活中对"差异"的接受，在意识形态上对身份认同、文化和"美好社会"等概念的表述，等等。同时，这些争论还涉及不同的学科，如哲学、社会学、人类学、社会心理学、政治学、教育学、文化和后殖民主义研究等，每个学科都拥有其独特的问题意识、研究视角和研究工具。这一切都说明，我们采用多种形式使用这一术语是为了强调其多义性，同时，因为这一术语主要用于研究西方社会，所以又会不可避免地存在一定的偏见。

本文的目的是要将上述争论放在一个大致的"图谱"中进行必要的梳理归类，而且我希望这是一个有用的"图谱"。本文第二部分探讨了"差异"一词在有关多元文化社会的争论中所代表的不同含义；第三部分指出了有关多元文化的争论演变发展的主要途径，并批判地探讨了多元文化观点中的一些难点问题；第四部分阐述了当前多元文化主义的所谓负面效应（multiculturalism backlash）；最后一部分强调指出了当前多元文化主义研究的主要趋势。

二、多元文化主义：一个多义的术语

一般而言，多元文化主义是指一种社会状态，在这种社会状态中，一些持有不同习惯、风俗、传统、语言和宗教信仰的人在同一个社会空间中相邻而居，并希望保持他们各自不同的差异，也希望这些差异得到公众的承认。多元文化主义这一术语通常包含了对文化多样性的肯定性评价，并从制度上承诺可以保留这些文化多样性。多元文化主义与"身份/认同政治"、"差异政治"和"承认政治"等概念紧密相关，这些概念都认为，适当地承认文化多样性是重估受歧视群体的身份、改变导致某些群体边缘化的主流表述和交往方式所必须迈出的一步。事实上，多元文化主义所强调的不同群体间的差异可能完全不同于这些群体所要求得到的承认。

首先，多元文化主义可以指土著的和次国家的民族群体要求得到承认的理论。就土著人来说，有关多元文化的争论提出了赋予少数群体权利的问题，这些群体一直受到外国（欧洲白人）占领者的征服、剥削和歧视。土著居民无论是在身体上还是在象征意义上都遭受到系统的持续性暴力，并且无论是在经济和政治地位上还是在社会生活中目前都处于边缘地位，他们平等地参与社会的能力受到了负面描述和偏见的限制。因此，这些争论主要集中在是否应该提供一些特殊政策，以消除土著居民长期受到的不公平和不平等待遇。这些政策既包括土地权、自治权、对习惯法的承认以及使土著群体在民族国家体制中具有充分的政治代表性，也包括支持反歧视运动，并在象征意义上承认这些土著群体在拥有共同历史的国家中所起的作用。就次国家的民族群体（包括加拿大的魁北克人、西班牙的巴斯克人和嘉泰隆人、法国的科西嘉人、比利时的弗兰德人和瓦隆人、英国的苏格兰人和威尔士人、波尔扎诺自治省的德国人和芬兰的瑞典人）而言，有关多元文化的争论主要集中在一些相关政策上，例如，允许联邦或准联邦区域自治，授予其自治决定权，以及确保这些群体的语言能在地区和国家使用的政府和官方语言中得到体现。

其次，有关文化差异的争论所涉及的第二个问题与社会中受歧视的群体有关。在这一争论中，最具代表性的问题是如何应对种族和性别问题。其中两个最恰当的例子分别是：对社会中被贴上"种族标签"的少数民族进行整合还是歧视的问题，以及妇女的地位问题。这两个例子代表了社会中两个最难解决的问题，它们涉及自由民主制从形式上的平等主义向给予所有公民真正意义上的平等的转变过程中遇到的困难。尽管形式上的歧视在社会中已然消除,但是被贴上"种族标签"的群体和妇女群体在经济、学术和政治体制的最高层仍然缺少代表性,这些群体通常失业率较高,并遭受到各种形式的象征性暴力,这些暴力将他们置于被曲解和被边缘化的社会地位。他们经常被描述为低等、无知、非理性的群体,并被认为不适合得到权力和领导职位。这方面的多元文化之争主要集中于反歧视行动的政策——这些政策有利于弱势群体克服负面的社会形象——的必要性问题。反歧视行动既包括在高等教育、公司董事会、大学最高层以及议会等场所为弱势群体成员保留一些额外配额的政策,也包括在选举中给予这些群体特别优惠待遇的政策。在这场争论中,艾利斯·马瑞恩·扬(Iris Marion Young)提出了一种特殊的差异政治,认为需要对分配社会地位和物质商品的标准进行更加彻底的修订。她指责原有的同化和包容政策偏袒白人男性,却被视为具有中立和公正的导向。一些学者认为应该采取反歧视措施,以确保被边缘化的群体有机会在平等的基础上进入社会平台。这也许需要政府制定一些不同的条例,并专门为受压迫群体设立独立的机构,使他们参与到提高觉悟和争取权利的斗争中去。

种族歧视和性别歧视是两种不同的歧视,因此需要用分配和承认两种不同的方法来应对,当然,还有其他形式的差异也会受到象征性的歧视。南茜·弗雷泽(Nancy Fraser)认为,所谓"被轻视的性别"(despised sexualities)群体就属于这些歧视中的一种,这些群体所遭受的压迫主要来自文化贬低,而非政治经济安排,他们遭受的不公平待遇是由偏见和曲解造成的。有关多元文化的争论强调文化维度的重要性,对所谓的"常态"进行了解构,认为它代表了"自然的"和"普世的"现实,事实上是主流群体制定的规则被强行实施后导致的结果,而只有改变解释、交流和表达等现有的文化模式,受歧视群体才能得到恰当的承认。

北美有关多元文化的争论主要围绕着土著居民和文化意义上的少数族群展开;而在欧洲,这一争论则是围绕着后移民时代城市中的混居群体及其所引发的政策问题展开的,探讨的是移民的文化差异。在这方面,涉及多元文化的问题是指,为了使移民及其后代在无需完全认同多数群体的前提下成为社会一分子的权利得到承认，需要改变过去那种同化主义和殖民主义的移民融合模式。多元文化政策主要包括：用国家的少数民族机构提供的资金来支持文化活动和保护民族传统；资助双语或母语教育；取消着装限制；承认一些特殊的法律和政治多元化形式。

从本质上看，针对移民群体的多元文化主义明显不同于针对土著民族、各国内部受歧视群体以及文化意义上的少数群体的多元文化主义。各种多元文化主义虽然是通过不同的措施加以实施的，但涉及的议题却相互关联：

●促进更加广泛的民主包容，确保所有社会成员有真正平等的机会，能真正平等地参与，少数群体只需融入而无需同化到多数群体中；

●改变之前那种攻击性的、非民主的支配—排斥关系，承认占支配地位的群体成员——他们通过将自己的观点表述为"自然的"和"普世的"而强制推行他们自己的规则和理念——对少数群体实施的暴力和剥削；

●加入到有关如何建立一个更加公平和平等的社会的"游戏规则"的争论中，并拥有发言权；

●确保充分地承认和尊重文化差异，与那些以负面的方式描述少数群体并导致其成员受到蔑视的成见和偏见做斗争；

●承认人的权利是有差异的，承认人有不同的宗教信仰、不同的性别认同和偏好、多样化的身份和多重国籍，不会因此受到歧视和排斥；

●不仅关注个人权利，而且关注"文化"、"文化群体"和"文化权利"。

三、理论取向

多元文化主义不仅要解决社会内部的各种差异，而且还试图采用不同的、但又是相互交织的理论视角来看待这些问题，这些理论视角提出并强调了在现代社会中接受这种多样性所涉及的一些特殊问题。在这一部分，我将介绍有关多元文化问题的三种研究取向，并对这些取向进行批判性的评述。

（一）作为一个规范性问题的多元文化主义

在 1990 年代，有关多元文化的大多数争论都由政治哲学家所垄断，他们试图努力发展出一套系统连贯的正义理论，用以探讨群体权利和承认文化差异等问题。作为一种政治理论，多元文化主义对普世主义的自由主义哲学理论提出了挑战，后者将人类视为有自由意志的理性主体，认为个人自由只能通过相同的个体权利才能获得。多元文化主义从哲学和政治两个方面强调了承认差异的重要性，其中，哲学方面的重要性是指个人认同、自我实现和社会参与，而政治方面的重要性则是指在公共空间让边缘化群体发声，克服过去的不公正和剥削。

与强调统一性和同一性的自由主义理论不同，社群主义强调的是差异和群体成员身份所具有的价值。它认为，仅仅承认个人权利是不够的，因为这种理论预先假设了一种不合逻辑的理念，即认为个体是外在于或脱离社会关系的，而不是生存于社会关系之中的。阿克塞尔·霍耐特（Axel Honneth）和查尔斯·泰勒（Charles Taylor）认为，对个体和群体差异的适当承认可以为个体能力得到充分发展、进而公平和民主地参与社会生活创造基础。人们只有通过与其他人进行对话，感觉到自己属于一个特定的共同体，才能确立独立和自信的身份认同。泰勒还认为，独立的个体依靠并从属于赋予该个体以某种意义的特定的社会和文化群体，而当这一共同体的特殊性被忽视或无视时，或被同化到某一占支配地位的多数群体中时，或不被承认时，这个个体或这个群体就会遭受到真正的伤害和曲解。

自由主义的普世主义与文化中立论也存在着争论。不同的文化象征着不同的意义系统和对美好生活的不同憧憬，没有任何一种文化可以声称它能正确地回答人类生存的所有问题。大卫·霍林格（David A. Hollinger）、海库·帕瑞克（Bhikhu Parekh）和理查德·罗蒂（Richard Rorty）都认为，没有任何一种文化是完美的，也没有任何一种文化有权将自己的意愿强加给其他文化。莎拉·宋（Sarah Song）认为，不同的文化认同应具有同等价值，因此，赋予所有公民以同样的自由和机会的传统自由主义原则应被一种给予少数文化群体以特殊权利的社会体制所取代。

布莱恩·巴里（Brian Barry）、塞缪尔·亨廷顿（Samuel P. Huntington）和阿瑟·施莱辛格（Arthur M. Schlesinger）等自由主义的捍卫者都认为，自由民主制需要一个共同的文化基础和一种强烈的民众参与感才能发挥其功能。他们指出，差异政治与团结政治截然不同，因为，承认群体权利会引发社会分裂，导致"平行的生活"（parallel lives），降低民众对民族国家的忠诚度，限制个人自由，并逐渐损害再分配原则。

威尔·金里卡（Will Kymlicka）在解决个人权利与集体权利之间的严重冲突方面做出了有意义的尝试。他赞成选择自由、个人自主和平等这些自由主义价值观，同时强调文化以及公民的文化身份的重要性。他认为公民的文化身份是一个非常重要的问题，不能简单地把它排除在自由主义理论之外，因为文化为其成员提供了有意义的生活方式，并限定了个体在这些生活方式中进行选择的范围，同时，文化还为发展个体的自信和自尊提供了必要的环境。因此，一个公平的社会应该承认少数群体文化的重要性，并允许其成员保护他们自己的文化不受到多数群体的行为和规则的影响。但是，并非所有文化保护方面的需求都能被自由主义理论所接受。金里卡区分了"外部保护"与"内部限制"：前者是少数群体文化为了保护其独特的存在和认同而提出的要求，主要通过限制社会多数群体的决定的影响来实施；后者是少数群体文化为了维持内部现状、防止群体分裂或内部分歧扩大而提出的要求，主要通过限制内部成员基本的公民自由和政治自由来实施。当"外部保护"的要求完全与自由主义原则相吻合时，就应该被接受，因为它们有助于提高个人的自由度和社会的公正性，而与此同时，"内部限制"的要求就必须被拒绝。

尤尔根·哈贝马斯（Jürgen Habermas）认为，对集体认同的保护未必与个体自由的平等权利相冲突。当有人根据民主化进程既要保护私人自主性又要保护公共权力的原则，用"程序主义的"（proceduralist）权利概念取代对多元文化主义政策"内容"的关注时，哈贝马斯看到了把两种表面上看似不能协调的原则联系在一起的可能性。他认为，必须将确保公民享有隐私和个人自主性的平等权利与能够激发他们自主参与公共生活紧密联系在一起。公众与其担心政府会采取什么样的政策，不如去关注如何创造"条件"以建立一个自由的公共讨论平台，使所有公民都可以从他们各自独特的文化视角出发，在探讨具有共同约束力的规则时拥有发言权。一个公平的多元文化社会并非依赖特定、真实且定义清晰的一整套司法规范和政策来运行，而是"宪制爱国主义"（constitutional patriotism）所产生的结果，是公众一致同意这些规则，即要求得到承认进而采取措施影响所有社会成员。塞拉·本哈比（Seyla Benhabib）在有关多元文化的争论中提出了"协商民主集中制"（the centrality of deliberative democracy）的观点。她认为社群主义的观点受到广泛批评的原因之一就是试图通过设置清晰的界线来使文化具体化，并认为文化具有固定、稳定的特征。她指出，倘若以下三个条件能够得到满足，那么自由主义原则以及对文化和宗教传统的接受问题或许就容易得到解决。这三个条件是指要求得到文化承认的社会和群体必须赋予其成员如下权利："平等互惠"（赋予少数群体成员的权利不能因为其身份状态而少于其他多数群体），"自愿的自我归属"（不应根据某一个体的出身而将其自动归属某个特定的文化、宗教或语言群体），"自由地进退"（个体必须拥有不受任何限制地选择他想要归属某个群体以及转投另一个群体的自由）。

（二）作为一种（反）意识形态的多元文化主义

对普世主义的激烈批判对有关多元文化的争论作出了最初的和重要的理论贡献。米歇尔·韦维尔卡（Michel Wieviorka）认为，自 1960 年代起，尤其是 1970 年代，去殖民化运动和后殖民主义理论一直在公开抨击当权者所倡导的普世主义价值观，这些价值观实际上是为了掩盖他们的统治和剥削行径。女性主义理论、激进的社会理论和后现代主义理论都在这场争论中发挥了重要作用。雅克·德里达（Jacques Derrida）和阿里·拉坦希（Ali Rattansi）认为，尽管采用了不同的方法，但上述理论都公开反对普世主义，认为其优先考虑的是社会环境以及社会历史的变异性和偶然性。这些理论观点激发了一场针对"固定标准"(canon)的公开论战,同时也对白人男性占统治地位的理论体系进行了彻底解构。尤玛·纳拉扬(Uma Narayan)和桑德拉·哈丁(Sandra Harding)对父权社会进行了激烈批判,埃拉·肖哈特(Ella Shohat)和罗伯特·斯塔姆(Robert Stam)则对欧洲中心主义进行了猛烈抨击。

批判普世主义还需对身份认同的固定化和身份归属的排斥性进行批判。这些理论支持建构主义的观点,反对本质主义的立场,因为本质主义将身份和差异视为个体和群体的存在基础中最深层的和真正核心的问题。让-卢普·安塞勒(Jean-Loup Amselle)、尤尔夫·汉内兹(Ulf Hannerz)和罗伯特·扬(Robert Young)都将身份和差异视为不同的可能性之间不断影响、对比、调整、转化和冲突的产物。乌尔里希·贝克(Ulrich Beck)认为当前的经济和文化全球化与移民现象一起逐渐削弱了这样一种观点,即个体和群体具有单一性和永久性的身份特征,民族国家可以被视为普世价值的同义词。

保罗·吉尔罗伊(Paul Gilroy)认为,种族差异应该被视为权力和暴力产生的结果,同时也是帝国主义和殖民主义等级制度和权力集团之间的冲突造成的。西方社会——而且不仅是西方社会——现在是且一直都是"多元文化的"。他指出,当前的政治多元文化主义及其批评者们强调种族和宗教差异,将这些差异描述成一种"自然赐予物",从而忽略了造成这种差异的权力和暴力因素。

自由主义的多元文化主义捍卫自由、自主和宽容等伦理价值的普世性,社群主义则强调群体的归属,而批判性的多元文化主义所探讨的问题包括:向被剥夺了权力的群体赋权,与占统治地位的群体抗争,挑战后者的"固有标准"以及改变其体制和话语。尼拉·尤瓦尔-戴维斯(Nira Yuval-Davis)认为,批判性的多元文化主义强调"群体内"的差异,而不重视"群体间"的差异。彼得·麦克拉伦(Peter McLaren)认为,这一理论并非"承认差异",即简单地承认本应被"包容"的那些被具体化和模式化的"他者"的存在;而是将批判的矛头直指对白人男性霸权的社会和政治建构,以及如何分配这种霸权,其分析的重点是解构占统治地位的群体,而非承认和包容被统治的群体。加桑·哈格(Ghassan Hage)认为,在有关多元文化的争论中,真正重要的既非承认身份认同,亦非认可集体权利,而是要揭露白人男性占统治地位的根本原因。斯图亚特·霍尔(Stuart Hall)认为,多元文化主义对此问题的研究是要揭开种族主义的面纱,并对一些被忽视且想当然的假设予以反驳,这些假设设定了赋予权利、权力和特权的背景,并且试图重新调整统治群体与被统治群体之间不平等的权力和剥削关系。

斯尼亚·古纽(Sneja Gunew)认为,从严格的历史视角来看,多元文化主义并非"纯粹的"、"界线分明的"不同文化群体之间碰撞所产生的结果,相反,它试图重新界定各种政治认同中的权力关系。后殖民主义的经验证明,"少数群体"要求承认差异的特殊主义与"多数群体"具有公民理性的普世主义很难进行二元区分。霍尔认为,显而易见的是,在任何群体内部都存在着、而且一直存在着众多相互关联的差异,因此,多元文化主义对所谓的"本真性"、"同质性"和"原住民的团结"等问题提出了挑战。这一理论并不验证不同文化所具有的不同特性,而是强调对任何文化和身份认同都需进行社会建构这一特点。多元文化主义还认为,文化和身份认同更有可能是历史和权力斗争的结果,而非由生物学或命运所决定。

(三)作为一种当代全球社会特征的多元文化主义

多元文化主义就其描述性来说指的是当代社会所独有的一些特征。它不仅重视不同的文化差异产生和再现的过程,而且还研究这些过程所引起的问题和紧张关系,包括为解决这些问题和紧张关系所提出的政治和制度程序方面的建议。

如何应对文化差异并非新问题,我们过去常把现在所谓的多元文化社会定义为"多民族的"、"多种族的"或"多元的"社会。不过,多元文化主义强调的是多元文化社会中一些特殊的方面,并提出了一些特殊性问题。现在的问题是,多元文化主义并非仅仅指出了复杂的当代社会具有文化多样性的特征这样一个简单的事实,而且还指出了自20世纪下半叶以来西方社会中文化多样性的意义已经发生了根本性的改变。金里卡认为,多元文化主义要阐明的不仅仅是"差异"在"数量"上提升所带来的结果,或者一个"人口统计学上的事实",而是要表达人们从文化、法律和政治角度出发为探索一条适应文化差异的新路径并以此取代旧的社会(性别、民族和种族)等级模式所做出的努力。因此,如果不将文化差异放在一个适当的背景下,是很难理解多元文化主义的。安德里亚·塞普里尼(Andréa Semprini)指出,文化、经济和政治因素——或是它们的混合因素——一直被视为"二战"后文化差异观念发生显著变化的原因。阿尔贝托·梅卢西(Alberto Melucci)、阿兰·图雷纳(Alain Touraine)和韦维尔卡都认为,文化因素指的是"新社会运动"所起的作用。约翰·雷克斯(John Rex)进一步指出,这些新社会运动是反对同化和熔炉等意识形态的斗争。戈德·鲍曼(Gerd Baumann)和金里卡认为,多元文化主义是一种包括了民族和种族差异的、更为宏大的人权革命的一部分。弗雷德·康斯坦特(Fred Constant)和大卫·古德哈特(David Goodhart)认为,经济因素包括市场意识形态的成功和福特主义生存模式所造成的危机。贝克和哈贝马斯认为,政治因素包括冷战的结束和民族国家成立后所遭遇的危机。艾伦·布洛姆拉德(Irene Bloemraad)等人则指出,这些危机与全球化进程的加剧、移民流动的特点以及民族国家为掌控边界所作出的努力密切相关。

社会学的视角强调身份认同和差异的社会构建,反对本质主义和具体化。其目的是为了表明,将国家的、民族的和宗教的文化视为业已确立的对象——长期的历史发展进程早已界定了其特征且至今仍未改变——充满着矛盾和隐患。鲍曼和安妮·菲利普斯(Anne Phillips)认为,就此来说,文化已不再是一种可以影响甚至塑造所有成员的行为和思想的决定性手段。倘若不从社会学的视角赋予文化差异一个清晰的概念,那么多元文化主义最终就会孕育出一些新的歧视形式,虽然这些形式表面看来像是尊重和承认。如果急于将某一特定群体的身份认同具体化,常常会阻碍对既有的群体差异的认知,同时还会强化该群体内部一些特殊精英的地位,从而使过去的等级制再次出现。

然而,我们不能轻易抛弃本质主义的文化观,因为文化是争取权利和待遇、得到承认以及寻求群体利益的政治工具。鲍曼认为，对文化差异进行有效的社会利用需要一种双重能力，即根据不同的情况及个人和集体的目标制造和克服差异的能力。文化差异需要某种程度的可靠性和稳定性才能发挥其有效性，但是，如果不能对文化差异进行调整以适应特殊的环境，就有失去其有效性的危险。这种双重能力不仅有赖于个体的意愿或情感，而且还受到超出了个体参与者的理性能力和策略的权力结构的约束和制约。

多元文化主义提出了一个将差异与身份认同、具体化与不断再造结合在一起的棘手问题，也就是霍尔所说的，"把一些无法比较的政治词汇——自由、平等与差异，'好'与'正确'——汇聚在同一个平台上"。杰弗里·亚历山大（Jeffrey C. Alexander）和彼得·科维斯托（Peter Kivisto）都认为，认真接受并解决这些棘手问题可能会产生一个能够扩大民主参与的更加复杂、分化和多样的公共空间。而皮娜·韦伯纳（Pnina Werbner）和韦维尔卡则认为，在一种新的正义理论的基础上，有关多元文化的争论中一些看似矛盾的诉求可以在实践中得到协商和调解，而无需用抽象的理论去处理。

从这个意义上说，上述分析的重点是多元文化主义在国家政策和地方关系两个层面的意义和实践。这些分析关注的是文化差异如何成为争取权利和包容的政治工具，抑或成为排斥的借口。多元文化主义被视为不断取得的政治成就，同时也是可以用来捍卫（文化、人类）权利或维持社会团结的实践资源。

四、多元文化的负面效应

1977年，内森·格莱泽（Nathan Glazer）在他出版的《我们现在都是多元文化主义者》一书中指出，承认和尊重文化差异已经成为西方社会的一个永久性特征。这一观点也许太过乐观，因为没过多少年，大约在世纪之交，就出现了众多主张必须放弃多元文化主义的话语，认为多元文化主义已然失败，并造成了社会的分裂、生活的平行化以及恐怖组织的产生。多元文化主义的负面效应也因随后发生的一系列悲剧性事件以及伴随而来的激烈争论而变得愈发强烈。虽然这些事件和争论各不相同，但都深刻地影响了公众舆论。首先，这段时间发生的一系列城市骚乱均被视为移民或其子女与当地青年之间发生的冲突。在新闻和政治话语中，这些骚乱被描述为移民无法或不愿被同化所引发的，是宽松的多元文化政策鼓励移民去过不一样的生活，所以造成了他们与其他群体的疏离感。其次，这段时间还发生了一系列恐怖袭击事件。由于这些悲剧事件的主要参与者大都是带有移民背景的年轻的欧洲公民，因而在大多数西方国家引起了是否需要对宗教激进主义进行反击的激烈争论。

作为一种结果，人们开始广泛探讨是否有必要不再把多元文化主义视为所有西方国家的标准理念和政策。就此，我认为有必要详细探讨四种不同的批评观点。

（一）保守主义的、右翼的批评

保守主义的批评者指责多元文化主义过于支持少数群体的身份认同和文化，从而削弱了原有的本土文化。他们通常将文化冲突描述为"一场零和战争"（a zerosum war），认为多元文化政策只会有利于偏狭的、反现代的、反民主的少数群体，而且还会将多数群体斥责为种族中心主义和种族主义。不加批判地接受（而非反对）不同于多数群体的习惯、风俗、价值观和语言，正在削弱人们对西方社会制度及其信仰的认同。这些保守主义的批评者认为，多元主义文化给予了好斗的少数群体更多的支持，却忽略了自由民主的西方文化所具有的特殊的、独一无二的历史价值，导致它走向消亡。多数群体必须对自己的文化感到自豪，并通过充分利用国家归属感和内部凝聚力来加强这种自豪感。少数群体在得到承认和尊重之前应遵守多数群体的规则和价值观，并表现出入乡随俗的意愿。

伊斯兰教常常是这种批评特指的目标。在保守主义看来，穆斯林尤其不愿融入西方社会并接受西方价值观，他们信奉原教旨主义，总是设法强制实施他们自己的法律，推行他们自己的生活方式。放弃多元文化政策，重新调整政策的宽松度,被视为解决好战的、分离主义的和整体主义的穆斯林身份认同与重视言论自由、政教分离以及妇女和同性恋权利的自由主义价值观之间冲突的必要方法。

"我们必须捍卫我们的身份"这一观点一直受到抨击,因为它将身份认同和文化视为同质的和固定不变的,从而忽略了其内部的差异和冲突。被具体化的文化被视为不可比较的,而且会不可避免地导致冲突。在这种情况下,一种新型种族主义应运而生,这种种族主义将关注点从生物意义上的"种族"转向了"文化、族性和宗教意义上的种族",伊斯兰恐惧症是其最突出的表现形式。

(二) 多元文化主义不利于妇女?

那种认为多元文化主义与妇女权利之间存在对立的观点尽管回避了有关身份认同的争论,但仍是探讨妇女运动时的一个核心问题。苏珊·奥金(Susan M. Okin)指出,多元文化主义认为所有文化都有权得到平等的尊重和关注,这一观点与保护妇女权利之间可能会产生冲突。多元文化主义的目标是要保护多种文化的社会,可是许多社会都不接受所有人应该拥有平等的权利这一原则,而是赞成严格对待社会中的某些群体。这尤其表现在对待妇女的问题上,基于所谓的文化、传统或宗教等理由,妇女常常受到不公平的待遇:不同的营养和保健,不平等的财产权和参政权,更容易受到暴力的袭击,也更容易在面临教育机会时被拒之门外,等等。

移民群体往往比多数群体更加崇尚男权制,如果允许他们继续维护这种习俗,就会损害妇女的自由,侵蚀妇女运动取得的成果。通过确立群体的权利而使少数群体的文化得以保存,虽然能使男性受益,但却无法尽可能符合妇女的利益。奥金认为:"倘若某一少数群体的文化濒临灭绝,那么出身于这种文化的妇女也许会有更好的生活(因为其成员就可以融入到性别歧视较少的文化之中),或者最好鼓励妇女去改变自身的文化,从而加强妇女的平等——至少也要达到与多数群体的文化所拥有的价值观保持一致的程度。"

对于奥金的上述观点，有回应指出，在被认为男权崇拜并不严重的西方自由社会与少数群体的文化之间划出一条过于清晰和简单的分界线是有问题的。如邦尼·霍尼格（Bonnie Honig）所说，西方自由制度的男权崇拜并非总是少于其他制度，只是形式不同而已。认识到可以用不同的方式看待其他文化中的性别角色，能让西方妇女深刻地意识到自由的生活方式有利也有弊。

这种本质主义的文化观之所以存在问题，是因为它掩盖了各群体内部的差异。弗洛亚·安希厄斯（Floya Anthias）认为，抨击文化惯例与指责所谓的文化群体是两回事，并且文化惯例对"局内人"和"局外人"具有不同的意义。如阿齐扎赫·艾尔-希布里（Azizah Al-Hibri）所说，人们完全忽视了其他文化中的妇女有可能会以另一种方式看待自由。而这会造成将主流白人妇女的观点视为一种"普世"观点的危险。

（三）多元文化主义不利于国家团结？

对多元文化主义最主要的批评之一是指责其削弱了社会凝聚力。古德哈特和柯南·马里克（Kenan Malik）认为，允许少数群体保持他们自己的文化和身份的政策助长了国家分裂，促进了种族、民族和文化的碎片化。罗杰斯·布鲁贝克（Rogers Brubaker）和克里斯蒂安·乔普克（Christian Joppke）认为，多元文化主义政策的明显失败，特别是移民融合政策的失败，为多元文化主义的负面效应提供了佐证。这些政策非但没有促进融合、推动平等、支持并承认少数群体的文化差异，反而造成了其成员的冷漠态度和平行生活，导致这种社会凝聚力反过来削弱、侵蚀了社会生活的基础。巴里认为，自由主义的支持者强调拥有共同归属感的重要性，其目的是为了让弱势群体感受到参与公共事务、加入公共生活和展现团结的氛围。如果缺乏某种程度的民族主义和对共同体的归属感，不能使用同一种语言，民主就会处于危险之中。乔普克和保罗·托马斯（Paul Thomas）都认为，倘若我们想要让任何一个自由民主的国家真正认识到它需要努力转向这样一个充满矛盾的目标，即一方面鼓励社会成员的团结，一方面又承认个体的特殊性，那么就必须强调自由主义原则，并用社会凝聚力来取代多元文化主义。为了促进少数群体的有效融合，国家必须指出什么是大家共同拥有的东西，并分享那些特殊且不同的东西。大卫·米勒（David Miller）认为，坚持让少数群体分享多数群体的生活方式、语言和制度等基本准则，会促进融合和平等的社会参与。有效的融合需要少数群体真正愿意接受和认可西方社会的核心价值观，因而国家政策应该提倡自由和民主的价值观，而不是鼓励少数群体保留自己的传统。莎拉·古德曼（Sara W. Goodman）和乔普克认为，社会凝聚（或公民融合）政策应该取代多元文化政策，因为成功地融入主流社会不仅有赖于经济和政治上的融合，而且有赖于对那些象征着国家归属感的个人品质的信奉，这些品质包括：对国家历史的了解，对语言的熟练掌握，对自由主义的和整个社会的价值观的明确认可。

融合不能仅由多数群体来推动，移民也必须表现出他们渴望被融合的愿望，同时还要同意放弃他们自己的文化中不适合多数群体的各个方面。古德哈特认为，移民政策的制定应该更具选择性，新移民不应立即获得社会福利，公民身份的象征性应该得到强化；所有这些都有助于支持福利国家的再分配方案，并带来更加有效的社会平等。

这方面的批评被认为是在向一种强制的、种族中心主义的同化论倒退。社会凝聚力强调的是道德和社会秩序，反映了把社会融合视为一种社会控制的传统观点。它将共同体的归属感降低为机械的团结、同质性和统一性。平等和社会正义已被归属、包容、治理、减少冲突和共同责任所取代。此外，还出现了另一种重要的转变：种族和宗教差异（及其被国家所承认）因缺少整合和社会凝聚力而备受指责，而事实上，这些差异主要是由结构性的不平等和贫困造成的。

（四）改革论者的批评

断言多元文化主义没有解决好社会经济不平等问题，是改革论者在批评多元文化主义时关注的焦点。在他们看来，多元文化主义过分强调文化，从而掩盖了少数群体遭受歧视和排斥的真正的经济原因。在保护文化差异这种表面的善意之下，掩藏着少数群体遭受严重不平等待遇的现实。多元文化主义政策想要承认和保留的所谓差异，其实是指教育、就业、入狱率和住房条件上存在的负面差距。弗雷泽认为，消除社会歧视可能需要更多的再分配，而不仅仅是承认，起码应将两者结合在一起。

融合不仅需要社会凝聚力，而且还需要反对歧视和救助贫困的政策。受歧视者不会因为他们的文化受到保护——这常常意味着隔离和漠视——而变得更有能力，他们还需要物质帮助。他们要求参与和融入，而非被孤立；他们决定移民到国外，就证明了他们希望放弃自己的传统，去接受定居国家的生活方式。要求这些移民去学习和使用当地的语言并适应其生活方式，并非为了强行实施多数群体制定的规则，而是为了让移民更有效地融入新文化所必需迈出的一步。

我们需要一项既能保护少数群体不受歧视又能使社会充满凝聚力的更加务实的政策。罗伯特·普特南（Robert D. Putnam）认为，国家必须推动制定能够鼓励"嫁接型"（bridging）社会资本——把不同的共同体用网络联系在一起——的政策，而不是仅仅促进"黏合型"（bonding）社会资本——把"内部"的各个共同体聚合在一起——的政策。前者支持学习进行交往并被共同体接受所必需的语言和行为技能，后者只是帮助保留少数群体的语言和传统。就此来看，支持保留少数群体文化的多元文化主义政策是有害的，因为太多的文化差异会损害"嫁接型"社会资本，妨碍移民的公共参与和政治参与。

由于倡导一种新的同化形式，改革论者的批评受到抨击，在这种新形式中，主流文化被具体化，而作为被接受和参与这种主流文化的一个先决条件，少数群体被要求认可和适应这种具体化的文化。通过把归属感与社会凝聚力联系在一起，归属感成为社会凝聚力的先决条件，融合也就变成了一种新的约束和控制手段，它可以挑选那些被认为是"好的"和"有用的"移民，同时运用法律手段来排斥那些被认为是"差异太大的"以及不愿或无法融入的移民。

五、当前多元文化社会研究的趋势

（一）对多元文化政策的评价

当前，有关多元文化主义负面效应的大多数实证研究都集中于评估多元文化政策的重要性和有效性，验证各种多元文化主义指标与不同的研究结果之间是否存在关联性。

首先，相关研究认为，目前西方社会中存在着一种放弃多元文化政策的现象，但原因并非这些政策的失败所引起。这种趋势关注的是对移民日益增长的敌视以及对失业问题和经济状况的担忧。移民——特别是那些非法移民和"冒牌的"寻求庇护者——被指责为福利寄生虫，不愿融入主流社会，并且更容易犯罪。这些现象造成了敌对氛围和对移民的憎恨情绪，并导致了限制移民及移民权利的政策的法律化。玛达琳娜·莱辛斯卡（Magdalena Lesińska）和詹姆斯·沃尔什（James P. Walsh）认为，政治领袖们利用这一趋势趁机获得了公众的同意和认可，将多元文化主义描述为一种失败的政策，并开始倡导一种更不宽容的同化主义策略。

其次，相关研究质疑多元文化主义负面效应的真正重要性，认为对多元文化主义的批评之所以效果显著，是因为这些批评用简单、歪曲的方式描述了多元文化主义。当前的一些批评将矛头对准"激进的多元文化主义"，即从制度政策上承认公共领域中的差异，为少数群体成员制定了语言和社会福利保障的特别条款，尽管这些条款很少得到实施。而有效的多元文化主义政策更接近拉尔夫·格里洛（Ralph Grillo）所说的"温和的多元文化主义"，其目的是为了避免在就业、住房、教育、健康和福利等方面歧视少数群体。安娜·科特韦格（Anna C. Korteweg）和安娜·特利安达菲利杜（Anna Triandafyllidou）认为，这种多元文化的融合形式是西方社会的合理选择。

2013年，基思·班廷（Keith Banting）和金里卡运用多元文化主义政策指数，对所谓的全面放弃这些政策有利于公民整合的多元文化主义进行了精确的评估。该政策指数显示了21个西方民主国家在1980年、2000年和2010年实施或限制多元文化政策的情况，并在每个时间点上对每个国家施行8项不同政策的程度给予了评分，这些政策包括：在法律上或议会中正式批准多元文化政策；在教育领域实施多元文化政策；授权大众传媒可以报道少数群体的比例及报道的敏感性等方面的政策；取消着装限制、星期日停业法规等方面的政策；允许双重国籍的政策；为少数群体组织提供支持其文化活动的经费的政策；资助双语或母语教育的政策；对支持弱势少数群体的行动提供资助的政策。

这一历时性的国际比较研究显示，虽然包括荷兰在内的少数国家在2000年代削减了已有的多元文化政策，但是这种变化只是一个特例。事实上，在20世纪末，大多数实施了多元文化政策的国家在新世纪的第一个10年中都保留了这些政策所支持的项目，甚至相当数量的国家还增加了新的项目。基于这些数据，班廷和金里卡认为，没有证据表明多元文化政策发生了倒退，也没有出现从多元文化政策向公民融合政策的转变。公民融合通常是现有的多元文化项目的首选，这就使得解决差异问题可以采取一种调和的方式。班廷和金里卡得出结论认为，多元文化政策对于有效和公平地促进少数群体的融合仍然具有非常重要的作用。

对多元文化政策更尖锐的批评来自鲁德·库普曼斯（Ruud Koopmans）的分析。他以多元文化政策指数和移民公民权利指标为基础，比较了不同国家多元文化政策的差异，认为多元文化政策对社会—经济融合几乎毫无作用，但对政治融合具有一定的正面影响，对社会文化融合则产生了负面影响。尤其是当多元文化政策与慷慨的福利国家结合在一起时，导致了移民过于依赖社会福利救济，从而在社会和经济上被边缘化，而这又减少了他们获得语言技能、加强种族之间接触的动力。

杰克·西特林（Jack Citrin）等人在2014年研究了16个欧洲民主国家的多元文化政策指数与公众对待移民的态度和政治支持率的相关性，这16个国家在过去10年中都接收了大量移民。他们的研究发现，在这些广泛实施多元文化政策的国家中，公众对移民的敌视态度与政治支持率之间呈负相关关系。他们指出，多元文化主义拉大了支持和反对移民的各团体之间的政治支持率的差距，并给那些极右翼党派提供了机会，使它们可以利用疏远政治的人群中存在的反移民情绪。

普特南认为，公众对文化差异的支持会引发邻里之间产生不信任感，并减少对公共生活的参与。这一假设在研究中得出了各种不同的结论。一些研究发现，多样性对社会凝聚力、国家认同和移民融合有负面影响；而另一些研究或者否定这种观点，或者认为多元文化政策在经济更平等的社会中能够提高社会信任，缩小社会差距，减少对少数群体的偏见。

班廷和金里卡全面地分析了多元文化政策对福利国家的影响。他们的研究显示，公众承认和支持少数群体保留其文化特色有助于强化而非削弱福利国家。他们得出结论认为，没有任何证据表明多元文化政策破坏了信任、团结或对再分配政策的支持。也有研究显示，多元文化主义政策能够促进移民的集体行动和政治参与，支持社会—政治包容，推动公民融合。

盖尔·艾瑞里（Gal Ariely）和杰弗里·赖茨（Jeffrey Reitz）等人认为，在评估多元文化政策的影响方面得到的不同研究结果，意味着我们有必要更加谨慎地使用——以及更加精确地掌控——诸如社会凝聚力、归属感、身份认同和融合等多层面的动态概念。这些不同的研究成果还推动了对多元文化主义的进一步分析研究，并为探讨各国内部和各国之间的少数群体文化政策和话语的演变留下了充分的空间。这些互有冲突的研究结果并非仅仅从整体上对多元文化政策进行评估，而是要进一步分析具体的多元文化政策在不同的背景下会对特定的结果产生何种影响。

（二）对多元文化态度和认同的分析

首先，这方面的研究主要关注多元文化主义产生的社会—心理影响，尤其关注不同种族间的态度和互动以及多元文化教育和多元文化身份。在这些研究中，多元文化主义主要被视为个人态度、群体认同的问题，而非国家政策。许多相关研究探讨的主题都与多数群体和少数群体对多元文化主义的态度以及影响这些态度的变量相关。总体而言，这类研究主要强调的是多数群体与少数群体在对待多元文化主义的态度方面存在差异。刘爽（Shuang Liu）、梅克尔·韦尔库坦（Maykel Verkuyten）和约赫姆·泰吉斯（Jochem Thijs）认为，少数群体成员通常更愿意保留他们自己的文化，比多数群体更加赞同多元文化主义，这种态度既可以被视为一种提高他们社会地位的策略，也可以被当作他们对感受到的歧视作出的一种反应。汉娜·扎格夫卡（Hanna Zagefka）等人研究发现，相比之下，多数群体成员通常更愿意少数群体被同化。韦尔库坦和皮尔里·布鲁格（Peary Brug）认为，多数群体成员越是认同他们自己的群体，就越是会设法保护其群体利益和地位不受到损害和动摇。那些年长的和教育程度较低的人，以及对宗教持有工具性态度的假信徒，通常都不太赞同文化多样性。

这些差异主要被解释为群体威胁论。帕梅拉·帕克斯顿（Pamela Paxton）和安东尼·穆格汗（Anthony Mughan）认为，来自少数群体和从属群体的（现实的或想象的）威胁经常被视为多数群体对外部群体持有负面态度的最具代表性的指征。

约翰·贝里（John B. Berry）等人详细阐述了用以研究"文化适应"（即人们愿意以何种方式生活在需要文化接触的环境中）的一种颇具影响力的类型学，并运用这一理论来评估多元社会中个人的适应能力（包括行为能力以及心理和情感的健康）和有关文化间关系的政策。

对于少数种族/文化群体成员想要如何居住在需要文化接触的环境中，贝里的文化适应模型描述了四种偏好。这四种偏好构成了两个独立的维度：愿意保留自己的遗产、文化和身份（"文化保留"的维度）；愿意与其他种族文化群体接触，并愿意参与主流社会的活动（"接触"的维度）。这两个维度导致了四种适应偏好：融合、同化、分离和边缘化。当涉及主流社会所采取的策略时，这四种偏好又可被分别界定为：多元文化主义、熔炉、隔离和排斥。

采用这一模型的众多研究一致认为，多元文化主义策略会使人产生幸福感。也就是说，人们既对保持他们自己的本原文化感兴趣，同时也愿意与其他群体进行日常互动。在这种情况下，心理适应（生活满足感和自尊心增强；疏离、焦虑和沮丧情绪减弱）与社会—文化适应（学术和职业成就提升，公民参与和政治参与加强；违法犯罪和危险的性行为等问题减少）结合在一起，产生了一种强大的、正面的和有效的联系。贝里认为，多元文化主义政策和项目增强了所有民族保留自己的文化和充分参与到主流社会的生活中去的权利意识，并推动了所有群体（既包括主流群体也包括非主流群体）的成员加入到相互交流和变化的过程中，这为提升不同文化之间积极正面的关系打下了文化和心理基础。

其次，这方面的研究还关注多元文化背景下身份认同的发展，主要集中于多元文化的经历如何以及在何种程度上促进了身份认同——这些身份认同具有开放性和适应性，同时了解自身文化在社会建构和发展背景方面的特征——的发展。总之，有关多元文化认同的研究认为，生活在多元文化环境中的人更有可能发展出灵活多样的认同，他们不太可能是种族中心主义者，而是更愿意进行有效的跨文化交流。

（三）对日常多元文化实践的分析

当前，对"日常多元文化主义"（everyday multiculturalism）的研究兴趣与日俱增。在这种情况下，多元文化主义既不被视为对社会政策的挑战，也不被视为态度问题（即心理态度和个体的适应性），而是主要被视为一种社会实践，即在不同的文化背景下人们日常生活中的互动行为。

乔瓦尼·塞米（Giovanni Semi）等人认为，日常多元文化主义既是一种分析研究，又是一种实践活动。前者指的是一种分析视角，其目的在于捕捉人们在日常交往的互动中产生、再现、改变和挑战文化差异的方式；这种分析还强调宏观和微观条件的重要性，以便为对文化差异和身份认同进行一种特殊的社会建构创造可能性和可行性。"差异"被视为一种"实践"、一种持续的表现和一种政治工具，也被视为当地人对差异和归属的具体表征所做的改变，这些被具体化的表征是通过相关的工具和行动资源（政治话语和大众传媒)在全球范围内建立起来的。作为一个实践范畴,日常多元文化主义强调在有限的空间内以及"平凡的"日常生活环境中去了解如何"面对"和"处理"差异问题,这已经成为一项平凡的、普通的但却是必备的技能。

对日常多元文化主义的分析通常采用定性的研究方法,即民族志观察、深度访谈、小组讨论和视觉社会学(visual sociology),目的是强调分类、归属和身份认同在日常的交流互动中是何时、怎样以及以何种方法被构建和解构的。

鲍曼的研究显示了生活在多元文化背景下的人们是如何在文化上获得话语和实践双重能力的:人们认为文化既是必要的、基本的、具体化的"既有之物",又是过程性的、持续发展的、日新月异的概念建构。考察在多元文化的背景下人们如何在实践中应对"差异"问题,应尽可能地把不同的人归入某些固定不变的类别(例如,多元文化主义者、被同化者、被孤立者、整合主义者),同时还应关注这些人在日常关系中是如何建构、反抗、改变与调和这些社会类别的。玛丽·伯恩斯坦(Mary Bernstein)和塔利亚·布洛克兰德(Talja Blockland)分别指出,人们在特殊的背景下应对文化差异问题的方式既能反映出结构性的约束,也能反映出个人意志的作用。研究日常多元文化主义的一个重要方面,就是要承认当代多元文化社会不仅仅是"平等的多样性"的聚合,而且还是对权力关系的反映。因此,莱斯·巴克(Les Back)、安妮塔·哈里斯(Anita Harris)、诺拉·拉斯泽尔(Nora Räthzel)和索菲·沃特森(Sophie Watson)等人都认为,对日常多元文化主义的研究也是对公民身份的表达与诉求的研究,以及对"为承认而斗争"的研究。

一些研究认为,通过交往和融合的过程,文化差异有可能在日常接触中得以消除。这些研究都强调了这样一个事实,即一些日常的生活环境为人们创造了一种与其他人相互联系的感觉,这种感觉又会产生宽容、推动融合。这些研究还对多元文化政策提出了批评,认为其目的是为了把少数群体成员的身份认同缩小或固化,归属到一种狭隘的类别里,从而阻碍少数群体获得其所应具有的融入、改变和寻找新定位的基本能力。

哈里斯指出,年轻人尤其显示出在战略和战术上应对差异问题的能力,并且他们认为,归属感、身份认同和公民身份在当代多元社会中具有混杂多变的特点是理所当然的。梅达·耶戈诺格鲁（Meyda Yeğenoğlu）认为,拥有适应双重文化的能力已成为一种必备的技能,因为在一个全球化的社会中,自主和自我实现不仅意味着要有流动权、多重归属以及混杂多变的身份认同,而且还要利用所谓本质主义的和具体化的身份认同,为承认共同的文化渊源、共同的历史以及在主流群体主导一切的情况下保护特殊的语言和习俗而斗争。

在具体化、反抗、调和与挑战的交替转化中,融合概念也在发生变化:它不再仅仅意味着在平等的基础上被当地社群或整个国家所接受,而且还意味着被允许参与到全球流动之中,而非被排除在外;如果有必要,少数群体还会要求获得自由展示自身差异并得到公众承认的权利。平等和差异成为要求参与和避免排斥的工具。真正的危险不是承认固有且深刻的身份认同和差异问题,而是融入到社会环境之中还是被排斥在社会环境之外的问题,这些社会环境可以提供物质的、象征性的、情感的和互动的相关机会。

也有研究更为谨慎地反对那种夸大文化冲突的倾向,而是强调冲突的重要性,并关注权利和社会空间等方面的不平等。这些研究批评多元文化主义政策,认为这些政策的目的只是为了增加不同文化间的交往,却没有考虑到社会和政治上存在的不平等和歧视问题。

对日常实践的考察不能将分析仅仅局限于对一个公平的多元文化社会的构成基础的常规探讨,而应重点研究文化差异是怎样产生的,是如何通过协商来解决的,以及社会关系和身份认同在这一过程中是怎样形成和被再塑的。

文化与差异：艾利斯·马瑞恩·扬多元文化主义理论的张力[*]

索菲·格拉尔·德拉图尔 著[**]　　冯　红 译

[内容提要] 艾利斯·马瑞恩·扬被视为西方学术界对多元文化主义展开哲学研讨的先驱人物之一，其代表作《正义与差异政治》在学术界引发了广泛的关注。然而，随着时代的变迁，她关于多元文化主义的主要理论，特别是她对"文化"这一概念的理解，发生了改变，从而导致人们对其理论产生了质疑。本文在有关多元文化主义的争论的基础上重新梳理了扬的多元文化主义理论的演变，指出扬仍然是一位多元文化主义理论家，她对"文化"概念在具体使用方面的批评为我们准确理解多元文化的公民身份提供了契机。她也从未放弃公民的多元文化身份这一理想，而是将这一理想建立在不同于自由主义范式的哲学前提之上，从而为一种批判性的多元文化主义奠定了基础。这种批判性的研究方法产生了一种"将文化政治化的多元文化主义观"，在这种观点看来，群体的团结将成为政治反抗的催化剂和政治协商的资源。

---

[*] 本文为作者在2016年10月在上海举行的第四届"现代性：中国与世界"国际学术论坛："现代性与多元文化主义"学术研讨会上提交的论文。译文原载《国外理论动态》2017年第4期。

[**] 作者简介：索菲·格拉尔·德拉图尔（Sophie Guérard de Latour），法国巴黎第一大学哲学系学者。

[**关键词**] 多元文化主义　差异政治　正义　公民身份

艾利斯·马瑞恩·扬（Iris Marion Young）被视为西方学术界对多元文化主义展开哲学研讨的先驱人物之一。她于1990年出版的开创性著作《正义与差异政治》凸显了所有多元文化主义理论共有的两个主要特征：（1）批判的因素，即批判无差异的理想的局限性及其对于因性别、种族或民族歧视而被边缘化的二等公民的普遍影响；（2）变革的因素，即认为公民平等需要关注而非忽视群体差异，需要将无差异模式转变为另一种替代模式，即"有差异的公民身份"（differentiated citizenship）、"多元文化的公民身份"（multicultural citizenship）、"承认政治"（politics of recognition）。扬的"差异政治"（politics of difference）是上述观点中最早被提出的观点之一，其理论吸收了批判理论（西奥多·阿多诺）、女性主义现象学（西蒙娜·德·波伏娃）以及后现代系谱学（米歇尔·福柯）的资源，通过质疑分配正义的文化假设（cultural assumptions），揭示其压迫性所导致的后果，从而与分配正义这一当代自由主义学说的主导范式彻底决裂。扬通过批判分析得出结论：就群体所特有的表征来说，采取一种差异政治的模式是十分必要的，它可以使受压迫的群体在政治舞台上发出自己的声音。

在本文中，我将回溯扬这一开创性的人物，因为她的理论对近期有关多元文化主义之争的演变提供了有意义的解释。这将有助于我们反思两种对立倾向之间的张力：一方面，21世纪以来的相关争论往往拒绝使用"文化"这一概念，一些进步的政治理论家对这一概念所带有的本质主义逻辑以及"身份政治"（identity politics）所导致的公民领域的碎片化趋势发出了越来越多的批评之声；另一方面，出现了拯救文化概念和捍卫文化多样性的倾向，这一倾向源于一个不争的事实，即有关公民身份和民主的当代理论几乎无法回到那种盲目的普世主义，也无法忽视多元文化主义理论家们大规模的反对意见。安妮·菲利普斯（Anne Phillips）的著作《没有文化的多元文化主义》（2007）就非常有代表性地表达了这种张力。

正如我要指出的，扬既是一位致力于在政治理论中强烈关注"文化差异"

的哲学家，又在后来拒绝关注这一概念。这导致人们对其理论产生了质疑：如果我们认真看待最近她对文化概念提出的批评，就会质疑她的差异政治是否属于哲学多元文化主义的范畴，她对多元文化主义理论的指控在多大程度上是对"多元文化的公民身份"这一整体方案表示怀疑。在下面的阐述中，我认为扬仍然是一位多元文化主义理论家，而非全面拒绝"文化"概念，她对该概念在具体使用方面的一些批评意见为我们准确理解多元文化的公民身份提供了一个契机。

为了在多元文化主义的语境中重新梳理扬的理论的演进，本文将在第一部分对有关多元文化主义的争论进行概述，在第二部分分析"差异政治"在何种意义上建立在对文化差异的承认之上，在第三部分回顾扬后来又是在何种意义上批评"文化"概念的使用的。最后，我将得出结论：扬后来的反对并非完全排斥文化概念，而是促使我们对其进行重新研究。

一、有关多元文化主义的哲学争论：一个概述

脱离多元文化主义于1960年代诞生的历史背景去谈论西方的各种多元文化主义理论，是没有意义的。当时的社会正经历着深层次的社会变革，美国黑人的民权运动获得了成功，第二波女性主义浪潮正在兴起，同性恋运动开始出现，土著居民不断被动员起来，地方主义日益复兴，这一切都促使身份认同、差异和文化等成为公众争论的前沿问题。正如南茜·弗雷泽所说，这些"新社会运动"已经改变了人们谈论社会正义的话语，为了"谁"的正义以及"什么"才是正义变成了复杂的问题：与其他社会阶层差异明显的少数群体不再局限于最初对经济剥削的反抗，而是开始以新政治主体的身份去反抗他们所遭受的文化压迫，其主要诉求是得到文化上的承认，而不是社会财富的再分配。

这种变化在有关多元文化主义之争的大背景下尤为凸显。为了正确理解这种变化，我们需要进一步关注这些已渐渐转变为以获得文化上的承认为目的的社会运动，从而了解不同阶段对文化差异的不同理解。简而言之，我认为应区分下述三种理论运动，其中每一种运动都与一个典型的社会群体有关。

1. 在1970年代和1980年代末，理论家们集中关注边缘群体的问题，比如，基于性别、性取向、种族或民族的不同而形成的少数群体，其中妇女或美国黑人是这些文化纷争的典型代表。扬的《正义与差异政治》恰好为重视政治包容的研究方法提供了例证。

2. 在1990年代和21世纪初期，民族主义的复兴，尤其是苏联解体之后民族主义在欧洲的复兴，使得民族—文化少数群体的事件成为政治日程中的头等大事。传统的同化政治（politics of assimilation）无论是对民族少数群体（主张政治自治）还是对移民少数群体（反抗被民族主义政党推波助澜的歧视性用语），都受到了对民族—文化少数群体更为友好的一体化模式的挑战。查尔斯·泰勒对魁北克民族主义的声援，以及他关于描述现代主体性必须兼顾个体尊严与文化本真性（cultural authenticity）的哲学见解，就包含了这种以文化认同为基础的政治包容研究方法中最有影响力的观点。

3. 自2000年代中期以来，对种族问题的关注开始融入对宗教多样性的日益重视。在"后911时代"，受到恐怖主义的威胁，对宗教多样性的关注往往集中于对生活在基督教文化社会中的穆斯林少数群体社会地位的关注。自那时起，多数争论都围绕着世俗国家对宗教的符号、建筑物或习俗的合法化问题。政治自由主义珍视价值多元主义，谴责使用国家权力强制推行一种自由的（比如无宗教的）生活方式，从而为这种基于文化包容的政治研究方法的正当性提供了关键论据。

上述简要概述表明，"文化"概念在不同阶段具有不同的意义。在第一个阶段，正如海库·帕瑞克（Bhikhu Parekh）所指出的，文化指的是"视角的多样性"："社会中的一些成员对主导文化的核心原则和价值观持高度批评的态度，并且试图遵循恰当的标准对其进行重建。女性主义者抨击根深蒂固的男权思想，宗教人士反对世俗化倾向，环境主义者批评人类中心主义以及技术统治论的偏见，黑人和其他少数族裔反对遭受到的种族歧视。"[①] 通过一系

[①] B. Parekh, "Political Theory and the Multicultural Society", *Radical Philosophy*, May-June 1999, No. 95, p. 27.

列反抗运动，社会成员渐渐意识到文化样态可以表明群体的特征——性别角色、种族等级或民族身份，并且认识到这些群体的特征还带有根深蒂固的象征性对抗关系，带有密切相关的价值观念（男人/女人、黑人/白人、西方/非西方、异性恋/同性恋等等）。"文化"在这里指的是遍及所有社会群体的一种横向的现实存在，这些群体恰恰是由他们共同的"文化"规范形成的。文化是在一整套的理念、信念和价值观的基础上建立起来的，它们（理念、信念和价值观）同时在多数群体和少数群体中被内化，并控制其成员之间的互动。少数群体反抗运动的目的恰恰是想质疑所谓的事实，批驳这些文化假设的随意性及其所带来的边缘化的影响。

　　第二阶段对文化多样性的关注发生了转变，从"视角的多样性"转变为"社群的多样性"。事实上，与妇女群体相比，美国黑人或同性恋群体、民族和种族少数群体似乎都拥有"属于他们自己的文化"，这种情况既不能被简单地归结为一个社会的成员所共有的文化偏见，也不能被简单地归结为这些文化偏见导致了亚文化的形成。以种族—文化社群为例，其文化特征似乎更多地是用人种学家和人类学家的语言来描述的，比如，建立在集体表征和共同实践（无论是语言学的、宗教的还是习俗的）基础上的生活方式。① 因此，可以想象，"文化"构成了统一性或身份认同的内在源泉，就文化而言，一个群体与另一个群体之间的差异并不主要源于外在的标准化因素。然而，值得注意的是，有关多元文化主义的争论针对的是存在于同一个政治社会（例如，多民族和多种族的国家）中的各种种族—文化群体，而不是人种学家传统上研究的独特的、孤立的社会。在这种情况下，由于种族—文化群体之间的互动是在一个共同的社会中进行的，因此文化多样性中有关社群多样性的观点与视角多样性的观点并非完全没有联系。

　　最后，在第三阶段，对于宽容的争论已经导致了对文化差异中宗教因素

---

① 爱德华·B. 泰勒1871年的定义常常被用来作为这个经典概念的例子："文化或文明具有宽泛的人种学意义，是一个非常复杂的整体概念，包括知识、信念、艺术、道德、法律、习俗以及一个社会成员所必须具备的其他任何能力和习惯。"（E. B. Tylor, *Primitive Culture*, London: John Murray, 1871.）

的强调,因此争论的焦点从种族—文化的少数群体转变为种族—宗教的少数群体。这种变化已经产生了一种关于群体文化认同的观点,这种观点强化了先前的推断,即文化是指建立在共同特征基础上的社群文化。但是,种族—文化的研究方法考虑的是广泛的(基于历史的、符号的、价值观的、习俗的和制度的)共同性,而种族—宗教的研究方法首先要考虑的是共同的信仰或价值观。因此,最后这个阶段往往将多元文化主义的问题归结为由道德分歧产生的问题,这些问题源于人们的信仰和信念无法通约的多元化。

为了分析多元文化主义理论在上述三个阶段的演变,关注被指认的身份(某人赋予其他人的身份,例如种族范畴)与所选择的身份(某人选择支持的身份)之间的差异同样十分重要。最初的社会运动旨在公开批评身份所发挥的"社会歧视"功能,认为它导致了压迫性的后果;后来的社会运动则试图赋予以民族、种族或宗教为基础的集体身份以积极的意义,这就促进了人们要求承认或宽容集体身份。第一阶段社会运动的主要目的并非为了解构与差异密切相关的偏见而将差异政治化,而是要使差异在公共领域获得永久的合法性。正如泰勒颇具挑战性的观点所指出的,制定多元文化政策的目标不是"为了使我们回到最终'无差别'的社会空间中去,相反,其目的在于维持和重视差别,不仅是现在,而且是永远"①。

这一简要描述可以解释 2000 年代初以来政治哲学中出现的"背离多元文化主义"的情形。种族—文化的转向(第二阶段)和种族—宗教的转向(第三阶段)都导致了多元文化主义不再关注横向的多样性,而是开始重视社群的多样性,这就产生了有关文化的一种基本观点。因此,多元文化主义理论已经受到了诸多责难,人们指责它误导了文化认同过程,没有意识到文化群体之间互动的、动态的和相互交流的本质,认为这样的理论应该受到批判,因为它们在文化群体之间设置了人为的界线,将文化群体视为孤立的和有边界的单个实体,并且是内部统一的整体。最主要的批评是反对多元文化主义

---

① C. Taylor, "The Politics of Recognition", in A. Gutmann (ed.), *Multiculturalism*, Princeton University Press, 1994, p. 40.

的文化本质主义，抨击其适得其反的政治效果。用安妮·菲利普斯的话说：

> 那时的多元文化主义理论不是以文化的解放者的姿态出现，而是充当了文化的束缚者，强制那些被视为少数文化群体的成员融入到一种原初的秩序之中，剥夺了他们超越文化界线、相互借鉴文化影响力、对自身进行诠释和再诠释的机会。①

因此，对文化本质主义的批评致使许多进步的理论家放弃了多元文化的公民身份这一理想，而是通过重新强调促进平等（尤其是社会—经济平等）来取代对多样性的承认，从而重建"融合的必要性"（imperative of integration）②。现在，我们要提出如下问题：多元文化的公民身份是否还有未来？或者它是否已经成为我们应当放弃的过时方案？

我认为扬的理论可以为上述问题提供有意义的答案，只要我们能正确理解其理论中有关"文化"概念的张力。这些张力源于其思想的演变以及后来她提出的对多元文化主义理论的批评，尽管在社会正义的问题上她一直都是最早积极主张关注文化差异之必要性的学者之一。

二、认同社会非正义的文化维度

在《正义与差异政治》中，扬的主要贡献之一就是提出要重视社会非正义的维度，并认为不应简单地将这种维度归结为经济因素的决定作用，这就挑战了分配正义的范式。如她所说，非正义有可能呈现五种不同的"面貌"：剥削、边缘化、无权力、文化帝国主义和暴力，其中最后两种形式是由文化模式和文化假设——与社会群体之间存在的象征性等级制度有关——所决定的。扬认为，"文化帝国主义"就是"占主导地位的集团的经验、文化及其所

---

① A. Phillips, *Multiculturalism without Culture*, Princeton University Press, 2007, p.14.
② E. Anderson, *The Imperative of Integration*, Princeton University Press, 2013.

确立的规范的普遍化"。①

如果说这一定义受到了马克思主义传统的影响,那么文化帝国主义就不应该作为经济剥削的连带效应而仅仅从阶级统治和意识形态方面加以分析。与此相反,扬提出以一种现象学的方法去理解文化帝国主义问题,以便更为准确地描述主导性的文化模式对个体的主体性产生的影响,她的这种方法受到了波伏娃和梅洛-庞蒂理论的影响。因此,她关注的是受到文化帝国主义压迫的群体成员的"体验"。

> 体验文化帝国主义,意味着去体验一个社会中占主导地位的价值如何使某个成员所在的群体的特有认知化为无形,同时又由于这种主导价值,致使该群体被赋予刻板的偏见,并因此成为他者。②

扬在有关"女性身体"的几篇文章中首次分析了因性别、种族或民族的差异而成为少数群体成员所感受到的这种既无形又高度有形的矛盾体验。妇女实际上为研究处于从属地位的群体提供了一个特别的案例,主导群体对妇女群体的"规范化的凝视"(normalizing gaze)所产生的影响,就是对从属群体"鲜活的身体"(lived body)的影响。妇女的体验表明了脆弱、美丽或纯洁等女孩早期教育中被强加的规范如何阻碍了女性发挥和施展她们的个人才能。主导群体对性别角色的共同假设已经以这样的方式塑造了妇女鲜活的身体——她们的主体性由于遇到了强大的障碍物,无法像男人的主体性那样获得完全的自我肯定,因而似乎只能以受到约束和限制的形式存在。

扬对鲜活的身体的强调解释了她为什么要将文化帝国主义的非正义与暴力的非正义紧密联系在一起。尽管暴力显然只涉及剥削、边缘化和无权力的情形(例如,社会非正义的经济层面),但是受文化帝国主义压迫的群体中的成员所遭受的则是一种特殊形式的暴力。对妇女、黑人或同性恋者的攻击不

---

① I. M. Young, *Justice and the Politics of Difference*, Princeton University Press, 1990, p. 59.
② Ibid.

仅包含个体在道德上的错误行径，而且由于这类事件是发生在某种社会背景之下，因而就为这种行径提供了更大的空间。这些情形下的暴力实际上是受到了一些文化规范的怂恿和煽动，致使群体成员受到侵犯的风险变得更大。受到压迫的群体成员因此"接受并容忍了这种情形，认为他们一定会恐惧针对他们个人或财产的随意的、无缘无故的攻击，这种攻击是没有动机的，只是为了损害、羞辱或摧毁这个人"[1]。这种集体的维度使得特定的暴力行为带有了系统性的特征，导致这类暴力被视为一种"社会惯例"，并深深地影响到少数群体成员的社会生活体验以及主体性建构。

至此，扬通过她对文化帝国主义和暴力的界定强调了社会非正义的文化维度。而她的这一观点似乎明显与"视角的多样性"的观点一致：多数群体与少数群体之间的差异源于某些文化规范的霸权，这些文化规范是对西方现代性不加任何质疑的假设的全盘继承。受到女性主义、福柯以及后殖民主义研究的批判性作品的影响，扬指出了性别角色或种族等级是如何建立在诸如天性与文化、身体与理性、特殊与普遍等西方理性主义所规定的象征性对立关系之上的。这些象征性对立关系的暗示性致使少数群体成员的主体呈现出幼稚的、不完美的或不完整的一面。这样的对立关系造成了社会群体之间的差异，而这恰恰是因为群体是由其全体成员内化形成的，无论群体的价值观可以接受还是存在争议，全体成员都会求同存异，找到共同点。

然而，扬在描述少数群体时坚持认为受压迫的群体成员应当共享一种特有的生活方式，因此她实际上是将视角的多样性与社群的多样性联系在一起。基于其现象学视野，扬密切关注个体因其主体性受到压迫而产生的"双重意识"。"当受压迫的主体拒绝接受赋予她或他的这些贬低性的、客体化的、模式化的描述时就会出现"[2]这种双重意识。受压迫的主体不会被动地臣服于主导群体强加给她/他的无形状态，因为她/他可以在主流文化之外寻找到积极

---

[1] I. M. Young, *On Female Body Experience. Throwing Like a Girl and Other Essays*, Oxford University Press, 2005, p. 61.

[2] Ibid., p. 60.

的承认空间，并在那些有同等际遇的人当中重获某种自尊。扬使用了一个术语来描述这一心理过程：少数群体的"文化"似乎以一种具有积极意义和现实性的"共性"原则出现，尽管这种共性最初是由压迫产生的：

> 由主导文化所界定的这种群体是另类的、被模式化的他者，在文化上与主导群体截然不同，这是因为他者的地位所产生的具体体验不同于主导群体，同时也是因为文化上受压迫的群体常常在社会中处于被隔离的状态，致使他们身处社会劳动分工的特定地位。这些受压迫群体的成员彼此分享他们特定的群体体验以及对世界的理解，从而发展并永续他们自己的文化。由于人们发现他们的存在是由主流文化和从属文化这两种文化界定的，因而双重意识得以产生。**由于人们可以彼此确定和承认他们所共有的对社会生活的相同体验和观点，因而受到文化帝国主义压迫的群体成员常常可以保持一种积极的主体性。**[①]（黑体部分是我在这里要强调的内容。）

如上所述，值得注意的是，扬通过采用一种主体间性的社会哲学——泰勒在几年之后通过对黑格尔的术语研究发展了这种社会哲学——预见到了第二阶段有关多元文化主义的争论。像泰勒一样，扬批评了自由主义社会本体论的原子主义，并坚持认为，如果人们想要提升社会正义，则社会群体至关重要。由于某些与性别、民族或种族特征相关的集体身份决定着人们的社会体验及其自我感知，所以这些身份不应该像多数自由主义者所设想的那样，被视为在政治领域中有可能被超越的偶然属性。与泰勒一样，扬反对这种无差别的普世主义在主体性发展过程中对承认的重要性的忽视。因此，尽管扬没有像泰勒那样直接指出，文化上的少数群体由于拥有共同的价值观和信念，因而可以被视为独立存在的社群，但她实际上还是承认了受压迫群体的"从

---

① I. M. Young, *On Female Body Experience. Throwing Like a Girl and Other Essays*, Oxford University Press, 2005, p. 61.

属文化"具有积极的现实意义。特别是当她表达一种差异政治的观点时,即当她认为公众对这些文化差异的积极承认是一种有可能丰富民主协商、提升社会正义的"政治资源"时(无论是在市民社会之中还是在政治机构之中),就更为明显地说明了这一点。

三、地位差异与文化差异

扬在其最后一篇文章《结构的非正义与差异政治》中似乎背离了最初的立场。她认为"差异政治"的规划一直被有关民族—文化少数群体的争论所左右,并遗憾地指出这种情形已经导致了对"差异"的一种狭隘理解。值得注意的是,这些新的争论同最初有关被边缘化群体的争论一样具有启发性。它们都反对盲目的普世主义的局限性,认为这将最终导致主流文化特权化:事实上,没有任何一个国家在文化认同问题上能够像宗教信仰那样保持中立。即使一个国家可以没有官方宗教,也总是会通过民族语言、国歌、国旗、公共假日以及所有能够产生共同民族构想的符号选择推进一种官方文化。显而易见的是,民族国家因此会形成种族偏见,因为官方文化通常反映的是某种语言、宗教或民族群体相对于其他群体的特权地位。因此,多元文化政策的拥护者们期盼文化上的少数群体能获得合法地位和政治承认,以便弥补他们的劣势。这样,文化权利就在土著人的案例中表现为地区自治,在移民少数群体的案例中表现为法律豁免和平权法案。扬和多元文化主义理论家们一致呼吁一种有差别的公民身份,以便重建少数群体与多数群体之间的待遇平等。

尽管在观点上有交叉之处,但是扬强调了她在自由主义理论框架中发现的这些争论的特殊之处。威尔·金里卡(Will Kymlicka)的著作《多元文化的公民身份》实际上已经为在罗尔斯自由主义①的框架内进行的这些反思铺平

---

① 扬认为这是"有关差异政治的独特研究方法的最早和最全面的阐述之一"。[M. Young, "Structural Injustice and the Politics of Difference", in A. S. Laden and D. Owen (eds.), *Multiculturalism and Political Theory*, Cambridge, Cambridge University Press, 2007, p.74.]

了道路：金里卡在书中认为，对种族—文化少数群体应实施特殊保护，以便使他们在法律和政治上有权保护他们希望保留的文化。在金里卡看来，这种特殊待遇符合公民的文化身份所应具有的道德价值观。依据罗尔斯的契约论，金里卡将公民的文化身份概念化为一种"社会的基本善"（social primary good），即个体应该享有平等的权利，因为公民的文化身份为公民提供了可选择的环境，从而给其自由实践活动带来了意义。作为一种基本善，公民的文化身份应当在社会成员中被公平地分配，但是，只要公民身份仍然无视种族—文化差异，并且暗示了主流文化的特权地位，就不会出现上述情形。

扬此后还注意到，有关多元文化主义的争论多集中在"宽容"问题上，即反思应被接受的和解方式，或者反思应对少数种族和少数民族群体的文化表达或文化自治设置的限制。2001年之后，对宗教多样性的关注开始采用同样的分析思路，"将种族性和民族性与宗教一起视为深层多样性的最高形式"①。扬遗憾地指出了这样一个事实：这种研究方法几乎已经占领了整个政治空间和哲学争论。她谴责这种研究方法以不平等为代价，高估了文化少数群体的自由问题。为了明确指出社会差异被忽视的维度，扬在其最后一篇文章中清楚地区分了"文化群体"（金里卡将其定义为拥有一种共同的"社会文化"的人）与"结构群体"的差异。后者是由长期遭受各种不平等压迫的人组成的群体，其不平等是由"在社会发展过程中产生的影响人的能力发展或资产获取的社会地位、权力和机会"② 方面所处的劣势地位造成的。

结构不平等的问题涉及面很广，并且是由一系列因素导致的（"一些制度性的规则和惯例，霸王性标准的使用，经济和政治诱因的形成，以往的行为和政策的实际效应，以及人们对于模式化假设的反应"③）。它们成为少数群体成员获得福祉的具体的薄弱环节、障碍和羁绊，因此也成为导致社会非正义的主要原因，而并非如自由主义者所认为的那样，是由个体在某一阶段可

---

① M. Young, "Structural Injustice and the Politics of Difference", in A. S. Laden and D. Owen (eds.), *Multiculturalism and Political Theory*, Cambridge, Cambridge University Press, 2007, p. 77.

② Ibid., p. 64.

③ Ibid.

能拥有的资产数量或权力大小造成的。对非正义的结构维度的强调使扬挑明了非正义的文化内涵的本质。具体来说,她谴责了自由主义者对种族—文化少数群体忽视其成员可能会体验到的种族不平等问题的辩解。她从概念上为"种族"与"民族性"(或"民族")之间的差异找到了依据:

> 前者(即种族)将差异的特性自然化或"表面化"。种族主义赋予身体特征——皮肤、肤色、毛发类型、面部特征——以特别的含义,并构建了标准的或理想的身体类形等级制,致使其他具有不同特征的群体处于劣等的、耻辱的、异类的或下贱的地位。①

这一贬低身体的过程扩展到"与身体紧密相连的一切事物"之上,例如,受歧视的服饰、工作或街区。这种"生活方式"大多是由一种不合理的劳动分工以及居住隔离现象造成的,它使群体形成了其典型特征,不过,扬似乎并不认为这是集体身份的内在来源,也不认为存在积极承认的空间。在《正义与差异政治》一书以及最后一篇文章中,她进一步分析了集体身份问题,并以妇女为例做了专门分析。在《作为连续性的性别:将妇女视为一个社会群体》一文中,她提及了让-保罗·萨特的概念"实践之惰性"(practico-inerte),用以解释一个社会的少数群体成员是如何在缺乏共同身份的情形下成为一个社会群体的。因为他们的真实存在在社会规范的长期重压下一直被塑造为特殊的形式,所以结构的不平等创造了他们注定要体验的共同情境(或真实性)。从这个意义上讲,少数群体的成员可以被比作那些排队等候公交车的人或者收听同一个广播节目的人:他们形成了一个具有连续性的群体,其成员一般来说彼此陌生,并且该群体也在不断地接纳新人,或者换言之,即使他们的物质条件使他们处于共同的情境之中,其成员也并不拥有共同的身份意识。

---

① M. Young, "Structural Injustice and the Politics of Difference", in A. S. Laden and D. Owen (eds.), *Multiculturalism and Political Theory*, Cambridge, Cambridge University Press, 2007, p. 69.

尽管扬在最后一篇文章中没有提及连续性（seriality）这一概念，但她似乎是在用这种观点去思考那些被种族化的群体。这表现在她颇具挑战性的提议中，即把残疾人的案例视为"结构性非正义而非例外的范式"①。我们可以从残疾人的境况中发现，"身体带有残疾的人没有属于自己的社群或文化"②，只有一种共同的身份或文化才能界定这一群体，我们应该理解，残疾人群体的存在是由于"某些人的特征与这个社会中主导的结构、惯例、规范和审美标准不匹配"③造成的。换言之，如果想要认真对待种族主义问题，我们就应该将被种族化的群体视为有残疾的群体，而不是从种族特点上去思考，也就是要从地位差异而非文化差异去思考。

我们是否应该从扬的论述中得出结论，认为扬已经放弃了多元文化主义方案，并以反种族主义的事业取而代之呢？她是否已经放弃了下述观点，即少数群体所展现的差异不应作为某种可贵的特征被公开承认，而仅仅被当作耻辱的、不合法的形式而予以解构？

四、应对文化差异的政治途径

我认为，就被种族化的群体而言，扬的"差异政治"超越了反种族主义的政治。

首先，值得注意的是，尽管扬批评了自由主义的多元文化主义，但她仍然认为该种观点是差异政治的一个重要变体，原因在于：

> 它为应对占主导地位的民族主义者或其他形式的绝对主义言行提供了视野和基本原则。我们可以在共同的政治体制下生活在一起，并且可以在维持现有体制的情况下保留我们自己具有独特的惯例和传统的文化

---

① M. Young, "Structural Injustice and the Politics of Difference", in A. S. Laden and D. Owen (eds.), *Multiculturalism and Political Theory*, Cambridge, Cambridge University Press, 2007, p. 65.

② Ibid., p. 68.

③ Ibid., p. 67.

样态。在这样的视野之下,我们就可以并且应该减少种族的、民族的和宗教的暴力。①

扬认可公民的多元文化身份的合法性,同时也没有追随众多批评者对金里卡的本质主义文化观的抨击。扬认为,问题所在并非"文化差异",而是将文化差异与结构性不平等的问题割裂开来。例如,美国的拉丁裔种族群体也许会眷恋其文化惯例和习俗,但是仍然要遭受种族化的过程,这不能简单地归结为强迫限制他们的文化表达自由。因此,如扬所述,文化差异的政治类似于金里卡的观点,地位差异的政治类似于扬自己的观点,这两种观点不仅"在实践中兼收并蓄",而且"在某些有关群体政治和群体冲突(例如,种族文化冲突)的问题上也是相似的,因此两种形式的分析都是必不可少的"。②换言之,扬对文化差异政治的批评并非实质性的,而是有一定语境的。她认为自由主义的多元文化主义视角仍然具有合理性,但是不应像过去10年那样成为一家之言。

其次,扬的立场并不是要取消对文化的关注,而是要给予它应有的地位。与自由主义的多元文化主义者不同,她并未将公民的文化身份视为身份认同——这种身份认同的价值观是既定的、不存在道德争议的——的一个来源。相反,她对"连续性"的反思表明,只有当政治纷争出现时,一个人与其被种族化的事实之间的关联才会产生。以乘坐公交车为例,排队等候公交车的人并没有共同的身份,他们只不过是体验了一种相同的情境罢了。然而,一旦他们面临共同的问题,并开始以集体的方式对这个问题作出反应(例如,如果公交车经常延时或总是没有足够的空座),他们就会形成一个"群体"。同样,在被种族化的少数群体这一案例中,尽管这些人特有的生活方式并未形成一种能够自然而然地培育出一种群体认同意识的共同文化,但是,只要

---

① M. Young, "Structural Injustice and the Politics of Difference", in A. S. Laden and D. Owen (eds.), *Multiculturalism and Political Theory*, Cambridge, Cambridge University Press, 2007, p. 79.

② Ibid.

群体成员意识到他们面临着相同的种族主义问题，并且开始以集体的形式反抗他们所处的境况，就仍然可以以一种团结意识作为共同的基础。

值得注意的是，在群体意识提升的过程中，随之而来的不仅仅是群体的工具性价值，比如，仅仅将其视为解构结构性不平等的一种策略性工具（亦即为了解构种族而将种族政治化）。按照马克思主义的观点，被压迫阶级的政治组织将会引导我们建立一个无阶级的社会。扬的立场与此有所不同。作为一个深受梅洛-庞蒂和波伏娃影响的现象学家，扬尤其重视鲜活的身体的双重维度：鲜活的身体既是将各种限制内化于其中的私密场所，也是使这些限制得以积极地重新表达的场所。由于没有任何主体性是脱离了身体体验而存在的，因此扬的观点暗示了那些被种族化的少数群体成员感受社会生活的特有方式是有其价值的。这种生活方式带有一种认知内容，而这是处于不同情境中的人无法直接理解的。倘若少数群体成员想要在社会和政治场所真正在场，可以通过民主协商的方式，而这种生活方式是可以与不同情境中的人共同分享的。

因此，社会差异是一种政治资源。它丰富了相关争论，并有可能为解决共同问题找到令人满意的方案。它之所以能够做到这一点，是因为它为政治协商注入了新元素：尽管政治协商在传统上常常关注"利益"（interests）和"意见"（opinions），但差异政治期待纳入"社会的视角"。与利益和意见不同，社会视角展示了个体的不同偏好和信念，它源于社会群体的存在及其对个体感受社会生活的深层影响力。分享这样的社会视角，可以揭示一些通常不为多数群体所知的无形的非正义。但是，这并不意味着恢复一个无差别的公共领域。扬的现象学研究方法使她认为，没有任何政治协商能够采取毫无立场的观点，因为群体的存在只能依赖个体的体验，即他们的鲜活的身体。因此，对于被种族化的人来说，即使其主体性的发展一直在遭受种族主义环境的严重限制，但这种发展还是能够以自己的方式进行——通过各种形式的群体团结可以重振非主流文化，并由此为不同群体之间的相互承认创造文化空间。就此而言，如果我们回顾帕瑞克的观点，就不应该对扬在其最后一篇文章中强调视角的多样性产生任何误解。她所提出的文化群体/结构群体、民族/种族的对立关系，并不意味着文化差异可以被归结为偏见的负面后果，因此少数群体的特殊性没有任何积极的意义。一旦少数群体的差异在政治论战的过程中被凸显出来，进而使这些群体开始意识到其社会视角，并努力在公共争论中展现出来，那么就会为解放和完善群体成员的主体性提供一个重要的场所。就此而言，它也为"社群"形式的多样性以及从属群体文化的复兴提供了基础。

这就是为什么扬不赞同某些人认为公开承认差异只是一种权宜之计——就像反种族歧视的逻辑一样——的原因。如果只关注反种族歧视，就会使人产生一种错觉，即一旦偏见消失，那么群体差异从长远来看就是可以被超越的。这样的政策可能会助长文化帝国主义的新形式，即以牺牲其他群体的体验为代价将某些社会体验普世化。为了避免出现这样的问题，群体差异不应被超越，而是应该被包容在政治协商的范围之内。

五、结论

经过上述分析，我认为我们可以得出如下结论：艾利斯·马瑞恩·扬并没有放弃公民的多元文化身份这一理想。相反，她将这一理想建立在哲学前提之上，这种哲学前提不同于自由主义范式，而是为一种批判性的多元文化主义奠定了基础。她没有像金里卡那样，以宽容为基础来构建对文化意义上的少数群体的讨论，而是坚持认为结构性不平等对这些群体的形成产生了负面影响。但是，这种批判性的研究方法并未导致菲利普斯所期待的"没有文化的多元文化主义"，而是与此相反，产生了一种"将文化政治化的多元文化主义观"，在这种观点看来，群体的团结将成为反抗的催化剂和政治协商的资源。

第三部分
乌托邦思潮

波澜壮阔的乌托邦历程[*]
——从托马斯·莫尔到恩斯特·布洛赫

克劳斯·博尔格汉 著[**]　　金寿铁 译

[**内容提要**] "乌托邦"一词的语义和类型是英国人文主义者托马斯·莫尔的一大发明。当然,在莫尔用概念表达并描述乌托邦幸福状态的理念之前,这一理念早已存在于人间。人们描述过各种乌托邦,设想过各种理想的国家方案。进入20世纪,乌托邦作家发展了一种现代乌托邦思想和创作,继承了历史上生生不息的乌托邦传统。现代乌托邦思想已经摆脱了过去单纯的文学类型,渗透到人类生活的所有领域,从而使文学乌托邦变成了乌托邦文学。恩斯特·布洛赫的《希望的原理》是一部包含着全部乌托邦思想历程的"希望的百科全书",它提供了"哲学的全部总体性",从历史学、人类学、存在论、逻辑学、伦理学、社会学、乃至美学的视角全面奠定了乌托邦的功能。乌托邦不会终结,希望不会泯灭。今天,希望、白日梦、乌托邦方案等依然是人类不可或缺的精神动因和力量源泉。

[**关键词**] 莫尔　布洛赫　乌托邦　类型

---

[*]　本文译自克劳斯·博尔格汉的著作《过去中的未来——关于恩斯特·布洛赫的〈痕迹〉》(Zukunft in der Vergangenheit — Auf Ernst Blochs Spuren, Aisthesis Verlag Bielefeld, 2008, SS. 9 - 15, SS. 161 - 169),译文有删节,文中小标题为译者所加。译文原载《国外理论动态》2016年第5期。

[**]　作者简介:克劳斯·博尔格汉(Klaus L. Berghahn),美国威斯康辛大学麦迪逊分校教授。

一、乌托邦的概念史

乌托邦是人类永恒的话题。早期的乌托邦作家虚构地描述了一种理想的国家和社会状态，通过这种虚构的杜撰，作者表达了对当时现实的批判，似乎通过某种乌托邦就能改变这种现实。与文学乌托邦不同，20世纪的乌托邦作家发展了一种新的乌托邦思想和创作，尽管这种乌托邦思想和创作不受"类型"（Gattung）的约束，但保存了生生不息的乌托邦传统。

文学乌托邦是一种史诗般的替代性社会秩序方案，它与占统治地位的社会关系迥然不同。人们描述各种乌托邦，似乎只是为了尽可能地介绍理想的国家方案。早在托马斯·莫尔（Thomas More, 1478—1535）的《乌托邦》（1516）一书中，就已经提出了看似现实的建议，例如，如何合理地重组国家和社会，使其确保秩序和自由，即对内和对外确保乌托邦的自由、平等和幸福。无论乌托邦的要素如何发生变化，总会体现在恩斯特·布洛赫（Ernst Bloch, 1885—1977）式的"针对完美性所进行的想象性实验"之中，它使这个世界尚未遭遇的另一种社会状态有了脱颖而出的可能性。根据布洛赫的观点，下述三个范畴足以解释乌托邦的结构：统一性、持续性、最终目的。

几何化、一致性、秩序性，凡此种种生活关系都体现了社会的统一性。通过乌托邦的"空间隔离"，这一特点的重要性得以进一步凸显。对风俗、习惯、机构等的静态描述都居间促成了一种"持续感"。在个人借以发展和成长的那种秩序、平等、和平中，所有的社会组织都服务于人类生活的最终目的。柏拉图在《理想国》中率先阐述或描绘了这种理想的社会方案——即使在极权主义的社会方案中，也未曾从"国家哲学"的视角阐明这一方案，但是，在有关研究中，这种社会方案很快吸收了"国家小说"（Staatsroman）这一相关概念。

乌托邦的产生多半源于那个时代的人对现实的不满。压迫、苦难和饥饿是乌托邦灵感的源泉。对另一种更美好社会的虚构想象使人们意识到自身所经历的种种匮乏，而这种匮乏意识导致了对现实的批判和对未来的再定位。

乌托邦尽可能地被描绘成那个时代的现实尚未实现的东西。因此，乌托邦被理解为史诗般地反对世界的批判性方案。没有历史背景、批判和对比，乌托邦就会蜕化为一种无历史的抽象概念。

就理解文学乌托邦而言，困难多半产生于内容与形式的分离。第一种观点认为，乌托邦是理想国家的鸟瞰图，或者是将这一鸟瞰图付诸实现的理性方案；第二种观点认为，乌托邦是通俗的游记和想象力的游戏。这两种观点都是错误的。乌托邦类型的迷人之处恰恰在于如何使"虚构性"和"历史性"的意图落空。常常在游记中出现的文学类型乃是带有国家理论烙印的主体类型，而这种国家理论通过故事的形式遽然闪亮登场。因此，对叙事材料的史诗般整合是乌托邦叙事形式的一个主要问题。由于讲述者的视角及其所处的时空结构，他所进行的对话以及图像化等虚构了国家理论，所以其社会功能看上去模棱两可。

乌托邦虚构的修辞学提出了一种尽可能完全不同的现实，甚至提出了一种或然的现实，因而，这种修辞学在"类型史"（Gattungsgeschichte）上早就被理解为一种讽刺文学的变体。在讽刺文学中，真实世界与乌托邦世界、匮乏与理想之间的对比十分有利于间离人们熟悉的世界，从而在读者中造成对完全不同的其他世界的无限向往。这样，读者就会不再满足于眼下占统治地位的社会关系。路德维希·斯托金格（Ludwig Stockinger）所谓的"讽刺的劝说意图"也是这种类型的乌托邦。[1]

这样看来，"反图像功能"（Gegenbildfunktion）和"乌托邦意向"（utopische Intention）似乎要求改变现实、激励读者，以新的眼光看待自身的环境，并且在可能的情况下改变自身的环境。尽管如此，在理论与实践、乌托邦意向与社会实现的关系中仍然保留着某种矛盾的情感。文学乌托邦既不指向自身的真实实现，也不指导目的理性的行为，而只是批判虚构性媒介中占统治地位的社会关系，借助于此，它规划了一个"相反的世界"。据此，文学乌托邦提

---

[1] Ludwig Stockinger, *Ficta Respublica. Gattungsgeschichtliche Untersuchung zur utopischen Erzählung in der deutschen Literatur des frühen 18. Jahrhunderts*, Tübingen, 1981.

请人们关注国家的、社会的和技术的全新可能性,并真诚地召唤读者,努力说明行动者的心理动机。

"乌托邦"一词的语义和类型是英国人文主义者托马斯·莫尔的一大发明。1516年,他出版了《关于最完美的国家制度和乌托邦新岛的既有益又有趣的金书》。在此,书名本身就已经暗示,这本书涉及某种虚构和某种思想实验。"乌托邦"(Utopia)一词由"无"(ou)与"地方"(topos)组合而成,因此,该词意味着"没有的地方"或"无处"。这种含义本身已经使人对乌托邦国家的理性结构产生了怀疑,而莫尔恰恰把这个乌托邦国家设定在某一虚构之岛上。

直到18世纪,该词仍然保存了对自身起源的记忆,并且许多作品已经创造了不同的类型。不过,该词仍未在分类学的意义上被视为"类型标记"(Gattungsbezeichnung)。从约翰·海因里希·策德勒(Johann Heinrich Zedler)的《德国百科全书》(1732)到格林兄弟的《德语词典》(1899),仍然在使用"安乐乡"翻译"乌托邦"这一拉丁词。或者,确切地说,该词被归入"童话主题"。对于策德勒来说,安乐乡"不是现实的国度,而是虚构的道德国度",其"想象的拓扑图"可以用三种方式加以绘制。第一种方式是绘制一个十全十美的政府,然而,由于尘世之人自甘堕落,所以并不存在、也不会存在这样一个完美的政府。不仅如此,该种绘制旨在"在一幅图像中……使占统治地位的政府的所有愚蠢和缺陷"暴露无遗、颜面尽失。第二种方式是绘制一个本真的安乐乡,其中充盈着丰富而悠闲的生命。第三种方式是绘制一张地图,从地貌学的视角描画出一个"荒淫无耻的世界"。这三种含义首先已经包含了类型的轮廓,换言之,类型的轮廓建立在乌托邦状态与占统治地位的现实之对比的基础上,并且已被雕刻在反对世界的功能之中。当然,这一定义已经包含了某种对乌托邦的理论批判:"由于人的自甘堕落"(原罪),乌托邦作为尘世的天国不会被实现。如今,在五花八门的类型变体中,乌托邦批判与"类型史"相伴而行。

在莫尔用概念表达并描述乌托邦的幸福状态的理念之前,这一理念早已存在于人间。在古代的、犹太教的和基督教的神话中,已经在空间和时间上出现了乌托邦，例如，阿卡狄亚、亚特兰蒂斯、黄金时代、新耶路撒冷以及千年王国等，后来的乌托邦按图索骥，一再以这些理念为根据。在《理想国》中，柏拉图规划了一种理想国家的模式，而这种模式也持久地影响了莫尔其人其说。

随着莫尔的《乌托邦》问世，才开始了真正的类型史。从这部书的书名中，产生了至关重要的类型，据此人们引出了一般化的结论或隐喻化的比较，并且将其转变成政治惯用语。从这时起，充满特色的乌托邦既不是外在于众所周知的世界的某种虚构之地，也不是这个世界尚未出现的某种理想的国家方案。在英国革命时期的政治修辞学中，人们多半在讽刺的意义上使用乌托邦概念，以暗示莫尔所谓的乌托邦的幸福状态是不可能实现的。尤其在法国大革命时期，这一概念演变成政治诽谤的话语，试图给革命者打上空想者和幻想者的烙印，据称，这些革命者的政治理念是乌托邦的、极端危险的理念。正是从这种类型标记中，最终形成了作为信念之标志的、多半用作贬义的某种抽象的一般概念。

在德国三月革命前期，通过法国和英国的早期社会主义者圣西门、傅立叶、欧文等人的著作，乌托邦概念重新获得了积极评价。当然，现在的乌托邦概念摆脱了文学模式的约束。据此，如今这一概念的社会主义理念坚决反对占据统治地位的各种社会关系，同时指向要求实现其乌托邦社会方案的某种政治实践。乌托邦社会方案遭到了马克思和恩格斯的批判，虽然他们称赞这种社会方案的乌托邦实验是社会主义的准备阶段，但又将其视为"头脑中诞生的怪物"（Kopfgeburten）和不成熟的理论加以拒绝。因为，这种社会方案不切实际，软弱无力地召唤理性，完全忽视了革命的无产阶级和生产关系在历史上的作用。直至当代，对每个正统的马克思主义者来说，恩格斯的纲领性论文《社会主义从空想到科学的发展》（1882）都是放之四海而皆准的准绳。现在，这个概念则成为针对一切社会主义、共产主义理论的意识形态斗争话语。因此，在威廉帝国时期，人们曾被警告要提防社会主义理念的激进主义，1878年还颁布了《反社会主义法》。

20世纪，在哲学、社会学和艺术理论领域，乌托邦思想再次出乎意料地经历了突飞猛进的发展。从上述"类型的原型"到乌托邦思想的概念史发展，导致了这样一种新局面：作为对占统治地位的社会关系的一种否定，乌托邦意向日益成为社会学和哲学关注的中心。在社会学中，尤其值得关注的是卡尔·曼海姆（Karl Mannheim）影响深远的《意识形态与乌托邦》（1929）一书，因为在这本书中，"乌托邦意识"一跃成为历史的创造性要素。曼海姆将乌托邦意识理解为一种"无法得到周围存在证实的意识"。阿多诺则倡导否定的辩证法，在否定的辩证法中，乌托邦功能与否定是固结在一起的。从曼海姆对乌托邦意识的理解到阿多诺的否定的辩证法，乌托邦意识不再见之于对未来的更美好的生动想象之中，而是见之于对占统治地位的各种社会关系的激进否定之中。正如阿纳姆·诺伊聚斯（Arnhelm Neusüss）所指出的，乌托邦现在被理解为一种"否定之否定"。①

布洛赫一生的工作——从《乌托邦的精神》（1918）中先知的姿态到《希望的原理》（1959）中的百科全书——使乌托邦思想再次从哲学视角赢得了崇高的声誉，以至于他被称作我们时代的"第二个莫尔"。② 尽管人们迄今还没有认识到这一点，但布洛赫确实在人类生活的各个领域都发现了乌托邦的痕迹，他的"已知的希望"（docta spes）③ 就揭示了这样一种普遍的存在。在他看来，乌托邦功能的最纯粹表现存在于作为"可见的先现"（Vor-Schein）的艺术中，由于这种可见的先现，艺术理论便成为乌托邦功能的一个核心方面。

在最近，即苏东共产主义国家解体之后，反对乌托邦的声音变得更加响亮刺耳，并且这种喧哗和骚动被约阿希姆·费斯特（Joachim Fest）浓缩为所谓的"乌托邦的终结"这一口号。然而，这句口号并不具有最终的决定权。

---

① Arnhelm Neusüss, *Utopie: Begriff und Phänomen des in Utopischen*, Neuwied: Luchterhand, 1968.
② Robert Kalivoda, "Emanzipaction und Utopie", in Wilhelm Voßkamp (ed.), *Utopieforschung: Interdisziplinäre Studien zur neuzeitlichen Utopie I*, Stuttgart, J. B. Metzler, 1982.
③ 布洛赫的希望哲学认为，马克思主义表达了一种"已知的希望"，因为马克思主义让世界的未来前景指引人类，并动员人类积极投身到社会变革和政治变革中去，以造就世界的未来前景，因此，只有马克思主义的社会主义原则才能提供对世俗的更美好生活的梦想和要求。——译者注

由于希望是人的人类学标记，所以似乎绝不会泯灭。一如莫尔和培根的时代，当今的白日梦和乌托邦方案等等，就像让尘世的生活变得更美好的渴望一样，依然是人类不可或缺的精神动因和力量源泉。此外，艺术家们同样凭借其"可能性的意识"（Möglichkeitssinn）①，百折不挠、始终如一地将现实描述为可以改变的东西。

1516年莫尔出版《乌托邦》时，这部作品首先被归类为"时间类型系列"。人们既没有把它理解为幻想游记，也没有把它理解为讽刺作品。只有省略了第一部分的谈话，这部作品才能被法学家们解读为有关国家理论的论著。然而，这部作品既没有被理解为独立的类型，也没有被理解为对未来国家的预设。第一个"类型分类"出现在17世纪托马斯·康帕内拉和弗朗西斯·培根的乌托邦中。在康帕内拉的《太阳城》（1623）中，这一理念被描述为一种僧侣共同体。整体上，这是一个组织得井然有序的共同体。因而，布洛赫有理由把这个团体称作"秩序乌托邦"（Ordnungsutopie）。培根的《新亚特兰蒂斯》（1627）深受科学归纳法的知识创新功能以及应用自然科学认识的激励和启迪，乐观地规划了一种关于技术进步的整体乌托邦。平等、秩序和技术乃是古典乌托邦的三大主导思想，而这种思想现在已经发生了变化。

作为第二个鼎盛时期，启蒙运动时期可适用于当今开创的乌托邦类型。当然，在德国，这一类型仍被归类为"安乐乡"，或者说，这一类型必须与牧歌仙境、君主镜鉴、《鲁滨孙漂流记》等"竞争性类型"（konkurrierenden Gattungen）划清界限。这个时期，一个质的飞跃是空间乌托邦被时间乌托邦所接替。路易·塞巴斯蒂安·梅西耶（Louis Sebastien Mercier）的《2440年》（1770）与古典乌托邦迥然不同，但是这种不同并非表现在叙述结构或"反世界"的功能上，而是表现为"乌托邦的世俗化"②带来了对未来更美好世界的一种规划。由于受到启蒙运动进步概念的鼓舞，现在可以规划一个长远目

---

① Robert Musil, *Der Mann ohne Eigenschaften*, Hg. von Adolf Frisé, Reinbek by Hamburg, 1978.

② Reinhart Koselleck, "Vezeitlichung der Utopie", in Wilhelm Voßkamp (ed.), *Utopieforschung: Interdisziplinre Studien zur neuzeitlichen Utopie* Ⅲ, Stuttgart, J. B. Metzler, 1982.

标，而这一目标应当通过技术和社会改善一步一步地加以实现。

这种世俗化和未来的视角也表现在 19 世纪傅立叶、卡贝、欧文等人的"社会乌托邦"中。他们同样指明了迈向人类更美好未来的前进方向，但是，他们本质上未能把长远目标与当下目标有机地结合起来。就此，马克思主义者点燃了批判"乌托邦社会主义者"的第一把火。乌托邦一直受到保守主义者的批判，现在又受到马克思主义者的批判，以至于在世纪转折之际，乌托邦陷入了一种无法重生的危机之中。

在 1917 年十月革命后，特别是第二次世界大战后，保守主义和自由主义对乌托邦的批判趋于尖锐化，这种批判把乌托邦方案解释为与极权主义完全相同的方案。[1] 通过进一步发展"反乌托邦"（Dystopie）类型，反乌托邦主义者进一步强调了两者的相似性。尤金·扎米亚京的《我们》（1924）、托马斯·赫胥黎的《美丽新世界》（1932），尤其是乔治·奥威尔的《1984》（1949）等，就是古典乌托邦的变体，同时也是对古典乌托邦的批判。这些作品提醒人们注意极权主义的乌托邦结构，同时对无节制地统治人和自然的危险提出了警告。

这一时期的题材层出不穷，主题花样翻新。例如，在生态主义乌托邦、女性主义乌托邦和技术乌托邦（科幻小说）领域，人们进一步开拓了文学乌托邦的类型。然而，这种文学乌托邦类型似乎已被消耗殆尽。现代乌托邦思想日益脱离类型化，渗透到所有的生命形式之中，所以，文学乌托邦也变成了乌托邦文学。这种华美的反图像乌托邦[2]日益褪色，从而也证明了其在现代乌托邦中的不断退化。这种乌托邦概念的扩大也向文学提出了新的课题。

面对引人关注的乌托邦思想实验，国家理论的研究者、社会学家和文学家对其实现的可能性一再提出质疑。早在乌托邦研究之初，恩斯特·弗里德里希·冯·默尔（Ernst Friedrich von Mohl）就在"国家小说"中重新命名了

---

[1] Karl R. Popper, *Die offene Gesellschaft und ihre Feinde*, 2 Bde, 6. Aufl., Tübingen, 1980.

[2] "反图像乌托邦"指童话等文学乌托邦类型中折射出来的"长生不老"、"返老还童"等令人眼花缭乱的人类愿景图像。——译者注

乌托邦，他从乌托邦的故事中提炼出国家理论，以便根据其适用性（即某种操作过程）来检验这种理论，直至当代，其影响犹在。与此相适应，研究者们从 19 世纪的文献中去除了各种幽灵，并从意识形态的争论中将乌托邦解救出来。汉斯·弗莱尔（Hans Freyer）的著作也是如此，在弗莱尔看来，柏拉图的《理想国》展现了理想的国家方案，但是这一类型已日益成为小说并丧失了其"政治意志"。就文学乌托邦研究而言，虽然一些有意义的观察有助于乌托邦思想的发展，但是这种研究浅尝辄止、流于形式，既没有深入研究文学结构，也没有深入研究乌托邦意向。

在解释乌托邦的结构方面，雷蒙·卢耶尔（Raymond Ruyer）和汉斯-尤尔根·克雷曼斯基（Hans-Jürgen Krysmanski）的研究工作具有重要意义。也就是说，人们将他们对乌托邦的理解视为一种思想实验，因而在某种理想的条件下，人们可以更好地理解乌托邦所尝试构思的秩序。当然，这种实验的功能无法在现实层面得到检验，相反，只能作为可能性以虚构的方式加以说明。对于这种截然不同的现实结构，我们可以根据卢耶尔的观点确定一个"普遍原则"①，这一点类似于某种游戏规则。在游戏规则的边缘上，存在着改变基本模式的无数行动步骤。谁作为读者参与这种游戏，谁就至少会注意到围绕他的现实也会有所不同。

克雷曼斯基令人信服地证实，在乌托邦方案中，有一种工具理性在起作用，这种工具理性将现实的复杂性还原为一种可校验的模型。② 由于他对"乌托邦方法"颇感兴趣，因而不仅特别留意虚构与现实之间的区别，也避免了按主题和题材对乌托邦进行常规性的编目。他运用"工具思维方法"所进行的描述解释了这样一种现象：在乌托邦中，即在一切都是正规、统一和透明的情况下，存在着生活关系的几何化和形式化。当然，如果人们把这一方法变成唯一的解释模式，而不注重对现实乌托邦的批判借鉴，这种乌托邦的形

---

① Raymond Ruyer, *L'Utopie et les Utopies*, Paris 1950.
② H. J. Krysmanski, *Die utopische Methode. Eine literaturu. wissenssoziologische Untersuchung deutscher utopischer Romane des 20. Jahrhunderts*, Westdeutscher Verlag, Köln /Opladen, 1963.

式化就会导致其"去历史化",并由此产生一种封闭社会的怪物,就像罗伯特·卡利沃达(Robert Kalivoda)所指出的,这种封闭社会的强制和谐将造成一种"兵营式共产主义"的绝望印象。

在文学乌托邦研究中,弗里茨·布吕格曼(Fritz Brüggemann)为界定与《鲁滨孙漂流记》相类似的小说的乌托邦类型作出了贡献,同时,他还格外关注乌托邦的社会史内容。① 不过,他介绍了作为"流放地"(Exil)的小说(类似《鲁滨孙漂流记》)与作为"避难所"(Asyl)的乌托邦之间的重大区别,即使在今天,他的这一区分也仍在起作用。乌托邦似乎仅仅被理解为逃离或避难之地,而且首先不是被理解为借以衡量现实的"反场所"(Gegenort)。约翰·布伦纳(John Kilian Houston Brunner)也以这一模式为根据。在"诗化类型"(gattungspoetische)方面,他把"充满诗意的群岛"及岛上的山崖城堡解释为社会乌托邦或"逃避式乌托邦"。在这方面,他尤其注意文学乌托邦的叙述技巧,从而使其大大有助于乌托邦结构的诗意逻辑描述。从此以后,类型分析以及有关庞大的国家理论文献的史诗般整合问题成为文学关注的中心。

1960—1970年代,布洛赫的《希望的原理》(1959)和《文学论文集》(1965)的问世再次给乌托邦研究带来了巨大的推动。然而,面对形形色色的饶舌者,他的希望哲学沦为了各种警句,从而导致其术语的通胀滥用,并因此埋没了许多重要见解。对于现代美学和文学而言,除了个别例外,布洛赫所拓展的乌托邦概念的意义和价值还很少为人所了解或利用。

二、告别乌托邦?

1980—1990年代,苏联和东欧的社会主义国家相继解体,乌托邦实验遭受了重创,乌托邦精神受到了严重玷污。在此大背景下,今天,如果有

---

① Fritz Brüggemann, *Utopie und Robinsonade Untersuchungen zu Schnabels Insel Felsenburg* (1731 - 1743), Gerstenberg Verlag in Hildesheim, 1978.

人写作和出版一本有关乌托邦思想和创作的文集,并援引布洛赫的《希望的原理》,他就势必陷入一种尴尬的局面:这样一种冒险会被批判为不合时宜的轻举妄动。在后现代时代,乌托邦思想似乎早已过时,早已陈腐不堪。

只需看一下最近对乌托邦的责难,就会产生这种印象。这种责难是这个时代最本真的标志,不过,几乎任何时代都在异口同声地批判乌托邦思想。即使乌托邦方案仅仅出现在书本中,也历来都被嘲笑为不切实际的东西,或是对其实验提出严正警告。贬低和批判始终伴随着乌托邦的历史。自莫尔命名此种乌托邦类型之后不久,它就被抨击为一种无法实现的理想状态和社会方案。法国大革命之后,革命者被斥为乌托邦主义者或空想者。此后,从虚构的类型出发,保守的社会批评家动辄就将某种抽象的思想概念斥责为无责任心的、极端危险的东西。

从早期社会主义者要求实现乌托邦以及马克思和恩格斯使社会主义脱离乌托邦并转变成某种科学实践以来,乌托邦概念就成为政治斗争的术语,而该术语尤其指向了共产主义理论。十月革命后,特别是"二战"结束后,乌托邦的自由主义反对者的声音甚嚣尘上,愈发刺耳和令人恐惧。现在,这种声音将乌托邦思想与共产主义实践等而视之。人类健全的理智及其喋喋不休的论战早已让乌托邦这个话题尘埃落定:乌托邦只不过是与现实毫不相干的幻想家的幻象和仙境。

然而,如果没有反对者,乌托邦又会成为什么呢?有关幸福生活的一种无害的错觉也许就栖息在安乐乡之中。唯有通过批评者对这种错觉的批判矫正,乌托邦才成为令人尊敬的理念。通过这种批判矫正,他们一再暗示,对于任何一个僵化、封闭的社会而言,乌托邦都是一根如鲠在喉的芒刺。他们意识到,乌托邦思想首先是对现存社会秩序的激进批判,并且,只有从这种否定之中并通过否定之否定,才产生出一种乌托邦的"没影点"(Fluchtpunkt)。

1989年之后,苏联解体和东欧剧变大大助长了近期对乌托邦的谩骂和愤怒。然而,共产主义并非一种社会乌托邦,它也未将自己理解成社会乌托邦。

只有乌托邦的反对者才如此解释共产主义,并幸灾乐祸地宣告"乌托邦时代的终结"①。自 1960 年代以来,一些左翼知识分子就以乌托邦为生,因而当苏东共产主义衰亡以及其自身的乌托邦记忆大厦崩塌时,这些人便束手无策,突然陷入悲观绝望之中。

不过,人们不应忘记,早在 1989 年历史时期的转折之前,就已经出现了对乌托邦表示愤怒的明显征兆。1970 年代初,当大学生们充满乌托邦热情的造反遭到国家的镇压或者转向绝望的恐怖主义时,布洛赫在 1974 年发出了"告别乌托邦"的警告,由于这种告别是听天由命、万念俱灰,因而导致了"向所有严肃的社会主义运动的告别"。② 1977 年布洛赫逝世后,社会上对希望哲学的讨论愈发沉寂下来,希望哲学似乎不再适合这个后现代社会,让-弗朗索瓦·利奥塔(Jean-Francois Lyotard)对此进行了阐述。

然而,这种看似清醒的"现代性"的总结分析③,无外乎是一个从前的马克思主义者与其最近的过去的彻底决裂,并且,这种总结分析针对的是 10 年前仍然属于欧洲左翼精神之本质的一切。这种精神本质曾对下述欧洲传统的两种"宏大叙事"进行了全面清算:关于人性解放的"神话"与德国唯心主义传承中的系统思维。这种伐光森林中所有树木的做法导致许多重要的概念和理念成了牺牲品,而这些概念和理念曾经是一切左翼意识形态的基础,它们包括:主体所具有的把现实有意义地解释为一个整体的能力;历史哲学的结构和进步信念;阶级问题和剩余价值学说。简而言之,就是乌托邦思想。乌托邦思想必须为一种"技术性思维"让路,而后者不再需要宏大的认识论阐释和历史哲学叙事。

这种后马克思主义哲学思维还通过所谓技术进步的辩证法得到了进一步阐发,似乎这种技术进步再也无法支配它所唤出的那个可怕幽灵。这个幽灵只会令人联想起哈里斯堡反应堆灾难、切尔诺贝利核事故以及挑战者号爆炸

---

① Joachim Fest, *Der zerstörte Traum. Vom des utopischen Zeitalers*, Berlin, 1991, SS. 59–80.

② Ernst Bloch, *Abschid von der Utopie? Vorträge*, Hg. v., Hanna Gekle, Frankfurt/M., 1974, S. 76.

③ Jean-François Lyotard, *La condition postmocerne: raport sur savoir*, Paris, 1979.

和哥伦比亚号航天飞机坠毁,却对温室效应和艾滋病所导致的威胁三缄其口、一言不发。1980年代,人类的未来笼罩在一片黑暗之中,因为两个超级大国有可能触发一场核战争,进而导致"核冬天"这一暗无天日的末日场景。也许,对于欧洲人的思维来说,这是极其糟糕的年代。各种阴森可怕的启示录画面曾经支配了人们的想象,并在诸如汉斯·马格努斯·恩岑斯贝格尔(Hans Magnus Enzensberger)的《泰坦尼克号的沉没》、《消失的复仇女神》等作品中得到了栩栩如生、淋漓尽致的诗意表达。

早在1989年柏林墙倒塌之前,乌托邦就已经戴上了黑纱。在这之后,情况日益恶化。例如,离经叛道者和保守派针对乌托邦所发布的讣告如雪片般堆积如山。据他们说,人们将乌托邦纷纷丢入了历史的垃圾堆。例如,最著名的乌托邦史专家之一米歇尔·温特尔(Michael Winter)就谈到了"梦的终结",约阿希姆·费斯特也据此得出了"梦已破碎"的结论。两人都建议戒掉幸福之梦,即早期美国人"对幸福的追求"。对他们来说,即使对一个更美好的世界的渴望,即对自由、平等和博爱占支配地位的世界的渴望,似乎也是很成问题的。但是,倘若完全抛弃白日梦,那么连费斯特本人也就不存在了。因为,他感受到自己"对某种截然不同的、伟大的、无可置疑的东西的渴望",不论它是什么,也不论它以何种形式存在。温特尔想通过自己的著作为"乌托邦的启蒙"作出贡献,但是,在这方面他与某种拯救性批判——例如,将乌托邦思想提升为我们时代的范畴的那种布洛赫式的批判①——完全不同,而仅仅是单纯的建议:"不要再郑重其事地接受[乌托邦]对幸福的承诺。"② 对于费斯特和温特尔而言,乌托邦时代已经以苏东社会主义的垮台而告终。

在《破碎之梦》一书的一个颇具诽谤性的章节中,费斯特竭力声称共产主义与乌托邦是同一个东西。③ 但是,在《希望的原理》中,布洛赫则明确

---

① Ernst Bloch, "Die Utopie ist eine philosophische Kategorie unseres Zeitalters" (1970), in Arno Münster (Hrsg.), *Tagträume vom aufrechten Gang. Sechs Interviews mit Ernst Bloch*, Frankfurt/M., 1977.
② Michael Winter, *Ende eines Traum. Blick zurück auf das utopische Zeitalters*, Stuttgart, 1993, S. 9.
③ Joachim Fest, *Der zerstörte Traum. Vom des utopischen Zeitalers*, Berlin, 1991, SS. 59–80.

反驳了这种把共产主义与乌托邦错误地等同起来的观点。或许只有超越一切政治论战才能证实这一点,因为即使费斯特也知道,我们不可能从人类的意识中彻底根除这种永远纠缠不清的论战。很难说美国的乌托邦研究者弗兰克·曼纽尔(Frank Manuel)和弗里茨·曼纽尔(Fritzie Manuel)具有马克思主义倾向,但是他们都认为"乌托邦癖好"是人类的本性。即使这种癖好常常使人深感失望,也始终令人梦牵魂绕、无法根除。①

三、希望会成为失望吗?

1961年,布洛赫离开东德,移居西德,任图宾根大学哲学系客座教授。他在图宾根大学的开讲词《希望会成为失望吗?》中也发表过与"乌托邦癖好"是人类的本性十分相似的言论。② 当然,"希望"在任何时候都是人的第一反应。但是,一厢情愿和单纯的乐观主义太容易使人失望,因为这种态度使人罔顾现实。而且,在历史的偶然性中,即使是有根据的希望,也经常会走向失败。但是,希望并不因挫折而使人丧失自信和勇气,相反,它使人变得更加聪明,从而适应改变了的环境,调整前进的方向。尽管乌托邦思想引发了各种各样的失望,但仍然指向一种社会"至善",在这种至善中,人的尊严和社会公平得以蓬勃发展起来。

整体而言,最近关于乌托邦时代已经终结的争论似乎建立在一系列的误解之上,这些误解部分是由于愚昧无知,部分是由于见识狭隘。正如我们所见,社会乌托邦从一开始就遭到了批判。形形色色的实用主义者或者嘲笑乌托邦主义者的幻想,或者对实现乌托邦理念提出了警告。作为倡导通过彼岸拯救希望的辩护士,神学家们斥责人类的原罪,这种原罪使"地上之天国"似乎成为不可能。在世纪转折之际,"社会乌托邦"已经陷入危机之中。布洛

---

① Frank Manuel und Fritzie Manuel, *Utopian Thought in the Western World*, Cambridge, 1979.
② Ernst Bloch, "Kann Hoffnung enttäuscht werden?", in Ders., *Literarische Aufsäze*, Frankfurt/M., 1965, SS. 385–392.

赫本人不得不背水一战，力挽狂澜，挽救社会乌托邦，以便将其转化为乌托邦思想。

对实现乌托邦怀有毫无根据的恐惧也是一种奇怪的念头，因为这种恐惧源于另一种误解。业已实现了的乌托邦究竟在何方？除了少数实验之外，大多数被挫败的实验都没有将任何乌托邦富有成效地转变成现实，当然，对于那些作为"乌托邦的坟墓"①的国度而言，更谈不上将乌托邦变为一个新世界了。那是根本不可能的。

自莫尔的时代以来，乌托邦就是知识分子有意义的思想实验以及占支配地位的文学产品，人们称其为"国家小说"。在这些小说中，任何人都能感受到理论与实践之间的中介。这些小说总是带有另一个国家、另一个新世界的鸟瞰图，尽管其中包含着产生它的那个年代的各种疑难问题。但是，在想象的、理想的社会与实际存在的社会之间存在着一条深渊，而在这条深渊之上架起任何桥梁，也无法到达乌托邦的某个地方。乌托邦主义者是温和的唯心主义者，为了改变旧世界，他们倡导理性的温和暴力，然而却多半是以卵击石，弄得头破血流。尽管如此，他们并不是梦游般的耽于幻想者。因为，正如布洛赫所指出的，尽管"他们完美的想象力实验"在任何地方都无法着陆，但是这种实验首先对准了现实社会的贫困和弊端。因此，乌托邦并未被解读为新社会的鸟瞰图，而是被解读为对占统治地位的社会关系的批判。乌托邦的反对者们充分了解这一点，因而警告说，所谓乌托邦的实现只是幻影，目的是为了回避众多对现实社会的激进批判。

如果我们把古老的水手故事、国家小说和科幻小说仅仅理解为文学幻想的产品，那么会失去什么呢？人们可以常常带着相同的乐趣将乌托邦当作古老的小说来阅读，从而不再让它们被误解为新社会的鸟瞰图。虽然莫尔对乌托邦的类型进行了命名，但是"莫尔的命名方式"使乌托邦受到了限制。正如布洛赫所认识到的："这仿佛是想要把电还原为琥珀，因为从琥珀中，电拥

---

① 布洛赫把美国视为"乌托邦的坟墓"，因为这是一个以实用主义快餐文化为标志的国度，在此，任何旨在进行社会改革的乌托邦方案和实验最终都将胎死腹中或付诸东流。——译者注

有了希腊名称,并且,在这一名称中,电首先为人们所觉察。"① 也就是说,乌托邦并非总是乌托邦小说,也无需总是被归结为乌托邦小说。尽管人们在文学谱系中进一步装备了乌托邦,但是在现代性中,类型乌托邦似乎已经枯竭。在可以精确确定的历史前提下,文学乌托邦不也发生了改变吗?

如今,从"空间乌托邦"经由"时间乌托邦"到科幻小说和反乌托邦小说,其内容都发生了巨大的改变,并且,我们在现代性中无法观察到其内容的发散性。充满希望的"反图像"(Gegenbilder)逐渐褪色,黯然无光,遂成为退化的文学模件,或者压缩为乌托邦的瞬间。为了渗透到人类生活的所有领域,现代乌托邦思想不再受到类型的约束,这样,文学乌托邦就转变为乌托邦文学。在这一扩大了的乌托邦概念中,文学、艺术和美学都得到了充分的扬弃,在乌托邦的光谱中,这一切都获得了与众不同的一席之地。因为,对于布洛赫来说,艺术是乌托邦意识最纯粹的表现。乌托邦意向最令人信服地表现在"想象力的先行性"之中,即表现在白日梦、愿景和艺术作品中。通过艺术的中介,艺术家可以最好地、最现实地预设作为现实的可能性而在现实中蛰伏的东西。一言以蔽之,在布洛赫看来,艺术是"先现",即乌托邦意识的显现和尚未形成之现实的象征。

与目前一般性的告别相比,这是另一种向乌托邦的告别。这种告别自有其优点,那就是:为了渗入人类生活的一切领域,它将乌托邦思想彻底解放出来。布洛赫的《希望的原理》是一部包含全部乌托邦宝库的"希望的百科全书"。作者提供了"哲学的全部总体性",以便从历史学、人类学、存在论、逻辑学、伦理学、社会学乃至美学的视角全面奠定乌托邦的功能。在人类生活的所有领域,布洛赫都发现了希望的痕迹和乌托邦的思想。据此,他赋予了乌托邦思想一种史无前例的广度和多样性。在《希望的原理》中,他一再强调压迫、贫困和饥饿是乌托邦功能的原动力。这种压迫和匮乏正是乌托邦思想的先驱。因此,没有对占统治地位的社会关系的批判,就没有对一个更美好世界的预设。

---

① [德]布洛赫:《希望的原理》第1卷,梦海译,上海译文出版社2012年版,第17页。

即使是乌托邦的反对者也不得不承认,这个世界不乏各种贫困和苦难,资本主义存在着巨大的社会裂痕和缝隙,使得乌托邦思想得以在其中筑巢做窝、产卵育雏。因此,向乌托邦思想和布洛赫的希望哲学告别,也许就是听天由命、悲观绝望的一个标志。因为,对于文学而言,布洛赫的哲学和美学的文献价值绝没有消耗殆尽,并且,对于我们理解现代文学而言,他的扩大了的乌托邦概念远未被充分利用。

针对那些听天由命、无所作为的怀疑论者,布洛赫一再援引康德的讽刺作品《一位视灵者的梦》中的一段话。康德在这部作品中令人惊讶地宣称,他排除了所有成见和批判性判断,只留下"未来的希望"。知性的天平总是支持未来的希望,从而导致比其他思辨更重的东西落在希望的秤盘里。"这是知性唯一无法消除的不正确,事实上,我也从不想消除这种不正确。"① 世纪之交,鉴于同时代人对乌托邦的愤怒和责难,我们完全有理由从事一项富于挑战性和冒险精神的活动,即撰写一部继往开来、与时俱进的《过去中的未来》,以指明乌托邦思想在历史与当下、美学与文学中的可能性和现实性。

---

① Immanuel Kant, "Träume eines Geistersehers" (1766), in Ders., *Werke in sechs Bänden*, Hg. v., Wilhelm Weischedel, Darmstadt, 1983, Bd. I: Vorkritische Schrifen bis, 1768, S. 961.

历史、政治与乌托邦[*]
——走向社会理论与实践的综合

劳伦斯·戴维斯 著[**] 　　张　也 译

[**内容提要**] 本文旨在促进一种理论与实践相结合的、更加全面的乌托邦研究。文章首先分析了乌托邦的批判者与捍卫者的主要观点，指出前者主要反对乌托邦所具有的那种从既有现实中抽象出来的非历史及反政治特征，而后者提出的某些乌托邦概念中存在的问题在某种程度上为反乌托邦批判提供了支持。在此基础上，通过进一步追溯乌托邦与历史之间的关系，作者在超验的乌托邦与基于现实的乌托邦之间作出了理论区分，进而指出，对于在由市场驱动的资本主义全球化中寻求重新掌控自身生存条件的基层社会运动而言，基于现实的乌托邦具有更强的解释力，也与政治具有更紧密的关联性。

[**关键词**] 乌托邦　历史　政治　超验的乌托邦　基于现实的乌托邦　基层运动

---

[*] 本文译自帕特里夏·维埃拉（Patrícia Vieira）和米歇尔·马尔德（Michael Marde）主编的乌托邦思想研究文集《实存的乌托邦：乌托邦思想的新视角》（*Existential Utopia: New Perspectiveson Utopian Thought*, Continuum International Publishing Group, 2012）。译文原载《国外理论动态》2016年第5期。

[**] 作者简介：劳伦斯·戴维斯（Laurence Davis），爱尔兰国立科克大学政府和政治系讲师。

引言

"乌托邦"这一术语来自托马斯·莫尔（Thomas More）于1516年出版的经典著作《乌托邦》。莫尔的这一新术语意指一种既美好（good）又不存在（nowhere）之地，对应希腊语中的"eu"（好）与"ou"（无）。乌托邦概念自诞生之日起就难以捉摸，以至于其与历史及政治经验性问题之间的关系（如果有的话）含糊不清，进而面临巨大的争议。这种概念性模糊所带来的困惑包括：首先，如果乌托邦在世界上无法定位，我们如何才能到达这样一个美好之地？其次，乌托邦是否只能通过想象才能达至？如果是，那么在这样一个我们必须生存于其中的不完美的"现实"世界中，乌托邦有可能发挥何种政治功能？第三，乌托邦是否必须拒绝或超越历史，抑或我们能否将乌托邦视为历史的组成部分，以确保过去从未定型且未来始终保持开放？

在本文中，我将以不同于传统意义上各种捍卫者及批评者设想乌托邦的方式来分析乌托邦、历史和政治之间的关系。我认为，与上述两类人主要将乌托邦设想为一种超验且不变的"应然"（ought）——与政治现实的"实然"（is）及社会历史的"已然"（was）相对立——不同，我们也可以将乌托邦理解为一种历史和政治之"现实世界"中以经验为基础的、动态的、开放的未来，它代表着那些被边缘化者的希望与梦想。进而言之，我认为，对于在由市场驱动的资本主义全球化中寻求重新掌控自身生存条件的当代激进民主的基层社会运动而言，对乌托邦的后一种阐释最为合适。

本文的分析进程如下。首先，我将分析自由主义和马克思主义对乌托邦的一些颇具影响力的批判，并指出这两种批判的共同核心在于反对乌托邦所具有的非历史和反政治特征，这一特征是从既有的现实中抽象出来的。其次，我将简要论述当代乌托邦的捍卫者们提出的一些有问题的乌托邦概念，它们（无意间）为上述反乌托邦批判提供了支持。第三，我将质疑此种还原主义的乌托邦概念，追踪其历史根源，并挖掘出一种替代性的小众乌托邦传统，该传统基于对乌托邦与历史之间关系的一种不同理解。第四，我将凭借这一历史视角，在我所指称的"超验的"（transcendent）乌托邦与"基于现实的"（grounded）乌托邦之间作出分析性的区分。第五，我将检验"基于现实的乌托邦"概念——它们反对那种占主导地位的、崇尚无止境的物质进步的全球性超验乌托邦——对于当代基层运动所具有的解释力及其与政治的相关性。最后，我将对一些研究缺口及开放性问题进行简要的反思。

一、乌托邦及其批判者

在乌托邦的批判者看来，正是乌托邦所具有的从既有现实中抽象出来的非历史和反政治特征，使得乌托邦或是毫无希望地不切实际，或是被过于危险地理想主义化，抑或二者兼而有之。"二战"后一些有影响力的自由主义思想家对后一种否定（危险的理想主义）进行了尤为强烈的表述，比如卡尔·波普尔（Karl Popper）、以赛亚·伯林（Isaiah Berlin）、莱谢克·科拉科夫斯基（Leszek Kolakowsk）、迈克尔·欧克肖特（Michael Oakeshott）和弗里德里希·哈耶克（Friedrich Hayek），他们都将乌托邦等同于对不可能之完美的追求，并从这一前提出发，认为它滋养了极权主义的幽灵。例如，科拉科夫斯基在"泰纳人文价值讲座"（Tanner Lectureson Human Values）中曾提出这样的警告："乌托邦梦想的胜利将会把我们引向极权主义的噩梦和文明的彻底崩溃。"[①] 柏林则宣称："无论是在实践上，还是在原则上，人类事务中都不可能存在完美的解决方案，任何制造乌托邦的坚定尝试都很可能会导致痛苦、幻灭和失败。"[②]

值得特别关注的是，乌托邦的抽象化必然会在目的与手段之间造成断裂。柏林通过提出下述诘问表明了这一点：如果有可能获得解决人类所有弊病的终极方案，那么人类为实现这一目标所需付出的最大代价会是什么？那些相信已经发现了通往终极救赎之路的人也将会相信，倘若以乌托邦的名义，他

---

① L. Kolakowski, *Modernity on Endless Trial*, Chicago: The University of Chicago Press, 1990, p. 145.

② I. Berlin, *The Crooked Timber of Humanity*, in Henry Hardy (eds.), London: Fontana, 1991, p. 48.

们有权废除其他人选择的自由。柏林认为,这种信念使得在战争或革命中实施屠杀具有了正当性:"毒气室、集中营、大屠杀,所有这些使得本世纪令人难忘的洪水猛兽都成为人类为子孙后代之幸福所付出的代价。"①

马克思和恩格斯在《共产党宣言》(1848)中从一种十分不同的政治视角出发,对第一种否定(毫无希望的不切实际)进行了最具说服力和影响力的阐述。在《共产党宣言》第三部分第三小节,马克思和恩格斯以"批判的空想的社会主义和共产主义"为题,讽刺了圣西门、傅立叶和欧文等空想(乌托邦)社会主义者,认为他们所幻想的空中楼阁实际上是从现代无产阶级与资产阶级的阶级斗争之现实中抽象出来的:"社会的活动要由他们个人的发明活动来代替,解放的历史条件要由幻想的条件来代替,无产阶级的逐步组织成为阶级要由一种特意设计出来的社会组织来代替。"② 马克思和恩格斯承认,空想社会主义者在以下这一点上值得赞同,即他们对现存社会进行了富有想象力的批判,进而对工人阶级的启蒙作出了贡献。但是,他们同时认为,这些社会主义空想家的意义与工人阶级的历史发展是成反比的。总之,与那些反乌托邦的自由主义者一样,马克思和恩格斯谴责乌托邦主义,是因为它的那种从既有历史和政治之现实中抽象出来的显著特征。只要这些批判是有效的,就可以表明乌托邦对当前政治实践的价值微乎其微,此外,它所带来的价值也将会被其潜在的危险所抵消。

二、乌托邦的完美主义捍卫者

具有讽刺意味的是,乌托邦主义的许多当代学术捍卫者,通过将乌托邦定义为对不可能之完美状态的追求,(无意间)为反乌托邦批判提供了理论支持。例如,社会学家克里珊·库玛尔(Krishan Kumar)认为,无论乌托邦所

---

① I. Berlin, *The Crooked Timber of Humanity*, in Henry Hardy (eds.), London: Fontana, 1991, p.16.
② 《马克思恩格斯选集》第1卷,人民出版社2012年版,第431页。

渴求的开放性程度如何，它在原则上都必须是有界的。这是因为在定义上它是"完美的社会"或"不可能的完美状态"，且其体系就是这种完美的具体体现。就像在乌托邦文学作品中一样，在乌托邦社会理论中，这一点同样成立，因为将莫尔的《乌托邦》与比如欧文的《新社会观》（1813）联系起来的，以及将二者与比如霍布斯的《利维坦》（1651）、洛克的《政府论》（1690）区分开来的，正是人类"可以尽善尽美"这一信念。总之，将乌托邦主义者联合起来的是这样一种假设：人类、自然或社会中的一切都可以如此有序，以至于能够带来一种在某种程度上物质丰富、社会和谐、个人满足的永恒状态。对于人类尘世的完美来说，不存在根本的屏障和阻碍：稀缺性可以得到克服，冲突可以得到消除，道德困境和心理挫折可以得到解决。换言之，人类可以"成为神灵（即使不是上帝）"①。

另有一些乌托邦的当代捍卫者以与完美主义的、静态的和抽象理想主义的措辞相类似的方式来定义乌托邦。例如，历史学家詹姆斯·科林·戴维斯（James Colin Davis）声称，"动态的乌托邦是一个神话"，因为乌托邦被定义为一种不会改变的社会。与此类似，政治学者芭芭拉·古德温（Barbara Goodwin）和基思·泰勒（Keith Taylor）认为，乌托邦是被视为整体的"完美社会"中"美好生活"的一种详尽版本。因此，乌托邦作品中的"静态特征"存在于诸多对乌托邦及其所具有的批判性政治功能的述评中，这种批判性政治功能表现为其在想象力上"对无处不在且看似无懈可击的现在的超越"，它可以帮助我们"摆脱现存的事物"，并暗示通过"与历史决裂"就可以立即完成对当前制度的内在转型。

在较有影响力的早期阐释中，弗兰克·曼努埃尔（Frank E. Manuel）和弗里齐·曼努埃尔（Fritzie P. Manuel）指出了乌托邦"永恒不变的特征"，并将其定义为一种"完美重构的社会"。卡尔·曼海姆（Karl Mannheim）在其颇具影响力的关于意识形态与乌托邦的社会学语境中将乌托邦定义为一种必然

---

① K. Kumar, *Utopianism*, Minneapolis: University of Minnesota Press, 1991, p. 3, p. 29, p. 55, p. 77.

"超越现状"或"与现实不一致"的概念。①

可以肯定的是,我们可以在悠久的乌托邦著述史中进行丰富的引证,以支持这种论断。因为,即使那些最为赞赏乌托邦传统的人现在也会承认,绝大多数的文学乌托邦一直都处于停滞不前的状态,且似乎缺乏颠覆或改变其设计的进程。例如,娜奥米·雅各布斯(Naomi Jacobs)认为,在这一点上,19世纪所描绘的许多渐进的乌托邦与文艺复兴时期或(在"乌托邦"这一术语被创造出来之前的)古希腊时代所描绘的大部分乌托邦并无二致。根据雅各布斯以及刘易斯·芒福德(Lewis Mumford)的说法,许多经典乌托邦的停滞不前和彼此仿效是一种有意识的产物,即意图模仿一种保持优雅平衡的、永远神圣的创造物。而某些乌托邦,比如,托马斯·康帕内拉(Tommaso Campanella)的乌托邦试图通过引进新的理念和技术而使进步具体化,其唯一的运动就如同"纺车的转动,在某种意义上是一种停滞"②。即使是诸如爱德华·贝拉米(Edward Bellamy)、夏洛特·珀金斯·吉尔曼(Charlotte Perkins Gilman)和赫伯特·乔治·威尔斯(Herbert George Wells)等19世纪晚期或20世纪早期的作家,他们所描述的所谓动态乌托邦也无法令人信服,因为除了比当前所拥有的乌托邦更宏大、更纯粹之外,他们无法预言其他形式的未来。这种由内容所导致的停滞不前与那种标准的乌托邦形式在叙事上的停滞不前不相上下。正如雅各布斯所正确指出的,乌托邦的访客(visitor)与其向导(guide)之间冲突的这种常规的叙事性解决(narrative resolution)——访客的疑虑全部被迅速打消——似乎允诺了一种令人不安的对所有其余的冲突、质疑和不幸的最终解决。

尽管如此,我们仍可列举出与此相反的丰富的历史依据。此外,我认为,此种反面依据的特征在于可以毫无疑问地说明,乌托邦传统比上述学术讨论所呈现的要更为丰富、更为复杂。

---

① 本段所有引用均来自 J. Hoffman, *John Gray and the Problem of Utopia*, Cardiff: University of Wales Press, 2008, p. 28, p. 33, pp. 36-37。

② N. Jacobs, "Beyond Stasis and Symmetry: Lessing, Le Guin, and the Remodelling of Utopia", *Extrapolation*, 29.1, Spring 1988, pp. 34-45.

三、乌托邦与历史以及历史中的乌托邦

作为对这一历史的切入,我们首先设想一下现代人——甚至包括诸多精于哲学的分析家——认识时间的普遍方式。弗里德里希·库梅尔(Friedrich Kümmel)在一篇极富思想性、但在很大程度上被忽视的文章中讨论了这一主题,他指出,现代的时间哲学家倾向于将过去、现在和未来之间关系的本质视为一种消逝的演替(vanishing succession)。换言之,他们已经假定,如果现在存在一段特定的时间,那么就会有一段时间"尚未存在",但是这段时间也终将存在,同时也会有一段时间已经"再也不会"存在。从这一角度来说,时间从来不会作为一个整体出现,而是被分割成时间演替中的不同要素。它由两个阶段组成,这两个阶段由现在所划界,并持续进行转换,先前的未来会转换为当前的"现在",并在不久之后会成为"过去"。

正如库梅尔指出的那样,这种观点存在的问题在于,它未能公正地对待时间所具有的真实且持续的特性。如果某件事物是持续的,那么它的过去可能永远不会仅仅是"过去",而是必须以某种方式仍然是"现在"。由此可见,我们需要有关时间的另一种理论,特别是,这一理论要在不否定时间演替的情况下对持续作出解释。为实现此目的,库梅尔提出了另一种时间概念,他认为过去、现在和未来是相互关联的,其中过去和未来可能与现在"彼此相连"地"共同存在"。通过承认二者独立的个性和规定性,过去与未来的共同存在不再与现在相冲突。所有时期都可能被设想为存在于同一个时间内。然而,这种"不同时期"的不断交织并不意味着它们的融合,如同在亨利·柏格森(Henri Bergson)的哲学思想中那样。因为,只有"作为"过去的过去以及"作为"未来的未来能够制造现在、进入现在并为其提供基础。

库梅尔主要关注的是形而上学问题,并未以社会理论的形式进行探讨。但是,库梅尔在有关人类自由的理论中对其"延续生命"(life-sustaining)的时间概念所具有的含义进行了思考,这为上述理论奠定了基础。正如他不止一次注意到的那样,在调节自身的时间秩序这一能力方面,"人"在所有有机

生命中是独一无二的。事实上，动物与人类之间的"主要区别"是前者完全缺失时间意识。动物始终局限在自身的空间背景下，并遵循着生物体与环境之间严格的相互作用。它们不能将过去与自身的存在相分离，或者想象一种可能超越自身的未来，而只能永远被束缚在现在之中。与此相反，人类可以将其自身环境转化为她/他能够在其中自由行动的世界。作为一种拥有时间意识的生物体，她/他可以自由地同时将自身与过去及未来联系在一起，进而同样可以积极地调节现在。对这一自由的行使并非她/他生存的先决条件。例如，她/他可能会通过试图只生活在此时此刻而尽力将自己从时间中"解放"出来。然而，这些努力最终都会自食其果，它们来自一种强迫反应而非自由能动性，并且总是以服从时间的暴政而告终。

取而代之的方法是与时间共事，而非反对时间。它接受过去和未来的现实，并承认它们之间的相互联系。那么，确切而言，后者意味着什么？其中最重要的是，它承认人类的任何行动都不能只依赖过去或只依赖未来，但却总是依赖它们的互动。例如，可以将未来视为制定计划的标尺，将过去视为实现计划之方法的一种资源，将现在视为调节并实施计划和方法的时间。由此看来，未来代表着现在自由生活的可能性，而过去则代表着这一自由生活的基础。根据这一观点，过去和未来总是与现在相互交织。库梅尔明确指出："在过去与未来的开放性循环中，既不存在不由现实条件所具体化的可能性，也不存在任何不带来新可能性的具体化。互惠状态所具有的相互关系是一种历史进程，其中过去从未假定一种最终形态，而未来也从未关闭大门。"[①]

从库梅尔的论述转向乌托邦与历史之间的关系史，我们可以看到，从历史方面来说，库梅尔所批判的那种将时间在根本上视为消逝的演替的观念，实际上是现代西方世界特有的产物，在更广泛的人类历史范围内是史无前例的。正如安东尼斯·利阿科斯（Antonis Liakos）等人注意到的那样，一直到17世纪，在不包括未来的时间框架内思考过去都是不可能的。对历史的这种

[①] F. Kümme, l "Timeas Succession and the Problem of Duration", in J. T. Fraser (eds.), *The Voices of Time*, London: Allen Lane, Penguin Press, 1968, p.50.

理解在17世纪末受到了质疑，取而代之的是由三个历史时期（古代、中世纪和现代）组成的现代时间结构。在这一新的历史思维方式中，历史时间得以量化并被加以度量。从这一新视角来看，历史地思考意味着过去应该被视为一种"封闭的"实体，它已经结束，不会威胁到业已确立的秩序。历史学家的任务不再是阐释自"创世纪"至"第二次降临"这一人类历史的整体性，如基督教末世论思想中所表述的那样，而仅仅是述说过去已然发生之事。①

讽刺的是，即使极力避免盲目关注此种封闭的过去（这一封闭的过去缺乏一种在性质上不同之未来的可能性），1516年莫尔的《乌托邦》问世之后的乌托邦写作风潮仍然认同一种类似的历史概念，即将历史视为一种同质的平面（homogenous plane），无法实现希望与满足。更具体而言，早期的现代欧洲乌托邦作家——从莫尔到培根和康帕内拉——都努力想象一种在性质上完全不同的未来，这种未来能够甩掉过去的无用包袱。尽管乌托邦的希望、价值和规范的形成历史地嵌入在乌托邦思想这一背景之中，但持续关注过去的历史却遭到了拒绝，因为新的理想世界必须源自理性、自然或道德。② 如同其古希腊前辈一样，16和17世纪的大部分乌托邦作者都倾向于认为，乌托邦理想在时间和历史之外拥有固定的空间。

毫无疑问，不断加快的资本主义全球化进程不仅分离了现在与过去，而且分离了资本主义、科学和技术在空间上的联合力量与地方的多样性和特殊性，受其影响，随后的启蒙及工业时代的乌托邦思想的主导趋势一直假定现代性的动态现在与其相对"原始"的静态过去之间存在着断裂。例如，可以设想一下19世纪许多所谓渐进的或动态的乌托邦，它们表明了乌托邦理想与时间和历史的相关性，但仅限于在线性的、通则化的以及必然渐进的意义上将历史设想为一整套固定的、等级化的阶段，并最终走向完美。

然而令人关注的是，那些专注于研究乌托邦思想的学者可能也会发现一

---

① A. Liakos, "Utopian and Historical Thinking: Interplays and Transferences", *Historein*, Vol. 7, 2007, pp. 26 – 27.

② Ibid., p. 28.

种完全不同的小众乌托邦传统,与上述主流的乌托邦趋势并存,但又与之相对立,它对乌托邦与历史之间关系的理解建立在一种非常不同的设想的基础上。毫无例外,这一传统拥有一种鲜明的无政府主义或自由意志社会主义的特征。与上述静态视角相比,它更加接近当代生态学的、女性主义的以及反帝国主义的视角。尽管有关这一主题的学术文献尚处于起步阶段,但现有的证据足以令人信服地表明,当前需要一种比乌托邦的支持者所能接受的更广泛的乌托邦研究概念。

例如,克里斯·弗恩(Chris Ferns)在其虽有所助益却相对被忽视的著作《描述乌托邦》(1999)中追溯了文艺复兴以来的乌托邦文学中意识形态、性别和形式之间的某些关联。这部著作的主体分为两个部分,大致按照时间顺序,主要依据所论乌托邦的内容进行架构。第一部分的标题为"秩序之梦",在所包括的章节中,其所论述的乌托邦具有中央集权和严格管控的特征,其中包括莫尔的《乌托邦》、康帕内拉的《太阳城》(1602)、培根的《新大西洋岛》(1627)、贝拉米的《回顾》(1888)以及威尔斯的《现代乌托邦》(1905)。第二部分的标题为"自由之梦",批判性地审视了一系列对乌托邦进行想象的尝试,这些尝试是以自由意志而非专制主义为前提的,其中包括威廉·莫里斯(William Morris)的《乌有乡的消息》(1890)、亚历山大·波格丹诺夫(Alexander Bogdanov)的《红星》(1984)、阿道斯·赫胥黎(Aldous Leonard Huxley)的《岛》(1962)、夏洛蒂·吉尔曼的《她乡》(1998)、莎莉·吉尔哈特(Sally Miller Gearhart)的《流浪地》(1979)、玛吉·皮尔斯(Marge Piercy)的《时间边缘的女人》(1976)以及厄休拉·勒吉恩(Ursula K. Le Guin)的《经常回家》(1985)和《一无所有者》(1974)。弗恩的结论在很大程度上是批判性的,他指出,即使是许多更具自由意志的乌托邦,仍然在某种程度上受到传统的或主流的乌托邦叙事范式的局限;但是,他也同时指出,乌托邦"依然可以为新事物指明方向,尽管会有些踟蹰"[1],尤其对皮尔斯和勒吉恩来说。弗

---

[1] C. Ferns, *Narrating Utopia: Ideology, Gender, Formin Utopian Literature*, Liverpool: Liverpool University Press, 1999.

恩认为,乌托邦的这一功能部分是通过运用小说叙事框架进行试验而实现的,该框架为乌托邦与现实之间的关系提供了前景,其中乌托邦源自现实,但同时也为现实提供了另一种受历史制约的激进选择。

在近期有关无政府主义传统与乌托邦传统之间关系的学术研究中,上述结论得到了验证和发展。例如,2005 年,彼得·斯蒂尔曼(Peter Stillman)与我共同出版了第一部致力于探讨勒吉恩《一无所有者》中的新乌托邦政治的原创论文集。[①] 其中,我本人主要将关注点放在勒吉恩微妙、复杂而又极富创新性的文学方式上,他试图通过一种开放的时间概念——其中过去与未来始终彼此交织且同时与现在交织——公平地看待宇宙的持续与演替。我认为,推动勒吉恩在此书中对时间进行创新的首要政治激励在于阐明,有关乌托邦与既有现实之间关系的不同观点会以何种方式丰富或限制自由的人类选择和有意义的行动之可能性。我认为,在小说中,读者会面对两种完全不同的观点,它们基于对时间之本质的两种完全不同的理解。第一种是静态的臆断,它认为乌托邦理想在时间和历史之外拥有固定的空间。从这一视角来看,时间不过是人类生活的一个琐碎且短暂的要素。第二种是动态的承认,即承认乌托邦理想与时间和历史紧密相连。根据这种观点,时间是人类生活内在且持续的组成部分。在对小说中两个中心世界之间不断变化的关系进行具体且文学的阐释的过程中,勒吉恩向读者澄清了对这些抽象的立场作出各种选择的心理的、伦理的以及政治的后果。总体而言,我认为,这部小说是乌托邦的捍卫者与批判者都难以想象的一个乌托邦范例,这种乌托邦是真正动态的、革命性的,并以接受社会冲突与历史变迁这一持续性的现实为前提。

上述某些相同的主题重复出现在露丝·金娜(Ruth Kinna)与我于 2009 年共同编著的内容更广泛的文集《无政府主义与乌托邦主义》中。[②] 在该文集中,我们收录了一系列原创论文,以探索无政府主义与乌托邦主义之间的

[①] L. Davis and P. Stillman (eds.), *The New Utopian Politics of Ursula K. Le Guin's The Dispossessed*, Lanham, MD: Lexington Books, 2005.

[②] L. Davis and R. Kinna (eds.), *Anarchism and Utopianism*, Manchester: Manchester University Press, 2009.

关系，尤其是要证明，自古代中国战国时期至今，无政府主义与乌托邦主义之间长期的历史互动有利于解放政治（emancipatory politics）的发展。该文集中的文献个案研究包括老子的《道德经》、德尼·狄德罗（Denis Diderot）的《布肯维尔游记补遗》（1772）、威廉·莫里斯的《乌有乡的消息》、约翰·安德鲁斯（John Arthur Andrews）的《自由的胜利》（1892）[1]、佛罗伦萨·亨特利（Florence Huntley）的《梦中的孩子》（2003）、亨利·奥莱瑞克（Henry Olerich）的《没有城市和没有国家的世界》（1893）、威廉·温莎（William Windsor）的《洛马：一个金星公民》（1897）、罗萨·格罗尔（Rosa Graul）的《希尔达的家：一个妇女解放的故事》（1899）、皮埃尔·魁鲁莱（Pierre Quiroule）的《无政府之路》三部曲（1912）、B. 特拉文（B. Traven）的《浴血金沙》（1935）、罗伯特·尼科尔斯（Robert Nichols）的《尼奇-阿尔泰山中的日常生活》（1977）、厄休拉·勒吉恩的《经常回家》和《一无所有者》、汉斯·威德默（Hans Widmer）的《波罗，波罗》（2011）以及斯达霍克（Starhawk）的《第五件神圣之物》（1993）。除了文学方面的关注，该文集还挖掘了无政府主义与乌托邦的思想、运动和共同体实验之间丰富而广泛的关系史。该文集列举了这两种传统之间相互重合的一系列实例，既包括持不同政见的精神哲学、人类学研究、非正统的生活方式、性别与性的自觉政治表达、另类教育实验、生态共同体，也包括革命性的社会运动。

在上述广泛分析所产生的最值得关注的研究成果中，几乎所有被考察的无政府主义乌托邦都是开放的、动态的，且有机地与现实的社会实践紧密相连。该文集所有的撰稿者之间形成了一种共识，即他们所考察的是那种在很大程度上反完美主义和反专制主义的乌托邦，这种乌托邦并不代表一种从我们的世界抽象出来的形式；这与那种在理性上固定不变的和超验的乌托邦形成了鲜明对比，后者与逃避主义和/或统治密切相关。相反，此类乌托邦首先致力于将现在转变为一种有机过程的组成部分，积极地参与、培育业已存在

---

[1] 在引用约翰·安德鲁斯的《自由的胜利》这部著作时，有学者注明的出版年代是1892年，但也有学者认为该作品一直没有正式出版。——译者注

的历史趋势，并以这种历史趋势为基础。大多数撰稿者都对现代的进步观念表示怀疑，并努力召唤那种生存在前现代的过去和政见不同的现在的有机共同体，目的是启迪并鼓舞当代那些为了实现更加人性的未来而进行的自由意志主义的斗争。他们肯定自然力量和文化力量的现实性和价值，这些自然力量和文化力量被贬低或拒斥为文明统治的"他者"，并用非文学的方式不断彰显着一种具有预示性的直接行动政治（direct actionpolitics），这种直接行动政治表明，自由意志主义的乌托邦不仅是完全合乎需要的，同时也是可以立即实现的。

通过对这一点以及相关研究进行总结，我倾向于认同利阿科斯的观点，他认为，我们在21世纪的黎明可以见证乌托邦思想的范式转变。与20世纪的社会批评家对进步观念和现代化理论所表达的日益严重的怀疑主义相一致，当代乌托邦主义正在不断地采取对"将过去与现在并置"这种可能性进行重现的方式，从而开启在本质上完全不同的通往未来之路。对过去、现在和未来之间的关系的这种重估在乌托邦的社会历史领域尤为明显，爱德华·汤普森（Edward P. Thompson）、雷蒙·威廉斯（Raymond Williams）、芭芭拉·泰勒（Barbara Taylor）等人的开创性研究在这方面具有代表性。这种开创性研究既清楚地阐释了对过去的重新认识，即将过去视为一系列现在，且其中每一个现在都向多种可能性开放，同时也进而把现在与过去之间的关系问题视为必须解决的问题。从这一视角来看，历史时间不再被视为连续的和同质的，现在不再被理解为由过去线性进化的结果，此外，历史的见证与回忆还孕育着另一种对更加美好的生活的活生生的梦想。①

四、超验的乌托邦与基于现实的乌托邦：对特征和功能的界定

我认为，上述历史、哲学和文学分析所具有的实际政治意义十分深刻。

---

① A. Liakos, "Utopian and Historical Thinking: Interplays and Transferences", *Historein*, Vol. 7, 2007, p. 48. E. Varikas, "The Utopian Surplus", *Thesis Eleven*, Vol. 68, No. 1, 2002, pp. 101 – 105.

其中最为重要的是，它们表明我们需要在概念的社会和政治理论层面对超验的乌托邦与基于现实的乌托邦作出更加清晰的分析性区分。

显而易见的是，有些乌托邦确实是完美主义者伦理想象的建构，它以一种超验的方式从既有的现实中抽象出来。因此，这些乌托邦在完美与现实、应然与实然之间假定了一种二元对立，其中乌托邦主义与现实主义成为彼此不可调和的对立面。勒吉恩在《作为寒冷之地的加利福尼亚：一种非欧几里得式的视角》一文中，将此类乌托邦称作"欧几里得式的"乌托邦。作为一种对反对此时此地（here-and-now）的理性和意志的反动，欧几里得式乌托邦的字面之意为"不存在"（nowhere）；而作为一种纯粹抽象的且静态的结果或目标，一旦得以实现，它就不再是乌托邦了。因此，它只能用将来时态——在关于进步的语言中——来表述，并且这种乌托邦是根本无法居住的。① 正如资本主义的、工业的和殖民的"发展"历史所清楚地表明的那样，它对当前的一切具有潜在的破坏性。

相反，"非欧几里得式的"乌托邦的关注点是在时间上延续的现在——活生生的人类所居住的"此时此地"。自相矛盾的是，既然如此，如果它在未来能够实现，那么它必须已经存在。实际上，在勒吉恩看来，作为被欧洲资本主义和技术"进步"的齿轮所碾碎的所谓原始社会中的一个特征，它已经存在。它的本质是一种社会形式，在其中，人类之间以及人类与自然环境之间均能够和平相处。受一种具有包容性的"地方之精神"（Spirit of Place）而非排外或激进的"种族之精神"（Spirit of Race）的推动，勒吉恩的可居住的乌托邦并不重点关注技术的不断进步和经济的无限增长，而是关注如何维持自身的存续。它拥有适度的生活标准，对自然资源持保守态度，并且以一种基于意见一致的政治生活为特征。②

在很大程度上，我试图在"超验的"乌托邦与"基于现实的"乌托邦之

---

① U. K. L. Guin, *Dancing at the Edge of the World: Thoughts on Words, Women, Places*, New York: Grove Press, 1989, p. 81, p. 93, p. 84, p. 96.

② Ibid.

间作出的区分与勒吉恩的描述十分相似。尤其是，我想要强调以下两种乌托邦之间的区别：第一种乌托邦关注的是在某种不可能的未来之中想象和/或追求完美（超验的乌托邦）；第二种乌托邦则鼓励对当下潜在的、更优质的生活方式被忽视或受压制的可能性给予更具想象力的关注（基于现实的乌托邦）。后者通过将"此时此地"的特定界限转变为具有可能性的开阔视域，以对既有的社会实践进行塑造；而不是从我们这个世界表面上无救可药的腐败的社会实践中抽象出来，以对这些社会实践作出最后的道德评判。在某种程度上，第二种乌托邦在看似普通的平凡中阐明了异端和不寻常，并提醒我们过去、现在和未来都饱含着多种可能性，远远超过看似固定不变的现实。

五、另一种世界是可能的：当代基层生存运动中基于现实的乌托邦主义

从谋求重新获得对自身生存条件的民主控制权的当代基层社会运动的视角来看，超验的乌托邦想象或理论并没有多大的价值。这是因为它描绘或概念化了一种静态的社会图景，其中改变似乎既不可期也不可能。因此，它在真实和现实与其试图挑战的不可能和理想之间重新造成了二元对立，进而削弱了那些反抗者的力量，尤其是那些拒绝对应该期望什么以及什么能够实现进行预先假定的反抗。

相比之下，基于现实的乌托邦既有机地来自致力于基层社会变革的历史运动，同时也有助于这些运动的进一步发展。这样一来，它们显然不是强加给不完美世界的对完美的幻想，而是这一世界的组成要素，代表着那些被边缘化者的希望和梦想。作为动态的和开放的斗争进程中不可缺少的一部分，并且基于当前的日常需求，此类乌托邦挑战了那些主流的现实观念，但并不是通过将它们与理想社会的某种固定愿景的超验伦理标准进行比较，而是通过开启一种乌托邦空间，以思考、感受、讨论和培育根植于历史的（进而在历史上偶然的）替代性社会关系的可能性。

基于现实的乌托邦可能会采取各种形式。在虚构文学的伪装下，它们旨

在通过将读者置于有关"现在如是"(what is)、"可能如何"(what might be)以及二者之间关系的复杂对话中来激发他们的想象力。因此,它们既不是纯粹的逃避现实的幻想,也不是狭义的、旨在获得读者对某一特定社会政治议程无条件同意的说教性建构,而是一种思想实验,它邀请读者参与具有时效性的(time-sensitive)乌托邦想象之旅,包括对基本的道德冲突、有意义的选择以及持续革变的想象,最终,她/他可能会回到非虚构的现在,并对当前潜在的解放可能性拥有更广阔的视角。此类乌托邦以最具现实性的文学方式——近期最著名的作品包括斯达霍克的《第五件神圣之物》以及勒吉恩的《经常回家》——唤起了一种强烈的场所感,并回顾了那些抵抗压迫和统治制度的社会运动中积极参与者的生活经验。它们还可以成为这些运动的积极参与者们进行批判反思的灵感来源和催化剂,例如勒吉恩的《一无所有者》(此书受到1968年造反运动的启发),以及受无政府主义影响的当代全球性反资本主义运动。

然而,基于现实的乌托邦并不局限于虚构的文学创作,甚至也不局限于其他类型的文学作品,尤其是乌托邦社会和政治理论的研究者们所分析的文学作品。它们表现在各种几乎无穷无尽的文化实践中,从非正统的生活方式到另类教育实验。在抗议文化的背景之下,我们可能会在高涨的社会创造力之中发现基于现实的乌托邦主义的不同踪迹,从社区集会和气候营(climate camps)到参与性民主运动的直接行动,再到革命斗争的制高点。所有这些基于现实的乌托邦主义案例的共同点是:它们在具体的社会或政治实践中创造出乌托邦空间,以便培育替代性社会关系的可能性。

我们可以通过一个尤为重要的例子进行说明,即那些农民或无地者开展的当代基层运动,例如墨西哥的萨帕塔运动、巴西的无地工人运动、印度的自由斗争(Mukti Sangarsh),他们试图重新获得使用土地的权利,以满足生活的需要。在现今流行的"常识"是除市场驱动之外"别无选择"的情况下,这些形形色色的基层社会运动通过它们的存在证明了"另一种世界是可能的"。它们的基于现实的乌托邦主义并不包含在某种对世界应该是什么的具体化蓝图之中(几乎没有任何运动参与者会提出这样夸张的要求),而是存在于与全球资本主义残酷的同质化及毁灭性逻辑进行对抗的顽强生存之中。通过勇于借助集体行动来重获组织自身生活的权力和责任,这些运动的积极参与者们质疑了那种对各种可能性的主流理解,并为想象和实践和平的、生态可持续的、平等的以及激进民主的替代性生活方式开辟了乌托邦空间。

进而言之,可以以印度反对特大水坝建设项目为例。这些项目自开始实施以来一直受到各种人民运动的强烈反对,这些运动的参与者主要来自农民、部落族人以及其他那些宗地或生活场所将会被水坝淹没的群体。其中的"拯救纳尔默达运动"(Narmada Bachao Andolan)吸引了中产阶级社会活动家的支持以及城市居民的关注,他们为反对纳尔默达河谷工程进行了一次广泛的宣传运动。这一工程十分庞大(最初由世界银行资助),计划在纳尔默达河建设两个特大水坝以及众多大型水坝。这一在建项目的支持者认为,该项目可以潜在地支持现代工业的发展,包括土地灌溉、电力资源生产以及引用水供给。反对者认为,这一项目的所有利益都将归属洪灾地区之外的个体和利益集团,而成本则已经并继续由自然环境以及那些因宗地遭受洪灾而流离失所的人承担。

通过为特大水坝寻找替代方案,众多基层社会运动纷纷开始寻求干旱地区水资源和能源问题的解决方案,以便可以在不为短期利益而牺牲未来的情况下恢复生态和社会平衡。例如,在马哈拉施特拉邦桑利县卡纳普尔乡,一个由工人、贫困者和无地农民组成的"自由斗争"组织就是为了保卫人民的生活并研究该地区不断出现干旱的原因而成立的。他们的调查显示,直到1970年代,仍有三条河流常年流经卡纳普尔乡,并且当地有足够的水井和饮用水。然而自1970年代中期以来,这一区域从自给自足的农业向绿色革命的资本主义农业转变。珍珠粟和高粱等传统的自给自足作物被甘蔗等商业作物所取代,后者不仅需要化肥和农药,同时也需要大量的水资源。这样一来,农民开始依赖种子、化肥以及化工企业,同时也依赖银行和市场波动。小农日益负债累累,许多人迁移到城市寻找工作;大户农民得以存续,但却消耗了大量的水资源。此外,在1980年代,私人承包商开始在干涸的河床挖沙,以卖给城市的建筑公司,水分渗透因此而进一步减少,水井不断干涸。①

利用当地历史上一直被忽视的资源,马哈拉施特拉邦的自由斗争组织和人民科学组织在各村庄举办了科学展览和讨论,人们从历史的角度对水资源管理进行了研究,包括考察传统的耕作方法、地质条件以及该地区的植被,为一种替代性的农业提出了多种可行方案。此外,在1980年代中期,两个村庄的农民为建造供全体人民使用的小型水坝制定了方案,并最终于1990年完工。从这一水坝中采集的水在所有人——包括无地人口和妇女——中进行平均分配。因此,通过斗争,人民不仅重新获得了对所在地区资源的控制,重建了该地区的生态平衡,同时也改变了各个阶级和各种性别之间不平等的社会关系。他们在民主的基础上自行组织起来,重新掌握生存知识和技能,发展生态友好型的替代性技术,并在当地建立起真正参与性的、平等的和可持续的"基于现实的乌托邦",替代了主导性的、资本主义全球化的"超验的乌托邦"。②

六、研究缺口与开放性问题

最后,我要指出对本文所论议题进行进一步的理论和实践研究的必要性。迄今为止,已得到普遍认同的乌托邦学术研究领域主要集中于乌托邦主义的三个主要类型:文学乌托邦、乌托邦社会思想和共同体实验。相比之下,乌托邦与历史上和当代的基层社会运动之间的关系则相对被忽视。尤其是当前迫切需要进行跨学科研究,即把对乌托邦概念的哲学和历史分析与对社会运动进程的经验理解成功地融合在一起。

在任何此类研究中,对乌托邦的讨论需要在两种极端的认识论之间保持平衡:一方面是向对政治的潜在可能性的主宰性理解投降;另一方面则是强

---

① M. Miesand and V. Shiva, *Ecofeminism*, London and New Jersey: Fernwood Publications and Zed Books, 1993, pp. 306–308.

② Ibid., pp. 308–312.

调乌托邦与有关人类完美性的种种有问题的观念之间具有普遍的相关性。本文的主要目的之一就在于进一步推动旨在平衡上述极端观念的学术研究，通过挖掘乌托邦与历史之间潜藏的关系史，在超验的乌托邦与基于现实的乌托邦之间作出理论上的区分，并论证就当代抵抗市场全球化的基层生存运动而言，基于现实的乌托邦具有更强的解释力。

社会主义与乌托邦[*]

大卫·列奥帕德 著[**]　　张永红　马天平 译

[**内容提要**] 社会主义常常被描述为乌托邦，社会主义者极力反对这种描述，反对将社会主义与乌托邦联系起来，尤其反对将得到正确理解的社会主义与乌托邦联系起来。本文描述了19世纪的三种社会主义，即空想社会主义、马克思主义和费边主义，以及四种不同含义的乌托邦，即理念共同体、对理想社会的向往、对理想社会的详细描述以及作为文学体裁的乌托邦，并在此基础上全面探讨了社会主义与乌托邦在概念和历史上的广泛联系。作者认为，社会主义者既不拒绝乌托邦，也不接受不合理的乌托邦，他们只在某种特定的意义上拒绝或接受它。

[**关键词**] 社会主义　乌托邦　共同体　费边主义

引言

社会主义与乌托邦之间的联系多种多样，本文无意穷尽这些联系。这里

---

[*] 本文原载《政治意识形态杂志》（*Journal of Political Ideologies*）2007年第3期，原文标题为"Socialism and (the rejection of) utopia"，译文有删节。译文原载《国外理论动态》2016年第12期。

[**] 作者简介：大卫·列奥帕德（David Leopold），英国牛津大学政治与国际关系系学者。

只涉及这两种极其复杂的现象间的若干联系。在探究这些联系时，我尤其感兴趣的是社会主义对乌托邦的抵制，以及由此引发的所谓社会主义的"自我认识"问题（即社会主义思想家是如何描述和理解其信仰的）。

社会主义常常被描述为乌托邦，而社会主义者极力反对这种描述，而且一般来说反对将社会主义与乌托邦联系起来。至少，他们通常反对将得到正确理解的社会主义与乌托邦联系起来。自然，只有其他各种所谓的社会主义在本质上是乌托邦的，社会主义捍卫者的社会主义则并非如此。可以毫不夸张地说，在历史上，社会主义对乌托邦主义的否定非常普遍。阿瑟·贝斯特（Arthur Eugene Bestor, Jr.）梳理了社会主义词汇的重要概念史，注意到社会主义评论家对乌托邦标签的广泛使用；他发现，在19世纪，社会主义者"几乎一致拒绝乌托邦标签"的情形仅有三次小例外。

我将利用19世纪的三个例子——空想社会主义、马克思主义和费边主义——讨论社会主义与乌托邦之间的概念联系和历史联系。更确切地说，我的讨论将围绕马克思和恩格斯以及一些早期费边主义者（19世纪和20世纪之交的费边社主要成员）展开，同时也必然会顺带提及创立空想社会主义的三驾马车（查尔斯·傅立叶、罗伯特·欧文和亨利·德·圣西门）。

可以发现，所有这三种传统都不承认与乌托邦的任何联系，这确证了社会主义在历史上是反对这种联系的。当然，马克思对乌托邦主义的敌视是广为人知的（即使不总是被人理解）。此外，悉尼·韦伯（Sidney Webb）认为，费边主义是在摒弃乌托邦主义的基础上创立的。最后，即便是所谓的空想社会主义者也尽量避免使用这一标签（例如，傅立叶小心翼翼地界定乌托邦主义，以便将其与自己的"实验"方法区分开来），这也许是最令人惊奇的。

只有揭示了乌托邦的概念，才能明了拒绝乌托邦的意义所在。不过，我想首先谈谈社会主义。

社会主义

可以发现社会主义的地方多得出人意料。教科书往往特别热衷于勾勒社会主义的轮廓，并且会不出所料地获得成功（这是人们认为它们特别不适宜用于思想史研究工具的一个原因）。就社会主义而言，其最初表现可以在摩西、柏拉图、早期基督教、托马斯·莫尔等处找到。尽管人们对其中一些关联并不陌生，但如果我们将社会主义理解为具有相对晚近的历史起源，也许更为恰当。尤其是，它与资本主义的兴起密切相关，也就是说，与基于私有财产的现代工业社会的出现密切相关。

社会主义最近的历史起源并未影响它以各种不同的形式表现出来。例如，想一想人们对变换形容词——国家社会主义、市场社会主义、进化的社会主义等，它们表明了社会主义传统内部的某种争论所持的立场——的热衷就清楚了。然而，社会主义的确有一个明确的、为不同的社会主义所普遍接受的概念核心。

社会主义理想的核心是对平等和共同体原则的信守。平等原则要求，一个人一生中享有的快乐和担负的责任要大致与他人相当（例如，我们会尽力保证每个人有相同的机会获取成功和发展）。共同体原则要求，人们之间的关系不仅仅是对他人工具性的关心（例如，我帮助你是因为我可以为你提供你所需要的东西，而不是为了得到你的回报）。只有当组织制度和社会精神体现这些原则时，我们才能认为这样的社会安排是社会主义的。

这样描述社会主义的核心理想似乎过于狭窄了。对此当然可以在两个不同的方面进行拓展。首先，可对平等和共同体作进一步的描述，尽管这样的讨论可能会将社会主义理想与对这种理想的详细阐释混为一谈。此外，可以以更多的诉求和价值观补充平等和共同体原则。例如，按第二种方式扩展了的对社会主义的描述可以包括积极的劳动观、历史进步观、对人性的积极描述等等。然而，就目前的情况看，我们对社会主义理想的狭义描述也许就足够了。这里，更为重要的是社会主义的核心理想与乌托邦之间的关系问题。

这一理想是所谓的社会主义的时间视域（the temporal horizon）——既关注当下也关注未来——的核心。社会主义既包括对现有安排的批判，也包括用什么来取代这种安排的其他思想。社会主义理想通常可以为人们对当前社会和未来替代社会的评价提供准则。总之，社会主义的前景之所以获得赞誉，只是因为人们认为它的组织制度和社会精神凸显了平等和共同体的原则,而当前的社会之所以招致批评,也只是因为其组织制度和社会精神没有做到这一点。

乌托邦

分析乌托邦的概念同样是理解其与社会主义复杂关系的前提条件。当然,莫尔最初是用这个新词表示"乌有之乡",含有"好地方"的意思。然而,这个词产生了众多(新词汇的)摹仿者,后来被赋予了许多附加含义。其含义扩展的一个后果——经过数百年——就是:对于哪些特征可以将一项研究成果定性为乌托邦,至今仍无定论。作为一门学科的乌托邦研究的发展进一步凸显了明确有关用法的必要性。许多现代乌托邦主义者(乌托邦主义的研究者)专注于定义问题,并形成了丰富而有意义的成果。对于那些评论文献,这里不涉及任何细节。然而,正是由于它们的存在,就更有必要说明我将如何使用该词及其同源词。

我将澄清"乌托邦"一词的四种含义,这四种含义在下文中都会用到。我的意图是阐明我在本文中要如何使用该词及其同源词,而不是解释该如何定义它。我乐于承认,除了这里描述和使用的那些含义之外,"乌托邦"还有其他重要的含义。

第一,乌托邦有时被视为现在多有提及的"理念共同体"(intentional communities)的代名词;也就是说,这种自愿的共同体以信奉某种宗教观、政治观、道德观为基础,而不以延伸的家族或种族纽带为基础。其基本的信奉具体来说千差万别,历史上著名的共同体包括伊卡洛斯派(Icarian)、哈特派(Hutterite)、无政府主义者、震教派(Shaker)、欧文主义者、摩门教、神智学会(Theosophical)、傅立叶主义者和拉普主义者(Rappite)。在其他广为人知的意义上,这些共同体的定居点有时是乌托邦的(尤其是,它们与积极的乌托邦有着明显而直接的联系),但令人高兴的是,"理念共同体"这个术语也为它们提供了一个明确、中立和广泛使用的标签。在谈到我所认为的公共定居点意义的乌托邦时，我有时会用这个术语说明问题。

第二，乌托邦（utopia）有时被用来表示"好地方"（eutopia）或积极的乌托邦（positive utopias）。积极的乌托邦提供了一种（尚）不存在的理想社会图景。乌托邦有时被定义为一种完美的社会，但正如乌托邦主义者经常指出的，完美并非乌托邦传统的核心理念，甚至也不是乌托邦文学传统的核心理念。之所以说这一愿景"理想"，只是因为它的创造者们——也许还有（一些）信奉者——认为这种社会非常令人向往，而不是因为这样的判断是合理的或得到普遍认可的。对这一理想的各种憧憬无须共享任何特定的内容（例如，可以是城市，也可以是乡村；可大，可小；可滥交，也可禁欲，等等）。此外，尽管由于乌托邦体现了对现存世界的失望和对美好社会的向往而常被认为具有"对抗性"，但积极意义的乌托邦也可以发挥广泛的作用。

关于乌托邦的第三种和第四种含义，或许可以理解为第二种含义的延伸。也就是说，它们选取了特定类型的积极的乌托邦，或积极的乌托邦可能采取的特定形式。

第三，人们有时用乌托邦指称对积极的乌托邦的详细描述。无疑，要设想一种理想社会，只要对那种人们认为值得拥有的社会安排的某些方面做些提示即可。然而，第三种含义的乌托邦要求对该社会的主要制度和社会精神的性质和作用作出更加清晰和深入的描述。当然，在这个意义上，对乌托邦的详细描述可能是不全面的或缺乏说服力的。我们很难不把这些详细描述看作"样板"、"蓝图"、"方案"和"计划"，尽管这些概念的含义可能会产生误导。

第四，人们有时用乌托邦指称那些以特定文学形式出现的积极的乌托邦。乌托邦尤其被用来指称小说叙事中的理想社会。第二种和第三种含义的乌托邦是虚构的，因为它们关注的世界并非现实存在的，但它们不一定完全采取所谓的文学乌托邦的形式。乌托邦小说的叙事结构各不相同，但通常的结构是，一个游客在某个遥远的地方偶遇一种更高的文明。尽管这种更高的文明出现的确切地点不尽相同，但可能会有一些清楚的历史模式。例如，人们有时会说——无疑是随着地理知识的增长——在19世纪，乌托邦之旅的主要目的地从未知地域转移到了未知时代,即从地理坐标转向了时间坐标。

总之,本文将在不同的含义上使用乌托邦,用以指称某个理念共同体、对理想社会的憧憬、对理想社会的详细描述,以及一种文学体裁。无论是哪种情况,我都希望我的用意清楚明确。

一些联系

人们有时将乌托邦与社会主义视为同延现象(coextensive phenomena)。很显然,这种观点是错误的。至少,无论历史地看还是从概念上讲,乌托邦与社会主义都不是同延的。

首先,历史地看,乌托邦与社会主义并非同延的。例如,社会主义是资本主义的产物,而许多例子表明,乌托邦共同体、乌托邦愿景、乌托邦蓝图和乌托邦文学是先于建立在私有财产基础上的现代工业社会出现的。

但是,我们不能因此得出错误的结论。特别是,在两种现象之间仍然可以找到许多有趣的历史联系。我只举一个例子。人们有时认为,社会主义为19世纪大多数文学乌托邦带来了灵感,如爱德华·贝拉米(Edward Bellamy)的《回顾》和威廉·莫里斯(William Morris)的《乌有乡的消息》等作品,但在20世纪,它在这方面的主导作用被科幻小说或女性主义(抑或是将二者结合起来的乌托邦式叙事)所取代。

其次,乌托邦与社会主义在概念上并非同延的。四种含义的乌托邦都既可以采取社会主义的形式,也可以采取非社会主义的形式。以理念共同体的规范基础为例。自愿共同体的社会安排可能以奉行平等和共同体的原则为基础,也可能并非如此。也就是说,特定的理念共同体的组织制度和社会精神可能体现社会主义原则,也可能不体现这种原则。其他三种含义的乌托邦也都是如此——即它们可能采取社会主义形式,也可能不采取社会主义形式。

但是,我们不能因此得出错误的结论。特别是,在两种现象之间仍然可以找到许多引人关注的概念联系。我只举一个概念联系方面的例子。尽管乌托邦并不一定是社会主义的,但至少在第二种含义中,社会主义总是乌托邦的。也就是说，社会主义必然包含着对理想社会的某种向往，因此在这个意义上，所有的社会主义都是乌托邦的。这种说法可能会遭到质疑，因为人们会觉得，按相关定义理解的"理想"一词似乎不再能够恰当地描述社会主义了。然而，这里的"理想"是灵活的，包括了各种对什么才是真正令人满意的这一问题的看法。这个概念足够灵活，足以涵盖19世纪三种主要的社会主义。

在下文，我将特别关注第二种和第三种含义的乌托邦。不过，我首先考察的是19世纪的一种社会主义（即费边主义）与所有四种含义的乌托邦之间的关系。

费边主义

19世纪末的费边主义是一场多样化的、不断发展的运动。尽管如此，费边主义者往往以摒弃乌托邦主义著称，对乌托邦的反感也自然成了他们的宣传中一条反复出现的主线。例如，在庆祝费边社成立10周年的演讲中，韦伯认为费边社是在反对双重错误——"暴乱"和"乌托邦主义"——的基础上建立起来的。然而，由于乌托邦有多种含义，只有揭示出相关的含义，这样的描述才有意义。

费边主义者明确反对的是第一种含义的乌托邦主义，即理念共同体的建立。正如韦伯所阐述的，费边主义的思想渊源之一是：决不认同以建立"小乌托邦"的方式实现"人类重生"（regeneration of mankind）的主张。他对发展社会主义的两种策略——"横向"策略和"纵向"策略（它们都是渐进式的）——进行了有意义的区分。公社策略（communal strategy）被定性为"横向"策略；通过这种策略，"集体信仰"被"部分共同体"所接纳，其目的是期望个别公社的成功能够引起更多的效仿，并最终实现更为广泛的社会融合。在韦伯看来，理念共同体的经验记载证实，"横向"策略注定会失败。他指出，大多数共同体都失败了，就极少数可能蓬勃发展的共同体来说，其所承诺的社会主义在全社会的发展和扩张并没有得到进一步证实。韦伯认为，公社策略不仅不成功，而且也不可取。他指出，人们通常认为热衷公社的人对人性具有无限的信任，但他认为，也许将他们视为失败主义者更为合适。由于他们反对"机器工业"，崇尚"深耕细作"（与欧文固执地长期坚信铲耕作优于犁耕作有关），因而可以说，共同体主义者既抛弃了现代世界，也抛弃了生活在其中的大多数人。据说，这些热衷公社的人之所以追求"理想的生活"，并非在从事一项解开成千上万的辛勤劳作者身上枷锁的事业，而是为了少数人的利益。

应当指出的是，排斥公社实验是费边主义在组织上（以及思想上）发端的重要原因。费边社是在与新生活联谊会（Fellowship of the New Life）——其成员包括哈维洛克·霭理士（Havelock Ellis）——分离后形成的，而后者是一个热衷于以"简单生活"为基础的公社实验的群体。新生活联谊会随后在伦敦的布卢姆斯伯里（而非他们曾经计划的巴西）创办了一个短暂的合作住所。虽然组织解体了，但某种对公社生活的渴望似乎一直存在着，至少在一些更有个性和临时加入的费边社成员中是如此。关于这一点，可以看一下安妮·贝森特（Annie Besant）在为《费边论文集》撰写的文章中所提的建议，即以"乡村农场"来应对当时的失业问题。她极力赞美这些农场可能配备的公共食堂；如果与当时"私有化"的家庭设备相比，这些食堂可以为"家庭主妇"省去时间和麻烦，更加有效地利用食物和燃料，同时提供"更多的菜品选择"。

当然，关于费边主义与第二种含义的乌托邦（即对理想社会的向往）之间的关系，我们在费边主义者反对公社实验策略的做法中看不到任何端倪。就此而言，重要的一点是，不能将乌托邦的表现不突出与乌托邦的缺失混为一谈。无论外在表现如何，费边主义并没有为先前的断言——即社会主义总是包含着对理想社会的向往——提供反例。

费边主义理想的主要特征或许是其经济愿景。由于期望逐渐扩大国家对经济生活的控制，以避免导致浪费和低效，因而产生了著名的"租金"理论和实施渐进社会工程的决心。国家控制是采取所有权形式还是法规形式，要依情况而定，但在费边主义者的早期计划中，真正的国有化仅限于矿山、铁路和运河。这种控制涉及公共服务管理、私营产业监管、非劳动收入纳税以及为社会相关阶层提供福利。费边主义者关于"全国最低"（最低水平的工资和生活质量）——任何公民都不应低于这个水平——的思想，反映在他们对各种立法倡议的热情中，包括呼吁扩大工厂管理条例、与血汗制度作斗争、实施 8 小时工作制、改善住房条件等，这些倡议被认为具有社会主义倾向。韦伯夫妇在费边社中的一位引人注目的反对者休伯特·布兰德（Hubert Bland）则提醒道，社会主义不应等同于政府行为本身，而是只与那些为追求共同利益而扩张所有权和控制权的政府行为有关。但是，这一提醒并未影响韦伯在许多出人意料的地方发现社会主义正在不断取得胜利，尤其是在对烟草商、宠物狗、音乐厅、苏格兰鲱鱼和寄宿公寓的监管方面。

公社策略包括了"横向的"渐进主义（"集体信仰"最初只被"部分共同体"所接受），而费边主义者则信奉"纵向的"渐进主义——最初，"整个共同体部分地接受了他们的信仰"。其最终成功将使整个社会更多地实行社会主义制度。与公有主义（communalism）实验的失败截然不同，韦伯承诺，费边主义策略是"不可能"失败的。这种令人惊讶的说法得到所谓棘轮效应（ratchet effect）——即人们决不会放弃已经得到的"纵向"利益——的支持。他解释说，那些在任何一个产业中实现了国有化或市有化的任何国家，都不曾走回头路。

对"纵向"策略之"必然性"的讨论展现出一幅历史演进的画面。当韦伯将社会主义视为民主在经济方面的表现时，他的想法是将之类比于托克维尔对后者之必然性的描述。不知不觉中，社会主义已成为我们当下的一部分；通过有意识的引导，它将得到全面巩固，成为我们的未来。向"所有共同体"呼吁也是费边主义的特点；费边主义者将谈论阶级斗争、甚至过多的工会活动都视为派系的和分裂的行为。

如果这样理解"社会主义"，那么"民主"也许就成了其政治的表现形式，但费边主义者缺少参与的积极性。他们赞成扩大选举权，主要是因为他们认为这会加快社会主义立法的通过，但他们并不关心公民动议和公民投票等民主手段；费边主义者错误地认为，这些手段似乎表明人人都同样适合管理社会。他们认为,经济生活的管理要以共同利益为导向,但应由专家而非民众情绪来管控。在关于上议院改革的《费边短论》中,费边主义者不是建议废除上议院,而是建议将它转变为"专家委员会",这是完全合乎逻辑的。

早期费边主义者向往精英主义的图景——将对专家意见的传统认知与对社会福利的关切结合起来。在探讨费边主义理想时,"渗透"(permeation)战术似乎并不合适。即费边社最初并不寻求建立一个独立的社会主义政党,而是试图用其思想夺取自由党和其他机构——包括高级行政部门——的智力制高点。但是,"渗透"与他们对"来自上层的社会主义"的热衷完全一致。这种热衷也可以用来解释韦伯夫妇后来对苏联试验的支持。事实表明,社会福利思想指导下的高效国家管理极为灵活,有时还表现出专断的一面。

费边主义者对效率和技能的制度性热衷与关怀苦难者的社会精神巧妙地结合在一起。描述所谓的费边主义文化的特征并不容易,但费边社早期历史中出现的很多事情足以表明它的冷静和清醒。成员中流行饮食时尚,尝试禁止开会时吸烟,费边社夏季学校的学员以瑞典体操开始每一天。人们有时认为,费边社的精神面貌打上了韦伯夫妇缺乏幽默感的个人印记。

莫里斯较早对费边主义提出了敏锐的批评。他认为,作为"实践的"社会主义者,费边主义者犯了两个典型的错误。第一个错误是过于关注社会主义的经济方面,而忽视了其他方面。特别是,他们关注社会主义赖以形成的手段,而没有对其应该体现的目标给予足够的重视。例如,目前的工业体系包含了社会主义制度赖以运转的某些"机器",基于这一事实,韦伯即刻得出了社会主义生活的第一阶段已经到来的结论,这种跳跃太快了。第二个错误是他们倾向于认为,虽然社会主义会改变社会的经济基础,但在生活的其他领域,人们的生活方式和思维习惯几乎会像现在一样。在这方面,费边主义者被认为体现了典型的中产阶级气质。他们宣称,如果可以摆脱阶级社会的不公正、苦难和浪费,他们对现代文明就相当满意了(现代历史学家证实,费边主义者的社会基础决非无产阶级性质的)。当然,在莫里斯看来,这种"部分的改变"(half-change)既不可能,也不可取。由于经济问题的基础性作用,这样的变化是不可能出现的。只有所有权和控制权发生变化,平等和共同体的原则才能建立起来,而这些变化将不可避免地对生活的其他方面产生巨大影响。这种"部分的改变"也是不可取的,因为"经济"机器只是现代文明的问题之一。

在维护和颂扬乌托邦的过程中,恩斯特·布洛赫就两个方面——严谨分析的"寒流"与激情想象的"暖流"——做了富有启示的比较。尽管费边主义理想也许给许多人留下了特别缺乏热情的印象,但它仍不失为一种理想。不过,格雷厄姆·沃拉斯(Graham Wallas)在为《费边论文集》撰写的文章中认为,有必要提醒人们防止当前"低估理想的价值"的倾向,这很值得深思。这一警示可能既是针对费边社成员的(尤其是领导者),也是针对那些他们试图影响的人的。他强调,"一次又一次"的积极的历史变迁不仅是"环境"的产物,而且也是"希望"的产物,是"不断地宣传某种新的、更高的生活"的结果。这种观点得到了布兰德的响应。布兰德的文章强调了希望及自身利益——作为社会主义者的动力——的重要性。而孕育这一"伟大希望"的正是社会主义"理想"的"神圣"光芒。

在谈到乌托邦的第三种含义时,我们从对理想社会的向往转向了对它的详细描述。这似乎是社会主义者需要迈出的毫无疑问的明确一步。毕竟,在用理想社会的愿景激励和指引社会变革之前,我们首先应该确信,它所倡导的制度和理念是可取的,也是可行的。而且,要作出这样的判断,就需要清晰、详细地说明这一理想社会的社会安排。费边主义者理所当然地热衷于为社会主义的设计问题提供明确而详细的解决方案。

在《社会主义:真与假》中,韦伯一方面强调费边主义者已经取得了许多成功,另一方面坚持认为,只有当"有头脑的人们"在认真研究的基础上弄清如何"将集体主义原则具体应用于现代生活中的实际问题"时,才能取得最大的胜利。他强调,要解决许多重要的社会主义"管理"问题,首先要进行大量的"深入思考",如制定失业问题的解决方案、确立国家与地方政府之间适当的平衡关系等。对于这些问题,目前还没有人能够给出令人信服的解决方案。韦伯承认,这令社会主义者感到十分尴尬,因为他们——与许多同时代的人不同——坚信解决方案是存在的(甚至承诺要提供解决方案)。寻求这些问题的社会主义解决方案至关重要。韦伯指出,"对于我们想要的东西,还缺乏非常明确和准确的认识",这是非常致命的。这不仅可能延缓社会主义的发展,而且实际上可能使社会主义者偏离其目标。他清楚地指出,我们需要澄清的不仅是社会主义理想的本质,而且还包括那些体现社会主义理想的制度和精神。韦伯的结论是:没有哪个工作领域比研究(社会主义力图解决的)社会问题更有价值,也没有哪项对社会主义事业的贡献比它更有意义。

费边主义者认为有必要解决社会主义的设计问题,这为他们之后取得大量成果提供了原动力。由此催生的一系列短文和小册子既包括了对社会主义理想的本质的思考,也包括了对最能体现社会主义理想的社会安排的思考。前者反映在《什么是社会主义》(1890)、《自然增值》(1891)、《无政府主义做不到的事》(1893)和《社会主义道德论》(1896)等出版物中。后者反映在《天然气供应的市有化》(1891)、《分配及其实现》(1894)、《国内外的酒牌签发》(1897)和《房荒及其缓解》(1900)等出版物中。

要理解费边主义者对社会主义设计问题——这些问题既包括社会主义理想的本质,也包括体现社会主义理想的制度和精神的本质——的关切,就必须分清两个问题。首先,费边主义者相信,提出并回答这样的问题对于社会主义者来说是合理且重要的。其次,这些问题后来是以典型的费边主义的方式提出并回答的(例如,对渐进主义的设想,或对地方自治解决方案的强调)。我尤其感兴趣的是第一个方面,而对于费边主义者后来为社会主义设计问题所提供的答案,本文并不想为之辩护。

最后,我要思考的是费边主义与文学含义的第四种乌托邦之间的关系。有几部同时代的文学作品体现了费边主义理想的不同方面;这些作品与费边社成员的身份有关。最引人注目的乌托邦作品也许是 H. G. 威尔斯(Herbert George Wells,1903 年至 1908 年的费边社成员)的《现代乌托邦》(1905)。《现代乌托邦》包含了一些对文学乌托邦历史和特点的思考,有趣但不尽准确。威尔斯不仅描述了其理想社会重要的经济和政治安排,而且还试图(并不完全成功)详细地勾勒出乌托邦日常生活的结构。

威尔斯描述了一个高效并实行仁慈管理的世界国（world state），它管理严格，等级鲜明。这个世界国拥有的土地和自然资源按照一定的管理条件回租给个人。其结果是形成了一个经济不平等的社会，但这个国家不允许人们变相获取其他资源（如政治权力）。这个国家控制代际转移，并设置高福利门槛，使任何个体都不会被拒之门外（尤其是强制性养老保险和医疗保险）。很快，乌托邦居民用更加"有力和高效"的管理办法取代了政治"选举办法"。这是一个理性、有序、高效的社会，其中，国家及其财富由"武士"等级控制；这个社会向所有的人开放，只要他们符合对成员身心条件的严格要求。他们必须取得某种重要的成就——如写一本书或获得工程学位——并过一种简朴的生活，以抵制"财富仍可以买到的粗鄙乐趣"。武士在其描述中至关重要，他们占据着所有的社会高位（政府官员、律师、医生等），同时也是唯一的选民。

对人性差异——威尔斯区分了四种基本的性格类型——的强调贯穿了整部小说，这反映了、同时也强化了作者对优生学的兴趣。然而，威尔斯安慰读者说，在一个实行仁慈管理的社会中，无需使用"毒气行刑室"应对（大大减少了的）"白痴和疯子"、"失常者和无能者"以及"性格软弱者"。在偏远地区，将对"有缺陷的公民"进行纪律教育，而那些惯犯则将面临流放的命运。他告诉我们，由于有严格而仁慈的管理，除了那些天生就严重"畸形"和患有严重"疾病"的人外，其余任何人都无需被处决。

威尔斯对乌托邦文化的描述足以证实他对现代中产阶级气质的怀疑。到处都一尘不染；不适当的婚姻会被禁止；承担服务角色的人永远都彬彬有礼；火车总是准时运行。乌托邦显然与我们自己的社会有关，但它得到了重组，它与我们的社会相比，就像"运转良好的发动机"与"一堆废铜烂铁"的对比。这个比喻给人以启发。运转良好的发动机无疑值得赞美，但我们也会怀疑，高效的技术或许暴露了乌托邦想象的局限性。其（简单的）结构和（纯素的）饮食并不能完全消除这种怀疑。

威尔斯按照我们自己的世界描绘现代乌托邦。尘世居民与乌托邦居民相互对应，前者浪费而低效，后者有组织、有领导。当叙述者遇到乌托邦中与自己相似的人时，他会发现这个人与自己显著不同，他更高大、更健康，并且（不出所料）是位武士，但显然仍是自己的翻版。威尔斯这样做的一个目的，是要表明其对合理性限制（feasibility constraint）——他对自己的乌托邦想象作了这样的限制——的重视。威尔斯试图描述一种既"有现实可能性"又"比我们自己的生活更有意义"的生活。他认为，第一个条件被莫里斯这样的作者所破坏，他们没有将自己限制在"人的可能性的限度内，而这样的限度就存在于当今世界的男人和女人中"。相比之下，他自己的建议"更加合乎实际"，就在"此时此地的世界中"。当然，这受到了明确的批评，即威尔斯让合理性的狭隘观念限制了自己的乌托邦视野。这部小说刻画了许多富有预见性的东西，自行车道、高速列车、身份证以及海峡隧道都可以在《现代乌托邦》中找到。

马克思主义者的抵制

在第二种含义中，所有的社会主义都是乌托邦的，因为乌托邦包含着对理想社会的向往。然而，在第三种含义中，并非所有的社会主义都是乌托邦的，因为乌托邦对理想社会的主要制度和社会精神的性质及作用作了清楚而复杂的描述。此外，社会主义之所以没有对理想社会作出详细描述，往往是出于原则的考虑，而不仅仅是忽视的问题。对于是否有必要在社会主义设计的问题上花费时间和精力，来自马克思主义传统的否定性答案最广为人知，也最具影响力。

马克思和恩格斯对乌托邦主义的态度集中表现在他们对空想社会主义的讨论中。然而，他们对空想社会主义的看法最初似乎是矛盾的，因为他们的著作既有对它的贬抑，也有对它的赞美。一般说来，对这种表面的矛盾可以有三种解释性回应。我们可以将外在表现简单地等同于现实，认为马克思和恩格斯并非始终如一地看待空想社会主义，而是以不同的、矛盾的方式谴责或赞美空想社会主义。（据说，政治思想史学者特别反对这种做法，不赞成将表面矛盾简单地视为实际的矛盾。）或者，我们可以直接无视这种表面矛盾的一方，从而避免这种现象出现。例如，认为马克思和恩格斯是坚决否定空想社会主义的，却忽视了在他们的著作中同样可以找到的肯定性言论。最后，通过解释为什么谴责与赞美实际上并不矛盾，我们可以努力消除表面的矛盾。我们认可最后一种方法。

我曾详细指出，有一种基本结构可以帮助我们理解马克思和恩格斯关于空想社会主义的言论，使其看起来并非相互冲突。当我们将两种重要的区分单列出来时，这种结构就会显现出来。

首先是第一代空想社会主义者（即傅立叶、欧文和圣西门）与其接班人、弟子、追随者（包括后来出现的各种傅立叶主义者、欧文主义者和圣西门主义者）之间在时间上的区分。重要的是，马克思和恩格斯通常遵循的就是这种区分。换言之，他们对最初的乌托邦主义者比较包容，而对后继者和效仿者则相对尖锐。例如，在《共产党宣言》中，马克思和恩格斯提出了一条普遍原则，即越是晚近的乌托邦信徒，贡献就越小。

第二种区分是就乌托邦文本的两个不同方面——"批判性"与"系统性"——所做的区分。乌托邦著作的批判性存在于那些描绘当代社会缺陷的消极元素中，而其系统性则包含在描述未来理想社会的积极元素中。例如，傅立叶的破产类型说构成了其批判性著作的一部分，而他对非异化劳动的描述则构成其系统性工程的一部分。马克思和恩格斯对乌托邦文本的认可度遵循了这一区分。简言之，与"系统性"元素相比，他们通常对空想社会主义者著作中的"批判性"元素更有兴趣。

简言之，对空想社会主义的这些不同判断是结构性的。马克思和恩格斯对第一代空想社会主义者的评价比对其后继者的评价更高，对乌托邦著作所具有的批判性的评价比对其同样具有的系统建构的评价更高。

与批判性元素相比，马克思和恩格斯对乌托邦文本中的系统性元素更为敌视，这是因为他们排斥解决社会主义设计问题的必要性。正是在这一点上，他们与费边主义者对样板、计划、蓝图等的信奉形成了鲜明对比。本节剩余部分将围绕马克思主义的观点展开。

为了实现自己的目标，社会主义者不仅需要对现代社会的缺陷进行详细的、有说服力的描述,而且还需要对未来社会主义社会的样貌进行详细的、有说服力的描述。我们可以认为,社会主义宣传的一个重要方面就是,不仅要对社会主义价值观而且还要对最能代表这些价值观的各种制度和社会精神做出合理的、一致的描述。那么,可能有人认为,马克思和恩格斯之所以偏爱空想社会主义的批判性(而非系统性),是由于他们确信,与对未来社会主义样貌的乌托邦描述相比,对现代社会缺陷的乌托邦描述可能更为准确和有益。然而,这并非马克思和恩格斯所持的观点。

马克思和恩格斯并不认为,社会主义者既需要对当前的缺陷也需要对未来的社会安排作出详细而有说服力的评价,他们对这些问题的看法显然是非对称的。这种非对称性与对文本的系统性和批判性进行区分相一致。一方面,他们认为社会主义者需要就现代社会存在的问题作出详细而有说服力的描述,而且他们承认乌托邦主义者可以为这种描述作出贡献。但另一方面,马克思和恩格斯认为无需对社会主义可能的样貌作出详细而有说服力的描述。费边主义者认为,社会主义者需要对未来的社会安排作出详细而有说服力的描述,但他们怀疑乌托邦主义者是否能在这方面作出较大贡献,而马克思和恩格斯则坚持认为这种努力本身就是多余的。马克思和恩格斯否定制定"蓝图"的必要性,这一点引人注目;我们有必要了解他们为何如此。

这样看来,马克思和恩格斯在对理想社会的憧憬中缺少重要的细节描述,这完全是有意为之。事实上,恩格斯指出,他们不愿提供这样的细节,因此给他们的著作贴上乌托邦标签是不恰当的。也就是说,他认为我们所说的第三种含义的乌托邦是不合格的。他认为,乌托邦并非指某个社会问题会在社会主义的未来得到解决。只有"当有人硬要'从现有的情况出发',预先规定一种据说可用来消除现存生活中这种或其他任何一种对立的形式时",才可以称之为乌托邦主义。由此,当马克思和恩格斯提到在社会主义条件下有可能从事创造性的和令人愉快的工作时,他们并非乌托邦主义者;而当傅立叶逐时描述典型的共产庄园中具有代表性的和谐者(harmonian)的工作日程,从而详细说明非异化劳动的可能性时,才是乌托邦主义者。

在写给多梅拉·纽文胡斯(Domela Nieuwenhuis,荷兰的一位重要的社会主义者）的一封引人关注的信中，马克思说明了抵制乌托邦细节的缘由。他在信中告诫人们，提出社会主义者一旦取得政权该如何行动的问题——正如荷兰社会主义者在即将召开的苏黎世国际代表大会上试图去做的那样——是错误的。马克思认为，对这个问题唯一合理的回答是"对问题本身的批判"（即揭示由这个问题预设的错误假设）。这里所说的错误假设，就是我们需要为社会主义社会的运行制定计划。马克思似乎认为，这样的计划既不可能也无必要。他坚持认为，制定计划（至少是准确的计划）是不可能的，因为我们现在无法预测未来的行动计划应该如何。更为令人关注的是，他坚信，由于社会主义者只有在万事俱备的情况下才可能取得政权，因此制定计划毫无必要。这种看法——认为社会主义者只有在必要的运行手段触手可及的情况下才可能取得政权——非常乐观；不仅如此，它对政治行动似乎也起到了某种限制作用。因此，社会主义者的任务并非为社会主义问题设计解决方案，而是推动已经由历史发展生成的解决方案的实施。

马克思和恩格斯似乎认为，有关社会主义设计的问题是多余的，因为人类的社会和政治问题的最佳解决方案是内在于历史进程的。他们强调，我们并不能从对未来社会的乌托邦式设计中得到什么，这并非由于他们相信自己可以提出更好的建议，而是他们坚信这种计划和样板并非必要。这种观点是贯穿在他们的著作中有关孕育生产的比喻的核心。例如，在《法兰西内战》中，马克思解释说："工人阶级不是要实现什么理想，而只是要解放那些由旧的正在崩溃的资产阶级社会本身孕育着的新社会因素。"如果社会主义的主要特征并非凭空创造，而是由资本主义生产方式的发展决定的，那么所谓的蓝图似乎的确是多余的。当然，在孕育生产的模式中，无产阶级助产士的作用是分娩，而不是设计历史子宫中的内容。

对蓝图之必要性的否定显然值得怀疑。我们有三个方面的疑虑。第一，支持这种说法——即社会问题的解决方案内在于历史进程中——的依据并不明显。特别是，尚不清楚马克思的历史观是否可以支持这种说法。这与黑格尔的模式不同；在黑格尔的模式中，推动历史进程的发展计划确保了适合的解决方案总会出现。第二，对于这种说法，只有那些对历史进程充满信心的人才会认同。也许人们在 19 世纪普遍感受到了这种信心。然而，随着貌似有理的所谓"人类历史上道德最糟糕的世纪"的到来，这种信念——即只要为人类所面临的社会问题提供（而不是设计）解决方案就足够了——似乎不再合理。第三，认为在旧社会中会发现新社会似乎是一种危险的想法，因为它使人们不再关注社会主义的设计（分析新社会的样貌）问题。如果不能说明目标以及体现目标的社会安排和政治安排，就会产生有害的现实后果。众所周知，马克思在《资本论》第二版（德文版）的"跋"中宣称，他"只限于批判地分析既成的事实，而没有为未来的食堂开出调味单"。然而，正如一位评论者不久前所说的，除非我们开出这样的调味单，否则就"没有理由认为我们会得到我们需要的食物"。

由于我集中关注马克思和恩格斯对"蓝图"的拒斥，可能有人会指责我忽略了可以在他们的著作中找到的其他更好的反对空想社会主义的言论。

马克思和恩格斯反对乌托邦主义的其他线索可能会呈现出几种形式。然而，我想指出的一个明显的不满是，积极的乌托邦——至少是详细的积极的乌托邦——在某种意义上关闭了未来之门。这里的根本问题是一位评论家所说的"民主方面的"担忧，即提供详细的乌托邦蓝图就是"预先剥夺了未来几代人按照自己的方式创造历史的自由"。正如另一位评论家所说，在马克思看来，"乌托邦主义者认为人类的解放有赖于如此美好的图景的实现，他们因而正在关闭未来之门并剥夺无产阶级自己决定未来样貌的权利"。

与马克思和恩格斯相比，这种担忧也许在后来的评论者中更加普遍，但我不想否认，它确实有一定的文本根据。尤其是，马克思有时会将乌托邦主义者与解决社会政治问题的教条式和独断式方案联系起来。例如，他对乌托邦事业的描述是，它往往"手中拿了一套新原理向世界喝道：真理在这里，向它跪拜吧"。乌托邦主义的语言和历史也可能助长了人们对关闭未来之门的担忧。首先，"蓝图"（"样板"、"菜单"、"计划"等）之类的词汇一方面可以表达乌托邦式的细节，但也可能意味着一份只需要工作人员在每一个细节上都要执行的封闭的指示清单。此外，某些乌托邦主义者的态度和行动也可能会助长这种担忧。据说，傅立叶曾将一处他参与的共产庄园实验的失败归咎于其他人没能严格遵照他的计划行事。

然而，这种说法——即如果有人对未来社会进行了详细刻画，就会限制他人决定未来的能力——在我看来令人费解。也许有人认为，对关闭未来之门表示民主方面的担忧，会对所需的蓝图（也许它们需要包括民主制度）及其实施（也许我们应该对它们采取批判的、灵活的态度）形成制约。但是，这并不能说明这种民主方面的担忧导致这样的蓝图无可取之处。

当然，我们不能将对未来的详细描述视为每一个细节都需执行的计划。而且，无论那些描述者的意图是什么，我们都无需这样做。就详细设计未来有何作用而言，有几种不同的认识角度。首先，详细的积极的乌托邦可以在调节理想方面发挥作用。这种乌托邦并非一种每个细节都要执行的计划，它可以发挥参照的作用，帮助我们指导当前的工作。就好比说，确定磁北当然不是要我们走向那个方向，而是帮助我们决定真正想去的地方。此外，详细的积极的乌托邦可以以所谓的"启发"方式而非"系统"方式发挥作用。也就是说，乌托邦并非一种需要全面执行的封闭的制度性计划，它有助于解放我们的欲望，并帮助我们更好地反思这些欲望。总之，乌托邦决不会关闭未来之门，而是会发挥重要的作用，促使我们弄清其诸种可能性。

结语

本文深入地探索了社会主义与乌托邦之间的联系，描述了四种不同含义的乌托邦（理念共同体、对理想社会的向往、对理想社会的详细描述以及文学体裁的乌托邦），并提及了19世纪的三种社会主义（空想社会主义、马克思主义和费边主义）。在这个简短的结束语中，我要强调这个讨论给予我们的两个重要启示。

首先，分析乌托邦的概念是揭示社会主义对待乌托邦的态度的条件。社会主义者既不拒绝乌托邦，也不接受不合理的乌托邦，他们只在某种特定的意义上拒绝或接受它。例如，早期的费边主义者也许批判过建立理念共同体的策略，但他们也憧憬理想社会，将关注社会主义的设计问题视为合理而重要的活动，甚至在文学形式的乌托邦小说中表达他们的理想。

其次，就社会主义对乌托邦的抵制这一点来说，也许会令人遗憾。我在文中集中论述了马克思和恩格斯对社会主义设计问题的态度（这与费边主义者的态度形成了鲜明的对比）；特别是，对下述两种说法提出了质疑：一是对未来社会的详细描述毫无必要；二是详细的描述（不民主地）关闭了未来之门。一般来说，不应将广泛的社会主义传统等同于马克思主义，但后者在历史上对乌托邦的反感也适应于前者。我想表达的观点是，进一步的研究表明，这种敌视并非都有充分的根据。

希望、批判与乌托邦[*]

克雷格·布朗 著[**]　孙海洋 译

[内容提要] 本文旨在评估希望范畴在何种程度上有助于保存并重塑社会批判理论中乌托邦思想的痕迹。希望在社会批判理论诸范畴中从未占据一席之地，尽管其间或得到相当的关注。我将证明，当前对社会希望的哲学的和日常的关注可以追溯到自由主义的自由概念在表达一种因当代的苦难和被蔑视的经历而寻求社会转型图景时的无能为力。这些体验的背景是诸种结构化变迁，这与全球化的不公正、资本主义想象的动员以及风险社会的不确定性相关。通过联结规范性原则与时间取向，希望范畴有助于维系批判理论的乌托邦主义。但是，当前资本主义现代化阶段的诸多悖论进一步解构了进步的观念。由于希望范畴的神性背景构成了一种主要的限制，批判的乌托邦取向在与社会希望转向的二律背反以及哈贝马斯话语理论之潜能的关联中得以阐明。虽然卡斯托里亚迪斯对希望范畴进行了深刻的批判，但是当前社会分析中希望范畴的使用与霍耐特"为承认而斗争"的理念存在密切关系。

[关键词] 希望　批判理论　乌托邦　全球化　资本主义　哈贝马斯

---

[*] 本文原载《批判视野》（*Critical Horizons*）2005 年第 6 卷第 1 期，注释有删节。译文原载《国外理论动态》2016 年第 9 期。

[**] 作者简介：克雷格·布朗（Craig Browne），澳大利亚悉尼大学人文和社会科学学院学者。

在 20 世纪社会批判理论的历史发展中，其主题明确地从解放转向了民主。这一转向可以被理解为蕴含了一种关于替代性未来的乌托邦规划的衰落。虽说这种解释低估了资本主义社会激进民主化的影响，但未来替代方案的减少这一观念则间或表明了希望范畴对于历史变迁和解放规划的中心性。对进步和发展观念的当代追问无疑已经激起了人们近来对希望范畴的关注以及对"乌托邦政治"的再考量。尽管如此，希望为何从未在批判理论诸范畴中占据一席之地还是有其实质性原因的。显而易见，希望范畴的文化背景首先是神学的，正因为这一最初的神学内涵可能压倒了其他因素，人们一直对希望抱以怀疑的态度。尽管如此，在法兰克福学派圈子的著作中，希望不时成为显性的主题，恩斯特·布洛赫（Ernst Bloeh）的哲学因其试图将整个批判规划奠基于希望之上而成为一个明显的例外。接下来的分析旨在评估希望范畴在何种程度上有助于保存并重塑社会批判理论中乌托邦思想的痕迹。希望理念的当代意义在于它有助于洞察全球化的不公正，批判理论则需要提炼对这种不公正的分析和诊断。同样，人们不难看出希望与风险社会的自反性现代化之间的潜在共生关系，而这种对希望范畴的依赖在一定程度上是由于对恰当的批判方法论框架不甚确定所致。风险社会的命题迫使人们对批判的前提作出修正；它所包含的悖论动摇了人们关于批判理论的简单认同：要么是替代性的"变形"规划，要么是现代性的"完成"。

希望与乌托邦的关系或许看上去无可争议；不过，它需要以一种与批判理论相符的方式加以确证，因为每一个范畴通常都意味着对现存社会境况的一种否定。也就是说，满怀希望的、乌托邦式的否定可以独立于对上述境况转型的实际政治可能性的评估，以及对它们的实质性社会分析。宽泛地说，社会批判理论特别地将乌托邦规划与尚未实现的主体需要的阐明和资本主义社会发展趋势的经验性分析结合起来。它并非简单地悬设一种理想状态来反对压迫和不平等的现存状况，批判理论力图通过整合规范性与经验性的分析来揭示当下的变化，并预示一个解放的或民主的社会。进一步，批判理论将其观点与那些致力于实现这一转型的主体联系起来。按照阿多诺的观点，批判理论甚至包含这样一种禁令，它反对将社会希望转化为社会乌托邦的肯定性图景：

> 那些受到辩证理论教育的人们，不会轻易地沉湎于完美的社会、其成员、甚或那些有可能实现它的人们的肯定性想象之中。过去的印痕不让他们这样做；回想起来，柏拉图以来所有的社会乌托邦到头来都陷入这种境地：与他们意欲反对的东西相类似。这种向未来的飞跃，丝毫不受现在条件的影响，产生于过去。①

当然，批判理论的这些不同的方法论规定很少被完全地满足。就法兰克福学派而言，与政治实践的脱节，以及内在于工具理性统治观念的历史终结论，使得批判理论成为一种否定意义上——想象无法实现的替代方案——的乌托邦。布洛赫极其出色地对比了无法实现的抽象乌托邦的补偿功能与具体乌托邦的预期性特质，后者奠基于当下的客观可能性之上。相反，哈贝马斯的批判理论纠正了抽象乌托邦的缺陷，但可能以妥协甚或放弃乌托邦与批判的预期性维度为代价。在对交往行为理论的替代方案的深刻分析中，塞拉·本哈比（Seyla Benhabib）预料到了哈贝马斯的"变形"（transfiguration）的从属性乌托邦要素。本哈比对比了公共生活的民主—参与概念与法律—司法概念，前者着眼于一个需要和团结的共同体的"乌托邦式的"建构，后者则通过将普遍的权利与义务原则建制化来寻求自由民主的规范性承诺的满足。但是，在涉及哈贝马斯关于法律与民主的话语理论时，这一对比却无法以同样的方式得以维系。它力图使"法律—司法的"概念与"民主—乌托邦的"概念相互依赖，但是，一个需要共同体的乌托邦规划有多少得以保存下来，则可以通过下述事实加以衡量，即前者明确地规定了后者。

乌托邦欲望的特定历史性质，在哈贝马斯最近对批判的重述中，被一种旨在实现民主宪治国家规范性内容的"激进民主"规划及其所包含的权利体

---

① ［斯洛文尼亚］斯拉沃热·齐泽克：《瓶中的信息》，见斯拉沃热·齐泽克等：《图绘意识形态》，方杰译，南京大学出版社2012年版，第56页。

系所取代。在某种程度上,这一重述正是基于他对大多数社会政治运动之衰落的评估,这些运动力图延续法国大革命的理想,如无政府主义和共产主义。这更多地源于他相信合法性依赖于满足民主话语的程序性条件。对哈贝马斯而言,国家社会主义的经验有力地证明了解放的进程取决于民主和政治行动,后者以公共对话的证成为前提。在他看来,协商民主的话语理论为"自由和平等的公民以法律来进行自我组织这个旧的诺言"注入了新的活力。① 尽管他过高地估价了法律将交往产生的规范性原则转化为行政权的能力,然而实质性的变化会随着协商民主话语理论之典范的建制化而产生。例如,公共自主与私人自主相互强化的概念就意味着一种制度性分化方面的重大变革,它构成了发达资本主义民族国家中的两性关系。值得注意的是,话语理论为一种奠基在更高民主参与水平上的更大程度的社会平等提供了普遍的证成。

哈贝马斯认为,伴随民主与法律的话语理论而产生的变革仅仅需要宪治国家现存规范性原则的彻底实现,而非更为乌托邦式的民主创新理念。他认为,程序性的话语范式并不提出任何类似乌托邦之物,而只是规定形式化的条件。社会民主化的规划因此并非"一种具体生活形式的理想投射"。② 即便如此,上述模型仍包含一种特殊的张力,它要求的不过是:"所有参与的行动者就必须了解,如何在现存的社会结构和发展趋势的视域中卓有成效地、充分地开发出民主法治国的规范内容。"③ 一方面,话语理论关于行动者如何将自身理解为其所遵从的法律的制定者的说明,绝妙地阐释了现存制度的规范性原则如何实际上得以最好地实现。另一方面,不难看出,人民主权的有限概念反映了哈贝马斯的这种信念,即赋予民主话语原则以整体性意义的乌托邦追求可能对其有所损害。对许多赞同此种观点的批评者而言,这一秩序的限制条件实际上毫无根据地让步于既定秩序社会复杂性的理论依据;这种"对激进的民主规范的偏离"既非不可避免,亦非"社会事实"的

---

① [德]哈贝马斯:《在事实与规范之间》(修订译本),童世骏译,生活·读书·新知三联书店 2014 年版,第 9 页。
② 同上书,第 546 页。
③ 同上书,第 491 页。

必然后果。①

　　乌托邦式的批判模式通常聚焦于需要和人的实现等范畴，话语理论替代了这些构成交往实践的反事实的（counterfactual）理想化。哈贝马斯认为，鉴于现代社会的复杂性，批判无法奠基于一种需要的哲学人类学和实践理性的伦理学之上。的确，交往理性是恰当的，特别是因为它确立了法律与民主程序的有效性基础。事实上，哈贝马斯声称："法治国和民主之间存在着一种概念关系或内在联系，而不仅仅是历史的偶然的联系。"② 由此看来，人权与人民主权的原则巩固了现代法律的合法性，构成了社会激进民主化的内核。现在，这一立场似乎表明希望范畴是多余的，但是这一结论在很多方面极具误导性。人们认为，哈贝马斯的话语理论对批判问题的重新定义，只有在其历史发展中才获得了相关性，否则他的一般社会理论就无法获得充分的解释，特别是与晚期现代性的全球化变迁相关的理论。此外，有必要加以解释的是：对这些变化的批判性参与为何一直是通过希望范畴得以明确表达的？这一分析突出了话语理论模式之社会前提的削弱，以及与之相关的乌托邦社会批判模式的衰落。另外，在希望的哲学人类学与霍耐特"为承认而斗争"的社会诊断框架之间也可以建立一种关联。

　　考虑到关于法律、民主和道德的话语理论的限制，可能会出现这样一种悖论：乌托邦欲望的持存对于哈贝马斯为"现代性的规划"辩护而言是不可或缺的，但他早期却竭力坚持一种渐进性的历史变革观念。除了否定其关键命题之外，哈贝马斯将后现代主义视为"乌托邦的力量"（utopian energies）穷竭的症候以及"新的不确定性"（new obscurity），前者与改变社会劳动条件的规划有关，后者产生于对福利国家实质性局限的认识。在许多方面，这一分析与近来社会科学中关于希望范畴的讨论存在着交集；这些讨论揭示了许多今日批判理论所遭遇的深层困境。特别是，对希望范畴的关注同样可以追

---

① J. Bohman, "Complexity, Pluralism, and the Constitutional State: On Habermas's *Faktizitat und Geltung*", *Law and Society Review*, 28, 1994, p. 900.
② ［德］哈贝马斯：《在事实与规范之间》（修订译本），童世骏译，生活·读书·新知三联书店2014年版，第683—684页。

溯到自由主义的自由概念在面对当前的苦难和受蔑视的经历时表达社会转型愿景方面的无能为力。在这一意义上，近来关于希望的多数文献的潜在目的与那些形构社会批判理论的动机相似。与社会批判理论的目的相呼应，希望范畴也获得了一定的地位：希望之所以被接受，是因为乌托邦式替代方案的丧失，以及对转型的价值缺乏信心。不过，如果希望的吸引力（the appeal of hope）源于其恢复变革前景的信念的显性力量，那么诉诸希望（the appeal to hope）则似乎要冒破坏转型的实际能力之危险。正如文森特·克拉潘扎诺（Vincent Crapanzano）所言，希望被视为诸如欲望等主动性概念的一种消极对应物；希望似乎经常指代超越主体能力的一种力量。[1]

从恩斯特·布洛赫到理查德·罗蒂（Richard Roay），哲学与社会理论中对希望的讨论都强调了预期（anticipation）的意义与规划（projection）的实际结果，后者产生于当下，又旨在超越当下。因此，希望范畴的吸引力来源于它对规范性原则与时间取向（temporal orientation）的结合。与此同时，本雅明的《历史哲学论纲》清晰地揭示出：希望的时间性不必趋同于合理化与量化的时间，后者构成了现代主义的进步和发展概念。在许多情况下，对希望范畴的依赖恰恰被视作不再对发展观念与现代合理性社会想象的广泛根基抱有幻想。这在一定程度上解释了为何希望范畴在医学社会科学研究中占据一个从属却重要的位置。在治疗研究的语境中，希望的恢复性力量经常被加以利用。病理学和痛苦的观念也影响了希望在近来更为广泛的人文社会科学话语中作为一个主题出现。希望是理论上有根据的社会诊断的对应物；例如，它表达了对令人不安的澳大利亚式的民族团结与新自由主义之结合的两种最新回应。大多数近来对希望的分析都涉及对转型观念的再考量以及对不同价值体系的暗示。当代批判不必为这些反思和诊断得出的结论背书，它之所以需要将自身的立场与它们关联起来，主要有三个原因，而每一个原因都与批判理论的"内在性与超越性的辩证法"相关。第一，几乎毫无争议的是，希

---

[1] V. Crapanzano, "Reflections on Hope as a Category of Social and Psychological Analysis", *Cultural Anthropology*, Vol. 18, No. 1, 2003, pp. 3–32.

望范畴近期的凸显与明显的前理论的（pre-theoretical）需要和主体的经验相关联。第二，尽管没有明确的表示，但许多解释仍将希望置于自我形成和自我超越之经验的张力中。根据汉斯·约阿斯（Hans Joas）的观点，这些经验是价值观产生和价值承诺的基础。[①] 第三，对希望的关注本身反映了重新思考社会变革的时间性的尝试，特别是作为对全球化之时空态势的回应。

这些对希望的当代反思标志着转型观念与预期特质之参照点的实质性变化。特别是，乌托邦思想构成了批判及其部分启示的一种延伸。正是通过为现存的社会性他律和蔑视设定替代方案，乌托邦思想的现代形式才得以为社会行动者和社会运动指引方向。相反，近来对希望的关注更趋于审慎，而且不再描绘某种社会秩序中的"美好生活"，以此来超越异化的现实状况。在我看来，对"乌托邦力量"穷竭的诊断与近来对希望的社会分析之间的联系，源于一种悖论性的体验，这是当代资本主义社会所特有的。一方面，持续的社会进步状况与社会关系借助网络和全球化流动的扩展密切相关。另一方面，新自由主义作为全球化进程的支配性组织化原则，导致了社会联系预期的普遍下降，并将未来的视野局限于当下的词汇。当下的替代方案就在于对未来可能会有所不同的希望，即使很难精确地或实质地规定未来的状况好在何处。至此，当代资本主义民族国家的悖论之一便与那些进行了治疗却不一定被治愈的病人体验有了一定的相似之处。

批判的乌托邦维度经常集中于纠正自由与平等价值之间的不一致问题。批判旨在通过为实际的和解创造条件来扩大自由与平等两种价值的意义。照这些说法来看，福利国家表征着一种自治社会的乌托邦目标与复杂社会体系的功能性要求之间的妥协，前者使平等得以制度化，后者只能间接地改善社会不公。在哈贝马斯看来，这一资本主义与民主之间"悬而未决的张力"造成了福利国家的阶级妥协，以及社会改革与财富再分配——源于对资本积累的依赖——的限制，特别是为了税收收入以及维持劳动力市场的充分就业。内在于福利国家的张力后来在社会异化的新形式中得到间接的表达，这一社

[①] H. Joas, *The Genesis of Values*, Cambridge, Polity Press, 2003.

会异化是由于国家对公民生活世界的干预造成的,而这违背了他们增强自由与平等的预定目标。尽管福利国家从未直接地体现社会劳动这一经典的乌托邦理想,如财产的集体所有制这一社会主义乌托邦,以及马克思所说的生产者的自由人联合体,但它还是力图使公正且有尊严的生活这一奠基于劳动与集体组织的规范性渴望予以制度化。在此基础上,福利国家首先是社会民主规划的一个结果,它力图扩展资产阶级解放运动的民主与宪治遗产。这一规划总是受到结构化的束缚;哈贝马斯认为,当前的僵局源于某种附加的不确定性。社会民主的规划为福利国家提供了一种乌托邦的维度,它"基于这样一种观念:使用政治与行政的权力等中性手段,社会可以无风险地自我运行"①。伴随着对福利国家之官僚的、合法的和治疗的政策和干预,这一观念备受质疑,它突出了行政权对其预设目标的扭曲和破坏。由此导致了这样一种认识:行政权有规律地按照其自身的逻辑运作;福利国家被进一步地指责为将公民转化成政府机构的被动客户。

  这些对福利国家的社会民主理想与其组织化形式的实际局限之间的差异的评估截然不同于当代的新自由主义和新保守主义。在某种意义上,后者的批判性评估表征着一种"反乌托邦"(counter-utopia):免于国家和社会干预的自由市场与彻底的个人自由。在这些替代方案的语境中,哈贝马斯认为,有必要在一个"更高的自反性层面"延续福利国家的规划,这样一种回归产生于放弃了表达普遍主义价值观的尝试。困难在于这一反思显然不能由国家行政体制本身来承担,社会劳动领域也不包含持续改革的基础。他认为,"一种奠基于社会劳动的社会乌托邦理想已然丧失了说服力","最重要的是,因为乌托邦已经失去了现实中的参照点:抽象劳动创造结构、形构社会的力量"②。这一有争议的命题有可能在很大程度上有赖于对向后工业经济和"工作的终结"转变之后果的阐释。它也易于赋予哈贝马斯提出的哲学变革——

---

① J. Habermas, *The New Conservatism*: *Cultural Criticism and the Historian's Debate*, Polity Press, Cambridge, 1989.

② Ibid.

从生产范式到交往范式的变革——以历史性内容。这种变革反映了乌托邦关注点的转移，并且如同其显性主题一般隐含在新社会运动的实践中。我认为，哈贝马斯的论证可以用一种互补却不同的形式予以解读，其趋势影响到了对晚期现代性的批判性反思：从乌托邦的可能性向希望问题的转换。一方面，这一转换与促使福利国家扩展公民的民主权利、提升大众阶层的生活水平这一状况的明显衰落相契合。另一方面，这一衰落的过程与资本主义想象的当代动员之间处于一种辩证关系之中。当代资本主义想象在个人消费的乌托邦与全球化的新自由主义意识形态之间建立了一种相互关联，这种关联是上述动员的崭新维度。

资本主义想象的符号特征掩饰了二律背反，并赋予技术变革和交换关系以特定的意义。这种想象力量最明晰的当代表现之一便是全球化必然实质性地改变国家与市场之间关系的平衡。不难看出，这一观念凭借特定的制度开始生效，新自由主义的市场自由化政策加剧了福利国家的结构化困境。科内利乌斯·卡斯托里亚迪斯（Cornelius Castoriadis）在其论述中认为，社会想象同时创造了对建制化的社会秩序的阐释及其超越概念。[①] 借助这一观点，就可以理解，当代资本主义想象同样包含一种实际超越的规划，在其内部存在着超越的手段，以及之前的资本主义社会秩序的张力。当然，这种想象绝不是投射于社会乌托邦的超验性设定，也不表征着社会主义规范性内容的实体化。它甚至并不包含意识形态的颠倒性特征，因为当代资本主义想象表征着对现实资本主义社会秩序的一种解读，后者构成了对那种产生社会主义乌托邦欲望的条件的否定。此种幻想不仅仅是虚构，这一事实在那些预示了众多新近批判性话语的假设中可以看到。哈贝马斯关于乌托邦力量已然穷竭的论证就是其中的典范。与诸多晚期资本主义的阐释一致，他认为，对社会排斥的新划分正在超越相互依存和矛盾冲突的辩证法，是后者强化了福利国家阶级妥协的基础。那些与生产过程相分离的人缺少任何相当于取消劳动的影响力。也就是说，当代资本并不直接地或真正地依靠这些"贫穷的和被剥夺的"少

---

① C. Castoriadis, *The Imaginary Institution of Society*, Cambridge, Polity Press, 1987.

数人来进行再生产。至此,全球资本主义经济体系的动力特征便被复制到每一个民族国家之上。现在,认为这一趋势完全包含了资本主义核心与边缘的地理学区分,这样的考虑有些夸大其词。不过,在一种更长的历史时段的分析中,伊曼纽尔·沃勒斯坦对下述观点表示赞同:"这种不断增加的核心区—边缘区的差距将不再被视为或定义为一种明显的地理现象,而越来越多地被所有国家视为一种阶级现象。"① 沃勒斯坦的结论——这一变化出现在不平等规模历史性地大幅增长的情况下——指向了这样一个悖论,它影响了从乌托邦的可能性向希望问题的转向:

> 这对那些对现存世界体系的政治稳定感兴趣的人而言,是所有情势中最糟糕的。一方面,南方国家的人口将处于最差和最令人绝望的状况,也许要去谋划更严重的反现存体系的破坏运动。另一方面,北方国家的最低阶层将不能再享受他们在1945年以后所分享的某些舒适,更重要的是,他们甚至不能肯定他们的子女将享有比他们更高的生活水平。②

尽管这一分析在阐述全球化之潜在的矛盾趋势的困境方面有重要意义,但它在根本上还是局限于政治经济学概念的框架,以及力图表达现代劳动社会的乌托邦的价值体系之内。因此,它无法阐明全球化在何种程度上扩展了这些价值,以及通过消解其决定性条件动摇了它们。当然,由此可能产生的关于分配正义观念的混淆并未在任何真正的意义上掩盖全球化的不公正,抑或动摇其理性批判的根基。事实上,这一伴随全球化趋势而来的彼此间关系的不一致似乎产生了决定性的问题。无论如何,资本主义想象总是隐匿了价值观念的不确定性,以及这些价值观念如何与一种社会历史的意义建制紧密相连。这些困境的当代意义就在于它们形构了全球秩序的强有力的反事实逻

---

① [美]伊曼纽尔·沃勒斯坦等:《转型时代——世界体系的发展轨迹:1945—2025》,吴英译,高等教育出版社2002年版,第254页。

② 同上。

辑。这是一种基于上述困境的逻辑，即参与到全球体系之中所获得的收益和优势有着极大的不确定性，除非人们依据新自由主义的市场效率和比较优势概念加以重新定义，但被排除在上述体系之外的潜在后果和风险似乎又使参与其中成为必需。这些替代方案的对比预设了参与到全球秩序中是对民族国家和个人都有效的一种选择；对全球化之民主赤字的批判往往集中在一种有效自主性的可能性的降低上。同样重要的是对这一困境的悖论性强化，换句话说，相反的观念——即全球化增加了不同的选择——确实没有必然地改变反事实的逻辑。在一处详细的分析中，克劳斯·奥菲（Claus Offe）解释了体系性的选择强化在何种程度上导致了新的限制层级，以及不同类型的僵化如何产生于规避风险的需要和可能扭曲的意图。根据这一分析，奥菲得出结论："今日真实的乌托邦存在于经过计算得出的别无选择的自由之中，存在于面对呈几何级增长的相互依存风险而理性地自我限制的自由之中。"[①] 极为相似的考量预示了安东尼·吉登斯的观点，当代批判应该采取"乌托邦式的现实主义"的形式。他指出，政治的"激进主义无法再将自身嵌入被废弃的过去与人性化的未来之间的空隙中，就像社会主义那样"。[②]

这些分析提出了认同现代性之完成或变形的规划的基础问题。伴随这一追问的焦虑与对希望的关切相关，但对现代性的批判性反思的一般连续性意味着对希望在社会诊断中的当代应用作出更为精确的解释。在我看来，上述悖论实现了一种特殊的张力，当它们采取反常的形式时，就被带进更为直接的经验领域，而非通过抽象体系的中介，如专业技能和象征符号。在澳大利亚，难民的处境很可能是这种异常最明确的范本。当然，这些异常仍然通过不同的方式被加以中介，但其经验有着一种特殊的张力，这是由于其现在被映射为主体性的方式。迈克尔·卡尼（Michael Kearney）对跨国人口流动的讨论出色地阐明了当代资本主义民族国家的自相矛盾之处。例如，他写道：

[①] C. Offe, *Modernity and the State: East, West*, Cambridge, Polity Press, 1996, p. 26.
[②] A. Giddens, *Beyond Left and Right: The Future of Radical Polities*, Cambridge, Polity Press, 1994, p. 10.

外国人被雇主以及间接地被所有在经济或社会上从这一廉价外国劳动力身上受益的人要求成为一个人，或者更确切地说，成为体现在这一人格之中的劳动力。但是，这一作为法人的外国人或许拥有民族的或国家公民的权利和特权，这是被否定的人格维度。①

这种关于"外国人"的矛盾心理与那些澳大利亚的种族和移民政策所揭示的并没有什么不同。事实上，澳大利亚最近有两部关于希望的著作在这一研究领域脱颖而出。加桑·哈格（Ghassan Hage）关于澳大利亚移民与多元文化主义之虚幻结构的分析形塑了他对希望的关注。② 心忧国家的自恋与更少防御性的关心之间的区分是他分析澳大利亚"偏执的民族主义"的关键。③ 哈格认为，希望的减少加速转向了日渐增加的对国家的担忧。澳大利亚社会中这部分经历了希望减少的人不愿去分享它，就像希望的衰落和稀缺一样，使得他们不再有能力将其扩展至其他人。哈格的概括性观点是："社会是希望分配的机制，一个社会在其公民中间创造的情感依附（担忧或关心）与其分配希望的能力密切相关。"④

哈格是玛丽·祖尔纳吉（Mary Zournazi）（澳大利亚新南威尔士大学哲学教授）所编丛书《希望：社会变革的新哲学》的受访者之一。祖尔纳吉提出的诊断以希望范畴为框架。希望因此成为关于社会变革可能性的所有反事实形式的思想的一个共同范畴。对于祖尔纳吉而言，希望范畴的与众不同之处在于其有助于社会转型图景的情感维度。根据她的分析，这一情感成分尤为重要，因为它回应了政治左翼的信仰丧失。在这一立场上，除了马克思主义，

---

① M. Kearney, "Transnationalism in California and Mexico at the End of Empire," in T. Wilson and H. Donnan (eds.), *Border Identities: Nation and State at International Frontiers*, Cambridge, Cambridge University Press, 1998, p.128.

② G. Hage, *White Nation: Fantasies of White Supremacy in a Multicuhural Spciety*, Leiehhardt, Pluto Press, 1998.

③ G. Hage, *Against Paranoid Nationalism: Searching for Hope in a Shrinking Society*, Leichhardt, Pluto Press, 2003.

④ Ibid.

还存在着布洛赫所信仰的一种神学上的需求。祖尔纳吉对希望的曲解潜在地削弱了这一范畴,不过更为实质性的问题是:希望范畴的规范性要求与分析性价值之间存在严重的不一致。赞同对希望的需求并不难,难的是调配希望对于决定社会、政治和文化转型规划的重要性程度。像哈格一样,祖尔纳吉也意识到,希望既可以被不平等地拥有,也可以呈现政治上的无能为力。资本主义想象已经被证明是希望的强大定义者和分配者。因此,希望远非一个本质上的批判性范畴,相反,它应被视为一种激发批判的取向。在哈格看来,这一取向并未被简单地化约为一种指向变革的肯定性倾向:

>斯宾诺莎重要地指出,希望(例如,不像愿望)是一种矛盾的情感,总是掺杂着恐惧。对他而言,希望就像对未来的渴望与恐惧的结合,其中对未来的恐惧居于更主导的地位。①

对希望范畴的一个直接运用便是对风险社会和自反性现代化的论证与分析。祖尔纳吉的《希望:社会变革的新哲学》和哈格的《反对偏执的民族主义》中充满着关于风险社会话语的同源词。特别是,乌尔里希·贝克(Ulrich Beck)主张,恐惧和安全已经成为风险社会中个人行动和群体构成的组织化价值。同样,吉登斯也强调了形塑风险意识的"提前规划"与焦虑之间的关系。在其关于晚期现代性认同的著作中,吉登斯还利用了唐纳德·温尼科特(Donald Winnicott)的心理学范畴以及客体关系来阐明不在场的经历与认同的形成之间的关联。像哈格对于担忧和关心的讨论一样,吉登斯的分析指向了希望与信任之间的关联。吉登斯独创的结构化理论被认为系统地阐释了"潜能本体论"(ontology of potentials);对这一观点的明确吸收使得一种更具辨识力的对希望的社会学分析成为可能。哈格关于希望之分配(the distribution of hope)的研究已经包含着对希望与由其他资本形式所限定的范畴之关联性的

---

① G. Hage, *Against Paranoid Nationalism: Searching for Hope in a Shrinking Society*, Leichhardt, Pluto Press, 2003.

分析和考量。基于斯宾诺莎和布迪厄的观点，哈格声称，希望的共同特征是加强存在的能力。吉登斯的具有生成性的（generative）权力概念同样是其"潜能本体论"的关键；它强化了晚期现代性的非连续性观念。特别是，吉登斯相信，当代的风险意识反映了对社会变革的"神意的"（providential）解读的消解，以及作为一种有序的社会实践原则之命运的衰落。按照这一分析，祖尔纳吉的研究最好被视作力图阐明一种"后神意的"（post-providential）希望概念。

总之，希望范畴与自反性现代化和风险社会争论中的认识论面向相关。风险观念的形成不仅有赖于客观的风险现实，而且有赖于未来可能的风险意识，如核污染。于是，风险社会的观念关系到用理性评估危险的局限性以及计算或量化结果的困难。在贝克看来，计算能力加强了对"简单的现代化"之第一阶段的安全原则的信心。自反性现代化可能是发展的无意识的或意料之外的结果；不过，就一种关于希望的观点来说，理性的问题化并非一定预示着一场迫在眉睫的危机。伊莎贝尔·斯唐热（Isabelle Stengers）认为，希望与一种普遍的和不可预知的创造力有关，它揭示了"生成的可能性"。"我认为，希望是或然性与可能性的差异所在。如果我们遵循或然性，就不存在希望，仅有一种计算的预期，它是由世界之所是赋予的。但是，思考意味着创造反对或然性的可能性。"[①] 斯唐热对希望的上述解读显然与卡斯托里亚迪斯对同一性逻辑之局限性的解释有着亲缘关系；创造的观念是他关于想象之阐述的核心。与此同时，正如后面要加以详述的，卡斯托里亚迪斯从"自主性规划"的立场上展开了对希望范畴最具穿透力的批判。

关于希望范畴与意义的社会想象视域之间的联系，不需要繁琐的分析。克拉潘扎诺在如下的分析中表明了这一点：

> 不论人种学的最佳解构力如何，社会范畴与心理分析都是无法完全

---

① I. Stengers, "A 'Cosmo—Politics'—Risk, Hope, Change—with Isabelle Stengers", in M. Zournazi（ed.）, *Hope—New Philosophies for Change*, Leichhardt, Pluto Press, 2002, p. 245.

分离的，它们详细说明了社会的结构和价值。不论是欲望至上还是希望优先，我们都不得不承认，其对象的反映方式促成了对世界的一种特定呈现。①

社会想象对希望的分配尤为重要，它们推动了这一过程并使其合法化。想象的创造能力可以追溯到与克拉潘扎诺所考察的三个希望实例的关联：基督教神学，经验现象学，社会文化决定论——以船货崇拜（Cargo cults）中对象消费的象征性重现的方式得以说明。在每一个例子中，正如卡斯托里亚迪斯所言，想象并不存在于真实的或理性的判断中。可以看出，希望是社会想象运行的一个维度，如果我们遵循布洛赫的话，它就是那种决定性的特质。无疑，替代性社会想象与布洛赫对希望之意义的阐释之间的关系，尤其是与未来规划和"尚未"（not-yet）的关系，是值得探究的。但是，卡斯托里亚迪斯对希望的定位则与之有着显著的差异。他认为，古希腊的——或确切地说是雅典的——民主将其根源归于一种对无序的辨识，以及对神话和戏剧中神性的希望概念的否定。现在，这一主张也可以被理解为卡斯托里亚迪斯对同一性思维的批判，以及对世界图像与世界本身一致性的坚信。的确，他认为，这种同一性思维的双重想象是元叙事的文化根基，其他对希望的批判也关注这一特征。对卡斯托里亚迪斯而言，雅典人回答了康德关于人性的第三个追问，即我们能希望什么，这是对"我们什么都不希望"的一个响亮的回答。最强烈的希望感的摧毁使得雅典人对其实践的意义有了一种新的理解，并且首次确立了民主。分析文化的连续性与非连续性超出了本文的范围，不过这一追问本身提出了为什么希望——以我们自身与世界相一致的形式——鲜少被加以质疑的问题。卡斯托里亚迪斯将希望的神学解读的吸引力追溯至对无意识及其解构心灵一元论的一种永恒回应，因为其自身死亡的可能性是无法被确认的。

---

① V. Crapanzano, "Reflections on Hope as a Category of Social and Psychological Analysis", *Cultural Anthropology*, Vol. 18, No. 1, 2003, pp. 3–32.

无论卡斯托里亚迪斯对神性希望的批判及其后续推理如何令人叹服，也不可能耗尽社会批判理论语境中希望范畴及其对应物的全部价值。因为，批判理论的一个基本预设是：未来的时间取向是当下社会实践的构成部分。另一种不同的分析框架尽管与当前的希望话语存在相似之处，但仍将实用主义和现象学分析范畴的社会学转向扩展至对社会实践之潜能和局限的阐明。毕竟，希望或类似的启发性观念是有重大意义的，因为它关系到缺乏明确的批判目的。坦率地说，批判不得不预设希望，否则它就可能仅仅是批评而已。在这个意义上，希望范畴与批判理论传统中其他当代理论家力图发展和运用的观念存在密切关系，例如，本哈比关于乌托邦的评论就关注了批判理论从其变革观念中发展出的取向。希望是可以赋予批判理论以肯定性内容的代名词，或者更确切地说，是一种预期性的乌托邦，它不同于解释性和分析性的乌托邦，这反而有助于证成批判。将希望视为有着一贯的肯定性立场，这种取向的局限性已经受到了关注，而且强化这一方面基本上无法解释近来产生的对希望的理论性和日常性旨趣，也就是说，在富于启示性的批判面前，国家对规范性原则淡然处之。当然，国家会提出原则和价值观的要求；唯有这些能有选择地运用于与全球化转型悖论相关的那些活动，例如，对难民人权的否定，对军事干预的辩护，以及对劳动力市场的规训。如果本哈比的评论有一定程度的真实性，就会指向这样一种处境，即反事实的思维肯定了既存的社会现实。希望变成了一种替代方案，而非预期某种可以付诸实践的变革规划。

一种截然不同的为批判理论奠基的进路出现在霍耐特的著作中。他认为，批判能够通过揭示社会和个人的病理学来认清自己所处的方位。病理学的诊断以一种规范基础为前提，这来自于霍耐特关于主体间承认的"形式人类学"。他的人类学还详细说明了主体的民主参与在"美好生活"之构成中的一般前提和结构。这一伦理的独特之处在于如下的社会学主张：冲突是被那种受到蔑视的经历所带来的痛苦和不公以及对承认的否定所激发的。霍耐特认为，为承认而斗争扩展了社会的道德语法（moral grammar），但是他们预期的变革在对不同的受蔑视的经历的回应中得以发展。简单地说，他认为，爱、法权和团结构成了主体间承认的不同形式；它们对应着不同的活动领域，并涉及三种规范性所锚定的"实践的自我关系"（practical relations to self）：自信、自尊和自豪。从这一视角来看，为承认而斗争是希望之分配的最重要的决定性要素。用道德哲学的语言来说，实践的自我关系是主体参与美好生活的不同样式，或者用哈格的术语来说，是"充实存在"的不同方式。它在直观上是可信的，并宣称对希望的否定违反了承认的模式。在我看来，这一宣称强化了霍耐特的观点，即尊严和正直是衡量今日之正义的重要尺度。人们已经指出，希望范畴在近期社会科学中的凸显很大程度上是由于当代资本主义民族国家相继生成并重新使用排斥的诸种形式，并对互惠原则加以拒斥。令人关注的是，霍耐特在最近一次可以被视作重构希望问题的讨论中提出，承认的人类学绝不只是明确表达了当下"尚未满足的需求"。它力图在社会现实中为道德主张揭示一种"准超验的"（quasi-transcendental）或者当下的基础，从而为批判理论定向。

> 谈到"社会内在性中的超越性"——它具有宗教性起源——意味着超过那种无法实现的、并达到超越那一范围的东西：各种社会理想和目标仍将被建立在特殊时代的社会现实内。而且，它指出再现于每一个新的社会现实方面的规范潜能，因为它如此紧密地被融合到人类兴趣的结构。[①]

尽管哈贝马斯已经放弃了早期关于知识建构旨趣（knowledge constitutive interests）的规划这一准超验的观点，但几乎毫无疑义的是，他坚信在社会再生产过程中交往理性包含着一种永恒的内在超越潜能，话语原则有效地建构了当下的乌托邦希望。霍耐特认为，哈贝马斯将批判理论作为一种替代性选择奠基于"话语伦理"之上，这在很大程度上受限于对自由民主传统的"规

---

① ［美］南茜·弗雷泽、［德］阿克塞尔·霍耐特：《再分配，还是承认？——一个政治哲学对话》，周穗明译，上海人民出版社2009年版，第186页。

范性强化"。① 根据这一预测，话语伦理对社会正义的确证必不可少，但就改变不正义状况的任务而言，它本身又是不充分的。但是，哈贝马斯关于形成跨国公民团结的观点，与迄今为止承认理论中所呈现的观点相比，提供了一种详尽得多的关于全球化转型悖论如何重新定位的观念。话语伦理为一种世界主义之希望的可能性提出了充分的理由，它产生于人权的民主化建制过程。在哈贝马斯看来，话语伦理的普遍主义视角并非与多元文化社会的多元主义格格不入，而有关民主和法律的话语理论的形式性和程序性特征也没有排除新社会运动更为实质的乌托邦要求的和解。诉诸民主之法的渠道来实现社会变革的乌托邦规划，相当于消解了这些规划的潜在意义。将人民主权和交往权力转化为公民权这一模式的一般趋势，无法补偿哈贝马斯的批判理论与实际政治斗争运动之间的原初距离。总而言之，这不再那么重要，与话语理论能够维持社会团结的可能性相比，这种团结以一种合法的形式实现，它有力地抵制了全球化的诸多悖论，以及相伴而生的不公正。阿尔布莱希特·维尔默（Albrecht Wellmer）注意到了这种世界主义希望的重要性，并评论道，伴随全球化而来的社会发展指向了一种新出现的情势：以前被视为一种公民权的乌托邦式阐述有可能变成自由民主持续存在的最起码的前提。②

似乎令人难以置信的是，一种新型的世俗化希望可以存在于当下的社会发展之中。一方面，想象一种关于世界主义团结的规范性政治理论如何抓住现实存在着困难，用哈格的话说，在一个日渐萎缩的社会中存在寻找希望的需要。另一方面，资本主义想象已经是希望——大多数尚未得到满足——的过度生产者，而且人们已经指出了资本主义想象是如何以一种意识形态的形式重构世界主义。克拉潘扎诺对货物崇拜的反思强调了希望与资本主义符号

---

① A. Honneth, "Reply to Andreas Kalyvas, Critical Theory at the Crossroads: Comments on Axel Honneth's Theory of Recognition", *European Journal of Social Theory*, Vol. 2, No. 2, 1999, pp. 249 – 252.

② A. Wellmer, *Endgames: the Irreconcilable Nature of Modernity: Essays and Lectures*, Cambridge, MA, MIT Press, 1998.

再生产的相关性。他写道:"在货物中,希望的来源和目标归化为一。"① 此外,卡斯托里亚迪斯对于社会想象的追问表明,与希望相关的冲动的进一步发展可能有赖于它们通过其他概念被追究的方式。即便如此,希望的解释性价值由其与风险社会和自反性现代化理论的诸范畴的共生关系得到证明。希望范畴也赋予了主体间承认的规范性内容以未来的时间取向,从而强化了交往性交换(communicative exchange)和社会存在的实践。最后,我的分析指出,必须把社会希望的吸引力与近来讨论中诉诸希望的做法区分开来。唯有在此基础上,希望范畴才能有助于在社会批判理论中保存乌托邦思想的痕迹。

---

① V. Crapanzano, "Reflections on Hope as a Category of Social and Psychological Analysis", *Cultural Anthropology*, Vol. 18, No. 1, 2003, pp. 3–32.

形而上学、批判和乌托邦*

理查德·J. 伯恩斯坦 著**　　杨海菽 译

[**内容提要**] 贯穿于形而上学思辨传统始终的是一种乌托邦冲动，乌托邦不仅仅是产生于纯粹精神世界的关于应当如何的理想，同时还意味着对日常生活实践的批判、对社会变革的争取、对现实行动的规划。通过对诸种摧毁或解构形而上学的当代哲学思潮的考察，本文强调，今天的我们尤其需要乌托邦式的思维，唯其如此，才能永葆形而上学追求真理精神的活力，才能永不停止对似乎是显而易见的和确定无疑的东西的深层追问，从而为批判保持开放的空间。我们生活在一个去中心的多元化世界，这迫使我们不得不放弃对客观性的追求、对总体性的信念、对绝对真理的渴望，但这绝不意味着放弃形而上学，而是意味着对可错论和有限制的多元主义的承认，对永葆形而上学追问的乌托邦式批判精神之活力的需要，对倾听并学习"他者"美德之绝对命令的服从。

[**关键词**] 形而上学　批判　乌托邦　真理　多元主义

---

* 本文原载《形而上学评论》(The Review of Metaphysics) 1988 年第 42 卷第 2 期。译文原载《国外理论动态》2017 年第 10 期。

** 作者简介：理查德·J. 伯恩斯坦（Richard Jacob Bernstein），美国纽约社会研究新学院哲学系学者。

第三部分 乌托邦思潮

我想谈论三个通常彼此互无联系但又密切相关并内在交织的概念：形而上学、批判和乌托邦。我将聚焦这些多义概念的特定方面，也会乐于冒险拯救一种根本性的冲动，一种贯穿于上述概念的主导精神。让我们从"乌托邦"开始。莱泽克·科拉科夫斯基（Leszek Kolakowski）写道：

> 这是一个有趣的文化过程，因为一个有着众所周知的历史的词，一个在出现时作为人为捏造的专有名词，在上两个世纪获得了如此广泛的意义，以至于它不仅指的是一种文学体裁，而且指的是一种思维方式、一种心理状态、一种哲学态度，并且远远超出了它被发明出来的历史性时刻，而被用来描述返回到古代的文化现象。①

但是，这一作为思维方式、心理状态和哲学态度的乌托邦的引申之意指的是什么呢？我们可以从科拉科夫斯基在一篇早期文章中对乌托邦的描述展开探讨。

> 乌托邦是指社会意识的一种状态，是谋求世界激烈变革的社会运动在意识上的相似物。……它把实现由纯粹精神世界而不是当前历史经验所产生的理想的使命感赋予真实的运动。……只要这种趋势是秘密存在的，不在群众运动中表现自己，那么在狭义的概念上它就创造了乌托邦，也就是构建了个人认为理想世界的模型。但乌托邦适时地成为了真实的社会意识，它进入了群众运动的意识，并成为主要的驱动力量之一。然后，乌托邦穿过理论和精神思想的范畴，进入了实践思维的领域，它本身开始支配人类的行为。乌托邦是对变革的争取，从现实角度来看，这类变革不能立即变为行动，这超出了可预见的未来，而且在计划上存在无法克服的苦难。乌托邦仍然是对现实展开行动的工具和规划社会活动

---

① ［波兰］莱泽克·科拉科夫斯基：《经受无穷拷问的现代性》，李志江译，黑龙江大学出版社2013年版，第141—142页。

的工具。①

科拉科夫斯基强调这种乌托邦冲动是"一种产生于纯粹精神世界的理想",一种关于"应当"怎样的理想。事实上,说乌托邦进入了实践思维的领域几乎没有任何意义,除非它是被极富创造力地构想出来的。

当我们以这种方式谈及乌托邦时,不难看出,它恰恰位于哲学——特别是形而上学——的中心。我们也就理解了为什么阿格妮斯·赫勒（Agnes Heller）宣称乌托邦精神是一切真正哲学的精神——而且哲学不仅仅是乌托邦的,它也力图为一种合理性的乌托邦辩护。

> 柏拉图用理念的世界反对影像的世界;亚里士多德用纯粹形式反对物质;斯宾诺莎在实体中发现了真与善以及同时是最真实的东西,每个个体的存在仅仅是这个实体的表现形式;卢梭用普遍意志的本质的实在反对全体人民的意志的经验世界;康德用本体界的人反对现象界的人,前者是所有恶的来源,后者是善的来源;在黑格尔那里,人类也是无意识的,是世界精神"自我实现"的手段;马克思用"类存在"反对异化的人类,并且用真实的历史反对迄今存在的历史。②

这一形而上学思维的语法是一种貌似被给予之物与自称本质之物之间的对抗与张力的语法。每一种形而上学都或隐或显地预设了某种对真与善的理解——即便它质疑这些观念。但同等重要的是,那种形而上学并没有简单地宣称想要"发现"或"建构"一种理想,它只是力图通过论证来为这一理想辩护——尽管构成论证的东西就其自身而言在理性上是可争论的。

即使在这一初始阶段,我们也可以看到这一思维如何为批判开辟空间。

---

① [波兰]莱泽克·科拉科夫斯基:《走向马克思主义的人道主义:关于当代左派的文集》,姜海波译,黑龙江大学出版社2013年版,第65页。

② [匈]阿格妮斯·赫勒:《激进哲学》,赵司空、孙建茵译,黑龙江大学出版社2011年版,第10—11页。

因为，尽管"批判"是一个近代概念，但它也采取了一种可以追溯至古代的引申之意。古希腊语"krinein"的意思是选择、分离、辨别。批判存在于不稳定的缺口，以及形而上学思辨所打开的居间地带。存在不同类型的批判，而且批判可以指向一系列主题。然而贯穿于不同类型的批判之中的那条红线则是一种对抗的态度，它强调既定之物与应然之物的不一致。批判总是预设某种理想，正是借助它，我们才得以参与到批判之中——不论我们如何构思这一理想，也不论我们声称其具有何种地位。在永葆形而上学追问之活力的意义上，我们不得不揭示、审查和挑战那些激发批判的理想。

科拉科夫斯基论及哲学的那些话语对于形而上学格外适用。因为它力图造就

> 真理的精神，而这意味着永远不要让心灵追根究底的活力沉睡，永远不要停止对似乎是显而易见的和确定的东西的追问，总是要挑战表面看来纯洁无瑕的常识的智慧，总是要怀疑在我们认为理所当然的东西中可能有"另外的一面"，并且永远不要让我们忘记，在科学的合法领域之外存在着一些问题，正像我们所知道的那样，它们无疑对于人类的生存来说是至关重要的。①

形而上学思辨总是涉及诸多风险和危险。因为，我们或许过早地停止了追问，我们或许对非反思的预判视而不见，我们或许将那些仅仅是易变的、流动的异议和差别固定化、具体化，我们或许陷入了教条主义或痴心妄想却丝毫不知。这就是为什么形而上学的乌托邦冲动唤起并且需要"他者"——一种净化的怀疑主义。我赞同科拉科夫斯基的如下述说，为了使哲学家和形而上学家保持心灵的活力，遭遇新的可能性，他们中的一些人必须相信答案是触手可及的。

---

① ［波兰］莱泽克·科拉科夫斯基：《经受无穷拷问的现代性》，第146页。

那些保持这种信心的人是真正的开掘者；虽然我不能同意他们的主张，认为通过越来越深的挖掘，他们将最终达到根基（Urgrund），一切基础之基础，但我相信，他们的存在对于我们文化的延续是至关重要和不可缺少的。他们是乌托邦主义者，并且我们需要他们。不过，除了开掘者之外，我们还需要治疗者，他们使用怀疑主义这副药剂，以便清除我们心灵中的偏见，揭开我们信仰中隐蔽的前提，使我们保持清醒，提高我们的逻辑技能，不让我们被充满痴心妄想的思想所吸引。[1]

每当反基础主义的口号被滥用来摈弃哲学和形而上学的全部历史，讽刺这一传统就好像它仅仅关乎发现这一根基时，我们不应忘记这些乌托邦式的开掘者已经开掘到何种程度。他们经久不衰的哲学意义就在于永葆真理精神之活力，就在于不让心灵追根究底的活力沉睡。

在历史上已经存在过这样的历史时期，那是当一种共生的心理状态倾向于支配与宰制之时——即当形而上学家们认为他们追求的答案不仅触手可及而且最终得以实现之时。而且，当怀疑主义自身变得具体化并被视作一种精致且有教养的心灵的标志时，这样的历史时期早已被多次强调了。但是，我认为更具启发意义的是看到这两种极具张力的心理状态如何始终在那些依然向我们言说的哲学文本中发挥作用：他们是苏格拉底之前的哲学家、柏拉图、亚里士多德、奥古斯丁、阿奎那、笛卡尔、斯宾诺莎、莱布尼茨、康德、胡塞尔、黑格尔以及其他许多人。

然而，今日之危险并不首先来自乌托邦式的冲动，而是来自"拆解"（uncoupling）形而上学的乌托邦冲动与怀疑主义之间脆弱的共生性联结——在那里，怀疑主义退化为一种虚弱无力的犬儒主义。因为，"怀疑主义精神的不受挑战的统治将迫使我们陷于毫无希望的停滞中，陷于一种静止中，在这种静止中，一个小小的事件就可能很容易地转变成灾难性的混乱"[2]。这里所

---

[1] ［波兰］莱泽克·科拉科夫斯基：《经受无穷拷问的现代性》，第146页。
[2] 同上书，第156页。

谓"被拆解的"（uncoupled）怀疑主义，我指的是黑格尔用来对比有限的否定（determinate negation）之辩证活动的那种怀疑主义。这种怀疑主义"永远只见到结果是纯粹的虚无"，这种"终止于虚无或空虚的抽象性上的怀疑主义，是不能超越这抽象性而继续前进的；它必须等待着看看是否有什么新的东西显现出来，以便它好投之于这同一个空虚的深渊里去"①。尽管黑格尔严厉地谴责了这种抽象的怀疑主义，并且声称精神（Geist）已经超越了它，但有时黑格尔又似乎体现了当代反乌托邦文化的"精神"，在那里存在着"一种永远在制造紊乱的摇摆不定的东西"。

在今天，激发众多思想家之想象力的能指（signifier）是"断裂"、"突变"、"摧毁"、"解构"、"废黜"、"僭越"、"差异"、"抵抗"、"拒绝"。而对于统一、和解、和谐、总体性、整体等方面的任何渴望，都存在着一种深深的怀疑、敌意和嘲讽。还有一种偏见广为流传，认为这些能指掩饰了压迫和暴力，认为总体性会不可避免地滑向集权主义和恐怖行动。美国后现代主义的代表人物伊哈布·哈桑（Ihab Hassan）通过某种"废黜"（unmaking）运动对后现代时刻进行了如下描述：

> 这是一个充满反律法精神的时刻，它正在西方思想中掀起一次巨大的废黜运动，米歇尔·福柯或许会称之为某种"后现代认识型"。我将其表述为"废黜"，尽管还存在着其他术语，例如废除、解构、非中心化、消失、散播、非神秘化、非连续性、延异、弥散等等。这些术语从本体论上摈弃了传统的完全本体，西方哲学之"我思"（cogito）。同时，它们也表达出人们在认识论上为断片或碎片所困扰，与此相应的是在意识形态上对（在政治、性别、语言上的）少数人群的支持。根据这种基于废黜的认识，好好思考、好好感觉、好好行事、好好阅读就是对一切形式的专横暴行的拒绝。寓于人类一切努力之中的总体化进程就是某种潜在

---

① [德] 黑格尔：《精神现象学》上卷，贺麟、王玖兴译，商务印书馆1979年版，第56页。

的集权主义。①

上面这段话亟需进行细致的分析、批判，甚至是解构。但是，这里我只想指出在那些参与到这一"后现代"认识型（episteme）中的人看来如此具有反讽意味、但又太过常见的东西。因为，尽管这一认识型声称反对本质主义，但是当它指的是"西方的精神"或"西方哲学的我思"时，上述段落的修辞建构还是陷入了——而且从中获得一种引发争论的力量——一种隐性的本质主义。

当我们被告知"好好思考，好好感觉，好好行事，好好阅读"时，就是在拒绝"整体的暴政"，我们想知道缘何如此。用古典术语来说，这里预设或隐藏的是一种构成好生活的理想。无论我们是否赞同上述段落的意图，或者认为它是一种反讽，我们都需要追问这一好生活的理想及其何以值得肯定。而且当我们执着于此时，我们就在进行这样一种类型的追问，它一直居于形而上学的乌托邦式冲动的核心，它所关心的是应当如何，并激发起我们的批判。

致力于拒斥形而上学的"后现代"反抗只是在20世纪声势浩大的反形而上学偏见的潮流中刚刚崭露头角。大致来看，我们可以区分出三波挑战形而上学的浪潮。第一波浪潮肇始于逻辑实证主义者。他们通过宣称形而上学命题都是伪命题来拒斥形而上学。他们这样做毫无意义，因为他们缺乏认知意义。但是，实证主义的规划需要一种关于认知意义及其证成之标准的严格说明。然而实证主义不仅没能详细说明并证成这一标准，其中的每一个定理也受到了严峻的挑战。无论我们就实证主义遗产作出何种判断，它在使我们摆脱形而上学方面都是不成功的。的确，其自身毫无争议的形而上学偏见由此可见一斑。

第二波浪潮伴随着日常语言分析——或称之为"概念分析"——的崛起

---

① 转引自［德］阿尔布莱希特·维尔默：《论现代和后现代的辩证法——遵循阿多诺的理性批判》，钦文译，商务印书馆2003年版，第52—53页。

（并迅速衰落）。其策略并非将形而上学指认为无意义的东西从而加以拒斥，而是想绕开它。不过，显而易见，形而上学问题是无法回避的。相反，像彼得·斯特劳森（Peter Frederick Strawson）和罗伊·塞拉斯（Roy Wood Sellars）等哲学家则认为，分析技术本身是可以被用来处理形而上学问题的。而且，如今有一个古老而持久的形而上学争论就居于由分析性哲学思维所形塑的中心：关于实在论与反实在论的争论。

我们将要论及的第三波浪潮可谓最有雄心、最富挑战性。的确，它处于后现代修辞的隐蔽地带。这是我将面临的挑战。它首先与马丁·海德格尔相关，从其早期直到晚期的著作中，海德格尔回过头来一再质疑并消除"不断叠加的歪曲"（the pile of distortions），即所谓的形而上学。与实证主义者（他们认为海德格尔拥护形而上学的胡说）不同，海德格尔并非简单地拒斥形而上学。与概念分析也不同，海德格尔并不试图绕开形而上学。他的计划是深思形而上学之完成，思以往之未思，并展示形而上学的克服（überwindung）意味着什么。

海德格尔认为，"哲学就是形而上学"，而且"形而上学就是柏拉图主义。……为存在者提供根据的形而上学思想的特性乃在于，形而上学从在场者出发去表象在其在场状态中的在场者，并因此从其根据来把它展示为有根据的在场者"。[1]

海德格尔作为存在之历史的形而上学叙事是强有力的、极具吸引力的，并且尽管它引发了争论，但是我认为它完全是有意而为之。这是一部有关存在之湮没和遗忘的历史。

> 有关存在之真理的传统在"形而上学"的标题下发展成为叠加的歪曲，不再承认自身，掩盖了存在的原初本质。此乃消除这一歪曲的必然

---

[1] 孙周兴选编：《海德格尔选集》下卷，上海三联书店1996年版，第1243—1244页。

性理由,这时,一种有关存在之真理的思维已成为必要。①

形而上学是"预先确定的种种可能性"的规划。尽管海德格尔一再返回到与这一叙事的关联中,向我们展示每一历史时期及其哲学家们对此的贡献,但是他同时认为:"在其所有形态和历史性阶段中,形而上学都是西方的一个唯一的、但也许也是必然的厄运,而且是它的全球性统治地位的前提条件。"②这一追溯至柏拉图的叙事是通过尼采的形而上学完成的。

> 随着尼采的形而上学,哲学就完成了。这意思是说,哲学已经巡视了预先确定的种种可能性的范围。完成了的形而上学乃是全球性思想方式的基础;这种完成了的形而上学为一种也许会长期延续下去的地球秩序提供支架。这种秩序不再需要哲学,因为它就是以哲学为基础的。然而,随着哲学的终结,并非思想也已经终结了,相反,思想处于向另一个开端的过渡之中。③

当我们意识到"形而上学的完成"在我们的时代不仅是关于一门理论学科之命运的故事,而且就是我们时代的命运之时,海德格尔叙事的全部力量就变得明晰起来。形而上学在座架(Gestell)——技术的本质——胜利之处达到了顶峰。事实上,根据海德格尔的观点,"世界大战"及其"总体性"特征就是"存在之被抛弃的一种结果"。伴随着存在被完全淹没在形而上学的人道主义之中,我们发现自己生活在这样的一个世界中,"无论在哪里,强权本身都是决定性的东西"。④ 在那里,人们变成了"原材料","依旧遮蔽着的存在之真理对形而上学的人类隐瞒起来了。这个从事劳动的动物陶醉于他的

---

① Martin Heidegger, "Metaphysics as History of Being", in *The End of Philosophy*, trans. by Joan Stambaugh, New York: Harper & Row, 1973, pp. 14 – 15.
② [德]海德格尔:《演讲与论文集》,孙周兴译,三联书店2005年版,第76页。
③ 同上书,第83—84页。
④ 同上书,第92—93页。译文有改动。

制作物中，借此把自身撕裂开来，消解于虚无之中"。①

存在之历史就是一部遮蔽与解蔽、真理与虚妄的历史。在其晚期著作中，海德格尔总是以一种新的可能性，一种更为独创的思维方式，一种伴随形而上学之完成而产生的诗意沉思，来诱惑我们。他频繁地引用荷尔德林的著名诗句："哪里有危险，哪里就有拯救。""座架"作为技术的本件的支配，我们面临着最高的危险。但是，"技术之本质的现身，就在于其自身中蕴含着拯救的可能性"——一种显露于诗意沉思之中的拯救之力。他在《技术的追问》一文结尾写道："我们愈是临近危险，进入拯救的道路便愈加明亮地开始闪烁，我们便愈加具有追问之态。因为，追问乃思之虔诚。"②

我们无需否认海德格尔对囊括了形而上学历史的诸文本的解读极富原创性和挑战性，并发人深省，但是，我们必须同时对他的盲目和歪曲保持警觉。因为，海德格尔往往回避并抑制那些无法满足的追问和思索一直在形而上学的历史上发挥作用的方式。毕竟，是柏拉图笔下的苏格拉底第一个教会我们"追问乃思之虔诚"。确实，当我们回到海德格尔叙事的开端，回到柏拉图，就能看出他是如何歪曲《对话录》之精神的。我同意汉斯-格奥尔格·伽达默尔的如下说法：

> 海德格尔把对理念学说的接受解释为对存在的遗忘的开端，这种遗忘在纯粹的想象和客观化中达到顶峰，并在作为一种普遍的权力意志的技术时代中完成其全部历程。在与此的连贯性中，他甚至理解了最古老的希腊人对存在的思考。作为形而上学的一个事件，他们把存在看作是对存在的遗忘的一个准备。但是，与这种海德格尔式的解释相反，柏拉图的理念辩证法的真正方面具有一种根本不同的意义。超越存在的一切事物这样一个步骤的基本原则，即是超越对理念的简单接受，归根结底，

---

① ［德］海德格尔：《演讲与论文集》，孙周兴译，三联书店2005年版，第71页。
② 同上，第36页。译文有改动。

是进行一场与形而上学的解释——即把存在解释为存在者的存在——相反的对立运动。①

伽达默尔关于柏拉图的论断——伽达默尔力图揭示《对话录》这一永葆心灵追根究底活力的文本之无尽的、开放的追问性特征的方式——同样适用于海德格尔，包括其叙事中的所有形而上学家。被海德格尔视为思考与追忆之核心的追问，并非只是一种产生于形而上学完成之际的解蔽方式，而是一直就居于形而上学思辨的核心。此外，我们需要追问隐性的目的论——这种形而上学的偏见赋予海德格尔的形而上学叙事以一种"独一无二的（或许必然的）西方的命运"，后者在一种普遍的权力意志和座架的支配中达到顶峰。因为，不论海德格尔对技术本质的分析作为透视当代世界的思维框架具有怎样的启迪作用，他将具体的社会政治不满与问题都予以本体论化的方式是存在危险的。毕竟，计算理性（马克斯·韦伯称之为目的理性）的增长，技术思维（即一切行动都被视为一种征服与支配的方式）的传播，物化（人们将自己和他者都视为物或资源）的加剧，诸如此类，都构成了20世纪文化与政治批判的核心主题。这些主题混合在一起，作为形而上学人道主义的一种展示，将会导致瓦解和荒芜，导致贬低这样一种观念，即人类主体在遭遇此等危险时将会如愿以偿，导致如下主张，即对于最高危险的唯一适当的回应是一种新型的诗意沉思，这种沉思本身将我们当代的不满神秘化，将一种听天由命的绝望具体化。

此外，海德格尔自己并没有摆脱他力图揭露和克服的形而上学。这不仅明显地表现在那种单一的宿命论叙事所具有的强有力的——并且具有误导性的——目的论上，它始于柏拉图，并在权力意志、座架支配、甚至20世纪的"世界大战"那里达到了顶峰。

尽管许多人认为德里达本人植根于海德格尔的学说，并在此基础上有所发展，但在我看来，他对待形而上学的态度要更为谨慎。因为德里达像海德

---

① 严平编选：《伽达默尔集》，邓安庆等译，上海远东出版社1997年版，第10页。译文有改动。

格尔一样,力图追问的是在场的形而上学(the metaphysics of presence)。他告诉我们,形而上学的历史就像西方的历史一样,总是包含着一种对中心的追求,而且可以被视为一系列中心的迭相替代。

> 它的母式……就是将存在当作在场这个词的全部意义所作的那种规定。也可以指出的是那种基础、原则或中心的所有名字指称的一直都是某种在场——艾多思、元力、终极目的、能量、本质、实存、实体、主体、解蔽、先验性、意识、上帝、人等等——的不变性。①

在另外一处关于什么是形而上学的清晰表述中,德里达写道:

> 形而上学以其最传统的形式支配着奥斯丁的遗产……有两个标志能证明这一点:(1)这种等级化的价值论、伦理的—本体论的差异不仅围绕着一种理想和无法发现的界限确立起价值对抗,而且使得这些价值相互从属……;(2)这种在观念上"战略性地"返回到一个原点或一种"优先性"的雄心被视为简单的、完整的、规范的、纯粹的、标准的、自我认同的,是为了接下来的派生、复杂化、蜕化、偶然等等。所有的形而上学家,从柏拉图到卢梭,从笛卡尔到胡塞尔,都以这种方式推进,在恶之前预设了善,在否定之前预设了肯定,在驳杂之前预设了纯粹,在复杂之前预设了简单,在偶然性之前预设了本质性,在被模仿物之前预设了仿制品,等等。②

还有一些人认为德里达质疑任何甚至所有的差异,质疑任何等级化的价值,并力图使我们彻底摆脱一切形而上学。但是,我认为这是一种严重的误读。因为,它只是复制了德里达力图揭露的排斥和边缘化的逻辑——在那里,

---

① [法]雅克·德里达:《书写与差异》,张宁译,三联书店2001年版,第504页。
② Jacques Derrida, "Limited Inc a b c", *Glyph*, 2, 1977, p.236.

形而上学本身被责难和放逐。

德里达本人明确写道：

> 不用形而上学的概念去动摇形而上学是没有任何意义的；我们没有应对这种历史全然陌生的语言——任何语法和词汇；因为一切我们所表述的瓦解性命题都应当已经滑入了它们所要质疑的形式、逻辑及未言明的命题当中。①

这段话本身存在着不同解读的可能性，但我认为德里达展示给我们的是，并非所有的差异、所有的二元对立都应被拒斥，毋宁说，它们需要被质疑。我们需要探索的是它们牵涉其中并彼此纠缠的不同方式。但是，这并不意味着放弃所有的差异，放弃形而上学。毋宁说，这种追问将导致运用这些差异和对立来进行更深刻的反思。我们需要质疑所有僵化的、隐蔽的方式，通过它们，我们得以服从、排除和边缘化。解构形而上学并不意味着放弃它或全然拒斥它。毋宁说，它意味着使这一传统的"核心"永葆活力——"心灵追根究底的活力"从未停止"对似乎是显而易见的和确定的东西的追问"。

我当然不想否认，对于在场的形而上学来说，无论是海德格尔的摧毁，还是德里达的解构，都极富挑战性，并迫使我们反思形而上学的传统。但是，诸如形而上学的完成——所有的形而上学都是柏拉图主义，唯有在形而上学完成之际，才会产生一种更为原创的思维方式——等主张则是夸张的，并且被深度误解。形而上学的历史也一直是那些宣称形而上学"最终"被拒斥和克服的人的历史。但是，这些反对和断裂的影响揭示了教条主义的危险，并迫使我们重思形而上学，而非放弃它。

直到现在，我一直强调形而上学思辨传统的延续性，并主张当我们深入思考形而上学的当代挑战时势必会重申，探究性的追问和思考一直居于形而上学思辨的中心。但是，我们也必须保持对差异的敏感性，正是后者形塑了

---

① ［法］雅克·德里达：《书写与差异》，第506页。

我们时代的形而上学思维。

让我们再次考量解构的首要目标——在场的形而上学。在形而上学历史上存在着一种强大的张力，力图面对面地遭遇存在的完全在场或自我显现（无论我们如何理解存在）。在场的形而上学与英美传统中"被给予的神话"（the myth of the given）结成了紧密联盟。确实如此，尤其是在现代哲学中，存在着一种对确定性、明确性、不可更改性或自我验证的认识论追求。但是，频频被那些宣称形而上学终结的人所忽视或低估的是一种可错论感受（a fallibilistic sensibility）的增长，它不仅存在于科学中，而且存在于形而上学中。查尔斯·皮尔士（Charles S. Peirce）已经在其1968年的几篇著名论文中指认了大多数现代哲学的笛卡尔式偏见。他认为，对于探究而言，不存在——也不可能有——任何绝对的出发点或终结点。他建构了一套符号理论，其中意义总是涉及某种探究，而且每一个符号都存在着被深入阐释的可能性。我们从未在认识论上面对面地遭遇存在。用海德格尔和德里达的话语来说，总是存在着差异。不过，可错论（fallibilism）并非抽象的怀疑主义。即便是皮尔士的反基础主义也会受到限制。不存在我们通过直接的沉思或直观就可以了解的根基。但是，这并不意味着我们会放弃"开掘"或质疑我们信仰的根基。当皮尔士谈及理想的诱惑以及作为具体合理性之发展的至善论时，他是一个乌托邦主义者。我们应该冒险承担并检验我们开始任何一种探究时的偏见。这就是为什么皮尔士强调要培育一个探究者的批判性共同体。

我选择皮尔士，是因为他强有力地阐明了关于一切探究的可错论问题，包括形而上学探究。但是，许多其他思想家也对可错论感受的增长有所贡献。而且，我强调可错论是因为那些宣称形而上学终结的思想家依旧受困于我所谓的"笛卡尔式的焦虑"——这种错误观点认为，如果我们无法将自身置于某种绝对的基础之上，那么唯一的替代方案就是抽象的无限怀疑主义。

但是，我们对于皮尔士本人对探究的确实认为从观念上看存在着不同意见的趋同。"我们可以通过推理来确定事情真正的和真实的样子；而且如果一个人有充足的经验，并展开充分论证，那么他必然会被导向唯一真实的结论。"①

但是，在 20 世纪存在着对这一趋同论命题的诸多挑战——即使在科学探究中也是如此。例如，希拉里·普特南（Hilary Putnam）认为："与文学或道德趋向于一种最终的世界观相比，并没有更多的证据表明，科学也会趋向于一种最终的世界观。"② 甚至只有更少的证据表明形而上学的探究会趋同。当然，从未存在过形而上学探究确实实现了趋同这样一个时刻。这种趋同的缺乏频繁地被视为一种"丑闻"（作为一种缺陷或更坏境况的迹象），一种形而上学思辨的任意性表征。但是，趋同的缺乏不需要也不应该以这样的方式来阐释。我们的视角或许是受限的，我们或许从未彻底使自己摆脱所有的偏见和预判，但我们的语言视域一直向着差异和他者保持开放。趋同的缺乏并不导致绝望，而是导向对一种批判性遭遇和对话的承诺。

这种趋同的缺乏提出了多元主义问题。但是，我们需要在这里作出某种区分。存在着一种"弱多元主义"（flabby pluralism）——仅仅接受不同的视角、"词汇"、范式、语言游戏等等的多元主义。但是，这种弱多元主义无法严肃地对待我们需要面对的、在形而上学的立场上存在的矛盾和冲突。我们作出的有效性宣称总是需要推理和论证的支撑——即便我们意识到关于何谓好的推理和论证也存在着争论。

还存在另一种类型的多元主义，它在我们的时代已经变得非常流行。这种多元主义将不同的视角、范式和语言游戏视为不可通约的——就像（莱布尼茨所说的）"无窗的单子"（windowless monads），彼此之间不存在沟通的可能性。这一堡垒般的多元主义赞成卡尔·波普尔所说的"框架的神话"（Myth of the Framework），在那里，我们都是"被困于我们的理论框架、预期、过往经验、语言中的囚徒"，我们受困于这些框架之中，以至于无法与那些居于"在根本上"不同的框架或范式的人进行沟通。但是，不可通约性命题的支持者质疑那些有关固定的先验标准的天真假设，通过后者，我们能够评价相互

---

① Charles S. Peirce, *Collected Papers*, Vol. 5, Belknap Press of Harvard Press, 1931, p. 384.
② Hilary Putnam, "The Craving for Objectivity", *New Literary History*, Vol. 15, 1984, p. 239.

竞争的视角和范式；他们未能表明，我们无法与存在差异的他者展开理性的沟通、比较和争论。在这里，人们必须祛除这种虚假的二元对立：要么是彻底自我封闭的不可通约性，要么是固定永恒的可通约性标准。与他者的批判性遭遇，总是一种脆弱的、不确定的冒险，而不是通过任何认识论的或形而上学的确定性才能保证的结果。

此外，还存在一种去中心的无政府主义的多元主义，它采取了一种绝望的或乐观的形式。根据这种观点，存在着这样一个时期，那时，形而上学家们认为有一种居于统治地位的单一原则或始基，能将我们对世界的本体论理解奠基于其上。但是，现在的发现表明，并不存在这种统一的原则或始基。我们生活在一个去中心的、多中心的世界，不存在进行统一阐释的可能性。虽然人们——像我一样——认为这种们如何在一个去中心的世界解决视角和阐释的多元化问题？

这就导向了一种我所主张的多元主义——有限制的多元主义（an engaged pluralism）。而且，我认为这种类型的多元主义最好地体现了美国哲学传统的特征。人们接受一切探究的可错性，即便缺乏形而上学思辨的趋同。人们接受视角与阐释的多元性，拒绝追求确定性，渴望绝对真理以及所有差异最终都会实现和解的总体性理念。但是，这样一种多元主义需要一种面向差异性他者的开放性，一种甘冒预判风险的主动性，它追求某种共同的基础，而无需任何确切的保证。它需要——而且这是一种强烈的需要——人们尽力对他者的主张作出回应。这样一种有限制的多元主义并不意味着放弃对真理和客观性的追求，因为形而上学思辨总是事关永葆真理精神之活力。但是，对真理和客观性的追求不能混淆于对绝对性的追求。关于真理和客观性的主张总是易错的。一种有限制的多元主义的精神已经被爱德华·谢列贝克斯（Edward Schillebeecks）极富表现力地表达出来，他写道：

> 在坚持总体性的卡律布狄斯与崇尚历史特殊性和独特性的斯库拉之间，只存在一种有意义的可能视角：绝对命令需要沟通；对话取代总体性，禁止任何将他者还原为我的"总体话语"的组成部分。因此，真理

可能被发现之地就是人类交往的可能性之地。①

我想回到最初的主题：形而上学、批判形式的多元主义倾向于夸大如下主张，即那些时代的形而上学家们确信一种统一化原则的统治地位，但有待提及的问题是：我和乌托邦。我一直主张，贯穿于形而上学传统的冲动是乌托邦式的冲动，由此，我们得以从事这样一种永葆真理精神之活力的追问，永不停止对似乎是显而易见的和确定的东西的追问，培养一种将实然与应然区分开来的对抗性思维。我不认为形而上学能够解决日常生活的实践问题。但是，通过永葆乌托邦式冲动的活力，形而上学为批判保持了开放的空间。形而上学的追问要求我们揭示并探索以批判为先决条件的理想。当我们仔细考量在我们时代消灭形而上学的诸种尝试时，它们并不会带领我们超越形而上学，而是返回到形而上学传统一直以来的中心。今天的危险并不来自形而上学的乌托邦式冲动，毋宁说它来自诸种消灭形而上学的尝试。与那些深度怀疑所有形式的乌托邦思维的人相反，我想说的是，我们需要更多的乌托邦式思维。形而上学家总是空想家和梦想家。我们要向对抗性的批判空间保持开放。我们不应忘记，这一点过于简单，即使用"反乌托邦论证作为一种手段，通过这一手段我们可以接受、甚至可以把任何压迫和公然的不正义神圣化"②。我认为，我们应结束各种太过时髦的抽象怀疑主义，它们"一定在等待是否有新东西出现，以便将其掷入同一个空虚的深渊"。因为，这种怀疑主义不仅变成无休止的重复，而且无聊至极。更严重的是，它回避了面对那些尚未消失的问题——关于批判以及激发我们批判的那些理想的本质和地位等问题。许多流行的对形而上学的攻击建立在对形而上学传统的歪曲之上。因为，它们预设了形而上学家一直在寻找一种全面的、封闭的、确定的体系。但是，这样一种漫画式的描述忽视了过去 150 年里可错论的不断发展——这种可错论适用于包括形而上学探究在内的所有探究。我们生活在一个彻底多

---

① Edward Schillebeeckx, *Jesu*, New York: Seabury Press, 1979, p. 614.
② 莱泽克·科拉科夫斯基：《经受无穷拷问的现代性》，第 154 页。

元的世界,这一点影响了形而上学思辨。形而上学的取向和阐释的多元化并非绝望的原因。不过它意味着,我们必须通过与差异性他者的批判性遭遇,始终乐于冒险来追问我们的承诺。我们必须抵制"将他者还原为我的'总体性话语'的组成部分"之诱惑。普特南关于阐释的那些表述同样适用于形而上学阐释。

> 将阐释视为某种次级物的当代趋向反映的……不是对客观性的渴望,而是对绝对的渴望——一种对绝对的渴望以及与这一渴望密不可分的趋向,这一趋向认为,如果绝对是无法获得的,那么"怎么都行"。但是,"要适可而止,足够并非一切"。①

放弃对客观性的追求,放弃对绝对真理的渴望,放弃对存在一种终极语言的信念,放弃对一切差异都能最终实现和解的总体性理念,并不意味着放弃形而上学。这意味着承认可错论与形而上学思辨的"有限制的多元主义",承认我们需要永葆形而上学追问的乌托邦式批判精神之活力,以及培育那种我们力图倾听并学习"他者"之美德的绝对命令。

---

① Hilary Putnam, "The Craving for Objectivity", *New Literary History*, Vol. 15, 1984, p. 239.

乌托邦主义消亡了吗?*

西蒙·克里切利 著** 冯 红 译

[内容提要] 文章提出了乌托邦主义在当今社会是否已经消亡的问题,并简要地回顾了当代西方的众多乌托邦团体及其乌托邦主义的实验。作者指出,政治思维中的乌托邦主义和乌托邦冲动并没有消亡,只是改变了存在的方式,更多地以隐形、模糊、匿名和共振的形式存在着。作者反对远离当代文明世界以及法律与现实生活完全脱节的那种乌托邦,但也肯定了乌托邦主义和乌托邦冲动的现实意义,并认为乌托邦理念应具有正确的历史观、审慎的态度、清晰的远见和果敢的行动力。

[关键词] 乌托邦 共同体 政治抽象化 隐形 匿名 共振

我们经历了一个漫长的反 1960 年代(anti–1960 s)的时期。共同体生活(communal living)和集体生存(collective existence)中各种反资本主义的实验勾勒出这个时期的特点,然而对我们而言,种种实验似乎既是可笑的、不现实的离奇往事,又是一种危险的误导。在成长于看似如此幼稚的理念之下又

---

* 本文原载《哈佛倡导者》(The Harvard Advocate) 2011 年冬季号。译文原载《国外理论动态》2016 年第 5 期。

** 作者简介:西蒙·克里切利(Simon Critchley),美国纽约社会研究新学院哲学系教授。

试图摆脱那样的理念之后，现在我们认为自己对乌托邦有了更多的认识，它绝不仅仅是将天堂一下子降临到尘世，或者简单地建构具体化的种种乌托邦理念。也就是说，尽管我们拥有偶然的和短暂的热情以及各种奥巴马主义，但是我们都是政治的现实主义者。确实，我们中的大多数都是被动的虚无主义者和愤世嫉俗者。这就是为什么我们仍然需要某种像原罪一样的信仰——人类在本体论的意义上存在着某种缺陷。犹太教和基督教共有的关于原罪的概念在当代的一些理论中找到了它的对应物，如弗洛伊德关于叔本华式的欲望与文明彼此分离之观点的演变，海德格尔有关事实性（facticity）和沉沦（fallenness）的思想，以及霍布斯的人类学，后者驱使卡尔·施米特（Carl Schmitt）为权力主义和独裁辩护，从而产生了左翼所期待的权力政治（Realpolitik）的重要内容。如果没有确信人类的存在在本质上是有缺陷的，并且具有危险的贪婪性，我们根本无法为自己的失望找到合理的解释；而且，通过阅读约翰·格雷（John Gray）的著作，我们了解到，只有充分厌倦了牢笼中的疲惫感和无聊感，我们才能拥有更大的快感。格雷代表了一种非常有说服力的关于原罪论的达尔文主义新观点：正是进化论解释了我们是人类的事实。这一事实是无法改变的。人性就是祸根。

1960年代的那些乌托邦政治运动确实如此，比如情境主义国际（Situationist International），在那些运动中，我们可以耳闻目睹乌托邦式的千禧年运动（millenarian movements）——比如自由精神的异端邪说（the Heresy of the Free Spirit）——所带来的回响，它们导致了各种形式的理想破灭、整体分崩离析，并且以极端事件的形式引发了灾难。集体共同拥有财产，在没有家庭这种制约机制的情况下基于性自由的共同体生活，罗纳德·莱因（Ronald David Laing）的并未区分所谓的疯癫者与心智健全者的实验性公共避难所——上述种种实验似乎像是那些卷边的、发黄的、简装的、粗糙的劣质胶片所捕捉到的遥远的、异想天开的文化记忆。作为一个生活在1970年代末的英国——朋克流行、经济萧条、社会暴力泛滥——的孩子，这是一个一直以来我努力想要理解的世界。或许这样的共同体生活实验太过天真，并且充满着过多正义的信念。或许它们充满了太多的道德说教，因而令人无法容忍。

或许由于我们所说的抽象的政治,即以直接否认现实为代价而过分执着于一种思想,这种实验注定会失败。或许的确如此。

最极端的例子是1970年代的地下气象员(Weather Underground)、赤军团(Red Army Faction)和红色旅(Red Brigades)等极端组织的活动,那种对封闭的和纯粹的共同体的道德信念不幸演变成了救赎性的、洗劫性的暴力活动,恐怖变成了导致美德丧失的手段。这就是雅各宾主义的逻辑。个体之死不过是英雄史诗般的阶级斗争巨幅画卷上的一粒微不足道的污点。这种情况在充满英雄气概的暴力政治中达到了登峰造极的程度,在这种暴力政治中,挟持、绑架、劫机和暗杀等行为通过依附于一整套思想而获得了其正当性。正如让-吕克·戈达尔(Jean-Luc Godard)的电影《我们的音乐》(*Notre musique*,2004)中的一个角色所评论的那样:"为了捍卫一种思想而去扼杀一个生命,其实不是为了捍卫一种思想,而是为了扼杀一个生命。"①

或许这些团体太过依附于这种想要立即付诸实施的理念,把对暴力行为的宣传当成了迅速实现乌托邦理想的一种热切尝试。或许这些尝试还不能将政治理解为一种不断的和实际的调节(mediation)过程。也就是说,这种调节是在基于一种普遍原则的主观道德承诺——例如,基于人人平等,基于友谊,或者按照我自己的说法,基于一种无止境的道德需求——与地方组织的实验两者之间进行的调节,而后者在拥有对立利益的不同团体之间构筑了阵地和联盟,这也就是安东尼奥·葛兰西所谓的"霸权"活动。根据定义,这种调节过程永远也不会是一个纯粹的、完满的过程。

这些共同体的乌托邦实验究竟是消亡了,还是以某种形式继续存在着?我想向那些可能仍然存在着乌托邦冲动的领域提出两点建议,如果你们愿意进行实验的话,也可以将它们视为两种实验:一种实验来自当代艺术领域,另一种实验来自当代的激进政治领域。这两个领域可以引人注目地联系在一起。事实上,倘若有一种发展趋势标志着我们这个时代的特征,那就是合作

---

① *Notre musique*, directed by J.-L. Godard, 2004; France/Switzerland: Avventura Films, Peripheria Suisse, France I Cinema et al.

艺术（collaborative art）与实验政治（experimental politics）变得越来越难以区分了。

或许这些共同体的乌托邦实验仍然生存于当代艺术领域受制度约束的缝隙之中。人们常常会想到各种各样的乌托邦艺术展品，比如，1995 年的自由时代协会（L'Association des Temps Libérés）和 2003 年的乌托邦车站（Utopia Station），以及 2008 年秋季在美国纽约古根海姆博物馆（Guggenheim Museum）举办的名为"无所谓的任何空间"（the any space whatever）回顾展上的许多其他作品。在菲利普·帕雷诺（Philippe Parreno）、利亚姆·吉利克（Liam Gillick）等艺术家或者诸如汉斯·乌尔里希·奥布里斯特（Hans Ulrich Obrist）和玛丽亚·林德（Maria Lind）等策展人的艺术作品当中，充满着情境主义对于集体、行动、自治、协作等理想以及对于其团体自身的理想的强烈怀旧情感。在这种艺术实践——被尼古拉斯·伯瑞奥德（Nicolas Bourriaud）成功地界定为"关系"（relational）——中，艺术展示了一种情境（situation），用奥布里斯特的话来说，是为了证实"某种集体主义的智慧或许是存在的"[①] 这种观点是否正确。正如吉利克指出的："如果我们在三人小组中工作，也许工作的效率会更高。"[②] 因此，大多数当代艺术和政治都迷恋代表群体的角色以及集体协作完成的作品，或许其最终目的就是拒绝作品的个体性，隐匿创作者的身份。

当然，这样的当代乌托邦艺术实验存在着两方面的问题：一方面，它们只能通过艺术领域的文化机构授权和认可后才可以实施，因此最终会完全陷入它们曾经寻求颠覆的商品化的老路和情形之中；另一方面，实现这种共同体实验的主要方法是借助重现（reenactment）这一行动计划。比如，某人并未参与银行抢劫，只是在布鲁克林的一个仓库里重现了帕蒂·

---

① Hans Ulrich Obrist, "In Conversation with Raoul Vaneigem", *E-flux Journal* 6 (May 2009), http://www.e-flux.com/journal/view/62. See Nicolas Bourriaud, *Relational Aesthetics*, Les Presses du Réel, Paris, 2002.

② Liam Gillick, "Maybe it Would be Better if We Worked in Groups of Three?", *E-flux Journal* 1 (February 2009), www.e-flux.com/journal/.

赫斯特（Patty Hearst）与共生解放军（Symbionese Liberation Army）的冒险经历罢了。① 情境主义的异轨（détournement）就是着魔一般地按照计划好的内容在不同的场景下重新再现一遍。在当代艺术中，重现已经成为支配性的艺术类型，它尤其作为思考艺术与政治之间关系的一种方式存在着（或许激进的政治也已经变成了重现）。尽管我发现这样的实验及其所涉及的艺术作品令我着迷，但是我还是要质疑我们所谓的"风格主义的情境主义"（mannerist Situationism）到底是什么，在那里，由于这样的艺术完全是由提供其生命力的社会经济系统所发展出来的，所以根本就谈不到"重现"这一老问题。

让我们转向政治，或许我们都见证了另一次共同体实验（communal experiment），它是2008年11月发生在法国的所谓"塔纳克九君子"（Tarnac Nine）② 被抓捕和拘留事件。这次共同体实验作品分别以各个团体的不同名字命名："救赎"（Tiqqun）③、"隐形委员会"（The Invisible Committee）④、"幻

---

① 帕蒂·赫斯特（Patty Hearst）是美国报业大王威廉·兰道夫·赫斯特（William Randolph Hearst）的孙女，1974年被美国当时著名的恐怖组织共生解放军绑架并洗脑后宣布与家族决裂，加入共生解放军，参与了多起包括抢劫银行、与政府对抗在内的暴力行动。共生解放军由一群嫉世愤俗、任性妄为的年轻人组成，他们反对越南战争，倡导为争取民权、帮助弱势群体而实施暴力行动。——译者注

② 2008年11月11日，法国政府在塔纳克（Tarnac）逮捕了9名年轻人，指控他们从事恐怖主义活动，并与当时法国发生的多起火车破坏案有关。此事件引起欧洲各国文化界和学术界的抗议，被捕的9人被称为"塔纳克九君子"，他们分别与宣传无政府自治主义思想的《救赎》杂志、撰写《革命将至》小册子的"隐形委员会"以及激进的年轻人参加的"幻想聚会"有着错综复杂的联系。——译者注

③ "Tiqqun"是法国一家创刊于1999年的哲学杂志的刊名以及围绕该杂志聚集在一起的团体，与情境主义国际关系密切。该词从希伯来语"Tikkun"转译而来，在希伯来语中有"修复"、"救赎"之意。在法语中，"Tiqqun"一词已经成为无政府主义激进哲学的一个符号。——译者注

④ 2007年2月，法国一家出版社出版了一本小册子《革命将至》（L'insurrection qui vient），作者署名"隐形委员会"（Comité invisible）。该小册子宣称资本主义及其文化行将崩溃，并为反抗资本主义的革命提出了具体的行动方案。这本极具煽动性的小册子在世界各地、尤其是左翼激进分子和无政府主义者当中引起了强烈反响。法国政府曾花了四小时审讯出版社的负责人，仍然无法得知作者的真实身份。外界推测其作者与"塔纳克九君子"有某种联系，或者就是其中某人。——译者注

想聚会"(The Imaginary Party)①等等。该事件部分是因尼古拉斯·萨科奇的保守政治——其本身是基于对社会动乱的巨大恐惧,以及害怕人们会彻底忘记1968年的事件——所引发的。当时,一些先前与《救赎》(Tiqqun)杂志有联系的激进分子在法国中部的农村被一支配备着直升飞机以及随行媒体的150人反恐警察部队抓捕。这些激进分子当时正共同生活在法国中央高原科雷兹省的一个名叫塔纳克的小村庄里。据称,这个团体中的一些成员购买了一个小农场,正合作经营着一个食品杂货店,并从事着一些所谓的"危险"活动,比如,经营当地的电影俱乐部,种植胡萝卜,为老年人送食品,等等。他们涉嫌犯有"前恐怖主义"(pre-terrorism)之罪——一个充满了令人惊奇的司法想象力的罪名。该项指控与蓄意破坏法国的高速铁路系统有关。

思想罪(thought-crime)的罪名源于2007年的一本题为《革命将至》(L'insurrection qui vient)的小册子中的一个段落。该段落对当代社会做了精彩的反乌托邦分析,用七个章节描述了七重地狱,并提出了极具吸引力的抵抗策略。该书的最后几页内容号召对整个"社会机器"的运输网络进行蓄意破坏,并提出了这样的问题:"如何才能使法国的高速铁路系统或电子网络系统瘫痪?"② 在这9人中,两名涉嫌犯罪的前恐怖主义者朱利安·顾巴(Julien Coupat)和耶顿·利维(Yldune Levy)被指控的罪名是"从事恐怖主义活动",并被判20年监禁。其中,顾巴是该团体最后一名被监禁者,尽管交纳了1.6万欧元的保释金,但是顾巴直到2009年5月28日才被释放,之后再没有被起诉,但是仍被禁止离开大巴黎地区。2009年年末,另一些人又因为与塔纳克事件有关而被捕。这就是这个国家的镇压力量和反动势力,目的是防

---

① "幻想聚会"(the Imaginary Party)是无政府自治主义者的抗议聚会。1999年,《救赎》杂志发表了《论"幻想聚会"的主旨》一文,认为"幻想聚会"是在之前激烈的社会斗争、无产阶级与剥削阶级之间针锋相对的阶级斗争消失之后出现的一种新型反抗形式,主要从事的是所谓"形而上的超自然主义领域"的斗争,该种斗争不在现有的劳工结构和生产过程之中。尽管"幻想聚会"提出的斗争形式存在着自相矛盾之处,却被无政府自治主义者认为是实现共产主义政治革命的前提条件。——译者注

② Comité invisible, L'insurrection qui vient, Paris: La Fabrique, 2007, p.101;英译本被匿名翻译为"The Coming Insurrection"(Los Angeles: Semiotexte [e], 2009)。

止任何人忘记之前发生的"塔纳克九君子"事件。正如《革命将至》一书的作者提醒我们的那样:"统治就是当人民大众要绞死你的时候,你却能够找到一千个借口为你自己开脱。"①

《革命将至》一书与情境主义国际的理念有许多共鸣之处。然而,引人深思的是,居伊·德波(Guy Deborda)对景观和品化所进行的黑格尔式的马克思主义分析已被吉奥乔·阿甘本(Giorgio Agamben)如出一辙的观点取而代之,特别是有关共同体的问题,在阿甘本看来,只有共同体才能在法律与生活分离之后幸存下来。② 在这里,一切归根到底就是对法律与生活之间关系的理解以及有关上述两个术语并不存在任何关联的可能性问题。如果法律在本质上是暴力的,那么在生命政治(biopolitics)的时代,法律将会在更深的层面上榨取人们的生命力,而法律与生活的分离就是阿甘本所说的政治的空间。

《革命将至》据说是"隐形委员会"集体创作的成果,这个团体的革命策略围绕着隐形问题展开。它是一个"学会如何才能令人无法察觉"的问题,是一个重新获得"那种匿名的体验"并且不因有形而暴露自己或失去自我的问题,因为有形常常受到警察和国家的管控。《革命将至》的作者们主张扩大模糊包容的地带和匿名隐形的空间,这些地带和空间是共同体得以形成的地方。该书以下面这句口号作为结束语:"一切权力归共同体。"与莫里斯·布朗肖(Maurice Blanchot)的观点相一致,这些共同体被描述为"在法律上无效的"或"松散的",是对资本主义暴政的拒斥。在一个名为《呼唤》(Call)的相关文本当中,他们寻求建立"一系列逃避者的聚集中心、脱离政府者的集会场所以及采取行动的集合地点。一切都是为了逃离者,一切都是为了舍弃者。这一系列地方的设立就是为了能够庇护那些试图摆脱正走向深渊的文

---

① Comité invisible, *L'insurrection qui vient*, Paris: La Fabrique, 2007, p.101.
② 《革命将至》与阿甘本的《即将来临的共同体》之间具有明显的联系性,参见迈克尔·哈特的英译本(Giorgio Agamben, *The Coming Community*, translated by Michael Hardt, Minneapolis: University of Minnesota Press, 1993)。

明的逃避者"。①

蓄意破坏、设置障碍以及所谓的"人性罢工"（the human strike）的策略被提上日程，目的是为了进一步削弱我们注定要消亡的文明。正如"救赎"团体在1999年的一个文本中所写道的那样："噢，战争真好！""舍弃船只吧。不是因为船只正在下沉，而是我们要亲自击沉它。""当一种文明被毁灭时，人们将宣告它的终结。人们不会去整理一个即将落下悬崖的房子。"② 城市与乡村的对抗被不断地强调着，很明显，比起警察监视下的现代大都市，农村的生活环境更适合构建模糊包容的地带。城市更适合我们所说的"设计员的反抗"（designer resistance），比如，那些穿着印有雷蒙斯乐队（Ramones）头像的T恤衫坐在咖啡馆里的人们，在回到工作岗位继续做图文设计员之前，他们的嘴里说着："资本主义简直糟透了。"

《革命将至》是一个引人入胜、令人振奋、新颖独特和充满激情的文本，它历史性地回应了各种运动派别的观点，诸如中世纪的自由精神（Free Spirit）和方济会中的属灵派（Franciscan Spirituals），以及英国光荣革命时期原始无政府主义者的掘地派运动和19世纪的乌托邦共产主义。我们应该注意到，这本小册子强调保密、隐形和巡回宣教，强调在生活中进行小型的共同体实验，强调将贫困问题政治化，这些都让人联想到中世纪自己不工作、只是依靠教徒的供奉而生活的修道士们。问题的关键在于，它肯定了一种不再为工作所累、不再被法律和警察所管控的生活状态。

这一具有双重目的的破坏活动，一方面使我们远离了我们的文明世界，另一方面，我认为它仍然具有陷入上述提及的政治抽象化泥潭的冒险性。这种令人着迷的对情景主义表达的创造性重现——这也是为什么我强调了政治与当代艺术实践的相关性——没有考虑到政治调节的作用，通过政治的调节作用，像隐形委员会这样的团体一定能够与各斗争场所中相互冲突的多重力

---

① 参见 http://bloom0101.org/call.pdf. 57。《呼唤》是隐形委员会的早期文本，曾在2004年匿名散发。

② *Politics is Not a Banana*: *What Are You Doing after the Orgy or Insurrection or Whatever?*, The Institute for Experimental Freedom, 2009, p. 156, p. 162.

量联合起来,比如工人、失业者,甚至默默抵抗的设计员,也许更为重要的是,一定能够或多或少地与被剥夺了公民权的少数族裔联合起来。我们需要一种更加丰富的政治图景,而不仅仅是城市与乡村之间对立的图景。尽管与远离文明结合在一起的蓄意破坏如此诱人,但是这种结合散发着我们上面所说的道德主义气息,因而最终会走向反政治的纯粹主义(antipolitical purism)。

我认为,纯粹主义有远离文明的欲望:它想要逃离一种即将走向地狱、似乎注定会终结的文明。这种分离主义(secessionism)有一个恰如其分的神学名字,即马西翁教派(Marcionism),它开启了法律与生活的分离,上帝造物与上帝救赎的分离,《旧约全书》与《新约全书》的分离。面对着威胁要榨干我们的生命力的全球化、原子化、生命政治、合法的暴力政权及其统治,这种分离提供了遁世的可能性,提供了建构另一种生活形式和重获集体智慧之空间的可能性。这种分离提供了一种反律法主义者所主张的法律与生活的分离,希望通过各种人类自由的社会交往实验来脱离旧秩序:换言之,可以将共产主义理解为"对情感的分享以及对分享的精心设计。它可以发现一种共有的理念并建构一股合力"。①

它还表明,事态已经发生了某种改变,并且正在改变着政治反抗策略的本质。随着所谓反全球化运动的不断衰落,类似隐形委员会这样的团体可以提供强大的分析能力和策略意识所需的思想与行动的一致性。它们还为暴动政治提供了全新的、有说服力的词汇,这些词汇对在各种或近或远的场所发生的一系列政治行动进行了描述和传播。那些在较远的地方实施的政治行动被隐形委员会冠以一个有趣的字眼——"共振"(resonance)。在一个场所中,一个产生共振的物体——就像桌子上的玻璃杯——开始使另一个物体发生颤动,而且突然间整个地面都会落满碎玻璃。政治也许不再像原来的所谓反全球化运动那样以可见的形式进行有形的斗争,反抗渐渐变成了隐形、模糊、匿名和共振的形式。

我对常常困扰着像"隐形委员会"那样的团体的政治抽象化问题深表疑

---

① 参见《革命将至》一书英文版的编者前言。

虑。但是，如果我们拒绝这样的政治实验，那么接下来会发生什么呢？我们是不是将得出这样的结论：难道政治思维中的乌托邦冲动仅仅就是我们没有了它有可能过得更好的那种危险的政治神学的残渣余孽吗？难道批判乌托邦主义的结果就是当我们面临着世界上严重的不平等现象时应该屈从并安慰性地以悲观论的达尔文主义去替代对原罪的信仰吗？我们是否应该与政治现实主义、权力主义或自由主义以及约翰·格雷、卡尔·施米特或巴拉克·奥巴马所选择的道路保持一致呢？我们是否应该在我们个人的和政治的思维当中简单地放弃乌托邦的冲动呢？

如果是的话，那么结果会很清楚：我们将无法摆脱现有的情形，或者有可能陷入更为糟糕的情形之中。在思考和行动时放弃乌托邦的冲动就是将我们自己禁锢于当今这个世界，一劳永逸地放弃可能存在另外一个世界的愿景，无论那个世界是多么的渺小、短暂和脆弱。在当今的西方社会中，我们面临着重重包围，在这种政治形势下，要想放弃政治思维中的乌托邦冲动，就等于被迫接受西方的自由民主制。自由民主是西方社会的统治规则，是法律的主导原则，这种主导原则使得任何事物一旦脱离法律就会变得力不从心：以大众的利益为名脱离现有的法律主导原则也许只是奇妙的瞬间之事。由市场的隐形和神圣之手治理国家是一种政治上的自然神论。其他的政治存在形式也是完全有可能的。

请允许我对未来再赘述几句。我反对寄希望于未来。我想我们不得不拒绝未来，我的意思是拒绝关于未来的理念，这种理念是资本主义描述社会进步的最终的意识形态法宝。我想，我们必须拒绝未来以及关于未来的意识形态。但是，应以什么名义拒绝未来呢？那就以这样的名义吧：激进的过去存在着绝对的潜能，它塑造了现在的创造力和想象力。未来的激进的和创造性的思想都源于过去，激进主义者在开车时总是会不断地注视着汽车的后视镜。在镜中，某些物体可能看起来显得大一些，某些物体则可能看起来要小一些。

资本主义是一种邪恶的力量，但是它却总是将自己呈现为不可避免的、命中注定的、势在必行的未来之归宿。资本主义在意识形态的层面上已经变成了一种被动的虚无主义、准佛教学说以及自救式的失忆症，并且已经变成了一个代表真实性和福祉的新专业术语。我们所要反对的资本主义，其实质在于我们如何去理解历史，对目前所呈现的结构性不公正，我们应该持有一种清晰的远见卓识，应该拥有采取行动的决心，应该以对现实的迫切的、痛苦的奉献精神去应对对现实的麻木的、迟钝的心满意足。痛苦本身就是产生行动的可能性。这种行动不应该是仅仅梦想着法律与生活的脱离，也不应该是逃离注定要失败的文明，而是要求我们对法律与生活的关系加以果敢的反思。我同意，这个世界简直糟透了，可是却是我们自己一手造成的。

第四部分

激进左翼思潮

朗西埃、巴迪欧、齐泽克论政治主体的形塑*
——图绘当今激进左翼政治哲学的主体规划

哈兹米格·科西彦 著** 孙海洋 译

[内容提要] 重塑解放政治的革命主体是当代激进左翼理论的核心论题，朗西埃、巴迪欧、齐泽克从各自的政治哲学创构出发对这一总问题进行了探讨。朗西埃将"无分之分"奠基于政治与治安的对立，为了在可感物的分配上将智识平等原则公理化，政治闯入治安，并触发了"去身份化"过程，正是此种与同一性的间离化为新政治主体的形塑开启了可能性空间。巴迪欧认为，主体的建构源于创生性事件，政治真理的普遍性存在于个体对事件的忠诚，基督复活事件使所有主体间的差异平等化，从而为一种普遍主义革命主体的生成提供了前提。在对笛卡尔式的"我思"进行拉康化重构的基础上，齐泽克指认主体乃是生成于实在界与象征界间隔之上的"消隐的中介"，主体是现实的个体或共同体得以形塑自身的前提，因此其位置在形式上必须为空。在今天这个去政治化的时代，真正的激进左翼必须重新回到列宁。

[关键词] 事件 解放 革命主体 批判理论 激进政治

---

* 本文原载于哈兹米格·科西彦的专著《左半球：图绘当今的批判理论》（*The Left Hemisphere*: *Mapping Critical Theory Today*，Verso，2013），译文有删节。本译文为"中国人民大学2014年度拔尖创新人才培育资助计划"的阶段性成果。译文原载《国外理论动态》2016年第3期。

** 作者简介：哈兹米格·科西彦（Razmig Keucheyan），法国索邦大学助理教授。

雅克·朗西埃（Jacques Ranciere）、阿兰·巴迪欧（Alain Badiou）和斯拉沃热·齐泽克（Slavoj Žizek）均是当代最著名的批判理论家。朗西埃的《对民主之恨》，巴迪欧的《萨科齐的意义》和《共产主义假设》，以及齐泽克的大多数著作——例如，《欢迎来到实在界这个大荒漠》，其标题受电影《黑客帝国》（它自身又是源自鲍德里亚的观点）的启发——都赫然出现在近些年社会科学领域的畅销书单之中。这几本书在他们艰涩的作品集中算是最容易理解的。它们与其作者的专业——哲学——或者（用巴迪欧的说法）"以政治性为前提的哲学"有关。被这三位思想家所吸引的读者群体的规模表明，当今的批判理论在社会不同阶层中都引起了反响，特别是在那些政治上的激进分子中。

在向后结构主义转型的当口，结构主义发生了一个"事件转向"（turn to the event），也就是说，它使得社会现象的偶然性特征日益被人们所重视。可以说，这一转向肇始于福柯1970年在法兰西学院的就职演讲。随后，在德里达和德勒兹的著作中得到了明显的延续，二者都是结构主义和马克思主义"总体化"趋势的批评者。

朗西埃和巴迪欧便是在这一历史时期凸显出来的。他们是1960—1970年代法国哲学家中的年轻代表。时间将会证明如此看待他们是否合适，或者也可以将他们视作不同于福柯、阿尔都塞、巴特、德勒兹和德里达的新一代思想家的首席代表。尽管如此，若是离开1968年的"五月风暴"及其理论后果，朗西埃的"无分之分"（即不属于任何部分的那个部分，part of those with no part）理论与巴迪欧的"事件"（event）理论将无法被理解。同样的情况也适用于齐泽克，尽管更为间接。与朗西埃和巴迪欧相比，来自斯洛文尼亚的齐泽克更为年轻，他通过在法国学习并受某些代表人物——特别是拉康——的影响，也从属于当代法国思想的语境之中。但是，齐泽克还属于东欧世界，在其祖国处于"社会主义"时期，他一直是一个持不同政见者。

一、雅克·朗西埃：无分之分

朗西埃的作品主要关注三个领域：政治理论、教育哲学和美学。像其他主要作品一样，朗西埃的著作颠覆了现有范畴，而且没有留下尚未触及的领域。朗西埃哲学著作的显著特征是对那些迄今为止仍旧分离的问题式进行创新性的联结。他在美学领域发展出的"可感物的分配"（distribution of the sensible）这一观念便与他所指称的政治领域的"治安"（police）联系起来，这使得他能够辨识出美学与政治之间的隐秘联系。而他在《无知的教师》中阐述的教学原则最终指涉的则是"智识平等"（equality of intelligence）的公理，其潜在的政治结果可被轻而易举地想象出来。

和巴里巴尔一样，朗西埃起初是阿尔都塞的追随者。他也是《读〈资本论〉》的作者之一，他写的那一章标题为"批判的概念与政治经济学批判：从《1844 年经济学哲学手稿》到《资本论》"。1974 年，朗西埃出版了《阿尔都塞的教训》，与其老师决裂。一年后，他创办了哲学—政治团体和杂志《逻辑的反抗》（Les Révoltes logiques）。这一名字的灵感源自诗人亚瑟·兰波（Arthur Rimbaud）的诗《民主》："我们将彻底击败逻辑的反抗。"这些年，朗西埃和巴迪欧一样，与毛主义（Maoism）关系密切。他曾是"无产阶级左翼"的成员，而后者属于法国马列主义和共产主义联合会（UCFML）。之后，朗西埃变成了一位高产作者，许多作品（以一种不同于福柯的方式）结合了哲学与档案资料，如《无产者之夜》。其他文本则更直接地涉及理论问题，如《政治的边缘》、《歧义：政治与哲学》、《对民主之恨》。

朗西埃与阿尔都塞的决裂发生在知识与政治的关系问题上。这一问题在朗西埃的著作中无处不在。阿尔都塞的结构主义的和"理论上的"马克思主义明确区分了"科学"与"意识形态"。人民群众是意识形态的受害者，其内容在历史上是不断变化的，而这一点本身则是历史的常量。只有以马克思主义理论武装的政党和知识分子才能剥去其面纱，并接近真正的历史运动。这就预设了，如若没有他们的灌输，人民群众将保持对现实及其自身状况的愚昧无知。阿尔都塞将呈现在列宁那里的观点——以一种更为政治化的方式——激进化，据此，其历史命运意识必须从外部逐渐灌输到工人阶级之中。

在对科学与意识形态的区分上，阿尔都塞这位《保卫马克思》的作者在 20 世纪的状况下重申了知识（Doxa）与意见（episteme）的对立，而这一点可以追溯至柏拉图。"Doxa"指的是为大多数人所司空见惯的谬见，而"episteme"则指的是理性知识。在柏拉图那里，只有哲学家有能力实现从一方向另一方的过渡——这也是为什么《理想国》的作者赞同哲学家掌握政治权力（或者掌权者从事哲学实践）的一个理由。在阿尔都塞那里，哲学家的角色是由政党和马克思主义知识分子所扮演的。但在这两种情况下，问题与解决方案都是相同的。在现代思想中，意见与知识的对立不仅表现在阿尔都塞那里，也出现在布迪厄的社会学中，对此，朗西埃曾在一篇题为《社会学之王》的文本中间接提及柏拉图的"哲学王"。对布迪厄（以及在他之前的涂尔干）而言，社会学家与其"先入之见"——即常识（否定意义上的）——存在一种"认识论的断裂"，通过忽略当下的意见满足社会世界的客观性。通过批判意见/知识这一对范畴穿越时空、跨越学科的诸种化身，朗西埃表明自身是一个反柏拉图主义者。这一点将他与巴迪欧区分开来，后者将其哲学定位于柏拉图传统。

　　对意见与知识的区分必然导致统治和支配——即教师（the master）的地位和形象。作为一个哲学家、社会学家或马克思主义者（无论是个体还是作为政党的共同体），教师是那个知道如何将可靠的知识与错误的信仰区分开来的人。随后，他在这一位置上对那些不自知者和不知如何者进行言说。因此，只要理解了历史的本质动力，马克思主义理论家就有能力向人民群众揭示关乎其自身状况的真理。教师是那种将其自身置入意见与知识之间的空隙的人，并由此从中获取权力。朗西埃在反对阿尔都塞以及任何统治和支配的基础上推进了"智识平等"的公理化。"公理化"是按字面意思理解的：在朗西埃看来，智识平等既不是一种经验的情势状态（state of affairs），也不是一种（现实的或理想的）社会分配目标。它是一种原则（一个预设），表征着任何解放性行动或思想的前提。如同 19 世纪的智识解放理论家约瑟夫·雅科特（Joseph Jacotot）——其教学观念正是《无知的教师》一书的主题——所认为的，一个（无知的）教师可以教授他不知道的东西，只要他能使学生们产生一种智识自主性的意识。这绝不是一个以教师的知识取代学生之无知的问题，而是一个从知识到知识的推进问题。"智识平等"的公理化之出发点在于取消意见与知识之间的差异,由此使得统治和支配的地位不堪一击。

智识平等的真理也简单地适用于平等(本身)。朗西埃进一步区分了治安(police)与政治(politics)。前者指的是现存的社会秩序,即不同手段的集合(通常是不自觉的或隐性的),用于稳定并维持(无分者或有分者,如朗西埃所言)在社会肌体中的地位和财富的不平等分配。这些手段可以是身体上的或心理上的;通常称作"治安"(警察)的只是其中的一种组成分子(亦称"组分")而已。"治安"就其根本而言总是基于"可感物的分配"。在一个既定社会中,它定义了可见的与不可见的、可说的与不可说的,而且决定了"这种言说被理解为话语,而另一种(非法的)言说则被视为噪音"。"可感物的分配"存在于这样一种世界观之中,它构成社会秩序的基础并使其合法化。这一概念表明,在朗西埃那里,一种美学的形式——在广义上不能被化约为存在于特定时代的艺术体制——构成了任何社会秩序的基础。

另一方面,"政治"指的则是"治安"的争议性阶段(或状态)。当那些"无分者"(with no part)——那些未被纳入社会秩序的人——活跃于历史舞台之时,这种挑战就会产生。这种闯入被朗西埃命名为"无分之分"——换句话说,这种闯入者是那些在最初的统计中没有组分的人。"无分之分"在本质上是空的,因为那些无分者确实没有任何组分。随着历史情境的变化,它充满了政治性的内容。"无分之分"的出现是一种以"幽灵的"形式铭刻于每一"治安"运行之中的潜能。关于这种潜能,朗西埃指出,它就是政治本身。那些"无分者"提出的原则声称,他们的存在是平等的,他们借此反对自身作为受害者的"错误/过失"。由此我们可以推论出,对朗西埃而言,政治与平等完全是同一个东西。

但是,还有更多。在那些无分者示威并扰乱社会秩序的同时,他们并不满足于要求那原本亏欠他们的组分。无分之分并非各种组分之中的某一组分,后者可以被合理化地整合进已然存在的组分总体。那些无分者要求的是全部组分,并且认同作为整体的共同体。在朗西埃看来,这是民主事件的决定性特征:

正是在其他组成分子所造成的错误之名下，人民认同作为整体的共同体。无分者——古代穷人、资产阶级平民、现代无产者——实际上只能够作为一无所有者或是作为全体。此外，正是由于无分者的存在，这些一无所有的全体才以一种政治性的共同体而存在……人民并不是存在于各阶级中的一个阶级，而是因上述错误而存在的阶级，这种错误伤害了共同体，也因此使共同体成为区分正义与非正义的"共同体"。①

那些无分者由于受到了伤害，因而一经出现就开始代表整个共同体发声。必须相信，这种伤害赋予了他们以权利——也就是说，这表达了与后者的某种本质性关联。在法国大革命时期，第三等级（资产阶级平民）并没有局限于仅仅要求属于自己的那份财富和主权，而是摆脱了社会秩序的既得利益者，并通过将"人民"（the people）置于中心而创构了现代主权。另一个例子是，《国际歌》的歌词并没有说"我们一无所有，我们要做某人"，而是准确地说"我们一无所有，我们要做天下的主人"。通过突然间变成可听的和可见的，那些无分者废除了可感物的当下分配方式，并使共同体致力于一种新的分配。因此，共同体的这一基础必须受到质疑。

问题的关键在于，人民可能是任何人。人民并没有局限于任何经验性的或社会学的特征。（对朗西埃而言，社会学位于治安的一边——也就是说，要科学地计算所谓的社会群体及其应得份额。）它并不指涉全体人民中任何具体的部分。当然，它由那些无分者构成，他们很少被统治阶级所雇佣。但是，在社会结构中，个体的位置与其政治实践——此种政治行为绝不可能从这一位置推论出来——之间存在一种不可化约的距离。在这一意义上，朗西埃说，人民总是与其自身相异。没有这种差异，物的管理将取代人的治理，正如恩格斯采用圣西门式的准则所描述的。朗西埃赋予政治的偶然性之角色，表明了他在多大程度上与大多数科学形式的马克思主义相决裂，其中阿尔都塞式

---

① Jacques Ranciere, *Disagreement: Politics and Philosophy*, trans. Julie Rose, Minneapolis: University of Minnesota Press, 1998, p. 9.

的结构主义是最主要的范例之一。

治安与政治的区分常常是模糊的。例如,马克思主义者称之为"无产阶级"的,是指一种现实存在的社会组成部分以及一种(革命的)政治学。因此,"无产阶级"是一种不可分解的经验性和政治性概念。同样的情况也适用于大多数政治上的操作性概念,它们的本质是双重的。哈特和奈格里的"诸众"(multitude)的成功之处源自如下事实:它表现了当代社会的具体运行过程(尤其是统治阶级的碎片化),并且包含了一种政治主体。

针对政治的堕落倾向,朗西埃提出了一种病因学(aetiology)。它有时转化为"原型政治"(archi-politics)。这一术语指的是通过废除自身隐含的矛盾而使共同体认同其自身。与这一趋势相关的是集权主义,或者当代"共产主义"的极端形式。"类政治"(para-politics)是民主所面临的另一种危险。它指的是"去政治化"(de-politicization)问题,犹如新自由主义——朗西埃写作其主要著作时正处于1980—1990年代的新自由主义背景中——宣称废除政治的冲突性维度并以所谓唯一可能的理性化方式解决问题时一样。第三种潜在的偏离是"元政治"(meta-politics)。与"类政治"不同,它承认共同体中存在不可化约的冲突,但又宣称它们"归根到底"是外在于政治的。当马克思主义主张经济似乎同时是政治问题的根源和解决之道时,它参与了元政治。

政治趋向治安触发了朗西埃称之为"去身份化/去同一化"(disidentification)的过程:

> 所有的主体化都是一种去身份化/去同一化,从一个场所的自然状态中撤离出来,是任何人都可以被纳入的主体空间的开启。因为,在此空间中,那些未被纳入的人也都会被纳入,而有分者与无分者之间的联结也会被建立起来。[1]

---

[1] Jacques Ranciere, *Disagreement: Politics and Philosophy*, trans. Julie Rose, Minneapolis: University of Minnesota Press, 1998, p. 36.

"去身份化/去同一化"的观念表明了既定的身份在一般的当代政治理论特别是批判理论中的重要性。在朗西埃那里，这指的是对"自然状态"的批判：任何个体都会因其在社会中的位置而占有一定的社会财产，人们必须遵守这一点。政治是同一性的对立面；它使得现有的同一性陷入危机，并通过引发主体化过程——"主体"的形塑——开启一种可能性的空间，个人如此，集体亦然。如若没有与同一性的间隔（distanciation），主体则不复存在。在这一点上，朗西埃同意酷儿理论家朱迪斯·巴特勒（Judith Butler）的观点。去身份化/去同一化涉及的是具体的政治实践——一个"行动库"（repertoire of action），正如社会学家们所言。克里斯汀·罗斯（Kristin Ross）——朗西埃著作的英译者——所分析的"去身份化/去同一化"的一个典型案例是1968年前后革命的学生们所从事的通往劳动世界的"社会化过程"，以及他们中的大多数在工厂中所遭遇的"灌输"。这是学生们欲望的一部分，通过1968年"五月风暴"前后普遍的去身份化/去同一化氛围而得以可能，不仅与他们作为"学生"的身份认同相决裂，而且出于政治目的被重新指认为不同的社会范畴。

在朗西埃看来，平等及其结果具有普遍性。朗西埃、巴迪欧和齐泽克这三位思想家所共享的观点之一，即是他们试图在政治中激活一种普遍主义的形式。普遍主义在今日的批判理论中备受谴责，但也更为常见。它借由左翼内部的主导倾向而被同化为西方的"帝国主义"意志，在普遍性的外衣之下将其观点强加给世界其他地区。批判理论内部占主导地位的是一种"多元文化主义"和"少数派思维"，它们强调历史现象的相对性。朗西埃依然牢牢地依附于普遍性，但任何一种普遍性总是（用他的话说）"局部的"（local）和"独异的"（singular）。通过对比1950—1960年代阿尔及利亚独立战争中的团结运动与1990年代波斯尼亚大屠杀中的支持力量的相对缺场，朗西埃指出，在第一个例子中，阿尔及利亚与法国军队之间已然建立了具体的政治联系。每一次军队的集结都在其自身的动机中辨识出"他者的动机"；因此，国际团结终究体现在具体的政治形式之中。

于是，朗西埃断言：

政治主体不是一种"认识"自己、找到自己的声音、或是将自己强加于社会的团体。它是一种操作,连接或打断了存在于既有经验形态中的不同领域、地区、身份、功能和能力,也就是说,它是治安秩序的分配与任何铭刻于其上、不论是脆弱还是稍纵即逝的平等之间的联结。[①]

政治主体永远是一个事件。它既非某一社会阶级,亦非一种性别,更不是一个"伦理"共同体,即使它能够建立在这样一种类型的集体之上。它也不是一种"社会联系"的形式。主体存在于平等的突现之中,这种突现是自发的,而且在许多方面是无法解释的(除了像"错误"那种一般性因素);并且,一旦某种新的"可感物的分配"得以确立,主体亦将消失。按照朗西埃的观点,持久的政治是一种自相矛盾的说法。由此可以得出一个简单的结论:政治与民主是稀缺的。

二、阿兰·巴迪欧:事件、忠诚、主体

在许多方面,巴迪欧的思想与朗西埃相似。这两位哲学家的思想历程也是类似的,从最初倾心阿尔都塞式的结构主义——在那之前,巴迪欧还曾倾心于萨特,其影响至今可见——到与其最主要的决定论疏离,以及日益坚持政治进程中的偶然性。1968年"五月风暴"所表征的事件对于这种转变产生了很大的影响。巴迪欧对"存在"(Being)与"事件"(Event)的区分,与朗西埃所阐述的"治安"与"政治"的对立在某些方面是一致的。尽管如此,巴迪欧与朗西埃在许多方面也存在分歧。例如,前者对柏拉图主义深表认同——柏拉图主义的确有时令人困惑,但至少其显著地致力于对常识(common sense)与"意见"的主导地位(the reign of "opinion")的批判。朗西埃并不是为常识辩护,在他看来,常识构成了"治安"不可缺少的一部分。

[①] Jacques Ranciere, *Disagreement: Politics and Philosophy*, trans. Julie Rose, Minneapolis: University of Minnesota Press, 1998, p. 40.

但是，他并没有将精力集中在"真理"这一备受指责的概念上，而巴迪欧则毫不犹豫地致力于此。后者明确区分了"真理"与"知识"，而这又是对阿尔都塞的"科学"与"意识形态"之对立的回应。

巴迪欧是哲学体系的创立者。在当代批判理论家中，他毫无疑问是唯一一位接受了这一古典哲学任务的人。巴迪欧详尽阐释的学说是一种"事件"理论。这一高度复杂的理论——在此无法充分地加以说明——主要体现在两本大部头的著作中，即《存在与事件》（1988）和《世界的逻辑》（2006），当然还得加上《主体理论》（1982）。它也贯穿于其他各种不同主题的著作之中，通常卷数更少且更易理解，如《圣保罗：普遍主义的基础》（1997）、《伦理学：论恶的意识》（1993）和《世纪》（2005）。

巴迪欧的事件理论基于四个主要范畴：存在、事件、主体和忠诚。首先是存在。就其最基本的意义而言，它由纯粹非组织化的"多"（multiples）所构成。这种"基本粒子"无法通过现代物理学或诉诸古典唯物主义加以研究。它们位于物质的"背后"，在这一意义上，存在所涉及的并非真正的实体，而是存在的形式属性。对巴迪欧而言，基础本体论不是别的，而是数学，这意味着在最基本的层面上，存在拥有一种形式化的生存方式。

正如巴迪欧所言，当"多"被结构化或"计数为一"时，它们便获得了一种初级的本体论上的一致性。然后，它们转化为"情势"（situations），这是"多"的结构化"表象/再现"。现实（reality）的一致性因而依赖于计数的操作。这种操作被用以对抗原初的"真空"背景，因为被计数的"多"并非真正的实体（entity），它们只是当其被计数时才变成如此的。存在着无数"情势"的范例：法国社会是一个，现代艺术是另一个，太阳系是第三个。当下情势的集合指的是一种"情势状态"（state of the situation）。巴迪欧在这里利用了"state"一词的双重含义，既指称一种"结构"，也指涉政治意义上的"国家"。这使人想起朗西埃同样以一种故意含糊的方式使用"治安"一词，既指一种"可感物的分配"，又指确保维持现行律法和秩序的力量。在某种意义上，巴迪欧的学说可以被视作唯名论的一种激进形式。现实只有在其被计数或命名的意义上才存在。情势状态顺从于作为实证知识的客体。后者与存在处于同样的位置,参与其部分的计数。

可能发生的情况的是,存在突然被事件所中断。巴迪欧在这里用一个尼采的公式与20世纪相连接,但其范围更为普遍,事件"将世界历史一分为二"。事件的范例多种多样,从爱情的邂逅,到DNA结构的发现,从卡西米尔·马列维奇(Kasimir Maleyitch)的名画《白上白》,到俄国革命。更确切地说,存在四种"真理程序"(truth procedures)可能产生的领域:政治、科学、艺术和爱。在每一个真理程序中,就其与存在的关系而言,事件具有绝对的异质性;它是不可预测的,并且悬置了对构成它的"多"的计数。事件与非存在(non-being)一致,与情势状态中的那些不可计数者一致。正如巴迪欧所说:"事件的本质就是事先没有任何征兆,而且会以其恩典让我们措手不及,不管我们多么警觉。"① 法国大革命是一个事件的典型范例。我们知道这一过程在数年甚至数十年之前运行的全部细节——经济的、政治的、文化的。我们可以调用它们,用以解释其发生的前提。与此同时,这一事件依然不能化约为我们所拥有的与此相关的知识,即便是回溯性的。因为知识趋向于计数之前的情势,尽管事件按照定义来说是"额外的"(supernumerary),但其本质是无法被计数的。在这一意义上,事件永远不只是构成其过程的总和。

巴迪欧常常因其事件理论的"奇迹/超自然"特征而备受指责。齐泽克甚至认为宗教启示是巴迪欧的"隐秘范式"——即秘密支配其著作的模式。巴迪欧对圣保罗和通往大马士革之路的反复援引则强化了这一假设。巴迪欧的事件是因果关系的创造者,但其自身并非出自任何指定的因果关系。这一论点的最大麻烦在于,它将导致任何策略上的反思都是不可能的。不管如何地不确定,策略的先决条件是选择一种奠基于已就绪过程的行动话语。就事件是"多余的"而言,任何这类选择基本上是无根的。巴迪欧的事件理论是我们已经提及的当代批判理论特征的深层范例——即策略思维的弱化或缺场。

---

① Alain Badiou, *Saint Paul: The Foundation of Universalism*, trans. Ray Brassier, Stanford: Stanford University Press, 2003, p. 111.

但是，指出如下这点是非常重要的，

当巴迪欧的事件产生于"ex nihilo"（无中生有）时，这里说的"无"（nothing）并非位于某种"超越"之地。它内在于情势之中，情势先于事件，而事件则因其依赖于原初的真空，又总是不融贯的和易变的。这样，尽管它是不可预测的，但法国大革命这一事件在如下意义上揭示了古代政体的"真理"，后者的严重不平等特征包含了它的萌芽。

"主体"产生于事件。这是它的一种可能性结果，但并不意味着机械地在其后产生。彼得·霍尔沃德（Peter Hallward）是一部讨论巴迪欧思想的权威著作的作者，他将巴迪欧的主体定义为"一种通过对真理的宣称而构造的个体"。暴露于事件的个体被形塑为主体——换句话说，她在事件的前提下经历了一个主体化的过程。对巴迪欧来说，主体化（至少）具有两个特征。第一，它是集体的。更确切地说，巴迪欧认为，源自政治事件的主体化始终是集体的。在"真理程序"发生的其他领域，比如艺术或科学，则可能并非如此。而且，主体化并没有预设任何前定的人类本质。它紧随事件之后，并且包含这样一种决断，即个体部分保持对事件的忠诚。这就是巴迪欧称之为作为"规划"的人（man as programme）的定义——换句话说，始终是开放的和来临中的。在这里，巴迪欧重新走向他的两位老师——萨特和阿尔都塞。前者关于"存在先于本质"的命题认为，人类建构了自身的本质，而此时，他们已然存在于世。对巴迪欧而言，这种建构的实施始终处于创生性事件的阴影之下。"作为规划的人"这一概念也涉及阿尔都塞"理论上的反人道主义"，这表征着对人道主义本质论（巴迪欧称之为"动物性人道主义"）的激进批判。于是，巴迪欧写道："人的实现不是作为一种完成，或一种结果，而是作为一种自身的缺场，同他之所是相撕裂，而且正是这种撕裂构成了每一创新性崇高的基础。"[1]

巴迪欧学说的一个关键问题在于，事件只能通过主体从其内部加以辨识。这也就暗示了一种作为事件的事件（an event qua event）的存在——而且并非

---

[1] Alain Badiou, *The Century*, trans. Alberto Toscano, Cambridge: Polity, 2007, p.92.

只是一系列可理解的因果性事实——总是不确定的，它需要通过一种必然的主体性命名行动方才得以完成。这种命名行动，巴迪欧称之为"阐释性介入"，它被定义为"这样一种程序，借由它，多被承认为一个事件"。这正是巴迪欧体系的第四个基本范畴——忠诚——所起的作用：

> 一个事件是绝对不能共享的，即便我们从事件中得出的真理是普遍的，因为对事件的认识与政治决断是纯粹一致的。政治是危险的、激进的，而且在自我设定的指令下，总是不分彼此，忠实于事件的独异性。政治真理的普遍性源自这样的忠诚，像所有真理一样，在知识形式中，它是可以反过来辨识的。当然，政治可以在这一点上被思考——它允许（即便在事件之后）把握其真理。这是其行动者的点，而不是其观众的点。①

"忠诚"的观念在巴迪欧那里无所不在。这将其置于神学思想的传统之中，有时具有"信仰主义"（fideism）的特征，就与超越性的关系而言，他将信仰行动视作构成性的。德尔图良（Tertullian）的"因为荒谬，我才相信"是最为激进的表达，他认为，理性越是反对它，对上帝的信仰就越可信。其他属于这一传统的思想家还有帕斯卡（Blaise Pascal）、克尔凯郭尔（Soren Aabye Kierkegaard）和克洛岱尔（Paul Claudel），这三位也曾被巴迪欧频繁地援引。一旦忠诚被视为核心，则反之亦然——换句话说，背信或抛弃也是如此。在一次关于《世界的逻辑》一书的研讨会上，巴迪欧声称，许多当年的参与者对1968年"五月风暴"的否定是他对这一事件进行反思的真正诱因。

对巴迪欧而言，真正的主体只存在于对事件的忠诚之中。这就意味着，许多个体从未成为真正的主体，要么因为他们从未有机会暴露在某一事件当中，要么因为虽然暴露在一个事件中，但他们没有对其表示忠诚。这是巴迪欧思想中最为贵族式或尼采式的面向，只为一小部分个体保留了主体的地位。

---

① Alain Badiou, *Metapolitics*, trans. Jason Baker, London and New York: Verso, 2005, p. 23.

关于这一著作,从来不乏批评者,无论是左翼还是右翼,都对他的这种贵族主义(aristocratism)进行了批评。然而,需要指出的是,对巴迪欧来说,每个人,不论其出身如何,都有能力被事件所抓住并经历一个主体化的过程。那就是说,巴迪欧的事件,就像产生于其中的主体,具有稀缺性特征。它们在性质上总是例外的。

巴迪欧是一位主张普遍性的思想家,但这种普遍性却是一种自相矛盾的普遍性。圣保罗(巴迪欧将其视为普遍主义的奠基者)在《加拉太书》中宣告了那个著名的公式:"并不分犹太人、希腊人、自主的、为奴的、或男或女,因为你们在基督耶稣里都成为一了。"基督复活事件悬置了差异,并带来了使所有条件平等化的"同类的多样性"。这并没有阻止保罗成为实用主义者,并且显示出一种将不同的基督教团体——其统一性正是他所致力于维持的——之间的差别置之度外的包容之心。然而,关键的问题在于,基督复活事件废除了同一性,并由此产生了一种针对所有人的普遍主义。另一方面,要接近巴迪欧式的普遍性,必须通过一种主体化的路线。在这位哲人看来,真理总是战斗性的;而非这样一种情形:真理就其自身而言是有效的,随后便被采纳并被坚定的信徒所传播。对巴迪欧而言,真理只因其自身的战斗性而存在。这位哲人拒绝了流行于当今"后现代"潮流中的相对主义。根据后者,像"真理"或"普遍性"等概念往好里说是虚妄的,往坏里说简直就是西方帝国主义的同谋。在巴迪欧看来,它们与此不同。尽管如此,在《世界的逻辑》中得以进一步发展的普遍主义则将关键作用归之于主体性。后者非但不是普遍性得以发生的束缚,反而是其可能性的前提。

在巴迪欧看来,"政党形式"已被废除。在20世纪,革命政治采取了政党的形式,旨在与国家在其基础之上展开战斗,夺取国家的控制权,并将其消灭。这一战略图式最终指向了20世纪的中心,巴迪欧称之为"战争的范式"。这位哲人声称:"20世纪兑现了19世纪的许诺。19世纪构想的东西,在20世纪得到了实现。"[1] 问题在于,此时此地对先前梦想的实现所导致的却

---

[1] Alain Badiou, *The Century*, trans. Alberto Toscano, Cambridge: Polity, 2007, p. 19.

是残酷的现实。在革命党将其自身"常规化"并成为"党—国"(party-states)之前,他们犯下了前所未有的暴行。今天,关键的问题在于:没有政党的革命政治是否可能?巴迪欧不是一个自由主义者;他不为革命自发性地放任发展而辩护。无党派政治并不代表没有组织的政治,而是指这种政治与国家没有任何关联。巴迪欧因此拒绝参加选举,而且已经放弃了盛行于革命左翼中的列宁主义范式,其主要特征是通过武装暴动夺取政权。

巴迪欧认为,在社会转型的新主体中,勤劳的无证之人(travailleurs sanspapiers)将在未来发挥重要作用——不仅是发达国家中的非法移民,而且还有诸如非法移居到城市的农民。非法移民在自己身上看到了当代资本主义的全部矛盾,而且——对巴迪欧而言——在那种意义上是不可调和的。富国为了降低劳动成本和规训劳动力不得不暗中雇佣他们。与此同时,它们不断地强化边界控制,并安排包机将其遣返,这一点对移民潮的规模和方向影响甚微。支持非法移民的斗争因此实际上加剧了矛盾,而这是资本主义内在固有的,从而加剧了其不稳定性。

三、齐泽克:当列宁遭遇拉康

齐泽克是当代批判理论不可回避的学术明星。从布宜诺斯艾利斯到纽约、新德里、巴黎和卢布尔雅那(这是他所来自的城市),各地的人群蜂拥而至聆听他的演讲。这种吸引力在某种程度上是由于这位斯洛文尼亚哲学家的思想"风格"。他整合了谢林与拉康的深奥思想,并不时援引大众文化的例子(好莱坞电影、侦探或科幻小说以及各种笑话)。这种智识策略旨在模糊"高雅文化"与"大众文化"的边界。齐泽克还是几部纪录片的作者或主角,包括那部著名的《变态者电影指南》(2006),其中,他在戏仿电影史上经典场景的同时,还展开了自己的分析。布宜诺斯艾利斯的一家夜总会便是以他的名字命名的。

齐泽克是一位高度国际化的哲学家。他在法国巴黎第八大学完成了部分研究,导师为雅克-阿兰·米勒(Jacques-Alain Miller)(拉康的女婿及其思想遗产的继承人），并在他的指导下接受了精神分析的训练。他用英语写作和出版。在本文提及的思想家中，他是唯一一位来自东欧的。由于可以理解的原因，批判理论在那片世界并不兴盛，即便重建的基础清晰可见。对齐泽克作品的深度分析将涉及理解这些作品与其出生地的详尽关联。因为，认为一个知识分子是国际的，并不能推导出他并非也是某一国家或地区语境的产物。他的国际化类型实际上与其出生地——特别是其在当今世界体系中的经济、政治和文化地位——紧密相关。

齐泽克思想的关键方面在于他对笛卡尔式的"我思"（cogito）的辩护。他的代表作之一《敏感的主体》（副标题是"政治本体论的缺席中心"）以如下话语宣告开场："一个幽灵在西方学术界徘徊……笛卡尔式主体的幽灵。"①这位哲学家将"主体"问题类比于马克思和恩格斯在《共产党宣言》开头所说的共产主义的幽灵。这就暗示了该问题的重要性。众所周知，笛卡尔通过宣称"我思，故我在"阐明了其哲学立场。独立自主的主体观点对自身与理性而言清楚明白，是现代性的根基。它不仅是启蒙规划的核心，而且构成了19世纪众多解放运动的基础，包括自由主义、马克思主义和无政府主义。对主体概念的批判从不欠缺，不论是来自哲学传统（例如尼采）还是像女性主义这样的思潮，后者在早期曾谴责"我思"的性别特征。

然而，对启蒙的批判，以及与之相伴随的主体理论，在"二战"后发生了一个新的转向。人们见证了与现代性自身相关联的种种暴行。法兰克福学派的代表人物——霍克海默和阿多诺——因此将毒气室视作现代"工具理性"的终极表达。曾经致力于解放的理性，如今颠倒为反人性极端暴行的同谋。结构主义和后结构主义尽管没有（或很少）将现代野蛮行径作为理论主题，但也发展出了一种人本主义批判。阿尔都塞的"理论上的反人道主义"或福柯断言的"人之死"都是对此的表达。统治"西方学术界"（齐泽克的术语）的后结构主义观点将主体视为"去中心化的"实体。在这种观点看来，存在

---

① Slavoj Žižek, *The Ticklish Subject: The Absent Centre of Political Ontology*, London and New York: Verso, 1991, p. 1.

一种不可化约的主体位置的多样性,没有"中心"使其统一。"我思"真正地被瓦解了。弗洛伊德对无意识的发现,以及20世纪后半叶语言哲学的转向,则巩固了这一趋势。借用德里达的话说,主体现在被视为一种"语言的功能"。

齐泽克反对主体的瓦解。显然,这并未以笛卡尔或其他人的方式将其引向对现代人本主义的纯粹简单的复归。齐泽克对"我思"进行了一种拉康式的处理。他总是根据《文集》(Ecrits)作者(即拉康)提出的范畴来阐释任何事物。在齐泽克看来,主体不是一种物质(substance)。它不是一种真正的实体,而是由纯粹的"否定性"所构成的"空"(void)。主体出现在"实在界"(the Real)与"象征界"(the Symbolic)的交界点上。齐泽克从拉康那里借用的这两个概念在他的思路中至关重要。实在界对我们而言是不可知的,它指的是先于任何范畴化或类型化的世界——一个前语言的世界。象征界是实在界的秩序化实例。当人们一般地提及"现实"时,他们指的是象征界,因为实在界本身对我们来说是无法理解的。象征界表征了"对物的谋杀",正如拉康所说,在这种意义上,它通过使其被我们所理解而取消了作为物的物(the thing qua thing),随后它也就不再是关于实在界的物。不过,实在界从不允许自身被完全象征化,其中存在抵抗的成分。精神分析学称之为"创伤"(trauma)的,是指实在界对象征秩序的闯入或暴力性重返。这种闯入总是可能的,而且易于扰乱象征界。由此出发,象征界因而必然是开放性的。它跨越了时间,却以冲突性实在界的复苏为前提。

按照齐泽克的看法,主体形成于区分实在界与象征界的间隔(distance)之中。这一间隔预设了象征界不同于实在界,从而允许了主体性的创生。如若实在界与象征界是同一的,或者象征界本身是封闭的,则任何主体的位置都将是不可想象的。在齐泽克看来,主体是一个"消隐的中介"(vanishing mediator)。这一概念源自詹姆逊。在后者那里,它指的是这样一种现象:一旦其任务已然完成,便允许另一现象的产生与消失。詹姆逊运用这一概念来说明韦伯关于新教伦理与资本主义精神的命题。对韦伯而言(按照詹姆逊的解读),新教表征了资本主义得以产生的条件。不过,一旦后者产生,它便加速了新教的消亡,因为资本主义促进了世俗化的进程。新教因此是资本主义的"消隐的中介"。

对齐泽克来说,主体拥有类似的结构。因其不可知性,实在界被主体理解为"缺失"(loss)。面对这一虚无,为了不堕入疯狂,主体建构了象征界。为了这个目的,它将自身外化于语言之中,词语(word)作为范例使象征化处于运动之中:"通过宣告一个词语,主体建构了外在于他自身的存在;他将其存在的核心'凝结'在一个外在的符号里。在(词语)符号里,我——在某种程度上——发现自己处于自身之外,我把我的统一性置于自身之外,置于一个代表我的能指里。"① 在外化自身的过程中,主体创造了客体(象征界),但随后便不能再面对面地发现它,准确地说,因为它已经被外化了。主体与客体的区分因此便被取消,并且二者现在不可分割地结合在一起。这就意味着,在其他事物中,主体的位置依然为空。结果,它能够相继或同时被最为多样的行动者所占有或需要。同朗西埃一样,齐泽克也认为,主体并非具体的、现实存在的共同体。它是具体的个体或共同体得以形塑自身的前提。但是,为了它的产生,主体的位置必须在形式上保持为空。

齐泽克主体理论的必然结果是他的意识形态概念。一般而言,意识形态指的是现实与个人对其进行表征的方式——尤其以一种错误的或"意识形态化的"方式——之间的分歧与隔阂。这种扭曲可以被归因于个人的阶级立场或其他原因,但其发生离不开人们对它的理解。哲学批判或政治批判将其自身锚定于二者(现实、个人对现实的理解)之间的分歧与隔阂。它的功能在于将意识形态受害者的注意力集中到如下事实上,即他们对现实的表象是虚假的。根据德国哲学家彼得·斯洛特戴克(Peter Sloterdijk)的观点(在此,他是齐泽克的出发点),这种经典模型在后现代社会已经不起作用了。原因在于,今天的人们已经极为清楚地知道,由媒体与政治阶级提供的那套话语是虚假的。他们不再是傻瓜,这意味着对斯洛特戴克而言,我们的时代是一个

---

① Slavoj Žižek, *The Indivisible Remainder: An Essay on Schelling and Related Matters*, London: Verso, 2006, p. 43.

普遍犬儒主义的时代,是对意识形态时代的替代。这种犬儒主义带来了今日批判之有效性的问题。如果每个人都知道现实的支配性表象并非"真正的"现实,那么批判还有什么目的呢?

在齐泽克看来,斯洛特戴克的意识形态理论是错误的,就像他对我们所处时代的诊断一样。后者绝不是"后意识形态的"。事实上,犬儒主义普遍存在。不过,无论其如何普遍,相信这种犬儒主义足以将我们抛入一个后意识形态的时代则是对意识形态本质的误解。因为意识形态首先不是表象的问题,而是行动的问题。帕斯卡的赌注论证使得澄清这一点成为可能。在新古典经济学的意义上,这一论证依赖功用计算。他坚持认为,对个人来说,相信上帝始终会更为有利,因为如果上帝存在,那么信仰上帝得到的好处就是巨大的(升入天堂),正如不信的代价(堕入地狱)也是巨大的一样。与之相反,如果上帝不存在,那么一个人信仰上帝与否也只是瞬间之事。每一个理性存在因此必须信仰上帝。显然,问题在于信仰是不能被强迫的。一个人不能随意信仰;拥有真正的信仰是必要的。帕斯卡对这一问题的回应众所周知:"下跪并且祈祷,然后你就会信仰它。"[1]

这一赌注论证经常被阐释为展示人的行为对其精神状态的影响。祈祷者将其自身的内容内在化,通过不断的重复,它会逐渐转化为真正的信仰。但是,对这一赌注的不同阐释也是可能的。齐泽克认为,帕斯卡的理性所展示的,并非在说我们的信仰能够在我们心中产生表象。他想说的是,在我们知道拥有表象之前,我们常常已然拥有了它们。与其想法相反,当一个人下跪祈祷时,她已然信仰了上帝。当她认为她将要信仰时,事实上她只是承认某一信仰已经呈现在她的内心深处。因为,真正重要的并非精神状态,而是行动。这就是为什么我们的时代依然充斥着各种意识形态。尽管犬儒主义盛行,但个人仍要继续表现得似乎意识形态依然有效。阿尔都塞的"意识形态国家机器"理论可以通过这一论证得到解释。阿尔都塞将"意识形态国家机器"——学校、教会、媒体、家庭——与"强制性国家机器"(警察、军队、

---

[1] Blaise Pascal, *Pensees*, Paris: Le Livre de Poche, 2000, p.233.

监狱）区分开来。意识形态国家机器的功能在于借助意识形态，通过将现存秩序在那些臣服于此的人眼中"自然化"来确保这一秩序得以维系。对齐泽克而言，意识形态国家机器导致了对现存体系的维系，甚至在人们感知它们之前。这里涉及一种"信仰之前的信仰"。揭示这一"前信仰"存在的症候是个人的活动，人们展示了对现存秩序的维系，无论一种犬儒式的间隔如何深植其中。

齐泽克认同马克思主义，这一点对于前东欧国家的知识分子来说极为罕见，在苏联时代，齐泽克也是其国家的持不同政见者。因此，他为经济"归根到底"的决定作用辩护，这一点从一开始便能在其范式的核心以各种不同的形式被发现。更确切地说，他认为经济领域的支配形式——剥削——对于其他压迫形式而言具有优先性。与其重塑笛卡尔式主体的欲望一道，这是另一个见证了这位哲人反对"西方学术界"统治性教条的命题。这一经济基础决定上层建筑的命题在相当长的时期内支配了批判理论，也就是说，在马克思主义占主导地位之时。但是，自20世纪70年代以来，支配是多元决定的这一观念开始确立，甚至到了成为一种新教条的地步。许多因素促成了这一发展。这一时期见证了"第二条战线"的扩张，后者动摇了迄今仍被视为核心的劳资对抗关系。另外，各种社会技术变迁，如大众媒体的出现，将文化置于（后）现代生活的中心。布迪厄的社会学便是这一趋势的典型代表。布迪厄坚持认为，社会世界是由不同的社会"场域"构成的，每一社会场域与其他的场域相比具有相对的自主性。这就表现为特定的资本在诸社会场域中流通，任何一个并不比他者更重要。

在齐泽克看来，批判理论在滋生支配形式方面已经走出了很远，甚至已经到了无法辨识作为体系的资本主义之特异性的地步。支配毫无疑问是多元的。但是，资本主义的特殊之处在于，所有的支配形式都被同一种现象所支撑，它赋予所有支配形式以相同的"染色体"，即资本积累。当代批判理论家们确实承认经济剥削的存在，但他们认为，这只是诸多压迫形式中的一种而已，如同男性统治或种族主义一样。齐泽克认为，这一观点是错误的。剥削并非诸多压迫形式中的一种，而是潜藏在它们背后的总体逻辑。这就是为什么这位哲学家对流行的"多元文化主义"进行了激烈的批判的原因所在,正如他在《为不宽容辩护》一文中所表明的。

齐泽克接受了马克思主义的"物化"主题,这一主题尤其在卢卡奇的《历史与阶级意识》(1923)一书中得到了发展。卢卡奇这样写道:

> 在主观方面——在商品经济充分发展的地方——,人的活动同人本身相对立地被客体化,变成一种商品,这种商品服从社会的自然规律的异于人的客观性,它正如变为商品的任何消费品一样,必然不依赖于人而进行自己的运动。①

在资本主义中,人的活动呈现出"任何一种消费品"的状态,即商品的状态。商品拜物教腐蚀了人类活动和行动的所有领域。按齐泽克的说法,由此可以得出一个简单的结论:"简单来讲,我所要求的是'回归经济的优先性',但是并不牺牲后现代的政治化形式所提出的议题,而恰恰是要创造出条件,以便让女性主义的、生态的以及其他的要求得以更有效地实现。"② 极度贬低女性主义的、生态的或其他的斗争是不应该的。决定论的命题"在归根到底的意义上"有时被其对手描述为一种削弱这些其他斗争形式的期望。在齐泽克看来,这是错误的。简单地说,尽管这些压迫形式在资本主义体制中呈现出特定的内涵,但它们不能与反对物化的一般斗争分离开来。由此就形成了其他形式的斗争得以展开的背景,而且这也是为什么它必须被视为核心的原因。

齐泽克还对"反权力"(anti-power)理论展开了激烈的批判,后者在1990年代和21世纪早期曾被广为传播。此种理论坚持认为,掌握国家权力不仅是无效的(因为权力在今天已被广泛散布于整个社会有机体中,并且不再

---

① [匈]卢卡奇:《历史与阶级意识》,杜章智等译,商务印书馆1996年版,第147—148页。
② Slavoj Žižek, *The Ticklish Subject: The Absent Centre of Political Ontology*, London and New York: Verso, 1991, p. 356.

集中于国家），而且导致了灾难的发生。他们间接地接受了"反集权主义"的论证，这是这批"新哲学家"的一个预设，即斯大林主义非但没有衰退，反而从俄国革命甚至从法国大革命开始一直存在至今。

如齐泽克所言，反权力的理论家们提前将失败予以理论化。他们已经将其内在化和自然化到了这种程度，即除了位于体系边缘的"临时性自治区域"之外，他们已经丧失了想象的能力。齐泽克坚决主张颠倒"国家中心主义"的批判，正如我们所见，其来源可以追溯到福柯。他超越了新左翼及其"去中心化"的权力概念，主张对经典马克思主义（主要是列宁）的权力和国家理论进行重新考量。经历了 1980 年代以及 1990 年代绝大多数时间对马克思的诋毁，时至今日，马克思的名誉在很大程度上已被恢复。对齐泽克来说，列宁的形象是今天的激进左翼必须加以复兴的。齐泽克声称："真正的列宁主义者与政治保守派之间的相通之处是他们都拒绝自由左翼的'不负责任'（倡导团结、自由等宏大规划，但在必须为其付出代价、采取具体且经常是'残酷的'政治手段时，又退缩到一旁）。"① 在俄国革命期间，列宁曾勇于担负国家的领导权。他非但没有将自身局限于对十月革命的浪漫庆祝，反而致力于将其所得转化为一种持久的社会政治秩序。这也就解释了为什么他接近于圣保罗，后者通过组织教会，同样致力于基督复活事件的持续。齐泽克以一个颇具挑衅性的公式将这种事件向持久秩序的转化称为"良善恐怖"（good terror）。在他看来，真正的事件具有如下特征，即它总是要为此付出代价。

---

① Slavoj Žižek, *The Ticklish Subject*: *The Absent Centre of Political Ontology*, London and New York: Verso, 1991, p. 236.

新自由主义时代的阶级、文化与不平等[*]

伊莫金·泰勒 著[**]　　张永红 马天平 编译

[**内容提要**] "阶级"概念描述的问题是不平等。欧洲从工业资本主义向金融资本主义（新自由主义）的过渡导致了国家内部和国家之间在收入、医疗和生活机会上的不平等不断加剧，其不平等程度是自"二战"爆发之前至今前所未有的。在这种情况下，如果要把握当今的不平等问题，就要把阶级作为社会学的基点。本文追溯了皮埃尔·布迪厄把阶级视为一个关系性的概念的理论、贝弗利·斯凯格斯关于阶级就意味着斗争的观点以及温迪·布朗认为新自由主义具有政治斗争文化化特征的论述，旨在引起人们对阶级分析的重视，更好地理解后工业社会阶级剥削的形式。作者还基于雅克·朗西埃的阶级概念指出，阶级社会学不应以对阶级身份的假设和确定为基础，而应立足于将阶级理解为反对分类的斗争。这样，面对被视为"随意弃置的生命政治"的新自由主义治理，社会学就可以努力促进一种新的社会政治理想的发展。

[**关键词**] 阶级　文化不平等　分类　新自由主义

---

[*] 本文原载《社会学评论》（*The Sociological Review*）2015年第63卷第2期。本译文系国家社科基金项目"当代西方发达国家引领社会思潮的经验和启示研究"（13BKS064）和重庆市人文社会科学重点研究基地重点项目（13SKB012）的阶段性成果。译文原载《国外理论动态》2017年第11期。

[**] 作者简介：伊莫金·泰勒（Imogen Tyler），英国兰开斯特大学社会学系学者。

"福利街"与"随意弃置的生命政治"

亨利·吉鲁（Henry Giroux）认为，当代生活是"随意弃置的生命政治"（biopolitics of disposability），其中，贫穷的少数种族和少数阶级无助于普遍的消费者伦理，在日渐衰败的城市和社区中，他们正消失在那些已成为荒凉和废弃的飞地的贫民窟中。在英国，政客们将这种状况称为"破碎的英国"。正如艾玛·道林（Emma Dowling）和戴维·哈威（David Harvie）所说，这是一种使人们将"深刻的社会、政治和经济危机的结构性条件"想象为"个人行为"问题的"意识形态偏移"。通过这种"修辞手法"，后工业社会中工人阶级不断深化的危机被描述为"道德危机"。2014年1月6日，英国电视台第四频道播放了《福利街》第一集，这是一个共六集的纪实电视节目，旨在"揭示英国福利依赖最严重的一条街道上福利生活的现实"。在《福利街》开场片段的前10秒，摄影机在一排平房的屋顶上平移，这个俯拍的全景视图一开始就形成了"一个阶级对另一个阶级的窥视"，从而将观众带到了"破碎的英国"的强大政治想象之中。从节目的标题"福利街"到堆满垃圾的街道、无人照看的孩子、游荡的青年、香烟和酒精、连帽上衣和棒球帽等的图像组合，间杂着"失业者，失业者，失业者"的声音，都在引导观众将福利国家重新想象为一种"福利文化"：这种文化使公民贫困、毒瘾滋生，并造成了政府部长们所谓的"深陷其中的人们"的致命依赖性。正如时事周刊《旁观者》（The Spectator）的标题所表达的："《福利街》暴露了英国肮脏的秘密——福利是如何禁锢穷人的。"

爱制作公司（Love Productions）——默多克的世界传媒集团"天空"拥有其70%的股份——的制作人将《福利街》视为"纪录片系列"，认为它是"为实际上没有发言权的社区代言"的"诚实描述"。但是，正如皮埃尔·布迪厄（Pierre Bourdieu）提醒我们的，电视是"编辑和组织认知的行业，它向人们提供按照特定方式分类、分配和区分了的世界观"。"不值得救助的穷人"的电视形象经过累积和重复，形成了一种共识：英国——用一名观众的话说——"到处都是游手好闲、逃避工作的人",这极大地限制了人们的政治想象力。这样,《福利街》之类的节目就为针对不稳定的无产者人群——边缘人、被剥夺权利者、未充分就业者和失业者——的"视听管制"(audio-visual policing)建立了新规则。正如道林和哈维所说,《福利街》等电视节目所表达的"破碎的英国"的反乌托邦观点,被人们用来"从政治上说明财政紧缩政策的合法性",这为从金融资本主义危机(因2008年北大西洋金融危机而加剧)中逐渐浮现出来的不平等制造了"替罪羊"。它提醒我们,后工业社会的工人阶级不仅面临着就业不稳定、向下社会流动和社会极端不安全的形势,而且还忍受着克莱尔·华康德(Claire Wacquant)所说的"在日常生活和公共话语中日益污名化(stigmatisation)"的状况。阶级污名的制造在实现阶级剥削方面发挥着关键作用。广而言之,正如我在《反叛的臣民》(Revolting Subjects,2013)中所说,诸如"福利骗子"这样的国家贱民被用来充当社会控制的"技术",由此实现了从福利国家向"后福利"国家的过渡。此外,污名化产生的不仅仅是"政治资本":诸如爱制作这样的纪实电视制作公司专门从事剥削性生产,它们将失业者的劳动作为"人力资本",为世界传媒公司积累财富。事实上,《福利街》的黄金收视人数达650万,这使它成为该年度第四频道最受欢迎、利润最丰厚的电视节目之一。这是一次"通过剥夺实现积累"的壮观展示。

有人认为《福利街》是公认的对"现实"的描述,因而是准确的描述,并非为了利润而制造"现实"。这种说法不仅虚伪,而且否认了这类节目的危害性。"破碎的英国"的政治美学并没有被《福利街》的观众们顺从地接受。事实上,在2014年间,詹姆斯·特纳街的居民、电视制作人、电视观众、政界人士、报刊记者、电视专家、反贫困团体、决策者和社会学家围绕《福利街》展开了激烈的斗争。

2014年8月30日,一群米德尔斯堡足球俱乐部的支持者在俱乐部的河滨体育场打出一条写有"贫穷不是娱乐,去他的《福利街》"的横幅。这是对抹黑穷人电视形象的抗议。他们认识到:"如果没有对抗电视的具体方案,就再也无法开展社会斗争了。"在电视摄像机镜头的聚焦下,他们的抗议成为反对当前"随意弃置的政治"的行动,标志着反对"新自由主义的资本主义统治"的象征性暴力和物质剥夺的阶级斗争正在进行之中。

阶级问题

有关社会阶级的社会学著作总是会回到这样的问题:"什么是阶级?"但是,这个问题是错误的。而我想问的则是:"'阶级'所描述的问题是什么?"答案极其简单:是不平等。事实上,无论在何种历史和地缘政治背景下,我们所说的阶级的称谓(即精英阶级、富人阶级、中产阶级、工人阶级、下层阶级)都在从不同的方面揭示不平等的结构性条件。关于这个问题,迈克·萨维奇(Mike Savage)指出:

> 无需阶级这一概念而对分层和不平等问题进行分析的方法有很多。然而,社会学家必须保留"阶级"一词,以便揭示经济不平等是如何与更为广泛的社会、文化和政治分裂联系在一起的。

对此,我要做进一步的阐释:如果不平等问题导致了阶级分类(classification),那么平等对于阶级社会学的意义就不言自明了。阶级分析就是提出途径和方法,使我们更好地理解和应对阶级不平等的后果,以及随不平等而产生并使不平等得以延续和再生的剥削形式。

在欧洲,从工业资本主义向金融资本主义(新自由主义)的过渡导致了国家内部和国家之间在收入、医疗和生活机会上的不平等不断加剧,其不平等程度是自"二战"爆发之前至今前所未有的。例如,自1970年代以来,欧洲和北美的收入差距显著增大,北方富裕国家的贫困人口越来越多。然而,当前关于不平等不断加剧的争论却常常回避阶级问题。其中一个主要原因正如华康德所说,欧洲劳动力市场自1970年代以来的转变"尖锐地提出了概念框架和分析方法——从现在逝去了的资本主义组织时代继承下来的——的充分性问题"。社会学家一直想搞清楚后工业化所带来的阶级结构令人迷惑的变化。同时,要理解在新自由主义条件下造成阶级关系分化(重组)的剥削形式，就迫切需要对日益加剧的经济和社会不平等状况进行阶级分析。这就要对在这些进程中处于不利地位的人们日益危险的处境——包括这些变化对城乡劳动人口和中产阶级人口的影响——进行经验驱动的社会学研究。对那些从不断加剧的经济分层中获利的精英人士，我们也需要予以新的批判和实证分析。此外，我们还需要对阶级分析本身的认识论基础进行更为根本的理论修正。特别是，华康德认为，"由于社会学的研究手段和分析话语被政治操纵者利用来展现被他们虚假地合理化了的统治愿景"，从而使作为一门学科的社会学"深深地卷入了对制造群体（group-making）的研究"。

30年来，精英们极力避免将阶级作为理解和应对社会和经济不平等现象的透镜，这使得从以阶级为基础的社会学视角理解阶级关系的当代转向变得更加困难。这种将不平等与阶级"脱钩"的企图生动地体现在1990年代英国工党的转型上，即它从工人阶级的议会党团变成了"新工党"（"新自由主义工党"）。新工党拥护金融资本主义，在政策上强调福利私有化和放松对金融市场的管制。1999年，英国时任首相托尼·布莱尔在一次演讲中表示："阶级战争已经结束，但争取真正平等的斗争才刚刚开始。"

1990年代，在社会学中有大量文献论及"从阶级退却"（retreat from class），这成为把阶级与新自由主义改革所造成的不平等割裂开来的运动的一部分。例如，乌尔里希·贝克（Ulrich Beck）曾认为，阶级已经成了一个"僵尸范畴"（zombie category）。在一次辩论中，他指出："社会再也不能从镜子里看到社会阶级了。镜子已经被砸碎，我们所剩下的只有个体化的碎片。"在贝克看来，当代社会是"无阶级的资本主义"，其社会不平等是"个体化"的。贝克的分析是准确的，因为新自由主义政策的目标之一就是通过个体化进行阶级分解（class decomposition），这包括在社会生活的各个领域刺激了资源竞争的集约化管理。换句话说，从工业资本主义转向金融资本主义的后果之一就是阶级分解，这意味着人们可能不再认为自己属于某个现有的社会阶级，或者积极认同历史上的阶级称谓。特别是，无论是作为阐释社会学的透镜，还是作为人们在反对剥削的日常斗争中所使用的政治身份范畴，"工人阶级"都受到了侵蚀。

特蕾西·希尔德里奇（Tracy Shildrich）和罗布·麦克唐纳（Rob Mac-Donald）探索了通过"去阶级身份"实现阶级分解的过程。通过对贫困人口的实证研究，他们详细说明了因贫困而"指责'穷人'"的霸权话语是如何制造压力，使他们"不再具有'穷人'和'福利依赖者'的身份"的——特别是在"工人阶级的团结日渐式微的背景下"。这项研究同时还揭示了病态的下层阶级这一概念为什么会在阶级的社会经济意义遭受冷遇时得到人们的关注。简而言之，社会阶级在新自由主义条件下并没有消失或消解。相反，阶级分类的斗争日益加剧。尽管不平等并不像那些意识到或确实经历了不平等的人们所明确理解的那样，但它仍然属于阶级问题。乔迪·迪安（Jodi Dean）提醒我们：

> 有组织的资本力量足以说明为什么很少有人会想到"无产阶级"和"资产阶级"，但这并不妨碍我们认识阶级、工作、分裂、不平等和特权，所有这些都是可见的、有形的、不可避免的。

无论在何种历史背景下，或使用何种流行的、技术的或政治的话语来表达（即使该话语表达的是消灭阶级的诉求），阶级都是对不平等的资源（经济资源和象征性资源）分配以及与之相伴的"剥削、剥夺和贫困化——造就了依靠我们其余人生活的、富裕的特权阶级"——过程的认可。此外，在新自由主义分解阶级关系的过程中，特别是在反对新自由主义所导致的不平等的斗争中，新的阶级关系得以构造。这就是为什么说如果要把握当今的不平等问题，阶级斗争仍然是社会学的基点的原因。

斗争意义上的阶级

政治哲学家雅克·朗西埃（Jacques Rancière）认为，"阶级"是一个同源词。他的意思是，"阶级"概念描述的似乎是同一个东西，但实际上却往往意思相左。朗西埃认为阶级概念主要有两层含义。首先，在政治意义上，阶级被理解为"对根据出生或活动而被赋予了特定地位和等级的人进行归类"。其次，阶级是"冲突的操作者，意味着将被忽视者纳入其中"。也就是说，所谓阶级，是对那些反对社会分层中自身特定地位的人们的政治称谓，如"工人阶级"。以往的社会分层对于衡量、思考、推测、描述和比较阶级（和种姓）结构的历史变迁很有必要，它推动着许多有关阶级的社会学研究。阶级分析的分层方法通过（运用各种方法）收集数据，使人们了解特定时空中的个体相对的经济（财富）和社会位置（地位）。正如大卫·格拉斯基（David Grusky）所总结的：

> 分层研究的任务是详细说明这些社会群体的状态和概况，描述导致个体出现不同的社会结果的过程。

尽管分层分析中最常用的社会经济数据来源于收入、职业和教育等方面，但分层学者对于"给阶级分类"的正确方法仍然存在许多分歧。尽管如此，所有的分层方法都可以被描述为贝弗利·斯凯格斯（Beverley Skeggs）所说的"'政治算数'（political arithmetic）式的阶级分析，其中包括将人们纳入预设的分类当中——对此，争论的焦点集中在分类或匹配的准确性上"。分层研究常会"忘记"，它自己积极介入了它所描述的阶级分层结构的形成和建立。

在《区隔：品味判断的社会批判》中，布迪厄从理论和方法上对社会分层研究发起了重大挑战，对"以客观主义方式使用统计数据并确定分配"的做法提出了质疑。在布迪厄看来，分层方法的主要问题在于它们"必然会把斗争置于次要位置——而分配是斗争的结果"。他认为，人的分类永远无法包含在客观的衡量体系之中，而总是产生于围绕和反对这些分类体系的斗争之中。对于布迪厄而言，阶级是一个关系性的概念，社会阶级只有通过（反对剥削和不平等的）斗争才会出现。他指出：

> 当统计学家忘记了他所面对的所有财产——不仅包括他进行了分类和评估的财产，而且还有他用来分类和评估的财产——都是阶级斗争中

的武器和奖赏时,他就会将每一个阶级从它与其他阶级的关系中抽取出来,不仅从赋予财产以独特价值的对立关系中抽取出来,而且从作为分配基础的权力关系和争取权力的斗争关系中抽取出来。

布迪厄对分类体系的认识论基础的批判性质疑,是早期社会学分析的基本遗产。事实上,社会学的主要任务之一就是关注特定的社会环境中正在发挥作用的分层原则,以及命名的权力、分类的象征性暴力和分类实践的践行效果。克莱尔·沃特顿(Claire Waterton)提醒我们:

> 埃米尔·涂尔干(Émile Durkheim)和马塞尔·莫斯(Marcel Mauss)[在1903年的《原始分类》中]率先指出,如果我们想要理解:第一,如何分类,第二,分类有什么用,那么关于我们如何管理世界和为世界分类的社会学问题就非常重要。20世纪初,人类学家已经由思考关于阶级"真相"(实质上可以说是阶级的基础)的认识论问题转向更为本体的问题,即分类及其产生的类别是如何创造和维系社会关系的。

《区隔》为分类社会学作出的贡献在于它详细说明了,即使在战后欧洲的自由民主福利国家从表面来看分层并不明显的情况下,社会阶级分层结构为什么仍会保留下来,又是如何存留下来的。《区隔》对阶级的形成进行了详细的、后马克思主义的解读。它认为,阶级分层结构不仅出现在劳资斗争中,而且也出现在"文化斗争"中或通过"文化斗争"表现出来:无论是表达为日常的"品味",还是表达为日常的"厌恶",都可以表明"独特的权力符号和权力象征的内化"和/或文化能力的获得。《区隔》的遗产之一是给阶级社会学家留下了一系列概念工具,用以研究分类制度得以实施和为人们所接受的机制。例如,在《阶级,自我,文化》(*Class, Self, Culture*, 2004)中,斯凯格斯描述了在当代的社会象征性交换中身体如何被赋予了不同的价值,从而不仅产生了"人的价值"的阶级分层结构,而且还产生了"人的价值"的性别和种族分层结构。由此,斯凯格斯利用女性主义和种族批判理论大大拓展了布迪厄对文化资本和象征资本的理解。斯凯格斯重点关注了贪婪的、个体化的、"灵活"的价值主体——中产阶级——的新构成。这种标准化的中产阶级自我是典型的新自由主义主体，它被作为一种治理形式动员了起来，通过它（并在反对它的过程中），在"流行的和政治的"想象中形成了对阶级他者（class-others）的判断。斯凯格斯的著作揭示出，布迪厄所认为的1970年代使阶级关系神秘化的精英政治想象已经被更加公开的、阶级他者化（class othering）的敌对形式所取代。到21世纪头10年，工人阶级被公开地描述为：

> 作为下贱的、不负责任的、难以管制的、肮脏的、无益又无用的白人，据说他们不仅拒绝提升自己的价值，而且还消耗着国家，阻碍着其他人的世界现代性的发展。

在这一点上，斯凯格斯的分析遭遇了布迪厄概念框架的限制，因为尽管他强调阶级就意味着斗争，却没有考虑到工人阶级对他者化的话语实践的抵抗潜力。她写道：

> 布迪厄无法解释的是，那些作为劳动力来源的人……那些不能进入交换领域来为自己交换、积累或创造价值的人，如何才能形成有价值的人格。对布迪厄而言，这些主体表现为缺乏价值、价值赤字、毫无价值，因而只有负资本。

相比之下，斯凯格斯指出了"其他替代性价值形式的存在"，并详细说明了阶级他者用来反对"资本主义价值主体"的侮辱性判断的"价值反转"（value-reversal）策略。她借鉴民族志研究，揭示了工人阶级如何在岌岌可危的境况下积极反对"中产阶级的光谱判断（spectral judgement）"并进行"价值重塑"，而这是以阶级团结的形式出现的，其中的"各种关系形成于地方和家庭的社会交往中，其他人只是支持性的连接点，而非自我积累的来源"。通过这项研究,斯凯格斯对斗争意义上的阶级进行了更为激进的解读,并突出强调了人们激发替代性价值、避免和反击阶级污名的方式。

斯凯格斯的著作为新一代社会学家铺平了道路,使他们能够详细说明新自由主义的阶级分解所产生的影响,以及人们用来减轻竞争性个人主义和社会原子化的影响的日常策略。例如,在《艰难度日:英国财政紧缩中的财产、阶级和文化》中,丽莎·麦肯齐(Lisa McKenzie)探讨了诺丁汉一处贫穷的公共住宅区的居民如何参与到有价值的地方经济当中,避免外界对他们住所的病态评价和描述。麦肯齐说明了"否定性的命名(negative namings)、'被人歧视的感觉'、愤怒和屈辱是如何融入自我,但同时又成为表达反抗的象征性系统的"。在《中产阶级化:工人阶级的视角》中,柯尔斯廷·佩顿(Kirsteen Paton)研究了格拉斯哥市帕特里克区的居民如何被迫成为"消费者公民"(consumer citizens),并参与了社区中产阶级化——即使这样做会贬低现有的阶级身份,产生对抗性的阶级碎片,破坏"传统形态的集体主义"——的机制。她写道,中产阶级化"是'使人们绅士化'的城市政策的一部分,也就是说,使他们的主体性和行为更符合新自由主义的经济原则"。佩顿关注"阶级构造"的实践,其研究突出了新自由主义的阶级分解/重组所取得的成就及"潜在的危害"。这反过来可以促使我们进行批判性的反思:分类实践所产生的知识如何塑造(制约和促成)了对阶级分解/重组形式的反抗。对此,布迪厄的提醒不无启发:

> 在有关社会世界的意义的斗争中,利害攸关的是争取分类体系和制度的控制权,因为这些体系和制度是群体表征的基础,从而也是群体动员和反动员的基础。

正如沃特顿所说,分类"不仅描述世界,而且影响世界,是'起作用的'——它们说明行动的可能性,并束缚了人们的自我主导感"。阶级的这个定义与朗西埃将阶级看作"冲突的操作者"的第二个定义接近;在朗西埃的定义中,阶级被理解为被剥削阶级反对分类的斗争,更具体地说,是反抗

"阶级称谓"所描述和规定的社会命运的斗争。

文化意义上的阶级

布迪厄指出:"社会学家能够比其他人完成得更好的一项使命就是反对媒体渗透的斗争。"《区隔》告诉我们,阶级斗争永远是一个获取经济和文化资源的问题。始于布迪厄的"文化转向"的阶级分析是英国经济和社会研究委员会(ESRC)资助项目"文化资本与社会排斥"(CCSE,2003—2006)关注的重点,该项目的研究结论构成了英国广播公司组织进行的"英国阶级调查"的概念基础。我想暂时把目光转向"文化资本与社会排斥"研究,因为这项研究说明了当前阶级分析中一些明显的局限性。特别是,我认为布迪厄对阶级意味着斗争(日益通过文化领域折射出来)的动态理解被该研究针对阶级和文化采用的分层方法所抹杀。

"文化资本与社会排斥"研究利用布迪厄(及其后来与《区隔》进行的一系列批判性交锋)仔细分析了文化资本在说明英国的阶级差异时相较于经济和社会资本的重要性,其实质性结论以《文化、阶级、区隔》为标题发表。它肯定了布迪厄的论点,即"品味"是区分社会群体的核心手段,并且显然与社会等级意识相关联。在该研究所发表的研究结论中,不太清楚的一点是,"品味"的表达以及常常与之相伴的分类判断是如何通过象征性暴力与阶级权力和特权的永久化联系在一起的。事实上,虽然《文化、阶级、区隔》洞悉了"文化品味"对地位差异的等级结构的持久而显著的塑造,但作者们仍然得出结论认为,在新自由主义的英国,"没有什么明显的争议和阶级不满"。

这个说法直接违背了在这一研究进行时阶级对抗明显复苏的现实。安吉拉·麦克罗比(Angela McRobbie)清楚地指出,自 1990 年代以来,"以不符合中产阶级的言论或外形标准为由而当众羞辱人"已经变得可以接受和正常化了,而这在战后的福利主义时期会"被认为是无礼的、歧视性的或带有偏见的"。事实上,二十多年来,对于"'值得帮助的穷人'与受到不负责任和不道德的道德责难的其他人之间"重新出现的差异,社会学家和文化理论家进行了系统而详细的说明。在英国,"chav"形象的出现最为显著地表明了"阶级不满"的复苏,该词指懒惰、无知、依赖福利生活的年轻人,是1990年代末用来侮辱贫穷的城市青年无处不在的术语。

如果说"阶级种族主义"(class racism)在这个时期成为了社会生活的普遍特征,那么"文化资本与社会排斥"项目对"文化资本"的研究为什么会得出结论说,英国"没有明显的争议和阶级不满"呢?产生这种矛盾的一个原因是该研究对"文化"理解的局限性。该项目学者艾伦·沃德(Alan Warde)将文化视为"物品"和"产品",他从描述人们对特定文化产品喜欢和不喜欢的方法出发,对"文化判断制造和保持社会分化的能力"提出了质疑:

> 如果文化敌视意味着一个群体通过表达对大批文化产品的厌恶来贬低另一个群体,那么这在英国就不是很普遍。就不喜欢本身而言,并不能证明社会群体或社会类别之间存在着强烈的或普遍的敌视。

在"文化资本与社会排斥"研究中,文化被理解为多样的"文化产品",而"文化资本"则被理解为表达出来的"喜欢"和"不喜欢"。这种文化定义掩盖了象征性暴力在文化中以及通过文化制造阶级关系的核心作用。文化不仅是由"物件"(things)组成的,而且还是一种政治经济学。"即使是最具物质性的经济制度,也带有固有的、不可化约的文化的一面;它们充满了各种意义和规范"。在"文化资本与社会排斥"研究期间,文化生产对阶级他者的公开贬损表现了强烈的阶级敌意。如果说平等对于阶级社会学的意义不言自明,那么社会学的工作就是要理解这种敌意对阶级剥削和不断加剧的不平等有着怎样的揭示,又该如何与之斗争。

阶级斗争的文化化

本文始于对《福利街》的异议,因为它说明了人们在何种情况下会对自己所处的"文化和经济从属地位的恶性循环"产生敏锐的感觉。用《福利街》的一位参与者的话说，人们是在"被骗"之时意识到这一点的。以迪·罗伯茨（Dee Roberts）为例，她是一名有资质的顾问和护工，在《福利街》开场片段有一幅她指着大门高喊"失业者，失业者，失业者"的特写。她说道：

> 他们编辑了所有的东西来满足自己的需要。他们说想拍摄一个电视节目，表明这条街上存在着多么伟大的社区精神，以及我们每天是如何互相帮助的。他们说虽然"英国破碎了"，但在我生活的地区，社区关系密切。我由于相信这一点而参加了这个节目。但是，这个节目与社区无关，你可以从标题上看出来。它所有的一切都是讲这条街上的人是靠福利生活的，他们吸毒，成天混日子。它把人完全塑造成了人渣。他们从一开始就骗了我们。我们向他们敞开大门和心扉，但他们却亵渎了我们，滥用了我们的信任。

在这里，罗伯茨令人信服地指出，"贫困煽情"（poverty porn）的电视制作的核心就是阶级剥削。如雷蒙·威廉斯在五十多年前所言，她完全意识到，大众传播机构"并非劳动者自己创设的。相反，是别人为他们制造出来的，其目的常常是为了获取某种意识到的政治或商业优势"，以及"说服许许多多的人按照某种方式行动、感知、思考、认识"。事实上，对于媒体主管们就纪实电视节目等当代媒体形式提出的民主化诉求，研究者们已经进行了详细的分析，并提出了质疑。电视上出现的更加"多样化"的人物——"主持人、受访者、纪录片话题对象、游戏节目参赛者和虚构人物"——掩盖了这样的事实，即一个主要接受私立学校教育的精英阶层享有摆弄和呈现这些形象的编辑权，而拥有巨大商业和政治利益的全球性公司则控制着媒体内容的"生产和分配"。正如南茜·弗雷泽（Nancy Fraser）所说：

> 对一些人带有不公平的偏见的文化准则在国家和经济中已经被制度化了；与此同时，经济劣势阻碍着人们对文化创造、公共领域和日常生

活的平等参与。其结果，常常是文化和经济从属地位的恶性循环。

纪实电视节目之类的新媒体形式和类型，促进了不平等的资源分配和支配权分配的传达、合法化和进一步发展，对这种作用的研究，是由斯凯格斯和海伦·伍德（Helen Wood）领导的英国经济和社会研究委员会资助的研究项目——"通过电视伦理情景剧塑造阶级和自我"（2005—2007）——的主题。如斯凯格斯和海伦所说，这项研究最重要的成果之一是拓展了对电视本身的社会学理解，即将电视视为"一个参照系，通过它，我们及我们的身份形式（作为观众和潜在的演员）日渐确立起来"。我们从中了解到，在进行阶级分析时，仅仅根据节目内容或观众偏好来检视电视媒体是不够的。电视不（只）是表现当前的社会关系和价值体系，它在根本上是由当代社会生活构成的。将电视延伸到日常生活中的媒介，包括政府的各种通信部门、公关行业和大众媒体的全球公司网络、社交媒体（博客、留言板、短信和推文）的日常使用技术等一般的通讯系统，以及将"电视上的人、事和问题与人们自己的生活编织在一起的日常的喋喋不休"。斯凯格斯和伍德的研究表明，电视是当今阶级斗争的关键场域。

这一开创性的研究使社会学家可以探究媒体对阶级污名的制造是如何在每一个层面上与社会关系交织在一起的，包括自我的关系（relations of the self）。例如，电视分类将当代社会中最为弱势的人群视为卑贱的，由此形成的阶级污名不仅"从外部"询唤着主体，而且在日常生活中被当作了"阶级讨论"（class talk）的形式。正如希尔德里奇和麦克唐纳清楚地表明的，阶级污名的文化生产决定着"穷人会如何谈论自己和他人的贫困"。拒绝承认贫困、从道德上谴责"穷人"的"强大思想"源于电视社会交往。这些感知框架产生了新的"潜在的阶级伤害"，因为"不平等渗入了肌肤"。

虽然象征性资源的获取和象征性暴力的过程一直是再生产阶级分层结构和阶级分化的核心，但是，在新自由主义条件下，调解机构所发挥的使不平等合法化的作用越来越大。正如华康德所说，"新自由主义"的"新"就在于它"将国家重新设计和调整为核心机构，国家制定规则，创造有利于实现市场化的主体性、社会关系和集体表象（collective representations）"。为了"实现"新自由主义所要求的社会关系，即默认一种以牺牲他人利益为代价来为富人谋福利的金融资本主义形式，就必须对不平等的结构性原因的"集体表象"作出改变。在新自由主义的传媒文化中，阶级不平等似乎是个人选择的结果，财富是"赚来的"，贫穷是"应得的"。温迪·布朗（Wendy Brown）将这一改变描述为"政治斗争的文化化"："这种模式湮没了形成当代问题和当代政治议题的构成性历史及权力——也就是使政治问题的来源非政治化。"

虽然我侧重强调了政治斗争文化化对处于阶级结构底层的人们的影响，但必须记住的是，新自由主义所造成的岌岌可危的形势并不局限于穷人。正如乔·里格比（Joe Rigby）所指出的："资本与活劳动之间的对抗不再集中在特定的工作场所，而是遍布整个社会。"例如，在当前的金融资本主义"危机"中，随着工作量的增加、既有工作合同的改写、养老金的贬值，许多曾经"舒适的"中产阶级工人同样面临着不同寻常的焦虑状况，此外还受到一系列令人眼花缭乱的监督和审查技术的支配。正如毛里奇奥·拉扎拉托（Maurizio Lazzarato）所说：

> 当代的就业政策将不同程度的不安全感、不稳定性、不确定性、经济和生存的危机性带入了个人生活。它们一方面使个人生活缺乏安全感，另一方面也威胁着他们与曾经保护他们的制度的关系。在任何就业水平和条件下，每个人的不安全感都是不一样的，但不同程度的担忧在包括所有人群的整体中蔓延。

艾玛·杰克逊（Emma Jackson）和麦克拉·本森（Michaela Benson）详细分析了新自由主义的阶级分解/重组对城市中产阶级的影响：城市中产阶级试图寻找新的方法，通过对阶级差异的象征性表达和空间表达保全自己、突出自己。重要的是，他们的民族志研究揭示了中产阶级中充斥的"地位歧视"，以及对种族他者和阶级他者表现出的"暴力不宽容"。从跨阶级的视角看，自1990年代以来，中产阶级媒体工作者对工人阶级的"反叛"进行了大量的文化创作，当今政治文化和公共文化中的底层话语也在复归，这都反映了中产阶级对"坠落"的深深恐惧。值得注意的是，2008年北大西洋经济危机后，流行文化中的"chav"形象被节衣缩食的福利骗子和备受嘲讽的中产阶级城市潮人所取代。这些彼此对立的阶级人物形象以谴责耗费社会资源的吸血鬼为坐标轴，将人们毫不留情地分裂开来。总之，随着阶级不平等的发展，对经济和文化资本的争夺以及与之相伴的分类斗争也不断加剧。工人阶级和中产阶级的文化新形象的出现，以及日常生活中身份歧视现象的激增，是与阶级光谱中危险性日益增加的现实相映衬的。

结论：反对新自由主义的跨阶级斗争

本文将近来有关阶级和文化的学术研究集中起来进行考察，是为了在"当前极端的、不断恶化的不平等顽疾"肆虐的背景下为阶级分析的复兴作出理论贡献。布迪厄、朗西埃、布朗和斯凯格斯为从社会学的视角理解阶级斗争作出了巨大贡献，这提醒我们，争取平等不仅要争取经济和社会正义，而且还要争取在阶级不平等被自然化、被再生产出来、被合法化的地方实施再分配。这些研究将文化理解为政治经济学，将阶级理解为政治美学，这种深刻的理解对于社会学的阶级分析具有重要意义，有助于深入理解新自由主义治理模式的剥削机制。然而，社会学家发现，如果不诉诸本质主义的"阶级称谓"，则很难通过阶级分析的透镜有效地揭示日益加剧的不平等。这就使我们回到了阶级概念的矛盾含义上来，即它是对人们在社会阶层结构中所处的特定位置的描述，也是对反对分类所带来的后果的政治斗争的命名。

反对阶级不平等的解放斗争常常需要"策略上的本质主义"（strategically essentialist），例如，反对将失意的下层阶级病态化，重塑积极的工人阶级身份。在女性主义、后殖民主义和种族批判理论中，"本质的风险"（risks of essence）一直是引起热议的主题，而阶级社会学家们可以从这些争论中学到很多。弗雷泽将本质主义的困境和风险描述为"再分配—再认同困境"。她指出："遭受文化不公和经济不公的人既需要再认同，也需要再分配。他们既需要彰显他们的特殊性,也需要否认他们的特殊性。"同时,我想说的是,历史的或当下的阶级名称和身份的确定,以及/或者新的阶级分类制度的产生,可能会影响到我们对阶级关系变化的理解,对此,阶级社会学家需要警惕。虽然弗雷泽对再认同(认同现存"阶级"的特殊性)和再分配(要求通过资源再分配消除阶级分化)的需要作了理论上的区分,但我所主张的阶级分析方法并不是为了解决这个矛盾。相反,阶级分析赖以展开的主轴恰恰是作为身份的阶级与用来描述反对不平等——由这些身份命名和规定——的斗争的阶级之间的区隔。最有效的阶级分析形式与"进行"分类"本身"无关,而在于揭露和批判阶级分类制度的后果,以及它们在人类社会中确立的价值形式、判断和规范。社会学可以从当代反紧缩政策的社会政治运动所形成的跨阶级联盟中得到启发:包括由公共部门的工人罢工和群众游行铸就的联盟,大学生与清洁工、争取经济正义运动组织——如英国"反削减"组织(Uncut)——之间形成的团结;其中,"反削减"组织是通过直接行动揭露政府和企业的逃税、贪婪及腐败行为的跨国网络的一部分。正如成千上万的旗帜和口号所表明的,面对普遍的权利剥夺,这些运动表现出日益增长的跨阶级意识:没有人是非法的!我们就是99%;亿万富翁们,你们的大限已到!人类的需求高于公司的贪婪!

我认为,阶级社会学不应以阶级身份的假设和确定为基础,而应以"阶级就意味着斗争"这一更为激进的理解为基础。如果说平等对于阶级社会学的意义不言自明,那么我们就必须进行消除阶级分类的研究。这样,社会学就可以促进另一种新型社会和政治理想的发展,因为真正的新型社会需要向反新自由主义的阶级联盟新形式敞开大门。

交错性的黏合剂：阶级的政治优先性*

维克多·沃利斯 著**　　任 远 译

[**内容提要**] 本文探讨了阶级统治和阶级压迫与种族、性别、性取向等压迫维度的结构性差异。社会阶级不仅仅是人口统计学意义上的共同体，更是历史的现实或潜在主体，统治阶级从各个方面塑造着社会存在的主要特征。所有受压迫的共同体都必须意识到，他们拥有共同的阶级基础和阶级利益，并且有必要以此为纽带团结起来，共同反抗统治阶级。然而，这种团结意识如今受到了国家压迫、身份政治以及后现代主义意识形态的阻碍。只有克服这种阻碍，才能实现被压迫者的大联合。

[**关键词**] 交错性　阶级　主体　政治优先性　西方左翼政治

近年来，"交错性"（intersectionality）已经成为社会正义的倡导者们广泛使用的一个词汇，用来描述各种进步斗争的聚合趋势。尽管这种聚合趋势由来已久，但"交错性"主题的频现发生于1980年代末学术理论化的语境之下。鉴于当时特定的时代背景，其应用方式似乎未能充分体现社会阶级的关

---

* 本文系作者直接供稿。北京大学马克思主义学院2016级博士生马骁、何娟和李雪姣参与了部分初稿的翻译工作，特此致谢。译文原载《国外理论动态》2018年第2期。

** 作者简介：维克多·沃利斯（Victor Wallis），美国伯克利音乐学院人文系教授。

键性作用,即界定不同形式的斗争获得共同胜利的条件。这种疏忽反映了在 1960 年代"新社会运动"的语境下形成的一种思维习惯。

正如本文标题所表明的,阶级并不具有绝对的优先性,而只是具有政治优先性。以阶级为基础的压迫或剥削并不必然比其他形式的压迫更恶劣或更痛苦,也不一定是激起某一(或大多数)个体的愤怒、不满或社会意识的首要因素。尽管如此,的确存在一些因素,使得阶级压迫有别于基于性别或种族等维度的压迫。本文试图阐明,各种社会运动无论其关注的焦点是什么,只要继续漠视阶级所具有的独特的战略重要性,都将不可避免地遭受挫败。

一、现实世界的多重压迫

在这个充斥着压迫的世界中,"交错性"具有革命性的价值,因为它含蓄地谴责了统治关系。不同压迫形式在特定个体(或群体)生活中的叠加清楚地提醒着我们,那些遭受双重或多重压迫的人群将会更难以获得解放。与此同时,这些相互交织的压迫之网也表明,的确存在着把不同压迫群体团结起来的共同利益,这种利益至少是潜在的。

倘若以消除所有压迫形式为目标,则我们必须追问:这些压迫形式究竟是以何种方式交错影响的?仅仅是把某一种压迫叠加到另一种压迫之上,从而呈现为各种压迫的量的积累,进而在消除这些压迫时只需要各个团体各自行动吗?抑或存在一种把这些压迫形式联合起来的历史架构?倘若确实如此,那么这些联合的本质是什么?它们又是如何获得今天的形态的?

之所以提出上述问题,是为了探讨不同领域中统治关系的起源和表现。不同群体所遭受的压迫究竟是来自截然不同的源头还是来自同一个主要源头?或者更准确地说,是否存在一个主要的结构性力量,可以扩散、放大、甚至在某些条件下制造特殊的压迫形式?当然,我们也可以反问:在何时以及何种条件下,各种受压迫群体的共同人性可以战胜他们之间真实存在的或被想象出来的利益分歧?

我们需要认识到,交错性压迫已经发展到不仅涵盖了女性、有色人种、少数民族、性取向少数群体、老年人和残疾人等各种特定群体的压迫，而且包括了在一些不利的社会条件或实践中的不合理要求，尽管它们可能以十分不同的方式影响着不同群体，却显然是整体性的，例如战争、侵犯人权的行为、生态破坏和基因工程等。

上述议题的倡导者就像特定群体的倡导者一样，其特征往往表现为致力于某一专门化议题或单一议题。然而，所有这些议题就像各种压迫形式一样，最终都是相互关联的。我们通常需要做的工作是，阐明这种相互联系的结构，并在这种认识的基础上找到或创建一种政治力量，而这一力量有能力消除至今仍贯穿于各种压迫中的霸权。因此，虽然本文更为关注的是交错性概念，但目标却是终结造成这种交错性压迫的结构性基础。

"交错性"这一现象在该词出现之前就已经被人们意识到。尤其是历史上出现的各种大众革命就是同时在多个领域挑战旧秩序。马克思和恩格斯不仅论述了工人阶级作为一个整体受到的剥削，而且探讨了在英国的爱尔兰工人仅仅由于国籍不同而遭遇的不利地位。马克思在《资本论》中也谈到了女工遭受的极端压迫："直到现在还有时不用马而用妇女在运河上拉纤等等，因为生产马和机器所需要的劳动是一个数学上的已知量，而维持过剩人口中的妇女所需要的劳动，却是微不足道的。"[①] 在无数类似的例子中，我们还可以列举赫伯特·阿普特克（Herbert Aptheker）1949年关于"黑人妇女"遭受"三重奴役"的讨论，以及安吉拉·维（Angela Davis）1981年对《塞尼卡福尔斯感伤宣言与决议》（Seneca Falls Declatlation of Sentiments and Resolutions, 1848）中有关妇女权利的评论，她认为该宣言忽视了对工人阶级中无论是白人女性还是黑人女性权益的关切。特别值得一提的是，黑人女性主义者的《康巴希河公社宣言》（Combahee River Collective Statement, 1977）指出："我们认识到，所有被压迫民族的解放需要资本主义和帝国主义政治经济体系的瓦解以及父权制的废除。"可见，人们早已意识到多维度的、经常是叠加性的压迫制度的存在。

---

① 《马克思恩格斯文集》第5卷，人民出版社2009年版，第453页。

然而，交错性作为一个"概念"第一次受到女性主义学者的青睐是在1980年代。因为她们意识到，1960年代兴起的主流妇女运动既未能关注黑人女性由于种族原因遭受的多重压迫，也没有注意到女同性恋者或变性人由于性别原因遭受的多重压迫。当然，这两个维度还可以在特定的个体身上彼此叠加，从而构成一种更为复杂的状况。此外，人们还广泛指出了这一运动的"中产阶级"特征，而这意味着工人阶级妇女就像马克思的时代一样，仍面临着双重压迫。不仅如此，就像过去所发生的那样，由于其中某些成员的激进立场，年龄和残疾维度也被带入了人们的视线。

这就充实了相关文献，使有关交错影响的很多侧面都受到了关注和讨论，也出现了对于多样性、流变性、抑或每一个人可能具有多重身份的许多有益看法，有时甚至会触及人们在面对社会敌意时所感受到的痛苦。所有这一切都有助于改变现实，形成新的尊重，扩展个人的机会空间。但是，社会压迫的基本状况尽管受到公开质疑，却未发生根本改变。

涉及压迫的语言已经温和了许多，这部分是由于政府官员们有效地使用了政治上正确的措辞，并制定了法律来反对"仇恨言论"。但在日常生活层面，在面向市场的大众文化作品透露出的潜意识信息里，以及在每个受到影响的群体中大多数人的经历中，各种习惯性的态度和做法依然给这些群体造成了巨大的伤痛。这方面最为典型的表现是美国警方行动中默认的种族主义——刻意报复那些以任何方式寻求维护自己的权利和尊严的有色人群。类似的情况还包括官方所承认的狱警的失当做法（尤其是针对有色人群和性少数群体），比如，剥夺他们的食物和忽视他们的医疗需求，有时甚至发生致命的殴打。类似的乱象也越来越多地发生在妇女身上，特别是在军队和大学，妇女经常遭受暴力。同样值得关注的还有，某些领域对性少数群体的接纳——比如选任职位——不断增多，但这往往伴随着对她们身体的攻击频率也相应地有所提高。

有关交错性的学术讨论部分体现了1960年代新社会运动带来的影响。这些运动之所以被称为"新社会运动"，是因为它们的诉求未能在"传统的"工人阶级运动或其政党中得到适当的反映。因此，在交错性这一概念出现之前,其核心理念在新社会运动的倡导者们从理论上回应如何将这些运动与工人阶级运动联盟、结合或相互影响——就像它们与传统的左翼政党和马克思主义理论相结合一样——的问题时已现端倪。

在最初的理论回应之后,交错性概念在1980年代早期得到了充分阐释,相关讨论不断完善,既包含了更多独特的、丰富的个体经验,也更加强调不同维度之间的相互作用。但是,交错性理论所隐含的最初目标并没有实现,即将各个被压迫群体联合起来,成为团结一致的政治力量。换言之,目前还没有任何一个政治实体有能力挑战那些塑造着社会各方面的阶级权力。

有理由认为,政治分析应该关注这一议题,尤其是那些信奉社会正义并开启交错性讨论的学者。然而,学术性政治研究——偏重于量化界定和研究设计——似乎更满足于其传统的探讨范围。这种研究往往会导致忽视作为实际的或潜在的历史主体的社会阶级,而是更愿意将阶级视为个体的属性,并且几乎不考虑阶级结构——或统治阶级的利益——对于维持多重压迫的作用。①

这种对于阶级的基础性意义的忽视或许体现了一种不成文的假设,即将阶级分析等同于一种淡化其他差别的、抽象的普遍主义。尽管这种普遍主义确实是政治学学科的一个标志性方面(随着与压迫相关的议题的边缘化),但对于活生生的大众斗争来说却是很少见的,因为它未能考虑到终将促成某种共识的多样性。既与各种形式的压迫作斗争,又努力使这些斗争体现一种内在一致的(以阶级为基础的)议程,这两者并不矛盾。

我们可以通过历史来理解为什么人们不愿把阶级视为(实际的或潜在的)历史的主体——而不只是主体的身份。无论如何,系统考察那些导致这一理解的各种假定将是有益的。为此,本文将提出一个重要的实践议题,即资本主义社会条件下的一切受压迫群体如何才能够团结起来,这是一个已经被部分遗忘的议题。

---

① 在这里,阶级是一个与个人收入水平相关的"模糊性概念",是一个人口统计学意义上的集体,而不是一个行动件的实体。

二、社会运动与阶级利益

交错影响理论化的最初模型——在交错性概念的提出初期——是阶级—种族—性别的"三位一体",而交错性理论的先声是新社会运动理论。该理论认为,工人阶级和社会主义运动未能成功地吸纳基于种族压迫和性别压迫的议题,而这种不成功最终要归因于马克思。为了克服这一缺陷,新社会运动理论认为有必要弱化马克思主义分析的应用范围,而仅仅将其作为理解社会现实的众多视角之一。

在现实中,存在着诸多非阶级的或跨阶级的视角。种族和性别是其中最为广泛的范畴,而认为可以将其与阶级相并列的观点至少还可以扩展到人口统计学特征或政治视角。按照这种看法,种族和性别具有像阶级一样的透视功能,同样可以用来解释所有社会议题。事实上,基于各种身份认同范畴—无论是种族/文化身份、性别身份,还是二者兼而有之——的活动家们已经意识到阶级因素在现实斗争中的重要性。但是,尽管具有这种共识,他们在运动中并未采取联合行动。无疑,美国社会的极端分裂特征使得联合变得更加困难,而来自国家的镇压始终威胁着可能会采取联合行动的各种运动。总之,联合行动非常罕见。

相比之下,确实有一些学者努力将不同的行动联合起来,但他们的动机是为了应对多样化的观点,而不是使这些观点成为一个更大规模的斗争的组成部分。比如,迈克尔·艾伯特(Michael Albert)和罗宾·哈尼尔(Robin Hahnel)在他们共同撰写的两部著作《非教条的马克思主义:论资本主义、社会主义和革命》(1978)和《马克思主义与社会主义理论》(1981)中就试图完成对马克思主义的超越。但是,他们对马克思的理论定位与长期以来的资产阶级评论家一样,认为马克思主义理论的洞察力仅限于对"经济"因素的分析,即对生产的分析。他们宣称信奉一种"辩证的方法",却忽视了马克思主义理论体系中的辩证维度,即错综复杂性,并贬低其作用。他们并不拒绝马克思对资本主义的批判,却认为马克思的方法只能解决阶级压迫问题,但不能解决其他压迫问题。他们精心设计了一个建立在经济、家庭、共同体和政治四大"社会要素"之上的模式。其中,家庭关系涉及人类再生产,因而与性别议题有关;共同体涉及族裔/文化群体,因而与种族议题有关;政治涉及权力结构。尽管他们声称提供了一种辩证分析,但这种模式明显依赖于以人口统计学特征为基础的权力拥有者是否有能力代表特定的社会群体。这就意味着身居高位的女性会促进女性的利益,而黑人、工人、同性恋者也会促进他们各自群体的利益。

这些论断就像许多简单化的看法一样,都包含一定的合理性元素。毫无疑问,任何一个群体都有权发出他们自己的声音。但是,这种缺乏想象力的方法忽视了如下两重事实。一方面,任何社会秩序的结构性特征都会促进或限制权力持有者对特定议程的执行,身份背景本身并不能保证权力持有者会"代表"自己所属群体的利益,来自其他方面的压力和考量也会影响到权力持有者对议题优先性的安排。另一方面,我们是活生生的人类,而不仅仅是一系列人口统计学特征的聚合。虽然一个社会可能以所谓的"下等"或"不正常"等特征为借口来限制某些群体的机会,但对美好生活的向往会促使人们希望得到并不局限于某些特征的全面对待。我们所有人都希望最终能够摆脱任何以社会性构建出来的身份标签,而被视为完整的人。

的确,更为健康的态度是对那些被污名化的文化或性别特征感到自豪,而不是羞愧。只要污名化没有被根除,这种态度对于许多个体来说就很重要。真正需要做的是让污名化自受其辱。建立在某种特征基础上的自我肯定,比如黑人自尊、同性恋自尊等,本质上都是对这种状况的直接回应。但是,这一做法本身并不足以让个体建立完整的自我确证。正如一个人所谓的"种族"特征的决定性元素构成了其完整的基因图谱的一部分,借以对个体进行分类的社会性具体特征(无论是身体的还是文化的/语言的)也只是构成了塑造其个人志向——无论是独特的还是普遍性的——的诸因素中的一小部分。被指责为沉迷于生产的马克思和恩格斯就一直在召唤这样一个社会,在其中,"每个人的自由发展是一切人的自由发展的条件"[①]。

[①] 《马克思恩格斯文集》第2卷,人民出版社2009年版,第53页。

沿着这一思路,我们必须找到使个体可以超越其人口统计学形象的途径。而交错影响的视角认可影响的多样性,从而朝这一方向迈出了一步。但是,要找到政治斗争的焦点,仍然困难重重。而阶级权力问题具有特殊的重要性,因为权力持有者对这个社会的每一个特殊领域都拥有设定总体框架的决策权,从工作到大众娱乐、到生育权,等等。这当然不是说权力持有者是无法挑战的,而是说要想取得一定的成功,就必须组建一支政治力量。过分强调被压迫民众的特定身份(非阶级身份),实际上会弱化这种挑战的可能性,使最初的挑战主角沦为请求怜悯的乞讨者。为了促使任何特定身份的民众活跃起来,必须激发他们的参与意识,使他们参与到所有群体的利益都可以得到推进的更大规模的进程之中。

正是在上述意义上,阶级具有一种其他压迫维度所不具备的战略或黏合功能:它可以把不同维度下的所有抗争群体联合起来,聚合成一种团结的力量,因为它们都受到当代社会中最为集中的权力——即资本——的胁迫。如果我们诉诸辩证法,那么可以将其理解为:任何一种对特定需要的追求都会导致对核心性权力结构的挑战。真正重要的并非是否使用"交错性"这一术语,而是它让我们看到每一种社会实践都具有其在历史上特殊的权力维度。这意味着,任何特定压迫维度的持续都并非仅仅服务于其直接倡导者或强制实施者的利益。因而,与艾伯特和哈尼尔的分析方法所蕴含的看法不同,白人至上所代表的并非全体白人的利益,男性优先所代表的并非全体男性的利益,而对同性恋者的憎恶所代表的也不是异性恋者的利益。如果说这些看法听起来有些违背常理,那是因为我们生活在这样一个社会中,这个社会通过法律或其他制度设计和伦理规范来使我们当中的一部分人比其他人更容易避免窘境(或每况愈下)。但是,仅仅拥有欧洲血统、男性或反同性恋者等身份,并不能保证这部分人享有类似的权利或好处。事实上,在贬损他人的同时,一个人也就限制了自己的胸襟与视野。归根结底,这些身份至上主义者的立场只会使得希望社会多数陷于分裂的阶级获利。正如马克·希尔(Marc Lamont Hill)所指出的:"直到所有人实现自由之前,没有哪一个人是真正自由的。"① 那种认为可以通过拥有某种相对的权力、地位或社会认可来满足人的需要的看法，是一种误解。

白人至上、男性优先、反同性恋等构成了一个更大规模的权力结构的组成部分。其中，每一个元素都发挥着一种战略性作用，并同时得到社会制度通过不同方式所给予的扶持，而最终导致的则是阶级权力整体架构的强化。在最近的历史中，上述每一种压迫维度都受到了有组织的集体行动的挑战，而且可以想象的是，它们仍将继续遭受冲击，但任何一个压迫维度的彻底清除却需要更大规模的变革。比如，它需要一种新文化，其中，某些群体对其他群体的统治，以及人类对自然的统治，都是不可接受的。然而，现实中的主流文化仍然对这种统治关系尽情地追逐，它们充斥在企业和军队中。这一文化所蕴含的极端侵略性、竞争性和暴力性是增长、扩张和全球控制的政治议程不可或缺的组成部分，而美国的资本家阶级将其界定为"国家利益"。人类现实生活的各个领域都很容易受到这种文化的侵袭与骚扰，而这些领域所取得的每一次针对这种统治关系的立法或司法胜利——比如投票权或生育权——通常都会遭遇严重的倒退。

三、阶级权力弱化的幻象

就像对多重压迫的认知一样，对阶级权力和阶级利益的意识也非新观念。对于资本家阶级来说，这是天经地义之事。但对于大多数工人阶级而言，这种意识往往会随着周围条件的变化而强化或消失。这些条件发生变化，部分是由于资本家阶级采取直接措施（通过法律、强制力或意识形态/文化的方式）所导致的结果，但也与工人阶级内部不同团体为表达自身的特殊需求而做出的回应密切相关。很显然，这两方面的因素可以相互影响。

在美国，"二战"后是工人阶级的意识严重退化的时期。政府为了寻求更

---

① Marc Umont Hill and Mumia Abu-Jamal, *The Classroom and the Cell: Conversations on Black Life in America*, Chicago: Third World Press, 2012, p. 5.

高水平的全球权力,在国内构筑了更为严酷的压迫体制。与此同时,由于相对远离战争破坏,"二战"给美国带来了经济发展优势,工人阶级(大多数是白人)在短时期内涌入空前繁荣的各个部门并获得了就业机会。物质富裕与意识形态顺从的结合,导致许多人(包括大多数工会领导人)将阶级斗争排斥在劳工运动议程之外。结果导致任何新的抗议浪潮往往都会回避制度批判的立场,并相应地依据行业或人口统计学特征而分裂为不同的团体。

正是在这样的情形下,新社会运动应运而生。新社会运动一方面有助于催生新左翼,另一方面又决定了当行动主义浪潮退却之后可以留下哪些正面的遗产。强化新社会运动的分化效应,是国家镇压新社会运动的主攻方向,尤其是那些具有整合这一运动中不同团体的潜能、因而构成了现实的或潜在的革命威胁的组织和民众领袖。它们的主要领导者遭到清洗,学生示威者也遭到攻击。直到1970年代后期,革命的乐观主义仍然存在,这部分是由于第三世界各种运动的激励,但美国本土的革命团体却日益处于相互隔绝以及与更广泛的公众隔绝的状态。

残存的激进意识渗透到学术领域,黑人研究和妇女研究等课题相继立项,这象征着进步的行动主义取得了重要胜利。这些课题的许多支持者以发生于1960年代的运动为新的研究取向(比如"自下而上"地研究历史)来创新研究和理论的制度空间,旨在超越狭隘的身份利益(identitarian interests)。在这种语境下,激进的分析赢得了一定程度的认同,这对于上一代人来说似乎是不可想象的。另一方面,从大学行政管理当局的立场来说,这种激进的趋向可能带来的破坏性影响又必须受到控制。而这伴随着高教机构进一步模仿企业管理方式的改革得到强化,结果是削弱了大学院系的教研自由,并(从财政上)限制了招收有潜质的学生。"多样性"和"差异性"将会继续得到倡导,但对传统权威的挑战也会日益被边缘化。很显然,这种环境将会严重不利于"交错性"的理论化。

就限制有关阶级权力的讨论而言,充分体现在学术事业目标和行政管理部门中的上述制度约束在与后现代主义相关的知识分子那里得到了进一步强化。强调阶级冲突重要性的意识形态氛围逐渐被单纯强调对非正义和不公平的道德谴责姿态所取代,正如弗雷德里克·詹姆逊(Fredric Jameson)所说:"1950年代成为了意识形态终结的末章。"① 这种姿态只要不进一步导向对相关利益的认真探讨,是可以在既存的制度框架下立足的,而认真探讨将会重新带来对制度的批判。倘若这些拒绝制度批判的讨论无法从基于身份认同的论证——比如新社会运动的倡导者经常提及的人口统计学决定论——中提炼出足够的说服力,那么用后现代主义的话语来说,它们就会通过"解构"转向诋毁,把对社会表象背后之结构的探寻装扮成"宏大叙事"。结果,通过语言技巧展现深刻的假象成为一种时尚,目的是为了回避那种真正的深刻性,而这种深刻性是理解与一个更广大的社会中正在发生的现实斗争相关(或不相关)的理论领域所必需的。

1980年代的哲学和文学研究仍然以艰深晦涩的话语作为时尚的标志,而这一时期的美国在国家政策层面则持一种强烈的保守主义倾向,这集中体现为在国内外都推行强有力的新自由主义措施——私有化和财政紧缩。1980年代还是"反毒品战争"和大规模监禁开始的10年。由于缺乏阶级分析,新自由主义与惩罚性的"司法正义"政策之间的联系并未得到广泛讨论。以阶级分析为基础的理解有助于我们认清作为当前经济议程之核心的一系列政策(主要针对有色人种中的穷人)。正是由于推行这一经济议程,之前曾被动员起来反抗压迫的共同体被毒品贸易以及随后的警方打击行动所瓦解,不分青红皂白地遭到监禁,从而远离了可能的联盟伙伴,并被以各种立法规定或行政手段为由剥夺了公民权——甚至还远不止于此。

阶级/种族的这些发展态势表明,即便一个人最初是由于种族原因而关注其共同体,他也不得不把阶级关系视为与其他成员关系中的主要决定因素。首先,阶级利益决定了工人阶级在特定部门中遭受到超额利润的剥削。这种剥削不仅关系到特定企业的收支平衡(从奴隶制的种植园到现在的血汗工厂),也有助于稳定社会,从而服务于资本的需要,即阻断工人阶级的团结,

---

① Fredric Jameson, *Postmodernism, or, The Cultural Logic of Late Capitalism*, Durham: Duke University Press, 1991, p. 263.

并在各行各业形成一种极端等级制的文化，而这种文化更多的是一种欧洲传统，并且从一开始就主宰了美国历史。其次，尽管种族身份的标准是主观确定的，但属于"劣等"种族的大多数个体却有着主要是工人阶级的客观共同性。最后，受压迫人口中不属于工人阶级（或者说已经摆脱了其阶级出身）的极少数群体在促成"无种族歧视的"现实政治议程以及将其合法化的进程中发挥着战略作用。总之，并不存在一个完整的由个人的种族身份决定的利益清单。在任何一个由种族或文化所形成的集体中，个体的核心利益都会因为阶级地位或阶级忠诚而有所不同。

在所有非阶级或跨阶级的身份中，种族是最接近阶级利益的一个身份概念。正是基于阶级利益的差异，某些人群在历史上被赋予了一种集体性的从属地位。对这种从属地位的判定，最常见的是依据其身体特征（或假定个体携带了这种特征的基因），但民族/文化语言的归属——因移居地点或者移民团体和接受国的不同而有所不同——也可以发挥类似的功能。至于交错性，尽管被征服人群的集体利益最初可能是以特殊的或民族的视角来理解的，但当人们意识到来自共同体的个体已然发挥着从前属于那些征服者的功能，而自身的状况却没有得到显著改善时，他们也许会发现阶级议题才是至关重要的。

其他跨阶级的身份——性别、性取向和文化（包括宗教）——都具有相对于阶级的更大独立性，就像当初的身体特征被用来划分种族一样。但是，这些身份的非阶级属性并不意味着它们拥有在一个阶级分裂的社会中阶级利益所具有的那种政治影响。将阶级差异与任何非阶级差异——包括任何可以用来区分殖民或种族从属地位的差异——区分开来的主要理由在于，前者是一种统治关系。在现实中，并不存在无统治对象的统治阶级，要么是后者统治前者，要么是后者作为一个阶级不复存在。种族范畴与阶级部分重合——并因此被视为形成了一个权力等级——只是因为种族从一开始就与声称优越性（欧洲人种优于美洲土著人、非洲人和后来的亚洲人）相关。但是，"优越性"完全是对外殖民征服的产物。尽管它声称具有种族主义伪科学的依据，但并没有任何生物学基础。而另一方面，阶级却完全是通过一些人对另一些人行使权力而建立起来的。

无论是生物特征还是文化特征，都不会导致统治关系。至少就长期而言，每一个"自然的等级"都会在一个作为整体的共同体中被抵消。婴幼儿在某个人生阶段要依靠他人，但在随后的某些阶段，他们的长辈反过来又要依靠他们。婴幼儿、体弱者和年老者等无能力者特别需要依赖社会保障。但是，这些属性并不意味着他们必须接受别人的统治。各种强加的统治关系，尤其是两性关系的构建，并非基于任何内在的必要性，而是由于长期性的侵占，并得到了现实压迫的支撑，而且在缺乏结构性社会变革的情况下借助习俗的力量重新施加在每一代新人身上。

总之，阶级原本就是一种以统治为基础的关系。随着欧洲的对外扩张，"种族"被逐渐吸纳到全球性的阶级统治议程之中。它的确借用了种族意义上的某些生物或文化特征，但其具体意涵——即人们之间的任何基本差别——则是主观地建构起来的。就本文的讨论而言，性别的建构与种族的建构存在着如下两方面的不同。一方面，性别建构从一开始就基于动物世界中一种生物学或生育意义上的两极对立，在一定条件下，它可以至少暂时性地决定分工，尽管未必一定是等级制意义上的分工。另一方面，性别的社会建构不同于种族之处（当然也是基于一种实在的而非虚假的生物学差异）则在于，它早在资本主义诞生之前就已经是人类社会的一个方面，而不是资本主义时代所独有的。尽管如此，性别关系目前深受资本主义的影响，并在当前战事不断和大量迁徙的情形下往往顺应、甚至强化了先前的统治形式。

因此，资本主义首先与各种压迫行为的持续存在相关，无论这种压迫是性别压迫还是种族压迫。而且，资本家阶级通过国家制度直接或间接地渗透到每一个社会问题和政策议题之中，而这是任何一个基于人口统计学特征的群体（比如"所有男性"或"所有白人"）难以想象的，虽然男性或白人被认为在某种社会二元对立关系中居于较有利的地位。

四、走向联合的基础

乍看起来，本文对阶级权力的核心性——及其与众不同的等级制本质——的强调也许是老调重弹，然而事实并非如此。果真如此的话，一个更为强大的基础将会在美国形成，从而将那些有着共同阶级利益的被压迫群体团结起来。如上所述，我们必须指出，各种因素的碎片化效应——从"二战"后的武力镇压，到对新社会运动的分化瓦解，到早期力量联合的急剧"中立化"，再到后现代主义学术趋势的去政治化——被证明是卓有成效的。

在学术界，马克思主义分析的边缘化也是至关重要的原因。因此，严肃的学者也能接受那些仅仅是主观上的结论，认为种族和性别等由社会建构起来的压迫维度也可以像阶级统治对人们生活的决定作用那样具有同等的重要性。例如："从根本上说，种族、阶级和性别是对人类生活各个方面产生影响的交错性经验范畴，因此，它们同时建构着这个社会中所有人的经验。种族、阶级或性别中的任何一个因素都有可能使一个既定个体的生活更为重要或有意义，但它们的影响却是相互叠加的或累积起来的。"① 这种对"同时性"（simultaneity）的强调掩盖了历史进程的真相，即其中一种统治方式导致或制约着另一种（或更多种）统治方式。而这些统治方式的交互作用并没有促成抗议运动在战略上的行动一致。尽管它们中的任何一个因素都可以"认为"自己具有优先性，却无法在客观上确立其推动者的地位。正如我们所看到的，种族主义结构是与经济利益相关的，而黑豹党领袖弗雷德·汉普顿（Fred Hampton）在1969年被中央情报局暗杀前曾明确指出："种族主义是资本主义的借口。"

我们还注意到，与"种族"相比，服务于阶级统治的"性别"的工具化更为复杂。它历经人类历史的长河，并早于资本主义社会而出现。但目前的情况是，性别压迫与阶级统治的相互渗透类似于种族压迫与阶级统治的情形。结果，男性至上和白人优先被统治阶级当作维护资本与帝国文化的有机组成部分来纵容或培植。这种文化是一种统治关系，并强加了各种排斥彼此间相

---

① Margaret L. Andersen and Patricia Hill Collins, "Why Race, Class and Gender Matter", in David B. Grusky (ed.), *Social Stratification: Class, Race and Gender in Sociological Perspective*, Boulder: Westview Press, 2014, p. 942.

互尊重的其他关系。一种政治体制如果想要谴责成千上万的人口遭受的贫困、轰炸和/或军事占领，就需要一种相应的制度和文化构架作为支撑，这往往集中体现在军备竞赛、右翼势力大放厥词以及持续性的警戒防备中，而这些明显充满进攻性的赋权一直是男权至上观念的一部分。在这样一种政治优先的秩序下，很难对男权至上主义发起系统性的进攻。

相应地，对男性和白人至上的反抗也是发展一种解放文化的内在组成部分。然而，这样一种革命文化得以展开的舞台绝不应误导性地假定因男性和白人能够从各种等级制中获利而排斥他们。而要做到这一点，革命舞台就需要比仅仅基于性别或种族的对立更具包容性，因为这两种对立都会在两极化的社会中各自设定由其社会建构起来的统治者角色（白人统治其他人种，异性恋男性统治其他人群）。

需要再次强调的是，阶级等级制不同于产生于其他身份认同的等级制。在阶级对立之外，其他对立关系是可以彼此调和的，因为其中任何一种身份都不具有天生的统治或从属地位。比如，一个人可以保持其固有的生物或文化特征，但却拒绝赋予其的权力或无权地位。① 因此，非阶级的身份特征并不包含固有的权力意蕴。相比之下，阶级特征则不然。即便存在一个"中间"阶级②，它也只是统治阶级与主体阶级（subject class）共同存在，因为正是主体阶级的对立决定了阶级范畴的存在。

终结阶级统治的唯一途径就是消灭它们。毫无疑问，阶级不会自行解体，个体也许可以放弃与阶级的从属关系，但要想消灭整个阶级，就必须剥夺其核心成员的权力，而这是强调其他各种压迫维度的观点所无法意识到的。在一部关于跨性别议题的著作中，作者号召被压迫人群："我们必须超越那些促成了我们边缘化的分离主义思维模式，真诚地原谅和同情那些压迫者，因此，我们的努力并非来自痛苦的远方，而是来自治疗和恢复……我们需要联合起

---

① 相反的看法基于一种本质主义假定，即一个人的行为完全取决于他的生物禀赋。然而，这里的生物学意蕴不过是"一系列潜能"而已。

② 这里的中间阶级，并非美国政客喜欢的中产阶级，而是真正的社会中间阶层，不超过总人口的 35%。

来，共同呼吁消除不公，直到永远。"① 这里的最大问题是，作者未能对如下两种对立做出区分：一种对立是可以通过移除基于自然差异的人为规定来克服的对立；另一种对立则是基于针对绝大多数人而实施的无限集中的权力的对立（阶级对立）。

白人至上可以终结，但包括肤色在内的基因性身体差异仍将存在。男性至上同样可以终结，但男性与女性仍将存在生物学意义上的根本区别。然而，如果阶级统治走向终结，那么必须消灭大财产所有者阶级（the class of large property owners）。和解只能存在于个体之间，而不是对立的阶级之间。只有从阶级对立中消灭统治阶级，团结才能真正实现。

当然，肯定阶级的核心地位绝不是贬低其他压迫维度的重要性，也并不意味着左翼政党过去对这些维度给予了充分的关注。新社会运动提出的诉求已经得到了广泛验证。不仅如此，某些特定群体的确可以做到比左翼更有效地组织某些议题的斗争，往往能够更好地理解阶级权力。但是，它们却未能发展成为一个可以将所有受压迫群体团结起来的综合性运动，而这正是新社会运动理论缺乏说服力的原因。交错性理论试图超越新社会运动理论，强调各种压迫之间的内在联系。但是，新社会运动理论的影响仍在持续，因为交错性理论的研究者们未能看到阶级权力结构所具有的决定性作用。阶级压迫不仅是一个能够独立起作用的压迫维度，而且可以影响到绝大多数被压迫群体，相比之下，其他每一种具体的压迫维度都拥有自己的主体压迫对象，而且统治阶级的企业或政府的政策难以对其发挥决定性的影响。

无论是在总人口中，还是在各种不以阶级为标准进行分类的人口中，工人阶级都占多数。因而，在任何情况下，工人阶级自身状况的恶化都会对具有某种身份特征的群体产生影响。与此同时，作为一个整体，工人阶级中的大多数还属于各种被压迫群体。作为一个整体的工人阶级——包括那些并未遭受各种交错性压迫的少数群体——会因不团结而遭到削弱。而中产阶级由

---

① Rober Hess Ⅲ, "Coalition Building with Intersectional Iderltities", in Julie L. Nagoshi, Craig T. Nagoshi and Stephan/ie Brzuzy (eds.), *Gender and Sexual Identity*, New York: Springer, 2014, p.160.

于越来越感觉到其地位受到了经济形势不断恶化的冲击,他们也就难以找到充分的理由与工人阶级划清界线。

令人遗憾的是,所有上述结构性因素似乎都没有进入交错性理论的学术视野。相反,个体在社会中的阶级地位仍被更多地理解为一种文化特征。比如,安吉-玛丽·汉考克斯(Ange-Marie Hancocks)在其有关"交错性政治"的系列代表作中从不提及资本家阶级,从而回避了资本在整个社会中的统治作用。虽然她为实现来自不同背景的人民之间的团结而奋力疾呼,但相关讨论却只侧重于具体的态度和政策(比如同性婚姻和移民政策),而未考虑如何使这些议题彼此呼应,从而构成一个团结一致对抗资本的"反对力量"。虽然她认为"大规模的社会变革正在朝着社会正义的方向发展",却没有触及实现这一目标的结构性障碍。

与此同时,环境危机正在加剧大众利益的趋同。资本对生态圈的肆意践踏也是由我们讨论过的多重压迫这种统治文化所决定的。生态崩溃的危险凸显了将绝大多数人团结起来重塑人与自然界之间的交互影响的紧迫性。但是,如果不能克服资本力量所造成的上述诸多障碍,我们就无法做到这一点。

身体的脆弱性、联盟和街头政治[*]

朱迪斯·巴特勒 著[**]　　杨 乐　张 也 译

[**内容提要**] 本文的目的是反思身体通过脆弱性、联盟以及作为公众示威场所的街道逻辑来操演反抗的方式。至于何人、何时、何地将这些方式运用于反抗，以及基础设施何时会成为行动的需求和条件等问题，则需要通过思考当身体置于空间中意味着什么来解释。这就会带来以下问题：脆弱性如何超越只是有可能造成肉体伤害的状况，从而突出其关系性，强调不稳定性被动员起来的可能性？只有通过提出政治要求、动员身体并承认脆弱性，才能揭示抗争的操演性向度。

[**关键词**] 身体　脆弱性　联盟　街头政治

首先，本文将着眼于三个问题，即身体的脆弱性、联盟和街头政治，但并未以完全明确的方式将这三个问题串联起来。其次，本文试图将脆弱性视为一种行动主义（activism），或者说在某种意义上以反抗的形式将脆弱性动员起来。众所周知，政治通常并非总是发生于街头，且不总是突出脆弱性；

---

[*] 本文原载《批判研究》（*Critical Studies*）2014年第37卷第1期。译文原载《国外理论动态》2018年第2期。

[**] 作者简介：朱迪斯·巴特勒（Judith Butler），美国加州大学伯克利分校修辞与比较文学系教授。

联盟可以基于成员的任何情感倾向建立起来,但并不一定基于共享的脆弱感。事实上,我们对脆弱性这一概念持极度怀疑主义的态度。女性长期以来一直与脆弱性相关联,并且我们无法明确地从这一概念中得到一种伦理规范,更不用说一种政治了。因此,我首先承认这三个概念可能相互贯穿,并且这种贯穿有利于我们思考脆弱性。

街头政治

我认为,在公共场合进行言说的首要意义不在于其马上就能将我们引向行动之路,而在于它提供了让人们一起暂停行动并反思行动之条件和方向的机会。这种反思不仅是一种工具,更具有特殊的价值。诚然,这种暂停本身是否属于行动和行动主义的一部分尚存疑问,我倾向于肯定这一想法,然而,虽然确实是一部分,但又不限于此。我之所以想要审视这些问题,是为了避免本文标题可能引发的某些误解。例如,人们可能会认为我的意思是,街头的身体(bodies in the street)是一件好事,或者我们应该赞颂群众示威,抑或聚集起来的身体形成了一种共同体的特定理想类型或值得夸耀的新型政治制度。尽管聚集在街头的身体有时给人们带来了欢乐甚至希望——涌动的人群有时确实能够生发出革命性的希望,但是我们必须谨记,"街头的身体"这一术语同样适用于右翼示威、镇压反抗或夺取政权的军事行动、占领公共空间实施暴力或反对移民的民粹主义运动。因此,街头的身体就其本质来说并无好坏之分,其所预设的价值取向取决于集会的目的和行动方式。然而,街头的身体这一理念令左翼人士颇感兴奋,似乎权力正在被夺回、接管和整合,而这在某种程度上预示着民主。我理解他们的兴奋,也为此写了一些文章,但在本文中,我将重新审视我的——同时我认为也是大家共有的——一些怀疑。

因此,我们首先必须分析,在何种情况下聚集在街头的身体是为了庆祝,抑或何种形式的集会是真正为了实现正义和平等的更远大理想,甚至实现民主本身。至少我们可以说,那些争取实现正义和平等的示威是值得称道的。

当然，如我们所知，存在着诸多相互冲突的关于正义的观点，思考和衡量平等的方式也存在着许多截然不同的方式，因此我们必须对各种术语进行界定。而这又会带来两个问题：在世界上的某些地区，政治联合不会或不能采取街头聚集的形式，并且这是有重要原因的。我们只需要考虑那些迫使人们离开街道、公路和市场上严密的警察监视和军事占领的情况。在这种情况下，人们不能冒着坐牢、伤害或死亡的风险在街头聚集。因此，联盟有时是以其他形式形成的，在诉求正义时应寻求尽量减少暴露身体的方式。例如，2012年春天，在巴勒斯坦监狱断断续续发生的绝食行为构成了被强制隔离在密闭空间内的反抗形式，处在类似隔离状态的身体要求自由，要求依法采取正当的程序，要求拥有在公共空间中行动的权利以及行使公共自由的权利。因此，在公共空间暴露身体可以采取不同的形式：可以是在街道或公共空间的集会上故意将身体暴露给警察；也可以是在占领的情况下每天都发生的事，比如在街上行走或试图通过检查站时身体面临骚扰、伤害、拘禁或死亡；还有一些身体暴露发生在监狱、拘留所和难民营，军队和警察有权进行监控、逮捕、强制隔离和限制，并决定这些人的生存条件，包括如何以及何时吃饭和睡觉。所以，我们必须认识到，暴露身体并非总是一种"政治善"（political good），抑或总是解放运动最为成功的策略。有时，克服暴露身体的非自愿性条件正是政治斗争的目标；又有时，故意将身体暴露于可能的危险之中才是政治反抗的意义所在。

当然，我们还必须考虑到，政治集会的某些形式并不发生在街头或广场，这或是因为街道和广场并不存在，或是因为它们没有成为该政治行动的象征性中心。例如，一场运动的兴起有可能是为了建立适当的基础设施——我们可以联想到南非、肯尼亚和巴基斯坦连绵的棚户区和有色人种居住区，沿欧洲边界修建的临时避难所，以及委内瑞拉或葡萄牙的贫民窟。这些空间中充斥着各种群体，包括移民、非法定居者和/或罗姆人，他们正在为干净的水源、能使用的厕所、铺砖的街道、有报酬的工作和必要的供给而斗争。因此，我们并不总是能够理所当然地将街道视为某些公共集会的场所；街道作为公共空间和通道，也是人们为之奋斗的公共物品（public good）——一种基础设施必需品,它构成了某些形式的民众动员的要求之一。街道不仅是政治诉求的平台或基础,更是一种基础设施。因此,当发生在公共空间的集会是为了抗议削减基础设施、反对财政紧缩时(例如,削减公共教育、图书馆、交通系统和道路建设),我们就发现这种政治运动所发生的平台也是政治议程的其中一项。换言之,如果没有这样或那样的政治平台,我们甚至无法为基础设施而斗争。所以,当政治所需的基础设施条件被大幅削弱时,依赖这些设施的集会也会遭到沉重打击。在此意义上,政治条件是政治集会得以进行的公共物品之一——这使得基础设施在公共物品日益受到私有化侵害的条件下具有了双重意义。

实际上,对基础设施的需求意味着对某种特定的宜居之地的需求,其意义和效力恰恰来自这种匮乏。所以,我们不能想当然地将街头理解为汉娜·阿伦特所谓的显现空间(the space of appearance),理解为政治空间,因为如我们所知,一些斗争正是以建立这种宜居之地为目的。当阿伦特声称显现空间随着政治行动应运而生时,至少她在某种程度上是正确的。当然,这也只是一个浪漫的想法,因为它并非那么容易实现。阿伦特假定了集会的物质条件脱离任何特定的显现空间而存在。但是,如果政治运动旨在创造和保护这种物质条件,那么显现空间似乎就永远无法脱离基础设施与建筑的问题。

当然,街道并非支持政治言论和行动的唯一基础设施,但仍然是政治动员的主要议题和对象。众所周知,在某种意义上,自由只有在得到支持时才能得以行使,这种支持有时被理解为使行使自由成为可能并有力的物质条件。的确,能够进行言说或穿越空间、跨越边界的身体通常被默认为是能够言说并移动的身体。一个受到支持、具有能动性的身体通常被默认为是其他动员类型的必要条件。事实上,"动员"(mobilization)这一术语有赖于移动性(mobility)所具有的操作性,其本身是一种许多人无法视为理所当然的权利。身体要想移动,通常必须有一定可依附的界面(除非是在游泳或飞翔),同时必须拥有自由支配的、能够允许运动发生的任何技术支持。因此,人行道与街道已经被理解为身体行使其移动权利的条件。这一被支持并具有能动性的身体概念以各种形式或明或暗地在政治运动中发挥作用:为食物和住所而斗争，为避免伤害和毁灭的保护措施而斗争，为工作权利以及为价格合理的医疗保障而斗争。因此，一方面，我们在追问政治诉求和政治动员的实践中身体所暗含的概念；另一方面，我们正试图找出政治运动如何要求将身体作为其对象。我认为，如果基础设施破败落后，政治平台就会成为政治集会的目标。这意味着以身体的名义提出的要求（身体的保护、住房、营养、行动和表达）有时必须通过身体才能实施。在这种情况下，身体似乎既是政治行动的手段，也是其目的。换言之，要求在提出的同时就得以实践，身体的操演性（performativity）以一种特殊的方式将行动与主张结合到一起：主张所行动的，行动所主张的。

当这样表述时，我似乎在寻求一种人体及其基本需求的概念。然而，事实并非如此。这样一种不变的"身体"及其永恒的需求会变成判断某种经济、政治组织形式是否促进人类发展的标准。但是，如果作为基础或标准的"身体"概念被理解为一种单一的身体（"我们"正是目前同意考虑这一观点的人），甚至是理想化、典型化的身体，那么就与我的如下观点背道而驰，即应该从其所支持的关系网络来理解身体。如果"身体"被视为个体化之物，则每个身体都对食物和住所拥有一定的权利。这一观点（"每个"身体都有这种权利）具有普遍化的意味，但同时也有具体化的意思，包括作为一种身体的脆弱性而将其理解为离散的、个体化的，认为个体化的身体本身就是一种关于何为身体以及身体应如何被概念化的规范。这似乎是正确的，但"个体化身体的权利主体"（the individual bodily subject of rights）这一概念本身可能会导致无法抓住权利所暗含的脆弱感、暴露感、甚至依赖感，而这些正好与我所建议的另一种关于身体的概念相呼应。换言之，如果身体可以部分地被视为（这在目前是一种本体论主张）其对其他身体及支持网络的依赖，那么将身体视为完全独立的观点就并不完全正确。当然，它们也都并未融入到某些无组织的社会身体（social body）中，但如果不能理解人类身体（human body）生存和发展所依赖的社会关系，就无法轻易地实现其政治意义的概念化，无法为所要达到的各种政治目标提出充分的理由。我所要强调的并不仅仅是身体被关系网络所约束，而是尽管身体有着清晰的界限，但或许恰恰是凭借这种清晰的界限,身体才能由使其生活和行动成为可能的关系来界定。对身体脆弱性的理解既无法脱离与他人的关系,也无法脱离生活过程、无机条件和生存手段。

在详细地阐述关系性(relationality)之前,必须首先明确脆弱性的概念不只是离散的身体的一种特质或偶然状态,而是一种关系性的模式,不断地质疑身体的离散性。这一点在讨论政治集会或联盟、甚至抗争时至关重要。身体并非作为自我掌控的个体而存在;掌控需要经过一定的时间才能建立。身体进入社会的最主要条件是依赖性,即它是一种具有依赖性的存在,这意味着生命最初的发声与行动都在响应生存条件的变化。这些条件包括某处的某人,但这个人并不一定是一个具体化的人;与此同时,只有得到支持的人才能拥有提供食品和住所的手段和能力。这就是为什么看护者不仅仅是支持他者的条件,同时也需要支持自身的条件(即生活、工作、医疗卫生、住房和健康的宜居条件)。在生命最为脆弱的阶段,支撑生命的基础设施、人力和技术等外部条件本身也是脆弱的。即使我们承认这可能仅限于婴儿,对成人而言并非如此,然而我认为,任何人在成长的过程中都无法摆脱这种情况,都以易受影响并具有依赖性为特征。上述说法也证实了组织关怀的基本途径都与劳动和权利广泛的社会和政治形式相关。换言之,我们是否只是在谈论身体,并简单地延续了按惯例将精神分析与马克思主义联系在一起这一思路?事实上并非完全如此,或许唐娜·哈拉维(Donna Haraway)已经详细解释了原因。如果我们无法脱离环境、机器及其所依赖的复杂的社会系统而谈论身体,那么所有这些非人类的维度将被证明是人类生存与发展的组成维度。无论关于直立人(homo erectus)存在何种说法,人都不是孤立的。显然,任何年龄的人都依赖机器,且大多数人在某些时候都能察觉到自己对机器或技术的依赖。人类与动物之间的非偶然关系也与之相似。即使我们可以很容易地承认人与动物之间存在一些差异,但人的身体不能以任何绝对的方式与动物的身体区分开来。然而,这并不意味着人的身体维度应该被视为等同于"动物性",就像长期以来悲观的哲学传统所持有的观点那样。毕竟,人类已经与动物处于某种关系之中,而且这种关系并不是指动物是人类的"他者",而是因为人类本身也是一种动物，尽管是明确有别于其他动物的动物（的确，没有一种动物完全与其他类型一样，同一种动物在内部也有不同的分类）。此外，贯穿于人类和动物的一整套生命过程并不会受到二者之间区别的影响。哈拉维的观点之一就是，人类与动物之间的依赖形式表明，它们在部分程度上是彼此构成的。如果我们把这种依赖性视为中心，那么动物与人之间的差异将退居次要位置（它们都是依赖性的，并且它们都依赖彼此，彼此的存在取决于彼此的依赖）。在此意义上，二者之间的本体性区别产生于二者之间的关系。因此，如果在机器、人类和动物之间做出分析性区分，就必须依赖它们之间某种相互融合或相互依赖的关系。我认为这是罗西·布拉伊多蒂（Rosi Braidotti）在她最近关于后人类的一项研究中以及伊莲娜·米娅莱特（Hélène Mialet）在她关于斯蒂芬·霍金的著作中所关注的。

回到身体、联盟和街头政治的关系上，如上文所述，尤其在基础设施被损毁的地区，一些非人类的及基础设施的条件最终可以演变成政治动员所追求的目标。身体应该至少在两个方面与这类政治斗争相关联：作为政治运动的基础和目标。此外，人的身体与基础设施之间的关系也应该得到重新审视，这样就可以质疑关于身体的个体化想象，即个体是离散的和自给自足的。其次，要将人类身体理解为对基础设施的某种依赖，后者可以被复杂地理解为环境、社会关系以及跨越人类、动物和技术鸿沟的支持网络。毕竟，即使我们以政治斗争的名义来理解和列举身体的要求，那么当这些要求得到满足时，我们声称的政治斗争就实现目标了吗？或者说，我们是同时在为身体的发展和使生活场所变得宜居而斗争吗？我不断使用新词汇并用一个词汇替代另一个词汇，是为了防止一种技术术语的出现，因为没有任何一个单一的词汇能够描绘这一人类反抗的特征与目标，共同反抗本身似乎成为了政治运动或动员的意义。

这些概念之所以需要进一步澄清和精确化，实则因为两种针锋相对的论点。一种观点认为，身体必须拥有能够使其生存的条件，因为生存无疑是实现更广泛的生命的政治目标的前提，这些目标与生存本身有着根本的区别（阿伦特有时持这种观点）。另一种观点则认为，包括行使自由在内的所有政治目的都与公正与平等地再生产生活条件本身紧密关联。我们能否说生存恰恰是为了生活，并以此分离生存与生活？或者能否说为了使生活宜居，生存必须不止意味着活着？毕竟，虽然有些人能够在创伤中幸存，但这并不意味着他们的生活就有了完整的意义。区分生活是否完整诚然困难，却十分必要。因而，我们能否就此认为对生存的需求与对宜居生活的需求是相关的？如果我们被追问是什么构成了宜居生活的条件，那么我们必须在回答这一问题时避免为这样的生活设置单一或统一的理想。我认为，我们无需探索何为真正的"人类"，甚至真正的"人类生活"应该如何。实际上，人类生存的动物性维度也会迟滞我们的思考。毕竟，判定人类的动物性并不是为了迎接作为退化状态的兽性，而是为了在动物性中重新思考人类的相互关系；换言之，作为动物的人类让我们重新思考生存的条件。我们并不需要关于人类的更理想的形式，这通常意味着减少了人类的形式，否定那些无法被转化至理想形式的生活方式，并贬低它们的价值。但是，正是由于"人类"具有持续的政治色彩，因而我们似乎必须重新思考其在一整套关系中所占的较小位置，以便追问"人"能够被有差异地认同的条件。当我指出"我们"需要思考这一分类时，可以说这或许是一种自负的人本主义话语，但同时也在表明，即使我们努力逃避，却仍然无法摆脱将人进行分类的困扰。

身体动员

我承认，当身体聚集在街道上时——追溯到我的少年时代——会产生一种强烈的兴奋感，但是那些诸如将民主描述为民众聚集事件的政治观点却依然值得怀疑。我并不认为如此。作为一名拥有自我意识、重视反思的知识分子，在这样的时刻，我通常是一名旁观者。我认为，我们必须追问群体聚集的动因及其共同诉求，抑或造成不公平和非宜居的原因，以及发生改变之可能性的何种暗示强化了集体感知。在所有能够归之于民主的内容中必然包括：对现存的以及正在扩大的不平等的反抗，对全球和区域范围内许多人所面临的日益增长的不稳定状况的反抗，以及对压制民主进程和运动的各种专制和压迫性统治的反抗。虽然我们有时确实将政治协商和政治行动想象为以一种集会的形式展开,但是也存在着其他形式的协商和行动,它们并没有预设去占领同样的地点。例如,在街道、互联网或其他隐型网络中聚集的身体,尤其是犯人,他们的政治诉求无法在任何公共场所呈现出团结协作的形式,而这些团结协作的形式一旦出现,就被排除在公共空间之外,在被警察或安保人员监控的监狱里处于一种被强制隔离的状态。因此,倘若集会的权利被明确拒绝,那么集会自由应当采取何种形式?如果说监狱中的集会自由是有限的、乃至被剥夺的,就必须承认犯人实际上被强制剥夺了这一自由,且有必要在一定程度上审视剥夺这一基本公民权的正义性。然而,时而有效的秘密集会形式的确能够以某种途径存在于监狱中,如果不承认这一点,就无法对这种反抗形式进行概念化。监狱中形成的各种团结和行动模式,比如绝食,也构成了集会自由的一种形式,或者这一自由所意味的一种团结形式,并且也应该将其视为一种积极的反抗形式。因此,街道和广场不是政治反抗的唯一平台,即使人们被剥夺了进入广场或街道的自由,反抗的场地也依然能够存在。牢房的四壁是否也可以成为一个平台,类似于倾倒的水缸,突然成为人们公开反抗军队的平台——就像两年前在开罗所发生的那样?受限制的身体虽然不能自由行动,但是否仍然能够利用约束本身来表达反抗?在这种情况下,公共广场并未为这样的行动提供支持(虽然人们聚集在广场上,充分利用空间上的支持和象征性的权力,但是支持那些在监狱中的人也能成为一种支持),不过支持还有另一层意义,身体可以以团结的模式在内部与外部,通过绝食、罢工、拒绝建立沟通渠道、避免成为被利用的囚犯等方式阻滞监狱机制的再生产。监狱的存在有赖于再生产犯人的身体以及成功地管控人类的行为与运动,但是当管控的权力出现问题时,比如囚犯绝食抗议,监狱发挥作用的能力也就失控了。而这种失控将危及囚犯的生命。这让人想起弗兰兹·卡夫卡的《在流放地》,其笔下的惩罚机器正是在失控的情况下摧毁了囚犯。这种失控也许是由绝食抗议所引发的,但更多地是为了揭露监狱作为杀人机器的正常属性——即使在其正常运作时。因为,如果源源不断被生产出来的囚犯意味着宜居条件的毁灭,那么死亡在任何绝食行为之前就已经发生了。绝食只是显示了在监狱中已经发生的死亡交易。因而，绝食是一种身体性的操作行为，遵循自身的操演性规则；它执行其所力求展示和力求抵制的东西。

当然，所有这些情况都需要放置于特定的背景中考量，但是我想要表明，不妨将这种动员脆弱性的形式——一种具体的政治操演形式——视为最近各种动员方式的特征。无论是各种占领运动，还是西班牙的"愤怒者运动"，这些在街道或广场的集会为参与者提供了暂时的支持，同时也试图在愈发严重的失业、减薪和流离失所的情况下促进对持久性支持的更广泛要求。所以，集会并不完全反映广泛的世界经济结构。但是，在这些小型集会中得到阐述的一些原则不仅有可能制造——或更新——平等或独立的理想，而且会将这些理想推广至国家和全球范围的背景中。集会所做的与所倡导的虽然不会总是相同，却是相互关联的；政治要求被立即付诸行动和做出决策，被例证，被进行沟通。这意味着所制定的政治要求均有一种固定的操演性维度，而操演性又是身体与语言之间的交错关系。因此，我们走上街头并不是作为拥有抽象权利的主体，而是因为需要行动，需要构建街道，以便我们无论身体是否健全，都能够在街道上行走，能穿越这一空间，而不再担心在行动过程中遭遇阻挠、骚扰、拘留、受伤或死亡。我们走上街头是因为我们的身体需要公共资金来支持生存和基本行动。移动性本身是身体的一项基本权利，但同时也是行使包括集会在内的其他权利的先决条件。很多人都以游行的方式参与动员，其中包括在世界各地发生的"荡妇游行"（Slut Walks），人们通过接受或拒绝某种标签，来呼吁街道应该是一个没有性骚扰和强奸的场所。因为，即使有警察的保护，对于女性或变性者而言，在夜间单独行走或集会仍然是危险的。正如妇女有权穿宗教服装走上街头，跨性别女性（trans women）有权步行去工作，也有权与其他跨性别女性团结行动或者进行更广泛的社会斗争。正如黑人有权在大街上行走，这意味着夜间任何时候都没有人认为他是罪犯。正如残疾人有权上街，社会提供了供其使用的人行道和辅助器械可以说明这一点。正如在种族隔离制度盛行的希伯伦，巴勒斯坦人有权在任何街道行走。这样的权利应该是普通而不值一提的，而且有时确实如此。但是，即使走上街头、行使如此卑微的自由，也对现存体制带来了一定的挑战，这是一种由行动所带来的并不重要的操演性破坏（performative disruption），但行动一旦开始，就立即在身体与政治的双重意义上成为一种运动。

这种行动需要人们团结一致，但也需要基础设施条件和法律的支持，同时避免暴力和强制力的阻碍。上文提到的斗争假定了身体被约束的现实和风险，可能无法工作或流动，并可能遭受暴力和胁迫。那么，这就意味着身体是脆弱的而非积极的吗？抑或，即使是脆弱的身体也能够采取行动吗？实际上，我认为，将身体定义为主要是积极的与将其定义为主要是脆弱的一样，都是错误的。如果一定要有一个定义，那么它将取决于同时思考脆弱和能动性（agency）。我尤其了解将女性的身体理解为脆弱的恰恰会适得其反这一点。长期以来，可悲的性别政治所作出的女性与男性之间被动与主动的区分，使我们进入了一种不确定的领域。然而，如果说某些特定群体的脆弱性存在差异，那么只是在说在特定的权力体制下，这些群体更容易成为贫困和暴力的目标。我们所进行的是一种社会学观察，这一观察必须以这样或那样的方式得到支持。然而，这一社会学主张很容易成为一种将女性定义为脆弱性的新描述规范。在此意义上，这一描述所要解决的问题将会被这一描述再造并承认。

这就是为什么我们必须关注动员脆弱性（mobilize vulnerability）——尤其是集体动员脆弱性——究竟意味着什么。对很多人而言，行走于街头会面临着被暴露的风险（也许"暴露"这个词可以帮助我们在本体论和基础主义的陷阱之外思考脆弱性）这一点对于那些未经许可出现在街头的人以及面对警察、军队和其他安全部队手无寸铁的人尤其如此。可以肯定的是，尽管他们没有受到保护，但也不能被认为是"赤裸的生命"（bare life）。实际上，并不存在一种主导性权力将这些主体抛弃在政治秩序之外，相反，权力和暴力以一种更为多变的、分散的形式扣押和侵犯在街道上、牢狱里以及郊区和边远地区的身体，而这正是贫穷的一种具体的政治形式。

女性主义与脆弱性

诚然，女性主义理论家长期以来认定，女性不平等地遭受着社会脆弱性（social vulnerability）。虽然认同这一论断有一定的风险，因为其他团体同样有权如此声称，并且女性这一类别与阶级、种族、年龄以及许多其他的权力向量因素、潜在的歧视和伤害事件相互交织，但这一传统观点仍有可借鉴之处。这一观点有时可被理解为女性存在着某种固有的脆弱性，从而需要家长式的保护。如果出于固有的脆弱性而寻求保护，那么保护女性将成为国家或其他家长式统治权力的责任。这将使得女性主义运动不仅向父系权威寻求特许和保护，也肯定了使女性处于弱势地位的权力不平等，并且暗示男性是更强大的一方。另外，这并非简单地或完全把"男性"置于提供保护的地位，而是使国家机构具备家长式义务来促进女性主义目标的实现。与此相比，另一种论断则完全不同，即认为女性是可以反抗的弱势群体，她们的脆弱性和反抗可以甚至必须同时发生，正如那些女性主义自卫形式和组织（如受虐妇女庇护所），这些组织在寻求提供保护的同时，也避免扩大家长式权力，比如网络上出现的支持土耳其或其他地方的变性女性的活动，在这些地方，那些已扩展的和有待扩展的女性类别正遭受着骚扰或伤害。

当然，论证女性所面临的不同的脆弱性是有充分理由的，她们所遭受的贫穷程度和拥有的文化水平都不尽相同，这两点是任何一种全球女性状况分析都不可或缺的维度（也只有当这两个条件被克服时，我们才会成为"后女性主义者"）。许多女性主义者转向关注脆弱性，是为了在人权组织和国际法庭中提高妇女的受保护地位。这种对女性主义工程的司法化旨在强调那种能够强化对法庭的诉求的语言。尽管这一点很重要，但是这种语言是有局限的，不利于理解那些大众的、且处在法律管辖之外的女性主义反抗形式、群众运动的动态性、市民社会的动力以及脆弱性所暗示的更广泛的政治问题。

建立一种避免家长式作风的政治是必要的。但是，倘若对家长式作风的抵制反对所有提供社会福利的国家和经济机构，就会很难辨识支持基础设施的吁求,甚至自食其果。因此,在越来越多的人面临无家可归、失业、文盲和医疗保障不足的状况日益严峻的情况下,这一任务变得更加困难。我认为,难点在于如何有效地使女性主义者既认识到这些机构对于维持生存的重要性,同时又抵制重新恢复关系不平等的父权制模式并将这种模式自然化。

因此,尽管脆弱性对女性主义理论和政治具有重要的价值,但这并不意味着它是女性群体的决定性特征。我反对基于一种"脆弱性"的基本概念为女性分类制定一个新标准。事实上,关于谁属于"女性"群体的辩论划分了一个明显的脆弱性范围,包括了那些无性别者(nongender),以及因此而更加受到歧视、骚扰和暴力的人。所以,一些所谓的"女性"群体并不比所谓的"男性"群体更脆弱,同时女性也并不比男性更注重脆弱性。相反,某些界定性别的属性——比如脆弱性与非脆弱性——是在特定的权力制度下不平等地分布的,其目的正是支持剥夺女性权利的这些特定的权力制度。我们通常认为,在资本主义制度下,物品与自然资源通常是分布不均的;但我们同时也应该认识到,控制人口的方法之一就是不平等地分配脆弱性,在话语和政策中构建"脆弱的人口"。最近,我们注意到,当前的社会运动和政策分析人士关注那些不稳定的人群,政治战略的制定也相应地考虑到不稳定情况的改善。但是,旨在揭露和动员不稳定性的广泛的群名抹去了这种形式的政治吁求,那么它将进一步巩固它所试图缓解的情况。

因此,使用这一术语具有一定的风险。但规避这一术语是否也存在风险呢?不稳定性是否赋予了脆弱性具体的政治意义,更换另一个术语会不会更好一些?我不确定是否可以通过改变术语来解决这一问题,因为改变或不改变都具有一定的风险。当然,运用不稳定性和脆弱性还存在一种更为危险的方式。在军事和经济政策的条款下,某些群体被视为可被他人(不受惩罚地)伤害的或可随意处置的群体,他们生活在一种可以被任意处置的境况下,或者无法生存,甚至被处理,在社会死亡(social death)① 的时空中建构了一个区间。这种显性或隐性的标记可以将对此类群体的伤害(如战争时期,或者

---

① 社会死亡指那些不被社会所充分接受的人所处的状态。——译者注

打击无证公民的国家暴力）正当化。因此，脆弱性可以成为定位一个想要毁灭的群体的一种方式。这就在新自由主义及其"责任化"（responsibilization）的概念中产生了一个悖论，即认为这些群体要为其自身的不稳定处境或其日益严重的不稳定经历负责。为了反击将这种邪恶的形式道德化，人权的倡导者们捍卫了脆弱性的概念，因为他们坚持认为这些群体需要法律和体制保护。就此，脆弱性的概念以两种方式发挥作用，即定位（target）群体和保护（protect）群体，这意味着该术语已被用于建立一种限制性的政治逻辑，根据这一逻辑，仅存在被定位与被保护两种选择。我们可以看到，这一术语如此有效地抹去了民众运动以及积极的抗争和社会政治变革。我们可以认为，运用脆弱性概念的这两种方式实则是对立的，并且它们只有在这一有问题的逻辑中才形成对立，而这一逻辑取代了其他形式的、更具紧迫性和希望的政治理性和实践。

因此，定位和保护是属于同一权力逻辑的实践。如果不稳定的人群自己造成了自身的处境，那么他们就不处于系统性地再生不稳定性的权力体制之中。他们的行动或自身的失败构成了其不稳定处境的原因。如果将他们视为需要保护的，并且如果家长式的权力形式（有时包括慈善和人道主义非政府组织）力求将自己安置在权力的永久位置上来代表无权者，那么这些群体就会被排除在民主进程和运动之外。要解决这一困境，就既不能以一种道德模式将不稳定的群体定位为负有重任，也不能将其定位为需要"关怀"的、虔诚基督徒意义上的苦难群体（就如同法国的社会民主话语与基督教价值之间隐含的关系目前依然存在）。

这一路径将脆弱性和非脆弱性视为政治效应，也就是作用于并贯穿于身体的权力场域中的不平等分配效应；这种突然的转向说明，脆弱性和非脆弱性并非男性或女性的本质特征，而是性别形成的过程、权力模式的效应，这些权力模式以依据不平等来制造性别差异作为目标之一。这一逻辑存在的证据可以体现在如下例子中：受到女性主义"攻击"而处于"弱势"地位的男性阳刚之气；受到性/性别少数群体"攻击"的公众；因失去白人多数而被认为"受到攻击"的加利福尼亚州；受到拉丁裔人口"攻击"并以此为由试图建立无法渗透的南部边界墙的亚利桑那州。再例如，欧洲各民族被认为因为新移民群体的到来而"受到攻击"，其中占主导地位的群体及其种族主义代表被认为处于一种脆弱的状态。

这种对脆弱性的策略性运用与源于精神分析的某种女性主义分析相悖，即男性立场是通过否定自身的脆弱性而建构起来的。我相信我们可能都知道这种论断的某种版本。这种否定的实现需要否定的政治制度，需要规划（projection）和置换（displacement）。它聚集了女性化的符号。但是，这种分析需要面对一种倒置的表述。毕竟，超脆弱性的（民族的、阳刚之气的）生产有时为遏制妇女及少数民族奠定了理论基础。具有这种抗渗透性的人会抹除——也即清除和外部化——所有关于脆弱性记忆的痕迹，从而有效地控制当代难以掌控的脆弱感。那些根据定义认为自己并不脆弱的人会说："我从来都不脆弱，如果曾经有过，也是不真实的，我没有这方面的记忆，而且现在当然也并非如此。"而这一话语正好证实了其所试图否定的。不断的辩白实际上掩盖了其所宣称的身体状况，从而凸显了否定的政治术语。然而，它同样告诉我们历史如何被表述，用来支持一种自己希望是真实的、关于自我的理想型，这样的历史有赖于对一种异常脆弱的连贯性的否定。

虽然上述精神分析视角对于理解这种围绕性别界线分布脆弱性的特殊方式至关重要，但是对于本文所需的分析而言，它们还不够充分。因为，如果某人或某团体否认脆弱性，那么我们就不仅在假定脆弱性已然存在，同时也在假定它在某种意义上是不可否认的。"否认"始终是一种试图偏离固有事实的努力，所以脆弱性的定义即包括对否认的潜在拒绝。在此意义上，否认脆弱性虽然是不可能的，但一直在发生。虽然不应草率地将个体与群体的构成进行类比，但可以看到否认的模式同时涉及两者。例如，我们可以对某些支持摧毁被选中群体或人群的军事理论捍卫者说："你所导致的伤害难道不会波及你自己吗？"或者对某些新自由主义经济形式的捍卫者说："你本人难道永远不会沦为工作和生命岌岌可危的人吗？不会沦为突然被剥夺了基本权利、住房或医疗条件的人吗？不会沦为为是否能够获得工作而烦恼的人吗？"以这种方式，我们可以假定，那些试图将他者暴露于或放置在弱势地位的人，以及那些试图将自身定位于并维持在非弱势地位的人，都是在试图否认一种脆弱性，因为这种脆弱性使他们难以改变地——即使不是难以忍受地——与其试图征服的人绑定在一起。如果一个人违背自己的意愿而与另一个人绑定在一起，那么即使征服手段是一种契约，这种绑定也必然是令人疯狂的，是一种不可接受的强制性依赖形式，就像奴隶劳动和其他形式的强制契约一样。因此，问题不在于依赖本身，而在于其策略性的剥削。接下来的问题是将依赖与剥削分离开来意味着什么，才能使得二者的意义得到区分。那种支持脱离所有依赖而自治的各种政治抗争形式也许错误地将依赖理解成了剥削。当然，正如阿尔伯特·迈尼（Albert Memmi）在其著作《依赖》（Dependency）中所分析的那样，"依赖"这一术语被用来将殖民统治的各种形式合理化，认为某些群体更具依赖性，进而需要殖民统治，这将是带领他们或部分人通向现代化与文明的必由之路。但是，这个术语难道会一直以这种方式被玷污吗？是否存在着运用这一术语、甚至与其遗留问题决裂的另一种方式呢？

我们还可以怎样理解身体的生存与发展势必依赖持续的社会关系和体系这一普遍性论断呢？要作出这一论断，我们难道不是在表明身体最终是什么，抑或在提供一种关于身体的普遍本体论，并且使脆弱性具有一种普遍的优先性吗？事实上，正是因为身体的形成和维持与基础设施的支持（或缺失）有关，与社会和技术网络或关系网络有关，所以我们无法将身体从其建构关系中抽离出来，并且这些关系在经济的和历史的意义上是特定的。因此，当我们说"身体是脆弱的"时，是指身体相对经济和历史而言是脆弱的。这意味着"脆弱性"总是需要一个对象，总是在外在于身体——但又构成身体的一部分——的条件下形成和发展的。我们可以说，身体的存在与它所拥有或必要的支持条件之间存在一种紧密的关系，但这意味着身体从来就不存在于一个脱离历史情境的本体论模式之中。也可以这样理解：身体暴露在历史、不稳定性和暴力之中，但同样暴露在始料未及又恰如其分的事物之中，比如激情与爱情、突如其来的友谊或无法预料的损失等。事实上，一切意外都将触及那些无法提前预测或控制的脆弱性。在此意义上，脆弱性表明了不能预见或提前控制的情况，例如，面临与你同乘一辆巴士的人所说的流言蜚语、友谊的突然丧失、或者被轰炸残酷地剥夺生命。对于任何可能发生的突发事件，我们都是脆弱的。脆弱性总是使我们卷入无法企及但同时又是我们自身一部分的事物之中，构成了我们可以暂时称之为我们的化身（our embodiment）的核心维度。

相互依赖与联盟

现在，我可以明确关于脆弱性的两个论点，这两个论点既不试图对其进行理想化，也不贬损其在政治上的重要性。首先，脆弱性不能仅与伤害相关。所有对所发生之事的回应都是脆弱性的功能与效果，脆弱性可以表现为对一段历史持开放态度、令人印象深刻或是对某人的理解印象深刻。脆弱性可能是一种开放性的功能，即对尚未完全知晓和无法预测的世界持开放态度。在一定程度上，身体要做的（使用吉尔·德勒兹的术语，源于他对巴鲁赫·斯宾诺莎的解读）是与其他身体相通，因而身体并非自我封闭的实体。身体总是在某种意义上外在于自身，探索或操纵环境，通过感官得以扩展，甚至被放逐。如果我们沉醉于其他，或者说，如果感觉、动觉、触觉、视觉、嗅觉和听觉使我们超越自身，那是因为身体不想停止探索，身体感官在更普遍的意义上以这种放逐为特征。这也是为什么有时我们会将对感官的调控作为一个政治问题，例如，人们被禁止观看战争中身体受伤或被摧毁的照片，这个身体会感觉到其他身体所经历的事情，或者说，这个身体——处在外在于其身体的感官状态中——不是封闭的、单一的和个人的。的确，我们可能会追问需要对感官——那些忘我的理性——进行何种调控，才能使个人主义作为政治学和经济学所需的一种本体论而得以维持。

尽管我们经常说脆弱性是一种偶然和暂时的情况，但也有理由不接受这种普遍的看法。当然，总是有人会说："我曾经是脆弱的，但我现在不再脆弱了。"而且我们这样说是就感觉自身处在危险或易受伤害的特定情况而言的。这些情况可能是经济或财政状况，比如，当我们感到遭受剥削、失去工作或是发现自己处在贫困状态时，就需要公共援助，而公共援助却在被削减；也可能是情绪状况,比如,我们很容易遭受排斥,但后来却发现自己的这种脆弱性已经消失了。即使我们这样说是有道理的,也同样要谨慎对待普通话语的诱惑。并且,虽然我们可以合理地认为我们在某些情况下而不是在其他情况下是脆弱的,但我们脆弱的状况本身是不可改变的。这并不意味着我们在客观上或主观上始终同样脆弱,但这确实意味着它或多或少是我们的经历所具有的一种隐性或显性的特征。认为任何人都具有脆弱性,标志着我们不仅对他者、同时也对这个持续及可持续的世界的彻底依赖。这一点有着重要启示,有助于我们理解,作为情感和两性的激情存在,作为起初就与他人紧密相连的存在,以及作为坚持不懈——这种坚持的成功与否取决于社会、经济和政治结构是否能够为有价值的生活提供足够的支持——的存在,人类的本质究竟是什么。

以有差异的脆弱性和不稳定性为标志的人群不会因为存在差异而无法行动。当反抗这种状况的政治斗争发生时,人们会动员不稳定性,甚至刻意动员对身体的公开暴露,即使这意味着暴露在武力、拘留和可能的死亡之下。这并不意味着脆弱性转化成了反抗,进而力量战胜了脆弱性。力量并不是脆弱性的对立面,并且我认为,这一点在脆弱性本身被调动起来——并非作为个人策略,而是作为共同策略——时更为清楚。这可能不是阿伦特所阐述的依赖于一致行动的政治——无法想象她会喜欢荡妇游行。但是,如果我们重新审视阿伦特的观点,认识到身体及其要求成为政治行动和政治目标的组成部分,我们就开始接近一个兼具操演性与相互依赖的多元概念。

但是,我意识到,我所提出的诸如"相互依赖"等新术语并不足以阐明我的观点。可以这样说:不同于社会和谐,相互依赖并非一种美好的共存状态。我们不可避免地反对那些我们最依赖的人(或那些最依赖我们的人),也无法一劳永逸地将依赖与侵犯区分开来——这或许是梅兰妮·克莱因(Melanie Klein)的洞见,但同样是托马斯·霍布斯的看法。早在1980年代初,美国黑人女性主义者伯尼斯·里根(Bernice Johnson Reagon)就指出:"如果真正地参与联盟活动,就会觉得自己在任何时刻都面临着倾覆与死亡的危险。如果你在大多数时候没有感到威胁,也并不能说明你没有真正参与联盟……你没有深入联盟,你只是喜欢它而已。与那些可能会杀害你的人结盟的唯一理由在于,这是你能够活下去的唯一途径。"她同时指出,相互依赖性包含死亡的威胁,关于共同世界的概念,我们可以称之为"我们共同的世界"。她认为:"必须要明确的是,不会拥有一个排除了伯尼斯·里根的'我们的'(就像我们现在的世界一样的)世界,因为我不打算无处可去!因此我们必须有联盟。因为,只有你让我活下去,我才能让你共存。这样做存在风险,但也存在我们共同活下去的可能——如果你也能忍受的话。"

在某种意义上,在街头、监狱和城市边缘,在不能被称为街道的路上,在地下室中,你所寻找到的能够与之联盟的人都并非你选择的人。在大多数情况下,当我们到达时,我们不知道还有谁会到达,这意味着我们在与他人联盟时接受了一种非选择性的维度。可以说,身体总是暴露在其他人和种种印象之下,而对此,身体既没有发言权,也不能预测或完全控制,并且这些社会化身也是我们无法完全调控的。我认为团结就是在这种情况下产生的,而不是通过有意达成的协议。

最后,我们应该如何理解用来动员脆弱性或暴露的反抗?当那些被视为"可任意处置的"(disposable)或"不值得哀痛的"(ungrievable)身体进入公众视野时(例如,诸多无证之人多次走上美国街头进行公共示威),他们宣称:"我们尚未悄然躲入大众生活的阴影之下,因为我们尚未成为建构大众生活的明显的缺席者。"在某种程度上,身体的聚集是大众民意的一次实施,是对似乎属于另一个公共场所的街道的占用或接管,是为行动和言说而进行的街头聚集,这些行动与言说旨在反对社会认可的局限性。但是,街道和广场不是人们聚集的唯一途径,社交网络产生的团结关系是相当可观和有效的。我不认为互联网是一种脱离实体的维度,但阐述这一论点不得不等待另一个时机。此处,我想要表明的是,无论是参与的身体、拿着手机的身体(例如,用手机记录示威时遭受警察暴力的人),还是处在强制孤立和贫穷条件下的身体,都是一种资源,但不是无限的和神奇的资源。一个团体的行动必须得到相应的支持,而当该行动越来越多地作为一种要求持续支持和宜居生活条件的方式时,这种得到支持的行动就具有了特殊的意义。这听起来像是一种恶性循环，但是应该感到惊喜的是，社会运动中聚集起来的身体是在主张身体的社会形态。这可能是争取我们希望看到的世界或拒绝置我们于死地的世界的一种卑微的方式。

生态社会主义及其面临的后现代民主挑战[*]

豪梅·桑切斯 著[**] 何 娟 译

[**内容提要**] 我们正处于后现代社会阶段,各种新社会运动层出不穷。其中,环境议题已经成为对民主政治体制的重大挑战,世界各国政府和政党都已经或正在把环境问题纳入自己的政治议事日程。在全球化的背景下,生态社会主义被广泛理解为一种重新界定左翼和政治生态主义未来的世界性现象,从而使得不同的地方、国家和区域的应对举措得以实施,最初的福利国家逐渐转型为生态国家。而从严格的生态社会主义视角来看,如果没有社会、经济、政治和文化体制的转型,绿色民主就不会成为现实。绿色民主的"敌人"不仅是资本主义模式的直接捍卫者,而且还包括各种后现代思潮中将其主要目标定位于超越"左—右"对立的那些人。在当代社会中,到处充斥着新自由主义思想和资本主义价值观,后现代民粹主义的兴起给绿色民主带来了新的挑战,因而,要想真正实现绿色民主,左翼力量就必须团结起来对抗这种现象,消除资本主义的意识形态。

[**关键词**] 生态社会主义 绿色民主 福利国家 生态国家 后现代民粹主义

---

[*] 本文系作者直接供稿。译文原载《国外理论动态》2018年第2期。
[**] 作者简介:豪梅·桑切斯(Jaume Sanchez),西班牙拉蒙尤以大学政治与传播学院学者。

我们正处于一个被广泛认可的后现代历史阶段。20世纪下半叶以来，随着资本主义的自我转型，大量的工业化生产转向服务业和高科技产业，与之相伴而生的还有信息和交流的新方式、全球化、传统政党的弱化、新社会运动的兴起、主流政治意识形态的失效、社会的碎片化与分化、政治的均质化与折衷主义、代议制民主的危机，以及我们的国家和社会身份被分解成为多样化的集体和个人身份。总之，我们已经进入一个后现代性逐渐取代现代性并发挥支配作用的新时期。

自1980年代开始，当不同学者讨论"后现代性"（雅克·德里达、米歇尔·福柯、让-弗朗索瓦·利奥塔、恩斯特·杰尔纳、克里斯托弗·诺里斯、詹尼·瓦蒂莫、让·鲍德里亚）、"后现代社会"（克里斯汉·库马尔）、"晚期现代性"（安东尼·吉登斯、尼科斯·莫泽利斯）、"二次现代性"（乌尔里希·贝克）、"流动现代性"（齐格蒙特·鲍曼）、"晚期资本主义"（弗雷德里克·詹姆逊）、"新巴洛克主义"（奥马尔·卡拉布雷泽）以及其他诸多"标签"时，上述那些可以用来描述我们生活于其中的当今新环境之特色的元素就开始形成了。

一、告别社会民主主义

当1989年柏林墙倒塌、中东欧共产主义受挫导致左翼陷入低潮时，托尼·朱特（Tony Judt）在对世界的分析中质问道："难道要对过去的一切说再见吗？"① 对朱特来说，"社会主义"与"社会民主主义"有着明显的区别。社会主义致力于一种全面转型：用一个以完全不同的生产和所有权体系为基础的制度取代资本主义。而社会民主主义则包含了如下前提：接受资本主义及其议会民主，认为议会民主作为一种制度框架可以较好地回应迄今为止那些低估各个领域中人们关切的问题。因此，朱特认为，各种伪装的或冒牌的

---

① Tony Judt, *El món no se'n surt. Un tractat sobre els malestars del present*, Barcelona: RBA Llibres/La Magrana, 2010, pp. 118–130.

社会主义之所以失败，其中一个原因是由于"过度关注自身的问题"（女性主义、同性恋者权利、身份政治），远离了伟大理想（革命、阶级斗争、第三世界）。

在《恐惧的政治学：超越左与右》（2005）中，弗兰克·富里迪（Frank Furedi）分析了为什么"右"与"左"两个术语虽然仍在使用，但在政治话语中失去了意义。对于这位社会学家而言，早在21世纪初，我们就已经不再以经典的"左"与"右"来区分相应的政治规划或运动，而是有意避免将个人的联盟、甚至抗议行动与特定的政治规划明确联系起来。在他看来："目前反全球化和反资本主义的各种抗议性动员反映了我们时代的去政治化氛围。这些运动有意回避'意识形态'和政治规划。其支持者不厌其烦地宣称，他们代表了'对多数、多样性和开放性的宽容'。其中一些人宁肯使用'空间'而非'运动'这一术语，并坚持认为，'在社会论坛中没有人有力量或权利来声称某一个行动或提议比其他的更为重要'。"① 富里迪断言，社会运动内部已经形成了强有力的"反政治"话语的主导思路，因而日益需要通过其组织形式而非意识形态来对其作出界定。正如大卫·格雷伯（David Graeber）所指出的："新的组织形式就是它的意识形态。"

在21世纪的第一个10年过后，社会学家曼纽尔·卡斯特坦率地指出了左翼意识形态的命运："左翼已然消失。"尽管发生了西班牙的"愤怒者运动"以及马德里中心广场、开罗解放广场、纽约华尔街的大众占领公共空间运动，并从中可以发现更具吸引力的民主参与形式的萌芽，但卡斯特认为，至少就西班牙而言，人们的些许意识变革并不足以撼动现存的政治系统，即便在经济危机的情况下。在2012年12月的一次采访中，卡斯特宣称左翼已经屈从于金融资本主义，并且无力反思任何具有"新感知"（new sensibility）的政治议题："事实是，左翼已然消失。如今，如果用政治术语来说，我们正处在一个建构阶段。保守政党并没有消失，但左翼处于危机之中，虽然选举法发挥的阻隔作用导致出现了一个中间偏左的空间。然而，替代性选择正在

---

① Frank Furedi, *Politics of Fear. Beyond Left and Right*, New York: Continuum Books, 2005, p.50.

出现。"①

让我们回到后现代性开始主导一个新文集《神圣的左翼》中，法国后现代哲学家鲍德里亚把"政治代表的终结"作为其核心论点，因为他发现了如下事实：最重要的事情已经不再是"代表"（representative），而是"联结"（connect）。因而，在政治事务中，所有的事情都将服从于这一新事实，甚至意识形态也不再追求我们发自内心深处的信服，而只是实现"与我们的联结"。自此，最重要的就是联结或不联结。政治家们也开始寻求与人民之间的联结。相应地，此后将是"秀政治"（show-politics）的天下。

需要特别指出的是，视听媒体、尤其是电视对这种投机政治和新民粹主义的崛起发挥了重要作用。新政治家（经常是政治领域之外的专业人才，比如艺术家、历史学家、经济学家、政治学家，甚至是"评论员"或"大众知名人士"）是在电视上产生并成长起来的，最初往往混迹于小报辩论和脱口秀节目中。

二、政治生态主义失去了机会

许多绿色政治理论家选择用生态主义来概括或概念化他们在后现代性兴起的过程中向政治生态主义的转向，这是可以理解的。但问题是，在意识形态元话语或宏大叙事衰退的过程中，为什么作为后现代性意识形态的政治生态主义未能扮演主要角色？

在过去的数十年中，绿色政治理论的兴起与在环境问题上不断增长的政治和社会意识齐头并进，大多数意识形态都已经接受了全球性生态危机的观点，即便那些几年之前还否认全球变暖和气候变化的"虚无主义者"也迅速站在了全球气候变理论前沿暖的观点这一边。从1987年《布伦特兰报告》发布至1992年里约热内卢召开联合国环境与发展大会的几年间，可持续发展的

---

① Interview in Spanish newspaper *El País*, December 18, 2012, page 42: http://cultura.elpais.com/cultura/2012/12/17/actualidad/1355772029_815283.html.

基础得以确立，与此相应，各国政府和政党都把环境主义纳入到其政治议程之中，即便最保守的政党也是如此。不仅如此，在此期间，人们已经可以讨论系统的绿色政治理论，甚至是生态社会主义理论及其历史，尽管后者还不那么引人注目。

生态主义哲学或绿色政治理论主要是在1972年斯德哥尔摩召开的联合国人类环境会议与1992年里约热内卢召开的联合国环境与发展大会期间建构起来的。在这20年中，人们的生态意识不断加强，绿色运动不断发展壮大，并且出现了第一批环境主义政党。核电站事故的影响（比如切尔诺贝利核电站事故）、与气候变化有关的自然灾害、由化工产业和石油公司导致的环境事件，都有助于环境主义作为一种意识形态的形成。当然，在经济和交往全球化的背景下，这些问题都不再是地方性的，而是成为区域性和全球性的。

在对环境主义进行政治反思、尤其是"红"与"绿"走向新融合的过程中，默里·布克金的《走向生态社会》（1974）、雷蒙德·威廉斯的《社会主义与生态学》（1982）、鲁道夫·巴罗的《从红色到绿色》（1984）、戴维·佩珀的《生态社会主义》（1993）、安德鲁·多布森的《绿色政治思想》（1995）、萨拉·萨卡的《生态社会主义还是生态资本主义》（1999）、乔尔·科威尔的《自然的敌人》（2007）及其与迈克尔·洛威合著的《生态社会主义宣言》（2001）、安德烈·巴恩萨特的《生态社会主义》（2009）、郇庆治的《重建现代文明的根基》（2010），以及德里克·沃尔的《绿色左翼的兴起》（2010）和洛威的《生态社会主义：生态资本主义灾难的激进的替代性选择》（2012）等著作，共同推动了一个关于社会生态学或生态社会主义的理论体系趋于形成。

安格尔·瓦伦西亚（Ángel Valencia）的《政治与环境》（2014）一书将其绿色政治理论或政治生态主义论点基于如下假定：政治与环境的关系正在形成一种超越生态主义运动的维度。她强调指出，21世纪的人类社会正面临着一个全新的生态政治向度，因为我们生活在一个生态危机将会影响所有人及其生存的脆弱世界之中。这也可以解释为，尽管政治生态学仍是一个基本的政治行为体，尽管环境政治话语已经渗透到政党、机构和公共政策之中，然而环境难题不再仅仅是环境主义的领地，不再仅仅是对民主体制的政治挑战，而是已经成为当代政治的前沿和核心。①

在瓦伦西亚看来，最近20年中，绿色政治理论已经从理论的政治化转向绿色政治更为深刻的理论化，换句话说，已经从关注环境主义意识形态之影响的阶段转向更具反思性的阶段。至少在欧洲，环境政党更加关注现实的政治话语，这与在乌托邦与实用主义之间充满潜在冲突的1970年代和1980年代有了很大不同。比如，绿党进入了议会，这使其言行必须适应环境主义的全新政治空间。瓦伦西亚指出："这促使它们充分参与到这个体制、甚至政府的任务之中。"总之，这为左翼的新联合创造了可能性，从而为生态社会主义提供了一个被称为"绿色左翼"的新维度。

瓦伦西亚呼吁将创建"可持续的左翼"作为21世纪的政治挑战，并把其《绿色左翼》（2006）一书的主旨作为她所"寻找的新的政治空间"的核心，对她而言，这个新空间可以定义为"生态社会主义"。瓦伦西亚认为，"绿色左翼的全新政治空间"应该是一个能够超越"左"与"右"这种传统的意识形态区分的"激进的政治空间"。在她看来，一种政治左翼的模式已经确立，因为环境主义与社会主义之间的关系在政治理论及其实践中已经发生了改变："现在重要的事情是要知晓，存在着一种红色的、生态社会主义的政治空间，并且在每一个这样的空间中，绿党和生态社会主义者不仅必须通过与传统左翼的明智联合开拓政策空间，而且还必须利用它们参与地方、区域或国家治理的优势制定走向可持续社会主义的政策。"②

正因为如此，我们可以说，环境主义不仅增强了我们的环境意识和我们生活在一个易受伤害的世界之中的观念，而且对瓦伦西亚来说，最重要的是这些环境难题同时具有地方的和全球的维度："政治与环境的关系是我们时代面临的政治挑战之一。"此外，瓦伦西亚似乎还指出了另一种挑战：绿色民主的兴起。

---

① Ángel Valencia Sáiz, *Política y medio ambiente*, Mèxic: Editorial Porrúa, 2014.

② Ángel Valencia Sáiz (ed.), *La izquierda verde*. Barcelona: Icària/Fundació Nous Horitzons, 2006.

然而，在 2016 年，政治生态主义似乎并没有惊艳的表现，也未能成为新自由主义的抗衡物或填补左翼危机留下的空间，更不用说提供资本主义制度的替代性选择了。

三、生态社会主义与"绿色民主"的兴起

生态社会主义是一种意识形态杂交物，是对各种碎片化的话语、叙事、尤其是后现代性的回应。因而，虽然经过 30 多年社会民主主义的失望所产生的意识形态空间并未被当前的生态社会主义所占据。准确地说，"生态社会主义"概念是在后现代性这一哲学构想产生一年之后才出现的。萨卡认为，作为德国绿党创始人之一的奥西普·弗莱希特海姆（Ossip Flechtheim）在《生态社会主义是人类的新希望》（1980）一文中首次提到了"生态社会主义"这一术语。

此外，该概念更早可以追溯到威廉·莫里斯和乔治·奥威尔的著作。在 1960—1970 年代，美国生态无政府主义者布克金构建了他的"社会生态学"，而法国环境主义活动家雷内·杜蒙特（René Dumont）则在《社会主义生态学》（1977）中使用了"社会主义的生态主义"这一概念。随后，威尔士小说家和评论家、新左翼的中坚威廉斯也在《社会主义与生态学》中使用了"社会主义生态学"这个概念。

就西班牙和加泰罗尼亚而言，最著名的生态马克思主义者是曼纽尔·萨克里斯坦（Manuel Sacristán）。到 1978 年为止，他一直是西班牙共产党和加泰罗尼亚联合社会主义政党的成员，也是批判的马克思主义的最重要的理论家之一，以及坚持社会主义与生态主义相融合的捍卫者和支持者。生态社会主义意识形态大厦的主要建构者之一洛威曾经评论认为，萨克里斯坦"是最早关注环境问题、生态危机并提出应据此重新思考共产主义理想的欧洲共产主义者之一"[①]。事实上，他还帮助在西班牙和加泰罗尼亚组建了首个具有代

[①] Francisco Fernández Buey, Salvador López Arnal（edición de），*De la Primavera de Praga al marxismo ecologista. Entrevistas con Manuel Sacristán Luzón*，Madrid：Los Libros de la Catarata，2004.

表性的社会生态学组织：加泰罗尼亚反核能协会（CANC）。面对他所抨击的那种"纯粹的乌托邦"或"糟糕的乌托邦"，自 1970 年起，萨克里斯坦建议实施"一种左翼的战理论前沿略性矫正，这是基于对晚期资本主义出现的生态、经济、社会和文化等方面的新问题的分析，并与新社会运动相联系"。他对政治生态学的兴趣始于 1970 年代初，源自他所谓的"社会物理学"（sociophysics），他用这个新词来概括"社会（主要是资本主义工业社会）的介入对自然的影响（城市化和污染等等）"。而这种"社会物理学"可以理解为"生态社会主义"。

鲍里斯·弗兰克尔（Boris Frankel）是首位系统分析生态社会主义的学者。他在《后工业乌托邦》（1987）中将生态社会主义与女性主义、和平运动和生态运动一起作为"后工业乌托邦"或"后现代性"的主要表现。弗兰克尔强调指出："理论家们普遍相信，他们的后工业主义模式会将民主、自由、宽容、公平和其他理性主义价值最大化，而这些观念构成了欧洲几百年来的历史。在这方面，他们与虚无主义、相对主义以及作为后结构主义和'后现代'思想主要特征的迷失方向截然不同。"[1] 据此，弗兰克尔提醒我们，妇女、同性恋者和生态主义者是基于"个体间的相互关系"来决定其价值观和政治优先事项，而不是认同或加入传统的劳工运动或其他社会运动，就好像女性主义运动、争取同性恋者权益运动和生态运动等新社会运动并不处在同一个社会之中，也就不会面临共同的问题（战争、经济强权、公共行政、宗教、教育、贫困、合法权利或任何彼此关联的公共议题）。他还进一步补充说："答案可能是不同的，但任何'后现代'或后工业社会也必须解决理性的公共应用（the public application of reason）问题，解决如何将个体的多重身份与公共身份和权利相协调的问题。也就是说，但愿未来社会会更加自由和多样化，与此同时，每个公民又能够在他或她的亚文化身份中分享归属感、公民身份、共同的权利和责任，否则，我们就必须准备接受碎片化、特殊主义和分离主

---

[1] Boris Frankel, *The Post—Industrial Utopians*, Cambridge, UK: Polity Press, 1987, p. 180.

义的噩梦。"①

弗兰克尔在《后工业乌托邦》一书的"走向未来：后工业主义的政治"一章和最后的"结论"中提醒激进的和革命的政党以及西德绿党，应吸纳生态社会主义者和生态女性主义者提出的问题，并拥抱一种基于生态社会主义和准自治原则的"具体的乌托邦"。

实际上，生态主义与革命之间的联系在安德烈·高兹写于1972年的著作中已经可以找到。在参加了《新观察家》（Le Nouvel Observateur）杂志组织的一场以"生态和革命"为主题的会议之后，他写道："生态学是一门从根本上反资本主义的和颠覆性的学科。"

在有关"生态社会主义"的最早的理论定义中，罗宾·艾克斯利称其为一种理论，其意识形态"因激烈地批判正统马克思主义（以及西方马克思主义）而可以被描述为后马克思主义，而非反马克思主义。也就是说，一些马克思主义传统中的理论家借鉴综合了西方马克思主义者的某些观点，以及其他更古老的传统和当代社会主义的思考，包括乌托邦社会主义、新左翼的自治理念和女性主义的社会主义。与此同时，生态社会主义者还分享了生态无政府主义的反资本主义和自治观念"②。而对于艾克斯利来说，生态社会主义观念在欧洲和澳大利亚绿色运动中的这种影响是与绿党的口号之一"非左非右"相冲突的。

不仅如此，这还会引发另一个问题。另一位重要的生态社会主义理论家萨卡认为，生态社会主义不能、也不应该向第三世界国家转移其福利制度的不利后果。他同时还强调，重点应放在创造生态社会主义运动而非生态社会主义政党之上，生态社会主义运动必须为一种完全不同的增长伦理而斗争，而这种新伦理将以牺牲奢侈品的享受和舒适的生活为基础。无论如何，在全球化的背景下，生态社会主义运动想在任何小国获得成功都是"不可能的"。

---

① Boris Frankel, *The Post—Industrial Utopians*, Cambridge, UK: Polity Press, 1987, p. 184.

② Robyn Eckersley, *Environmentalism and Political Theory*, Albany: State University of New York Press, 1992, pp. 119–120.

因此，他更关注那些在诸如西欧等较大的区域内展开活动的运动。在他看来，这些区域性的生态社会主义运动必须能够创造一种"新文化"。他建议通过价值观的改变来创造这种"新文化"，因为如果没有价值观的改变，主要国家或区域的变革就不可能实现。据此，他还批评了德国绿党的演进趋势，明确指出"真正的生态经济只有在真正的生态社会主义社会才能出现"，因而生态资本主义是没有前途的，因为"资本主义的价值是剥削、残忍的竞争，动机是物质利益和贪心"。他还宣称，传统的"社会主义"作为一种重要的意识形态已经终结，未来的社会主义必须学习和掌握生态智慧，因为："我的看法是，'社会主义'在苏联和东欧的失败主要是由于它们遭遇了增长的极限。"①

多布森也对那些相信可以在资本主义制度下找到环境问题解决办法的人持批判态度，认为正是资本主义制度造成了环境问题，同时还主张对"环境主义"与"生态主义"作出明确的区分。关于生态主义在意识形态上究竟属于左还是右的问题，多布森指出："在某些方面，我们可以非常自然地以左或右来谈论绿色运动，因为我们能够对这些术语作出适当的调整。比如，如果我们将平等和等级制作为左翼或右翼思想的主要特征，那么生态主义明显属于左翼，因为它主张人类与其他物种之间的平等。但是，要论证生态主义仅仅是一种左翼思想并非易事。"②

"绿色思维"的另一位主要理论家沃尔在《绿色左翼的兴起》一书中指出："今天，生态社会主义是不同的群体、网络和政党的大杂烩。"③ 相比之下，欧洲、澳大利亚和美国的生态社会主义有着更大的影响。当然，拉美国家的领导人也在发挥着某种领导者的作用，比如埃沃·莫拉莱斯、乌戈·查韦斯、拉斐尔·科雷亚和雨果·布兰科等。沃尔高度肯定了科威尔和洛威的《生态社会主义宣言》，强调生态社会主义的"制度性存在"是不可或缺的。

---

① Saral K. Sarkar, *Eco-socialism or Eco-capitalism? A Critical Analysis of Humanity's Fundamenhtal Choice*, London and New York: Zed Books, 1999, p. 5.

② Andrew Dobson, *Green Political Thought*, London and New York: Routledge, 2007, p. 19.

③ Derek Wall, Green History. *A Reader in Environmental Literature*, *Philosophy and Politics*, London and New York: Routledge, 1994, pp. 96 – 99.

对于沃尔而言,生态社会主义是重新界定左翼和政治生态主义未来的一种全球性现象,生态社会主义运动的壮大有赖于气候变化这一全球性问题。在他看来,资本主义是对人类和自然之未来的威胁,而生态社会主义是对资本主义的批判与替代。

四、从"福利国家"到"生态国家"?

社会民主主义的危机、经济和意识形态的新自由主义霸权已经严重影响到福利国家的模式,在最近的30年间更是如此。然而,也正是在这一时期,全球性地关注环境问题的意识不断增强,地方、国家和区域性的解决方案也得到了贯彻实施,此外,个体的环境意识(比如循环利用、近距离贸易、生态消费等)也在逐渐强化。就全球范围来说,为了在减少二氧化碳排放量的问题上达成共识,相关方面已经举办了多次论坛和会议。

然而,绿党和环境团体一再警告,所达成的各种国际协议并不充分,未对温室气体排放设置极限也会导致严重后果。2015年1月,由美国国家海洋和大气管理局(NOAA)与国家航空航天局(NASA)发表的两篇报道总结说,2014年是北美有记录以来最热的一年,而1880年以来最热的10年发生在过去的20年间。

面对这种不断恶化的局面,以及中国等新兴大国对石油能源的依赖,一种理论建议就是进行强力干预,这可以在约翰·巴里和艾克斯利合编的《国家和全球生态危机》(2005)一书中找到线索。在他们看来,国家仍是最有能力和政策手段保护生态环境的政治实体。该书第一章是詹姆斯·米德克罗夫特(James Meadowcroft)的文章《从福利国家到生态国家》。米德克罗夫特在文章中探讨了创建生态国家的可能性,认为生态国家将是一个把保护环境作为其主要任务之一的国家。此外,他还阐释了福利国家的发展是如何与生态国家的出现齐头并进的。米德克罗夫特认为,福利国家主要涵盖了那些与养老金、失业福利、医疗保险、家庭津贴等有关的政策和计划,这些已经在1950—1970年代获得了实施,尤其是在斯堪的纳维亚国家,比如瑞典和挪威。

在米德克罗夫特看来，福利国家之所以能够建立，是因为现代国家意识到安全网络对于公众的必要性，而鉴于减少污染、自然保护计划等可能导致的对福利的影响，创建生态国家的努力可能会遭到企业家和消费者的反对。回顾福利国家的起源与发展，不难看到，工人阶级、工团主义运动和社会民主党曾发挥了关键作用，而在创建生态国家的过程中，这些福利国家的推动者却可能会成为障碍，因为工人、工会团体和社会民主主义者会看到对其生活水平、工作方式和经济增长的威胁。此外，米德克罗夫特还指出，福利国家本质上是"国家的"创造物，而生态国家的创建则完全不同，因为"生态国家本身似乎就是一个矛盾性术语。许多环境问题，比如气候变化，需要国际上相互协调来应对"[1]。

该书第二章是彼得·克里斯托弗（Peter Chistoff）的论文《走出混沌，一颗闪亮的星？绿色国家类型学》。在这篇文章中，克里斯托弗宣称，绿色国家是从福利国家自然发展而来的，这体现在环境部门的创设、减少污染政策的制定以及保护自然法律的颁布和实施等方面。在他看来，创建绿色国家需要一种强生态现代化。这意味着，国家对环境议题的强力干预及其与经济和社会议题的整合。此外，还需要一种基于激进生态价值的政治和文化制度，以及有着强烈环境意识和政治参与感的新一代"生态公民"。然而，这些在任何国家中都没有得到充分强调，我们最多只是进入了"环境福利国家"，比如在瑞典和荷兰，国家对环境问题进行一种温和的干预。[2]

五、"绿色民主"及其敌人

与年轻的"环境运动"和"政治生态主义"不同，"生态思维"有着悠久的历史。我们可以从古老的哲学传统和宗教传统中找到其思想渊源。"生态

---

[1] John Barry and Robyn Eckersley (eds.), *The State and the Global Ecological Crisis*, Cambridge: The MIT Press, 2005, pp. 3 – 23.

[2] Ibid., pp. 25 – 52.

学"概念源于德国生物学家恩斯特·海克尔的《生态学》,但这并不意味着在那之前没有生态问题。19世纪,伦敦、曼彻斯特、巴塞罗那等许多欧洲城市比现在中国城市的空气污染更为严重。那时的伦敦整天处于薄雾之中,只不过当时人们并不重视查尔斯·狄更斯抑或恩格斯和马克思对英国资本由于工厂烟囱污染导致严重危害健康的批判。

德国哲学家尼克拉斯·卢曼明确指出,实际上,许多现代或后现代阶段的社会问题早已存在,并非是在它们被纳入到大众传媒的视野之后才产生的。可以说,环境运动的兴起和扩展与过去数十年中环境难题的可视化有很大的关系。然而,"绿化"或绿色民主远远超出了绿色和平组织或绿党议会等强势的环境非政府组织的动议所带来的压力,尤其是如果它们并未进入市政府、地区政府和全国政府的话。

生态社会主义已经构建了这样一个思想流派:主张社会自上而下和自下而上发生的根本性改变,从而避免正在毁灭地球的经济模式所导致的后果。马克思主义与环境主义之间"红绿"交融的根基在过去30年中已经牢固了很多。但是,正如洛威所提醒我们的,哲学家瓦尔特·本雅明早在1928年的《单行道》中就已经公开抨击统治自然的观念为"帝国主义的傲慢",并提出人类应重建关于自然的观念,即重建人与自然之间的关系。本雅明不仅谴责了进步可能带来的威胁,而且提出将革命性的乌托邦作为一种替代性选择。

佩珀在他著名的《生态社会主义》一书的最后一章分析了环境主义、马克思主义和环境哲学之间的关系。他从马克思主义的立场出发,批评部分绿色运动已经沦为"反革命",因为它们并未挑战正在使地球衰退的资本主义社会的物质基础,反而成为了这一问题本身的一部分。在这些绿色运动看来,"绿色消费主义"或部分"绿化"的资本主义是可以接受的。结果是,"绿色激进主义"成为了资本主义的一个预警和矫正机制,"使得它可以适应生态矛盾和吸纳社会抗议"。[1]

---

[1] David Pepper, *The Roots of Modern Environmentalism*, London and New York: Routledge, 1990, p.151.

显然，就严格的生态社会主义立场而言，如果没有社会、经济、政治和文化体制本身的转型，绿色民主就无法成为现实。但是，同时我们还应注意到，对于绿色左翼而言，在经济危机发生后的数年间，对"去增长"（degrowth）的坚持已经被重新阐释为借助消费来实现经济复苏。可见，资本主义制度及其价值观和架构已经深刻影响到其政治替代者。

在分析厄内斯特·拉克劳和尚塔尔·墨菲这两位公认的后现代马克思主义者及其《霸权与社会主义战略：走向激进民主政治》（1985）一书时，吉尔·汉兹（Gill Hands）强调了这两位学者如何从后现代的视角阐释经典马克思主义，并得出冲突来自"对抗"的结论。后现代思维把个体视为一系列的身份集合，拉克劳和墨菲就认为，工人阶级中的某一个体从来就不仅仅是"工人阶级中的个人"：他同时可以是理论前沿单个人、少数民族成员、女性和工人。在这两位学者看来，这其中的每一个不同面相都可以导致与他人的对立和冲突。相应地，社会阶级在后现代社会并非一个统一性的结构。每个人根据自己的经历都会形成主观性的看法，而"阶级身份"仅仅是其中一个组成部分。因此，正如汉兹所说，基于社会阶级的革命在后现代社会中注定要失败，"冲突将永远是社会的一部分，而且将持续处于不稳定和变化之中，尽管存在着对抗，人们仍可以实现团结并在地方层面采取行动"。相应地，"新个性"（new individuality）随之出现。旧个人主义以对个人利益的追求为基础，但如今，它不仅超越了经济领域，也与个人对自己的性别、社会身份、种族身份和环境的追求相关。在汉兹看来，由于"旧个人主义"被等同于资本主义和自私自利，进步政治往往会忽视作为社会运动核心的个体的力量。①

由此，我想强调的是，绿色民主的"敌人"不仅仅是资本主义模式的直接捍卫者，还包括后现代性思潮中将其主要目标定位为超越"左—右"对立的那些人。

---

① Gill Mark Hands, *The Key Ideas*, Oxon, UK: Bookpoint, 2010.

六、用"生态社会主义状况"对抗"后民粹主义状况"

我所指称的"后民粹主义状况",是指欧美资本主义社会进入 21 世纪第二个十年后所面临的经济危机,以及社会、技术和通讯变革所导致的现实。这种状况决定了那些与古希腊意义上的"政治学"或者与"城市"、"公共事务"、公民身份等相关的政治活动。

那么,为什么要谈论"后民粹主义状况"呢?这是因为最近 30 年的后现代主义见证了资本主义和新自由主义的意识形态霸权的渐趋强大。只要西方资本主义社会保持持续增长,这种模式就不会被质疑,更不用说那些灌输给个人的价值观,包括消费主义、社群自我(communal self)的失落、去管制、沉迷于提高自己的生活状况而不考虑它对整个社会的影响,等等。然而,它并非一种绝对的霸权,因为同时还出现了各种新社会运动(反全球化运动、占领运动、反核能运动、生态主义运动、女性主义运动),尽管在许多情况下它们有着自己的"独特理念"和目标,而不是像 19 世纪、20 世纪那样致力于改变整个世界的宏大意识形态(无政府主义、社会主义、共产主义、自由主义)。

在这种背景下,社会高度异质化,各个层面都可能引发变革。当经济危机爆发时(尤其在西班牙),一个民粹主义阶级开始形成,其中很多人都保持中产阶级的生活方式,并因过去一段时间在各个方面的过度奢侈而遭到了惩罚,从而对政府如何解决这些难题失去了耐心和信心。这正是新极右翼政党突然崛起的深层原因。同时,它也导致了诸如"加泰罗尼亚绿色倡议党"(ICV)等生态社会主义政党向"新公社自治主义"(new communialism)的转变。公社自治主义源自生态无政府主义者布克金。而生态社会主义者让-吕克·梅朗雄在 2017 年 1 月 5 日的第一次竞选演讲中使用了与法国极右翼领袖玛丽娜·勒庞相似的语句:我们是人民,以人民的名义,我们与人民在一起。这并不令人吃惊。

正是"后现代状况"造就了今日的"后民粹主义状况"。只有等到经济形势发生逆转时,这一新状况才会出现实质性改观,尤其是对于西班牙中产阶级而言，他们已经习惯了生活在所谓的世界强国的幻影之下。长期以来，中产阶级的"抱怨文化"使得他们反对或极不情愿纳税去支持"西班牙的准福利社会"，更不愿为生态环境改善作出个体或集体意义上的自我牺牲。如今，经济危机的海啸已经沉重打击到中下阶层和中产阶级，而他们又无法再像过去那样诉诸于"反对一切"的宏大意识形态话语，因为，就连社会民主党执政后，实施的也是新自由主义的经济治理政策，这就造成了一种使后现代新民粹主义得以产生的社会基础。

这就催生了新的平台和运动。不仅如此，作为改革者、修复者和新生代的平台和运动还经常回避"政党"以及与"左/右"意识形态相关的词汇。负责2014年欧洲议会选举的英格·伊瑞农（Iñigo Errejón）在《世界外交论衡》(*Le Monde Diplomatique*)杂志上发表题为《什么是"我们可以"党》的文章指出："西班牙正在经历一场体制危机，这首先是由于传统的身份认同共识的破裂，进而创造了左翼民粹主义兴起的条件，后者所追求的并非现行体制中权力的象征性再分配，而是要造就一种新秩序，从而表达一种新的政治意愿并逐渐使之成为多数。"①

然而，这种"后民粹主义状况"绝不止于这些新政党和运动，其背后要么是一个软弱的组织结构，要么是一种借助于精神导师的高度集中的领导权，并且往往通过某种程度的视听展示和交往能力来实现。它们同时善于运用传统媒介和"新社交媒体"，比如推特、脸书和其他后现代通信方式，就像鲍德里亚在1980年代所阐明的那样。这意味着大量的信息和交流将给我们带来虚假的信息，并处于虚假的交流之中。媒体的高曝光率使其获得了远远超出其实际能力的选票，甚至获得重大选举胜利，比如希腊左翼联盟或西班牙绿色倡议党。但是，这些政党正在被"后民粹主义"的浪潮所淹没，并在走向所谓的"聚合点"（confluence）。当然，在这个"流动的社会"或后现代性社会中，"后民粹主义状况"有可能像后现代价值观一样转瞬即逝。不仅如此，目前的"后民粹主义状况"产生于长期的新自由主义环境及其政策体系之中，

---

① *Le Monde Diplomatique* in Spanish, No. 225, July 2014.

这意味着个体所期盼的往往只是能够解决其眼前难题的政治家,而不是更为深刻的长期性变革方案,同样,我们也很难期待在如此的环境下能够孕育和成长出成千上万的崭新公民。

七、生态社会主义转型:"绿色民主"的目标

正如诺埃米·克莱因(Noemi Klein)在其新书《一切都将改变:资本主义与气候》(2014)中所指出的那样,我们不能再耽误更多的时间了,因为过去25年中已经又增加了61%的二氧化碳排放量。对克莱因而言,将环境问题置于意识形态的考量之下是必要的,因为如她所述,资本主义的增长逻辑与抑制气候变化的目标是不相容的。这表明,资本主义社会的模式及其政策不仅可以在某种程度上抑制环境难题,也会进一步加剧环境难题。克莱因还批评了环境运动团体,尤其是"大型企业与大型环境组织之间的灾难性联姻",以及反紧缩运动在其抗议活动中忘记了环境,因为所有这些问题都是相互联系的(与社会脆弱性相伴随的往往是环境保护的缺乏)。

然而,令人遗憾的是,克莱因的这些看法及其旨在打破意识形态障碍的战略变革主张,时至今日并未能够体现在任何一种明确的全球或区域性意识形态表述之中,无论是我们所说的"生态社会主义"还是其他形式都是如此,而它们应该作为绿色民主建构的基石。因为,尽管"个体良心"对于集体行动是必要的,但正如我已反复指出的,更为重要的是"集体意识",如果没有真正替代资本主义的意识形态,一切都将无从谈起。

这种替代性选择有可能面临着在环境运动和反紧缩运动中出现碎片化的情况。这是因为,转型中的左翼政党需要在复杂和多样化的当代后现代社会中实现一种左翼空间的聚合,超越个体之间的交往空间以及各种形式的"主观革命"和"只关注自身"的运动与倡议,以便向着生态社会主义融合的方向走得更远。通向绿色民主的道路要通过建构国际"生态社会主义网络"来克服对资本主义模式的屈从,实现多样性基础上的统一性,而这一目标只能借助构建绿色左翼意识形态的"元叙事"(metanarrative)来逐步实现。

当代女性主义理论术*

凯茜·E. 弗格森　著**　　李泽明　赵开开　译

[内容提要] 作为一种重要的交叉性理论,女性主义理论不仅是一种关于女性的理论,还是一种关于世界的理论。尽管不同的女性主义理论之间存在着显著差异,但它们大都对二元思维持怀疑态度,普遍倾向于流动的而非静态的过程思维,并致力于将女性主义作为一项政治和智识事业。女性主义植根于并捍卫争取平等、自由和正义的运动。当代女性主义理论主要关注三个重要问题:主体性、叙事性和物质性;新自由主义的全球地缘政治;全球生态。女性主义理论家们在学术研究与行动主义的交互激励下,主要运用跨学科的交叉性分析方法来解决上述三个重要问题。如果我们致力于为女性主义理论研究作出贡献,就应当积极投身到社会变革之中。

[关键词] 女性主义　新自由主义　生态学　交叉性　叙事性　物质性

---

* 本文原载《政治科学年评》（*Annual Review of Political Science*）2017 年第 20 卷,译文有删节。译文原载《国外理论动态》2018 年第 7 期。

** 作者简介：凯茜·E. 弗格森（Kathy E. Ferguson）,美国夏威夷大学政治科学与妇女研究系学者。

一、引言

目前，由富有想象力的跨学科研究和批判性的政治活动发展而来的女性主义已经成为一门内容丰富、成果丰硕、观点多样的政治理论体系。女性主义理论无疑是一种关于女性的理论，但是，倘若从具有批判性的交叉视角来看，它绝不仅仅是一种关于女性的理论，而且还是一种关于世界的理论。正如钱德拉·莫汉蒂（Chandra T. Mohanty）所指出的，这是一种反映共同的"政治参与"的深刻的集体实践。许多女性主义理论家最伟大的成就以及我们最激烈的争论都起因于并表达了强烈的政治激情，这种政治激情就是以最好的方式来理解并改善女人、男人、儿童、所有物种以及整个地球的生活。在我看来，女性主义理论通过学术实践蓬勃发展，建构起一个跨领域的巨大网络，在相互关联的视域下思考权力和抗争，寻求与那些拒绝随遇而安并向往自由、正义和快乐的人所组成的群体结成统一战线。

本文重点研究从20世纪末到2016年（即第三波女性主义浪潮期间）涌现出来的女性主义论著。这些文献虽然都在探讨全球性议题，但大多出自美国或英国学者之手。首先，本文将勾勒出女性主义理论研究中存在的三个主要切入点，即大多数女性主义理论家都认同的观点：对二元思维的反对，对过程思维的拥护，对研究世界和改变世界的承诺。其次，本文将探析女性主义理论研究中存在的三种不可替代的分析方法：交叉性（intersectionality）、跨学科性（interdisciplinarity）、学术研究与行动主义的相互交织（the intertwinings of scholarship and activism）。我认为，上述分析方法是健全的女性主义理论的基础，它们为促进非二元性、过程性以及具有变革导向的理论研究提供了潜在的方向。最后，我将回顾当今女性主义理论家不得不面临的三大重要问题：主体性及其不满；全球新自由主义地缘政治；全球生态问题。上述三大重要问题映射出当代的公共危机，这些重大问题均属于一些涉及多领域和多部门的交叉性难题，因此，要想解决上述难题，必须坚决彻底地进行跨学科的批判。

值得强调的是，交叉性分析法所具有的向心性使得女性主义理论中的某些早期论题也进入到我的研究背景之中。通过建立女性主义理论与非人类世界理论的交叉性研究，交叉性分析法挑战了人文主义的女性主义的局限性。有关女性与男性之同一性和差异性的争论在很大程度上已经让位于有关两者在碎片化的主体地位方面更加微妙的区别的争论。尽管对穿戴面纱或女性割礼的分析依旧重要，但是最终归因于"文化"（可以用"这属于她们文化的一部分"来解释）的这类范畴却无疑让位给了那些便于展开细致入微的探究的有争议的领域。虽然我在本文中采取的研究方法可能会淡化女性主义理论中某些经常充满激情的争论，但我仍希望能借此文对我们所共同致力于研究的事业做出与众不同的解释。

二、女性主义理论研究的切入点

尽管当下存在着多种多样的女性主义理论，但究其常见的基本切入点，却只有那么几个。

首先，女性主义理论都对二元思维表示怀疑。女性主义理论家认为，二元思维试图将复杂的世界划分为两个对立的变量（比如，理性与情感，思想与身体，男性与女性），从而不可避免地犯了同一个错误，即强行拆分了原本相互渗透和紧密交织的各种复杂关系，机械地将一个复杂的领域简单化。此外，二元思维还有另一个不容忽视的缺陷，即在二元思维的视域下，双方总是相互对立的，而且总会有一方在对立中占据优势地位。长此以往，就容易形成等级观念，即占据优势地位的一方总是处于对立双方的更高层级。一旦这种等级观念形成，就会使得占据优势地位的一方的权力关系自然化，从而导致占据弱势地位的另一方更难以挑战对方的主导地位，这样一来，想要实现双方地位的平等便会难上加难。

其次，女性主义理论倾向于采用过程思维而非静止思维来看待单向因果关系。男权主义思想充满偏见地赋予女性某些固定的和普遍的本质，西蒙娜·德·波伏娃称之为"永恒之女性的神话"（the myth of the Eternal

Feminine）；而女性主义理论一般遵循波伏娃的观点，认为女性并非先天就是女性，而是后天才变成了女性。就像等级制度一样，本质主义往往通过赋予熟悉的权力安排以永恒的本质而非历史的过程来使其自然化。与本质主义相反，过程思维则会探究事情是如何发生的，要求我们历史地思考和识别事物之间的动态变化关系，而不是静止地看待事物。

最后，女性主义理论致力于实现女性在政治上和智识上的平等，它根植于并捍卫争取平等、自由和正义的运动。

总之，尽管关于这些思想意味着什么以及何为实现它们的最佳方式依旧存在着许多分歧，但总的来说，女性主义理论追求的是"既此既彼"（both/and）而不是"非此即彼"（either/or）的思维，关注的是应然（becomings）而不是实存（beings），并致力于认识世界和改变世界。

三、女性主义理论的分析方法

女性主义理论家应以跨学科的交叉性视角认识世界，运用理论与实践的反馈机制参与涉及政治规划和斗争的重要对话，进行最缜密的思考。这些分析方法，或曰"分析的识别力"（analytic sensibilities），引导我们走向我们的研究主题，并从事有意义的女性主义研究工作。交叉性是伞式概念，因而既需要跨学科的研究，也需要行动主义的热情；除此之外，我还把交叉性和理论联系实际作为独特的思维实践，确保这些方法在研究工作中充分发挥作用。在女性主义理论中，跨国思维也可以作为一种独立的分析方法，因为它深入细致地剖析了"全球"这个笼统模糊的统一体，代之以跨越边界的、具体明确的"连通性"（connectivities）。而本文将跨国思维融入到其他三种分析方法之中，因为它同样具有上述每一种分析方法的核心特征。

为了充分发挥上述几种分析方法的作用，我们需要将它们从线性的或附加的框架中解放出来，并将它们视为交互作用的过程。我们在看待交叉性、跨学科性以及理论与实践的反馈机制时，最好不要将它们理解为一系列不同单元或运动的简单相加，而应当将它们理解为在彼此融合时保持了各自的本质特性。这些分析方法的交汇作用可以被打断或重新定向，也可以是迟缓的或不稳定的，但有助于这些方法本身成为过程思维和多向思维。

（一）交叉性

交叉性理论无疑是女性主义理论最伟大的成就之一，它是一种永葆开放性的权力批判方法，一种交叉思维的培育，一种"反抗信念"的塑造。虽然人们普遍认为金伯利·克伦肖（Kimberle Crenshaw）和帕特里夏·柯林斯（Patricia H. Collins）等人在1980年代创立了交叉性理论，但其激进的历史渊源却可以追溯到19世纪出版的那些描写黑人妇女和无政府主义者的著作。

在我看来，交叉思维对女性主义理论作出了四个方面的重要贡献。第一，交叉性是一种重要的分析方法，可以避免形成被维维安·梅（Vivian M. May）称为"单轴"（single axis）分析范畴的"非此即彼"的思维。梅认为，在最好的情况下，交叉性可以用关系思维（interrelational thinking）取代累加性思维（additive thinking），促使人们接受"一种矩阵的观点（生活在矩阵之中的人们的身份被认为是相互交错的，而压迫他们的各种体系则被认为是相互加强的）"。交叉性理论所具有的识别力使我们的思维和我们对自己的理解成为思维主体。梅继续指出："交叉性对多样性的关注，其关键在于让我们介入历史记忆，抛弃占主导地位的社会想象。"交叉思维不仅鼓励分析，而且还培育了一种"激进的关系性伦理"（ethic of radical interrelatedness），其中，差异性是好奇心和尊重的主体。

第二，交叉性具有永恒的开放性，因此它是产生新思维的沃土。它通常站在多元的、新兴的主体立场上分析问题。朱迪斯·巴特勒在总结我们的社会分类清单时指出，对交叉性的关注可以促使我们通过性别、种族、阶级、性取向、宗教、语言、残疾、年龄等诸如此类的"尴尬"问题去构想始终具有开放性和流动性的主体性。当政治环境使诸如儿童、变性人或政治犯等成为政治主体时，就会出现新的身份。因此，对身份的交叉性研究永无止境。交叉性还可以在诸如监狱/产业联合体、国际组织、政府政策和全球人权工作等各种机构和社会结构中发挥作用。梅将交叉思维定性为"多尺度"（multiscale），也就是说，它"从生活经验和个人反思的微观政治尺度上吸取了许多知识点，以此来解释结构、政治、哲学、代表性等不平等的宏观政治尺度"。交叉思维使那些令我们感到困惑的力量向量得以壮大，并让我们惊讶于它们的合力作用。

最近，一些女性主义理论家将集群理论（assemblage theory）融入到交叉性研究之中，并将整个世界都视为一张由活跃的、流动的、具有多重实践功能的女性集群理论所建构的网络。从吉尔·德勒兹和菲利克斯·瓜塔里关于去领土化的水平流动（horizontal flows）、关联交错（linkages）和分裂瓦解（disruptions）等根状（rhizomatic）思维的讨论中，妮娜·莱克（Nina Lykke）看到了一种交叉性："就其积极的意义来说，作为'转换者'（shifter）出场的交叉性有助于解决充满分析性和政治性的新问题，并富有成效地引导分析者去识别更具干预性的权力差异、规范以及身份标志，而不是将它们作为最重要的问题呈现给分析者。"玛丽亚·坦布口（Maria Tamboukou）运用集群的相互交织和内部互动来分析19世纪法国制衣业女工的状况："当突如其来的变革和断裂与令人惊讶和意想不到的延续性同时并存时……在现代性的过程中就生成了一个激进的女工文化实践集群。"贾斯比尔·普尔（Jasbir Puar）则拒绝将集群理论融入到交叉性之中，不过我认为她低估了交叉性的包容性。在她看来，酷儿主义者运用交叉性时过于依赖"基于身份认同的酷儿性叙事"（identity-based narratives of queerness），进而转向将集群理论作为一种更好的替代选择。然而，在我看来，普尔将交叉思维与身份认同过于紧密地联系在一起，进而毫无必要地将身份设定为"想要某人是什么，从而通过装扮一种虚幻的未来——他现在是什么以及未来继续是什么——掩盖了其身份的可追溯性及其个体化的进化维度，即他过去是什么"。普尔的上述观点在交叉性研究领域受到了强烈质疑：交叉并不仅仅指身份的交叉，况且身份也不一定都是恒久不变的。同时，普尔还将其胡乱杜撰的所谓全球范围的白人性、国家内部的异性恋规范（heteronormativities）和同性恋规范（homonormativities）及其所为之自豪的"美利坚合众国"这一国名统统视为创造性地运用交叉性的范例。

第三，交叉性理论所具有的识别力是在深厚的研究背景下被精心培育出来的，它在经验、历史和/或文化等方面提供了可供我们思考的证据。我们需要依据特定的实践条件和历史条件来看待交叉思维，正如克里斯蒂娜·贝尔特兰（Cristina Beltran）所说："如果你没有正确地思考这项工作的每一部分该如何完成，就无法开展这项工作。"贝尔兰特认为，她并非"多愁善感"，而是错综复杂的"特异性"需要耐心和持续的学术和政治关注。跨国女性主义者（transnational feminist）玛丽莎·亚历山大（Marissa Alexander）和莫汉蒂同样聚焦具体的历史和政治，她们正在培育"一种在相似的全球背景下、但又是不同的地理空间中思考女性问题的方式，而不是笼统地思考全球所有女性所面临的问题"。

第四，交叉思维需要用安娜路易斯·基廷（Analouise Keating）所说的"原始的开放性"（raw openness）去倾听不熟悉的见解。例如，当代女性主义交叉性理论关注的一个重要方向是本土性，本土性思维是运用女性主义分析殖民主义的必要组成部分。由于本土民族历史的特殊性，加之本土居民对土地和水资源具有优先索取权，使得他们与国家和市场有着独特的关系。因此，忽视本土人民意愿和历史的殖民主义就类似于忽视女性心声和历史的男权主义。对此，海梅斯·格雷罗（Jaimes Guerrero）强调指出，在以公民权利为基础的女性主义与本土女性主义者对主权的主张之间需要一种（可能）令人不愉快的交锋，她将此概括为"以互惠为基础的传统意义上的自决和自主，而不是个人私有"。女性主义理论对本土女性主义者的解读以及与她们的交流或"接触"固然很重要，但是这还不够，非本土女性主义者必须更进一步，熟悉从当地生活世界中涌现出来的丰富多彩的文学并与之对话，研究它们与殖民世界的关系，而这些都离不开强有力的交叉性方法的支撑。亚历山大在评论"为有色人种女性创造发声机会"这一提议时指出，我们需要"学会流畅地表达彼此的历史"。斯图亚特·霍尔对此解释说，不仅我们的记忆和历史面临着威胁，而且在本体论和时间的意义上与本土的未来紧密交织在一起的本土历史也面临着威胁："恰如那句夏威夷隐喻所说，我们面对着过去，但它却不在我们身后。从本质上来说，回归传统的呼吁并非一种倒退，因为它可以开启新/旧的生活方式。"贝瑟尼·史密斯（Bethany Smith）和凯霍拉尼·卡努伊（J. Kehaulani Kauanui）透过以国家为中心的视角的缺失来理解有关本土主权的争论："替代性的本土建构通过乡土文学的想象提供了对本土居民在国家中的地位的另一种理解，这种理解超越了国家认知的局限。"交叉性理论所具有的识别力引导我们参与到一种批判的进程中。

（二）跨学科性

跨学科的探究可以被理解为学术层面的交叉性研究。批判性的跨学科思维是交叉性研究不可或缺的方法论，因为跨越传统知识领域之间的分界线既是交叉的一种表现，也是成功地研究交叉问题的前提条件。

女性主义理论家一直从经验、历史、地理、政治、哲学和艺术等方面强调其进行跨学科研究的理由。玛丽·霍克斯沃思（Mary Hawkesworth）在对全球女性政治进行内容广泛的概括时指出，由于涉及经验层面的原因，仅仅停留于一门学科是不够的，"多元化的知识领域"是"发展包容性政治"的必要条件。普尔试图通过跨学科研究创造离经叛道的机会，她将其创造性的智识活动和政治漫游命名为"离家的跨学科性"（unhomed interdisciplinarity）。利兹·弗罗斯特（Liz Frost）将物理学和化学引入政治理论，从而搅乱了"我们使用概念的习惯以及我们的哲学词汇和语法"。里拉·阿布-卢赫德（Lila Abu-Lughod）在其关于穆斯林妇女的作品中颠覆了"穆斯林妇女在常见的西方故事中被其文化所压迫的倒霉形象"，并展示了跨学科写作的美学吸引力："我更喜欢小说家的细节和同情心，而不是辩论家的大胆笔触。"南茜·图纳（Nancy Tuana）和安德烈·格瓦尔（Inderpal Grewal）坚持将跨学科性作为对我们目前所面临的问题的必要回应："只有将一种后殖民主义的视角与文学文本分析、社会和文化理论以及女性主义和种族研究方法结合起来，我们才可以投入到自己感兴趣的问题中。"尽管大多数社会学家都同意我们所使用的方法必须遵循我们所提出的问题，但女性主义理论家往往还进一步坚持追随多种不同的本源类型、探究模式和写作实践,以满足其好奇心的需求。格瓦尔敦促我们认识到"这是一个更为混乱的世界,在这里,写作、研究以及对客体和主体的探究均拒绝在规则所设置的范围内保持井然有序",这一切皆是因为"有规则却不遵守规则"远比"没有规则"更为混乱,再加之女性主义问题所引发的纠缠,更是加重了这种无序的混乱。

正如罗茜·布雷多蒂(Rosi Braidotti)所言,我们最具创造性的干预手段很多都来自媒体、妇女、民族、科学、动物、劳动等那些被称为"研究"的跨学科实验性项目,它们可以为打破学科界限找到突破口。然而,目前由于许多学术期刊、资助机构、大学行政管理部门和州立法机构仍然与传统学科紧密相连,导致跨学科倡议往往面临无法获得通过、资金不足或难以为继的困境。

(三)理论与实践的反馈机制

女性主义理论是一种面向变革的学术实践,反抗压迫和伸张正义并非该理论的唯一诉求,而是它的构成要素。尽管我们无法在女性主义理论中预见其批判和愿景的轮廓,但女性主义的行动主义与女性主义的理论化之间却可以相互促进。梅认为,交叉性理论中的政治能量是在学者与活动家之间的紧密联系中历史地产生的:"交叉性理论是由反抗信念发展而来的,它致力于动摇传统观念,挑战压迫性权力,并通过对完整的体系结构下所存在的结构性不平等和生活机会不平等等问题的思考来寻求一个更为公正的世界。它是在社会正义斗争的背景下形成的,是一种挑战统治地位、培养批判性思维、为变革创造集体模式的手段。"

我们应从交叉性的视角思考理论与实践的关系。社会科学的惯例要求一种类似于案例研究的方法,根据这种方法,一种理论要经过从被阐明到应用于现实世界的过程,以此检验该理论的完备性。这种研究方法隐含着这样一种等级结构:理论是主要的和重要的,是智力活动的用武之地;案例是次要的和被动的,期待获得解释。理论被用于解释数据,就像制作饼干的模子等待着面团的填充一样。女性主义理论培育了一种与众不同的伙伴关系,数据/实践与理论平等地参与其中,同样富有活力和建设性。我们并非将理论强加于数据之上,而是让我们的分析与我们的案例通过互动实现相得益彰。

巴特勒等人曾主编过一部关于女性主义理论与实践互动案例的文集《反抗的脆弱性》(*Vulnerability in Resistance*,2016)。在文集的作者们看来,我们不应该把脆弱性作为反抗的对立面(因为软弱也可能是一种力量),而应该把它作为一种政治因素。他们目睹了各种政治斗争场所,并为此提出了一种反抗政治(politics of resistance),在这种政治中,受压迫者或面临各种危险的人们会将他们的脆弱性转化为共同行动的能力。

跨学科和跨国家的女性主义研究往往通过内在于女性主义之中的反抗或反叛来分析政治现象。伊莎贝尔·洛雷(Isabell Lorey)通过马德里的一个名为"不稳定的漂移"(Precarias a la deriva)的女性主义活动家组织所进行的激进的公共研究实践来研究人们的生活究竟是如何因为贫困、拒绝基本服务以及缺乏工作机会等原因而变得不稳定的。她与该组织的活动家们通过交流达成了共识:"理论与实践的反馈机制要在与他人的交往中发展,并在共同的概念中体现出其本身的多样性和独特性。"该组织提出了"照料共同体"(care community)和"照料罢工"(care strike)的概念。达斯·古普塔(Das Gupta)研究了美国的移民和驱逐出境政策,他与维权团体密切合作的目的在于共同制定政策,而不是仅仅当一名抗议者。同样,一个名为"煽动"(INCITE)的非白人妇女组织致力于从结束暴力的行动主义者的视角探讨暴力侵害非白人妇女的问题,其研究伴随着相关运动发展起来。行动主义并非是对"问题"并不重要的脚注,而是我们从资本主义、殖民主义、军国主义、复辟主义和警察的行为实践中观察暴力之网的透镜。卓越的女性主义理论杂志《征兆》(*Signs*)最近设置了一个新专栏,推出了一个新的女性主义公共知识分子计划,在学者与行动主义者之间就最受欢迎的女性主义作品以及当代饱受争议的问题进行访谈和对话。这是两者之间发生横向交叉关系的少数案例。总之,女性主义理论不同于作为一个整体的政治科学或政治理论,它致力于构建一个更好的世界,因为我们有责任通过政治运动和共同奋斗改造世界。

四、三大问题

接下来,我将集中讨论三个相互关联的问题:(1)主体性、叙事性和物质性;(2)新自由主义国家和经济体的性别政治;(3)女性主义的生态分析。这些问题试图通过交叉性的、跨学科的、学者/行动主义者的调查和干预方式进行理论探讨,解决紧迫的公共问题。

(一)主体性、叙事性、物质性

我们究竟如何理解主体性和能动性?在女性主义理论中,叙事性(讲故事)与物质性(致力于非叙事)之间存在着怎样的关系?

叙事性——或讲故事——对于为女性或弱势群体争取话语权至关重要。事实上,早期区分女性主义类型的方式是以创作者的个人身份——女同性恋者、黑人、居住在美国的墨西哥女性、工人阶级、第三世界——为依据的。话语权涉及米歇尔·福柯提出的两个问题:"谁可以说话?""可以说什么?"许多女性主义者追随波伏娃的精辟观点:"男人从自己的角度定义世界,并将世界视为绝对真理。"但是,我们仍然需要设定一个不同的角色,作为界定男性化的对比依据。为女性或特定群体的女性争取话语权,需要站在她们的角度去看待这个世界,确定她们是站在何种立场上表达观点,以及在何种情况下产生出对主流观点的批判和对美好世界的憧憬。那些拥有变性人、工人阶级、非裔美国人等特殊身份的女性,以及那些被强奸或贩卖人口等恶性犯罪所伤害的女性,通过讲述她们的亲身经历冲击着占主导地位的性别、阶级或种族的想象力,挑战着主流叙事的影响力。这些故事既是理论分析的基础,又是对尊重和正义的呼唤。

许多女性主义理论家在这些故事的启发下形成了自己的理论。玛丽娜·拉兹雷格(Marnia Lazreg)和其他许多来自南半球的女性主义者一直坚持认为,女性主义理论家需要与选择保持沉默的女性或自身经历被忽略的女性之间建立一种互为主体的关系，从而使每一个人都能言说和被倾听，而不是流于刻板印象。我们需要培养设身处地地理解他人的能力。玛丽娜·拉兹雷格指出："全部的要旨不就是话语权吗？"例如，坦布口分析了19世纪初巴黎女裁缝的故事，并将汉娜·阿伦特对故事的理解作为思考的内在基础。她在《缝纫、战斗和写作》（Sewing, Fighting and Writing, 2016）一书中将特定的故事与理论化的能力联系起来："通过避免普遍原则、性质或范畴等抽象，故事可以揭示整个历史的、社会文化的和政治的结构；它们将抽象具体化，以此来充实思想，从而营造出一种批判性的理解氛围。"

然而，故事往往从一开始就设定了女性主义思想家们争论的出发点，即讲故事的主体的身份特征。正如琼·斯科特（Joan W. Scott）所言，经验植根于我们的思维之中，因此它可以被视为个人经验；而个人经验隐藏在理性的描述之中，因此它是"有意义的"。那么，故事是我们发现的东西吗？它是否已经隐含在潜在的言说者的经验之中？或者说，故事是我们创造的东西吗？我们是否可以从许多可能存在意义的领域中提炼出一致性？发现有意义的阐释与创造有意义的阐释是将故事置于不同的情境中。两种做法的相同之处在于，它们都将故事作为一种阿伦特式的理论基础；不同之处在于，"发现故事"的认识论是揭示隐藏的东西，"创造故事"的认识论则是构建尚不存在的东西。

"旧唯物主义"的女性主义者追随马克思主义的思想。例如，南茜·弗雷泽基于尤尔根·哈贝马斯等学者的理论提出了一种社会主义的女性主义，将照料劳动（care labor）重新视为公共利益，并致力于"打造一个有原则的、具有社会保护功能的新联盟"。凯西·韦克斯（Kathi Weeks）着眼于以自治主义的马克思主义传统来重新思考我们的生活，在她的分析中，阶级是一种富有成效的、自发的实践集合体，"一个被归类的过程"。她关注的不是工人所讲述的故事，而是他们工作的社会系统和规训机器。她的方案是向资本主义社会内部的劳动力贬值发起挑战，反抗工作即是美德的道德主义等式。她质问道：我们如何在工作场所追求正义，如何对抗把工作摆在首位并将其合法化的那个框架？

与旧唯物主义相比,"新唯物主义"的女性主义者则认为,物质性(materiality)是物的客观属性(thingness),它建立了物种之间的联系,取代了过去那种将人类置于一个伟大的生命链顶端的本体论秩序。在凯伦·巴拉德(Karen M. Barad)看来,这些女性主义的唯物主义者关注的是内在的相互作用,即存在的各种自然构成要素之间的关系,其中物质与意义之间的联系是内部相互作用的结果,而非稳定的因果关系或明确的影响。对于许多新唯物主义者来说,"物质"是指客观物体的重要性,这种重要性体现在,它能引起我们的关注,并通过物质的具象化表现出来。旧唯物主义者讨论了使人类从工作中解放出来的可能性,新唯物主义者则拓展了行为主体或能动者的世界,认为他们需要得到关注,因为他们有能力施加影响或被影响。例如,弗罗斯特通过量子物理、有机化学和政治理论之间的碰撞重新思考了物质与能量之间的二元性,认为我们应将物质视为"受某种特定形式约束的能量"。伊丽莎白·威尔逊(Elizabeth A. Wilson)以相互联系的偶然性(an interrelated contingency)为由质疑自然与文化的分离,她指出,"我们很难阐明自然与文化的紧密联系",因为区分类别(distinct categories)而非叠瓦式进程(imbricated processes)才是更容易把握的思维工具。女性主义作品从仅仅关注人的主体性转向更多地关注人类参与之外的内容,包括情感理论(affect theory)、投机现实主义(speculative realism)、动物研究等等。这种向"新兴的现实主义"(newly emergent realism)的转向虽然截然不同,却将能动性(agency)转向了斯泰西·阿莱默(Stacy Alaimo)所谓的"跨身体性"(trans-corporeality)。阿莱默认为,人类以及所有的生物被彻底地重新安置在"复杂的系统内,并与他们的'环境'相互影响,环境对他们来说不是摆设,而是他们存在的根基,反过来,环境又受他们的影响,被他们所改变"。

尽管上述讨论一直在持续,但是各种立场却并非相互排斥。为了构建女性主义理论,女性需要讲述她们的故事,然而故事总是有选择性的,很容易商品化并被收编。要想挑战压迫性的权力关系,我们必须掌握自己的话语权。但是,"我们"究竟是谁?对于坚持以身份特征为导向的女性主义来说,敌人一直是本质主义(essentialism),它有时会令我们难以言说生物学问题,唯恐我们重提男权主义所宣称的"生物基因即是命运"的陈词滥调。威尔逊对此调侃道,我们已经学会了"本能地反对生物学"。然而,表达诉求会关注身体和地位,而它们显然都是物质的。

一些女性主义思想家将叙述性与物质性结合起来,这意味着我们所"发现"的故事并非我们等待被讲述的那个故事,而是一个自然的创作过程,"发现"是创作的一部分,反之亦然。同样,唯物主义通过扩大人本主义的内涵将女性的劳动力和劳动实践纳入到唯物主义之中,从而解构了人本主义,与非人类实体之间建立起联系。尽管主体性并不局限于人类,但是一般来说,话语需要有言说主体,或至少有某种形式的交往实践,这样,我们就重新回到福柯所质疑的问题:"谁可以说话?""可以说什么?"

(二) 新自由主义的国家和经济体

女性主义如何在新自由主义国家和全球经济中发挥作用?在整个19世纪和20世纪,女性主义者一直在思考和探讨他们与国家和经济秩序的关系。早期的类型学根据女性主义的意识形态来源将其分类为自由主义的女性主义、社会主义的女性主义、马克思主义的女性主义和无政府主义的女性主义。不同类型的女性主义理论往往会采取不同类型的政治行动:改革(reforming)是在现有的制度内部争取平等的公民权和权力;变革(transforming)是从根本上改变政治制度,创造一种截然不同的政治实践。一般而言,自由主义的女性主义倾向于采取改革策略,而社会主义的女性主义和无政府主义的女性主义则寻求变革。与此同时,也有许多激进分子认识到,我们需要通过必要的改革来辅助激进的变革。

20世纪末和21世纪初,一些老问题在新自由主义的国家、经济和文化的背景下被重新提及。女性主义者开始继续追问:性、性别、种族、阶级以及其他力量是如何在全球资本主义和国家形态中叠瓦般地发展起来的?女性主义是如何与资本、男权制、异性恋规范和种族主义的霸权制度展开斗争和/或合作的?但是,新自由主义绝非古典自由主义的重现,它以一种密集性的、更具破坏力的方式将全球企业和国家的力量集中起来和分散开来。

新自由主义的女性主义理论及其伴随而来的压迫性力量轮番登场。一般来说，新自由主义是指一种无固定形态的全球政治/经济/文化体系，是国家、经济和公共道德之间的纽带。在新自由主义的语境下，国家权力用于解除市场管制，规范抗议活动，保护财富，耗尽社会服务，分裂工会，将公共产品私有化，将一切东西货币化，将移民和难民作为经济危机的替罪羊，羞辱穷人并将他们定罪，同时还赞美"自给自足"，嘲笑"寻求依附"。对此，海伦·布朗（Helen G. Brown）解释说，新自由主义思想不仅涉及国家和经济制度，它更是"一种具有规范理性的秩序……一种治理理性，它把一种有关经济方面的价值、实践和指标的特殊配方扩展到人类生活的方方面面"。

在新自由主义模式下，男人、白人、富人以及那些从属于该阶级并拥有文化资本的独立个体将他们的人力资本最大化，以自己的方式和无形的家庭支持来提供人们所需的照料劳动。新自由主义扩大了早期资本主义的性别分工：公共服务开支的减少大大加重了女性的负担，她们通常需要从事无偿或低薪工作，以满足他人的需要。随着外包工作、合同工作和兼职工作的制度化，从事这类工作的不安全感也主要落在了女性身上。在美国，女性的平均收入仅占男性平均收入的80%，尽管她们同样拿到了大学文凭，并以创纪录的数量从事有酬劳动。家务劳动、儿童保育、老人护理、快餐服务、性工作等行业的新自由主义组织机构将南半球的妇女、男人和儿童置于危险的剥削和不安全的劳动链之中。巴特勒指出，作为一套文化价值观，新自由主义是完美的"第二十二条军规"："新自由主义理性要求将自给自足作为一种道德理想，但与此同时，新自由主义的权力形式又在经济层面上摧毁了这种可能性，使每一个成员都有可能或实际上处于不稳定的状态，甚至用这种空前的不稳定性所带来的威胁为其加强对公共空间的管制以及放松对市场扩张的管制进行辩解。"然而，新自由主义的权力结构和进程并非铁板一块，而是不平衡的和充满矛盾的，这就为政治行动提供了机会。我们从未真正实现自给自足，这可能是我们所依赖的共同体及其照料关系（care relationships）出现了问题。许多女性主义者都在致力于重组照料关系，使照料劳动变得更加民主和公正。

女性主义理论家几乎在所有方面都对自由主义提出了激烈的质疑。或许赫斯特·爱森斯坦（Hester Eisenstein）曾在1981年为自由主义的女性主义勾勒出一个激进的未来，因为她能够在自由主义丰富的历史中看到女性主义的发展壮大，并清楚地展示出两者的内在张力。然而，我却无法看到新自由主义的（非）女性主义拥有任何类似爱森斯坦所说的那种激进的未来，因为新自由主义缺乏富有创造力的开放性。琼·特朗托（Joan C. Tronto）总结了大多数女性主义者对新自由主义的批判，主张重新协调照料劳动、市场和民主三者之间的关系："现在我们已经使事情出现了倒退。"新自由主义国家虽然在军事、治安、证券化以及将资源从普通民众那里聚集到富人那里等方面是典型的强国，但它们在人类的日常需求、福利安全网、健康、教育和环境保护方面却堪称弱国。新自由主义的理论框架将目前全球的、国家的、地区的和地方的权力不平衡视为理所当然的，认为这主要是由于战争、剥削和帝国等因素造成的，这使得我们很难用更加平等主义的方式重构我们的思想。于是，包括妇女、移民、难民、性少数群体、种族少数群体以及异教徒等在内的弱势群体就成为在新自由主义条件下可以被利用的对象。阿布-卢霍德在《穆斯林妇女需要拯救吗？》（*Do Muslim Women Need Saving*, 2013）一书中向我们展示了穆斯林妇女"不成功"（no win）的境况：新自由主义暗自将穆斯林妇女作为施加影响的对象，将她们框定为"只知道自己缺少权利的主体"，所以西方政府才可以将对穆斯林社会发动的战争堂而皇之地称为拯救行动。安娜·桑帕约（Anna Sampaio）在《恐吓拉丁裔移民》（*Terrorizing Latina/o Immigrants*）一书中也作出了类似的思考：她重提"恐吓"（terrorize）一词，以表明新自由主义企图把拉美人变成"永久的外国人"和"潜在的恐怖分子"，而且它还扩大了国家权力，以此来恐吓移民的生活。乔蒂·普里（Jyoti Puri）同样认为，在后自由化（postliberalized）时代的印度，在与压制同性恋进行抗争的过程中产生了界定性行为的合法性和不合法性范围的问题，与此相伴随的是："鲜活的生命在这个国家中诞生。"这些理论进展在上述框架层面运作，建立起研究的视野，从而回归本体，研究新自由主义如何为穆斯林女性设置框架,使其成为只能沉默的可怜受害者;如何为拉丁裔和拉美人设置框架,使其成为危险的异类;如何为同性恋设置框架,使国家管制自然化,成为不可避免的和合法的。新自由主义在许多方面都侵蚀了民主参与的需求,一些人因为缺乏能力、可能带来危险或身心有病而被剥夺了民主参与的资格,而另一些人则被剥夺了对集体自治的渴望和能力。在上述情形下,追求平等和正义的公共实践以及坚持在民主中自我发展的共同体自治都受到了不同程度的侵蚀。

21世纪的全球新自由主义建立在早期殖民主义的遗产之上。一些女性主义者致力于挖掘殖民帝国时代有关性别的跨国遗产和其他激进遗产。例如,阿尤·萨拉斯瓦蒂(L. Ayu Saraswati)分析了印度尼西亚在帝国和占领时期以"白人性"作为衡量女性美丽的标准的历史变迁;戴比·斯托勒(Debbie Stoller)记录了欧洲扩张与当地经济发展的日益融合如何改变了对家庭性行为的预期。还有一些学者将酷儿理论融入到全球女性主义分析之中。例如,普尔运用酷儿理论探索了"性、种族、性别、国家、阶级、民族与战争中的战术、策略以及后勤保障之间的联系"。她还考察了主体性的产生,认为国家按照它所需要的方式对酷儿主体进行了种族化的生产(racialized production):一些酷儿主体通过人权立法、消费主义、婚姻和市场等途径成为"合法的同性恋主体";而其他酷儿主体则通过对"变态群体"和"性病态的恐怖分子"的管制而被排除在外。普尔用"同性恋国家主义"(homonationalism)这一概念来分析酷儿群体与国家机构之间的不同关系:对美国人来说,"我们的同性恋"(只要是一夫一妻制的、自立的和市场导向的)并没有那么糟糕,但是"他们的同性恋"(在阿拉伯或穆斯林社会)则是病态的、非理性的和危险的。

女性主义学者还通过新自由主义来考察贫困的女性化和劳动的跨国循环链等问题。席琳·帕瑞纳斯(Celine Parenas)分析了菲律宾在照料劳动以及随之而来的幼儿远程养育这一全球链中的商品化问题。也有女性主义者将不稳定化(precaritization)作为探讨全球分配不平等问题以及秩序制定进程——产生了不安全和剥削问题,创造了因不安全感而感到恐惧的主体——的方法。

由于治理手段、资本积累过程以及主体化的需求，人与人的关系、人与其他生物的关系都成了不稳定的因素。与此同时，像照料劳动的压迫性分配一样，不稳定的生活所带来的负担也变得不可预测，甚至有可能颠覆使它们得以产生的秩序，并成为政治行动主义的基础。

21世纪初见证了女性政治影响力的日益壮大。这种成功的新自由主义的缺陷是，一味地附和企业和国家机构对"女性进步"的要求，而没有对这些机构进行必要的批判。与自由主义的女性主义——既从自由主义的传统中获得发展的方向，又对其不完全适用于女性的方面提出了批判——不同的是，新自由主义的（非）女性主义没有做到这一点，而是设定了一种新自由主义的世界观，忽视了对资本主义或国家的结构性分析，只局限于将性别平等作为个体女性的正当成就，当她们在企业和政府机构打拼时，满足于在工作与家庭之间找到适当的"平衡"。这种退化的女性主义就是"市场理性＋国家的自我满足＋帝国主义"，它声称女性面临的是个体的自律和时间管理问题，而非需要集体补救的公共问题。正如凯瑟琳·罗滕伯格（Catherine Rottenberg）所言，在美国，"每位女性的成功都是女性主义的成功，而这正是美国开明的政治秩序及其道德和政治的优越性之所在"。新自由主义敦促女性"不断拼搏"，鼓励她们设法更为有效地管理自己的生活，将自己的投资组合价值最大化，却又为职场女性设置了一个玻璃天花板。莫汉蒂称其为"原始资本主义的女性主义"。它极易沦为美国例外论和国家优越论的肤浅假设。女性主义与新自由主义的危险联姻利用了一种反向交叉性（reverse intersectionality），在这种关系中，占主导地位的阶级、肤色、性取向、宗教和国家的成员误以为，唯有个别女性的性别劣势会玷污政界，其他一切都无可厚非。由此看来，新自由主义的女性主义根本就不是女性主义。

（三）女性主义与全球生态

女性主义的环境变化理论源于一种更为古老的生态女性主义，它经常因其不可饶恕的本质主义而遭到摒弃。它预言，人类这一范畴将会消失，各种生命之间的界线将会模糊，人类这一物种将会在地球毁灭中扮演重要角色。女性主义的生态思想与对新自由主义的批判存在着一定的交集，因为全球资本主义的商品化和生活环境的破坏是资本主义掠夺性的全球开拓的重要组成部分。例如，乔安·纳格尔（Joane Nagel）分析了气候变化对女性和穷人等弱势群体的影响；卡罗尔·柯尔弗（Carol J. P. Colfer）等学者对特定的环境破坏地区进行了跟踪研究，记录了女性在地方和全球环境保护实践中扮演的角色。

女性主义生态文学同样占有重要的一席之地，因为对主体性和能动性之建构的重要挑战就发生在对人类范畴的生态解构之中。事实上，对"人类"这一范畴的当代批判一直伴随着对"男人"这一范畴的历史批判，在女性主义的审视下，两者之间的联姻遭到破坏，它们的一致性被拆解，它们的主导地位受到挑战。美国例外论的国家主义论证及其为帝国和战争所做的相应辩护同样伴随着人类例外论的反生态学论证：两者都把一个生物群体与他们所在的世界割裂开来，并造成了全球危机。因此，对国家、主体和物种进行彻底的反思是非常必要的，正如弗罗斯特所说，应重构"有政治意义的人类范畴，使理论家可以用其来解决当代的政治危机"。我们与其他生命和非有机实体之间的联系是不可否认的，因此将我们自身凌驾于其他生物和其他事物之上是盲目的傲慢自大，会最终导致自我毁灭；我们需要以某种方式解决自身的问题，以便采取行动。我们需要反思自身，寻找到"令人信服的、有创造性的和强有力的资源，用以解决我们应该如何改变我们的生活方式这一难题"。

许多女性主义生态思想都引导我们回归有关身份问题的讨论，尽管只是在我们的星球这个层面。人类必须学会以不同的方式思考自身，以创造一种破坏性较小的环境政治；但是，如果没有一种完全不同的政治秩序来重构我们与物质世界的关系，我们就很难重塑我们自己。激进的生态学理论家们认为，应使用各种不同的语言来思考我们与其他生物、无生命物体以及地球之间的关系：阿莱默的"跨身体性"（tmnscorporeality）和"粘性孔隙度"（viscous porosity），唐娜·哈罗威（Donna J. Haraway）的"自然文化"

(naturecultures)和"物质—符号行为者"(material-semiotic actors),弗罗斯特的"生命文化创造物"(biocultural creatures),布雷多蒂的"以地球为中心的生物"(geo-centric beings)。弗罗斯特的跨学科研究旨在为人类提供一种新的自我理解,即引导人类将自己视为"嵌入在各种生态和关系网络中的生物,并能整合人类对具身化(embodiment)的承认,即将动物性、肉体性、依赖性和脆弱性融入到人类的自我概念及其在世界中的定位和生存模式中去"。丽萨·迪施(Lisa Disch)认为这一进程已经开始,"如果非人类(nonhumans)已经开始积极参与到锻造社会纽带的进程中",那么它们将会有助于我们的议程并形塑我们的行动。就像阿布-卢赫德等人让南半球的女性作为言说者和行动者加入到女性主义对话中一样,女性主义生态学家"重新塑造了非人类,将它们从人类所主张的沉默的(以及有可能受到伤害的)客体变成了对环境负责的行动调解者,并拥有自己的权利"。如果我们开始将自己视作地球的中心,那么我们对人类这一主体的理解就会发生改变。正如布雷多蒂所言:"我们必须用一种可以理解的语言将主体设想成一个包含人类、与人类同源的动物、其他动物以及整个地球整体在内的横向实体。"

生态女性主义理论家提出了多种策略,以期达成一种弗罗斯特所说的"可以服务于理论并创新政治的人类概念"。2005年8月29日袭击新奥尔良的"卡特里娜"飓风为上述策略的实施提供了机会。我们无法区分飓风本身究竟是一种自然现象还是一种社会现象,低气压、海洋变暖、森林砍伐、二氧化碳浓度上升……人为诱导与自然生成之间没有明显的界线。图纳指出,新奥尔良这座城市本身就是"复杂的物质—符号相互作用的结果"。她认为跨学科性思维俨然已经成为一种政治责任:"我们的认知实践必须适应这种多元化的要求和自然的相互作用,这意味着我们不能从认识上将人文科学与自然科学分离开来,或者将文化研究与自然研究分离开来。"

通过实践,我们将自己延伸到非人类的世界——一个伴生种群(companion species)的生命世界。唐娜·哈罗威是一位研究人类与其伴生种群之间关系的专家,她认为"双方通过我们难以理解的交往行为养育彼此"。她对动物充满好奇心并尊重它们的感情和意愿,并将照料政治延伸至动物。弗罗斯特探讨了一种类似的情感联系；我们不同于所有其他生物，但是"人类的创造性"要求我们照料我们的栖息地，将其视为一种生活条件。哈拉维和弗罗斯特等生态女性主义者不愿意放弃人类，他们试图让我们看清：我们的冷漠、贪婪对我们自己和他人造成了破坏性的影响。他们认为，我们有能力进行种群合作，与其他物种建立更密切的亲缘关系。我们需要摆脱人类例外论，正如我们需要抛弃美国例外论一样，但我们要为我们所造成的危机承担责任，在这一过程中，快乐也许是比恐惧更能支撑我们走下去的强大动机。

五、结语

在我看来，女性主义理论的主要目标并不是开创一个区别于其他学科的学术领域，而是致力于解决权力关系，构想更美好的世界，并努力实现它们。学术界对我们很多人来说都是一个重要的工作场所，我们的奋斗目标并不是改变我们的学术领域，而是改变我们的世界。

我认为，当我们以包容和开放的态度对待理论工作时，就会把张力和矛盾视为引导我们进一步思考的动力，从而最大限度地实现我们的目标。我们可以将我们的激情转化为最出色的批判性思维，并阐明我们最为强烈的政治愿景。女性主义因其开放性和献身精神，以及对矛盾和困难的深刻领会，将会成为最佳伙伴。哈拉维希望读者认识到气候斗争的艰巨性，但又"不畏艰难"。克莱尔·海明斯（Clare Hemmings）认为我们应当承认困境，但却不惧困境，拒绝以继续合作的名义提出过于简单的解决方案。克鲁克女性主义团体（Crunk Feminist Collective）鼓励我们把握住"具有冲击力的时刻"，以便在学科交叉的边缘地带、在社会生活的极限之上、在学术共同体与非学术共同体争论不休的空间领域开创一种富有创造性的对话。托妮·莫里森（Toni Morrison）为我们展示了一种"积极的乐观主义"，而斗争和实践将会成为我们实现希望的基础。

女性主义何去何从？*

苏珊·沃特金斯 著** 全 红 译

[内容提要] 在全球女性主义发展史上，起源于美国的反歧视模式不但在美国本土，也在全世界的女权运动中处于主导地位。在反歧视、平等机会以及新自由主义等多重力量的推动下，女性赋权运动在取得历史性成就的同时，也暴露出诸多问题。本文系统地回顾了全球女权运动取得的成绩和存在的问题，以一种国际性的比较视野对全球女性主义在理论和实践方面的得失作出了评估，对各国多元化女性主义的未来发展和新女性主义的兴起进行了展望。

[关键词] 全球女性主义 激进女性主义 反歧视模式 女性赋权 性骚扰

一、三重困境

在2008年以来的所有抗议运动中，最令人惊讶的或许是激进女性主义的

---

* 本文原载《新左翼评论》（*New Left Review*）2018年1—2月号，译文有删节。译文原载《国外理论动态》2018年第7期。

** 作者简介：苏珊·沃特金斯（Susan Watkins），《新左翼评论》总编。

重生——但因为激进女性主义从未真正退出历史舞台,所以也可以说是"最不令人惊讶的"。长期以来,"女性赋权"一直是全球权力集团的口头禅。然而,当今任何旨在复兴女性主义战略的尝试都面临着一系列困境。

第一重困境是,我们对已经取得的进展缺乏令人信服的评估。先前的女性主义取得了怎样的成果,这些成果在满足女性需求方面又有多充分?相关的条件得到了怎样的改善——确切地说,通过什么过程达到了什么程度?在全球范围内,性别关系发生了哪些变化,这些变化的现状如何?直到20世纪中叶,尽管远未普及,但是西方的霸权模式使得男性统治在公共领域——政府、军队、立法、司法、教育机构、新闻界——变成了一种必需;同时,为了应对大规模的工业资本主义社会的怠慢和冲击,男人们在家庭这一私人领域也被赋予了统治地位,其统治对象则是为男性生儿育女并提供无偿家务劳动的女性。这种地缘文化的家庭结构和生产形式在国际上具有广泛性,并与阶级、种族和种姓的不平等现象相结合。大量数据显示,女性在进入有偿劳动力市场、促进生殖健康、分担家务劳动、推动两性平等甚至参与政治方面都取得了巨大的进步。在此基础上,主流女性主义对战略问题的回应长久以来一直在循序渐进。

但是,这又带来了第二重困境,即两性平等的进步与全球大部分地区的社会经济不平等现象密切相关。中国和东亚地区的加速发展使得世界各地区的收入水平不断提升,而与此相伴随的是阶级之间的差距越来越大。自2008年以来,围绕这些模式的争论愈演愈烈,不断质疑着主流女性主义与新自由主义秩序的相互勾结。

与此相关的还有第三重困境,即全球数据将工作、生育、文化和政治等整体范畴视为恒定不变的,它们衡量的只是女性在某个领域的进步。而在现实中,每个领域都经历了深刻的变化,并带来了深刻的性别化,它们以矛盾的方式相互关联着。比如,身处权力领域的政治只围绕着单一方案被开放(接纳妇女和少数族群,第三波民主化浪潮)和同质化,在不平等中复制着看似平等的模式。这些转变都是相互关联的:经济压力恶化了性别和性关系,文化和政治则提出了相互矛盾的补救措施。

旧女性主义应该在何种意义上接受哪些挑战？新女性主义又在何种程度上复制或打破了旧女性主义？本文尝试通过国际性的比较视角来界定迄今为止一直在指导着实践的范式，并在21世纪中期的历史条件下思考它们的充分性。如何从分析的角度看待当今世界各种各样的女性主义？总体而言，毫无疑问的是，霸权主义形式——拥有最具影响力的项目、最专业的基础设施和最强大的资源的女性主义政治——仍然体现为"全球女性主义"这一范畴内相关实践、运动、决策和研究的集合。在国际层面，全球女性主义在设定基准和协调资金以推动世界各地的妇女项目方面发挥了主导作用，同时也形成了一套复杂的方案及相应的进度监测流程。对当代女性主义战略的评价不能忽视这一事实。如果它确实是霸权主义，那么所有其他的女性主义将在一定程度上由其与全球女性主义的关系来界定。与此同时，全球女性主义在美国至高无上的权力地位的影响下蓬勃发展，其实践带有美国模式和专业知识的深刻烙印。为此，我们首先要考量美国主流女性主义的特征、其方案的战略逻辑以及其与美国统治机构/制度之间的相互作用。

二、三种视角

1960年代，发达资本主义国家的战后繁荣达至极限，在美国爆发了大规模的民权运动。年轻女性针对冷战时期的父权秩序赋予她们的角色的反抗受到了具有革命性的历史变化的影响：能够接受大学教育凸显了女性与她们的兄弟在未来的对比；新的避孕方式打开了性体验的可能性并有助于女性免于怀孕的恐惧；劳动力扩张为女性提供了拥有财务和社会自主权、摆脱对男人的物质依赖的可能性。当核心家庭的终结、儿童养育和性问题的革命性转变仍然悬而未决之时，早期的妇女解放呈现出爆发性的激进主义态势。美国激进主义的女性主义者和社会主义的女性主义者都要求推翻现有的制度结构。某项女性主义宣言声称："所有的男女两性制度都源自男性和女性的角色体系，而所有这些都是压迫性的。""婚姻和家庭必须被消灭。"凯特·米勒特（Kate Millett）在《性政治》一文中呼吁终结"父权制家庭"。苏拉米斯·费尔斯通（Shulamith Firestone）提出要"解构制造问题的制度"，"对社会进行革命性的重建"。

但是，至少在美国，上述看法只是对妇女地位和战后秩序危机的三种截然不同的看法中的一种。在妇女解放之前，最具影响力的看法还是"反歧视和机会平等"模式，它主要集中在工作和教育领域，并得到了肯尼迪和约翰逊政府的支持，旨在鼓励更多的女性进入供不应求的劳动力市场。最初，这些运动关注的是同工同酬。但是，《民权法案》在1964年获得了通过，其中的第七条明令禁止工作中基于性别和种族的歧视，同时设立了平等就业机会委员会来裁决相关问题，"反歧视和平等机会"框架由此成为关注的焦点。1966年，贝蒂·弗里丹（Betty Friedan）等人为了激发平等就业机会委员会的活力而创立了全国妇女组织。1970年代，尼克松在反歧视机制内增加了平权措施，并在《教育法修正案》第九条和教育部公民权利办公室的支持下将其扩大到教育领域。

第三种关于妇女地位的战略看法来自新自由主义思想家，其核心人物是芝加哥大学学者米尔顿·弗里德曼（Milton Friedman）。这一立场反对种族主义、性别歧视以及针对同性恋的偏见和歧视，致力于实现自由市场的平稳运行。弗里德曼的明星学生加里·贝克尔（Gary Becker）通过大量的边际效用方程证明，一个没有歧视的市场总是会更有效率，也就是说，雇佣女性有益于经济。

芝加哥的经济学家和全国妇女组织的领导人都关注两个关键问题：工作和家庭。对新自由主义者来说，家庭是"社会的基本单元"，事实上更是反对社会主义的堡垒，而儿童保育应该是父母的责任。全国妇女组织的成立宣言谨慎地希望，妇女们可以借助幼托服务将婚姻、母性与职业生涯相结合。妇女解放论者则设想与核心家庭及其世代循环的性别规范彻底决裂，用一种具有实验性的公共安排和高质量的社会保障取而代之。在就业问题上，全国妇女组织和新自由主义者都赞成反歧视的做法。对他们来说，女性进入劳动力市场的理由不仅仅是因为这是一种获得个人自主权的方式，即从孤立的家务劳动中解脱出来，因为对性伴侣的经济依赖会加重这种家务劳动；同时还因为它能够为集体组织提供更坚实的基础。对于支持平等机会的女性主义者来说，劳动力参与本身就是目标。对于新自由主义者来说，他们的理论依据则是效用最大化。与支持平等机会的女性主义者不同的是，新自由主义者反对同工同酬立法。

随着 1960 年代末革命浪潮的消退，上述趋同变得更加突出。联邦当局和慈善基金会也开始支持反歧视制度，美国女权运动则与这些机构一起开始了其漫漫征程。随着美国经济在卡特、里根、布什和克林顿执政时期发生了转变，主流女性主义者的回应仅仅是要求从中获得更大的利益，即福布斯 500 强企业中要有更多的女性进入高层，而不是对不利于经济发展的因素进行重新定位。在平权法案的问题上，芝加哥的新自由主义者与反歧视的女性主义者分道扬镳。但是，所谓"现实存在的新自由主义"开始看到积极推进妇女和少数族群权益的优势。对于人力资源和公关部门来说，平权法案的目标和时间表无需付出额外的成本，却能给企业形象增加进步色彩；而平等就业机会委员会要求的自我评估报告则是避免诉讼的壁垒。企业和组织机构开始自愿接受平权法案的目标。随着全球化的发展，"多元化"成为资本主义的资产。

三、反歧视模式的起源

作为一种女性主义战略，反歧视框架最令人惊讶之处在于其出发点并非基于妇女的需要。该模式最初是作为一项社会工程设计出来的，目的是消除非裔美国人对其从属地位的反抗。

1970 年，尼克松在印度支那发动战争时发起了一项雄心勃勃的社会工程，旨在彻底解决美国的"黑人问题"。这项战略是一把双刃剑，既包括整合，也包括胁迫。通过劳动部门的运作，这项工程建立了平等就业机会委员会现有的反歧视机制。虽然平权法案最初是联邦政府官员为非裔美国男性群体制定的，但当女性主义的抗议成为头条新闻时，尼克松政府迅速将其扩大到所有肤色的女性。1971 年 12 月，美国劳工部将"女性"这一类别添加到平权法案 1970 年 2 月版本的原始表述——"黑人、东方人、美洲印第安人和西班牙裔美国人"——中。这些举措强调的是过程和意识形态的一致性：美国劳工部要求企业通过提交合理的指标、时间表、针对女性和少数族群的招聘目标来展示它们的诚意，而不是具体的结果。1972 年，尼克松签署了《教育法修正案》第九条，将所有受联邦政府资助的教育活动中的性别歧视非法化。

经尼克松扩充的反歧视制度在美国始终具有非凡的支配地位，甚至足以比肩宪法本身。在种族方面，这一双刃剑政策则带来了戏剧性的后果。在一代人的时间里，一个新的非裔美国人精英阶层得到巩固，他们在政治、商业、媒体和教育方面的地位大大提高；与此同时，有超过 200 万的贫穷黑人（其中大部分是男性）在监狱里苦苦挣扎。在性别方面，美国的这种反歧视的女性主义模式的独特起源与世界其他地区的妇女议程完全不同。值得注意的是，这种新的美国模式不同于 20 世纪早期作为对女性问题的现代性解答而出现的两种主要的"国家女性主义"模式。

最具影响力的"国家女性主义"源于第二国际群众性政党的社会民主模式。它强调儿童保育、烹饪、住房、教育和保健等方面设施的集体性供给，重视女性的充分就业和充裕产假。简而言之，它将妇女的"私人"家庭劳动领域社会化。这一战略设想旨在彻底废除那种异性恋规范的核心家庭，从而有利于各种方式的共同生活。这种模式推动了相关方案在斯堪的纳维亚国家和国家社会主义国家实施，并在修改之后相继出口到新独立的、向苏联寻求发展思路的第三世界国家和政党。这一模式在妇女解放论者中也很有影响，尤其是在欧洲。

另一种"国家女性主义"是优生学女性主义，它认为"改良女性就是改良种族"。它起源于 20 世纪极具竞争力的帝国主义现代化项目，并指导了早期生育控制运动的相关工作。从 1950 年代开始，这种方法被美国的现代化理论赋予了新的生命，并在制药集团以及得到洛克菲勒基金支持的国际计划生育联合会的倡导者们的共同推动下获得了美国国际开发署 10 亿美元的资助。美国在亚洲和拉丁美洲的冷战盟友们被灌输了这样一种理念：生育率下降是推动现代化的手段，而非其后果。它们的"竭尽全力"（尼赫鲁的说法）与解放论者关于女性选择权的诉求背道而驰。第三世界女性曾被当作生育机器，现在她们作为生育机器的身体因为国家发展的需要被要求"关闭"。

四、制度强化

1970年代，美国在妇女信贷和抵押贷款（1974年）、军队（1975年）、职场怀孕（1978年）等方面出现了一系列针对妇女的机会平等措施，并在最高法院的支持下实现了避孕合法化（1972年）和堕胎合法化（1973年）。这些胜利在很大程度上要归功于自由主义制度的支持，以及企业慈善基金会的财富和专业知识，后者从1970年代开始设立基金，将反对歧视的女性主义逐步制度化。正如约翰娜·布伦纳（Johanna Brenner）所指出的，这是"第一波"美国女性主义与"第二波"美国女性主义的明显差异之一。在1970年代的立法和社会进步的基础上，女性主义的诉求"日益制度化，并与文化相融合"。

美国妇女运动的制度化并非一个有机过程，而是受到了外部的推动，即慈善基金会的积极介入，后者在制定民权法案和资助全国有色人种协进会方面发挥了重要作用。其结果是将反歧视的途径变成了女性主义政治的霸权形式；但与此同时，试图将女性整合起来的"丰流"本身却被弗里德曼的新自由主义政策所重塑，以应对长期的经济衰退。

福特基金会是女性主义最重要的赞助机构。1970年代初，福特基金会的资金开始投向女性主义反歧视委员会，其议程与基金会的宗旨一致。到1990年代，美国主流女权运动的基础资金每年都超过6000万美元，这使得它在国内外都享有巨大的优势。但是，基金会的资助和国家援助也重新调整了运动组织的内部文化。更广泛的战略讨论、更激进的竞选活动和普及教育的方案必须被搁置，因为这些都需要通过耗时长久的官僚程序来申请非营利性的身份。一旦活动人士成为领薪公务员，他们对失去生计的担心往往会导致保守主义和自我审查机制。基金的申请过程并没有像早期运动所希望的那样，将不同的妇女群体聚集在一起，而是变成鼓励它们在争夺资金的斗争中相互竞争。

（一）学术支撑

妇女解放的激进精神在大学校园中找到了归宿，在那里，制度化过程呈现出不同的路径。从 1960 年代中期开始，女性史课程开始在美国各地自发涌现。在此过程中，慈善基金会的财富同样起到了至关重要的作用。福特基金会旨在通过数百万美元的干预手段对女性主义领域实施系统性的专业化：先是资助博士后项目，再是资助顶尖大学的女性研究中心。1975 年，基金会组织创办了一份跨学科的女性主义期刊《征兆》（*Signs*），并于 1977 年协助成立了全国妇女研究协会和国家妇女研究中心。1980 年代，基金会转向将女性主义"主流化"，并将其作为大学本科核心课程的一部分。到 1990 年代初，它的首要任务是针对少数族群妇女的研究；基金会官员发起了一系列的会议，为交叉性理论的研究奠定了基础。

另一种更为专业化的、基于校园的制度化形式是资金充足的、由学生主导的组织的发展，这些组织致力于"公平、多元和包容"，并在《教育法修正案》第九条的保护下运作。它们提供了持续性的领导、资源、法律专业知识和活动经验，在学生运动处于低潮时保证了反歧视政治活动的持续开展。

美国大学系统内的女性主义者建立了一套无与伦比的研究基础设施，包括专门的研究所和研究中心，它们主办了国内或国际研讨会和主题会议，展开了大规模的实证调查，进行了复杂的理论阐述，形成了比较研究和技术报告。简而言之，作为主流的美国女性主义在财富、制度和学术成就方面享受着综合优势，其他任何女性主义运动都无法与之相比。

（二）激进的女性主义法学

如果说美国早期妇女解放运动的能量主要被国会山所驯化或在校园内被同化，那么同时还存在着一种旨在利用这一运动与国家的关系的激进女性主义。由于反歧视法的制定一直未能涵盖性别关系中的对与错，因此女性主义的法律代理人面临的任务之一就是尽可能地弥补这一点。自1970年代以来，法院裁决、行政干预、平等就业机会委员会或最高法院的新规定、最高法院的判决和国会的干预，不断地对性别歧视和性骚扰的含义进行重新解释，增加了雇主和大学的责任，提高受害人可以获得的损害赔偿。

法律系统的这种内在不稳定性为激进的女性主义法学开辟了一条推进更激进的议程的道路。凯瑟琳·麦金农（Catharine MacKinnon）对此进行了最充分的阐述。她通过研究马克思主义传统，试图为女性主义建构一个类似的"宏大理论"寻找线索，这一理论将抓住整个社会的运动规律，使女性成为"自为的群体"。麦金农认为"工作"（work）是马克思主义的基本范畴，进而将"性"（sex）作为女性主义的同等概念——通过"性"，"性别的社会关系被创造、组织、表达和引导"。她在美国反歧视法中发现了"墙体裂缝"——在性侵问题上存在的"特殊的法理学机会"，其目标是用法律来应对女性的现实地位，即"基于性别的贫困、依赖以及被迫永久性地从事不受尊重且处于饥饿边缘的工作"，此外还有无处不在的强奸、殴打和卖淫，就"女性的基本条件"而言，色情行业也是其中的一部分。自由主义的国家是"男性"的：它像男人一样对待女性，把男性的观点作为法律施加给社会；美国宪法的消极自由仅仅是确保了男性现有的自由。而平等需要一种新法学，能够同时体现妇女的观点。

麦金农的观点一直以来都饱受其他女性主义者的严厉批评。从社会学的角度来看，麦金农在1980年代将美国女性描述为只有低廉工资的性奴隶，这种描述并不能令人信服，从文化和人类学的意义上来说也缺乏内在的支撑。从理论上讲，麦金农的出发点——"工作"对于马克思主义的意义如同"性"对于女性主义的意义——本身包含了双重错误。对于马克思来说，具有决定性的实践不是"工作"，而是生产日常生活所需的衣食住行的生产方式，除劳动这一关键因素外，其他因素还包括自然以及技术、资本和语言的积累。如果我们追求的是性别平等，那么性只是一个关键的方面，其他因素还包括怀孕、分娩、照料婴儿、儿童的社会化以及性别化自我的建构。这种看法反对激进女性主义关于男女关系的观点，认为其代表了被性暴力压迫所极化的领域。它认识到，对抗——性别差异可能只是次要的，而非主要的——可以解决妇女之间结构性的、个体性的压迫关系，而激进女性主义对此并没有作出充分的解释。马克思主义作为一种社会理论的力量在于，它能够在同一个框架内同时包容积极的方面和消极的方面，既包含创造，也包含毁灭。如果我们需要一种女性主义的"宏大理论"，就应同时面对快乐和危险，既要面对异性的危险诱惑，又要面对爱的种种问题。

激进的女性主义法学尽管在文化战线上遭到了挫败，却在美国校园内获得了更稳固的地位。1980年代至1990年代，诉讼行动主义（litigant activism）、不断增加的相关判决和行政干预共同扩大了《教育法修正案》第九条关于骚扰和侵犯的定义，减轻了举报人的举证责任，增加了大学的责任。其他女性主义潮流——后结构主义的女性主义、交叉性女性主义、酷儿理论、绿色女性主义、全球女性主义等——则转向其他问题，抨击激进女性主义的"本质主义"。然而，在这种趋势中，没有任何有关政治经济的再分配方案可以与颠覆性的工具主义法律方案相匹配；从这个意义上说，激进女性主义实际上还是遵从了美国的主流模式。

五、全球推进

现有的一个普遍误解认为，是美国女性主义将妇女权利置于全球议程之中。而事实恰恰相反：最初的推动力来自苏联集团和不结盟的第三世界国家。1974年，联合国大会支持了一项由前苏联主导的国际民主妇女联合会提出的动议，将1975年设立为国际"妇女年"，并在墨西哥召开了第一届世界妇女大会，以期全面融入未来的经济秩序。官方会议形成了双核心：一份权利条约（《消除对妇女一切形式歧视公约》）和一项行动计划（《为实现"妇女年"目标制定的世界行动计划》），它们涵括了三个方面的提案：77国集团通过社会经济发展促进妇女解放的项目；经济互助会对和平的强调；美国的非歧视主题。具体来说，在墨西哥会议上制定的行动计划呼吁在新的国际经济秩序下建立一个国际性的"妇女十年与发展"项目，重点关注卫生、教育和儿童保育问题；各国将设立办事处，监督相关的进展情况，并向在哥本哈根（1980 年第二届）、内罗毕（1985 年第三届）和北京（1995 年第四届）举行的后续妇女大会提出报告。至此，一个全球女性主义研究机构的基本框架得以建立，包括一个数据收集中心（联合国机构提高妇女地位国际研究所）和一个志愿性基金（联合国妇女发展基金），两者都设立在纽约联合国总部。

（一）百花齐放的现状

随着联合国"妇女与发展十年"项目的开展，非官方论坛开始建立起来。这些充满活力的大型女性主义集会见证了激烈的国际辩论，在有组织的混乱中形成了彼此间持久的友谊和联系网络。这些集会也无疑催化了 1970 年代末和 1980 年代在世界各地兴起的妇女抗议运动，其形式和诉求的多样性令人瞩目。在政治上，这些自主运动常常猛烈抨击为了监督联合国妇女会议进展而设立的官方机构。从文化上来看，国际女性主义的影响通常是从核心扩展到外围，但在这个过程中它会被改编、被挪用，有时还会被删减。

（二）女性面向的结构调整

在联合国"妇女十年与发展"项目的鼎盛时期，从意识形态上看，1975 年至 1985 年的三次妇女大会所确定的行动计划之间存在着广泛的连续性，尽管三大集团（77 国集团、经互会、美国）所强调的主题的顺序已经悄然逆转：反歧视位居首位，其次才是发展与和平。更加值得关注的是，联合国层面一些质量较高、切实可行的措施都来自新自由主义的反歧视政策："提高妇女获得信贷的机会"；"促进妇女的职业流动性"；"为所有人提供灵活的工作时间"。

然而，"女性的进步"与新自由主义政策似乎注定会产生正面冲突。在第三世界的许多地区，妇女的社会和经济地位在属于"她们"的十年里急剧恶化。债务危机及其"解决方案"——国际货币基金组织的结构调整方案——充满了深刻的性别歧视,抹杀了1970年代所取得的脆弱成果。由于州政府削减了开支,那些供职于公共部门较低层级的女性首当其冲地被解雇。削减燃料和食品补贴意味着第三世界妇女要花更多的时间做饭和照料家庭,以满足基本的需要;她们的收入在下降,她们的健康和营养状况在恶化,而她们的文化从属地位在国际货币基金组织的"改革"之下变得更加根深蒂固。因此,全球女性主义的新机制在世界大部分地区的女性的状况日渐恶化的条件下得以形成。

女性主义发展经济学家的最初任务是在1985年的第三届世界妇女大会上报告妇女的进步情况,但最后变成了抨击国际货币基金组织和世界银行主导的结构性调整的后果。到了1990年代初,女性主义经济学家想要完成的任务已经唾手可得:"摆脱债务"和"人性化的调整"取代了保罗·沃尔克(Paul Volcker)时期的通货紧缩政策。国际货币基金组织的项目打破了西方商品和资本流动的壁垒。赫尔南多·德索托(Hernando de Soto)关于非正式结算财产所有权的想法和默罕默德·尤努斯(Muhammad Yunus)的小额信贷计划为第三世界的金融化奠定了基础。在这种背景下,社会主义的女性主义者所倡导的针对非正式贸易或小型合作社的支持可能与新自由主义的观点相一致,即第三世界妇女为信贷驱动的私营部门的增长提供了尚待开发的资源。世界银行的官员和海外援助机构开始寻找在评估自身工作时可以被视为"性别导向"的项目。当捐助资金在国际货币基金组织结构调整方案的余波中开始流动时,妇女非政府组织往往被用来取代以前的国营社会服务。

世界银行的"女性主义转向"依据的是纯粹的新自由主义考量:"女性赋权"将促进经济增长,并有助于降低生育率。世界银行的相关报告指出,小额信贷项目已经证明了"赋权"女性的成果:相比男性,女性更能维持利息的支付,且更有可能把额外收入花在孩子身上。但是,受世界银行委托研究女性在贫困社区中如何生存的女性主义经济学家认为,政策应该解决由女性自己提出的需求:电力、公共安全、水和卫生。

（三）全球性的项目

到 1995 年在北京召开第四届世界妇女大会之时，美国的外交胜利已经形成。从象征的意义上讲，希拉里·克林顿取代多米蒂拉·巴里奥斯（Domitila Barrios）成为会议的女主角。从话语的意义上讲，反歧视路径和"进入主流"的努力通过一种更加平等主义的社会经济秩序战胜了关于妇女解放的提案。在《北京行动纲领》中，支持"女性赋权议程"的世界各国强调了"贸易自由化和开放动态市场准入的重要性"，并且肯定了"家庭是社会的基本单位，因此应该得到强化"。在这个框架内，包含 12 个要点的《北京行动纲领》确定了几乎涵盖所有领域的战略目标和行动建议：经济（贫困、环境、经济活动中的妇女）、政治（人权、决策、武装冲突）、社会（教育、媒体、性暴力、健康、女童）。只有性和生殖这两方面被排除在外。

《北京行动纲领》的执行条款实际上遵循了一种熟悉的反歧视逻辑：妇女融入现有的全球资本主义秩序仍然是以强迫为基础的。各国政府口头上同意通过一系列正式措施来实现性别平等，即在市场、资源、就业、薪酬、继承、信贷、政治决策和教育等方面拥有理论上的平等机会，这就为新自由主义经济方案引入了"性别的视角"。这一举措得到了一系列女性化的职业和管理阶层的平权法案的支持：在政府、媒体和司法部门中确保有一定数量（30%）的女性"关键群体"，推动妇女进入顾问委员会，设置全球女性"专家"名录，为年轻女性提供领导力和自尊方面的训练。更贫穷的女性将通过有针对性的小额信贷和自我雇佣计划以及提高普通教育和大学入学人数的激励措施得到帮助。与此同时，刑事司法措施将被用来对付针对妇女的暴力行为：加强刑罚制裁，起诉罪犯，将色情定为犯罪，并强化针对性骚扰的法律。

（四）坚固的保护层

尽管受到了作为主流的美国女性主义的影响，但是全球女性主义在很多方面仍然呈现出各不相同的多样性。首先，与受到美国法院支持设立的《民权法案》第七条和《教育法修正案》第九条的民事权利机构不同，国际上没有类似的机构，各国对该类机构的复制也缺乏相应的诉讼文化和历史的正当性，因此这类机构属于美国的独创。其次，新自由主义的投入十分巨大，因而全球女性主义项目——土地所有权、贫民窟清理、劳动力重组、信贷扩张——往往是受资本驱动的发展政策的附属物。到目前为止，最大的资源份额被投入到人口控制和微观金融这两个项目当中，分别迎合了美国国务院和华尔街的核心诉求，且都与制药公司和银行有着公私合作。最后，存在着一种不可避免的外来因素：来自国外的捐赠者只是通过冷漠的旁观者的眼光来评估潜在的项目，像女子学校这种得到基金会资助的项目往往会在地方环境中脱颖而出。尽管我们可以说各个国家都"拥有"这些项目，但西方模式的优越性不言自明——中东和非洲的受困妇女一方面被指控为"美国的走狗"，另一方面又被指控屈从于当地男性的主导地位，这进一步印证了女性主义对"新帝国主义"父权的指控。

到世纪之交，全球女性主义的官方保护层已经变成了现实。世界峰会级别的华盛顿政府圈子内的女性主义者们现在在财富和权力圈中变得游刃有余，他们为"女性赋权"制定了目标。世界银行和国际货币基金组织等国际金融机构进一步扩大了其性别平等主流化的部门，以确保它们实施的全球化措施将女性主义议程纳入考虑范围。它们背后的支持力量来自一批国际层面的、高素质的、接受了西方教育的女性主义专家，他们斡旋于各个发展机构（"捐助者"）之间。

主流女性主义面临着来自右翼和左翼的反对，因为学者和当地活动家们捍卫的是一种反对"非政府组织组织化"（NGOization）的更为激进的社会立场。但是，就像美国的主流女性主义一样，全球性的主流女性主义的优势在于其深厚的慈善基础和外援资金，以及强大的机构支持和制度支撑。在国外，美国对国际社会性别平等的大量支持有助于提升其作为"世界警察"的地位。从1990年代开始，华盛顿发动的无数次战争都是在女权的旗帜下进行的，而它的敌人则被重新"命名"为女性主义的反对者。随着国际刑事司法体系在新的全球秩序下迅速发展,激进的女性主义法学也在帝国的统治下找到了一席之地,在国际刑事司法体系中获得了立足的根基。

六、成果与问题

在1995年北京世界妇女大会之后将近25年的时间里,全球女权运动的最大收获是知识方面的显著进步。由全球女性主义议程带来的具体的社会变化一直缺乏戏剧性,而主要集中在社会金字塔的顶端。最显著的变化是高等教育领域中年轻女性的增多,其部分原因得益于中国、中东和拉丁美洲的大学体系的扩张。在政治方面,各国议会中妇女的总比例从1997年的12%上升到2017年的24%,其中一些拉丁美洲国家的增长率最高(玻利维亚为53%);至于这些女性一旦当选之后能在多大程度上代表妇女的利益,则是另一回事。在商业、行政、政治、文化领域的全球精英中一直存在着一种循序渐进的女性化;在非洲和亚洲,家庭背景显赫的女性成为教授、记者、律师、部长和法官,开创了令人敬畏的职业生涯。性别平等的原则在全球被更加广泛地接受。

《北京行动纲领》议程的推进则进展缓慢。与前几十年相比,自北京世界妇女大会以来,女性扫盲率、孕产妇死亡率和女童小学毕业率的提升均呈现放缓的趋势。贫困水平的下降在很大程度上要归功于中国,但在1995年之后,印度贫困妇女的营养不良率不断上升。以中位数衡量,经济均等化在很大程度上体现为男性经济"水平下降"的过程;随着男性工资的下降和男性养家糊口的模式被削弱,受制于普遍的经济压力,女性的工作由曾经的贴补丈夫收入变成了默认的经济收入主要提供者。

非政府组织在推动相关法律将家庭暴力视为犯罪方面已经取得了一些成果,但其结果却充满矛盾。例如,巴西2006年颁布的《玛丽亚·达·潘哈法》(Maria da Penha Law)就引入了对殴打妻子者实施强制性监禁的判决条款,并要求地方当局设立专门法庭调查各种投诉。监测该法案实施情况的女性主义者指出,登记在案的侵犯案件数量出现了下降,因为受害妇女在看到她们的丈夫被关进国内臭名昭著的监狱，从而使她们的家庭财政可能面临潜在的灾难性后果，而国家又不会为女性提供任何经济援助时，往往会选择沉默。

全球女性主义的生殖政治（reproductive politics）也保持着一种强制态势。非政府组织的重点一直是抑制生育，而不是发展教育、旅游、经济独立等妇女的自主权所需的社会条件，这从侧面推动生育控制成为一种积极的选择。制药巨头的研究主要集中在需要专业干预的长效避孕方法上，这意味着将控制权交给了（主要是男性的）医疗辅助人员，而不是女性自己。尽管国际计划生育联合会的网站上有赞成女性选择权的准则，但在实践中，数字指标仍然指导着国际人口控制方案。

小额信贷一直是全球女性主义在发展中国家的非正式经济中占主导地位的"赋权"政策，在这些国家，工资平等和反歧视法案仍未成为现实。小额信贷模式是由尤努斯及其孟加拉乡村银行首创的。高违约率表明，贷款给贫穷的男性劳工是有风险的，相比之下，女性更容易被管理，更容易顺从同伴的压力。孟加拉乡村银行模式建立在一个村庄借贷者团体的基础上，该组织对其成员的个人贷款承担连带责任：如果其最贫穷的成员违约，所有人都将失去获得信贷的机会。小额贷款是全球女性主义与全球金融的交汇点，其逻辑与私营部门的平权法案相一致：小额贷款将帮助乡村的纺织女工或棚户区的女裁缝成为小企业家，提高她们家庭的生活水平，也许最终还能创造新的工作，同时也能给她们的债权人带来可观的回报。但是，始终缺乏证据证明该项目在解放贫穷妇女方面的效果，而且高还款率被证实是农村妇女的社会脆弱性的表现；在她们为避免违约而努力打拼的背后，是屈辱性的待遇或家庭暴力。小额信贷利用并强化了现有的性别关系，而不是挑战它们。

七、对抗性力量

面对利益向中上阶层严重倾斜的问题，我们不得不追问：为何如此多的努力换来的却是如此令人失望的回报？在某种程度上，全球女性主义项目的局限性在于其自身的战略模式:"将女性纳入现有秩序的主流",尤其是商业和专业阶层。但是,这一秩序本身也在不断变化。支持全球女性主义的结构和制度也在主导着更大的力量和影响因素的对抗性发展。尽管存在种种问题,但公共部门在全球范围内和历史上一直是妇女的盟友。在全球范围内,大多数非歧视性的工作都是由公共部门提供的,包括最好的产假福利。

当权者炫耀着他们的全球女性主义资历,然而正是在他们的手中,受到资本主义繁荣—萧条这一周期性紧缩浪潮冲击的,元气大伤的公共部门被缩小和降级,而且一直以来都在将有生育能力的劳动力的相关责任重新推给家庭,致使家庭领域重新被性别化。

性别化的私有化(gendered privatization)的复兴与更广阔的世态变迁相互作用,带来了非正规经济和服务部门的全球扩张。非正规经济本身也充斥着严重的性别差异:男女工资差距巨大,基于性别的劳动分工比正式就业领域的情况更加根深蒂固。在随着第三世界城市化进程而迅速增长的棚户区和贫民窟中,居住着与丈夫一起搬离农村的年轻女性。当其丈夫的临时工工资被事实证明远远不足以维持生计时,她们开始从事清洁、洗衣、美容护理、制作和售卖街头食品等可以称之为传统家务杂事翻版的有偿工作,而且收入更少。自1980年代开始,随着经济增长率和正式就业水平的下降,临时工作变成了半永久性的,有偿劳动仅仅是为了再现性别化的劳动分工,商品化的性成为了这一现象的逻辑延伸。在非洲和东南亚的发展中城市里,也能观察到类似的模式。

在发达资本主义世界中,尤其在美国,反歧视模式在不公正的和种族化的金字塔中清晰可见。男女平等的官方意识形态和女性相对收入的现实状况使得两性关系变得中立化和非政治化,而文化产业则向现代美国家庭灌输了一种令他们安心的私有化愿景——异性恋或白人都不是必需的。在专业阶层(收入最高的前15%),工资和地位方面的性别差距在1990年代就已经全部定型,此后的发展一直停滞不前。在受过大学教育的女性中,总生育率下降到生育更替水平以下。道德规范——具有"良好的"性别自我意识——没有发生多大的变化;可以说,受到社会媒体支持的私有化的家庭责任和性别化的自我展示都在强化并复制着这些道德规范。

对大多数中等收入者——约占人口总数的60%——来说，转变的方向一直是相反的：性别差距主要是通过降低男性的工资和工作条件的标准而缩小的，而女性的相关标准只是稍有改善。区分性别的工作仍然存在于大量的中等收入经济中：男性从事建造、运输、维修工作；女性从事零售、快餐、护理、文员工作。在服务业这一"情感劳动"中，"独特的女性气质"可能会带来竞争优势，但同时也会带来更高的性骚扰成本。在这些工作中，受过大学教育的女性通过避孕、延长学习时间和经济独立获得的性别中立空间大大缩小了。

八、新运动

即便是在核心地带，主流女性主义模式也在解决中等收入女性问题的过程中被消耗殆尽——这也是她们中的许多人在2016年拒绝为希拉里投票的原因之一；实际上，这也是她们投票支持特朗普的原因之一。在全球范围内，这是新女性主义开始发挥影响的背景。那么，新女性主义在多大程度上挑战、超越或复制了霸权范式？在现有的世界秩序中，新女性主义获得了多大的自主权？任何明确的答案都是不成熟的，因为大环境是高度流动的，抗议本质上只是昙花一现的形式，意识的变化也无法在这个尺度上被记录。但是，对新女性主义的一项初步的、高度概括性的调查可以显示出它们在多大程度上、以何种结果成功地挑战了"整合、规范、监禁"的模式。

初步来看，当今世界的异质性无论是在国家内部还是在国家之间都更让人想起充满活力的1980年代，而不是停滞不前的1990年代。社会媒体是一种动员手段，以针对妇女的暴力作为主题，关于个人认同和性认同的乌托邦式的后性别实践几乎无处不在，但表现方式和程度却各不相同。纵向来看，新运动与全球女性主义时代构建起来的设施和机构并存。横向来看，它们的发展深受当地的政治文化和社会条件以及经济周期的影响，从而呈现出强烈的差别。

(一) 南锥体

拉丁美洲的新女性主义偏向左倾。在阿根廷，2001年经济危机中爆发的民众动员将全国妇女委员会（之前只是一个与联合国进程相关联的保守组织）转变为一场由学生、工人和选民组成的集会。到2014年，该组织已演变成该地区女性的定期集会。同样，在巴西，作为1995年北京世界妇女大会的国家协调机构而成立的"巴西妇女之声"组织也演变为左翼组织，明确宣称了自己的反资本主义和反种族主义立场，其诉求是经济上的再分配政策、政治上的民主化、性自由、生育自主权以及结束对妇女的暴力行为。

家庭暴力特别是残害女性的行为一直是阿根廷的核心问题。2015年，媒体报导了一名年轻男子谋杀其怀孕女友的事件，由此引发了一场由女性记者主导的、呼吁采取实际行动的社交媒体运动。在"一个也不能少"的口号下，大规模抗议活动在全国各地的城市中展开，有25万人参加了布宜诺斯艾利斯的游行。到2016年，该运动动员了50万人参与示威游行，已经变成了一场全国性运动。之后，"一个也不能少"运动扩大了其计划，将生殖权利纳入其中，并在2017年3月8日举行的国际妇女总罢工中反对严苛的堕胎法。通过社交媒体的传播，"一个也不能少"运动的影响力已经扩展到整个拉美地区以及欧洲南部的葡萄牙、意大利和西班牙。

从社会学的角度来看，巴西新女性主义政治诉求中的一部分似乎更接近中上阶层对劳工党的反抗；同时，他们也反对由米歇尔·特梅尔总统及其右翼国会通过的保守法律：对强奸受害者的堕胎行为进行定罪；用宪法将家庭神圣化、私有化，削减养老金。尽管这些群众动员没有达到阿根廷那样的规模，但性暴力依旧成为一个关键问题。从主题上看，巴西的新女性主义最显著的特点是多样化，包括黑人认同、身体政治、制度批判等。

(二) 地中海

在欧洲，新女性主义运动的背景是青年的高失业率和毁灭性的欧盟紧缩措施，而主流女性主义在自由媒体中则享有不受限制的霸权。在运动的组织上，存在着各种各样的模式。在英国，由力拓、麦当劳、亚马逊、西部联盟电报公司等品牌资助的官方游行在国际妇女节当天有序地举行，后来又被一群勇敢的性工作者和女性反紧缩团体扩大为抗议卫生服务关停和住房拆迁的运动。在西班牙，由巴塞罗那和马德里的左翼女性主义市长们所领导的500万人大罢工在 2018 年国际妇女节举行，重点强调了自决的主张。在克罗地亚，"萨格勒布之夜"游行的组织者们抗议私有化和执政党民主联盟对生殖权利的攻击。在意大利，年轻的女性主义者响应阿根廷的"一个也不能少"运动，于 2016 年 11 月在罗马召集了有 100 万人参加的游行。在接下来的一年里，意大利的 100 多个城市纷纷举行了"一个也不能少"集会。

从主题上来说，作为"一个也不能少"运动的组成部分之一，《女性主义计划》（*Piano Femminista*）杂志毅然与主流模式决裂，不再采用过去所采用的针对性暴力的刑事司法路径，而是强调问题产生的社会大环境（工作、家庭、健康和教育系统，以及企业媒体的性别幻想），同时明确地拒绝了基于受害者和依赖而非自主权和自决权的策略。

(三) 旗袍女性主义

当美国的杜鲁门政府坚持女性的位置在家庭时，中国的女性则被鼓励加入生产领域。中国是 1975 年墨西哥第一届世界妇女大会的积极参与者，也是 4 年后首批批准《消除对妇女一切形式歧视公约》的国家之一。1990 年代，在国际劳工组织就同工同酬问题作出最佳表态之后，中国的性别歧视法紧随其后付诸实施。在革命时代取得的进步证明，即使用全球标准来衡量，中国也已经做得很好了（这可以从女性在各种社会职业中的占比的变化看出）。

此外，中国在 1995 年之后牵头组织了多次世界性会议，以监督《北京行动纲领》的实施。2015 年，为了纪念 1995 年北京妇女大会 20 周年，中国政府与联合国共同主办了"全球妇女峰会"，讨论性别平等问题。习近平在会上发表讲话重申，中国致力于将妇女权利作为全球议程的核心，并在国内继续打造具有中国特色的社会主义先进性别文化。而中华全国妇女联合会是这一进程的核心，它在世界女权运动的历史上是独一无二的。它的组织范围和社会改革授权使得美国的全国妇女组织和国际民主妇女联合会相形见绌。它的金字塔结构从国家延伸到省、市、县、区、镇、村各级，遍及全国。它的职责是在国家机构内积极争取妇女权益，更重要的是，动员妇女参与劳动、保护环境和执行国家生育政策。

50 年前，"妇女能顶半边天"这一中国女性主义者的口号响彻全世界。但从 1980 年代开始，男女平等主义——"时代不同了，男女都一样！"——因否认"自然"特征而遭到质疑，全国妇联遂推出了自尊、自信、自立、自强的口号，用以提高女性的生活质量。全国妇联的全国性职权范围确保了它拥有一个更广泛的社会基础。自 1990 年代末以来，在独生子女政策下出生的女儿们需要承担起远比其西方同龄女性重得多的照料负担。这种情况有可能会被一种新的家庭佣工阶层所缓解，就像在美国一样。但当这些条件尚不具备时，就有可能在中国酝酿出具有真正自发性的新女性主义。

（四）美国

像欧洲一样，2008 年的金融危机为美国的新女性主义热潮奠定了更广阔的历史背景，从而为新自由主义的女性主义时代的不公正带来了一场深刻的代际转折。如果说 1980 年代的工人阶级男性承受了经济重组的冲击，那么现在则是受过大学教育的群体面临机会减少幅度最大、竞争压力最激烈的时期。正是在这一背景下，一些更激进的趋势——酷儿群体、彩虹族群和反强奸活动人士——在校园里生根发芽，为美国女权运动提供了新鲜血液。

2011 年，奥巴马的个人支持率下降，失业人数为 1500 万，他需要以"希望和变革"来激励支持者帮助他赢得第二次选举。经过谨慎的测试,三个问题被选中:同性恋婚姻、移民子女和校园性侵。奥巴马政府采取了一种迎合激进女性主义政策的姿态——支持女性主义法学,放宽法律定义,扩大刑事定罪的范围。在奥巴马政府的领导下,企业捐款源源不断地流入学生反性骚扰运动的钱箱。

在校园反性侵运动和"MeToo"运动开展的过程中,迎来了特朗普的当选和民主党选民对此的回应:恐慌、震惊和悲伤。一些激烈的指责指向那些没有投票支持的人,号召所有的女性主义者团结起来。这一"号召"推动了2017年1月在华盛顿举行的百万妇女示威游行,并巩固了这次游行背后的主流女性主义游说团体,一个由奥巴马政府和克林顿政府的前工作人员领导的全国网络,他们都是政治上的墨守成规者。在这种高度愤怒的氛围中,像哈维·韦恩斯坦(Harvey Weinstein)这样恶习难改的性骚扰者,尽管是一个无可挑剔的民主党人,却成了特朗普的代理人。《纽约时报》和《纽约客》上,关于他的故事结合了奢华的背景、名人的八卦、淫乱的细节以及对强人垮台的幸灾乐祸,而所有这些都被完美的女性主义观点包装起来。美国的反性骚扰运动与欧洲和拉丁美洲的最鲜明的对比之一在于其主要人物的社会地位:不同于意大利妇女避难所的工人或失业的阿根廷护士,这里是由好莱坞—曼哈顿轴心主导着事件。游行不是在街上举行,而是在奥斯卡或金球奖的红地毯上举行。呼吁大家使用同一个话题标签"MeToo"并把自己遭遇过的性侵经历发送到推特上的邀请——超过50万的美国推特用户进行了回复——是由一位昔日的电影明星发布的。

运动起源于好莱坞这一点不应减弱之后涌现出来的众多证词,然而它在主题上却是最狭隘的运动。迄今为止,好莱坞的"MeToo"运动对那些遭受虐待的人没有提供任何物质上或心理上的支持,除了一个新的反歧视法律辩护慈善组织"Time's up"。它也没有像阿根廷和意大利那样试图发展出一种更广泛的、关于暴力的社会议程,更没有像巴西那样发展出替代性的文化项目。相反,"MeToo"的运作模式,同时也是赋予这种强大的不满情绪以政治形式的模式,在很大程度上只是激进女性主义的反歧视刑事司法路径的一种变体,而这种路径已经被校园性侵抗议运动所自然化：接受任何善意的指控；强调对男性的事后惩罚；通过重惩某些人来震慑所有人，提醒他们不要将那些为女性自决提供实践、文化和物质支持的预防性策略排除在外。

在这一框架内，对轻微罪的有罪推定和不相称的惩罚可能具有积极的意义，起到了更大的阻吓作用。此外，社会媒体也加入了新的审判实践，它们放弃了任何公平听证的概念。其结果是，"MeToo"运动所带来的网上女性团结常常伴随着针对个体男性的报复性运动，在这里，"一旦受到指控就是有罪"的校园准则占据了主导地位。

在一个历来不利于妇女和有色人种的判决体系中，为原告争取公平听证的斗争难道可以排除对被告的公平听证吗？这一点需要得到说明。除此之外，一种有效的、关于性骚扰的女性主义政治需要认识到它的不同前景：横向来看，它随着生命周期的变化而变化；纵向来看，它因社会、阶级和种族的不同状况而变化。我们希望美国的运动能从更激进、基础更广泛的南欧和拉丁美洲的运动中汲取教训；同样也希望"MeToo"运动的实际结果是让更多中等收入的女性站出来说话，并阻止更多的男性因为情况对其不利而实施报复。但是，到目前为止，"MeToo"运动一直是各种新运动中最保守的。在落实相关议程——消除使性骚扰成为可能的相关条件（包括不稳定的工作、种族偏见和非法移民身份）以及逃离亲密伴侣的暴力——的过程中，它做的似乎并不多。作为后特朗普时期重新巩固美国主流女性主义的一部分，这一运动存在着肯定而非挑战社会经济现状的风险。具有讽刺意味的是，它最终可能会成为一种对某种女性主义的重新肯定，而正是这种女性主义的失败帮助特朗普获得了权力。

与中国、意大利、西班牙或阿根廷相比，美国模式天然地具有更大的国际影响力。然而，尽管性暴力仍然是一个全球前沿话题，但是"MeToo"运动在社交媒体上的影响却是不平衡的。与美国的50万个推特帖子相比，接下来的最高记录是法国（10万）、英国（7.4万）和加拿大（4.3万），瑞典、德国、荷兰、澳大利亚和印度的数字从1.3万到2.4万不等。其他地区——拉丁美洲、东欧、非洲、中东、东南亚——缺少主流媒体的支持和更少的社交媒体报道，这一数字下降到四位数或以下。事实上，"MeToo"运动已经表明，当曼哈顿的媒体认为它已经走得够远时，美国的相关报道也呈现出逐渐减少的迹象。

九、小结

就目前而言，这些新运动的发展轨迹呈现出性别平等与社会不平等在全球层面具有怎样的关系。美国和中国这两种强有力的官方女性主义推行了将性别平等与社会不平等相融合的策略：关注存在于每个社会阶层、每个族群中的性别不平等。对于南欧和南锥体来说，那些最重要的激进选择将在促进性别平等的过程中减少社会不平等，反之亦然；但是，这些国家在国内却受制于各种积极支持资本的政治经济力量之间的较量，在国际上则受困于由美国霸权主导的国际秩序。面对这种场景，虽然我们不能说充满希望，但至少世界正在改变。